Eugen Drewermann

Schneewittchen
Die zwei Brüder

Grimms Märchen
tiefenpsychologisch gedeutet

Deutscher Taschenbuch Verlag

›Schneewittchen‹ und ›Die zwei Brüder‹ sind zuerst als Einzelbände beim Walter Verlag, Zürich und Düsseldorf, erschienen.

Von Eugen Drewermann sind im Deutschen Taschenbuch Verlag erschienen:

Giordano Bruno (30747)
Lieb Schwesterlein, laß mich herein (35050)
Rapunzel, Rapunzel, laß dein Haar herunter (35056)
Hänsel und Gretel (35163)
Die Botschaft der Frauen (36023)

Im Text ungekürzte Ausgabe
Juli 2003
Deutscher Taschenbuch Verlag GmbH & Co. KG,
München
www.dtv.de

Umschlagkonzept: Balk & Brumshagen
Umschlagfoto: © zefa/KALT
Gesetzt aus der Aldus 9,5/11,25·
Gesamtherstellung: Druckerei C. H. Beck, Nördlingen
Gedruckt auf säurefreiem, chlorfrei gebleichtem Papier
Printed in Germany · ISBN 3-423-34020-7

Inhalt

Schneewittchen

Vorwort

Lernt man das Lieben nur aus dem Leiden?

Liest man das Märchen der BRÜDER GRIMM von »Schneeweißchen«, möchte man's glauben. Zumindest die Sehnsucht nach Liebe ist ein Zigeunerkind, gezeugt aus Erwartung und Hoffnung, doch geboren aus Entbehrung und Schmerz. Das aber *ist* ein »Schneeweißchen«: ein Kind, das seinen Vater nur kennt als Vermißten – er kam ihm abhanden, kaum daß es zur Welt kam, er fehlte, kaum daß es selbst existierte; statt dessen aber gab es die andere, die seine Mutter ward und sein Schicksal, die Fee seiner Kindheit und das Verhängnis seiner Jugend, die Vorform seiner Freude und das Verbot seines Verlangens, der Schutz seiner Scham und der Schatten seiner Scheu; nicht nur verlassen – *verhaßt*, nicht nur verloren – *verfolgt*, nicht nur vereinzelt – *vereinsamt* in dem Getto hilfloser Angst und wortloser Wehmut, ein Dasein wie unter Glas, vergiftet von den Früchten der Lust und der Schuld, mit dem Tode bestraft für die Ursprungsgaben der Schönheit und Unschuld, gerettet allein von den Gespielen des Anfangs, da es noch anstand, ein Mädchen zu sein, und von dem Gefährten der Liebe, der die wie Tote auf seinen Armen trug, daß sie, erwachend, den Sarg endlich auftat, der doch bis dahin ihr Leben war ... Wer irgend ein »Schneeweißchen« begreift, begegnet nicht nur einer einzelnen Frau, nicht nur einer einzelnen Weise widerwilligen Frauseins, er beginnt zu verstehen, was immer wieder sich in Menschen begibt, deren ganzes Leben gestellt ist zwischen Liebe und Tod, weil ihnen der Liebende alles ward: ihr Glück, ihre Freiheit, ihr wirkliches Sein. Wenn Menschen als Kinder schon ihre eigenen Eltern *mehr* fürchten mußten als den Tod selbst, wie sollten sie da nicht, der Kindheit entwachsen, eines anderen Menschen bedürfen, der sie lehrt, erwachsen zu werden, indem sie ihm mehr vertrauen als ihrer überalterten Angst?

Aber hören wir zu.

Schneewittchen

Es war einmal mitten im Winter, und die Schneeflocken fielen wie Federn vom Himmel herab, da saß eine Königin an einem Fenster, das einen Rahmen von schwarzem Ebenholz hatte, und nähte. Und wie sie so nähte und nach dem Schnee aufblickte, stach sie sich mit der Nadel in den Finger, und es fielen drei Tropfen Blut in den Schnee. Und weil das Rote im weißen Schnee so schön aussah, dachte sie bei sich: »Hätt ich ein Kind so weiß wie Schnee, so rot wie Blut und so schwarz wie das Holz an dem Rahmen.« Bald darauf bekam sie ein Töchterlein, das war so weiß wie Schnee, so rot wie Blut und so schwarzhaarig wie Ebenholz, und ward darum das Sneewittchen (Schneeweißchen) genannt. Und wie das Kind geboren war, starb die Königin.

Über ein Jahr nahm sich der König eine andere Gemahlin. Es war eine schöne Frau, aber sie war stolz und übermütig und konnte nicht leiden, daß sie an Schönheit von jemand sollte übertroffen werden. Sie hatte einen wunderbaren Spiegel, wenn sie vor den trat und sich darin beschaute, sprach sie:

»Spieglein, Spieglein an der Wand,
wer ist die schönste im ganzen Land?«

So antwortete der Spiegel:

»Frau Königin, Ihr seid die schönste im Land.«

Da war sie zufrieden, denn sie wußte, daß der Spiegel die Wahrheit sagte.

Sneewittchen aber wuchs heran und wurde immer schöner, und als es sieben Jahr alt war, war es so schön wie der klare Tag und schöner als die Königin selbst. Als diese einmal ihren Spiegel fragte:

»Spieglein, Spieglein an der Wand,
wer ist die schönste im ganzen Land?«,

so antwortete er:

»Frau Königin, Ihr seid die schönste hier,
aber Sneewittchen ist tausendmal schöner als Ihr.«

Da erschrak die Königin und ward gelb und grün vor Neid. Von Stund an, wenn sie Sneewittchen erblickte, kehrte sich ihr das Herz im Leibe herum, so haßte sie das Mädchen. Und der Neid und Hochmut wuchsen wie ein Unkraut in ihrem Herzen immer höher, daß sie Tag und Nacht keine Ruhe mehr hatte. Da rief sie einen Jäger und sprach: »Bring das Kind hinaus in den Wald, ich will's nicht mehr vor meinen Augen sehen. Du sollst es töten und mir Lunge und Leber zum Wahrzeichen mitbringen.« Der Jäger gehorchte und führte es hinaus, und als er den Hirschfänger gezogen hatte und Sneewittchens unschuldiges Herz durchbohren wollte, fing es an zu weinen und sprach: »Ach, lieber Jäger, laß mir mein Leben; ich will in den wilden Wald laufen und nimmermehr wieder heimkommen.« Und weil es so schön war, hatte der Jäger Mitleiden und sprach: »So lauf hin, du armes Kind.«

»Die wilden Tiere werden dich bald gefressen haben«, dachte er, und doch war's ihm, als wär ein Stein von seinem Herzen gewälzt, weil er es nicht zu töten brauchte. Und als gerade ein junger Frischling dahergesprungen kam, stach er ihn ab, nahm Lunge und Leber heraus und brachte sie als Wahrzeichen der Königin mit. Der Koch mußte sie in Salz kochen, und das boshafte Weib aß sie auf und meinte, sie hätte Sneewittchens Lunge und Leber gegessen.

Nun war das arme Kind in dem großen Wald mutterselig allein, und ward ihm so angst, daß es alle Blätter an den Bäumen ansah und nicht wußte, wie es sich helfen sollte. Da fing es an zu laufen und lief über die spitzen Steine und durch die Dornen, und die wilden Tiere sprangen an ihm vorbei, aber sie taten ihm nichts. Es lief, solange nur die Füße noch fort konnten, bis es bald Abend werden wollte, da sah es ein kleines Häuschen und ging hinein, sich zu ruhen. In dem Häuschen war alles klein, aber so zierlich und reinlich, daß es nicht zu sagen ist. Da stand ein weiß gedecktes Tischlein mit sieben kleinen Tellern, jedes Tellerlein mit seinem Löffelein, ferner sieben Messerlein und Gäblein und sieben Becherlein. An der Wand waren sieben Bettlein nebeneinander aufgestellt und schneeweiße Laken darübergedeckt. Sneewittchen, weil es so hungrig und durstig war, aß von jedem Tellerlein ein wenig Gemüs und Brot und trank aus jedem Becherlein einen Tropfen Wein; denn es wollte nicht einem allein alles wegnehmen. Hernach, weil es so müde war, legte es sich in ein Bettchen, aber keins paßte; das eine war zu lang, das andere zu kurz, bis endlich das siebente recht war: und darin blieb es liegen, befahl sich Gott und schlief ein.

Als es ganz dunkel geworden war, kamen die Herren von dem Häuslein, das waren die sieben Zwerge, die in den Bergen nach Erz hackten und gruben. Sie zündeten ihre sieben Lichtlein an, und wie es nun hell im Häuslein ward, sahen sie, daß jemand darin gewesen war, denn es stand nicht alles so in der Ordnung, wie sie es verlassen hatten. Der erste sprach: »Wer hat auf meinem Stühlchen gesessen?« Der zweite: »Wer hat von meinem Tellerchen gegessen?« Der dritte: »Wer hat von meinem Brötchen genommen?« Der vierte: »Wer hat von meinem Gemüschen gegessen?« Der fünfte: »Wer hat mit meinem Gäbelchen gestochen?« Der sechste: »Wer hat mit meinem Messerchen geschnitten?« Der siebente: »Wer hat aus meinem Becherlein getrunken?« Dann sah sich der erste um und sah, daß auf seinem Bett eine kleine Dälle war, da sprach er: »Wer hat in mein Bettchen getreten?« Die andern kamen gelaufen und riefen: »In meinem hat auch jemand gelegen.« Der siebente aber, als er in sein Bett sah, erblickte Sneewittchen, das lag darin und schlief. Nun rief er die andern, die kamen herbeigelaufen und schrien vor Verwunderung, holten ihre sieben Lichtlein und beleuchteten Sneewittchen. »Ei, du mein Gott! Ei, du mein Gott!« riefen sie. »Was ist das Kind so schön!« Und hatten so große Freude, daß sie es nicht aufweckten, sondern im Bettlein fortschlafen ließen. Der siebente Zwerg aber schlief bei seinen Gesellen, bei jedem eine Stunde, da war die Nacht herum.

Als es Morgen war, erwachte Sneewittchen, und wie es die sieben Zwerge sah, erschrak es. Sie waren aber freundlich und fragten: »Wie heißt du?«

»Ich heiße Sneewittchen«, antwortete es. »Wie bist du in unser Haus gekommen?« sprachen weiter die Zwerge. Da erzählte es ihnen, daß seine Stiefmutter es hätte wollen umbringen lassen, der Jäger hätte ihm aber das Leben geschenkt, und da wär es gelaufen den ganzen Tag, bis es endlich ihr Häuslein gefunden hätte. Die

Zwerge sprachen: »Willst du unsern Haushalt versehen, kochen, betten, waschen, nähen und stricken, und willst du alles ordentlich und reinlich halten, so kannst du bei uns bleiben, und es soll dir an nichts fehlen.«

»Ja«, sagte Sneewittchen, »von Herzen gern«, und blieb bei ihnen. Es hielt ihnen das Haus in Ordnung; morgens gingen sie in die Berge und suchten Erz und Gold, abends kamen sie wieder, und da mußte ihr Essen bereit sein. Den Tag über war das Mädchen allein, da warnten es die guten Zwerglein und sprachen: »Hüte dich vor deiner Stiefmutter, die wird bald wissen, daß du hier bist; laß ja niemand herein.«

Die Königin aber, nachdem sie Sneewittchens Lunge und Leber glaubte gegessen zu haben, dachte nicht anders, als sie wäre wieder die erste und allerschönste, trat vor ihren Spiegel und sprach:

»Spieglein, Spieglein an der Wand,
wer ist die schönste im ganzen Land?«

Da antwortete der Spiegel:

»Frau Königin, Ihr seid die schönste hier,
aber Sneewittchen über den Bergen
bei den sieben Zwergen
ist noch tausendmal schöner als Ihr.«

Da erschrak sie, denn sie wußte, daß der Spiegel keine Unwahrheit sprach, und merkte, daß der Jäger sie betrogen hatte und Sneewittchen noch am Leben war. Und da sann und sann sie aufs neue, wie sie es umbringen wollte; denn solange sie nicht die schönste war im ganzen Land, ließ ihr der Neid keine Ruhe. Und als sie sich endlich etwas ausgedacht hatte, färbte sie sich das Gesicht und kleidete sich wie eine alte Krämerin, und war ganz unkenntlich. In dieser Gestalt ging sie über die sieben Berge zu den sieben Zwergen, klopfte an die Türe und rief: »Schöne Ware feil! feil!« Sneewittchen guckte zum Fenster heraus und rief: »Guten Tag, liebe Frau, was habt Ihr zu verkaufen?«

»Gute Ware, schöne Ware«, antwortete sie, »Schnürriemen von

allen Farben«, und holte einen hervor, der aus bunter Seide geflochten war. »Die ehrliche Frau kann ich hereinlassen«, dachte Sneewittchen, riegelte die Türe auf und kaufte sich den hübschen Schnürriemen. »Kind«, sprach die Alte, »wie du aussiehst! Komm, ich will dich einmal ordentlich schnüren.« Sneewittchen hatte kein Arg, stellte sich vor sie und ließ sich mit dem neuen Schnürriemen schnüren; aber die Alte schnürte geschwind und schnürte so fest, daß dem Sneewittchen der Atem verging und es für tot hinfiel. »Nun bist du die schönste gewesen«, sprach sie und eilte hinaus.

Nicht lange darauf, zur Abendzeit, kamen die sieben Zwerge nach Haus, aber wie erschraken sie, als sie ihr liebes Sneewittchen auf der Erde liegen sahen; und es regte und bewegte sich nicht, als wäre es tot. Sie hoben es in die Höhe, und weil sie sahen, daß es zu fest geschnürt war, schnitten sie den Schnürriemen entzwei: da fing es an, ein wenig zu atmen, und ward nach und nach wieder lebendig. Als die Zwerge hörten, was geschehen war, sprachen sie: »Die alte Krämerfrau war niemand als die gottlose Königin: hüte dich und laß keinen Menschen herein, wenn wir nicht bei dir sind.«

Das böse Weib aber, als es nach Haus gekommen war, ging vor den Spiegel und fragte:

»Spieglein, Spieglein an der Wand,
wer ist die schönste im ganzen Land?«

Da antwortete er wie sonst:

»Frau Königin, Ihr seid die schönste hier,
aber Sneewittchen über den Bergen
bei den sieben Zwergen
ist noch tausendmal schöner als Ihr.«

Als sie das hörte, lief ihr alles Blut zum Herzen, so erschrak sie, denn sie sah wohl, daß Sneewittchen wieder lebendig geworden war. »Nun aber«, sprach sie, »will ich etwas aussinnen, das dich zugrunde richten soll«, und mit Hexenkünsten, die sie verstand, machte sie einen giftigen Kamm. Dann verkleidete sie sich und nahm die Gestalt eines andern alten Weibes an. So ging sie hin über die sieben

Berge zu den sieben Zwergen, klopfte an die Türe und rief: »Gute Ware feil! feil!« Sneewittchen schaute heraus und sprach: »Geht nur weiter, ich darf niemand hereinlassen.«

»Das Ansehen wird dir doch erlaubt sein«, sprach die Alte, zog den giftigen Kamm heraus und hielt ihn in die Höhe. Da gefiel er dem Kinde so gut, daß es sich betören ließ und die Türe öffnete. Als sie des Kaufs einig waren, sprach die Alte: »Nun will ich dich einmal ordentlich kämmen.« Das arme Sneewittchen dachte an nichts und ließ die Alte gewähren, aber kaum hatte sie den Kamm in die Haare gesteckt, als das Gift darin wirkte und das Mädchen ohne Besinnung niederfiel. »Du Ausbund von Schönheit«, sprach das boshafte Weib, »jetzt ist's um dich geschehen«, und ging fort. Zum Glück aber war es bald Abend, wo die sieben Zwerglein nach Haus kamen. Als sie Sneewittchen wie tot auf der Erde liegen sahen, hatten sie gleich die Stiefmutter in Verdacht, suchten nach und fanden den giftigen Kamm, und kaum hatten sie ihn herausgezogen, so kam Sneewittchen wieder zu sich und erzählte, was vorgegangen war. Da warnten sie es noch einmal, auf seiner Hut zu sein und niemand die Türe zu öffnen.

Die Königin stellte sich daheim vor den Spiegel und sprach:

»Spieglein, Spieglein an der Wand,
wer ist die schönste im ganzen Land?«

Da antwortete er wie vorher:

»Frau Königin, Ihr seid die schönste hier,
aber Sneewittchen über den Bergen
bei den sieben Zwergen
ist doch noch tausendmal schöner als Ihr.«

Als sie den Spiegel so reden hörte, zitterte und bebte sie vor Zorn. »Sneewittchen soll sterben«, rief sie, »und wenn es mein eignes Leben kostet.« Darauf ging sie in eine ganz verborgene einsame Kammer, wo niemand hinkam, und machte da einen giftigen, giftigen Apfel. Äußerlich sah er schön aus, weiß mit roten Backen, daß jeder, der ihn erblickte, Lust danach bekam, aber wer ein Stückchen davon aß, der mußte sterben. Als der Apfel fertig war, färbte sie sich das Gesicht und verkleidete sich in eine Bauersfrau, und so ging sie über die sieben Berge zu den sieben Zwergen. Sie klopfte an, Sneewittchen streckte den Kopf zum Fenster heraus und sprach: »Ich darf keinen Menschen einlassen, die sieben Zwerge haben mir's verboten.« »Mir auch recht«, antwortete die Bäurin, »meine Äpfel will ich schon loswerden. Da, einen will ich dir schenken.« »Nein«, sprach Sneewittchen, »ich darf nichts annehmen.« »Fürchtest du dich vor Gift?« sprach die Alte. »Siehst du, da schneide ich den Apfel in zwei Teile; den roten Backen iß du, den weißen will ich essen.« Der Apfel war aber so künstlich gemacht, daß der rote Backen allein vergiftet war. Sneewittchen lusterte den schönen Apfel an, und als es sah, daß die Bäurin davon aß, so konnte es nicht länger widerstehen, streckte die Hand hinaus und nahm die giftige Hälfte. Kaum aber hatte es einen Bissen davon im Mund, so fiel es tot zur Erde nieder. Da betrachtete es die Königin mit grausigen Blicken und lachte überlaut und sprach: »Weiß wie Schnee, rot wie Blut, schwarz wie Ebenholz! Diesmal können dich die Zwerge nicht wieder erwekken.« Und als sie daheim den Spiegel befragte:

»Spieglein, Spieglein an der Wand,
wer ist die schönste im ganzen Land?«,

so antwortete er endlich:

»Frau Königin, Ihr seid die schönste im Land.«

Da hatte ihr neidisches Herz Ruhe, so gut ein neidisches Herz Ruhe haben kann.

Die Zwerglein, wie sie abends nach Haus kamen, fanden Sneewittchen auf der Erde liegen, und es ging kein Atem mehr aus seinem Mund, und es war tot. Sie hoben es auf, suchten, ob sie was Giftiges fänden, schnürten es auf, kämmten ihm die Haare, wuschen es mit Wasser und Wein, aber es half alles nichts; das liebe Kind war tot und blieb tot. Sie legten es auf eine Bahre und setzten sich alle siebene daran und beweinten es, und weinten drei Tage lang. Da wollten sie es begraben, aber es sah noch so frisch aus wie ein le-

bender Mensch und hatte noch seine schönen roten Backen. Sie sprachen: »Das können wir nicht in die schwarze Erde versenken«, und ließen einen durchsichtigen Sarg von Glas machen, daß man es von allen Seiten sehen konnte, legten es hinein und schrieben mit goldenen Buchstaben seinen Namen darauf, und daß es eine Königstochter wäre. Dann setzten sie den Sarg hinaus auf den Berg, und einer von ihnen blieb immer dabei und bewachte ihn. Und die Tiere kamen auch und beweinten Sneewittchen, erst eine Eule, dann ein Rabe, zuletzt ein Täubchen.

Nun lag Sneewittchen lange, lange Zeit in dem Sarg und verweste nicht, sondern sah aus, als wenn es schliefe, denn es war noch so weiß als Schnee, so rot als Blut und so schwarzhaarig wie Ebenholz. Es geschah aber, daß ein Königssohn in den Wald geriet und zu dem Zwergenhaus kam, da zu übernachten. Er sah auf dem Berg den Sarg, und das schöne Sneewittchen darin, und las, was mit goldenen Buchstaben darauf geschrieben war. Da sprach er zu den Zwergen: »Laßt mir den Sarg, ich will euch geben, was ihr dafür haben wollt.« Aber die Zwerge antworteten: »Wir geben ihn nicht um alles Gold in der Welt.« Da sprach er: »So schenkt mir ihn, denn ich kann nicht leben, ohne Sneewittchen zu sehen, ich will es ehren und hochachten wie mein Liebstes.« Wie er so sprach, empfanden die guten Zwerglein Mitleiden mit ihm und gaben ihm den Sarg. Der Königssohn ließ ihn nun von seinen Dienern auf den Schultern forttragen. Da geschah es, daß sie über einen Strauch stolperten, und von dem Schüttern fuhr der giftige Apfelgrütz, den Sneewittchen abgebissen hatte, aus dem Hals. Und nicht lange, so öffnete es die Augen, hob den Deckel vom Sarg in die Höhe und richtete sich auf, und war wieder lebendig. »Ach Gott, wo bin ich?« rief es. Der Königssohn sagte voll Freude: »Du bist bei mir«, und erzählte, was sich zugetragen hatte, und sprach: »Ich habe dich lieber als alles auf der Welt; komm mit mir in meines Vaters Schloß, du sollst meine Gemahlin werden.« Da war ihm Sneewittchen gut und ging mit ihm, und ihre Hochzeit ward mit großer Pracht und Herrlichkeit angeordnet.

Zu dem Fest wurde aber auch Sneewittchens gottlose Stiefmutter eingeladen. Wie sie sich nun mit schönen Kleidern angetan hatte, trat sie vor den Spiegel und sprach:

»Spieglein, Spieglein an der Wand,
wer ist die schönste im ganzen Land?«

Der Spiegel antwortete:

»Frau Königin, Ihr seid die schönste hier,
aber die junge Königin ist tausendmal schöner
als Ihr.«

Da stieß das böse Weib einen Fluch aus, und ward ihr so angst, so angst, daß sie sich nicht zu lassen wußte. Sie wollte zuerst gar nicht auf die Hochzeit kommen; doch ließ es ihr keine Ruhe, sie mußte fort und die junge Königin sehen. Und wie sie hineintrat, erkannte sie Sneewittchen, und vor Angst und Schrecken stand sie da und konnte sich nicht regen. Aber es waren schon eiserne Pantoffeln über Kohlenfeuer gestellt und wurden mit Zangen hereingetragen und vor sie hingestellt. Da mußte sie in die rotglühenden Schuhe treten und so lange tanzen, bis sie tot zur Erde fiel.

Tiefenpsychologische Deutung

Jeder, der diese Geschichte zum ersten Mal(wieder)hört, wird erschrocken sein von ihrer Grausamkeit. Eine (Stief)Mutter, welche, in Salz gekocht, die Lunge und die Leber ihrer eigenen Tochter verzehrt – das ist, äußerlich gelesen, ein so kraß kannibalistisches Motiv, daß man es nicht einmal bei den südamerikanischen Tupinambas[1] vermuten dürfte, und das ist nur erst der Anfang dieses »Kinder- und Hausmärchens«! Vergiftet zum Tode ist alles, was von dieser Frau ausgeht, und es scheint keinen anderen Schutz vor ihr zu geben, als auf jeglichen Kontakt zu anderen Menschen insgesamt voller Angst zu verzichten. Aber dann auch ihr Ende! Daß man sie zu Schneewittchens Hochzeit bloß einladen müsse und die Haßerfüllte werde mit Gewißheit erscheinen, glaubt offenbar jeder; doch daß man sie einlädt nur, um sie, tanzend, in rotglühenden eisernen Schuhen zu Tode zu quälen, – das ist, selbst in Würdigung der rohesten »Recht«sprechung barbarischer Zeiten, ein schwer hinzunehmendes archaisches »jus talionis«.

Gleichwohl erfreut sich gerade das GRIMMsche *Schneewittchen* bei alt und jung der größten Beliebtheit und ist bei weitem bekannter[2] als beispielsweise die mittelalterliche Sage von der schönen *Blanca*, die unter den *Volksmärchen der Deutschen* von MUSÄUS erzählt wurde[3] und die unmittelbar der Fassung der BRÜDER GRIMM zur Vorlage diente.[4] Es gibt im *Schneewittchen* allem Anschein nach etwas, das menschlich tiefer rührt als all das Grausig-Gräßliche seiner äußeren Handlung und das uns selbst zeigen kann, *wie* es zu lesen ist: eben nicht als »historisches« »Faktum« einer fernen, wenn auch noch so »sagenhaften« Vergangenheit, sondern als Seelenbild einer äußerst gefährdeten Reifung zur Liebe, als eine Einladung zum Verstehen gerade und auch der unheimlichen Möglichkeiten des menschlichen Erlebens und als ein Versuch, statt auf die Hände der Handelnden, in ihre Herzen zu schauen. Deshalb vor allem ist das Märchen in seiner Wirkung der Sage stets überlegen, weil es dem, was in Menschen geschieht, weit näher steht als dem Geschehen der menschlichen Geschichte.[5] Nicht was einmal war, sondern was immer ist, meint das »es war einmal«, mit dem auch das GRIMMsche *Schneewittchen* beginnt.

1. Die Frau am Fenster

Märchen als Motivation, mit Menschen mehr Mitleid zu zeigen – das gilt als erstes nicht nur für Schneewittchen selbst, sondern vor allem für seine Mutter – *Richilde,* wie MUSÄUS sie nennt; nur wer sie begreift, wird das Schicksal eines Schneewittchens begreifen.

Erstaunlich erscheint, wie wichtig manche GRIMMschen Märchen bereits die Gestalten der Mutter und des Vaters eines einzelnen Menschen nehmen. Ein ganzes Jahrhundert noch wird dahingehen, bis die Psychoanalyse die Bedeutung der frühen Kindheit und damit den überragenden Einfluß der Eltern auf den Charakter einer Person herausstellen wird, da beginnen die BRÜDER GRIMM ihre Erzählungen mit Vorliebe mit der Vorgeschichte ihrer eigentlichen Geschichte, so als wenn sie bereits wüßten oder doch wollten zu ahnen geben, daß die Rätsel im Erleben eines Menschen allesamt in seinen ersten Lebensjahren im Kontext seiner Ahnen gründen. Wie seine Mutter, wie sein Vater lebte, oder wie diese eben *nicht – noch* nicht, nicht *mehr,* noch *niemals* leben konnten, leben durften, das wird den Hintergrund und Grund auch seines eigenen Lebens und Erlebens bilden.

Doch nicht nur aus der Sicht eines »Schneewittchens«, auch um ihrer selbst willen verdient die rätselhafte Gestalt dieser Königin alle Beachtung. Zwar haben die BRÜDER GRIMM ihre Vorlage auf das Allernotwendigste zusammengestrichen, – wo MUSÄUS sich fast zwanzig Seiten lang über die Gräfin von Brabant und ihre Tochter *Richilde,* die Mutter der schönen *Blanca,* verbreitet, da genügen dem GRIMMschen Schneewittchen-Märchen wenige Sätze zu ihrer Schilderung; doch was sie durch ihre Kürzung erreichen, ist eine Verdichtung auf wenige holzschnittartige Züge, die jeder für sich als Hinweis und Beweis einer höchst eigenartigen Persönlichkeitsmalerei verstanden sein wollen. Im *Märchen* wird insbesondere deutlich, was in einer *Sage* sich eher verschleiert: daß bestimmte einander zeitlich ablösende Gestalten psychisch nichts weiter sind als verschiedene Seiten ein und derselben Persönlichkeit[6], mit anderen Worten: daß die »Stiefmutter« eines »Schneewittchens« nur die Kehrseite einer bestimmten Art, *Mutter* zu sein, darstellt und offenbart.

Die »Mutter« in dem GRIMMschen Schneewittchen-Märchen wird wesentlich als eine Frau voller Verlangen geschildert. Sie selbst lebt nicht wirklich, sie wirkt nurmehr wie eine verkörperte *Sehnsucht* nach Leben. Sie sitzt am Fenster, sie näht, sie sticht sich in ihren Finger, sie sieht ihre eigenen Blutstropfen in den Schnee fallen, und sie träumt von einem Kind, geformt nach gerade diesen Gegensätzen: weiß und rot, schneekühl und leidenschaftlich, asketisch rein und vital weltgewandt[7]. Was aber sagt eine solche Sehnsucht über die Frau selber aus, die in ihr lebt?

Wir müssen uns Schneewittchens Mutter als eine Frau voll eben solcher Widersprüche vorstellen. »Rot« und »Weiß« bilden bereits in dem wohl am meisten harmonischen Märchen aus der Feder von Wilhelm Grimm, in *Schneeweißchen und Rosenrot* (KHM 161), einen Urgegensatz[8], nur daß durch den Vergleich beider Märchen gerade der Unterschied um so deutlicher wird: Schon dem Titel nach gehören in *Schneeweißchen und Rosenrot* die Kontraste von Schneekühle und Sommerwärme, von Zurückgezogenheit und Erlebnishunger, von scheuer Blässe und Erfahrungsreichtum in irgendeiner Art zusammen; der Zauber *dieses* Märchens liegt demnach gerade darin, daß es den Leser glauben macht, es könne der Liebe gelingen, das scheinbar einander so Widerstrebende in eine um so spannungsreichere Beziehung zu setzen: keinesfalls hebe die glutvolle Erfahrung von Liebeslust und Leidenschaft die Reinheit und die Einheit von Gesinnung und Gesittung auf, sondern im Gegenteil, sie führe sie erst durch die Sinnlichkeit des Glücks zu ihrem Sinn und eigentlichen Ziel. Das Märchen von *Schneewittchen* hingegen läßt schon der Überschrift nach eine solche Einheit schmerzlich vermissen: Vor dem Hintergrund von *Schneeweißchen und Rosenrot* wirkt es wie ein halbiertes Leben, das kaum dazu kommt, sich seines fruchtbaren Gegenteils als einer Aufgabe ganzheitlicher Entwicklung auch nur zu erinnern.

Dieser Eindruck wird noch verstärkt durch die Eingangsvision der Königin, die sich gerade kein »Schneewittchen« gewünscht hätte, sondern »ein Kind so weiß wie Schnee, so rot wie Blut«. Gewiß, die Farben beziehen sich äußerlich mitsamt dem dunklen Ebenholzrahmen auf die Vorstellung einer anmutigen Tochter, deren vornehmweiße Haut von Gesundheit und Frische durchpulst wird, so daß ihr rotweißes Gesicht noch effektvoll umrahmt wird von tiefschwarzer Haarpracht; – überall, wo dieses Motiv auftaucht, steht das Schwarz-

Weiß-Rot für dieses Wunschbild sinnlicher Schönheit.[9] Aber es spricht sich darin zugleich auch eine bestimmte Erwartung an die Person einer Frau aus, es möchten in ihr Vornehmheit und Hingabe, Anmut und Würde, moralisches Regiment und weibliches Temperament auf stilvolle Weise einander ergänzen; und es ist eben diese Erwartung, die schon in der Person der Königin mißrät, ja, die wie ein Kontrast zu ihrer wirklichen Situation wirkt, so als suche sie mit ihrer Wunschphantasie nur die Erlebniskälte zu kompensieren, in die sie selber eingeschlossen ist.

Man braucht sich die ersten Sätze des Schneewittchen-Märchens nur einmal als eine Szene vorzustellen, die eine Frau in einer Psychotherapie als den Traum der vergangenen Nacht erzählen würde, und man begreift sogleich die Wehmut und die Trauer, die dieses Eingangsbild umgibt. In einem *Traum* ist es natürlich nicht egal, ob die Handlung in der Wärme des Sommers oder, wie hier, »mitten im Winter« spielt. Es ist, so müssen wir auch für das Märchen denken, ein frierendes, unterkühltes Leben, das die Königin da führt, und die »Schneeflocken« fallen darein wie Tränen, die der Himmel in ihre Kälte und Einsamkeit weint. Unmöglich scheint es, mit diesem Bild Gefühle von Wärme und Zärtlichkeit zu verbinden. Von dem *Gatten* der Königin hören wir an dieser Stelle bezeichnenderweise durchaus noch kein Wort – an seiner Seite wird späterhin einzig Schneewittchens *Stiefmutter* ihr Unwesen treiben, während die Wesensgestalt dieser Frau einer vorzeitig Sterbenden gleicht. Wie das sein kann?

»Wenn ich zurückdenke«, schilderte vor einer Weile eine Frau die Geschichte ihrer Ehe, »so habe ich im Grunde geheiratet, weil ich ein Kind haben wollte. Es war, als ob ich eine Frau nur geworden wäre, um Mutter zu sein. Mein Mann war dazu notwendig, aber ich lebte eigentlich nicht mit ihm, sondern mit meinem Kind. Ich war überglücklich, daß es ein Mädchen war, denn in ihm sah ich mich selbst wieder. Ich wollte ihm das Leben ermöglichen, das ich selber nie kennengelernt hatte.«

Tatsächlich hatte sie unter ihrer eigenen sehr strengen Mutter seit Kindertagen gelitten. Insbesondere über das Aufblühen ihrer Jugend war bald schon der Frost starrer moralischer Verbote gefallen. Es war, wie wenn mitten im Mai über die duftenden Dolden des Flieders die Eisheiligen kommen: die Schönheit der Blüten bleibt äußerlich wohl noch bestehen, doch darinnen erstirbt das Leben. So war sie, ein ursprünglich lebenslustiges, anmutiges Mädchen, bei den ersten Regungen eines feineren Fühlens durch das Veto der Mutter zu Tode erschrocken: Alles, was sie bis dahin gelernt hatte über Keuschheit und Unkeuschheit, über Tugend und Laster, über Sittlichkeit und Sünde, gewann jetzt einen wirklichen, schrecklichen Inhalt: sie war, kaum zwölfjährig, eine Verdammte.

Es fällt vielen vor allem jungen Leuten inzwischen wohl schwer, sich die Folgen einer Moral vorzustellen, die, wie die katholische Kirche noch heute, unter einer Fülle verklausulierter Worte erklärt, daß jegliche sexuelle Gefühlsregung, wofern *freiwillig,* sei es in Gedanken, sei es in Blicken, sei es in Taten, mit *Bewußtsein* herbeigeführt, *außerhalb* der Ehe als eine »Todsünde« zu betrachten sei.[10] Die Subtilität dieses Denkens läßt kein Entrinnen: Ein zwölfjähriges Mädchen kann ohne Zweifel *wissen,* was gut und was böse ist; es ist ebenso zweifelsfrei auch schon imstande, von seiner eigenen *Freiheit* Gebrauch zu machen; wenn es nun trotzdem in einer »wichtigen Sache«, wie es nach kirchlicher Meinung die menschliche Sexualität unter allen Umständen ist, etwas Sittenwidriges tut, so schließt es sich damit selber durch die »Ungeordnetheit seiner bösen Begierden« von der göttlichen Ordnung eigenmächtig aus, es fällt aus der Liebesgemeinschaft mit Gott durch sein eigenes schuldhaftes Streben nach verbotener Liebe selber heraus, es wird, wenn es unbußfertig in diesem Zustande sterben sollte, in die ewige Gottesferne, das ist: in die Hölle verbannt werden.[11] Und ist es denn auch Sehnsucht nach Liebe, die in der Unmoral einer verdorbenen Jugend in Erscheinung tritt oder nicht vielmehr nur »fleischliche Wollust«, »delectatio venerea«, wie es moraltheologisch hieß? Und des Schlimmen damit noch nicht genug! Man muß die böse Begierde gar nicht erst sündhaft selbst stimulieren, es genügt schon, ihr nicht durch rechte Ernährung, geistige Zucht, schickliche Kleidung und maßvollen Lebenswandel gebührend entgegenzutreten; es ist bereits möglich, andere, schon durch die Zurschaustellung der eigenen Schönheit, zu unkeuschen Blicken und begehrlichen Gedanken anzustacheln. Andere zu »sollicitieren« – auch das kann für ein blühend heranwachsendes Mädchen, ja, für ein solches erst recht, eine noch weit schlimmere Sünde bedeuten als alle allein mit sich selber verübten Gedanken und Taten.

Wohlgemerkt, es gibt auch heute noch Kinder, die im Schatten einer solchen (kirchlichen) Ethik aufwachsen müssen, – schließlich sind alle Stimmen, die ernsthaft dagegen hätten ihr Wort machen wollen, bis in die jüngste Zeit vom kirchlichen »Lehramt« mit »disziplinarischen Maßnahmen« zum Schweigen gebracht worden; doch selbst wenn den Worten nach eine solche Moral nicht mehr »verkündigt« wird, verbreitet sie sich gleichwohl »atmosphärisch«: Es genügt, daß bestimmte Verhaltensweisen mit Schweigen, mit Wegsehen, mit Übersehen belegt werden, und ein Kind weiß, was es für »unaussprechbar« und »unansehnlich« zu halten hat; es genügt, daß ihm sehr früh schon am Beispiel der eigenen Eltern gezeigt wird, was sich »gehört« und was sich »nicht gehört«, und es wird gefühlsmäßig sein Leben lang an die entsprechenden Wertungen gebunden sein. In den Tagen, da die BRÜDER GRIMM ihr Märchen schrieben, stellte das »sechste Gebot«, das eigentlich nur den *Ehebruch* unter Verbot setzt, einen Hauptgegenstand bereits der *Kinderbeichte* dar.[12] Und hat sich diese Denkungsart je geändert? Wie viele Frauen gibt es, die sich selbst in unseren Tagen noch deutlich daran erinnern, daß sie alle vier Wochen in dem »Beichtstuhl« einer katholischen Kirche »Reue und Leid« über Taten zu »erwecken« hatten, deren Sinn sie durchaus nicht verstanden und die sie überhaupt nur »beichteten«, um als ein gutes, als ein »bußfertiges« Kind zu erscheinen? Spätestens jedoch mit dem Beginn der ersten »Tage« hub eine Zeit nicht endender Scham für sie an. Man mußte sich verstecken; man mußte die Spuren verwischen; man durfte es niemandem sagen. Irgendwann, gewiß, kam die Mutter dahinter, doch sagte sie dazu kaum ein Wort; es war von Glück zu sagen, wenn sie, immerhin, das »sanitäre Material« zur Verfügung stellte und die Tochter davor warnte, mit einem Kind nach Hause zu kommen: – ab jetzt konnte so etwas ja passieren! Fortan galt es, auf sich »aufzupassen« wie auf eine Verschlußsache! Auf eine solche Weise Frau werden zu sollen war eine Zumutung.

Doch half es auch nichts, sich, eine Weile lang, am liebsten alles wegzuwünschen. Es kam wieder, es ging weiter, es entwickelte sich immer mehr. Man stand vor dem Spiegel, um zu sehen, wer man war, doch durfte man stolz sein, wo man sich schämen mußte? Wie hatte ein Mädchen in diesem Alter sich selber zu sehen: war es reizend oder aufreizend, schön oder schamlos, hübsch oder verführerisch? Und an welcher Stelle endete das eine und begann das andere? Wie eine Grenze ziehen bei einem Erleben, das so verwirrend hin- und hertaumelte zwischen Vorzug und Vorwurf, Achtung und Verachtung, Dankbarkeit und »Dünkel«, wie sie dann sagten?

Man muß sich die Mutter eines »Schneewittchens« auf diese Weise als eine Person vorstellen, die vor allem in ihrer Rolle als Frau zutiefst verunsichert ist: stets sich sehnend nach einer Liebe, die ihr im Grunde verboten ist, stets sich ausstreckend nach der Nähe eines Mannes, den sie doch die Pflicht hat, jeweils von sich zu weisen, damit er ihr nicht zu nahe komme, stets unter dem Zwang, zerstören zu müssen, was ihr im Grunde Glück und Geborgenheit zu schenken vermöchte.

»Meine Mutter«, erinnerte sich eine Frau, die das Schneewittchen-Märchen als Schlüssel zum Verständnis ihres eigenen Lebens entdeckt hatte, »konnte noch viele Jahre nach dem frühen Tod meines Vaters mit einem sonderbaren Funkeln in ihren Augen erzählen, wie sie ihn anfangs, als sie ihn kennenlernte, absichtlich in die Schranken gewiesen hat. Mein Vater war bestimmt alles andere als ein Hallodri, doch Mutter fand es vor der Ehe – und, ich glaube auch, in der Ehe – für nötig, ihn auf Distanz zu halten. ›Eine Frau, das ist eine Burg, die will erobert sein‹, sagte sie manchmal, so als wenn die Liebe eine Art Belagerungskrieg wäre. Ich habe sie in diesem Punkte nie ganz verstanden; und ich nehme es ihr heute noch übel, daß sie meinen Vater so sinnlos gequält hat. So erzählte sie, daß sie ihn mehr als eine halbe Stunde lang buchstäblich im Regen hat stehen lassen – sie wußte, daß er auf sie wartete, aber sie ging nicht hin, nur um ihn ›abzukühlen‹. Und sie schien selbst dreißig Jahre danach noch mit sich sehr zufrieden zu sein, daß sie es ihm nicht so leicht gemacht hatte, sie zu ›erobern‹. Dabei hatte sie ihn doch geliebt! Sie kam fast um vor Trauer, als er starb! Wie kann man so etwas verstehen?«

Nun, man kann so etwas ganz gut verstehen, wenn man voraussetzt, daß eine bestimmte kirchliche oder gesellschaftliche Moral ein großes Interesse daran hegt, gerade diejenigen Erlebnisräume zu kontrollieren, an denen die Lust und die Liebe den einzelnen Menschen Freiheit und Selbstvertrauen verleihen könnten. »Tu' niemals das, was du eigentlich möchtest, denn eben: schon daß du selbst etwas möchtest, zeigt das Selbstische, das Verkehrte; richtig ist nur, was du als ein Opfer dir abringst, wo du Verzicht auf dich selbst übst, wo du dich überwindest.« So oder ähnlich lauten die Kerngebote einer solchen Moral.[13] »Liebe – das ist, sich selber ganz *hinzugeben*, das ist, von sich selber ganz *abzusehen* ...« Liebe – das ist, folgt man solchen Tiraden und Attitüden, die Pflicht, das Glück einfacher Nähe und Vertrautheit zu zerstören zugunsten gewisser höherer Zwecke, zum Beispiel der Zeugung von »Nachkommenschaft«[14] oder der Einrichtung eines »Hausstandes«. Nie sollen zwei Menschen nach solcher Auffassung einander genießen wie in einem Spiel, hingegeben einzig dem Augenblick, ein jeder des anderen Grund und Gestalt allen Glücks, alles andere ringsum vergessend. Daß da ein Mensch nichts weiter mehr kenne als einen anderen Menschen als Sinn und »Endzweck« allen Strebens und aller Bestrebungen, – das gerade wird von einer solchen Moral nicht als Ausdruck der Liebe gelten gelassen, eine solche Liebe wird vielmehr als »Egoismus zu zweit« diffamiert, als »Hedonismus« gebrandmarkt, als »Anarchismus« für »pflichtvergessen« erklärt. Die Kirche, der Staat, die Gesellschaft machen in einer solchen Moral sich geltend gegen das Individuum und gegen die Liebe; denn die individuelle Liebe, so weiß man, ist das Unkontrollierbare – das ist die Welt der Wurzel aus minus Eins –, ein Rechnen mit komplexen Zahlen, auf imaginären Ebenen, das ist das Verwirrende, das Unberechenbare, das Irrationale an sich selber. Darum: wehret den Anfängen!

Das Opfer einer solchen »Moral« hat als Frau stets das Zeug, eines »Schneewittchens« Mutter zu werden. Vor einem solchen geistigen Hintergrund »stimmen« auf das genaueste alle Details schon in der Einleitung der GRIMMschen Geschichte.

Als erstes: die *winterliche* Stimmung selbst und das Fallen der *»Schneeflocken«*.

Schneeflocken

schrieb die österreichische Dichterin CHRISTINE BUSTA[15],

wieviel Heimkehr
ausgesendeter Wärme

Kristalle aus Wasseratem,
Erdatem, Menschenhauch,
frostverdichtet und löslich.

Botschaften,
windhin,
sternher ...

Da kommt im Bilde der Schneeflocken wie aus dem Himmel etwas zurück, das auf der Erde einmal Hoffnung und Zärtlichkeit war, doch es gerann zu gefrorenen Tränen; wohl, gerade sie besitzen ihre eigene kristallene Schönheit, gerade sie zeichnen sich aus durch die filigrane Symmetrie ihrer Muster[16], und doch sind sie nichts als leise geflüsterte Worte, die, ungehört, der Wind von den Lippen nahm und verwehte sie weit, ein Funkeln von fern in dunkelen Nächten ... Ein solches Leben wird still; es wagt kaum noch irgendeine Art von Kontakt, aus Sorge, die Dinge zu stören – nach so viel Zerstörung! Unter dem Titel *Im Winter* fährt CHR. BUSTA denn auch fort[17]:

Rühre nicht an den Schnee,
laß die Kristalle schweben!

Wo die Flocke dich heimsucht,
wirst du bis unter die Haut
von Vergänglichkeit brennen.

Es ist wie ein Rühren an alten Schmerz, die schwebenden Schneekristalle zu spüren, sie lösen sich auf in der Wärme des noch verbliebenen eigenen Lebens, sie werden wieder die alten Tränen, sie erwecken wieder die Qual der Erinnerung an ein unerträgliches Leid, das doch, in diesem Falle, die Erfüllung einer heiligen Vorschrift war: Man hatte die Liebe zu meiden!

Ist es in diesem »Traumbild« eines ungelebten Lebens dann noch für »zufällig« zu halten, wenn wir die »Königin« von einem *schwar-*

zen Fenster aus Ebenholz umrahmt sehen? Es ist wie das Bild einer Totenanzeige, auf dem, schwarz umrandet, das blühende Portrait einer lebend Toten zu sehen ist, – so diese Frau am Fenster. Es gibt keine Hoffnung mehr, die sie für ihr eigenes längst schon zerstörtes Dasein noch hegen dürfte; all ihre Zuversicht richtet sich deshalb aus einer verlorenen Vergangenheit in die einzig noch mögliche Zukunft, in die ihres Kindes: möchte dieses so sein, daß es den Totenrand seines Lebens aufsprengen könnte zu einem Dasein, in dem »Rot« und »Weiß« eine Einheit bildeten …

Man kann eines »Schneewittchens« Mutter nur verstehen aus dem Geflecht eines solchen *ersatzweisen* Lebens heraus. Da trägt ein Mädchen, noch bevor es zur Welt kommt, bereits all die Widersprüche in sich, die für seine Mutter keine Auflösung gefunden haben, und ja, es wird geradezu mit dem *Auftrag* geboren, das scheinbar Unversöhnliche im Leben seiner Mutter in seinem Leben doch noch zu vereinbaren. Die Umstände freilich könnten diesem Ziel ungünstiger nicht sein.

Nicht wenige Frauen werden als Mädchen *allein* an der Seite ihrer Mutter haben aufwachsen müssen, – der Vater verstarb: er blieb im Krieg, er erlag einer Krankheit, er war beruflich verhindert, zu Hause zu leben; in all diesen Fällen kann ein Kind mittelbar doch erleben, daß es einen Vater *hat:* die Mutter sehnt sich nach seiner Gegenwart, sie erzählt ihm von ihm, sie betet mit der Tochter um seine Wiederkehr, sie malt ihr die Freude aus, die seine Nähe bedeuten könnte, und so entsteht auch in dem Kinde ein starkes Verlangen nach diesem Unbekannten und doch so Bekannten, nach diesem Abwesenden und doch um so mehr Anwesenden, nach diesem so schmerzhaft vermißten, *fehlenden* Vater. Deutlich anders verhält es sich in der Kindheit eines »Schneewittchens«. Für *seine* Mutter ist der Vater kein Ort, sich in der Kälte zu wärmen, er hat durchaus nicht teil an ihren winterlichen Träumereien, im Gegenteil: das Kind als Inhalt aller mütterlichen Wünsche soll gerade den Platz füllen, den der Gatte leerläßt oder verläßt, und zwar, wie wir jetzt denken müssen, nicht weil es ihn nicht gäbe, sondern weil eine bestimmte Moral seine Nähe unwünschbar macht.

Ein Kind, das so aufwächst, entbehrt nicht des Vaters, es lernt als erstes, den eigenen Vater zu meiden, zu fürchten, – auch er ist ein

Mann! Wie aber soll es bei solcher Belastung ein Problem lösen, an dem schon das Leben seiner Mutter auseinanderzubrechen droht?

Wie eines »Schneewittchens« *Mutter* die Liebe empfindet, verrät uns jedenfalls gleich schon das Eingangsbild dieses GRIMMschen Märchens: sie sitzt am Fenster und näht und *sticht sich mit der Nadel dabei in den Finger,* so daß drei Tropfen Bluts in den Schnee fallen, und als sie die sieht, entsteht ihr der Kinderwunsch ...!

Der *»Stich in den Finger«* ist ein Motiv, das aus dem Märchen vom *Dornröschen* geläufig ist (KHM 50).[18] Diese Geschichte unterhält eine bemerkenswerte Gemeinsamkeit mit dem *Schneewittchen* in dem Motiv vom *Schlaf der Prinzessin:* wie Schneewittchen schließlich in dem gläsernen Sarg der Zwerge aufgebahrt ruht, so schläft das Dornröschen, als es im fünfzehnten Lebensjahr von einer Spindel gestochen wird, einen schicksalhaften hundertjährigen Schlaf, während dessen die ganze Welt den Atem anhält und nicht einmal mehr der Wind in den Blättern der Bäume sich regt. Für das *Dornröschen* wie für das *Schneeweißchen* bedeutet die Begegnung mit der männlichen Sexualität offenbar nicht nur eine schmerzhafte, sondern eine geradezu lähmende, beinahe tödliche Erfahrung, die freilich das »Schneewittchen« nur mittelbar betrifft, indem es dort *die Mutter* ist, die sich mit der Nadel den Finger blutig sticht.

Tatsächlich wird man nicht fehlgehen, wenn man in der Mutter eines »Schneewittchens« selber eine solche 15jährige Königstochter erblickt, die den Beginn ihrer Entfaltung zur Frau wie einen schmerzhaften Gewaltakt erfahren haben wird. Man mag sich wundern, wie so bald in der GRIMMschen Erzählung der Stich in den Finger von der Geburt des ersehnten »Schneeweißchens« gefolgt wird, und man darf denken, das eine *folge* nicht nur dem andern, es *sei* dessen »Erfolg«; mit anderen Worten: der Stich in den Finger sei nichts anderes als die symbolische Beschreibung der Empfängnis eines »Schneewittchens«.[19] Es ist ein Akt nicht der Freude, vielmehr eine kalte, freudlose Zufügung von außen, eine Verletzung, die doch nur offenbart, was es überhaupt heißen kann, eine Frau zu sein. Wurde nicht wie eine Wunde bereits der Eintritt ins Frausein erlebt? Nur: so ging es dann weiter, denn was dieses eine Mal angeht – es war niemals anders! Es gab diese häusliche Pflicht: zur Handarbeit und zum Handhinhalten, in beidem tüchtig: fleißig wie fruchtbar, und doch gedemütigt und gequält, ein blutiger Schmerz in einer schneekalten Welt, ein Leben, buchstäblich, in ganz kleinen Stichen, ein Zusammennähen von etwas, das nicht zusammenhalten will.

Um 1901 hat der dänische Maler GEORG NICOLAJ ACHEN (1860–1912) unter dem Titel *Intérieur*[20] in den Maßen 65,5 mal 48,5 cm ein Bild gemalt, das heute im Musée d'Orsay in Paris hängt (und in gewissem Sinne einen Eindruck davon vermittelt, wie man sich das Leben eines »Schneewittchens« und seiner Mutter vorstellen kann, wenn man die Traumszene am Anfang des Märchens in »unsere« Realität überträgt. Da fällt der Blick in das Innere eines vornehmen, doch spärlich eingerichteten Zimmers; stilvolle, in dunklem Braun gehaltene Möbel schmücken den eng wirkenden Raum mit seinen beiden Wänden: ein kastenförmiger, spindähnlicher Schrank, eine Bettcouch, mit goldfarbenem Brokat bezogen, darüber eine Galerie streng aufgereihter Bilder, deren gläserne Rahmen das Licht zurückwerfen, das durch ein hohes Fenster in den dunklen Raum flutet und sich auf dem blank gebohnerten Parkettboden spiegelt. An dem hohen Fenster selbst aber, vor dem die faltenreiche Gardine unter dem breiten Store zur linken Seite zurückgezogen ist, sitzen eine Frau und ein Mädchen, beide dunkelhaarig, beide ganz in Weiß, beide in einem Kleid, das bis zu ihren Füßen herfällt. Anmutig und adrett hat das Mädchen seine Haare zu einem Zopf geflochten, der bis tief zwischen die Schultern reicht, während ein breiter dunkler Gürtel den Faltenwurf seines Kleides wie eine Schärpe zusammenhält. Alles Helle dringt einzig von draußen in den düsteren Raum und läßt die kostbaren Spitzenkleider der Frauen in dem zarten Gelb einer untergehenden Sonne erstrahlen. Vor ihnen steht ein halbrunder Fenstertisch, der nicht einmal Platz läßt für das bißchen Leben auch nur der Gräser, die in einer schlanken Karaffe hoch auf dem Schrank linksseits abgestellt sind. Alles Lebendige scheint von dem reinlichen Boden unter die vergleichsweise helle Decke verlagert und um so sehnsüchtiger draußen jenseits des wie zur Andacht aufgerichteten Fensterkreuzes gesucht zu werden. Doch während der Blick der Mutter in eine samten verschwimmende, in blau-gelben Nebel getauchte Weite gerichtet ist, scheint ihre Tochter, den Kopf gesenkt, still vor sich hin zu schauen. Beide bewohnen einen Raum, zu dessen »Interieur« sie selber wie eine erlesene Dekoration gehören und den sie weniger bewohnen, als daß sie in ihm, wie sehnsüchtig Wartende, gefangengehalten werden, beide die Opfer einer edlen, doch innerlich leer gelassenen Repräsentation. Dabei scheint das Schicksal des Mädchens bereits in allen Einzelheiten durch die Gestalt der Frau zu seiner Seite vorbestimmt zu sein: Eines Tages wird es, wie diese, den fest geknoteten Zopf zur Hochsteckfrisur aufbinden, eines Tages wird es, wie diese, warten auf einen Geliebten, den es nicht gibt, den es nicht geben *darf* in dem Inneren eines eben solchen einzimmerigen, wohlgeordnet-sterilen Raumes, eines Tages wird es, wie diese, sein Leben am Fenster verbringen zu Seiten einer heranwachsenden Tochter, die sein ganzer Inhalt, seine Hoffnung und sein Konterfei ist und zu sein hat, – es sei denn, der Konflikt, wie ein so friedlich scheinendes Bild wie dieser »Innenblick« von G. N. ACHEN ihn malt, erreichte eine derartige Zuspitzung, daß er sich einfach nicht mehr durch die Generationen weiterreichen ließe, sondern eine neue, ungeahnte Lösung benötigte oder erzwänge.

»Und das alles steht in den paar Sätzen der Einleitung eines GRIMMschen Märchens? Haben die BRÜDER GRIMM sich denn das alles selber auch gedacht, als sie vor bald nun schon 200 Jahren diese Geschichte aufzeichneten?« So werden immer wieder Leser sich fragen, die es nicht gewohnt sind, Märchentexte zu deuten wie Traumbilder, die in wenigen Sequenzen ein ganzes Menschenleben mit all seinen Widersprüchen und Lösungsansätzen verdichten. In unserem Falle, bei der Interpretation des Märchens von dem Mädchen Schneewittchen, sind wir in der glücklichen Lage, schwarz auf weiß zeigen zu können nicht nur, was die BRÜDER GRIMM selber von dem Inhalt ihrer Geschichte gewußt haben, sondern was ihnen sogar in schriftlicher Fassung schon vorlag und was sie alles *weglassen* mußten, um aus der Sage von *Richilde* und *Blanca* bei MUSÄUS ihr *Schneewittchen* zu formen; überraschenderweise – oder vielmehr: naturgemäß! – stoßen wir dabei *expressis verbis* auf die gleichen Problemstellungen, die wir in *nuce* bereits in der Anlage des GRIMMschen Märchens aufspüren konnten, nur daß MUSÄUS uns die Konstellationen eines Dramas beschreibt, dessen psychischen Inhalt und Zusammenhang er selber noch nicht auch entfernt nur zu ahnen scheint.

MUSÄUS nämlich erzählt, wie *Richilde* zur Welt kommt als das Kind des Grafen von Brabant, des frommen *Gunderich,* dessen Gottesminne von solcher Art war, daß seine Gemahlin, die edle Gräfin, darüber ursprünglich sich zur Unfruchtbarkeit verurteilt fand. Zwar wähnte der Graf darin eine Strafe des Himmels für den allzu weltlichen Sinn seiner Gattin erkennen zu sollen, doch, wie MUSÄUS richtig bemerkt, ist »die Fruchtbarkeit ... nicht eben eine Prämie der weiblichen Tugend«. Es wäre bei allen Fastenübungen und Kasteiungen der Eltern niemals eine *Richilde* geboren worden, hätte nicht *Albertus Magnus,* auf der Durchreise zum Konzil zu Lyon, als Beichtvater sich des Kasus angenommen, und zwar solchermaßen erfolgreich, daß Vater *Gunderich,* obwohl er lieber einem männlichen Erben das Leben geschenkt hätte, den gelehrten Geistlichen, weil die kleine *Richilde* ein so niedliches, unschuldsvolles Geschöpf war, mit Wohltaten schier überhäufte, so daß man im Volke schon munkelte, des Kindes Vater sei – ja, wisse man, wer? Die Gräfin jedoch erbat sich von dem ehrwürdigen Dominikaner beim Abschied noch ein Andenken für ihr Töchterlein und empfing von ihm einen metallischen Spiegel, gefaßt in einen Rahmen von gediegenem Gold; diesem Spiegel hatte der Heilige die Gabe verliehen, in deutlich redenden Bildern alle Fragen zu beantworten, die man an ihn richtete, allerdings drohte er im Falle eines lasterhaften Lebens seines Besitzers nach und nach zu erblinden. Das Glück am Hof zu Brabant währte indessen nicht lange. *Gunderich* verschied, mit Mönchskleidern angetan, das *ewige* Leben als sichere Anwartschaft hoffend; und seine Gemahlin, fortan ganz der Erziehungsfürsorge ihrer Tochter obliegend, zog sich selber zum Witwenaufenthalt in ein Kloster zurück. *Richilde,* erzählt uns MUSÄUS weiter, war eben erst 15 Jahre alt, als auch ihre *Mutter* verstarb und ihr als letzte Kostbarkeit jenen Zauberspiegel überreichte, in dessen Verwendung sie ihre Tochter sorgfältig unterwies. In Trauerkleidern, untröstlich über den herben Verlust der zärtlichen Mutter, verweinte Richilde »eins der schönsten Lebensjahre zwischen den Mauern der klösterlichen Klausur«. Dann aber, heimgesucht von Sehnsucht und Langeweile, lernte sie es, »mit den Tanten und Vettern der Nonnen zu kosen« und sich von manch stattlichem Ritter viel Schönes durch das eiserne Gitter des Sprechzimmers sagen zu lassen. Dies, meint MUSÄUS, habe den ersten Grund ihrer späteren *Eitelkeit* gelegt; wir aber sollten wohl eher sagen: es sei eine latente weibliche Homosexualität in der Seele *Richildens* zu bemerken[21] als Folge der strengen Frömmigkeit ihres Vaters und des steten Verbots eines einfachen glücklichen Lebens als Frau. Noch wissen wir von eines »Schneewittchens« Mutter nicht gerade viel, da verfügen wir doch bereits über Material genug, in ihr diese »Frau am Fenster« zu sehen, die ausschaut nach einem Leben, das in Ruhe zu genießen ihr aus gewissermaßen moralischen Gründen niemals vergönnt sein wird. Es wird sehr wichtig sein, diesen Hintergrund nicht zu vergessen, denn bald schon wird das Bild von Schneewittchens Mutter verdrängt werden von dem Gegenbild der bösen *Stief*mutter.

2. Die Frau im Spiegel

Wie in so vielen Märchen und Mythen nämlich verstirbt Schneewittchens Mutter unmittelbar nach der Geburt ihres Kindes. Gewiß, in Zeiten, da das Kindbettfieber, noch vor dem Engagement von Dr. Semmelweis in den Kliniken Wiens[22], als eine gefürchtete Seuche die Niederkunft zahlloser Mütter heimsuchen konnte, war ein solches Schicksal als *brutum factum* nicht ungewöhnlich; in psychologischer Absicht indessen sind wir sicherlich wohlberaten, in dem »Tod der Mutter« an dieser Stelle des Märchens nicht ein äußeres Ereignis, sondern ein Symbol für den *Wechsel im Wesen* ein und derselben Person an der Seite ihrer Tochter zu erblicken. Freilich, diese Möglichkeit auch nur zu erwägen scheint dem »gesunden Menschenverstand« vorerst absurd. Wie denn: es sollte diese so wehmütige, sehnsüchtige und unschuldige »Frau am Fenster«, als die wir bisher Schneewittchens Mutter kennengelernt haben, *identisch* sein mit jener anderen bösartigen und intriganten »Frau vor dem Spiegel«, die fortan als Schneewittchens Stiefmutter das Leben ihrer Tochter derart unheilvoll überschatten wird?

Um es vorweg zu sagen: gerade so verhält es sich!

Immer wieder bereitet es im Umgang mit anderen Menschen ebenso wie mit sich selbst die größten Schwierigkeiten, sich vorzustellen, daß eine einzelne Person nie nur das ist, was sie unter einem bestimmten Gesichtspunkt zu sein scheint; sie ist in aller Regel stets auch ihr eigenes Gegenteil, an dessen Widerspruch ihre Eigenarten und Charakterzüge allererst sich formen. Alles hängt davon ab, dieses Paradox in der Erzählung eines Märchens ebenso wie im wirklichen Leben zu erkennen und anzuerkennen.

Eine Hilfe dabei kann der Dichter Hermann Hesse sein. In erschütternder Weise hat er die Erfahrung der Vielschichtigkeit und Vielseitigkeit des Ichs in seinem Roman *Der Steppenwolf* gestaltet: »In Wirklichkeit«, schreibt er, »ist kein Ich, auch nicht das naivste, eine Einheit, sondern eine höchst vielfältige Welt, ein kleiner Sternhimmel, ein Chaos von Formen, von Stufen und Zuständen, von Erbschaften und Möglichkeiten.«[23]

»Die Täuschung beruht auf einer einfachen Übertragung. Als Körper ist jeder Mensch eins, als Seele nie.«[24]

»Nur von ferne erst und allmählich dämmert die Ahnung in einzelnen, daß das vielleicht alles eine billige Oberflächenästhetik ist, daß wir irren, wenn wir auf unsre großen Dramatiker die herrlichen, uns aber nicht eingeborenen, sondern bloß aufgeschwatzten Schönheitsbegriffe der Antike anwenden, welche, überall vom sichtbaren Leibe ausgehend, recht eigentlich die Fiktion vom Ich, von der Person erfunden hat. In den Dichtungen des alten Indien ist dieser Begriff ganz unbekannt, die Helden der indischen Epen sind nicht Personen, sondern Personenknäuel, Inkarnationsreihen.«[25] »... der Mensch ist eine aus hundert Schalen bestehende Zwiebel, ein aus vielen Fäden bestehendes Gewebe.«[26]

In der Tat bieten die Märchen und die Mythen der Völker immer wieder eindrucksvolle Beispiele für diese ihre »indische« Erzählweise, indem sie die Facetten ein und derselben »Person« auf eine Reihe verschiedener einander ablösender Handlungsträger verteilen, und es ist zu ihrem Verständnis sehr wichtig, sich auf eine solche Zerlegung einer einzelnen Person in die oft genug so widersprüchlichen »Inkarnationen« ihres Wesens gefaßt zu machen. Wann denn schon handeln wir, wie wir wohl wünschten, »ganz« und »geschlossen«, und müßten nicht, um uns als eines zusammenzuschließen, ein anderes, das wir doch auch sind, durch immer neue »Entschlüsse« ausschließen? Schneewittchens »Mutter« – wer ist das: die stille, wehmütig träumende »Königin« am Ebenholzrahmen ihres Fensters oder jene mörderisch eifersüchtige Vettel von »Stiefmutter«, in deren Hände das Mädchen vom Tage seiner Geburt an gerät? Schon daß eine solche »Wahl« sich überhaupt stellt, scheint schlimm genug; wie aber, wenn wir allen Ernstes denken sollten, diese beiden Frauengestalten bildeten nur die zwei Seiten ein und derselben Person, ja, sie fügten sich nicht nur in der psychischen Wirklichkeit zu ein und demselben Wesen zusammen, sondern sie bedingten einander wechselseitig, so daß die eine nicht wäre ohne die andere? Dann müßten wir unser eingangs in Aussicht gestelltes Versprechen über die Märchen im folgenden Schritt für Schritt einlösen, indem wir zu zeigen versuchen, wie es möglich ist, selbst und gerade das Gräßliche in der menschlichen Seele *verstehbar* zu machen und im Verstehen seiner Vermenschlichung zuzuführen. Wie kann ein und dieselbe Frau sich sehnen nach einem Kind, dem sie am Ende trotz allem, ja, wie wir denken sollen, sogar gerade deshalb den Tod wünscht, um nur ja selber »die Schönste« zu bleiben? Wer *dieses* Rätsel nicht löst, erläutert nicht das »Kinder- und Hausmärchen« der Brüder Grimm von *Schneewittchen*.

Eines wissen wir schon: mit dem Verlangen nach einem Kinde »so weiß wie Schnee, so rot wie Blut und so schwarz wie das Holz an dem Rahmen« sucht die »Königin« ein Problem zu lösen, das in ihrem eigenen Leben allem Anschein nach keine Auflösung zuläßt. Sie selber sehnt sich nach einer Weiblichkeit, die ihr im eigenen Leben endgültig verwehrt ist – aus »moralischen« Gründen, so nahmen wir an. Aber jetzt: Eben diese triebgehemmte, verschüchterte, ganz und gar in sich gekehrte Frau soll ein und dieselbe sein, die in geckenhafter Eitelkeit immer wieder vor ihrem Spiegel posiert, um sich ihrer, wie sie wähnt, unvergleichlichen »Schönheit« zu versichern? Gewiß, das kann sein, muß man wohl antworten, sobald man paradoxerweise die *Unsicherheit* in Rechnung stellt, die beiden Frauengestalten im Untergrunde gemeinsam ist.

»Wer bin ich eigentlich?« Diese Frage ergab sich für »die Frau am Fenster« bereits aus einer ständigen Irritation von Schuldgefühlen und Ängsten gegenüber der eigenen Weiblichkeit, und wir halten fest, daß es zum Lebenskonzept einer derart unerfüllten, weil immer neu an starren Verboten scheiternden Sehnsucht nach wirklichem Leben gehört, eine Lösung des an und für sich unlösbaren Konfliktes allenfalls in einem anderen Dasein, in der Gestalt der eigenen Tochter, für denkbar zu nehmen, ganz gewiß aber nicht für sich selbst, nicht unter den Bedingungen des eigenen Selbstbewußtseins und eigenen Selbstwertgefühls. Da liegt die Selbstunsicherheit dicht unter der Oberfläche. Was aber soll man von einer Frau halten, die sich immer erneut *vor den Spiegel* stellt und sich kritisch prüft, ob ihr künstliches Konterfei ihr sagt, was zu hören sie wünscht: sie sei die absolut »Schönste im ganzen Lande«?

Der »gesunde Menschenverstand« gibt sich sicher: eine solche Frau frönt einem der größten unter den sieben sündigen Lastern: der Eitelkeit.[27] Ihre unablässige »Selbstbespiegelei« macht sie geradewegs zu einem Muster an narzißtischer Selbstbezogenheit und Ichverliebtheit[28], eine Besessene scheinbar, der Manie verfallen, schön sein zu *müssen* um jeden Preis, ja, nicht nur schön, nicht nur makellos schön, sondern *unvergleichlich* schön, am allerschönsten auf Erden.

Man kann diesen unbedingten Willen zu Einmaligkeit und exklusiver Geltung wohl ebenfalls nur verstehen auf dem Hintergrund eines tiefen *Minderwertigkeitsgefühls.* Da *weiß* ein Mädchen durchaus, daß es schön ist; moralisch aber muß es lernen, daß es eben deshalb »gefährlich«, ja, *schlecht,* eben: *minderwertig* gerade wegen seiner Schönheit ist, mit der Folge, daß diese Verfälschung des Ästhetischen ins vermeintlich Ethische alle Formen natürlicher Selbstwahrnehmung verwirren wird.[29] Irgend etwas in ihm wird sich wehren gegen das Unrecht, für einen so offensichtlichen Vorzug seines Wesens sich angeklagt und angeschuldigt zu sehen, und so kann es unter den gegebenen Umständen nicht ausbleiben, daß der mutwillig minderbewertete Wert der Schönheit den Mut gewinnt, seine wahre Wertschätzung sich zu erkämpfen. Ein unheilvoller *Krieg* im Bewußtsein erhebt sich auf diese Weise, der im Grunde nie zu gewinnen, aber auch nie gänzlich zu verlieren ist, schon weil es zu einer offenen Austragung des Konfliktes nimmermehr kommen wird. Beides ist subjektiv nicht vorstellbar: Man kann nicht der gesamten öffentlichen Moral Hohn sprechen und sich für *rein* erklären, wo sie ihr »unrein« spricht, man kann nicht mit Stolz sich in die Brust werfen, wo die gesellschaftliche Moral den demütigen Verzicht auf alles Prunken und Sich-zur-Schau-Stellen gebietet; doch kann man auch nicht einfachhin auf das eigene Wesen Verzicht tun. *Vor sich selbst,* insgeheim, wird man nur um so stärker versucht sein, die öffentlich geschändete Ehre in der persönlichen Wertung wiederherzustellen: sich selber ist man den *Beweis* geradwegs schuldig, trotz allem nicht schuldig, sondern in Wirklichkeit schön und rein und *liebenswert* zu sein.

Eine solche »Selbstanschauung« im verborgenen – das bedeutet als erstes diese unbedingte Selbstreflexion vor dem Spiegel. Was, bitte schön, heißt da »Narzißmus«, wenn ein Mädchen wie verzweifelt darum ringt, unter dem Druck seiner ganzen Umgebung sich wenigstens einen Rest an Selbstachtung zu bewahren?

In einem psychologisch erstaunlich genauen Bild aus dem Jahre 1893 hat Edvard Munch einmal unter dem Titel *Hände* einen derartigen Widerspruch dargestellt[30]: Bekleidet nur mit einem tief herabgerutschten blauschwarzen Rock, steht da eine junge Frau, die mit ihren wie sehnsüchtig hinter dem Kopf verschränkten Armen ihre ebenso liebreizende wie aufreizende Schönheit wirksam zur Schau stellt; eingerahmt wird ihre Gestalt von einem düster-dunklen Schattenhintergrund, der sie mit seiner melancholischen Tristesse nicht nur wie in einem Gefängnis der Angst einzuschließen scheint, sondern der sie zugleich auch vor dem Zugriff der zahlreichen Hände zu beschützen verspricht, die sich in roten, grünen und gelben Farben von allen Seiten her begehrlich und bedrohlich nach ihrem nackten Körper ausstrecken. Der grell geschminkte Mund dieser Frau scheint ebenso wie die erwartungsvolle Pose ihrer Gestalt eine solche »Griffbereite« geradewegs zu signalisieren; gleichzeitig aber verraten die wie mit einer riesigen dunklen Brille verhüllten Augen, daß diese Frau weder sehen will noch sehen kann, was für eine Reaktion von seiten ihrer Umwelt sie mit ihrer schlanken, sinnlich betonten Körperlichkeit hervorruft. Alles, mit anderen Worten, was diese Frau in den Augen der Männer bewirkt, entgeht ihrem eigenen Blick, es unterliegt, psychoanalytisch gesprochen, einer vollkommenen Verdrängung; doch ist es gerade dieser Kontrast von eigenem Verlangen und schuldbewußter Abwehr, ist es dieser Gegensatz von selbst provoziertem fremdem Verlangen und angstvoller Scheu, der die psychologische Genialität dieses Bildes des norwegischen Malers bestimmt.

Eine solche Frau, gewiß, empfindet durch und durch »narzißtisch« in Hoffnung und Furcht, in Verheißung und Verweigerung, in Verlockung und Verbot; stets, da kann sie sicher sein, steht sie im Mittelpunkt der Aufmerksamkeit aller; doch ist es erkennbar erst dieser Beitrag einer moralisch bedingten Angst, der eine einfach nur schöne Frau in ein solches Widerspruchswesen aus Hingabe und Abwehr verwandelt. Alles im Erleben einer solchen Frau ist auf die Frage *fixiert,* welch einen Eindruck sie mit ihrer Schönheit bei ihrer Umgebung hinterläßt; »Schönheit« aber – das heißt für sie jetzt, die unmittelbare weibliche Ausstrahlung sichtbar zu machen, die als sinnliches Gefallen möglichst grell und auffallend wirken muß, während subjektiv alles Erleben, im Extrem sogar, über und über »gebrochen« erscheint. »Narzißtisch überreflektiert« – *das* ist das Wesen der *Frau vor dem Spiegel, das* ist die Außen- und Ansichtsseite der *Frau am Fenster.*

»Wer bin ich?« Diese Frage läßt eine Frau dieser Art ihr Lebenlang nicht mehr los. »Ich bin schön. Ich bin schlecht. Ich bin schlecht, weil ich schön bin. Ich darf nicht schön sein, wenn ich gut sein will. Liebenswert bin ich nur, wenn ich gut bin. Ich bin aber nicht liebenswert, wenn ich nicht zugleich schön bin. Also muß ich versuchen, schön zu sein, ohne zu wissen, daß ich schön bin. Aber ich weiß, warum ich nicht wissen darf, wie schön ich bin. Ich bin etwas, das ich nicht sein darf. Ich weiß etwas, das ich nicht wissen darf. Woher also soll ich wissen, wer ich in Wirklichkeit bin?«

So geht das, so dreht sich das tagaus, tagein. Die verleumdete Schönheit wird zur verleugneten Schönheit und diese wieder zur süchtigen Suche nach einem Selbst, das nur als ein Etwas für andere wirklich ist und deshalb allein schon nie dazu kommt, in Ruhe selber zu sein – in Identität von »An sich« und »Für-Sich«.

Erst unter dieser Voraussetzung versteht man die zwei wichtigsten Merkmale im Leben und Erleben der (Stief)Mutter eines »Schneewittchens«: die enorme Bedeutung des *Seins für andere* sowie die rigorose Reduktion dieses Seins auf die reine Außenseite ästhetischer Körperlichkeit. Statt noch länger von »Laster« und »Schuld« zu sprechen, begreifen wir an dieser Stelle bereits die Anfangszüge und Anfangsgründe einer vollendeten Tragödie.

In der Terminologie der Psychoanalyse handelt es sich bei dem GRIMMschen Portrait von »Schneewittchens« (Stief)Mutter um einen ausgesprochen *hysteriformen* Charakter; doch braucht man ein Wort wie »Hysterie« im alltäglichen heutigen Sprachgebrauch nur zu erwähnen, und man wird sogleich damit Assoziationen von weiblichen Nervenkrisen, Exaltationen und Extravaganzen aller Art erwecken, nicht zu vergessen die Unterstellung einer Durchsexualisierung des Lebens in allen Beziehungen und Daseinsbereichen.[31] Ganz falsch sind derartige Vorstellungen in der Tat nicht, doch wird alles *ganz* falsch durch die simple Tatsache, daß der bloße Begriff »Hysterie« in sich bereits wie ein Schimpfwort empfunden wird; er ist als psychologisches Wort im Grunde so wenig weiterverwendbar wie im Munde von Theologen ein Wort wie »Sünde« oder »Buße«. Worum es uns gehen muß, kann nicht, wenn auch noch so versteckt, das Verteilen von Vorurteilen sein, sondern worum wir uns bei der Interpretation eines Märchens gerade bemühen müssen, ist der Abbau des Vorwurfsanteils, der auch im Psychologenjargon sich mitteilen kann, und so dürfen wir die psychoanalytische »Diagnose«: *Hysterie* allenfalls dazu verwenden, eine bestimmte Form existentiellen Unglücks in der Innenansicht menschlicher Not aufzuzeigen und aufzuzeichnen[32]: Wie fühlt sich eine Frau, die so empfindet, wie die BRÜDER GRIMM sie in der Gestalt von »Schneewittchens« (Stief)Mutter uns schildern: eine Sucherin nach dem, was sie nicht sein darf, eine Versucherin durch das, was sie ist, eine Verlegene ebenso wie eine Verwegene? Was bedeutet es für eine solche Frau, wenn sie von ihrer »Wirkung« auf andere Menschen sich derart abhängig macht, wie es zum sogenannten »hysterischen« Erleben klassischerweise gehört?

Der österreichische Schriftsteller STEFAN ZWEIG hat in seinem biographischen »Bildnis« der *Marie Antoinette* einmal eine psychologisch äußerst sensible, um Verständnis werbende und schon deshalb zeitlos gültige, weil menschlich gütige Fragestellung dieser Art vorgelegt.

Die letzte Königin Frankreichs in den Tagen der Revolution erscheint in seiner Darstellung geradezu als die Verkörperung jeder nur möglichen Äußerlichkeit und Eitelkeit des weiblichen Wesens; diese Königin des Rokoko dachte, so schreibt er, »nicht daran, die Zeit zu verstehen, sondern einzig, sich die Zeit zu vertreiben«[33], und er meint: »Dies war der verhängnisvolle Fehler Marie Antoinettes von allem Anbeginn: sie wollte als Frau siegen statt als Königin, ihre kleinen weiblichen Triumphe zählten ihr mehr als die großen und weithin reichenden der Weltgeschichte, und weil ihr verspieltes Herz der königlichen Idee keinen seelischen Inhalt zu geben wußte, sondern nur eine vollendete Form, schrumpfte ihr unter den Händen eine große Aufgabe in ein vergängliches Spiel, ein hohes Amt in eine schauspielerische Rolle. Königin sein heißt für Marie Antoinette fünfzehn leichtsinnige Jahre lang ausschließlich: als die eleganteste, die kokketteste, die bestangezogene, verwöhnteste und vor allem die vergnügteste Frau eines Hofes bewundert zu werden ..., die tonangebende Mondäne jener vornehm überzüchteten Gesellschaftswelt zu sein, die sich selbst für die Welt hält.«[34]

»Aber wie arm bleibt das Repertoire dieser Gesellschaftskomödie: ein paar kleine flüchtige Koketterien, ein paar dünne Intrigen, sehr wenig Geist und sehr viel Tanz.«[35]

Wie sah, kann man fragen, Marie Antoinette *rein äußerlich* wirklich aus? Wir besitzen etliche Bilder von ihr. STEFAN ZWEIG beschreibt ihre äußere Erscheinung wie folgt: »Zart, schlank, anmutig, liebreizend, spielerisch und kokett, wird die Neunzehnjährige (sc. bereits, d. V.) von der ersten Stunde an die Göttin des Rokoko, der vorbildliche Typus der Mode und des herrschenden Geschmacks; wenn eine Frau als schön und anziehend gelten will, bemüht sie sich, ihr ähnlich zu sein. Dabei hat Marie Antoinette eigentlich weder ein bedeutendes noch ein besonders eindrucksvolles Gesicht ... Etwas Kühles und Leeres wie von glattfarbenem Email geht von diesem unausgeformten, noch auf sich selbst neugierigen Mädchengesicht aus, dem erst die späteren fraulichen Jahre eine gewisse majestätische Fülle und Entschlossenheit hinzutun. Einzig die weichen und im Ausdruck sehr wandelhaften Augen, die leicht in Tränen überströmen, um dann sofort wieder in Spiel und Spaß aufzufunkeln, deuten auf Belebtheit des Gefühls ...: man spürt nur eine weiche, nachgiebige Natur, die von Stimmung sich führen läßt und, durchaus weiblich, immer nur den Unterströmungen ihres Empfindens folgt. Dieses Zärtlich-Anmutige ist es auch, was alle an Marie Antoinette vor allem bewundern. Wahrhaft schön ist an dieser Frau eigentlich nur das wesentlich Weibliche, das üppige, vom Aschblonden ins Rötliche schimmernde Haar, das Porzellanweiß und die Glätte ihres Teints, die füllige Weichheit der Formen, die vollendeten Linien ihrer elfenbeinglatten und zartrunden Arme, die gepflegte Schönheit ihrer Hände, all das Blühende und Duftende einer erst halb aufgefalteten Mädchenschaft, allerdings ein zu flüchtiger und sublimierter Reiz, als daß er sich aus den Nachbildungen ganz erahnen ließe.«[36]

Doch gerade diese weiche, biegsame und schmiegsame *Königin* stellt sich wie mutwillig unter den Zwang, im Mittelpunkt der Spiegelsäle ihres »Trianon« zu stehen[37]; sie *muß* die »Schönste« sein, um nicht nichts zu sein. Warum? Es ist erneut STEFAN ZWEIG, der die bereits erwähnte *Schneekälte* der »Frau am Fenster« gerade und auch im Leben der Königin Marie Antoinette genial richtig herausspürt: – die *eisige* Zeremonie etwa, mit der man die damals noch vierzehnjährige Habsburgerin als ein kleines verschüchtertes Mädchen aus rein diplomatischen Gründen in einer »Orgie der Etikette«[38] in Straßburg an die französische Seite zur Hochzeit mit dem Bourbonen-Prinzen Ludwig XVI. übergibt; die sieben entsetzlichen Jahre insbesondere, in denen der zum ehelichen Einssein unfähige König in über 2000 Nächten sich vergebens abmüht, mit seiner ungeliebten Staatsgemahlin »fruchtbar«, wie es international erwartet wird, »zusammenzukommen« und einen Thronnachfolger zu zeugen – *hier* vor allem sieht STEFAN ZWEIG den Grund zu jener »krampfigen, krankhaften und vom ganzen Hof als skandalös empfundenen Vergnügungswut, gegen die (sc. ihre Mutter, die Kaiserin, d. V.) Maria Theresia und alle Freunde vergebens anzukämpfen suchen. Wie sich beim König (sc. Ludwig XVI., d. V.) die unerlöste Männlichkeit in grobe Schmiedearbeit und Jagdleidenschaft, in dumpfe und ermüdende Muskelanstrengung umsetzt, so flüchtet bei ihr die falsch eingesetzte und unverwertete Gefühlskraft in zärtliche Freundschaft zu Frauen, in Koketterien zu jungen Kavalieren, in Putzsucht und ähnliche unzulängliche Temperamentsbefriedigungen. Nächte um Nächte meidet sie das eheliche Bett, den traurigen Ort ihrer weiblichen Erniedrigung, und treibt sich, während ihr Gatte und Nicht-Gatte seine Jagdmüdigkeit breit ausschläft, bis vier Uhr, fünf Uhr morgens auf Opernredouten, in Spielsälen, bei Soupers und in zweifelhafter Gesellschaft herum, sich wärmend an fremden Feuern, unwürdige Königin, weil an einen unwerten Gatten geraten. Daß aber diese Frivolität eigentlich freudlos ist, ein bloßes Übertanzen und Überamüsieren einer inneren Enttäuschtheit, das verrät mancher Augenblick zorniger Melancholie.«[39]

Wie lebt man als Frau mit einem Ludwig XVI.? Es treten im Fall der Marie Antoinette noch andere Widersprüche zwischen dem Sein für sich und den Pflichten der Rolle, dem Sein *für andere*, hinzu. STEFAN ZWEIG schreibt: »Dem Titel nach Frau, in Wirklichkeit noch Kind, soll Marie Antoinette bereits Würde und Rang majestätisch vertreten, andererseits noch auf der Schulbank die untersten Kenntnisse einer Volksschulbildung nachlernen; bald behandelt man sie als große Dame, bald wird sie gerüffelt wie ein kleines, unmündiges Kind; die Hofdame verlangt von ihr Repräsentation, die Tanten Intrigen, die Mutter Bildung; ihr junges Herz aber will nichts als leben und jung sein, und in diesen Widersprüchen des Alters und der Stellung, des eigenen Willens und jenes der anderen entsteht in diesem, sonst durchaus gerade gewachsenen Charakter jene unbändige Unruhe und Ungeduld nach Freiheit.«[40] »... mit wem heiter sein in diesem grausam feierlichen Haus aus kaltem Marmor, mit wem hier spielen?«[41] fragt STEFAN ZWEIG. »Von der ersten Stunde bis zur letzten kämpft der freie, natürliche Mensch in Marie Antoinette gegen die Unnatürlichkeit dieser erheirateten Umwelt, gegen das preziös Pathetische dieser Reifrock- und Schnürbrusthaltung«[42] – und doch, muß man hinzufügen, wird die »Herrscherin« von gerade dieser Welt, in der »nur die Sumpfpflanzen der Intrige und Galanterie« üppig blühen, wo nicht »die Leistung entscheidet, sondern die Kabale, nicht das Verdienst, sondern die Protektion«[43], sich nach und nach vollständig beherrschen lassen.

Doch um die Zusammenhänge in dieser Weise zu sehen, muß man die Welt in der Tat mit den Augen eines so hellsichtigen Biographen wie STEFAN ZWEIG betrachten; nur so wird man die Trauer, die Resignation und den Schmerz wahrzunehmen vermögen, der in der Unwahrheit all des gleißenden Glücks einer *Königin vor dem Spiegel,* wie Marie Antoinette eine war, sich verbirgt, dieser »Schönsten im Lande«, die doch gerade in der Pose der »Königin« buchstäblich die erste »Dienerin« der Eitelkeit ihrer Zeit war und wurde, indem diese Zeit in ihr ebenso Gestalt gewann wie sie ihr Gewalt antat.

Freilich, um nicht mißverstanden zu werden: eines »Schneewittchens« (Stief)Mutter, wie die BRÜDER GRIMM sie uns schildern, ist keinesfalls ohne weiteres eine »Marie Antoinette«; die Gestalt der Ersten Dame in den Spiegelsälen des Rokoko schenkt uns nur erst eine vorläufige Annäherung an die am meisten widersprüchlichen Seiten im Wesen jener rätselhaften »Frau vor dem Spiegel«, von der die BRÜDER GRIMM in ihrem Märchen erzählen und die wir doch mit jener »Frau am Fenster« in eins denken müssen. Wir begreifen auf diese Weise, was es bedeutet, als Frau eine Ehe zu führen, die keine ist; wir erfahren, wie das Verbot, sich selber zu leben, zu einer Sucht nach fremder Bestätigung führen kann; und wir lernen vor allem, wieviel an Leid nicht nur hinter einer blendenden Fassade von Selbstgefälligkeit und Selbstbespiegelung stecken kann, sondern auch hinter den psychoanalytischen Kunstwörtern »Hysterie«, »Narzißmus« und »kompensatorischer Schönheitswahn« sich verborgen hält. – Marie Antoinette, allerdings, war in gewissem Sinne wohl noch zu sehr *Frau*, sie kämpfte noch zu sehr um den Rest ihrer Natürlichkeit, um in vollem Umfang der Tragödie einer »Richilde«, wie das GRIMMsche Märchen sie schildert, gemäß zu sein.

Deren Problem liegt noch weit stärker als bei STEFAN ZWEIGS Marie Antoinette darin, daß sie all die seelischen Konflikte einer (moralisch bedingten) Selbstunterdrückung und Selbstablehnung in ihr Körperich projiziert und in einem phantastischen Perfektionsideal makelloser ästhetischer Vollkommenheit abzuarbeiten sucht. »Ich bin gerade so viel wert, wie ich an Wertschätzung von seiten der anderen erfahre«, so lautete die unausgesprochene Lebensdevise einer solchen Frau schon bisher; »aber«, so muß man jetzt fortfahren, »ich werde nur anerkannt werden, wenn ich durch meine Ausstrahlung als Frau alle anderen so verzaubere, daß ihnen gar nichts anderes übrig bleibt, als mich anzuerkennen und für etwas Unvergleichliches, Absolutes zu halten.«

Das offensichtliche Paradox einer solchen Grundhaltung ergibt sich von vornherein aus dem verzweifelten Willen, alle Anerkennung und alle Selbstachtung in gerade dem Punkte zu suchen, der ursprünglich am meisten gekränkt und geschändet wurde, dem *weiblichen Körper*. Kein Blick in den Spiegel, der insgeheim nicht von der bloßen Angst vor Verneinung, Kritik oder skeptischem Zweifel zu einem Übermaß getrieben würde und eben deshalb immer neu kränkbar und verletzbar bliebe.

Der *Spiegel!* Natürlich steht er als ein symbolisches Bild für das Nachdenken eines Menschen über sich selbst.[44] Was wir aber im Falle der (Stief)Mutter eines »Schneewittchens« vor uns haben, ist ein ständiges qualvolles Experiment auf Wert oder Unwert, auf Sein oder Nichtsein der gesamten eigenen Existenz: der Spiegel als Ort eines immer neu ergehenden Urteils auf Leben und Tod, der *Spiegel* als Bühne der Aufrichtung oder der Hinrichtung von allem, was man ist.

Um wievieles gelöster und freier etwa konnte noch RAINER MARIA RILKE in den *Sonetten an Orpheus* die *Spiegel* betrachten[45]:

Spiegel: noch nie hat man wissend beschrieben,
was ihr in euerem Wesen seid.
Ihr, wie mit lauter Löchern von Sieben
erfüllten Zwischenräume der Zeit.

Ihr, noch des leeren Saales Verschwender –,
wenn es dämmert, wie Wälder weit ...
Und der Lüster geht wie ein Sechzehn-Ender
durch eure Unbetretbarkeit.

Manchmal seid ihr voll Malerei.
Einige scheinen *in* euch gegangen –,
andere schicktet ihr scheu vorbei.

Aber die Schönste wird bleiben –,
bis drüben in ihre enthaltenen Wangen
eindrang der klare gelöste Narziß.

Da sind die Spiegel so etwas wie neutrale Fächer des Reifens, die in ihren Falten die verschiedenen Facetten des Werdens abbilden, unbeteiligt daran, was oder wen sie als Bild in sich aufnehmen und dem Betrachter zurückgeben; sie selber sind nichts als objektive Aufnahmeplatten, und sie kümmern sich nicht darum, ob das, was sie dem fragend Suchenden zeigen, für ihn den Himmel bedeutet oder die Hölle; gewiß, manch ein Bild, in dem sie den Schauenden sich selbst zurückschenken, mag auf diesen zufriedenstellend und beruhigend wirken, – daß er mit diesem Portrait im Vorübergang sich selbst, das bessere Bild seiner Erscheinung wie auf Dauer gestellt sieht: So sieht *er*, so sieht *sie* aus! Nach diesem Bild wird er, wird sie sich künftighin messen! Was aber wird, wenn wir einen Mann, eine Frau vor uns haben, die voller *Angst* und *Unsicherheit* in den *Spiegel* schauen, weil sie wissen möchten, wissen *müssen*, wer sie in den Augen der Menge *noch* sind?

Der Schluß des Auftritts hat PABLO PICASSO einmal ein Pastellbild genannt, das er in den Jahren 1900 bis 1901 zu einem vergleichbaren Thema in Paris gemalt hat[46]. In den Maßen 72 mal 46 cm zeigt das Bild eine Frau, die sich soeben auf der Bühne von ihrem Publikum verabschiedet. Vor einer nur mit großen Strichen in Grün und Schwarz angedeuteten Kulisse steht da in einem bis zu den Füßen reichenden gelbblauen Trägerkleid eine Schauspielerin, die braunschwarzen Haare zu einer Turmfrisur hochgesteckt, das Gesicht bleich gepudert, so daß die schwarz geschminkten Augenbrauen und

Lidschatten ebenso wie der grellrote, leicht zum Lächeln geöffnete Mund sich desto deutlicher abheben; ihre linke Hand hat sie graziös auf ihre von einer weißen, kurzärmeligen Bluse bedeckte Brust gelegt, während sie, mit der rechten Hand ihr Gewand zusammenraffend, sich in ihrer schmalen Taille vornehm vor ihren Verehrern verneigt. Die Wirkung dieses Bildes entsteht indessen weniger durch das Dargestellte als durch die Perspektive, die vom Zuschauer her aus der vorderen Sitzreihe des Saals auf die Bühne geht: es ist diese Blickrichtung, welche die hohe Gestalt dieser Frau wie eine der üblichen Menschenwelt weit entrückte huldvolle Göttin, als eine Diva par excellence, erscheinen läßt. Diese Frau, soviel ist zu sehen, ist in diesem Augenblick mit sich *zufrieden.* Was aber wird sie tun, sobald der Vorhang gefallen und sie selbst wieder mit sich allein ist?

Wieder war es R. M. Rilke, der auch *diese* Szene der *Dame vor dem Spiegel* in einem seiner Gedichte beschrieben hat[47]:

Wie in einem Schlaftrunk Spezerein
löst sie leise in dem flüssigklaren
Spiegel ihr ermüdetes Gebaren;
und sie tut ihr Lächeln ganz hinein.

Und sie wartet, daß die Flüssigkeit
davon steigt; dann gießt sie ihre Haare
in den Spiegel und, die wunderbare
Schulter hebend aus dem Abendkleid,

trinkt sie still aus ihrem Bild. Sie trinkt,
was ein Liebender im Taumel tränke,
prüfend, voller Mißtraun; und sie winkt

erst der Zofe, wenn sie auf dem Grunde
ihres Spiegels Lichter findet, Schränke
und das Trübe einer späten Stunde.

Inniger und insgeheim verzweifelter läßt sich das Examen einer solchen *Selbstprüfung vor dem Spiegel* im Leben einer alternden Frau nicht schildern: der eigene Anblick, ungeschminkt, wenn doch noch wider Erwarten bestätigend, wirkt wie ein Nektar, er durchpulst das Ich wie Ambrosia, er verheißt etwas, das beinahe aussieht wie eine Anwartschaft auf göttliche Unsterblichkeit.

Und doch hat RILKE vollkommen recht: Was da so sehnsüchtig, so gierig, wie ein Medikament gegen den Verfall, mit jeder Bewegung, mit jeder Körperwendung aus diesem grausam wahrhaftigen Spiegel gesaugt wird, gilt einer Versicherung, die nur *ein Liebender* einer derart an sich Leidenden zu geben vermöchte. All die Versuche, das Grundgefühl der Selbstunsicherheit in das Körperich hineinzuverlegen und durch den Anspruch strahlender Schönheit und unwiderstehlichen Charmes vor den Augen aller zu widerlegen, werden niemals Bestand finden vor der unbestechlichen Kritik der angstgeschärften eigenen Augen: sie sehen alles, jedes Grau in den einstmals goldblonden Haaren, jede Falte, – mit den Krähenfüßen an den Augenrändern beginnt es, jede Furche auf der immer stärker gezeichneten Stirn, die Straffheit der Form, die jugendliche Spannkraft des Gewebes, – was hilft alle Diät, alle Gymnastik, alle Kosmetik gegen das unaufhaltsame Altern? – Das Altern ist tödlich in einer Welt, die das Fehlen der Liebe durch den Zwang zur Selbstdarstellung zu kompensieren nötigt; – kein Kampf ist aussichtsloser, als das Diktat von Jugend und Schönheit zur Lebensgrundlage zu nehmen.

Wir sprechen bei all dem immer noch von eines »Schneewittchens« *(Stief)*Mutter, wir fragen uns nach wie vor, was eine Frau dazu bestimmt, wie eine Ertrinkende nach ihrem eigenen Spiegelbilde zu greifen, als *wäre* dort ihre Rettung, wo nichts ist als ein vorüberhuschender Schimmer ihrer selbst, – zu welch einem Schemen macht sie sich da? Was für ein Spuk an Künstlichkeit und Unwirklichkeit muß zunehmend dem mit ungesundem Quecksilber bestrichenen Glase entsteigen? Jeder weiß um die Tödlichkeit eines solchen »Lebens«entwurfs, und doch weiß ein jeder auch, wie ausgeprägt stark gerade *in unserer Gesellschaft* der Zwang ist, sich in ein solch wahnhaftes Frausein vor dem Spiegel zu verwandeln.

Das Rokoko der Marie Antoinette, ja gewiß, es *wartete* förmlich auf das große Gewitter einer reinigenden Revolution. Worauf aber warten *wir*, 200 Jahre danach, die wir, wie damals, nur nicht mehr allein für einen eigenen adligen Stand, sondern für die Anonymität der gesamten Menge des »Volkes«, repräsentiert in einigen wenigen seiner Starletts und Stars, den Preis für Charakter und Schönheit durch das *prêt à porter* kurzlebiger Laufstegmodels und skandalumwitterter Leinwandbarbies ersetzt haben[48] – ein Voyeurismus des Publikums, der sich trifft mit dem Exhibitionismus des Schönseinmüssens auf der Bühne? Man amüsiert sich; doch die Muse der Zärtlichkeit scheint wie erstorben; man genießt – sich und andere; doch das Glück der Gemeinsamkeit geht so zugrunde; man nimmt in Besitz, bereits mit den Augen; doch es bleibt nur der Augenblick, der dem derart »Besitzenden« alsbald wie ein Schatten entgleitet. *Die Frau vor dem Spiegel* – das ist ein verzweifeltes, hilfloses, trostloses Nichts, ein ewiges Mädchen, das die Wandlung, das Werden, das Reifen stets fürchtet, als lauere der Tod gerade dort, wo allein auf Erden das Leben wohnt.

Und doch: so »leben« heute fast unentrinnbar beinahe alle; es scheint fast unmöglich, sich diesem Muß und Maß der Mode zu entziehen. Wie eine Frau zu sein hat – ihr Äußeres, ihre Frisur, ihre Kleidung; ihre Maße, ihre Deos, ihre Dessous; ihre Cremes, ihr Teint, ihre Tuschen und Lacke; ihre Puder, ihre Haarfestiger, ihre Haarfärbemittel – alles, alles, von den Haarspitzen herunter bis zu den Zehen, von den Fingerspitzen hinauf bis zu den intimsten Zonen ihres Körpers, ist da normiert, klassifiziert, rubriziert – mit einem Wort: mechanisiert und kommerzialisiert. *Die Frau vor dem Spiegel*, MUSÄUS' *Richilde*, es ist nicht zuviel gesagt, ist unsere Zeitgenossin und Zeitgestalt.

Ein einziges Beispiel für diese These genügt.

Die Gazetten, zur Zeit, da ich diese Zeilen schreibe, sind voll von dem tragischen Tode der Enkelin des großen amerikanischen Schriftstellers ERNEST HEMINGWAY. Der amerikanische Dichter, mit den deutlich nekrophilen Zügen der Kultur seines Landes[49], erschoß sich 1961 in tiefen Selbstwertzweifeln und Depressionen mit einer Schrotflinte. Fast genau auf den Tag 35 Jahre danach verstarb *Margaux Hemingway*, »einst teuerstes Fotomodell auf der Welt und ›Playboy‹-Nacktstar auf zehn Seiten«, wie die *Bild*-Zeitung vom 3. Juli 1996 vermeldet.[50] Schon die Berichterstattung spricht für sich selbst: man zeigt das Bild der Verstorbenen: »41, links, und ihre kleine Schwester Mariel (34) im Partyrausch. Der Träger von Margaux' Satin-Kleid verrutscht, eine Brust schaut heraus – die Paparazzi fotografieren wie wild ...« Das »blonde Riesenbaby (1,83 m, Schuhgröße 43)« war groß geworden einzig im *American Way of Life:* ein Mann muß stark sein und tapfer, unbesiegbar, bereit zum Töten, wenn nötig; eine Frau muß sexy und hexy sein, willig und wild, naturverbunden und gebärfreudig – ein einziger Widerspruch also. »›Sie hat die Schönheit einer Muschel, die Schönheit reinsten Goldes‹, schrieb das Nachrichtenmagazin *Time* vor 20 Jahren über Margaux Hemingway.«[51] Sie selbst aber, zehn Jahre später, sagte von sich: »Wenn ich mich im Spiegel sah, hatte ich das Gefühl, ich muß mich übergeben. Was ich da sah, war ein Sack voller Fett und Dreck.« Alkoholismus und Freß-Brech-Sucht (Bulimie) waren die Folge; Entziehungskuren die immer wieder notwendige Antwort auf so viel Selbsthaß. Es genügte das Wissen, nicht mehr die Schönste im Model-Business zu sein, um diese Frau mit System in den Abgrund zu treiben. Vergebens legte sie den künstlich gewählten Vornamen »Margaux« ab und nannte sich wieder nach ihrem Taufnamen Margot. »›Ich rühre keinen Tropfen mehr an‹, erklärte sie. ›Deshalb ist es absurd, wenn ich wie ein berühmter Wein heiße.‹«[52] Im Unbewußten sah sie sich indessen weiter als das Wesen, das auf Männer wirkt wie eine psychedelische Droge, und sie verzieh es sich nie, so nicht mehr zu sein. Noch wenige Tage vor ihrem Tode »wirkte sie geradezu euphorisch. In einem weißen Kaftan und enger weißer Hose sprang sie auf die Bühne des Prominenten-Clubs ›Czikada‹ und schmetterte einen Jazz-Song.« Danach aber wartete auf sie die Rückkehr in ihr unansehnliches Apartment, der Abstieg zurück in Armut und Elend. »Sie litt in den letzten Wochen verzweifelt unter Geldmangel und setzte ihre ganze Hoffnung auf einen Werbespot für Strümpfe. Auf dem Anrufbeantworter ihres Produzenten hinterließ sie die Message: ›Ich brauche diesen Auftrag dringend, ich brauche Geld. Ich habe so viele Rechnungen und Steuern zu bezahlen ...‹«[53] Die Mediziner, als sie die Schwerkranke, Verzweifelte, Tage nach ihrem Tode in ihrer Wohnung fanden, rätselten über die Ursache: Drogenabusus, Suizid mit Medikamenten, ein epileptischer Anfall – irgendwann verträgt kein Körper das Rauf und Runter von Rausch und Ausnüchterung, von Abhängigkeit und Entzug, von »Fettsack« und »Bohnenstange«; woran aber Margot Hemingway wirklich starb, hat sie selber so klar wie nur irgend möglich formuliert: »Der amerikanische Körper- und

Schönheitskult macht Millionen Menschen verrückt, depressiv, unglücklich.«[54]

Jeder kann wissen, daß es so ist. Was aber läßt sich gegen ein Gesellschaftssystem, das so viel an Wahn und Zerstörung, an Krankheit und Tod in sich trägt, tun? In Bausch und Bogen so gut wie gar nichts. Es ist möglich, allein durch die Eindringlichkeit eines solchen Beispiels, allein durch die Interpretation eines GRIMMschen Märchens wie der Geschichte von Schneewittchens (Stief)Mutter ein Stück weit zur Psychohygiene unserer »Kultur« beizutragen: – ihre Wertvorstellungen infrage zu stellen, ihre Selbstverständlichkeiten im Umgang mit Menschen zu erschüttern und, zumindest im Kontrast, gewisse »Optionen« eines weniger unglücklichen Daseins zu formulieren. Doch wirklich helfen läßt sich nur jedem Einzelnen. Es ist kein anderer Weg denkbar, um eine »Richilde« von ihrem Spiegel zu erlösen, als ihr gerade das Vertrauen entgegenzubringen, das ihr zerbrochenes Selbstvertrauen bei keinem Blick in den »Spiegel« zu finden vermag. Sie, die sich selbst nicht zu lieben imstande ist, die mit jedem ihrer Auftritte *bettelt* um eine Anerkennung wenigstens für die Ansehnlichkeit ihres Äußeren, sie bedürfte unbedingt eines Gegenübers, in dessen Augen es möglich wäre, die eigene Seele zu »spiegeln«. Sie müßte erzählen dürfen von all den Stunden der Einsamkeit inmitten der beifalljubelnden Menge, von ihrer Verlorenheit unter den Lobsprüchen ebenso wie der Häme einer auf Schritt und Tritt neugierig gaffenden Journaille, von ihrer abgrundtiefen Angst, für den kleinsten Mangel ihrer äußeren Erscheinung, für das winzigste Gebrechen am Ideal einer makellosen Schönheit in das vollkommene Nichts, in Mißchtung, Vergessen und Gleichgültigkeit gestoßen zu werden; und sie müßte gegen die Kälte der fallenden *»Schneeflocken«* nach und nach eine spätsommerliche Wärme auch in ihrem Leben verspüren.

Was sie nie bisher glauben konnte, gerade das müßte ihr immer von neuem gesagt werden: »Ich liebe Dich, nicht allein weil Du zauberhaft schön bist, – das bist Du, das bleibst Du, immer, so wie ich Dich sehe. Doch ich liebe Dich, weil Du als Mensch, als Person, gerade so bist, wie du wirklich Dich fühlst. Wie oft hast Du gelächelt, wo Du weinen wolltest; aber bei mir ist es nicht schlimm, wenn Du weinst. In Deinen Augen sind selbst die Tränen wie Perlen, und auch

Deine Traurigkeit mindert in nichts die Faszination, die von Dir ausgeht. Im Gegenteil. So lange Du Dich zwingst, nach außen den schönen Schein zu bewahren: Deine unerschütterliche Contenance, das vorgeschriebene Keep Smiling in jedem Augenblick drohender Traurigkeit, die Cheese-Grimasse der Zahnpasta-Reklame in jedem Moment von Verlegenheit, so lange hältst Du Dich auf am Rande ständiger Verlogenheit, so lange bleibst Du für Dich selbst und für jeden, der Dich wirklich in sein Herz geschlossen hat, unauffindbar und unerreichbar, so lange vermeidest Du gerade die Nähe, nach der Du so sehr verlangst und die allein es Dir erlauben würde, zu sehen, wie schön Du in Wirklichkeit bist. Schau doch, Richilde, in meine Augen. Sieh meine Liebe. Sie ist Dein Zauberspiegel, der Deinen Zauber zurückwirft. Schau Dich an, so wie ich Dich sehe. Für mich bist Du ein unglaubliches Geschenk. Du belebst meine Träume. Du erfüllst meine Sehnsucht. Du bist mein Verlangen, Du meine Richilde. Einzigartig und einzig bist Du.« Es sind dieselben Worte, die später ein »Königssohn« seinem wie tot daliegenden »Schneewittchen« wird sagen müssen.

Nur die Liebe kann einem Menschen vermitteln, was kein Konkurrenzkampf beim Dauervermarkten von »body« und »beauty« zu geben vermag: ein Gefühl für den Wert, der nur in ihm selbst liegt, ein Gespür für die kostbare Einzigartigkeit seiner Eigenart, die beginnende Freude am eigenen Dasein. »Unvergleichlich«, »absolut«, die »Nummer eins« wird keine Frau (und kein Mann) im »Leistungsvergleich« perfekter »Schönheit«; es ist von vornherein absurd, mit »objektiven« Maßstäben »messen« und für eine »objektive« Tatsache ausgeben zu wollen, was so sehr von den subjektiven Faktoren des ästhetischen Geschmacks bestimmt wird. Aber einen Menschen, den man liebt, wird man immer tiefer als *schön* entdekken, schon weil er sich selber erst gegenüber dem Liebenden langsam erschließt.

Eine Liebe dieser Art freilich müßte auf eine gewissermaßen *väterliche* Weise alle Ängste noch einmal aufwecken, begleiten und durchgehen, die im Erleben einer Frau wie Schneewittchens (Stief)-Mutter seit Mädchentagen grundgelegt wurden. Nur ein Mann, der Schneewittchens (Stief)Mutter *alles* sein wollte: Vater und Freund, Gefährte und Bruder, Liebender und Geliebter, vermöchte die *Frau am Fenster* wiederzufinden und die *Dame im Spiegel* von ihren »hysterischen« Verkrampfungen zu lösen; er müßte dabei selber freilich frei sein von Eitelkeit; er müßte auf eine fast absichtslose Weise zu lieben imstande sein; er müßte gerade dem Bilde entsprechen, nach dem eine Frau wie Schneewittchens (Stief)Mutter innerlich, wie ohne es selber zu wissen, am meisten sich sehnt.

Interessant ist in diesem Zusammenhang, was uns MUSÄUS von *Richildens* Liebe erzählt. Die BRÜDER GRIMM haben in ihrem Märchen die Rolle des *Königs* an der Seite seiner Gemahlin vollkommen von jedem Inhalt entleert; er spielt für sie schlicht keine Rolle. Seine erste Frau ist gestorben, eine zweite Frau hat er sich genommen, seine Tochter aus erster Ehe ist somit »versorgt«, er hat seine »Pflicht« getan – mehr erfahren wir in dem Märchen der BRÜDER GRIMM von ihm nicht. Daß Schneewittchen von ihrer Stiefmutter um ein Haar ermordet wird, daß das Kind zu den »Zwergen« fliehen muß, um sein Leben zu retten, daß es von der »bösen« »Stiefmutter« nach mehrfachen Versuchen schließlich doch noch beinahe umgebracht wird – von all dem hört in der GRIMMschen Erzählung auch dieser Monarch von Vater anscheinend kein Sterbenswörtchen; es geht ihn nichts an; die ganze Tragödie eines Schneewittchens spielt einzig zwischen (Stief)Mutter und (Stief)Tochter; der Vater ist nichts als der Erzeuger des Kindes; alles weitere vollzieht sich in seiner *Abwesenheit*.

Nun ist es freilich eines, daß ein Kind seinen Vater kaum kennt, und ein anderes, daß eine Frau ihr Kind großziehen soll wie eine Halbwaise, als eine »alleinerziehende« Mutter, als eine *Stief*mutter noch obendrein. Wir haben bisher schon vermutet, daß die Rolle »der Frau am Fenster« ebenso wie »der Frau vor dem Spiegel« aus starken Triebeinschränkungen und schweren Schuldgefühlen entsteht; wir könnten und müßten indessen, psychoanalytisch genauer, auch sagen: aus Elementen des *Ödipuskomplexes;* doch müßte eine solche »Diagnose« bei den enormen Kürzungen der GRIMMschen Märchenfassung eine reine Spekulation bleiben, stünde uns als Beleg und Beweis im Hintergrund nicht erneut MUSÄUS zur Seite, und zwar in diesem Zusammenhang um so glaubhafter, als er sich über seine »Richilde« eher moralisch mokiert und amüsiert, als daß er sich auch nur die geringste Mühe gäbe, ihre menschliche Not verständlich zu machen. Was er denn doch *de facto* erzählt, muß allerdings jeden psychologisch Interessierten nur um so mehr aufhorchen lassen.

Nach MUSÄUS' Meinung – wir wissen es schon – entstammte die Eitelkeit seiner *Richilde* der *klösterlichen Erziehung*, die sie als Kind »genoß«, insbesondere dem Liebesgeflüster und wollüstigen Getuschel an jenem Gitter, das zwischen Wunsch und Erleben in der Vorstellung des heranwachsenden Mädchens so unglücklich trennte und schon dadurch all sein natürliches Verlangen nach Liebe unter dem Fluch des Verbotenen ins Überdimensionale, ins schlechthin Phantastische hinwegheben sollte. Doch als erst einmal *Richilde* den »Käfig hinter dem eisernen Gitter« verließ, erzählt uns MUSÄUS weiter, begann sie, als Gräfin von Brabant, umschmeichelt von ihren Bediensteten als die schönste Frau ihrer Zeit, sich ihres mütterlichen *Spiegels* zu erinnern, dessen Urteil über ihre Wohlgestalt sie fortan »als einen rechtmäßigen Tribut« einforderte, während sie »auf alle Jungfrauen des Landes« mit Stolz und Verachtung herabsah. Unter diesen Umständen konnte es nicht ausbleiben, daß eine Vielzahl von Bewerbern und Verehrern um ihre Hand anhielten und dabei nach alter Sitte ihre Kräfte im Lanzenreiten Mann gegen Mann zu messen suchten, so als sollte nur der im phallischen Demonstrieren Kräftigste, Gewandteste und Tapferste des Liebreizes der schönen *Richilde* teilhaftig werden dürfen. Schon mancher junge Rittersmann hatte sein Leben auf solche Weise eingebüßt. Jedoch: »Die grausame Schöne weidete sich insgeheim an den Opfern, die sie ihrer Eitelkeit täglich schlachtete, und die Martern dieser Unglücklichen ergötzten sie mehr als die sanften Gefühle der beglückenden Liebe«, so schreibt MUSÄUS.

Allein, man mißverstünde an dieser Stelle wohl alles, wollte man das sonderbare Gebaren *Richildens* als puren Ausdruck eines kalten Sadismus deuten. Es gibt einen *tieferen* Grund, warum diese schönste Frau ihres Landes mit keinem unter ihren Liebhabern sich je zufriedengeben mochte, das ist: sie verlangte einzig den *schönsten Mann* von Brabant in die Ehe zu führen. Der Zauberspiegel, befragt, wer das sei, hielt ihr in der Tat das Bild eines stattlichen Ritters in vollem Harnisch entgegen; – der Himmel selber, erklärte *Richilde*, habe diesen Gemahl in einem Traumgesicht für sie auserkoren und ihn im Beisein der Heiligen Jungfrau ihr angetraut. Das Wappen des Harnisch freilich, den ihr der Spiegel zeigte, ließ in jenem trefflichen Ritter untrüglich den Grafen *Gombald vom Löwen* erkennen; *der* aber war allerorten bekannt als der treue Gemahl der Tochter seines Onkels *Botho.* Mit dieser Frau war er am Hofe seines Vaters *Theobald* als Kind bereits gemeinsam aufgewachsen; nie hatte er in seinem Leben eine andere herzlicher lieben und kennen gelernt als sie. Jedoch jetzt, als die Kunde von dem wundersamen Traume *Richildens* ihn erreichte und er erfuhr, der Himmel selber habe gerade ihn als Gatten und Gefährten der spröden Schönen auserwählt, da verlosch die so lange gehegte Zuneigung gegen seine Gemahlin in ihm, und er besann, wie er auf legalem Wege sich von ihr zu trennen vermöchte. Ein passender Vorwand ward bald gefunden: Es beschwerte fortan sein Gewissen der Umstand, daß seine Ehe, rechtlich und rechtens betrachtet, den Tatbestand der Blutschande, mithin einer garstigen Sünde erfüllte, so ungeheuer, daß sie weder in dieser noch in jener Welt je zu vergeben sein würde – eine Heirat zwischen Cousin und Cousine, das galt ihm so viel fast wie zwischen Schwester und Bruder. Die arme Tochter Bothos mochte dagegen so viel und vernünftig reden als möglich, nicht einmal ihr herzliches Flehen fand bei dem Herzlosen Erhörung; und selbst als er erfuhr, es stehe seine Gemahlin gerad im Begriff, aus seiner erstorbenen Liebe einem neuen Leben das Dasein zu schenken, ließ sich sein harter Sinn nicht erweichen. Der Bischof von Mecheln hatte die Ehe zu scheiden, die Gattin verbannte *Graf Gombald* ins Kloster, und dort, schon ersterbend, brachte diese die kleine *Blanca* zur Welt. So also wurde unser »Schneewittchen« geboren. Der Graf gab das Kind an der Seite etlicher »Dirnen und Hofzwerge« einer Gouvernante zur Aufzucht, dann begab er sich selber wonnetrunken an den Hof seiner neuen Geliebten, der schönen *Richilde,* die mit ihrer Heirat ohne weiteres auch zur Stiefmutter seiner Tochter Blanca wurde.

So weit also die Sage. Sie zeigt uns *Richilde,* noch weit mehr als bisher, als eine klassische *femme fatale;* doch verrät sie uns zusätzlich auch etwas Wichtiges über den Hintergrund ihres Erlebens, – über *die Sehnsucht nach ihrem Vater!* Wer war er?

Aus der Richilde-Sage wissen wir von *»Gunderich dem Pfaffenfreund«,* wie Musäus den Grafen von Brabant ironischerweise bezeichnet, im Grunde nur, daß er im Zusammenleben mit seiner Frau die eigentümlichsten Schwierigkeiten erkennen ließ, indem die Forderung frommer Keuschheit sich in seiner Ehe augenscheinlich nicht gut verpaarte mit seiner fürstlichen Pflicht, einem Kinde, das heißt einem *Sohne*, das Leben zu schenken. Daß dann, immerhin, *Richilde* doch noch zur Welt kam, ging, wie wir hörten, auf das ebenso segensreiche wie sonderbare Wirken des heiligen Albert zurück. Wir wollen an dieser Stelle, Gott bewahre, natürlich auch nicht von ferne nur unterstellen, was damals der Volksmund sich als Möglichkeit dachte – das lose Maul der Menge kann objektiv als Beweis nicht für irgend etwas gelten; jedoch verweist uns die Tätigkeit der Phantasie *subjektiv* in eine Welt geheimer Leiden, Wünsche und Laster zurück, die man durchaus nicht übersehen darf, wenn man begreifen will, wie Menschen in Wirklichkeit sich verhalten.

Es tut gewiß *Albert dem Großen* keinen Tort an, wenn wir sagen, die Sage von *Richilde* versichere uns geradewegs, daß es eine *Richilde* nie gegeben hätte ohne den Einfluß dieses »Heiligen«. Von dem überliefert die Legende des weiteren, er sei ein *Magier* gewesen und habe es mit seiner Zauberkunst vermocht, im Beisein Kaiser Friedrichs II. zum Beispiel, im Winter, im Eismonat zu Köln, in seinem Klostergarten Hyazinthen und Tulpen blühen zu lassen, so daß Nachtigallen und Grasmücken sich im Gezweig hören ließen und Weintrauben gar am Geländer prangten. Nehmen wir, statt der Verleumdung recht zu geben, es deshalb einmal wirklich für eine Befähigung des Heiligen, die *Schneekälte* jener »Frau am Fenster« abzutauen, in der wir schon Schneewittchens Mutter gefangen sahen, dann dürfen wir wohl glauben, daß bereits *Richilde* selber ihre Existenz allein der Tatsache verdankte, daß die Sexualangst ihrer Mutter gegenüber ihrem Gatten durch den Einfluß der gänzlich absichtslosen, *väterlichen* Gestalt des *Pater Albert*, den wir hierin wirklich nun als einen »Großen« doch erkennen sollten, für den Moment sich aufhob und dem Leben öffnete. Was von *Albertus Magnus* als ein Stück Magie vor den Augen der Mächtigen uns überliefert wird: den Winter fortzuzaubern und den Sommer aufzuführen, dieses Beweisstück seiner Heiligkeit scheint sich im privaten, ganz intim, noch einmal im Leben und Erleben der Gräfin von Brabant zugetragen zu haben, so daß alles, was er in Köln vollbrachte: das Blühen der Blumen, das Zwitschern der Vögel, das Prangen der Trauben im Garten, nichts weiter war als ein symbolisches Vorspiel für das Erwachen der Liebe in Richildens Mutter. Es bedurfte für sie augenscheinlich in der Person des heiligen *Albert* eines höchst autoritären, väterlich-gütigen Freispruchs von jeglichem Schuldgefühl, um ihren Gemahl, den »Pfaffenfreund« *Gunderich,* auch als Frau lieben zu können; nur eine solch *ödipale* Gestalt war imstande, den Widerspruch ihrer Ehe zwischen kirchlicher Moral und menschlicher Erfüllung zu überbrücken; oder sagen wir es noch klarer: nur indem Richildens Mutter als Vaterersatz den heiligen Albert *liebgewann,* fand sie in dieser überirdischen Verklärung all ihrer Gefühle den Mut, sich ihrem ganz gewöhnlichen irdischen Gatten ehelich hinzugeben. *Richilde,* mit anderen Worten, war ein reines Erzeugnis dessen, was wir psychoanalytisch als *Ödipuskomplex* bezeichnen: der Bindung einer Frau an ihren Vater, den sie als himmlischen in Keuschheit verehren muß, während sie nach seiner Nähe auf Erden sich unentwegt sehnt.

Verhält es sich dergestalt also bereits mit Richildens Mutter, so gewiß noch weit mehr mit dem Erleben ihrer Tochter. Daß sie als die Schönste im Lande sich sehnt nach einem Gemahl, der selbst weithin als der Schönste zu gelten hat, möchte man vielleicht erneut als Ausdruck des fatalen Narzißmus dieser Frau deuten; doch ist es wohlgemerkt der *Spiegel,* den *Albertus Magnus* der *Mutter* geschenkt hat, der nun, wie in einem Traume, *Richilde* den Mann ihrer Sehnsucht immer von neuem vor Augen stellt. Kann man in der Sprache von Sage und Märchen deutlicher sagen, daß sich in dem Verlangen *Richildens* nach ihrem Wunschgemahl im Grunde die Sehnsucht ihrer Mutter nach ihrem »geistlichen Berater« an Vaters Statt von neuem zu Wort meldet? Um die Situation möglichst korrekt zu beschreiben, sollten wir sagen: So wie Richildens Mutter unter dem sittenstrengen Sexualtabu der katholischen Kirche ihren Mann erst »lieben« konnte und durfte unter dem Segen eines Mannes, der für sie beides verkörperte: die Institution des Verbotes wie die Instanz einer alle Schuldgefühle lösenden Bestätigung, so sehnt sich auch ihre Tochter *Richilde* nach einem »väterlichen« Mann, der in seinem Übermaß (in seiner »Schönheit«) alle anderen Männer vergessen macht. Allerdings erscheint ihr Verhalten wie ein vollkommenes Umkehrbild der Beziehung, die ihre Mutter zu dem heiligen *Albert* unterhielt; während dieser in geistlichem Stande für alles Begehren der frommen Frau Gräfin unerreichbar blieb und sie allem Anschein nach sogar dahin führte, ihre in bloßer Pflicht erstorbene Ehe noch einmal neu zu beleben, da übernimmt *Richilde* das mütterliche Vorbild ihrer Gefühle in sozusagen säkulärer Form und ganz entsprechend der »Psychologik« der *zweiten Generation:* wo ihre keusche Mutter nicht einmal ihren Gatten recht zu lieben wagte, da demonstriert die »Frau vor dem Spiegel« ein so ungestümes liebeheischendes Werben und Kokettieren, daß ein oberflächlicher Betrachter wohl kaum darauf kommt, es könne all das hysterische Gebaren einer *Richilde* auf dieselbe Strenge von Gebot und Verbot in Fragen der Liebe zurückzuführen sein, wie sie schon die Mutter am Leben hinderte.

Und doch kommt es darauf an, das Verhalten einer *Richilde* als das einfache Spiegelbild, als eine einfache *Seitenverkehrung* des Lebens ihrer Mutter zu verstehen: Während diese von ihrem väterlichen Freund über das Verbot der Liebe hinweg in ihre Ehe zurückgeleitet wird, wertet *Richilde* von vornherein jede »normale« Beziehung zu einem Manne als für sie erniedrigend ab, und sie scheint dabei nicht zu ahnen, daß sie damit im Grunde nur die alte Erniedrigung der Liebe im Schatten der kirchlichen Verbotemoral fortsetzt: während ihre Mutter von der Gestalt des väterlichen »Heiligen« in die Sphäre des moralisch »Erlaubten« zurückgetragen wird, bis sie ihre Erfüllung auf »legalem« Wege findet, da drängt diese Sehnsucht nach einem »väterlichen« Traumgemahl ihre Tochter *Richilde* gerade dahin, eine schon bestehende Ehe wie mutwillig zu zerstören und den *Grafen Gombald vom Löwen* dahin zu bestimmen, daß er sich der Forderungen der Legalität einzig zu dem Vorwand bedient, eine im Grunde illegitime Liebschaft zu pflegen.

Und sogar für diesen Grafen selbst und seine »inzestuöse« Vetternheirat müßten wir ein ähnliches »ödipales« Motiv annehmen: so wie *Richilde* in ihm ihren Vater(ersatz) liebt, so er in ihr seine Mutter!

Das ist es, was sich hinter der Botschaft des »Spiegels« verbirgt: daß *Richilde* einen Mann nur ansehen kann mit denselben Augen, mit denen ihre Mutter den heiligen *Albert* zu sehen vermochte. Und das ist der Hintergrund, den wir brauchen, um in *dritter* Generation schließlich das Erleben eines »Schneewittchens«, der schönen Blanca in der Sage des MUSÄUS, verstehen zu können.

Denn deutlich ist, in welch eine unheilvolle »Ehe« dieses Mädchen als Stiefkind hineinwachsen muß. Anders als ihre Mutter, verfügt ja *Richilde*, die Frau vor dem Spiegel, über keinen *Albertus Magnus*. Sie hat niemanden, der durch seine Liebe in ihre Zerrissenheit Ruhe, Selbstvertrauen, Selbstachtung und innere Freiheit zu tragen vermöchte, und ihr *Graf Gombald vom Löwen* ist viel zu eitel, als daß er von ferne auch nur bemerken könnte, es sei nicht sowohl seine Vortrefflichkeit, als der ödipale Konflikt seiner Gattin, der ihn als den schönsten Mann im Lande erscheinen lasse. Ein *Albertus Magnus* wäre gerad jetzt wohl vonnöten, doch ist für eine *Richilde* das ganze kirchliche Gehabe inzwischen zu einer bloßen Galanterie verkommen; sie sucht keinen Mönch mehr als Vatterersatz, sie will einen *Mann*, doch wird sie nicht aufhören, diesen Mann so zu verehren, wie die Mutter den Heiligen, und sie wird nie merken, daß dieser Mann ihr nicht geben kann, was nur ein wirklich »großer« Mensch ihr zu geben vermöchte: ein Gefühl für den Wert ihres eigenen Wesens. Statt dessen wird sie nicht aufhören, nach einer Bestätigung und Anerkennung zu suchen, die ihr ein »Graf Gombald« schon deshalb nicht geben kann, weil es ihm in den Kopf steigt, von einer so schönen Frau als der Schönste geliebt zu werden. Narzißmus, Hysterie, Ödipuskomplex, Vater- und Mutterübertragung, Symptomtradition und innere Zwiespältigkeit in allen Beziehungen, ein Verlangen nach absoluter Liebe bei gleichzeitig absolutem Verbot der Liebe – noch wissen wir vom Leben eines »Schneewittchens« nicht gerade viel, da begreifen wir doch die Größe des Problems, das es in seinem Leben wird lösen müssen, wenn irgend es je zum Leben kommen und am Leben bleiben will.

3. Der tödliche Neid auf die Jugend

Die Sage von *Richilde* und das Märchen von *Schneewittchen* stimmen in einem wichtigen Punkt überein: gleich nach der Niederkunft stirbt die fromme gräfliche Mutter der kleinen *Blanca*, und ebenso verstirbt unmittelbar nach Schneewittchens Geburt die verträumte Königin am Fenster. Beide Frauen haben sich über die Maßen gesehnt nach einem Kinde; und doch führt ihr vorzeitiges Verscheiden in beiden Fällen dazu, daß ihr ursprünglich so erwünschtes Töchterchen am Ende für die Frau, die es hernach großziehen soll, höchst unerwünscht, ja, tödlich verhaßt werden wird.

Wir sahen schon, daß das Motiv von dem frühen Tod der »guten« Mutter und dem Auftreten der »bösen« *Stiefmutter* in den Märchen und Mythen sehr häufig vorkommt und sich am einfachsten als ein Bild der Zwiespältigkeit ein und derselben Person in ihrer Einstellung zu sich selbst und zu ihrem Kinde verstehen läßt. Während die meisten Märchen jedoch keinen weiteren Grund für die Feindschaft der »bösen« (Stief)Mutter gegenüber ihrem Kinde zu nennen wissen, schildert das *Schneewittchen*-Märchen ebenso wie die *Richilde*-Sage einen solchen Grund sogar besonders betont und ausführlich: die »Eitelkeit« der (Stief)Mutter! Und dieser Grund allerdings besitzt vor allem im *hysterischen* Erleben eine derartige Eigendynamik, daß wir noch ein Stück weit genauer darauf eingehen müssen.

Stellen wir uns zur Erklärung des *Todes* der »guten« Mutter bei der Geburt ihrer Tochter einmal vor, wie eine Frau, für die es (infolge schwerer Minderwertigkeitsgefühle) nichts Wichtigeres im Leben gibt, als »schön« zu sein, auf die Geburt eines Kindes antworten wird. Sie *wünscht* sich dieses Kind über alles, gewiß, doch kennzeichnet die *Richilde*-Sage an dieser Stelle *die Art* dieses Wunsches überraschend genau: es ist, so hören wir, nicht so sehr das persönliche Verlangen der Frau als vielmehr die gesellschaftliche Rollenerwartung, die danach drängt, daß die Gräfin von Brabant nach langer Unfruchtbarkeit schließlich doch noch ein Kind zur Welt bringt; übertragen auf das alltägliche Leben: von so mancher Frau wird erwartet, daß sie nicht nur jugendlich schön, attraktiv und temperamentvoll sei, sondern daß sie darüber hinaus möglichst rasch zur Mutter werde und alsbald auch mütterliche Gefühle zeige.

Beiderlei Erwartungen, natürlich, stehen im Widerspruch zueinander, doch wer will das schon wissen und wer, wenn er es wüßte, wollte es zugeben? Das Verhalten eines ewigen *Beaus* und *Charmeurs* von *Mann* vereinbart sich für jeden erkennbar ganz miserabel mit den Pflichten eines getreuen Gatten und Vaters seiner Kinder – auf seiten der *Männer* erscheint es gemeinhin fast schon als ein Unrecht des Schicksals, sollten ihnen wirklich zwei so unterschiedliche Erwartungen wie die eines Liebhabers und eines Vaters angetragen werden; von einer *Frau* indessen verlangt man in unserer Gesellschaft mit der größten Selbstverständlichkeit, daß sie ein vollkommenes »Weib« und eine ebenso vollkommene Mutter sei, ohne sich um die Unvereinbarkeit der entsprechenden »Ideale« weiter Gedanken zu machen. »Normalerweise« mag es einer Frau dann auch wohl gelingen, irgendwann eine »mittlere« Einstellung zwischen den Gegensätzen zu finden; je extremer aber die Forderung der »Schönheit« empfunden wird, desto schwieriger wird es sich gestalten, das Desiderat der Mutterschaft damit zu vereinbaren.

Extrem stark jedenfalls erscheint bereits der *Kinderwunsch* selbst im hysterischen Erleben, und er entspricht in dieser Form ganz und gar nicht dem natürlichen Bedürfnis einer Frau. Wohl wird insbesondere die römische Kirche in unserer Kultur nicht müde, entgegen allem »Zukunftspessimismus« (angesichts der dramatischen Überbevölkerung auf dieser Erde) den Wunsch nach Kindern immer von neuem zu proklamieren und zu propagieren[55]; doch ist das Verlangen einer Frau, ein Kind zu bekommen, keinesfalls so selbstverständlich und »naturgegeben«, wie es die Ideologen der »Fruchtbarkeit« zu sehen belieben. Schon SIGMUND FREUD fand in seinen Arbeiten über die weibliche Sexualität den Kinderwunsch der meisten Frauen einer Erklärung bedürftig, die er schließlich in seiner recht bizarr anmutenden Theorie vom »Penisneid« zu finden suchte[56]: Schon durch den anatomischen Geschlechtsunterschied, meinte er, gelüste es das heranwachsende Mädchen nach einem Ersatz für das vermißte männliche Genitale, und als solcher gelte ihm am Ende das *Kind*, das es als Frau von einem Manne empfange. Übersetzen wir die stark verkürzte organgebundene Sprache FREUDS in das *hysterische* Erleben zurück, das sie begründen sollte, so müssen wir sagen: Jede Frau, die sich als nicht-liebenswert empfindet, wird desto stärker danach streben, trotz allem geliebt zu werden; zur *Hysterie* aber gehört das Gefühl, schon durch die Tatsache, »nur« als ein Mädchen zur Welt gekommen zu sein, gegenüber den Männern mit ihren Chancen und Möglichkeiten etwas Minderwertiges, Zweitrangiges zu sein – *das* steht hinter der Auffassung FREUDS von der Frau als einem »kastrierten Mann«: die psychoanalytische Konstruktion gibt sehr gut wieder, wie sich viele Frauen in einer patriarchalen Gesellschaft vorkommen müssen, und der »Fehler« der FREUDschen Konstruktion, wenn denn davon die Rede sein kann, bestand einzig darin, daß sie die Hysterie nicht als eine Folge der Männerherrschaft in der bestehenden Kultur auffaßte, sondern in ihr eine Naturtatsache der biologischen Ausstattung des »Weibes« zu erkennen wähnte.

Doch wie dem auch sei, – was kann eine Frau tun, die sich *als Frau* für nicht »vollwertig« empfindet und sich schon deshalb im Extrem danach sehnt, es den Männern in irgendeiner Weise gleichzutun? »Ich bin *doch* schön und liebenswert, ja, ich bin, gerade weil ich eine Frau bin, allemal *unendlich viel schöner* als alle Männer«, – dieser an sich nicht unberechtigte Triumph der Weiblichkeit kann bereits das »exhibitionistische« Gebaren der »Frau vor dem Spiegel« begründen und bildet regelmäßig einen starken Antrieb zu jeder Form hysterischer Koketterie. Wie aber soll eine Frau jetzt dem Vorwurf begegnen, sie sei halt zu nichts anderem tauglich, als sich vor dem Spiegel zu drehn und zu wenden und damit den Männern den Kopf zu verdrehn, sie sei eben *»nur«* schön und mit all ihrer Schönheit halt zu nichts *nutze?*

Die patriarchale Moral erlaubt keine Liebe, die zu nichts weiter führt als zu Freude und Lust; sie braucht eine *Legitimation* jeglichen Tuns in dem »Erfolg«, der aus ihm folgt. Eine Frau wird da erst »wertvoll« als Mutter, durch die »Produktion« von »Nachkommenschaft«, als ein Gefäß zum Zeugen von Kindern, in denen ihr Erzeuger sich wiedererkennt. Also muß zur »Schönheit« ein Kind hinzukommen, denn erst als »reizende *Mutter*«, als »die Schöne mit dem Baby«, erfüllt eine solche Frau das gesellschaftliche Widerspruchsideal der Weiblichkeit.[57] Daraus ergibt sich: den hysterisch gesteigerten Kinderwunsch bestimmt nicht die ursprüngliche Liebe einer Frau zu einem Kind; ging es bisher schon in der Betonung weiblicher Schönheit wesentlich um das Verlangen nach Anerkennung und Geltung, so jetzt auch im folgenden: man bekommt ein Kind, weil alle Welt es so will, weil es »dazu« gehört, weil man sonst keine »richtige« Frau wäre ...

»Ich weiß noch«, erinnerte sich vor einer Weile eine schon dem Äußeren nach auffallende, betont mode- und körperbewußt auftretende Frau, »wie ich mich nach der Geburt meines Kindes gefühlt habe. Alle kamen und lobten mich. Ich war stolz; ich wurde bewundert, es war wunderbar. Ich trug mein Kind vor mir her wie eine Ikone. Ich hatte es geschafft. Ich brauchte mein Kind nur hervorzuholen und herumzuzeigen, dann stand ich im Mittelpunkt, dann richtete sich alle Aufmerksamkeit auf mich.«

Dabei hatte sich bereits die Geburt ihres Vorzeigekindes als überaus schwierig erwiesen, und man konnte unschwer verstehen, warum. Es war eben der Anspruch auf makellose Schönheit gewesen, der für diese Frau die Zeit ihrer Niederkunft zu einem wahren Drama gestaltet hatte. Jeder Besuch bei ihrem Frauenarzt zuvor schon bedeutete für sie ein Ereignis von sehr gemischten Gefühlen. Sich als Frau vor einem an sich unbekannten Manne ausziehen zu müssen, um sich von ihm »untersuchen« zu lassen, stellt wohl auch heute noch für viele Frauen ein nicht geringes Problem dar – LEO TOLSTOI erblickte darin vor 120 Jahren einen frivolen Skandal, der ihm nur durch den Materialismus der Mediziner erklärbar zu sein schien.[58] Auch diese Frau empfand bei jeder Untersuchung die stereotype Aufforderung ihres Arztes: »Machen Sie sich frei« im Grunde als eine Zumutung, und doch gelang es ihr regelmäßig, ihre Angst mit dem koketten Lächeln einer »erfahrenen« Frau zu überspielen. Wo ihr Arzt gerade auf objektive Distanz und emotionslose Professionalität den größten Wert legte, da rätselte sie unentwegt an der Frage herum, wie sie ihm als Frau wohl gefallen möge, und sie genoß es nicht wenig, wenn sie ihn ob ihres bloßen Anblicks jedesmal einen Moment lang verwirrt fand, und dies um so mehr, als sie nur allzu deutlich die Entfremdung spürte, die sich mit dem Verlauf der Schwangerschaft zwischen ihr und ihrem Mann bemerkbar machte.

Mit einer ähnlichen Einstellung begab sie sich schließlich auch in den Kreißsaal, – nicht im geringsten war sie auf die Katastrophe vorbereitet, die sie dort erwartete. Alles begann damit, daß sie von sich selber vollkommene Beherrschung im Auftreten verlangte. So empfand sie es als eine nicht wiedergutzumachende Schande, als eine persönliche Niederlage, daß sie beim Einsetzen der Wehen von der Macht der Natur vollständig überwältigt wurde. »Da kann man nichts machen«, stöhnte sie Jahre danach noch in der Erinnerung. Im Grunde hatte sie sich vorgestellt, ihr Kind so anmutig strahlend zur Welt zu bringen wie auf manchen Weihnachtsbildern die Mutter Maria das Jesus-Kind; sie dachte nicht, daß sogar die römische Glaubenslehre es für ein reines Wunder erachtet, wenn es einer Frau gelingt, »jungfräulich« zu bleiben selbst im Augenblick ihrer Niederkunft ...[59] Wo sie, immer noch lächelnd, immer noch schön, als eine vollendete Frau mit Grandezza und Grazie ihr Kind zur Welt bringen wollte, da erlebte sie nun schreiend, schwitzend und schmerzverzerrt die Schwäche und Schmach dieser »blutigen Gemeinheit«, als die sie ihr Frausein all die Zeit zuvor schon, seitdem sie 12 Jahre alt geworden war, hatte erleben müssen. In jener Stunde wurde sie äußerlich zur Mutter; doch wie sollte sie als Frau sich dabei bewahren?

Die Biologen glauben, daß jede Säugetiermutter in der Stunde ihrer Niederkunft von besonderen Hormonen dahin gedrängt werde, trotz aller Schmerzen ihr Kind zu lieben und zu liebkosen[60]; von dieser Frau aber muß man mit der Sprache der Märchen ganz wörtlich sagen, daß sie mit der Geburt ihrem Kinde als Mutter *verstarb*, um ihm als die »Frau vor dem Spiegel« in Gestalt seiner »Stiefmutter« wiederzubegegnen.

An dieser Stelle erneut ist die Sage von Musäus psychologisch ein Stück weit genauer als das Märchen der Brüder Grimm, indem sie davon berichtet, daß es eigentlich gar nicht *Richilde* war, die sich der Erziehung ihrer (Stief)Tochter annahm, sondern, wie wir hörten, eine Gouvernante des *Grafen Gombald* mitsamt ihren »Hofzwergen«; demgegenüber stellt das Märchen der Brüder Grimm es so dar, als hätte es je in dem Verhältnis zwischen einem »Schneewittchen« und seiner (Stief)Mutter eine Zeit des ungetrübten Einvernehmens geben können, indem alle Konflikte sich erst mit der reifenden Schönheit des Mädchens eingestellt hätten. Davon indessen kann nur bedingt die Rede sein; denn zwar stellt »Schneewittchen« für die »Eitelkeit« seiner Mutter auf Jahre hin, solange es noch ein Kind ist, keine Gefahr dar; dafür aber ist es die Aufzucht des Kindes selbst, die von einer schönheitsbewußten Frau unter Umständen sehr wohl bereits als höchst problematisch empfunden werden kann.

»Ich habe«, erzählte jene Frau weiter, »mein Kind nie gestillt – aus kosmetischen Gründen. Ich fürchtete ohnedies schon, durch die Schwangerschaft unnötige Pfunde zugelegt zu haben, und ich wollte nicht, daß *er* erschlaffte.« Sie sagte das schuldbewußt, mit dem Vorwurf, eben doch keine gute Mutter gewesen zu sein. Wie aber soll eine Frau sich verhalten, wenn gerade das Organ, das biologisch einmal zur Aufzucht von Kindern bestimmt war, in der Wertschätzung der Männer als Inbegriff weiblicher Schönheit gilt? Was soll sie tun, wenn sie, mit MUSÄUS gesprochen, in dem »Blütenmond« ihrer Jugend bereits nach weiblicher Schönheit sich ebenso sehnt wie sie aus »moralischen« Gründen gehalten ist, sich in gewisser Weise eben dafür zu schämen? Diese Frau liebte sich seit jeher für ihren hochgewachsenen Busen und haßte sich zugleich dafür, sie hatte von Anfang an Angst gehabt, »zu sehr« eine Frau zu sein, nur um sich dann wieder zu ängstigen, als Frau womöglich »zu wenig« zu haben, und diese lebenslange Verwirrung der Gefühle brach bei der Geburt ihres Kindes nun völlig unvorbereitet über sie herein. So sehr sie nach einem Kinde verlangt hatte, so sehr fürchtete sie jetzt, durch ihr Kind in ihrer Schönheit geschädigt zu werden. Es war das erste Mal, daß sie ihrem Kinde damit als Mutter »starb« und sich ihm gegenüber in die Frau vor dem Spiegel verwandelte.

Dabei muß man allerdings sagen, daß dieser »Spiegel« weitgehend identisch war mit dem Schönheitsideal der Gesellschaft, das, ganz wie diese Frau es erlebte, sich in ständigem Widerstreit mit den Regeln von Anstand und Sitte befand. Was darf eine Frau zeigen, wann, wieviel und wo? Die Pflicht, als Frau aufzufallen, und die Gefahr, dabei reinzufallen, dieser Kontrast zwischen Beachtung und Verachtung ein und desselben Gebarens, dieser Widerspruch zwischen Selbstdarstellung und Selbstverstellung kann sehr leicht das gesamte Erleben einer Frau mit Ängsten und Unsicherheiten aller Art infizieren und sie zu immer hilfloseren und sinnloseren Exaltationen hintreiben. Während der »Spiegel« in der *Richilde*-Sage einmal das mittelalterliche Weisheitsbild eines Heiligen war, das seine

Zauberkraft einbüßte, sobald es gar zu eitel befragt wurde, genügt es zum Verständnis des *Schneewittchen*-Märchens, wenn wir in dem Spiegel dort ein Instrument des Zerrbildes erkennen, in dem die Wahrnehmung der Gestalt einer Frau in unserer Gesellschaft mittlerweile zwischen Komödie und Tragödie verkommen ist.

Dabei treten, wie um die Lage der Frauen vollends zu verwirren, zu den ethischen und ästhetischen Widersprüchen noch die Expertisen der Diätetiker, Hygieniker und Mediziner hinzu. Wenn eine Frau ihr Kind stillt, sagen die einen (neuerdings wieder), so mache sie es damit unter anderem immun gegen allerlei Krankheiten, so bewahre sie es unter Umständen vor Allergien, so biete sie ihm eine Nahrung von geradezu idealer Ausgewogenheit[61]; nein, erklären dagegen die anderen, eine Frau in der westlichen Industriegesellschaft sei mit Schadstoffen so hoch belastet, daß man vergleichbare Nahrungsmittel, verpackt in anderen Behältern, über keine Grenze Europas mehr ins Land lassen würde[62] – nur die künstliche Ernährung eines Kindes erlaube unter so unnatürlichen Verhältnissen noch eine gewisse Natürlichkeit. Wie soll eine Frau wissen, was sie tun soll, wenn sie, um eine »gute« Mutter zu sein, sich durchaus nicht nach sich selber, sondern nach dem Trend aller möglichen modisch wechselnden Expertenmeinungen richten soll? Auch so erstirbt einem Kind schon bei der Geburt seine Mutter, nur um es der Ersatzgestalt eines schönen Scheins zu überlassen.

Im Leben jener Frau hatte nach der Geburt ihres Kindes dabei erstaunlicherweise zunächst eine Phase des Stolzes und des demonstrierten Selbstbewußtseins begonnen: Sie hatte es geschafft: Sie war Mutter geworden, und doch hatte sie sich als Frau zu erhalten gewußt! Sie lebte ihrem Kinde, und sie lebte in ihrem Kinde, als sei dieses erst wenige Wochen alte Wesen die »bessere« Ausgabe ihrer selbst. Wie schön dieses Kind war, wie klug es schon war, zu wie vielen Hoffnungen es bereits berechtigte! Wer dieses Kind lobte, der anerkannte zugleich seine Mutter. Dieses Kind war ihr Ebenbild und ihr Abbild, ihr *anderer* Spiegel, wenn man so will, in dem sie sich selbst sah und in dem sie gesehen sein wollte. Ihre Ansehnlichkeit war jetzt eine Zeitlang ihr Kind, – zumindest, solange es sich so verhielt, wie es zur Respektabilität seiner Mutter beitrug.

Bis zu diesem Punkt haben die Brüder Grimm so unrecht nicht, wenn sie die gesamten Jugendjahre ihres »Schneewittchens« wie etwas im ganzen doch Unproblematisches und deshalb keiner weiteren Erwähnung Bedürftiges einfach übergehen. Man muß in der Tat die psychische Realität eines »Schneewittchens« schon genauer betrachten, um bereits in den ersten Lebensjahren die Vorboten der späteren Katastrophe wahrzunehmen. Dann freilich wird man bemerken, daß es auch in der scheinbar »harmonischen« Zeit der Beziehung zwischen einem »Schneewittchen« und seiner (Stief)Mutter des Konfliktstoffs durchaus nicht Mangel leidet. Zum Beispiel reicht es vollkommen aus, daß das Kind, wohl spürend, wozu es herhalten soll, eine Nacht lang weinend und schreiend die vermißte Zuwendung seiner Mutter einfordert, und wir werden unfehlbar erleben, wie ungehalten, ja, erbost auf ihre klagende Tochter dieselbe Frau antworten wird, die in der Öffentlichkeit als ein Muster der Mütterlichkeit sich zu erweisen pflegt. Ihr Kind kann noch so klein sein – es droht seine Mutter unsterblich zu blamieren, sollte es eines Tages in einem Café oder in einer Eisdiele eine ähnliche Vorstellung seiner Unbeherrschtheit und seines Egoismus abgeben; dagegen also muß jetzt schon mit aller Entschiedenheit eingeschritten werden. Und so in jedem Punkte, der für das öffentliche Ansehen der Mutter von Belang sein könnte.

Dabei dürfen wir nie vergessen, daß die (Stief)Mutter eines »Schneewittchens« im Grunde eine *alleinerziehende* Mutter ist; an keiner Stelle des GRIMMschen Märchens läßt sich erkennen, daß der uns als »König« vorgestellte Vater in irgendeiner Weise als hilfreich oder überhaupt als handelnd in Erscheinung träte; und nicht anders in der Sage vom *Grafen Gombald.* Die weiß sogar zu vermelden, das Feuer der Liebe, in welcher der Graf zu der schönen *Richilde* entflammt gewesen, sei sehr bald schon verglommen, und so habe er, in späten Gewissensqualen um den schnöde verschuldeten Tod seiner ersten Gemahlin, zur Buße sein Heil in der Beteiligung an einem Kreuzzug gesucht, bei dem er jedoch durch eine epidemische Krankheit vor der Zeit sei dahingerafft worden. Auch damit verhalte es sich, wie es wolle –, eines steht fest: ein »Schneewittchen« wächst stets wie vaterlos auf, es hat zwischen sich und dem Leben als Hilfe oder als Hindernis allein seine Mutter, einzig mit dieser ist es verbunden und an diese gebunden.

Zu einer solchen Konstellation bedarf es aus der Sicht der (Stief)Mutter selbst durchaus nicht der *physischen* Abwesenheit ihres Gatten; es genügt vollauf, wenn wir uns in angegebener Weise vorstellen, daß eine »Richilde« ihrer ganzen Natur nach einen Ehegemahl an ihrer Seite nicht wohl verträgt. Zwar verehrt sie ihren Gatten nach außen hin gewiß stets über die Maßen, doch nur, um desto sicherer an ihm enttäuscht zu werden; zwar trägt sie nach ihm alle Zeit das größte Verlangen, doch nur, um ihn jedesmal mit moralischem Abscheu aus ihrer Nähe zu verbannen; zwar braucht sie ihn unbedingt als Erzeuger ihres Kindes, doch danach, darf man denken, ist er bald schon seiner Dienste ledig. Wir dürfen keinen Augenblick lang vergessen, daß der Wunsch nach einem »Schneewittchen« sich wesentlich aus dem Leiden schon jener Frau am Fenster ergab, die den inneren Zwiespalt ihres Frauseins auch in ihrer Ehe niemals zu überwinden vermocht hat; *gerade deshalb* sehnt sie sich danach, diesen Konflikt in ihrer Tochter gelöst zu finden. Nur vor diesem Hintergrund werden wir die geradezu verzweifelte Dramatik der folgenden Auseinandersetzung verstehen.

Graf Gombald vom Löwen, hat uns MUSÄUS berichtet, verstarb auf seinem Kreuzzug im Morgenland an der Pest; doch kaum, daß die angemessene Zeit, die der Anstand dem Trauern gebietet, vorüber gewesen, da sei, so heißt es, *Richilde* sogleich der alten Koketterie anheimgefallen: als eine noch so junge Witwe vor den Augen aller, als eine *ewige* Witwe dem Wesen nach, habe sie wieder in ihrer widersprüchlichen Weise darum geworben, von einer Vielzahl von Männern nicht wahrhaft geliebt, doch liebreich umworben zu werden. Die Symbolsprache der Sage selber ist hier deutlich genug, um das Schicksal der Ehe einer *Richilde* und ihr Verhalten in der Ehe zu beschreiben: der *Mann* kann in einer solchen Beziehung nicht weit genug in die Ferne, am besten ins Morgenland weggerückt werden, wenn er nur einer »heiligen« Sache obliegt, wenn er es nur *büßt,* eine *Richilde* überhaupt als Frau begehrt und erobert zu haben. Das *Schuldgefühl,* das die Ehegatten hier auseinandertreibt, ist so wahnhaft wohl nicht, wie MUSÄUS es darstellt, wenn wir es aus *Richildens* Sicht würdigen: Ist sie nicht wirklich auch gegenüber ihrem Gemahl als Gattin *gestorben,* um in der Ehe als eine ganz andere, Strahlende, vor den Augen der Menge zu erscheinen? Ist nicht eine Ehe tatsächlich *Schuld,* zu der eine Frau einen Mann verlockt, nur um ihm alles schuldig zu bleiben? Liegt nicht notwendig der Schwarze Tod über einer Beziehung, die niemals Erfüllung noch ruhige Befriedigung finden darf, damit eine Frau paradoxerweise nicht »schuldig« dadurch wird, daß sie ganz einfach lebt, was sie als Frau leben möchte?

Wann je sich zeigt, daß eine bestimmte »Moral« außerstande ist, die Probleme zu lösen, die sie in der Seele gerade der Gutwilligen selber erschafft, so ist es an dieser Stelle des *Schneewittchen*-Märchens: Der Gatte ist inzwischen wirklich weit über Landes, er ist in wörtlichem oder übertragenem Sinne tatsächlich *»gestorben«,* da beginnt das Leben »Richildens« noch einmal, und jetzt erst richtig, als ein fahriges Suchen nach dem Verlorenen, weil immer Verbotenen. Jetzt ein für allemal wird aus der Frau am Fenster die Frau vor dem Spiegel.

Vor *einem* muß man an dieser Stelle indessen sich hüten: Wer in »Richilde« sogleich schon den Typ der »bösen« (Stief)Mutter erkennen wollte: der Menschenfresserin, der Verfolgerin, der Mörderin, der täte der GRIMMschen Erzählung ebenso unrecht wie allen Frauen in vergleichbarer Lage, der setzte zugleich auch sich selbst außerstande, die wahre Not eines »Schneewittchens« zu begreifen. Wir müssen vielmehr im Gegenteil sagen: Es könnte eine »Richilde« von Mutter auf ihre Tochter niemals einen solch schicksalhaften Einfluß gewinnen, läge in dieser ganzen so unglückseligen Beziehung nicht auch ein hohes Maß von wirklicher Liebe und Anhänglichkeit bei Mutter wie Tochter verborgen; eine *nur* »hexenähnliche« Frau besäße niemals die Kraft, im Leben ihrer Tochter immer wieder, wie die BRÜDER GRIMM es erzählen, als »Marktfrau« mit wunderschönen, nur leider vergifteten Gaben zu erscheinen. Selbst Neid, Mißgunst und Haß sind doch nur die Kehrformen einer gescheiterten Liebe. Worin eine »Richilde« als Frau scheitern *muß,* wissen wir schon; woran aber liegt es, daß sie auch als *Mutter* in ihrer Art nicht glücklich sein kann? Die Antwort auch darauf kennen wir eigentlich; sie besteht nach allem Gesagten in der *Identifikation* der Mutter mit ihrer Tochter, in der unterschiedslosen *Verschmelzung* zwischen »Richilde« und »Blanca«.

Zweierlei ist uns bereits geläufig: Schneewittchens Mutter möchte ein Kind haben, das *anders* ist als sie selbst – nicht die Frau am

Fenster soll in ihm wiedererscheinen, sondern ein sinnenfrohes, sinnliches Mädchen soll in ihm zum Leben erblühen; auf der anderen Seite aber soll »Schneewittchen« auch genau so werden wie seine (Stief)Mutter: genau so schön, genau so außengewandt, genau so begehrt, genau so umworben ... und beides soll eins sein! Die Frau am Fenster und die Frau vor dem Spiegel, die beide nur eins sind im Widerspruch, sollen sich versöhnen in der Gestalt des »Schneewittchens«, – nur dazu ist es auf Erden; doch eben daraus ergibt sich sein beinahe lebensgefährliches Dilemma, denn die einzige Frau, mit der es von früh bis spät konfrontiert ist, besteht in der bloßen Vordergrundseite seiner (Stief)Mutter, in der Frau vor dem Spiegel – in einer »Richilde«!

Eine Frau identifiziert sich mit ihrer Tochter, ein Mädchen »identifiziert« sich mit seiner Mutter; – jeder, der einen solchen Satz liest, wird glauben, ihn zu verstehen. Und doch wird erst klar, was er meint, wenn man die Dynamik der Angst sich vor Augen stellt, die den »Abwehrmechanismus« der »Identifikation« auf den Plan ruft. »Ich bin nichts wert außer durch die Anerkennung der anderen«, so lautete bereits die Devise der *Frau vor dem Spiegel;* »ich bin so viel wert, wie meine Tochter an Anerkennung findet«, so läßt sich jetzt die Einstellung der (Stief)Mutter eines »Schneewittchens« beschreiben. Konkret bedeutet das: an jeder Stelle, da das Kind nicht zur Ehre und zum Ruhm seiner Erzeugerin beiträgt, wird eine Mutter von der Art einer »Richilde« sich selber wie tödlich gekränkt empfinden. – Das Kind lernt nicht gut genug in der Schule; es hat seine Kleider zerrissen, es hat sich mit anderen Kindern gestritten, es macht Verdacht, nicht am meisten beachtet zu werden – all solche Zeichen von Versagen und Schwäche können die alte Angst einer »Richilde« wachrufen, selber in ihrer Person unwert zu sein. Da hat eine Mutter alles getan für ihr Kind, und nun dieses! Es ist zum Verzweifeln!

Eine Mutter, die mit ihrer Tochter in angegebener Weise *identifiziert* ist, wird schon auf das bloße Anzeichen möglichen *Versagens* hin bei ihrer Tochter mit entsprechender Heftigkeit reagieren: Was werden die Leute sagen! Es gibt dabei keine Unterschiede in der Gewichtung einzelner »Fehler« – stets steht *alles* auf dem Spiel; es gibt auch keine Unterschiede in den jeweiligen Antworten – »immer« und »überhaupt« ist die Tochter »ganz und gar« »unmöglich« … So kann das gehen, tagaus – tagein, und doch hat man es hier nur erst mit vereinzelten Wärmegewittern in einem schwülwarmen Frühlingsklima zu tun. Alles in allem, werden wir denken müssen, hat »Schneewittchen« in der Anfangszeit seines Lebens, in der Phase des Stolzes und der Freude seiner Mutter, immerhin noch ein Leben, in dem es als das »Wunsch-« und »Vorzeigekind« seiner Mutter wie auf Händen getragen wird. Die eigentliche Krise allerdings wird eben deswegen nur um so sicherer und unvermuteter eintreten.

Alle Auseinandersetzungen bisher fanden in der geschilderten Weise statt, solange die Identifikation zwischen Mutter und Tochter noch in voller Stärke bestand; die Zeit aber wird irgendwann kommen, da die Mutter erkennen muß, daß ihre Tochter ihr zunehmend entgleitet und ein eigenes Leben beginnt, – spätestens mit dem Beginn der Reife zur Frau wird das der Fall sein; eines »Schneewittchens« Mutter wird aber gerade dagegen natürlich auf das heftigste ankämpfen; wenn es ihr indessen nicht gelingt, den Eintritt ihrer Tochter in ein eigenes Leben zu verhindern, wird sie sich in eine unerbittliche, lebensbedrohliche *Verfolgerin* verwandeln, die doch mit allem, was sie an Arglist und Hinterhältigkeit aufführen wird, im Grunde nur darum bettelt, *genau* so sein zu dürfen wie ihre junge, blühende Tochter …

Um den entsprechenden Konflikt auszulösen, bedarf es durchaus keiner besonderen aggressiven Entladungen. Weder hören wir davon, daß sich »Schneewittchen« seiner Mutter womöglich bockig und trotzig widersetzt habe, noch erfahren wir etwas von Schelte und Schlägen als mütterlichen »Erziehungs«-mitteln, wie sie in anderen Stiefmutter-Geschichten fast stereotyp geschildert werden – man denke nur an *Frau Holle* (KHM 24)[63] oder an *Brüderchen und Schwesterchen* (KHM II).[64] Nicht die offen ausgetragene Auseinandersetzung, nicht der klar geäußerte Vorwurf, sondern der *versteckte* Neid auf seiten der Mutter, die *schleichende* Vergiftung des Lebens bringt ein »Schneewittchen« an den Rand des Todes. Der Grund dafür aber liegt nicht etwa darin, daß ein »Schneewittchen« am Ende doch womöglich seine Mutter enttäuscht hätte und hinter ihren Erwartungen zurückgeblieben wäre; der Grund ergibt sich paradoxerweise daraus, daß »Schneewittchen« mehr und mehr *ge-*

nau so wird, wie seine Mutter es haben möchte. Nicht daß es *anders* wäre als seine Mutter, sondern daß es dieselbe ist wie seine Mutter und doch in eigener Existenz eine andere, verwandelt eine Frau wie »Richilde« zunehmend in eine tödliche Gefahr für ihre Tochter und läßt das »Schneewittchen« über lange Zeit hin als ein hilflos agierendes, ahnungslos blindes Opfer erscheinen.

Worauf eigentlich ist »Schneewittchens« Mutter so *neidisch?* Auf die Schönheit ihres Kindes, gewiß; doch was in dieser einfachen Feststellung sich verbirgt, ist die endgültige Tragödie einer gesamten Lebenseinstellung.

Gehen wir noch einmal von der *Richilde*-Sage aus; mühelos feierte ursprünglich die Gräfin von Brabant da ihre Triumphe im Vergleich mit allen anderen Frauen des Landes: sie war die schönste, so sagten es alle! Und doch sahen wir schon, wie *angstgeprägt* dieses hysterische *Konkurrierenmüssen* mit allen Frauen im Grunde ist. Ständig wird da mit jedem Blick in den Spiegel eine jederzeit drohende Katastrophe gerade eben noch abgewendet. Und wehe, wenn der »Spiegel« *einmal* auch nur der so verunsicherten Gräfin einen weniger günstigen Bescheid geben sollte! Es bedeutete für sie einen jähen Sturz in den Abgrund. Und doch breitet im Untergrund, trotz aller einstweilen noch gegenteiligen Versicherungen, die untrügliche Gewißheit sich aus, daß genau diese Entdeckung über kurz oder lang nicht aufzuhalten sein wird. Denn selbst wenn es gelingen sollte, den Kampf um die Schönheit gegen alle Frauen im Lande, *räumlich* also, immer neu zu gewinnen, so wird doch der Kampf gegen die *Zeit* mit jedem Tag immer ein Stückchen weiter verloren gehen. Eine Weile lang mag die »Kultur« und der Kult künstlicher Verschönerungsformen über diese sichere Tatsache hinwegtäuschen, einen gewissen Ausgleich mag für eine gewisse Zeitspanne wohl auch der Glaube bieten, als Persönlichkeit reifer und schon dadurch beliebter zu werden, doch je bedingungsloser das fortschreitende Alter *verleugnet,* statt integriert wird, desto steiler muß der Abfall von der Bühne der Eitelkeit eines Tages werden.

Um nicht mißverstanden zu werden: natürlich kann ein Mensch, gleich, ob als Frau oder Mann, mit dem Fortschritt des Alters buchstäblich *schöner* werden, wofern mit »Schönheit« eine harmonische Einheit von Seele und Körper gemeint ist; jeden Tag mehr prägt sich die Haltung einer Person: ihre Art, die Welt zu sehen, ihre Weise zu sprechen, ihre Form zu denken, die gesamte Lebensgestaltung, sichtbar in die körperliche Gestalt ein; es wird einfach mehr und mehr für die Augen anderer bemerkbar, was für ein Mensch jemand ist; sein Geist verleiblicht sich im Stoff; – was wir »Altern« nennen, ist im Grunde nichts anderes als eine solche »Spiritualisierung« des Stücks Materie, das wir sind. Nicht um eine notwendige Einbuße an »Schönheit« also handelt es sich; was mit fortschreitendem Alter zweifellos zurückgeht, ist allein die sexuelle Signalwirkung, die in jungen Jahren vor allem von der weiblichen Schönheit ausgeht. Die Angst, älter zu werden und dadurch an Zuneigung zu verlieren, meint eigentlich nur die Furcht, eines Tages als Frau an sexueller Ausstrahlung einzubüßen. Doch gerade diese Sorge ist es, die eine »Richilde« beherrscht und die das hysterische Dilemma, in dem sie sich befindet, besonders deutlich offenbart: die Durchsexualisierung des gesamten Lebens beziehungsweise die Reduktion all ihrer Wünsche nach Liebe auf die Sexualität, so als sei diese die einzige nur denkbare Liebesbedingung.

Damit aber schließt sich im Erleben einer »Richilde« der Teufelskreis. Wie ist es möglich, daß eine Frau ihrer eigenen (Stief)Tochter nachstellt und sie auf das Tödliche beneidet einzig ihrer Schönheit wegen? Das ist die entscheidende Frage, die das Märchen der Brüder Grimm oder die Sage des Musäus zur Lösung uns aufgibt. Die vorläufige Antwort darauf lautet jetzt: Eine derartige Mischung aus Eitelkeit und Neid ergibt sich *notwendig* bei einer Frau, in deren Leben das »Schönsein« den einzigen Trost gegen das Grundgefühl darstellt, im letzten unwert und unberechtigt zu sein, und für die gleichzeitig eine ruhige Freude an der eigenen Weiblichkeit von Kindheit an in den Bereich des Ungehörigen und Unanständigen gestellt wurde. Unter diesen beiden Voraussetzungen *kann* es nicht anders sein, als daß einer Frau unter dem Diktat schwerer Ängste und Schuldgefühle die besten Jahre ihrer Jugend in einem bloßen Halbleben gestohlen werden, ständig hin- und hergerissen zwischen Verlockung und Verbot; und so wird in ihr das Verlangen, ja, die Gier, das Verlorene nachzuholen, später nur um so größer sein. Das aber ist natürlich nicht möglich, und so wird der Neid auf die Jugend von Tag zu Tag wachsen, ja, es wird sich ein regelrechter Haß zunehmend auf alles richten, was jung ist. »So wie ihr lebt, möchte auch ich gelebt haben. So wie ihr seid, möchte auch ich noch einmal sein. Das aber kann ich nicht. Deshalb seid ihr allein schon durch eurer Dasein ein lebender Vorwurf für mein Unleben. Deshalb seid ihr der unwiderlegliche Spiegel, der meine Häßlichkeit bekundet und kundtut. Wie sollte ich euch da nicht hassen, euerer Jugend wegen, euerer Schönheit wegen, eueres Glücks wegen? Deshalb werde ich euch zerstören, so wie ihr mich zerstört.« In solchen Bahnen kreisen alle Gedanken einer »Richilde«, sobald sie selbst in die Jahre kommt, das heißt, in solchen Bahnen *würden* ihre Gedanken kreisen, fielen sie nicht augenblicklich der *Verdrängung* anheim.

Auch und gerade in dem *Schneewittchen*-Märchen der BRÜDER GRIMM verhält es sich ja keineswegs so, daß die (Stief)Mutter einfach hingeht und ihre Tochter umbringt; alles, was sie tut, geschieht vielmehr *verkleidet,* unter bestimmten Vorwänden und Vortäuschungen, – *indirekt* also. Wohl scheint bei oberflächlicher Betrachtung gerade darin erneut ein Hinweis auf die Hinterhältigkeit, Verlogenheit und Gemeinheit dieser Frau zu liegen. Wie aber, wenn wir die »Verkleidungen« der Königin ganz ernst nehmen müßten? Dann hätten wir anzunehmen, daß eines »Schneewittchens« Mutter all das gar nicht wirklich »will«, was sie objektiv anrichtet; es geschähe ihr vielmehr *unbewußt,* es ereignete sich in der Dynamik des *verdrängten* Materials uralter Wünsche, Ängste und Aggressionen. Mit anderen Worten: es wäre bei weitem zu einfach, einer Frau wie »Richilde« zu unterstellen, sie merke nicht selber, wie sinnlos ihre Neid- und Haßgefühle gegen ihre eigene Tochter sind; ganz im Gegenteil sollten wir annehmen, daß sie sich vor sich selber *schämt,* so zu empfinden, wie sie es tut, und daß sie mit allen Kräften dagegen ankämpft. Wozu auch sonst das Versteckspiel der Maskeraden bei all den Anschlägen auf das Leben ihrer Tochter? Wozu sonst die merkwürdige Form der »Vergiftungen«? Nein, »Schneewittchens« (Stief)Mutter will gerade das *nicht,* was sie dann schließlich doch wie unter einem schicksalhaften Zwang zum Bösen tut.

»Die eigene Tochter beneiden«, »die eigene Tochter vergiften« – es scheint kaum eine Verhaltensweise zu geben, die eindeutiger die Bezeichnung »Rabenmutter« verdienen würde als diese. Und doch merken wir gerade, daß die schlimmsten Zerstörungen im menschlichen Leben womöglich nicht einmal diejenigen sind, die offen heraus, mit erhobener Hand, verübt werden. Die unheimliche und unheilvolle Wirkung einer *»Richilde«* auf ihre *»Blanca«* läßt sich in ihrer Dramatik und Tragik wohl erst verstehen, wenn wir den Todesbefehl der Königin an den »Jäger« in dem GRIMMschen Schneewittchen-Märchen nebst den drei folgenden »Heimsuchungen« als das Ergebnis einer Grundeinstellung verstehen, die, einmal getroffen, Stufe um Stufe in der seelischen Entwicklung eines »Schneewittchens« sich auswirkt. Nichts geschieht da »punktuell«, »absichtlich«, als eine »kriminelle Einzeltat«, wie die Symbolsprache des GRIMMschen Märchens es uns zu glauben nahelegt; vielmehr langsam, unmerklich fast, wird da ein *Gift* infiltriert, das nach und nach das Leben einer noch jungen Frau, eben weil sie noch jung ist, in das Dasein einer »Untoten« verwandeln wird. Und all das geschieht, wohlgemerkt, gegen die bewußte Absicht der Mutter, von der diese Wirkung ausgeht! All das ereignet sich im Widerspruch zu den Zielen, die sie sich eigentlich setzt: den Widerspruch ihres eigenen Lebens im Dasein ihrer Tochter aufzulösen!

Sagen wir es einfacher: Könnte »Schneewittchens« (Stief)Mutter ihre Angst, ihren Neid, ihre Abneigung gegenüber der erblühenden Schönheit ihrer Tochter sich offen eingestehen, so verfügte sie immerhin über die Möglichkeit, sich bewußt damit auseinanderzusetzen. Wie aber soll eine »Richilde« sich ihre latente Unsicherheit eingestehen, nachdem sie ein Lebenlang alles getan hat, Konflikte dieser Art mit der demonstrierten Pose ihrer Schönheit zu kompensieren? Gerade weil dieses Konzept so viele Jahre über erwiesenermaßen erfolgreich war, fällt es jetzt fast unmöglich schwer, davon Abschied zu nehmen. Und demgemäß ist es auch nicht möglich, der Tochter zu sagen: »Wie wunderschön du bist! Du warst mein Stolz, und du bleibst es. O wie ich dich beneide! Du hast noch dein ganzes Leben vor dir. Mach etwas daraus! Erobere all die Länder, die ich nie betreten durfte. Lebe du das Leben, das mir nie vergönnt war. Du trägst alles in dir, was einst meine Hoffnung war. Reite du auf dem Pferd meiner Sehnsucht in die erfüllte Wirklichkeit deines Glücks. Reife als Frau, und laß dich von den Grenzen meiner Persönlichkeit dabei nicht hindern.« Eine *»Richilde« hat* keine Grenzen. Eine »Richilde« ist nicht nur vollendet schön, sie ist perfekt auch als Mutter.

Sie ist eben *makellos* in der Erfüllung *beider* Ideale, die sich in unserer Gesellschaft an eine Frau richten. Und so *muß* eines »Schneewittchens« (Stief)Mutter darauf bestehen, daß sie auch weiterhin die treusorgende, die bewundernswert aufopfernde, die in ihrer Tochter ganz und gar »aufgehende« Mutter ist. Alle negativen Gefühle von Angst, Konkurrenz, Ärger und Eifersucht haben da keine Rolle zu spielen; und nur an einer gewissen Überfürsorge und Überaktivität läßt sich unter solchen Umständen wohl auch schon für einen nicht besonders sorgfältigen Beobachter erkennen, wie »gemischt« alles sich anfühlt, was eine solche Frau ihrer Tochter sagt und tut. Nur weil alle menschlich an sich so verständlichen Gefühle von Selbstmißtrauen und Selbstverachtung ein Lebenlang in den Hintergrund gedrängt werden mußten, kommen sie jetzt auf so hinterhältige Weise als Gefühle von Neid, Haß und Eifersucht in bezug zu der eigenen Tochter wieder zum Vorschein; nur weil der gesamte Gefühlsbereich im Leben einer Frau seit Kindertagen vergiftet wurde, ist sie jetzt dabei, mit allem scheinbar guten Bemühen das Leben ihres eigenen Kindes zu vergiften. »Ich lebe ganz in meiner Tochter. Ich bin nur für meine Tochter da. Meine Tochter ist mein ein und alles.« Welch eine Chance besteht, daß eine Frau, die sich so sehr mit ihrer Tochter identifiziert, es irgendwann doch noch merkt, sie könne nur als eine selbständig lebende, in sich selber glückliche Frau auch das Glück und das Selbstbewußtsein ihrer Tochter günstig beeinflussen? Und wann in unserer »gesellschaftlichen« »Moral« hätten die Ideologen der »Selbstverleugnung«, des »Opfers« und der »Hingabe« es je erlaubt, daß eine Frau so denken, so fühlen und so leben dürfte?

»Ich habe doch alles getan, was ich konnte«, berichtete einmal eine Frau von dem Ende einer leidenschaftlichen Liebesbeziehung ihrer Tochter. »Ich habe den Jungen zu uns eingeladen, ich habe mit ihm gesprochen, habe ihm Geschenke gemacht, er sollte sich bei uns wie zu Hause fühlen.« Sie verstand absolut nicht, daß ihre Tochter ihr vorwarf, sie selber hätte ihr mit ihrem »Geturtel« den Jungen »ausgespannt«. »Wie kommt die nur darauf?« fragte sie, erbost über die Mißdeutung von so viel mütterlicher Fürsorge. Dabei ließ es sich nicht übersehen, wie sehnsüchtig sie jedesmal auf den Besuch dieses jungen Mannes gewartet hatte. Sie hatte sich besonders schön gemacht, wenn er kam. Es hatte ihr geschmeichelt, wenn er ihr als einer

»modernen« Frau, »ungemein jugendlich«, »frisch und erfrischend«, Komplimente machte. Ja, es blieb nichts anderes übrig, als sich nach und nach einzugestehen, daß sie selber diesen jungen Mann als ihre »blaue Blume«, als Wunderdroge gegen das Altern, liebgewonnen hatte. Ob sie ihn nicht jetzt, wo es mit ihrer Tochter »aus« sei, einfach mal in seinem Heimatort überraschend besuchen sollte? Ihr Mann würde schon nichts dagegen haben, und außerdem könnte sie ja noch ihre Freundin mitnehmen, damit nichts »passierte« ... So ähnlich muß man sich den Neid und die Eifersucht einer »Richilde« vorstellen, so die Form, in der sie imstande ist, das Leben ihrer Tochter buchstäblich zu *vergiften,* während sie für sich selber und in den Augen aller für die Güte, die Verantwortung und das Wohlwollen selbst zu halten ist. Ästhetisch wie ethisch, als Frau wie als Mutter haben wir in einer *»Richilde«* eine Persönlichkeit vor uns, die ganz und gar von außen gelebt wird und die *eben deshalb,* ohne es zu merken, mit allen guten Absichten ihre Tochter nicht zum Leben zulassen kann. Was die anderen sagen werden, sagen könnten – die Angst davor bestimmt die ganze »Moral« und »Frömmigkeit« einer solchen Frau, und diesem Götzen, der möglichen Meinung der anderen, wird sie, gleich einem Moloch, nicht zögern, jederzeit ihre Tochter zu opfern.

4. »Gefressen« vor »Liebe«

So sieht die Welt aus, wenn wir in ihren Mittelpunkt einzig eines »Schneewittchens« (Stief)Mutter stellen. Diese Sichtweise einzunehmen war bislang unerläßlich, um die Tragödie einer Frau zu begreifen, die nach dem Urteil des Märchens der BRÜDER GRIMM (und nicht anders nach dem Urteil des »gesunden Menschenverstandes«) für die Inkarnation des Bösen an sich gelten muß; es war sehr wichtig, die innere Widersprüchlichkeit und Gegenfinalität in dem Wesen und dem Charakter dieser Person zu verstehen, die an sich selber als Frau zuinnerst leidet und die nur deshalb den Eindruck einer »eitlen«, »narzißtischen«, »egoistischen« und »gefühlskalten« Person in den Augen ihrer Umgebung hinterläßt, weil sie in Wahrheit für äußerst unsicher, in sich zerbrochen und zerbrechlich gelten muß. Nur indem wir die Eigenart dieser Frau uns verdeutlichten, konnten wir lernen, unter welch einem Stern – oder Unstern – das Dasein eines »Schneewittchens« sich im folgenden wird vollziehen müssen. Freilich wird es inzwischen hohe Zeit, die Perspektive zu wechseln und die Welt aus dem Blickwinkel eines Kindes von »Schneewittchen«-Art zu betrachten: wie erlebt ein solches Kind eine (Stief)Mutter, die sich bedingungslos mit ihm identifiziert und sich zugleich doch eben deshalb von ihm aufs tödliche bedroht fühlt?

Zum Verständnis einer »Königin« nach dem Portrait einer »*Richilde*« haben wir uns bisher an Personen wie *Marie Antoinette* und *Margot Hemingway* orientiert; für das Schicksal eines »*Schneewittchens*« gibt es indessen wohl kein stimmigeres Vorbild als die autobiographischen Aufzeichnungen der *Christina Crawford*, der Adoptivtochter der berühmten Filmschauspielerin *Joan Crawford*. In ihrem Buch *Meine liebe Rabenmutter*[65] hat sie, ein Jahr nach dem Tod ihrer Stiefmutter, die 1977 im Alter von angeblich 69 (tatsächlich 73) Jahren verstarb, sich all ihr Leid von der Seele geschrieben und in erschütternder Weise geschildert, was es, im Bilde gesprochen, bedeuten kann, von der eigenen Mutter »gefressen« und »vergiftet« zu werden; es ist ein Bericht, der uns zugleich zeigt, wieviel an wirklicher Liebe in eben jener Frau *auch* lebt, die ihrer Tochter beides in eins ist: Engel und Dämon, Fee und Verderberin, das absolut

Gute und das absolut Böse, und die gerade in dieser ungeheuerlich scheinenden Mischung so menschlich anrührend auf uns wirkt.

Für *Frau Crawford* war es in angegebener Weise eines Tages nicht länger genug, ein bewunderter, allseits begehrter Hollywood-Star zu sein, eine Filmleinwand-Berühmtheit, ein Dauerthema auf den Hochglanzseiten der Boulevard-Presse, sie mußte der gesellschaftlichen Erwartung zuliebe auch die Rolle der *Mutter* verkörpern, der Frau mit Herz, der mildtätig sich Erbarmenden, der Schönen *und Guten*, des vollkommenen Menschen, der Göttin auf Erden ..., und so adoptierte sie im Jahre 1939 als erstes von vier Kindern kurz nach seiner Geburt das Waisenkind Joan, das sie Christina nannte, die Tochter einer Studentin und eines Seemannes, die beide nicht imstande waren, sich um das Neugeborene zu kümmern.[66] *Frau Crawford* hatte zu dieser Zeit bereits zwei spektakuläre Ehen hinter sich, die ihr genügend Geld und sogar den Anschein von Bildung eingebracht hatten[67]; als eine mittlerweile schon wieder alleinstehende Frau hatte sie ihre Stieftochter nur adoptieren können, weil die Gesetze des Staates Nevada einen solchen Schritt erlaubten, wofern die materielle Zukunft des Kindes als gesichert erschien[68], und diese Bedingung, zweifellos, war erfüllt.

Man kann nicht sagen, daß *Joan Crawford* die kleine *Christina* nur zu sich nahm, um erneut in die Schlagzeilen zu gelangen. Schon in ihrer ersten Ehe hatte sie von dem reichen *Douglas Fairbanks* ein Kind empfangen, das jedoch durch Fehlgeburt oder durch Abtreibung nicht zur Welt gekommen war.[69] Das war 1932 gewesen, – danach war ihre Ehe bald auseinander gegangen. Jetzt gehörte ein gewisser Mut dazu, ein fremdes Kind zu adoptieren. Es war damals fast unvorstellbar, daß eine Actrice, die auf sich hielt, tatsächlich selber ein Baby zur Welt brachte, das, wenn es groß genug sein würde, sie eines Tages unfehlbar zur »Großmutter« degradierte. Ewige Jugend zu verkörpern – darin bestand die Hauptaufgabe einer Schönheit im Rampenlicht des Films jener Tage; – noch als Tote wird *Joan Crawford* einbalsamiert werden wie ein unsterbliches Kunstwerk, das sie selbst schuf, indem sie »ihr ganzes Leben peinlichst reglementiert hatte, um zu verhindern, daß ihr Dasein in wirkliches Leben ausartete«.[70] Auch die Adoption eines Kindes bildete nur ein weiteres Arrangement täuschender Annäherung an die Wirklichkeit, eine

Schein-Mutterschaft, doch getragen war dieser Schritt ursprünglich wohl von der echt gefühlten Sehnsucht, von wenigstens *einem* Menschen wirklich geliebt zu werden. In ihm sollte die ganze eigene Kindheit ersatzweise noch einmal durchlebt werden.

Bis dahin hatte *Joan Crawford* in einem Spiel erbarmungsloser Konkurrenz um die Anerkennung der Filmemacher sich von Bett zu Bett hocharbeiten müssen; sie hatte inzwischen all die schmutzigen Tricks gelernt, mit denen es möglich war, Aufsehen um jeden Preis zu erringen und sich die Gunst einer Nacht von seiten der Männer zu erkaufen, die beim Emporklettern der Karriereleiter ihr irgendwie hilfreich sein konnten. Hemmungen, Moral, Fairneß – das alles hatte sie als etwas Kleinstädtisches abgelegt, um der »großen Welt« als »groß« zu erscheinen und »sich aus dem grauen Meer der anderen hervorzuheben. Der Schein«, schreibt CHRISTINA, »war nicht nur wichtiger als die Wirklichkeit, er war selbst Wirklichkeit geworden.«[71] Jetzt aber wünschte sich die auch in der zweiten Ehe mit dem Schauspieler *Franchot Tone* kinderlos gebliebene Schauspielerin ein Mädchen, gerad wie sie selber es einst hätte sein mögen: ein glückliches, strahlendes und: *schönes* Kind. CHRISTINA schreibt in Erinnerung über die ersten Jahre ihrer Kindheit:

»Mutter und ich waren damals untrennbar. Sie nahm mich mit, wohin sie auch ging. Oft schlief ich in ihrer Garderobe, oft im Auto, während Mutter zu Aufnahmeterminen unterwegs war. In den kommenden Jahren bewahrte sie jede Haarlocke auf, die mir abgeschnitten wurde, und jeden Milchzahn, der mir ausfiel. Sie wurden als Erinnerungsstücke in Umschläge gesteckt und von Mutter in ihrer großzügigen Handschrift etikettiert. Schon als ich wenige Monate alt war, erhielt ich wertvolle Geschenke. Die kleinen Briefe, die den Geschenken beigelegt waren, bekam ich erst viele Jahre später zu sehen. ›Ich liebe dich, mein wunderhübsches Kind‹, stand auf einem dieser Zettel. Sie verwahrte die Briefe, als ob sie von einem Fremden gesandt worden waren.«[72]

Es ist deutlich, daß diese Briefe an ihre Tochter in der Tat nicht eigentlich von der erwachsenen Filmschauspielerin *Joan Crawford* geschrieben sind, sondern daß es sich in gewissem Sinne um die Wunschbriefe handelt, die ihre eigene Mutter ihr hätte schreiben müssen, als sie noch die kleine unbekannte *Lucille Le Sueur* war und noch nicht der »Flußkrebs« *(crawfish)*, zu dem die Werbeabteilung von Metro-Goldwyn-Mayer sie gemacht hatte[73]; eben deshalb offenbar sind diese Briefe so unzeitig-zeitlos adressiert, wie an ein ewiges Kind, wie an ein längst verstorbenes oder doch bald schon zum Sterben verurteiltes ...

Dabei betont CHRISTINA an der gleichen Stelle durchaus im Einklang dazu: »In meiner frühen Kindheit empfing ich all jene Liebe und Zuneigung, die meine Mutter seit vielen Jahren in ihrem Herzen trug. Sie fühlte sich mir besonders nahe, weil sie meine Gegenliebe mit niemandem zu teilen hatte. Ich gehörte ihr allein. Ich nannte sie ›Mommie dearest‹, seit ich sprechen konnte. Sie war für mich die Quelle alles Guten, und ich war für sie der goldlockige Engel, auf den sie so lange gewartet hatte. Es war kein Zufall, daß sie mir zunächst den gleichen Vornamen gab, den sie selbst trug (sc.: Joan jr., d. V.). Weil es in ihrer Kindheit ärmlich zugegangen war, überschüttete sie mich mit all den Dingen, die sie selbst als Kind vermißt hatte. Ich war das beste Kind auf der Erde, das hübscheste, das intelligenteste, das mutigste. Ich bekam mehr Spielzeug und mehr Kleider, als ich je hätte benutzen können. Meine Puppen bekamen echten Schmuck. Wieder und wieder nahm sie mich in den Arm, wiegte mich zärtlich, kraulte mir das schüttere blonde Haar, von dem sie hoffte, daß es mir bald in vollen Locken über die Schultern fließen würde. Wenn sie im Filmstudio zu tun hatte, so nahm sie mich mit und fütterte mich zu den Essenszeiten, wechselte meine Windeln, badete mich. Wenn ich schlafen sollte, sang sie Wiegenlieder.«[74]

Und doch bricht gerade in dieses Paradies einer scheinbar ungetrübten Dualunion zwischen Mutter und Tochter spätestens im Alter von vier Jahren *der Schrecken vollständiger Ablehnung* im Falle auch nur der geringsten Abweichung vom mütterlichen Vorbild ein. Der äußere Anlaß ist denkbar geringfügig, doch um so sprechender. *Christina* hatte mit drei Jahren bereits Schwimmen gelernt, als es ein Jahr später zu einer Art Wettschwimmen mit ihrer Mutter kam, in dem diese ihrer Tochter bewies, daß sie jederzeit gegen das kleine Mädchen antreten und gewinnen konnte, wann immer sie wollte[75]; es war das erste Mal, daß es zwischen Tochter und Mutter zu einer solchen Machtprobe kam, zu einem »Zwergenaufstand«, wie CHRI-

STINA selber diese Begebenheit nennt[76], doch ist es der Anfang eines Konfliktes, der nie mehr enden sollte. *Joan Crawford* duldet es nicht, daß ihre (Stief)Tochter etwas anderes ist als die Zierde ihrer selbst, als der Spielball ihrer Launen, als das Püppchen ihrer Eitelkeit. Wer denn erkennt schon in dieser allseits bewunderten Frau das *Kind* wieder, als das sie *sich selber* in dem Leben ihrer geliehenen Tochter noch einmal heranziehen möchte?

Als Schauspielerin macht sie gerade zu dieser Zeit eine schwere Krise durch. Sie war 37 Jahre alt, als sie erleben mußte, wie die kriegsbegeisterten USA beim Eintritt in den Zweiten Weltkrieg zum Aufputschen des Kampfeswillens ihrer Soldaten lieber die Maße von Pin-up-Girls wie *Lana Turner* bevorzugten, – selbst MGM, dessen Chef *Louis B. Mayer* für sie wie ein Vater gewesen war, begann sie zum alten Eisen zu zählen. »Es war ein Schock, ein Verlust«, erzählt CHRISTINA, »den meine Mutter nie mehr ganz verwunden hat. Sie hatte es hingenommen, daß man sie in Filmkreisen als ›box-office-poison‹, als Kassenschreck, verunglimpfte. Nun aber wurde sie von all jenen verraten und gedemütigt, mit denen sie viele Jahre lang zusammengearbeitet und denen sie sich nahegefühlt hatte. Eine Leere tat sich auf, die bei allem Erfolg, den Joan Crawford später einheimsen sollte, nie mehr wieder ausgefüllt wurde. Sie verbarg den Schmerz, den man ihr zufügte – aber sie vergaß ihn nicht ... Allmählich bildete sich eine kämpferische, ja streitsüchtige Grundhaltung heraus, mit der sie Menschen und Situationen anging. Sie war davon überzeugt, daß alle es nur darauf abgesehen hatten, sie zu hintergehen und ihr Schaden zuzufügen. Ihr weiteres Leben war ein einziger Kampf gegen die wirklichen oder eingebildeten Feinde. Damals, als sich ihre berufliche Ehe mit MGM dem Ende zuneigte, begann sie zu trinken.«[77]

Der Alkoholismus der *Joan Crawford* mußte späterhin *alles* entschuldigen, was sie sich selbst, ihren vier Adoptivkindern und darunter vor allem dem ersten: *Christina*, an hilfesuchender Liebe ebenso wie an hilflosem Haß blind, impulsiv und unbelehrbar zufügen sollte. Tatsächlich aber überspielte die chronische Alkoholkrankheit der *Grande Dame* des amerikanischen Films nur ihre lebenslängliche Kränkung und Kränkbarkeit gegenüber einer erbarmungslos veräußerlichten und verlogenen Umwelt; denn trotz aller Berühmtheit war und blieb *Joan Crawford* eine Einsame inmitten einer vereisten Welt, ihre Tochter aber begann sie zu *verfolgen* für gerade die Eigenschaften, um derentwillen sie das Mädchen einmal über alles geliebt hatte.

Das Märchen der Brüder Grimm von *Schneewittchen* erzählt, die Königin, weil »Neid und Hochmut« »wie ein Unkraut in ihrem Herzen immer höher« wuchsen, habe eines Tages einen Jäger gerufen und ihm befohlen, das Kind *im Walde* zu *töten* und ihr zum Wahrzeichen *Lunge und Leber* mitzubringen; und wirklich habe der Jäger gehorsam das Mädchen auch in den Wald geführt, doch da, als er gar schon den Hirschfänger gezogen, hätten *die Tränen* des unschuldigen Mädchens ihn zu Mitleiden gerührt, so daß er das »arme Kind« habe laufen lassen, um an seiner Statt einen jungen *Frischling* zu erlegen; dessen Lunge und Leber habe *der Koch* in Salz zubereiten müssen, auf daß »das boshafte Weib«, im Wahne, damit Schneewittchens Organe zu essen, diese in seiner Roheit verzehrt habe; der *Jäger* indessen habe vermeint, sehr bald wohl werde das Kind *den wilden Tieren* anheimfallen, und diese Erwartung habe ihn *beruhigt* bei dem Gedanken, mit seinem Tun den Befehl seiner Königin zu hintergehen.

Diese ganze ungeheuerliche Szenenfolge wirkt um so schrecklicher, als sie in der Sage von *Richilde* keinerlei Vorlage findet, – die Brüder Grimm haben sie, allerdings im Einklang auch mit anderen Märchen (vgl. z. B. *Das Mädchen ohne Hände*, KHM 31[78]; *Die Nelke*, KHM 76, u. a.), an dieser Stelle nach eigenem Gutdünken eingefügt; was ihnen damit jedoch gelungen ist, kommt einer außerordentlich komplexen *Verdichtung* des Grundgefühls eines »Schneewittchens« gegenüber seinem gesamten Leben gleich. Es ist, um den Sinn dieser Szene zu verstehen, indessen nichts weiter vonnöten, als die entsprechende Bilderkette zu lesen wie die Sequenz eines immer wiederkehrenden (Alp)Traums, der auf verschiedenen Ebenen, *»überdeterminiert«* in der Sprache Sigmund Freuds, das ganze Unheil eines »Schneewittchen«-Daseins in mindestens *drei* Aspekten offenbar macht.

Am krassesten, natürlich, wirkt auf den Leser beim ersten Blick das *kannibalistische*, das *»orale«* Motiv: eine (Stief)Mutter, die ihr eigenes Kind »frißt«! Wir sind auf die Bildbedeutung einer solchen

Horrorszene allerdings bereits durch die These von der *Identifikation* einer »Richilde« mit ihrer »Blanca« ein Stück weit vorbereitet. Wir brauchen dazu nicht erst auf die psychoanalytischen Theorien über die »oral-sadistische« Komponente bei Identifikations- und Introjektionsvorgängen zurückzugehen[79]; es genügt, sich das Erleben eines Kindes vorzustellen, das sich *von* seiner Mutter wie verschlungen fühlt, weil es schier unauflöslich *mit* ihr verschlungen ist.

Das wichtigste: es gibt kein Recht auf ein eigenes Fühlen, ein eigenes Denken, ein eigenes *Sein*. Seit altersher gilt insbesondere die *Leber*, die von Schneewittchens schrecklicher (Stief)Mutter verzehrt wird, als Sitz der Gefühle, näherhin der unausgesprochenen *aggressiven* Gefühle.[80] »Eine Laus ist ihm über die Leber gelaufen«, sagt man im Deutschen, wenn man das Empfinden eines Menschen beschreiben will, der sich ärgert, ohne recht zu wissen, warum. Er ist beleidigt, aber es gibt scheinbar keinen wirklichen Grund dafür, er ist »griesgrämig« und verbittert, aber er kann seinen Kummer nicht äußern, er erscheint »gallig« gelaunt, er wirkt »ätzend«, doch ist aus ihm nicht recht schlau zu werden. Eine Mutter, welche die *Leber* ihrer (Stief)Tochter verzehrt – das ist ein Bild vor allem für eine Beziehung, die jeglichen Protest, jede Kritik, jeden Widerstand eines Mädchens gegenüber seiner Mutter bereits im Keime erstickt. Es ist nicht etwa nur, daß grundsätzlich keine Erlaubnis bestünde, der Mutter gegenüber einen eigenen Standpunkt geltend zu machen, es wird vielmehr jedes Aufbegehren durch den Druck schwerer Schuldgefühle schon im Ansatz ins Unbewußte abgedrängt. Am Ende verfügt ein solches Kind tatsächlich über kein »Organ« mehr, das »Fett« zu verdauen, das seine Mutter ihm vorsetzt. An die Stelle der Fähigkeit, sich abzugrenzen oder gar sich zu wehren, tritt ein stetes Nagen nach innen, ein Sich-selber-Zerfressen, ein Gefühl, in diese Welt, die doch nur die Welt seiner Mutter ist, nicht eigentlich zu gehören.

Und nicht viel anders mit dem *»gefressenen Herzen«.*[81] Da ist ein Mädchen, dem die »Antriebsquelle« seines eigenen Daseins förmlich aus dem Leibe gestohlen wird, indem all seine Gefühle nur dazu da sind, seine (Stief)Mutter zu »ernähren«. Was dieser Frau gut tut, was dieser Frau nützt, was dieser Frau helfen könnte, mit ihren Problemen fertig zu werden, – *das* ist das Zentrum, um das alles sich dreht.

Es gibt in der Autobiographie CHRISTINA CRAWFORDS ein Detail, das auf geradezu klassische Weise belegt, was es bedeuten kann, »Herz« und »Leber« von der eigenen (Stief)Mutter »aus dem Leibe« »herausgeschnitten« zu bekommen. »Ich erinnere mich«, schreibt sie, »an einen abendlichen Spaziergang am Meer ... Nur das Geräusch unserer Schritte und das Rauschen der Wellen war zu hören.« »Mutter sah im Mondlicht so wunderschön ... aus ... Sie sprach über die Wünsche, die sie in ihrem Innersten hegte, und auch darüber, daß es so schwierig sei, im Leben das zu bekommen, was man sich vorstellte. Es sei so schwierig, glücklich zu werden, sagte sie. Ja, ich, ihre Tochter, mache sie glücklich, aber was ihr Leben angehe, so sei sie nicht gerade auf Rosen gebettet. – Sie erzählte mir, in welcher Armut ihre Kindheit verlaufen sei. Sie sei damals sehr einsam gewesen. Sie sprach sehr lange, und die ganze Zeit bemühte ich mich zu begreifen, was sie sagte. Es gab da viele Dinge, die ich nicht verstehen konnte. Ich war erst sieben. Oft verstand ich nicht einmal, wovon sie redete, geschweige denn, daß ich den tieferen Sinn ihrer Worte hätte erfassen können. In meiner Ratlosigkeit drückte ich ihr ganz fest die Hand und sah ihr in die Augen. Wie gern hätte ich ihr geholfen. Aber es war so schwer. Sie begann zu weinen. Nein, traurig sei sie nicht, es sei nur so schön hier, daß sie weinen müsse. Ich legte ihr die Arme um den Hals und küßte sie. Mit dem ganzen Herzen betete ich, daß sich für Mutter alles zum Guten wenden werde. – ›Ich liebe dich, Mutter‹, war alles, was ich hervorbrachte. Sie sah mich aus tränenschimmernden Augen an, dann lächelte sie. Mit einer Geste voller Liebe, voller Sanftheit streichelte sie meine Stirn, als gälte es, eine Sorgenfalte von dort zu vertreiben.« »Wäre ich in jener Nacht schon älter und verständiger gewesen, hätte ich meine Mutter in den Jahren, die nun folgten, vielleicht besser begreifen können. Unser Zusammenleben wäre wahrscheinlich anders verlaufen.«[82]

Allein eine solche Konstellation bereits mag hinreichend sein, um sich vorzustellen, wie eine Mutter das *Herz* ihres Kindes verzehrt: Sie tut es *aus Liebe!* Ihr »gehört« das Herz ihrer Tochter! Und es ist, mehr noch als all ihr Wünschen und Bedürfen, ihr eigenes *ungelebtes* Leben, das auch ihre Tochter daran hindern wird, ein eigenes Leben sich aufzubauen. Nicht was sie von ihrer Tochter verbal verlangt, sondern was ihr im eigenen Leben mißlang, ihr Unglück, ihre Frustrationen, ihre Selbstmißachtung und ihr Selbstmitleid – *die* erzeugen das Vakuum, in das hinein ein »Schneewittchen« unaufhaltsam gesogen wird. Wie könnte ein Kind, welches so sichtbar das Glück seiner Mutter ist, auch wohl so herzlos sein, dieser liebenden und liebenswürdigen Frau in ihrem Unglück nicht alles zu schenken, was es besitzt – sein ganzes *Inneres,* all sein Gefühl! Nur daß es zu unfertig und zu unfähig, zu klein noch und unvermögend sich fühlt, seiner Mutter eine wirkliche Hilfe zu sein, ist sein Unglück, sein Vorwurf, sein Schuldgefühl – und der Grund seiner Selbstmißachtung! Es hat in der alles entscheidenden Aufgabe seines Lebens ein für allemal versagt. Es hat nicht verstanden, auch nur seine eigene Mutter zu trösten!

So sähe es aus, wenn die Szene des »Verzehrs« von »Herz« und »Leber« der Tochter in einer *rein depressiven* Symbolsprache verschlüsselt bliebe. Doch ist das in der Geschichte der BRÜDER GRIMM von *Schneewittchen* ganz offensichtlich nur begrenzt der Fall, und so verhält es sich auch nur zum Teil in der Biographie der Christina Crawford, deren Schicksal uns dieses grausige Märchenmotiv wie kein zweites erschließen kann.

Es läßt sich nicht leugnen, daß an der Stelle, da »Schneewittchen« verstoßen wird, ein ausgesprochen anal-*sadistischer* Zug zu der oral-depressiven Motivation hinzutritt. Wie da der Jäger sein *Messer* zückt, wie das Kind, um sein Leben fürchtend, zu *weinen* beginnt, wie der Jäger dann doch, statt dem Mädchen das Leben zu retten, in gewissem Sinne der grausigen Königin trotz allem *gehorsam* bleibt, indem er das Kind *anonym,* statt der Mutter, den wilden Tieren zum Fraß überläßt, all das weist unverkennbar in seiner Grausamkeit einen deutlich *zwangsneurotischen* Charakter auf, der sich zugleich mit schweren *Sexualängsten* mischt. Der Mann als *Jäger,* der Mann mit dem *Messer,* der Mann als blutrünstiger Mörder – derartige »Blaubart«-Phantasien (vgl. KHM, Anhang 9) zählen zu dem bevorzugten Inventar aller weiblichen Sexualangst[83]: Das Umworbenwerden von einem Mann wird da empfunden als eine Art Treibjagd, und es ist im Grunde nicht *ein* Mann, es ist *der* Mann überhaupt, der in seinem »Hunger« von dem heranwachsenden Mädchen als derart lebensbedrohlich empfunden wird; sein »Messer« vor allem symbolisiert dabei das an sich so erstrebenswerte Zusammensein der Geschlechter als ein unfehlbar mörderisches Erstochenwerden, als ein Aufgeschlitztwerden, als ein *»Aufgebrochenwerden«*, waidmännisch ausgedrückt, gleich einem *Wildschwein.*

Die Frau als ein scheues Tier, das der Mann hetzt, bis es seiner Zudringlichkeit verblutend erliegt, – dieses Horrorgemälde der Liebe zwischen den Geschlechtern ergibt sich in der GRIMMschen Erzählung indessen nicht einfach »naturgemäß«, metaphysisch gewissermaßen aus dem *Kampf der Geschlechter*[84], es entsteht vielmehr einzig aus der Weisung der Mutter – aus ihrer *eigenen* Sexualangst müßten wir sagen.

Wir brauchen uns nur noch einmal daran zu erinnern, wie bereits Schneewittchens Mutter, die Frau am Fenster, die Liebe (nach dem *Dornröschen*motiv) als einen »Stich« in den »Finger« empfand, als ein Blutvergießen inmitten einer schneekühlen und schneereinen Welt, und wir begreifen den Zusammenhang, der zwischen dem Weltbild der Mutter und dem Welterleben der Tochter besteht, nur daß sich jetzt, in der zweiten Generation, der Konflikt erheblich ausgedehnt hat: aus der Furcht vor dem »Stich« mit der »Nadel« ist die Angst geworden, mit dem »Messer« ermordet zu werden, das »Bluten« der Mutter hat sich zur Vorstellung vom »Verbluten« im Erleben der Tochter gesteigert, und wo jene immerhin noch gelassen am Fenster sitzend die Empfängnis ihres Kindes über sich ergehen ließ, da sehen wir ihre Tochter richtungslos fliehend voller Angst im »Walde« umherirren. Was für die Mutter immerhin nur eine begrenzte »Schwierigkeit« darstellte, ist zur vollkommenen Ausweglosigkeit des Kindes geworden.

In der *Richilde*-Sage war es MUSÄUS, der uns von dem *Klosteraufenthalt* der Königin berichtete, und wir sahen bereits, wie stark bestimmte *moralische,* womöglich religiös bedingte Schuldgefühle das Leben einer Frau wie »Schneewittchens« (Stief)Mutter verstellen können; es verwundert daher wohl nicht, wenn wir auch von *Christina Crawfords* Mutter erfahren, daß sie in die Klosterschule von St. Agnes geschickt und dort »mit blankem Haß auf die Klosterschwestern« erfüllt wurde[85]; vor allem das Schrubben der Fußböden und der Abwasch in der Küche scheinen sich für *Joan Crawford* zu einem wahren Trauma ausgeweitet zu haben, zu dessen Abreaktion sie später mit wilden Schikanen ihre (Stief)Tochter wieder und wieder quälen wird, indem sie diese stundenlang auf das penibelste zum Putzen zwingt. Ein größerer Kontrast läßt sich kaum denken als der zwischen den Moralauffassungen jener klösterlichen Erziehung und dem Weg, den die damalige *Billie Cassin* (wie Joan Crawford damals noch hieß) zum Tanz- und Showgirl und, wie Gerüchte besagten, zur Prostituierten hinter sich bringen mußte. Noch Jahre danach fällt Christina der Widerspruch auf, der die Einstellung ihrer (Stief)Mutter zu allen Fragen der Sexualität durchzieht. Dieselbe Frau, die persönlich »eine ganze Reihe von Beziehungen gleichzeitig« unterhalten konnte und sich ständig mit einer Schar von »Onkels« umgab, zeigte sich andererseits prüde genug, ihre geheimen erotischen Träume in wörtlichem Sinne »unter Verschluß« zu halten.

Nicht ohne den schadenfrohen Stolz einer erfolgreichen Schnüfflerin berichtet CHRISTINA davon, wie sie, Mutters Verbot zum Trotz, eines Tages während der Weihnachtszeit das Empfangszimmer betritt, das, angeblich wegen der vielen aufbewahrten Geschenke, von den (Adoptiv)Kindern nicht aufgesucht werden durfte. Während sie die Schränke entlang geht, fallen ihr eine Reihe von Kästchen aus Porzellan auf: »Sie waren mit ländlichen Szenen bemalt. Es gab feine Damen in langen Gewändern, die Männer trugen Samthosen und spitzenverzierte Hemden. Ich fragte mich, was das alles zu bedeuten hatte.«[86] Das Rätsel lüftet sich erst einige Jahre später – sie ist bereits zu einem jungen Mädchen herangewachsen; da nimmt sie allen Mut zusammen, sich diese sonderbaren Kästchen des näheren anzusehen. »Vorsichtig nahm ich eines aus dem Schrank und hob den Deckel hoch. Mein Herz schlug wie wild, und meine Hände zitterten. Jeden Augenblick konnte Mutter kommen und mich ertappen. Als erstes entdeckte ich eine Reihe französischer Inschriften, deren Bedeutung ich nicht verstand. – Was ich dann zu sehen bekam, war nicht gerade das, was ich bis dahin mit dem Namen ›Antiquitäten‹ verbunden hatte. Die gleichen Damen und Herren, die auch auf dem Deckel abgebildet waren, zeigten sich hier nackt und in obszönen Stellungen. Eine der Frauen hielt ihre Schenkel gespreizt ... Auch die übrigen Kästchen, die ich öffnete, waren innen mit erotischen Szenen ausgemalt, die an Deutlichkeit nichts zu wünschen übrigließen. Ein Motiv ist mir besonders in Erinnerung geblieben. Ein

Marktplatz war dargestellt. An einem der Stände gab es Penisse aller Größen und Formen zu kaufen. Eine Lady mit einem großen Korb stand davor und traf ihre Wahl. Ein lüsternes Lächeln spielte auf ihren Lippen. Die Szene erschreckte mich, zugleich erfüllte sie mich mit unbändiger Heiterkeit. Ich lachte, bis mir die Tränen kamen.«[87]

Wie *lächerlich* steht eine Frau da, die sich nach außen hin als eine großzügige, souverän handelnde, selbstbewußte Persönlichkeit zur Schau stellt, während sie gleichzeitig derartige »Heimlichkeiten« und Peinlichkeiten pflegt! Kein Zweifel: *Christina* war es gelungen, in einem zentralen Punkt ihres Lebens die Autorität ihrer (Stief) Mutter ein für allemal zu erschüttern. Was für ein Recht auch sollte diese Frau künftighin haben, ihrer Tochter »Moral« und »Anstand« zu predigen? Doch je deutlicher ihr die (Stief)Tochter zu entgleiten drohte, desto schrecklicher wütete der unbeherrschbare Jähzorn dieser Frau gegen das Mädchen, das sie allenfalls als Kreatur ihrer Größe, nicht aber als ein eigenständiges Wesen betrachtete.

Tiefenpsychologisch wird für gewöhnlich bei der Interpretation entsprechender Märchenmotive darauf verwiesen, daß die bloße *Ablösung* eines Kindes von seiner Mutter als eine innere Gewalttat: als ein Verstoßen- und Verjagtwerden, auch als ein Verstümmelt- und Getötetwerden erlebt werden könne[88]; doch wird diese im allgemeinen nicht unberechtigte Auslegung den Konflikten eines »Schneewittchens« in keiner Weise gerecht: *dieses* Mädchen wird nicht von seiner Mutter verjagt, es wird gejagt, nur um es desto sicherer sich *einverleiben* zu können; es wird von der Mutter verfolgt durch *einen Mann*, den diese selber als Mörder gedungen hat; und es kann nur entrinnen, indem statt seiner *einem jungen Wildschwein* das Herz und die Leber herausgeschnitten werden. Ein derartiges Bündel sadistischer Grausamkeit läßt sich nicht anders verstehen denn als ein Ensemble schwerer sexueller Ängste und massiver Haßgefühle von seiten der Mutter: Man vermag in ihrem Schatten einzig zu überleben, wenn man den »Frischling« in sich selber tötet und auswaidet; um den gespenstischen Ängsten der Mutter zufolge nicht selber von einem Manne »erlegt« zu werden, gilt es, den mütterlichen Obsessionen bereits im voraus alles zu opfern, was eigentlich dazu bestimmt sein könnte, vorerst noch eine ganze Weile lang munter drauflos im »Walde« zu wühlen und sich auszutoben. Noch wissen wir im einzelnen nicht, in welcher Weise die Sexualangst der Mutter ihre Tochter »heimsuchen« wird, da steht doch dieses Ergebnis einer kompletten *Triebunterdrückung als Überlebensstrategie* schon fest: Alle zärtlichen Gefühle gehören fortan einzig der Mutter; es käme einem todeswürdigen Verbrechen gleich, sich anderen Menschen neben ihr zuzuwenden; und sollte ein Junge gar eine gewisse Aufmerksamkeit der Tochter erringen, so würde gewiß der geballte Zorn der Mutter sich über diese Schamlose und Schändliche wie ein Gewitter entladen.

So erzählt Christina Crawford, wie es ihrer Mutter gelang, nach und nach bereits ganz normale Jugendfreundschaften zu hintertreiben. Gefragt, wie sie heiße, bestand *Joan Crawford* darauf, von den Mädchen, die zu Besuch kamen, als »Tante Joan« angeredet und von ihnen als »Stinky« benannt zu werden.«[89] Es mag gewiß sein, daß dahinter wieder bestimmte Erinnerungen an die eigene als unwürdig empfundene Jugend sich zu Wort meldeten, da die arme *Billie Cassin* mit elf Jahren nichts weiter war als die Stieftochter eines Variété-Theater-Managers und, als die Ehe ihrer Mutter ein zweites Mal zerbrach, die Tochter einer mittellosen Frau, die sich und ihr Kind als Wäscherin durchzubringen suchte; was sie jetzt jedoch mit ihren Eskapaden für ihre Tochter erreichte, war die schwer erträgliche Tatsache, daß ihre Freundinnen *Christina* als die Tochter von »Stinky«, als Stinktier also, bezeichneten. Es kam noch hinzu, daß sie als *Kind ohne Vater* angesehen wurde; und zudem wollte der Klatsch nicht verstummen, daß auch ihre Adoptivmutter ursprünglich eine Hure gewesen sei. Kontakte zu anderen Kindern mußten unter solchen Umständen zu bloßen Dekorveranstaltungen verkommen – *Joan Crawford* hielt Hof, besonders zu Weihnachten, – sie hatte Kinder ja so überaus lieb! Doch um so dankbarer hatten ihre vier aus dem Nichts adoptierten Kinder sich dafür zu zeigen, daß sie ihr Leben bei einer solch guten und tüchtigen Frau verbringen durften. Eine freie Entwicklung der Gefühle eines Mädchens hin zu offenen Jungenfreundschaften ist bei einer derartigen Überfrachtung mütterlicher Ansprüche von vornherein kaum vorstellbar. – Nicht die *Loslösung* von der Mutter, die *Versklavung* unter die Mutter stellt das Lebensproblem eines »Schneewittchens« dar.

Christina Crawford erzählt des weiteren auch von dem *ge-*

walttätigen Erleben, das der Sexualität als Triebmacht im Umkreis der Mutter grundsätzlich anzuhaften schien.

Auch hier lautet bei der Auslegung von Märchen und Mythen die tiefenpsychologische Auskunft zumeist, die bloße Unerfahrenheit eines heranwachsenden Mädchens schon bringe es mit sich, die erste Begegnung mit einem Manne als etwas Unheimliches, Blutrünstiges, aggressiv Überwältigendes zu imaginieren.[90] Auch daran, natürlich, ist etwas Richtiges, doch läßt es sich nicht beziehen auf die Todesangst eines *»Schneewittchens«* im Angesicht seines *»Jägers«*.

Christina berichtet ausführlich, wie sie, gerade in der Zeit ihres ersten Gestaltwandels als Frau, zur Zeugin der brutalen Zudringlichkeit eines der »Onkels« gegenüber ihrer Mutter wurde; vergeblich versuchte sie, der Mutter beizustehen und sich seiner Schläge zu erwehren. »Ohne lange nachzudenken, begann ich mit meinen kleinen Fäusten auf Onkel Vincent (sc. einen der Filmregisseure, d. V.) einzutrommeln. Ich schrie ihn an, er solle gefälligst meine Mutter in Ruhe lassen. Immer noch wurde ihr Körper vom Schluchzen geschüttelt. Auch ich weinte, der Schreck über das Erlebte suchte sich seinen Ausweg. Ich hatte schon einige Male gehört, wie sich Mutter mit irgendwelchen Liebhabern schlug. Aber gesehen hatte ich es noch nie. Schließlich gelang es Onkel Vincent, meine Arme mit seinen Händen wie mit einem Schraubstock zu umklammern. Mutter duckte sich in ihren Sessel. Ich schrie, Onkel Vincent schrie, Mutter weinte.«[91] Das Schlimmste an dieser Szene weiblicher Hilflosigkeit gegenüber männlicher Aggression aber war es, bald danach schon miterleben zu müssen, wie derselbe Mann, so als sei nichts weiter gewesen, in aller Freundlichkeit von der Mutter wieder eingeladen wurde und *Joan Crawford* darüber hinaus sogar von ihrer Tochter verlangte, sie solle sich für ihr Verhalten bei Onkel Vincent entschuldigen. Da ist es offenbar für einen Fehler zu halten, wenn eine Frau sich gegen die Gewalttätigkeit ihres »Liebhabers« zur Wehr setzt und wenn ein Mädchen seiner Mutter dabei zu helfen sucht! »Ich bedauerte in diesem Moment«, schreibt Christina verbittert, »daß ich die Prügelszene unterbrochen hatte! Ich bedauerte, daß ich ihn nicht einfach hatte weiterschlagen und Mutter jene Dinge antun lassen, die für sie zu solchen Prügelszenen zu gehören schienen. Ich bedauerte, daß ich mir jemals Sorgen gemacht hatte, wenn Mutter sich den Gewalttätigkeiten ihrer Liebhaber hingab. Seit meinem siebten Lebensjahr ging das so. Kreischen, Schreien, Heulen, Schlagen – und am nächsten Morgen nichts. – Ich beschloß in jenem Moment, daß ich Mutter nie wieder zu Hilfe eilen würde, wenn ein Mann sie schlug. Nicht einmal wenn es sich anhörte, als würde er sie umbringen. Ich war es leid, für meine bereitwillig gewährte Hilfe auch noch gedemütigt zu werden. An den Gewalttätigkeiten, in die sich Mutter mit seltsamer Regelmäßigkeit verstricken ließ, gab es etwas, das ich nicht verstand. Ich stand vor einem Zimmer, in dem ungeahnte Dinge vor sich gingen. Es war besser, die Tür zu diesem Zimmer nicht aufzustoßen.«[92]

Es läßt sich vermuten, daß das Geheimnis um die gewalttätigen Auseinandersetzungen im Liebeskampf zwischen *Joan Crawford* und ihren Anbetern mit der erwähnten Widersprüchlichkeit ihres Wesens zusammenhängt, indem sie durch ihr Verhalten ihren jeweiligen Liebhaber geradewegs dazu provozierte, eben die Dinge an ihr zu tun, die sie dann empört und verängstigt zurückwies, während dieser sich schließlich im Recht glaubte, wenn er verärgert und wütend auf seinen Eindruck reagierte, wieder einmal »reingelegt« oder ganz einfach zum Narren gehalten worden zu sein. Es ließe mit dieser Annahme sich jedenfalls gut die sonderbare Nachgiebigkeit und Verständnisbereitschaft erklären, die *Joan Crawford* der Zudringlichkeit ihrer zu »Keilern« entarteten Verehrer entgegenbrachte; – irgendwie schien sie dafür eine gewisse Verantwortung anzuerkennen. Für ihre Tochter aber bedeutete dieses undurchschaubare Hin und Her gerade so viel, wie daß eine Frau durchaus kein Recht besitzt, sich des männlichen Ungestüms zu erwehren, ja, daß es für ein Zeichen wirklicher Zuneigung zu erachten ist, wenn ein Mann sich derart »ins Zeug« legt. Der Zorn auf den Wüstling von Mann verschiebt sich unter diesen Umständen schließlich auf die Mutter selbst, die sich ihren eigenen »Jäger« bestellt. Wie soll es unter diesen Voraussetzungen vermeidbar sein, daß die Sphäre der Sexualität von vornherein in das blutrote Zwielicht männlich-sadistischer Gewalt und weiblicher Selbstauslieferung getaucht wird?

Es kommt im Falle der *Crawfords* freilich *noch* ein Moment hinzu, von dem das GRIMMsche Märchen ganz unverhüllt berichtet, das ist die *mütterliche Aggressivität und Rachsucht.* Zu dem sexuellen

Erleben einer so zwanghaft-hysterischen Persönlichkeit wie *Joan Crawford* muß es gehört haben, in dem Austausch der Liebe zwischen Mann und Frau etwas Schleimig-Schmutziges, Schmierig-Schäbiges zu erblicken, von dem man sich wie von etwas Ekligem *reinigen* müsse. *Frau Crawford,* wie ihre Tochter sie schildert, wurde von einem unstillbaren Putz- und Sauberkeitswahn getrieben, in den sie auch ihre Kinder hemmungslos einbezog. Immer wieder konnte es geschehen, daß sie Christina mitten in der Nacht aus dem Schlaf holte, um ihren Waschzwang, ihre »krankhafte Pedanterie« und ihr »Kommandiergehabe«[93] an ihr auszulassen, stets begleitet von maßlosen Bestrafungsaktionen im Fall der kleinsten Unkorrektheit. Vergeblich fragt sich CHRISTINA in ihrer Autobiographie nach dem Grund dieser exzessiven nächtlichen Drangsale, doch wiederum verweist sie, wie ohne es selber zu merken, auf eine mögliche Antwort, wenn sie, über die klösterliche Erziehung der Mutter hinaus, von dem *unausgefüllten Liebesleben* dieser *latent homosexuellen* Frau berichtet: »Eine berühmte Filmschauspielerin betrank sich, weil sie keinen Mann hatte, weil sie sich einsam fühlte. Wenn sie sich genügend Mut, genügend Wut angetrunken hatte, ließ sie ihre Frustrationen an Menschen aus, die sich nicht wehren konnten, an Dienstboten und Kindern.«[94] Man muß in der Tat denken, daß *Frau Crawford* zu ihren »Reinlichkeitsattacken« durch eben jene nächtlichen Phantasien verleitet wurde, die sie in ihrer frustrierenden Einsamkeit als »unrein« verwarf. Aus lauter Haß auf sich selbst kommt es da zu unglaublichen Situationen, in denen Christina irgendwelcher eingebildeten Streifen auf dem Linoleumfußboden wegen mit dem Scheuerpulver-Behälter derart zugerichtet wird, daß sie über und über mit dem Waschmittel bedeckt ist und es in dem ganzen Raum aussieht, »als hätte es geschneit«[95]; die ganze Nacht über wird die Neunjährige arbeiten müssen, um die »Ordnung« wiederherzustellen. Und so geht das wieder und wieder; – ersatzweise werden da zwangsneurotische Orgien und Ekstasen gefeiert, um das eigene ungeliebte Leben vergessen zu machen.

Darüber hinaus tritt in Joan Crawfords Betragen auch das *oral*-sadistische Moment deutlich zutage. Strafen setzt es nicht nur für mangelnde »Sauberkeit«, sondern genau so streng und maßlos für *mangelnde Eßbereitschaft bei Tisch.* Da gab es insbesondere ein

Gericht, das Christina nicht ausstehen konnte, »das war bluttriefendes, nur wenige Minuten angebratenes Fleisch«.[96] Man könnte meinen, es müsse ein leichtes sein, einem Kind eine andere Mahlzeit vorzusetzen. Doch nicht so bei einer Frau von Prinzipien, mit dem Willen, ihr Kind »ordentlich« zu erziehen. Es ist gerade in der Kriegszeit, die Fleischpreise liegen sehr hoch, und wie viele Kinder leiden Hunger in Europa! Schon weil »drüben« so viele hungern, hat ein anständiges Kind die Pflicht, voller Dankbarkeit für so viel Wohltat seinen Teller leer zu essen; außerdem weiß jeder, wie gesund es ist, halbrohes Fleisch, das noch seinen ganzen Nährwert in sich enthält, zu verzehren. – Natürlich sieht *Frau Crawford* nicht, wie unsinnig ihre Umwandlung von Geschmacksfragen in Argumente der »Erziehung«, ja, der Weltanschauung nach den Gesetzen der Logik ausfallen muß: Ginge es wirklich um die hungernden Kinder in Europa, so sollte man ihnen unbedingt alles rohe Fleisch der Welt zukommen lassen, und wenn das Fleisch schon so teuer ist, daß man dankbar sein muß, es auf dem Tisch zu sehen, warum dann nicht billigeres Fleisch auf dem Markte erstehen? Und die *Gesundheit?* Seit wann wäre ihr damit gedient, einem Kinde zur Strafe anstelle einer verträglichen Nahrung am anderen Morgen dasselbe Stück Fleisch aus dem Kühlschrank, mit kaltem Fett überzogen, wieder vorzusetzen, und ebenso am Mittag, ebenso am Abend, nur um ihm schließlich das Fleisch in den Mund zu zwingen, bis daß es sich vor Ekel erbricht?

So viel ist klar: hier geht es nicht um »gesunde Ernährung«, hier geht es darum, den Widerstandswillen eines Kindes, seinen »Trotz«, seine »Starrköpfigkeit«, seine »Selbstsucht« und »Undankbarkeit« zu brechen; hier wird, mit dem Zwang, »richtig« zu essen, das eigene Dasein eines Kindes von seiner eigenen Mutter »gefressen«.

Doch wohlgemerkt: nie würde eines »Schneewittchens« (Stief)-Mutter nach der Art der *Joan Crawford* den Vorwurf verstehen, sie mißhandelte auf sadistische Weise sich selbst noch einmal in ihrem Kind beziehungsweise sie gäbe nur ungehemmt all die Mißhandlung weiter, an welcher sie selber als Kind schon gelitten hätte. Sie meint es, im Gegenteil, so gut mit dem Mädchen! Sie *opfert sich auf* für die Undankbare, um ihr den Himmel auf Erden zu schenken! Sie tut doch in Wirklichkeit alles, ihre Tochter glücklich zu machen! Und da wagt diese Undankbare, sich bockig zu stellen! Da leistet sie Widerspruch! Da begehrt sie auf gegen all diese Fürsorge! Es ist nicht zu fassen!

Man kann die Tragödie der *Crawfords* in ihrer *zwanghaften* Struktur nicht treffender zusammenfassen, als CHRISTINA es schließlich tut: »Mutter«, schreibt sie, »hatte ein für allemal bestimmt, wie ihr Lebensweg zu verlaufen hatte. Jede Abweichung vom festgelegten Kurs empfand sie als Fehlschlag, als Versagen, als Mangel an Willensstärke. Die Erfolge, die sie errang, führte sie auf ihren unbeugsamen Willen zurück. Mit einer Zielstrebigkeit, die an Halsstarrigkeit grenzte, bewältigte sie die Probleme des Alltags, des Haushalts, der Kindererziehung und der Karriere. Sie allein bestimmte die Regeln, die in ihrem Haus Geltung hatten. Was sie einmal festgelegt hatte, war Befehl und moralisches Gebot zugleich. Zweifel an der Rechtmäßigkeit dieser Regeln waren undenkbar. Wer etwas anderes dachte, glaubte, meinte, hatte ganz einfach unrecht. Es war nach ihrer Meinung sinnlos, abweichende Meinungen überhaupt anzuhören, geschweige denn die Vorstellungen anderer Menschen in die eigene Willensbildung einzubeziehen. Meine Mutter war der felsenfesten Überzeugung, man müsse nur genügend Regeln aufstellen, dann lösten sich alle Probleme in Wohlgefallen auf. Nur durch ein strenges Netz von Verboten, Geboten und fest verankerten Gewohnheiten konnte das Chaos vermieden werden. Jede Spontaneität blieb dabei auf der Strecke. – Was meine Mutter nicht beachtet hatte: Wenn das Wesen eines Menschen von Chaos und ungezügelten Leidenschaften geprägt ist, dann können äußere Einschränkungen auf die Dauer wenig gegen die innere Sprengkraft bewirken, die diesem Menschen innewohnt. Der seelische Überdruck sucht sich ein Ventil. Jeder Mensch hat eine Schwachstelle. Bei meiner Mutter war es der Alkohol.«[97]

Will man die eigenartige *Liebe* dieser »Frau am Fenster«, dieser »Dame vor dem Spiegel«, dieser *Königin* vor der Kamera in ihrem oralen, »fressenden«, durch Überidentifikation *zerstörerischen* Anteil verstehen, so kann dabei eine *Jugenderinnerung* der *Joan Crawford* überaus hilfreich sein: Ihre Mutter, so erzählte sie einmal, hatte in einem schmutzigen Hof hinter dem Haus Hühner gehalten. Deren Küken fand die kleine »Billie« derart entzückend, daß sie eines dieser kleinen gelben Knäuel hochnahm, an ihre Brust kuschelte und es streichelte und drückte. »Als sich das Küken nicht mehr bewegte, legte sie es zu Boden und nahm das nächste hoch. Sie verstand nicht, daß sie das erste Tier erdrückt, getötet hatte. Auch das nächste Küken preßte sie so fest an sich, daß es erdrückt wurde.«[98] Als bereits ein Dutzend toter Küken am Boden lag, kam ihre Mutter und sah, was geschah; sie bestrafte ihre Tochter streng und untersagte es ihr, jemals wieder ein Küken anzufassen. Und doch scheint *Joan Crawford* nie aufgehört zu haben, sich und aller Welt zu beweisen, wie lieb sie doch war. – So viel ist klar: Nur wer sich von einer solchen Frau *freimacht,* kann an ihrer Seite überleben. Wie aber soll das gelingen?

5. Im Zwergenheim

Das GRIMMsche Märchen erzählt, es sei *Schneewittchen,* wider Erwarten des Jägers, dann doch gelungen, den »wilden Tieren« des »Waldes« zu entkommen; die »Tiere« hätten ihm ganz einfach nichts zuleide getan. Da erweist sich die Wirklichkeit offenbar als weit weniger wild, als wie sie in den Wahnideen der Sexualangst der »Mutter« sich darstellen mochte. Doch wird es dem Kinde in seiner Einsamkeit derartig bang, daß seine Angst sich malt im Zittern der Blätter der Bäume und jeder Schritt ihm wehtut wegen all der spitzen Steine und Dornen des Weges. Es ist ein Vorankommen nur äußerst mühsam. Dabei wird man eines »Schneewittchens« *Flucht* sich für gewöhnlich nicht als eine *äußere* Trennung von seiner Mutter vorstellen müssen; entscheidend ist die *innere* Lösung des heranwachsenden Mädchens. Gerade die aber gestaltet sich für ein »Schneewittchen« so außerordentlich problematisch.

Man sollte meinen, ein Mädchen, das sich von seiner eigenen Mutter tödlich bedroht fühlt, werde froh sein, endlich ins Freie zu finden. »Schneewittchen« hingegen sehen wir »mutterseelen allein«, widerstrebend, bedrückt, in eine für feindlich gehaltene Welt aufbrechen, und wir spüren sein Heimweh und seinen Wunsch, trotz allem am liebsten zu Hause zu bleiben. Nie wäre ein solches Streben nach »rückwärts« verständlich, wäre die »Königin« nur jene Hexe, als welche das Märchen sie schildert. Wir finden vielmehr unsere bisherige Meinung bestätigt, daß die extreme Abneigung, die diese Frau gegen ihre (Stief)Tochter richtet, im Grunde einer tiefen Zuneigung entspringt – dem Geflecht einer Haßliebe, die Mutter wie Tochter wechselseitig an einander kettet. Kommen denn diese beiden bis gegen Ende des Märchens je von einander los? Die eigentliche Spannung der ganzen Geschichte aber entdecken wir erst, wenn wir das »Zwergenheim« tief hinten im »Walde«, in das *Schneewittchen* am »Abend gelangt, uns durchaus nicht räumlich abseits gelegen vorstellen, sondern als eine neue »Standort«bestimmung in dem Leben des Mädchens verstehen: Ganz so fühlt sich »Schneewittchen« jetzt an der Seite seiner Mutter! So muß es sich einrichten, um nicht hingerichtet zu werden! Nur wenn es all seine Lebensansprüche auf Zwergenformat miniaturisiert, kann es im Schatten der Königin – für eine Weile wenigstens – überleben! Die Flucht ins »Zwergenheim«, mit anderen Worten, ist nur eine neue angstbedingte Anpassungsform an die Welt der Mutter, der Wunsch, unter ihrer Schirmherrschaft – oder »Fuchtel« – ein ewiges Mädchen zu bleiben, oder umgekehrt: die erzwungene Preisgabe des Verlangens, jemals erwachsen zu werden.[99]

Ein *»Schneewittchen«,* so verstanden, unternimmt auf seine Weise ein äußerstes, sich an die Vorschriften seiner Mutter zu halten. Ihr ganz und gar gehorsames Kind wird es fortan sein, und sei es auch nur aus Erschöpfung und *»Müdigkeit«.* Dafür wird es jetzt ein winziges »Häuschen« bewohnen, in dem »alles klein« und »so zierlich und reinlich« erscheint, »daß es nicht zu sagen ist«. Eine ganz und gar überschaubare Welt aus Angst und Bravheit entsteht da, in der nur die *Maßstäbe,* um wirklich zur Ruhe zu kommen, nicht recht passen wollen: die im »Zwergenhäuschen« aufgestellten »Bettchen« erweisen sich im Verhältnis von eins zu sieben als entweder zu kurz oder zu lang. Ähnlich wie in der griechischen Sage von Prokrustes[100], muß das »Schneewittchen«, je nachdem, sich stauchen und strecken lassen, ehe es den Gegebenheiten »passend« wird. Und vor allem: es muß den zwei Tatbeständen Rechnung tragen, die wir soeben als oral-depressiv und anal-sadistisch kennengelernt haben: In dem Zwergenhäuschen herrscht peinlichste *Sauberkeit,* jedes Detail befindet sich »in der Ordnung« und unterliegt strengster *Kontrolle,* und insbesondere ist jeder winzige Bissen Brot, jedes Stückchen Gemüse, jeder Tropfen Wein dieser (offenbar vegetarisch lebenden) »Zwerge« genauestens abgezählt.[101] Davon zu essen oder zu trinken mutet von vornherein an wie ein Diebstahl. Ja, selbst das *Betreten* des Zwergenheims muß als Einbruch gegenüber den »Herren von dem Häuslein« erscheinen, und so lustig sich deren siebenfaches Klagen und Fragen auch liest: »Wer hat auf meinem Stühlchen gesessen?«, »Wer hat von meinem Tellerchen gegessen?«, so quälend in moralischer Absicht muß diese inquisitorische Federfuchserei ein kindliches Gemüt beeindrucken, vor allem wenn wir uns vorstellen, daß dieser Ton nun im Zwergenhaus von früh bis spät jeden Schritt und Tritt eines »Schneewittchens« begleitet.

Und zudem, merke es wohl: Es sind diese Zwerge, die mit ihrem *Fleiß* durch ihr Tagewerk all das *Geld* erst beschaffen, das diesen bescheidenen Haushalt ermöglicht! Man gewinnt Tag um Tag mehr an Grund, ihnen dafür dankbar zu sein, bei ihnen Obdach und Bleibe gefunden zu haben. Wohl zählt es in Märchen und Sagen zum klassischen Handwerk der *Zwerge,* in den engen Gängen der Berge nach verborgenen Schätzen zu graben[102], – sind doch gerade die Silber- und Goldvorkommen, eingetragen von heißem Wasserdampf über vulkanischem Magma, in dem harten Gestein so aderndünn, daß es einen unschätzbaren Vorteil für jeden Bergmann in einer Erzgrube bedeuten müßte, an Körpergröße ein Winzling zu sein[103]; doch in der GRIMMschen Erzählung ist es nicht weiter wichtig, *was* die »Zwerge« tun, *daß* sie so fleißig sind und die härteste aller Arbeiten auf Erden: die unterirdische Arbeit von Bergleuten auf sich nehmen, macht ihren Anspruch gegenüber einem »Schneewittchen« geltend: auch es selber muß sich als tüchtig, ordentlich, sauber, adrett und fleißig erweisen. Nur wenn es den Haushalt versieht, wenn es kocht, wäscht, näht, strickt und die Betten bereitet, und das alles, wohlgemerkt, »ordentlich und reinlich«, pünktlich und zuverlässig, darf es mit einem Bleiberecht bei den »Zwergen« rechnen.

Sagen wir es in der Sprache der Psychoanalyse: »*Schneewittchen*« flieht vor der Angst, eine Frau zu werden, in die eigene Mädchenunschuld zurück. Um nicht von der Mutter »gefressen« zu werden beziehungsweise um nicht den »wilden Tieren« zum Opfer zu fallen, bleibt ihm nur der Rückzug ins »Zwergenheim« oder, wie man im Deutschen auch sagt: ins Schneckenhaus. Ein Mädchen von der Art eines »Schneewittchens« besitzt an der Schwelle zum Frausein keine andere Wahl, als voller Angst vor der Haßliebe seiner Mutter förmlich zu geloben, daß es sich ihren Vorstellungen von »Reinheit«, »Anstand« und »Ordnung« voll und ganz unterwirft. Ihm bleibt, um geduldet zu werden, nur das Versprechen, das *kleinliche* Weltbild seiner Mutter voll und ganz zu übernehmen. Ausdrücklich erklären die »Zwerge«, welch eine Gefahr das »Schneewittchen« bedroht, sobald es ihre Anweisungen nicht sorgsam befolgt: die böse (Stief)-Mutter wird augenblicklich zurückkehren. Es gibt, so erklären sie weiter, gegenüber dieser vernichtenden Möglichkeit zur Rettung einzig die totale Vermeidung aller Kontakte nach draußen. Aus Angst vor der Mutter hat »Schneewittchen« mithin bei den »Zwergen« zu leben wie in einem unentrinnbaren Gefängnis, sozial vollständig isoliert und in ständiger Furcht vor der Wiederkehr der Mutter, im Falle es wagen sollte, irgendjemandem bei sich Eintritt zu gewähren.

Es ist nicht zuviel gesagt, wenn wir angesichts all dieser Einzelmomente behaupten, die »Zwerge« verkörperten in dem *Schneewittchen*-Märchen die »kleingeistigen« Gedanken der eigenen (Stief)Mutter, nur in scheinbar freundlichem Gewande: Solange das Schneewittchen bei ihnen Zuflucht nimmt, wird es eine Stätte zum Überleben finden; es muß sich »nur« in die Enge dieser Kleinkinderwelt aus zwanghaften Ordnungsvorstellungen, endlosen Schuldgefühlen und sexualfeindlichen Kontakttabus fügen; es wird *vermeiden*, von der »bösen« (Stief)Mutter »gefressen« zu werden, wenn es auf ewig das kleine verschüchterte Mädchen bleibt, das schon aufgrund seiner Gehemmtheit und Lebenseinschränkung keine Gefahr für das so sensible Selbstwertgefühl seiner Mutter darstellt.

Alles in allem können wir die Flucht des »Schneewittchens« ins »Zwergenheim« psychoanalytisch nicht anders verstehen denn als *Regression* auf eigentlich schon überwunden geglaubte Positionen der Ichentwicklung.[104] Weit entfernt von manchen Auslegungen, die in Schneewittchens Flucht eine Art Aufbruch und Ausbruch aus der Welt seiner Mutter vermuten[105], einen ersten Schritt wirklicher Ablösung also, beobachten wir an dieser Stelle in Wirklichkeit *den Zusammenbruch* bereits der ersten Ansätze zu einem eigenen Leben in Selbstbewußtheit und weiblicher »Schönheit«. Nicht der unvermeidliche Schmerz des Abschieds von der Mutter bei der notwendigen Entfaltung der individuellen Persönlichkeit steht hier zum Thema, im Gegenteil, mit seiner Flucht zu den »Zwergen« kehrt das »Schneewittchen« zu seiner Rolle als eines vorsexuellen, »unschuldigen« Kindes zurück. Unter dem Bannstrahl der mütterlichen »Moral« beantwortet es die Angst vor den ersten Triebregungen damit, daß es in die gehorsame Miniaturausgabe seines Ichs wiedereintaucht. Wollte man für ein solches Leben als Frau, statt von einem *Zwergen*heim zu sprechen, den Ausdruck verwenden, den Henrik Ibsen in seiner *Nora* dafür gefunden hat, so wäre es völlig korrekt, von einem *Puppenheim* zu reden.[106] Ein solcher Vergleich wäre durchaus nicht unangemessen. Denn der »Entwurf« einer Frau als »*Schneewittchen* bei den sieben Zwergen« erscheint dem heutigen

Leser allenfalls deshalb als ziemlich kurios und nicht ganz so ernst, weil er entweder die Geschichte der BRÜDER GRIMM als eine bloße Kinderidylle betrachtet, die als Aussage über ein Menschenleben nicht weiter ernst zu nehmen ist, oder, was auf dasselbe hinausläuft, weil er die Tragik schlicht übersieht, die darin liegt, sein Dasein nach Art einer Marionette verbringen zu müssen.

Doch klingt mit der »Flucht zu den Zwergen«, gerade wenn wir darin eine angstbedingte Hemmung der weiblichen Sexualentwicklung erblicken, auch noch ein anderes Motiv an, das sich als ein undifferenzierter *Wunsch nach Männlichkeit* bezeichnen läßt. Die fleißigen Zwerge sind ja nicht nur eine kindlich verkleinerte Ausgabe des Menschseins an sich, sie stellen auch eine asexuelle, also ungefährliche Form des Mannseins gegenüber einer Frau dar.[107] Beides mag da ineins gehen: das Verlangen eines »Schneewittchens«, in einer Welt zu leben, da Männer nichts sind als kleinwüchsige Bartträger – als allzu früh vergreiste Kinder, mit einem Wort, und der Wunsch, *selber* ein solcher ewiger »Junge« zu sein.

Ein Mädchen, dem der Weg zum Frausein verstellt ist, wird von sich schwerlich anders denken können, als daß es bereits verkehrt war, mit weiblichem Geschlecht zur Welt gekommen zu sein; – wir haben dieses Problem bereits im Erleben einer *Richilde* gestreift. Was aber wäre dann darum zu geben, ein *Mann* zu sein, das heißt nicht richtig ein Mann, wohl aber ein bißchen davon, ein Junge eben, keine Frau jedenfalls. Wenn SIGMUND FREUD in (manchen Formen) der Homosexualität eine Umlenkung des ursprünglichen Triebziels der Sexualität einer Frau aus Angst erblickte,[108] so läßt sich ein entsprechender Zug im Wesen eines »*Schneewittchens*« gewiß nicht übersehen. So bekennt CHRISTINA CRAWFORD zum Beispiel freimütig, wie sehr, unter dem Druck ihrer selbst lesbischen Mutter, sie sich danach gesehnt habe, ein »Cowboy« zu sein. Wer die homosexuelle Thematik an dieser Stelle als zu schockierend empfindet, der muß sich nur fragen, wie denn ein Kind, das in allen Fragen seiner Identität derart verwirrt worden ist, sich ausgerechnet in seiner künftigen Rolle als Frau problemlos sollte zurechtfinden können?

Die »Zwergengeschichte« jedenfalls verdient in dem Märchen der BRÜDER GRIMM eine besondere Aufmerksamkeit bereits deshalb, weil sie bei MUSÄUS keine eigentliche Parallele besitzt. In der *Richil-*

de-Sage ist zwar die Rede von »Hofzwergen«, doch sind damit lediglich die diensttuenden Schranzen in der Nähe der Königin gemeint. Gleichwohl läßt sich auch von daher ein anderer, nicht länger »subjektaler«, sondern »*objektaler*« Zugang zu dem GRIMMschen Märchen gewinnen: Wie, wenn es der »Königin« gelingen könnte, alle Menschen, mit denen ihr »Schneewittchen« in Kontakt kommt, in bloße »Zwerge« zurückzuverwandeln? Zwar stehen in dem »Schneewittchen«-Märchen die »Zwerge« eindeutig auf seiten des verängstigten Mädchens, und sie tun alles, das allzu harmlose Kind schon im voraus vor den tückischen Nachstellungen seiner (Stief)Mutter zu warnen, und doch erscheinen sie letztlich als außerstande, aktiv gegen die üblen Machenschaften der Königin vorzugehen; sie sind hilflos und wehrlos – *das* ist der Tatbestand; allenfalls reaktiv können sie von Fall zu Fall das Schlimmste noch gerade verhüten. Es ist auch an dieser Stelle äußerst lehrreich zu lesen, wie CHRISTINA CRAWFORD ihr »Zwergenheim« als eine solche gewissermaßen *objektive* Größe erlebt und beschrieben hat. Ein paar Beispiele aus ihrer Autobiographie mögen genügen.

Eines Tages etwa, so schildert sie, wandte sie sich verzweifelt an einen Fürsorgebeamten, der sie im Auftrag ihrer Mutter zur »Raison« rufen sollte; wahrheitsgemäß erzählte sie ihm, daß ihre Mutter sie in der eben zurückliegenden Nacht habe *umbringen* wollen, sie sagte ihm auch, daß diese Frau lüge, wenn sie diesen ungeheuerlichen Vorfall als eine bloße Reaktion auf eine Insubordination ihrer Tochter hinzustellen suche; der Beamte hingegen erklärte ihr »in wohlgesetzten, vorsichtigen Worten«, es »stehe nicht in seiner Macht, mir zu helfen. Ich müsse versuchen, besser mit Mutter auszukommen. Wenn Mutter noch einmal die Behörde zu Hilfe rief, so sagte er, würde ich der Fürsorge unterstellt.«[109] Zu Recht fragte sich Christina damals, in welch einer Welt sie eigentlich lebte: »Ich wurde bestraft, weil sie (die Mutter, d. V.) verrückt war. Oder waren vielleicht alle, die mich umgaben, verrückt?«[110] Personen, die eigentlich das Interesse der Betroffenen vertreten sollten, wurden da gerade bei dem Versuch möglicher Hilfe zu dienstbaren Gnomen der Hexe im Hintergrund degradiert. Sie taten nicht, was sie selber für richtig erkannten; sie wagten es nicht aus lauter Angst.

Und dieses Verhalten eines ständigen »Kleinbeigebens« findet sich allerorten! Tatsächlich wird *Christina Crawford* eines Tages auch äußerlich in eine Art »Zwergenheim« eingeliefert: sie kommt (wie früher *Joan Crawford* selber als Kind) in ein Internat, diesmal in Palos Verdes, dessen Leiterin, *Mrs. Chadwick,* die junge *Christina* vor den Nachstellungen der Mutter zu schützen sucht; aber auch sie wagt es nicht, resolut gegen die sinnlosen Quälereien der berühmten *Joan Crawford* einzuschreiten. So muß *Christina* als »Strafe« dafür, daß sie in dem schlecht geheizten Klassenzimmer einmal den Mantel angelassen hat, auf Weisung ihrer Mutter wochenlang *nur noch* in einem ärmellosen Kleid und im Mantel zur Schule gehen. Natürlich sieht jeder den sinnlosen Sadismus eines solchen Befehls; und doch: »Alle hatten Angst, Mutter könnte es herausfinden, wenn ihre Weisungen mißachtet wurden. Und alle hatten Angst vor dem Donnerwetter, das in diesem Fall zu erwarten war. – Mich brachte die Feigheit derer, von denen ich umgeben war, in Rage. Die Feigheit und die Unaufrichtigkeit ... Warum beugten sich denn alle dieser Verrückten?«

»Warum krochen sie alle zu Kreuze, wenn Mutter mit der Peitsche knallte? Es genügte, wenn sie ihre Stimme hob, dann versanken alle in Ehrfurcht, und wenn sie noch so einen Unsinn sagte.«[111]

Sklavischer noch als die Schulangestellten sind indessen naturgemäß die »Fans« dieser Frau ergeben; sie sind tatsächlich so etwas wie »Hofzwerge« am Schloß der Königin *Crawford* – Wesen ohne eigene Größe, willenlos und abhängig von ihrer Herrin wie Marionetten. Aber auch *Christina* selbst hat im Kreis dieser »Zwerge« ihren Dienst zu verrichten. »Yes, Mommie dearest«, »ja, liebste Mutti«, so lautet die Anrede, die sie bei jedem Kontakt mit ihrer Mutter verwenden muß, und zwar mit einem entsprechenden Gesichtsausdruck, und zwar in einem ganz bestimmten Ton. Nicht einmal ein Rest an innerer Distanz bleibt erlaubt. »Es blieb Mutter«, ergänzt CHRISTINA, »nicht verborgen, daß ich bei aller äußeren Anpassung ihr Tun und ihr Verhalten mißbilligte. Schon lange wagte ich es nicht mehr, meine Stimme zum Widerspruch zu erheben. Aus bitterer Erfahrung wußte ich, was dann mit mir geschehen würde. Mutter hätte mich geschlagen. Oder sie hätte mir den Mund mit Seife ausgewaschen, bis ich dem Ersticken nahe war. So schwieg ich also. Aber auch dieses Schweigen konnte sie nicht ertragen. Sie empfand es als stillen Vorwurf. Zu wissen, daß ich sie verachtete, auch wenn ich es nicht aussprach, brachte sie nahezu um den Verstand. Sie bekam Tobsuchtsanfälle und beschuldigte mich erfundener Missetaten. Wenn die Beschuldigung formuliert war, wurde ich bestraft. Wehrte ich mich gegen die sinnlosen Vorwürfe, dann bezeichnete mich Mutter als Lügnerin. Jedem, der es wissen wollte, erzählte sie dann, sie sei jetzt mit ihrem Latein bei mir am Ende. Nach ihrer Darstellung log ich, sooft ich den Mund aufmachte. Das Schlimme war, daß die Leute ihr glaubten. Was ich sagte, spielte keine Rolle. Mir war, als hätte man mich mit einer Irren zusammengesperrt. Das Leben mit Mutter wurde zum Alptraum.«

Gerade einen solchen Alptraum stellt der Aufenthalt im »Zwergenheim« dar: Er bedeutet, innerlich gelesen, ein Leben in einer Welt voller Angst, in Gehorsam und Gefügigkeit, ein geducktes, gedemütigtes Dasein, in dem es schon viel ist, wenn es gelingt, durch genaueste Anpassung den jeweiligen Tag zu überstehen: Heute ist sie noch nicht zurückgekehrt!

Das *äußere* »Zwergenheim« erlebte *Christina* vollends mit ihrer Einlieferung in die *Klosterschule.* Soeben erst hatte sie sich an die Verhältnisse in der *Chadwick School* gewöhnt und dort vor allem endlich ein paar Freundinnen gewonnen, als ihre Stiefmutter sie in eine Klosterschule bei Pasadena zwang. Der eigentliche Grund dafür waren wohl gewisse finanzielle Schwierigkeiten, in denen sich die Schauspielerin befand; nach außen hin aber mußte sie mit ihrer Maßnahme eine großangelegte Bestrafungsaktion inszenieren: Ein Junge hatte es gewagt, ihre Tochter im Internat zu besuchen! Die von katholischen Ordensschwestern geleitete *Flintridge Sacred Heart Academy,* in die *Christina* nun kam, glich bereits äußerlich »einem alten spanischen Fort«, die »Schule konnte sich rühmen, daß es noch nie einem Mädchen gelungen war, von hier fortzulaufen. Was nicht unbedingt für die pädagogischen Qualitäten, wohl aber für das Überwachungssystem der Anstalt sprach.«[113] Natürlich war es verboten, das Schulgelände zu verlassen, unkontrolliert Briefe zu schreiben oder über eigenes Geld zu verfügen. CHRISTINA CRAWFORD weiß offenbar selbst bei Abfassung ihrer Autobiographie noch nicht, daß es sich bei diesen Regeln um die ganz »normalen« Auflagen für das Leben von Frauen handelt, die als »Bräute Christi«

entsprechend den Statuten des heiligen Dominikus ihr Leben dem »Heiligsten Herzen« geweiht haben[114]; als Kind damals jedenfalls fühlte sie sich zu Recht wie »unter Hausarrest ... Die Verbindung mit der Außenwelt war mir untersagt. Ich war ins Exil befördert worden.«[115]

»Ich war eine Gefangene an diesem Ort, wo ich niemanden verstand, weder die Religion, die gelehrt wurde, noch die Gebete, die man sagte. Im Unterricht war die Rede von Sünde, von den Höllenstrafen, die man erleiden mußte, wenn man sündigte, von der ewigen Verdammnis. Im Religionsunterricht der Christlichen Wissenschaften (sc. deren Gemeinschaft *Joan Crawford* trotz ihrer Mitgliedschaft in der katholischen Kirche angehörte, d. V) hatte ich immer nur von der Güte Gottes reden gehört. Ich sagte der Ordensschwester, daß ich nicht getauft war, und erlebte, wie sich das blanke Entsetzen auf ihrem Gesicht abzeichnete. Bedeutete das, daß ich in die Hölle käme, fragte ich sie. Sie antwortete nicht und wich meinem Blick aus. Ich hatte das Gefühl, als sei ich mit einer Zeitmaschine ins Mittelalter zurückbefördert worden.«[116] Eine schwere Erkrankung, Magenkrämpfe, wochenlange Fieberträume und der Wunsch zu sterben sind die verständliche Folge für diese Versetzung in die Vorhölle. Wie ein kleines Kind muß *Christina* gefüttert werden, während die Schwestern sie ihres fürsorglichen Gebetes versichern und ihr Bett mit Rosenkränzen in den Händen umstehen. In der Schule erlebt sie bei einem Referat über ein Buch aus der *Chadwick School,* wie die Nonne, die den Unterricht erteilt, ihr nach einer peinlichen Pause mit hochrotem Kopf zu verstehen gibt, dieses Buch stehe auf dem Index der von Rom verbotenen Bücher, sie habe künftig nur noch Bücher aus der Schulbibliothek zu lesen ...[117]

Und doch ist es nötig, als ein »gutes Mädchen« *dankbar* zu sein für all die Anstrengungen, die Mutter unternimmt, um das *Geld* für den Unterhalt in dieser Kaserne der Kleingeisterei aufzubringen. Dabei hat *Joan Crawford* im Jahre 1955 erneut geheiratet, Christina erfährt davon am 10. Mai aus dem Radio – eine gute Partie mit dem Aufsichtsratsvorsitzenden von Pepsi-Cola, *Alfred N. Steele* ... Doch für das Mädchen verändert diese Tatsache zunächst nichts, im Gegenteil. Von der Hochzeitsreise zurückgekehrt, wird *Frau Crawford* nach der Lektüre der Fan-Post ihrer Tochter vorwerfen, daß sie unter den vielen Briefen keine Glückwünsche von ihr gefunden habe – zur Strafe wird sie während der Sommerferien in der Klosterschule bleiben müssen. Unter anderem bedeutet das für CHRISTINA, daß sie mit den Nonnen gemeinsam zwei »Schweigewochen« mitmachen muß, während deren es nicht gestattet ist, außerhalb der Gottesdienste auch nur ein Sterbenswörtchen miteinander zu reden. CHRISTINA schreibt dazu: »Schon in den Jahren vorher hatte ich mich oft einsam gefühlt. Aber jetzt bekam ich zu spüren, was wirkliche Einsamkeit bedeutet. Ich fühlte mich sinnentleert, hohl, ausgelaugt. Wenn das Telefon ging, fuhr ich zusammen. Ich empfand das Geräusch so laut wie das Läuten einer Kirchenglocke. Meine einzige Abwechslung war das Essen. Einige Male hatte ich während jener drei Monate das Gefühl, ich würde den Verstand verlieren. Ich fragte mich, wie es Gefängnisinsassen in Einzelhaft gelang, die verordnete Vereinsamung zu überleben, ihren Lebenswillen zu behalten. Die Einsiedler fielen mir ein, von denen ich im Unterricht gehört hatte. Hatten nicht auch sie die Versuchung verspürt, sich aus der Einsamkeit in den Irrsinn zu flüchten? Ich begann zu verstehen, was in einem Menschen vorgeht, wenn er verrückt wird. Er gibt den Kampf auf und damit sich selbst. Man wird verrückt, weil es die einfachste Lösung ist. Wenn man verrückt war, spürte man die Einsamkeit nicht mehr, in die man verbannt worden war. Ich begriff, daß man in diesen Zustand allmählich hineingleitet. Es ist nichts, was einen befällt. Irgendwann einmal ist man es leid, ständig Niederlagen zu erleben. Man hoffte die ganze Zeit auf einen Waffenstillstand, aber der Kampf ging weiter. So versank man in der eigenen Hoffnungslosigkeit. Es gab keine anderen Menschen mehr, keinen Spiegel, in dem man sich betrachten und wiedererkennen konnte. Der Gram, den man empfand, dehnte sich von der Gegenwart in die Unendlichkeit. Jede Hoffnung war dahin. Keine Vergebung, kein Lohn für gute Taten, kein Silberstreif am Horizont.«[118]

Das also heißt es, seine Zuflucht bei den »Zwergen« zu nehmen. Es heißt, sein Leben in Träumen und Alpträumen zu verbringen, in endlosen Wiedergutmachungen für nie begangene »Frevel«, in Schuldgefühlen und Skrupeln für den bloßen Wunsch, einen Jungen zum Freund zu gewinnen; es heißt, zu vergehen in einer ohnmächtigen Wut, die man nicht einmal mehr empfinden darf, denn man hat die Pflicht, sich als »Versagerin« zu fühlen, als jemand, der auf Kosten eines anderen lebt, dessen Belastung und Zumutung man ist, undankbar, schwer erziehbar, mißraten und nur mühsam besserungsfähig ...

Alles das stellt jedoch, wie wir früher schon sahen, nur die Kehrseite dessen dar, was in der Sprache der Tiefenpsychologie als »Überidentifikation« bezeichnet wird – eine Folge der Selbstunsicherheit und der mangelnden Identität einer Frau, die immer wieder in den »Spiegel« ihrer Umgebung schauen muß, weil sie selber nicht weiß, wer sie eigentlich ist. Sehr klar erkennt CHRISTINA CRAWFORD diesen Zusammenhang, indem sie feststellt: »Mutters Seele war wie ein unendlich tiefer Brunnen. Was auch immer man in diesen Brunnen hineinwarf, Liebe, Verständnis, Bereitschaft zur Versöhnung – es gab kein Echo. Alles verschwand in einem dunklen Loch. ... So führte Mutter eine Situation herbei, in der man sich ständig als der Schuldige fühlte... Mir wurde klar, wie sehr Mutter in der Jugend unter der Einsamkeit und Lieblosigkeit gelitten haben mußte, wie sehr sie als Kind verletzt worden war. Sie behielt einen unersättlichen Hunger nach Liebe und Zuneigung. Es gab in der ganzen Welt nicht soviel Liebe, wie Mutter gebraucht hätte, um das Vakuum in ihrer Seele auszufüllen. Weil man ihr versagte, worauf sie ein Anrecht zu haben glaubte, mußte man bestraft werden. Die Strafe bestand darin, daß man nicht in seiner eigenen Identität leben durfte. Mutter verlangte einem die bedingungslose Unterwerfung ab. Für die Liebe blieb nach dieser Forderung kein Raum mehr.«[119]

»So war es ... unmöglich, zu Mutter das herzustellen, was man in der Psychologie als eine Beziehung bezeichnet. Man hatte zu tun, was Mutter wünschte. Wich man von diesem Wege ab, so wurde man vom Spielfeld gestellt. Jeder hatte sie als den großen Filmstar zu behandeln. Nur wenn man sich in die Reihe ihrer Verehrer, ihrer Bewunderer einreihte, fühlte sie sich sicher. Man war also immer zum Dienstboten degradiert, in die Stellung des Rangniederen, des Ärmeren, des Schwächeren verwiesen. Wenn man diese Bedingungen erfüllte, dann gab sich Mutter großzügig. Sie überschüttete einen mit Geschenken. Die Unterordnung war der Preis, den man für diese Geschenke zu zahlen hatte.«[120]

Das Leben im »Zwergenheim« – das ist unter diesen Umständen

so viel wie die Einwilligung, niemals selber erwachsen zu werden, um nur ja nicht die »Größe« der »guten Mutter«, der »Frau vor dem Spiegel« zu gefährden, und es ist zugleich ein stetes Suchen nach einer Mutter, wie man sie eigentlich brauchte und wie sie im Hintergrund in der (Stief)Mutter *auch* lebt: einer Frau, die ihr Kind wirklich liebt. Doch dazu müßte eine solche Frau sich selbst lieben können. »Mutter«, erklärt demgegenüber CHRISTINA CRAWFORD in erschütternder Deutlichkeit, »war für mich die Loreley, die mein Schifflein in den Abgrund lockte. Ich hörte ihre verführerische Stimme, auch wenn sie weit entfernt von mir weilte. Ich hörte, wie sie mir ein Wiegenlied sang. Die Erinnerungen der frühesten Kindheit kamen zurück. Sie hatte mich in ihren Armen gewiegt, mich geküßt, mir die Wärme ihres Körpers geschenkt. Sie hatte mir ihre Liebe gegeben. Sicher, das war lange her. Aber konnte es nicht wieder so sein? Lohnte es sich, den Kampf um die Zukunft in die eigenen Hände zu nehmen? Ich merkte, wie mein Schifflein aus dem Ruder lief. Entsetzt hatte ich die Vision, wie Mutter mich mit ihrem süßen Wiegenlied in jenen Strudel lockte, wo mein kleines Gefährt an den Untiefen zerschellen mußte ... Seit vielen Jahren hatte mich Mutter daran gewöhnt, daß ich nach ihrer Pfeife tanzte. Ich reagierte mechanisch, wenn bestimmte Signale ertönten. Ich empfand es als gottgegeben, daß ich an den Schnüren hing, ein Spielzeug in Mutters Hand. Und doch machte mich die Vorstellung erschaudern, daß ich ihr ausgeliefert sein würde, bis der Tod einst die Schnüre durchschnitt, die mein Schicksal mit dem ihren verbanden.«[121]

Wie kann ein Mädchen, das derart widersprüchlich an seine Mutter gebunden ist, zu einer Frau heranreifen? Wie wird es insbesondere seine eigene Entwicklung zur Weiblichkeit erleben? Die Antwort des GRIMMschen Märchens auf diese Frage ist eindeutig: es wird eine Geschichte voller Ängste, verwirrter Angebote und tödlicher Gefahren sein.

6. Das vergiftete Leben

Die Brüder Grimm sehen richtig, wenn sie an dieser Stelle ihr erzählfreudiges Vorbild Musäus gleich dreifach korrigieren. *Der* wußte zu vermelden, es habe am Hofe der Gräfin *Richilde* einen jüdischen Arzt, *Sambul* mit Namen, gegeben, der für fünfzig Goldstücke einen gezuckerten Granatápfel zu präparieren wußte, und zwar so, daß die eine Hälfte ganz giftig, die andere aber gänzlich ungefährlich gewesen sei; mit diesem habe die Gräfin sich zu dem abgelegenen Hof ihrer Stieftochter begeben und während eines Mahles die tödliche Frucht mit ihr geteilt. Tatsächlich verfiel *Blanca* denn auch alsbald in Todesstarre und wurde bereits in der Schloßkapelle aufgebahrt; es hatte aber *Sambul* listigerweise ein Gift gewählt, das nur für eine Weile den Anschein des Todes herbeiführte, nicht aber wirklichen Tod. Nicht anders verfährt er bei der Herstellung einer wohlriechenden, doch giftigen Seife; diese überbringt, als Krämerin verkleidet, *Richildens* Amme der schönen *Blanca,* mit dem Versprechen, die Kraft dieser Seife werde die Feinheit und Reinheit der Haut bis ins hohe Alter konservieren. Das Mädchen nimmt zwar die Seife, doch bleibt es auch diesmal vom Tode verschont, und bald schon vermeldet ein gaskonischer Ritter, er habe das Fräulein *Blanca vom Löwen* als die schönste Dame von Brabant in sein Herz geschlossen. Bebend vor Zorn läßt *Richilde* daraufhin den jüdischen Arzt in den Turm werfen und in Ketten schließen, doch bedenkt sie sich nach einer Weile, daß sie nur mit *Sambuls* Hilfe erfolgreich sein könne; sie gibt ihm in Auftrag, zum dritten und endgültigen Tod und Verderben *in einen Brief* einzuschließen. Ein reitender Bote überbringt das tödlich vorbereitete Schreiben, wieder wird *Blanca* von den trauernden Hofzwergen in der Totengruft beigesetzt, doch hat, allen Drohungen zum Trotz, der Arzt *Sambul,* als »ein frommer Israelite, der an keiner Büberei Gefallen trug«, auch diesmal sich einer nur narkotischen Essenz bedient, freilich von solch gewaltsamer Wirkung, daß die Erstarrung des Körpers sich nunmehr noch länger hinzog, als es vordem der Fall war.

Diese recht komplizierte Erzählung der *Sage vereinfachen* die Brüder Grimm in ihrem *Märchen* mit genialer Leichtigkeit, und es gelingt ihnen dabei ein psychologisches Meisterstück. *Zum einen* konzentrieren sie die drei Anschläge der »Königin« auf ein einziges Thema: die *Schönheit* der Tochter, und bringen von daher die Abfolge der Handlung in einen zwingenden Zusammenhang: der vergiftete Apfel (der Liebe) kann nicht am Anfang stehen, er muß den *Abschluß* in der Geschichte einer dreifachen *Verführung* bilden. *Zudem* muß es die (Stief)Mutter selbst sein, die ihr Gift herstellt und überbringt, *sie* muß es sein, die sich bis zur Unkenntlichkeit vor ihrer arglosen Tochter verkleidet, und ihre Worte müssen es sein, die die Schöne umschmeicheln, nur um sie zu töten, und natürlich ist ihr Gift *an sich* tödlich. Was das *»Schneewittchen« zum dritten* deshalb immer wieder rettet, ist nicht ein chemischer Kunstgriff, der aus *»Richilde«* eine betrogene Betrügerin macht, sondern einzig die Hilfe der »Zwerge« und schließlich das Auftreten des Königssohnes. Freilich nehmen die Brüder Grimm mit diesen Änderungen eine logische Ungereimtheit in Kauf: soll man wirklich glauben, die Gräfin verfüge an ihrem Hofe nur über derart schwächliche Ingredienzien, daß sie es regelmäßig nur bis zum Scheintod ihrer Tochter, statt bis zu dem geplanten »ordentlichen« Mord bringe? Doch dieses logisch ganz Unwahrscheinliche in der Grimmschen Erzählung enthält psychologisch gerade das Raffinement dieser hochsymbolischen Darstellung.

Denn genau das, was die Brüder Grimm berichten, haben wir in der Beziehung zwischen einem »Schneewittchen« und seiner (Stief)-Mutter für die Wirklichkeit zu nehmen: Da ist ein Mädchen, das von seiner Mutter immer wieder mit Komplimenten seiner Schönheit wegen überschüttet wird; ja, die Mutter zeigt ihm, wie man den zu weiblichen Formen sich entfaltenden Körper auf das vorteilhafteste für eine Frau zu schnüren und zur Schau zu stellen vermag, und doch geschieht das alles nur, um das Mädchen in Wahrheit so zusammenzuschnüren, daß es keine Luft mehr bekommt und an der Enge des Schnürleibs erstickt. Die Mutter zeigt ihm desgleichen, wie die natürliche Schönheit der *Haare* sich ins Bild setzen läßt, doch ist der Kamm, mit dem sie ihre weiblichen Künste der Tochter zu vermitteln sucht, tödlich vergiftet. Es ist am Ende auch wirklich die Mutter, die ihre Tochter zum *Genuß der Liebe* einlädt, und doch ist die »Frucht« der Verlockung zur Hälfte vergiftet, und zwar gerade auf der *rot* gefärbten Seite. Jedesmal erscheint dabei die Mutter selbst wie eine Krämerin, wie ein altes Weib, wie eine Bauersfrau – niemand erkennt mehr in ihr die stolze »Königin«, die Landesherrin und Landesschönste; es ist vielmehr offenbar diese Mischung aus Selbstdemütigung und Selbstdurchsetzungswillen auf seiten seiner Mutter, die für ein »Schneewittchen« derart gefährlich ist.

Soeben noch hörten wir von *Christina Crawfords* Angst, im »Zwergenheim« des Dominikanerinnenklosters bei Pasadena unter den Machenschaften ihrer Mutter »verrückt« zu werden und den Tod herbeizuwünschen als ein Hinübergleiten in Schlaf und Frieden. Tiefenpsychologisch hat GREGORY BATESON vor fast vierzig Jahren schon mit seiner Theorie von der »Doppelbindung«, vom *double bind,* die tragische Psychodynamik im Hintergrund einer schizophrenen Psychose zu beschreiben versucht. Auf der Grundlage der *Kommunikationstheorie* erklärten G. BATESON und seine Mitarbeiter die Schizophrenie als das Ergebnis einer logischen Diskontinuität in der Beziehung von Mutter und Kind, – als »Vergiftungen« aus dem Unbewußten.[112]

Vorausgesetzt ist eine Situation, die *konstant* durch einen Widerspruch gekennzeichnet ist. Offenbar erweist sich psychisch das Prinzip der Strafvermeidung als noch stärker denn das Verlangen nach Belohnung, und so ist von der Existenz eines primären negativen Gebotes auszugehen: »Tu dies oder jenes nicht, oder ich bestrafe dich.« »Wenn du dies oder jenes nicht tust, werde ich dich bestrafen.« An einem solchen Gebot könnte ein Kind sich orientieren; »verrückt« aber wird die Lage, wenn gleichzeitig ein sekundäres Gebot existiert, das mit dem ersteren in Konflikt steht und dessen Übertretung ebenfalls unter Strafe steht. Dieses sekundäre Gebot wird für gewöhnlich nicht verbal, sondern eher durch Körperhaltung, Tonfall, bedeutungsvolle Verhaltensweisen etc. vermittelt. *Psychoanalytisch* ergibt sich ein solcher Widerspruch aus dem Gegensatz von *Hemmung* und *Haltung* in der Persönlichkeitsstruktur des entscheidenden Beziehungspartners. Es ist die (neurotische) *Angst* der Mutter, die ein bestimmtes Verhalten bei ihrer Tochter mit Verbot und Strafe belegt, während *unbewußt* sich gerade der unterdrückte Wunsch bemerkbar macht, das Verbotene möge *doch* geschehen; und umgekehrt: den Worten nach wird etwas als wünschenswert, ja, als unbedingt notwendig ausgegeben, was, wenn es geschieht, unter dem Druck unbewußter Abwehrängste mit Liebesentzug und persönlicher Ablehnung bestraft wird. Entsprechend der psychischen »Schichtenlehre« der Psychoanalyse kann man auch von einem Widerspruch zwischen dem *Überich* und dem *Es* in der Persönlichkeit der Mutter sprechen: sie wünscht eigentlich etwas, das sie selber nicht wünschen darf, und sie muß etwas wollen, das sie eigentlich nicht wollen kann, und dieser Widerspruch wird nun auf die Tochter übertragen, die ihrerseits in ein unentwirrbares Geflecht von Identifikationen und Projektionen hineingezogen wird.

Wir müssen zur vollständigen Kennzeichnung der »Doppelbindung« hinzufügen, daß es prinzipiell *unmöglich* ist, dieser Situation durch *Flucht* zu entkommen; – allein das System aus Bedrohung und Strafe wirkt so übermächtig, daß ein Kontaktabbruch von seiten der Mutter als eine Vernichtung des eigenen Ich erlebt wird. Von beiden Seiten her, von der Mutter wie von der Tochter her, ist also alles darauf angelegt, die unheilvolle Beziehung immer wieder zu erneuern. Der »Wahn«, die *Psychose,* entsteht, wenn das Muster der einander widerstreitenden Gebote sich schließlich von der ursprünglichen Situation löst und sich auf die ganze Welt ausdehnt, indem entweder an sich »neutrale« Personen oder Gegebenheiten den alten Konflikt bis hin zu entsprechenden Panik- oder Zornesreaktionen übernehmen oder gar halluzinatorische Stimmen die widersprüchlichen Redensarten der Mutter fortsetzen.

Zur Charakterisierung einer *double-bind*-Situation gehört demnach dreierlei:

1) »Das Individuum steckt in einer intensiven Beziehung, das heißt, in einer Beziehung, in der es als lebenswichtig empfindet, ganz genau zu unterscheiden, welche Art von Mitteilung ihm kommuniziert wird, damit es angemessen reagieren kann«; – stets herrscht da das Gefühl, daß es ganz und gar darauf ankomme, nur ja keinen Fehler zu machen, da der kleinste »Fehler« über alles entscheiden kann.
2) »Das Individuum ist in einer Situation gefangen, in der sein Gegenüber zwei Arten von Mitteilungen ausdrückt und eine davon die andere leugnet.«
3) »Und das Individuum ist unfähig, sich mit den geäußerten Mitteilungen auseinanderzusetzen, um zu unterscheiden, auf welche

Art der Mitteilung es reagieren soll, d. h. es kann keine metakommunikative Aussage machen.« Eine Folge davon ist die ständige Verwechselung des Wörtlichen und des Metaphorischen in den eigenen und fremden Mitteilungen; es ist nicht mehr klar, was »eigentlich« gemeint ist, was Bild, was Bedeutung ist; man lebt vielmehr in einer Welt, in der das gerade *nicht* gesagt werden darf, was gemeint ist, und in der man das nicht *meinen* darf, was man sagt. Mit anderen Worten: man weiß nie, »woran man ist«, obwohl doch alles darauf ankommt, eben das herauszufinden ...

Von einer solchen *Angst*, von einer solchen *Verwirrung der Gefühle*, von einer solchen Mischung aus *verzweifelter Anpassung* und ständiger Verfolgung müssen wir sprechen, um die Erlebnisse eines »Schneewittchens« in seinem »Zwergenheim« zu verstehen; sie sind gerade in ihrer wahnhaft anmutenden Zuspitzung von beiden Seiten her vorgezeichnet: von der Einstellung der Mutter her ebenso wie von der Haltung der Tochter.

Von Schneewittchens Mutter und Stiefmutter hörten wir schon, wie in sich gebrochen und widersprüchlich wir uns »die Frau am Fenster« und »die Frau vor dem Spiegel« mit ihrem »Kinderwunsch« werden vorstellen müssen; es liegt auf der Hand, daß diese Frau ihre innere Problematik in vollem Umfang auch an ihre Tochter weitergeben wird, gerade bei dem Versuch, ihre Schwierigkeiten in ihr und an ihr zu lösen; von »Schneewittchen« aber sagten wir soeben noch, daß es zwischen der Flucht vor seiner Mutter und der Zuflucht zu seiner Mutter sich nicht zurecht finden könne – sein Aufenthalt im »Zwergenheim« sei beides in eins. Trifft das aber zu, so ergibt sich alles weitere folgerichtig: auf der einen Seite die Geschichte eines Mädchens, das eine Frau werden muß und nicht werden darf, das eine Frau werden soll und es nicht wagen darf, eine Frau zu sein, und daneben die Geschichte einer Frau, die, schon weil sie selber im Grunde unglücklich ist, alles daran setzt, daß ihre Tochter glücklich sei, die aber wiederum dazu verurteilt ist, das Unglück ihrer Tochter zu betreiben, weil sie weder sich noch anderen zugeben kann, daß ihre Form des »Glücks« in Wahrheit das pure Unglück ist. Es gibt nichts, was auf das menschliche Leben derart *vergiftend* einwirken könnte wie die Lüge; eines »Schneewittchens« Mutter aber *ist* die lebendige Lüge, und zwar nicht etwa weil sie hin und wieder die

Unwahrheit sagen würde, sondern weil sie in ihrer Widersprüchlichkeit nach außen hin stets etwas anderes darstellen muß, als es in Wirklichkeit stimmt. Wie soll eine Frau als Mutter ihr Kind »glücklich« machen können, wenn sie selbst auf fatale Weise sich der Existenz vor dem »Fenster« und dem »Spiegel« verschrieben hat? Alles, was eine solche Frau ihrem Kinde zu »geben« hat, wird schon durch seine monströs demonstrierende Äußerlichkeit »vergiftet« sein; aber das wird sie, das *darf* sie nicht merken.

Liest man das Märchen der BRÜDER GRIMM, so muß es ebenso erschrecken wie verwundern, wie diese Frau aus lauter »Neid«, wie uns versichert wird, sich als »eine alte Krämerin« verkleidet, um ihrer Tochter die hübschen aus bunter Seide geflochtenen *Schnürriemen* anzubieten, mittels deren sie das Mädchen zu ermorden trachtet. Was auf Erden sollte schrecklicher sein, als daß eine Mutter ihre Tochter aus Eifersucht bis in den Tod hinein *haßt?* Wie aber, wenn wir uns nach all dem Gesagten an dieser Stelle gar keinen einzelnen »Anschlag« auf Schneewittchens Leben vorzustellen hätten, sondern in dem Geschehen ein *Symbol* erblicken müßten, das die ganze Art der Beziehung zwischen Mutter und Tochter deutlich macht? Es entfiele dann wie von selbst das Verwundern über die merkwürdige »Mordwaffe«, mit der Schneewittchens (Stief)Mutter ihrer Tochter zu Leibe rückt, – alles ergäbe sich durchaus konsequent!

Da ist zunächst die äußerst unpräzise *Ortsangabe,* mit welcher der Spiegel verkündet, das für tot geglaubte Schneewittchen lebe in Wirklichkeit »hinter den Bergen« »bei den sieben Zwergen«, – kein Mensch, möchte man meinen, wäre aufgrund einer solchen Information imstande, seine Tochter »wiederzufinden«. Anders indessen die Königin des GRIMMschen Märchens. Sie ist nicht nur imstande, mit ihrem »Spiegel« zu reden, sie vermag auch aus den Worten des »Spiegels« die rechten Schlüsse zu ziehen. Deutlich ist, daß es auch hier nicht um eine Orientierung im Raum, sondern in der Psyche geht.

Fügen wir alle Details der Darstellung zusammen, so ergibt sich jetzt das folgende Bild eines vollendeten *double bind:* Da ist eine Mutter, die alles daransetzt, aus einem Mädchen die Frau zu machen, die sie selber sein möchte und nach außen hin auch verkörpert, ohne innerlich so zu sein, wie sie sich selbst gerne sähe; sie ahnt dabei nicht, daß dieselben Gründe, die ihr eigenes Leben einschränken, auch das Leben ihrer Tochter behindern werden. Schon hat sie es erreicht, ihre Tochter mit ihrer eigenen Sexualangst zu infizieren, bis dahin, daß ihr die Gestalt eines Mannes nur als die eines gedungenen »Jägers« mit dem »Messer« erscheint; alle vitale Ursprünglichkeit ist erstorben, seit das »Herz« und die »Leber«, die Organe von Liebe und Haß, aus dem »Frischling« geschnitten wurden, um sie der Mutter zu opfern. Die Frage jetzt erscheint mehr als berechtigt, *wo* denn »Schneewittchen« sich nunmehr aufhält. »Berge« liegen mittlerweile zwischen Mutter und Tochter und erschweren den Kontakt miteinander. Andererseits aber kann es der Mutter doch nicht verborgen bleiben, wie verschüchtert und zurückgezogen ihre Tochter dahinlebt, jetzt, wo doch alles danach drängt, sich zu entfalten und glücklich zu sein! Was also läge näher, als der Tochter zu zeigen, wie man als eine »richtige Frau« sich gibt? Die Mutter möchte stolz sein auf ihr schönes, fröhliches Kind, sie *will* keine Schnekkenhausbewohnerin, die schon mit ihrem gedrückten Wesen wie ein lebender Vorwurf auf sie wirkt; kann man nicht erwarten, daß die Tochter nun endlich all die mütterlichen Mühen durch ein strahlendes Glücklichsein auch belohnt? Allein schon die Forderung, glücklich zu *scheinen*, kann einem Kinde indessen das Herz zusammenschnüren.

Besonders arg muß dieser Konflikt sich an einem so sensiblen Bereich wie der Sexualentwicklung eines heranwachsenden Mädchens festmachen. Es geht heute gewiß nicht mehr wie in dem Märchen der BRÜDER GRIMM um die »Schnürriemen« aus der Anfangszeit des 19. Jh.s, mit denen vornehme Frauen damals zur Hervorhebung ihrer Schönheit sich derb dekorierte Hüftstützen umbanden, es geht auch nicht mehr um die Korsettagen, die ab 1880 in der viktorianischen Ära die Taille einer Frau so sehr einengten, daß erst erhebliche gesundheitliche Schädigungen dieser »Mode« ein Ende setzten, die doch vorgab, den Liebreiz einer Frau besonders effektvoll zu modellieren[123]; was *heute* in der Erinnerung vieler Frauen eine »schneewittchenhafte« Rolle von peinigenden Schamgefühlen und blamablen Zweideutigkeiten spielt, ist das erste Anprobieren und Tragen eines *Büstenhalters*, dieses Inbegriffs modischer Zweideutigkeit zwischen Einengung und Hervorhebung.[124]

Denken wir uns zur Verdeutlichung dieses Themas eine Mutter, die das »Problem« der »Sexualität« eigentlich meidet: – es existiert, es ist sogar »sehr wichtig«, doch redet »man« davon nicht. Eigentlich bestünde längst Grund, die Tochter nach Eintritt der ersten Regel »aufzuklären«, und das ist denn auch irgendwie geschehen – in Form einer praktisch-technischen Anweisung, keinesfalls als ein begleitendes Gespräch wechselseitigen Austauschs über lange Zeit hin; eigentlich waren Mutter wie Tochter gemeinsam froh, »es« vorerst hinter sich gebracht zu haben. Dann aber wurde es Zeit, die Kleidung der Tochter zu ändern; sie soll sich schön anziehen dürfen, aber sie soll auch nicht »billig« wirken ... Je stärker die Gegensätze zwischen den Zielsetzungen einer einengenden Moral und eines freilassenden Glücks im Einzelfall sich gestalten, desto klarer wird der »Schneewittchen«-Konflikt an dieser Stelle hervortreten: Auf der einen Seite möchte die Mutter wirklich, daß ihre Tochter eine gutaussehende, fröhlich lebende Frau wird, und den Worten und Taten nach versucht sie alles nur Mögliche dafür auch zu tun; im Untergrund aber ist etwas ganz anderes spürbar: eine tiefe Angst, ein geheimes Mißtrauen und, genau besehen, auch wohl eine verschwiegene *Mißgunst.* Soll dieses Mädchen es unverdientermaßen wirklich so viel besser haben, als man es selber erlebt hat? Soll ihm wirklich alles »so leicht« gemacht werden, wo »wir« uns so haben durchbeißen müssen?

Die *Gegenläufigkeit* der unterdrückten Gefühle zeigt sich am leichtesten in dem *Überschießenden,* Überbetonten der entsprechenden »Erziehungsmaßnahmen«: Es ist jetzt, auf der Stelle, *unbedingt,* dieses oder jenes Kleidungsstück anzuprobieren, es muß einen besonders ausgefallenen Schnitt, eine besonders auffallende Farbe aufweisen, – es muß am Ende so *übertrieben* wirken, daß es sich selbst karikiert und das Gegenteil von all dem erzeugt, was vordergründig beabsichtigt war: aus Freude wird Angst, aus Ermutigung Einengung – es ist buchstäblich wie in dem GRIMMschen »Schneewittchen«-Märchen: Da kommt eine Mutter, um ihre ängstliche Tochter in ihrem Schneckenhaus aufzusuchen: sie, die »Königin« von einst, übernimmt die Rolle einer »alten Krämerin«; sie betont gerade, daß ihre Tochter es *schöner* haben soll als sie, die schon alt gewordene Frau, die mit jedem Tag Zeit und mit jedem Pfennig Geld inzwischen sorgfältig rechnen muß; und doch *erstickt* sie ihre Tochter förmlich mit ihrem demonstriert guten Willen, und man spürt deutlich auch das hintergründig sadistische Motiv: Diese Frau *kann* nicht wollen, daß ihre Tochter so wird wie sie selbst, sie kann aber auch nicht wollen, daß ihre Tochter so wird, wie sie selber niemals sein durfte. Und an diesen Widersprüchen im Leben seiner Mutter, an diesem *double bind* der entscheidenden Kontaktperson, wird ein »Schneewittchen« beinahe um den Verstand, um sein Leben gebracht werden.

Denn nicht nur wie die Tochter sich anzieht, auch wie sie sich *kämmt* und zurecht macht, kann zu einem Thema fortschreitender Vergiftung werden. Immer wieder, müssen wir uns vorstellen, hat da eine Mutter bei ihrer Tochter noch etwas zu »verbessern«: da sind die Haare nicht lang genug, nicht richtig gestylt, nicht zum Typ passend getönt, und ebenso die Augenbrauen, der Teint, die Lippen ... und bei all den Ratschlägen, Hinweisen, Mahnungen, Tips geht der Tochter mehr und mehr jedes eigene Leben, jedes freie Atmen, jede Spontaneität und Ursprünglichkeit verloren ...

An konkreten Erfahrungen, wie eine solche »Vergiftung« eines Mädchens unter dem Einfluß der »liebsten Mutter der Welt«, unter der Fassade von »*Mommie dearest*«, sich gestalten kann, bietet erneut die Autobiographie der CHRISTINA CRAWFORD eine Fülle von Erinnerungen, deren detailgenaue Übereinstimmung mit den Szenen des GRIMMschen Märchens Stelle um Stelle erstaunen muß; es ist freilich zu bedenken, daß die »Doppelbödigkeit«, von der wir hier sprechen, natürlich nicht nur das Triebgebiet der Sexualität, sondern das ganze Leben durchzieht und in lediglich diesem besonders verletzbaren Bereich besonders deutlich bemerkbar wird.

Wie war es zum Beispiel, wenn *Joan Crawford* ihre Tochter »auf das Leben in der Außenwelt vorbereiten« wollte? Ein Leben, wie *Frau Crawford* es kannte, bestand vor allem in der Fähigkeit, zu lachen, wo es nichts zu lachen gab, und sich am meisten lustig zu geben, wo man am liebsten hätte weinen mögen. Für sie bedeutete das, »Humor« zu besitzen. »Ihr Humor«, bemerkt CHRISTINA dazu, »hatte etwas Demaskierendes, man fühlte sich nackt, zur Schau gestellt, preisgegeben. Meine Seele lag offen vor ihr, meine Schwächen, meine Verletzlichkeit ... Einmal sagte sie mir, sie sähe alles, weil sie auch hinten Augen hätte. Ich glaubte ihr. – Schmutzige

Witze, zweideutige Anspielungen genoß sie, sowohl wenn sie von ihr selbst kamen als auch, wenn andere solche Bemerkungen machten. Wenn die Rede auf solche Dinge kam, versuchte ich immer, unbemerkt von der Bildfläche zu verschwinden. Ich tat das, um peinliche Situationen zu vermeiden, in die Mutter mich zu verwikkeln pflegte. Der Trick war immer der gleiche. Sie selbst oder ein Gast brachte das Gespräch auf Zweideutigkeiten. Wenn ich dann lachte, fragte sie mich, warum. Ich mußte dann den Witz und seine verborgene Bedeutung erklären. Lachte ich nicht, dann machte sie mich vor den Anwesenden herunter, indem sie darauf hinwies, daß ich noch keine Ahnung von Sex hätte. Ich sei in diesem Bereich nicht einmal so weit, daß ich eine Pointe verstehen könne. Die Bestimmtheit, mit der Mutter darauf bestand, daß wir über die Witze lachten, die auf unsere Kosten gemacht wurden, hatte etwas Lähmendes. Es war ein starres, hohles, mitleidloses Ritual.«[125]

Da wird ein Kind mit Hohn und Spott bestraft, wenn es sexuell noch »unerfahren« ist und noch nicht über eine »schmutzige Phantasie« verfügt; dann aber wird es natürlich auf das strengste bestraft, sobald es etwas »Schmutziges« tut und »Erfahrungen« sammelt. Und diese Form von Doppelbödigkeit durchzieht *das ganze Leben* einer Frau, die wie *Joan Crawford* im Rampenlicht der amerikanischen Öffentlichkeit steht.

So war es üblich, daß die Diva ihre alten Bekannten grundsätzlich »unfertig« empfing. »Normalerweise saß sie in ihrem Ankleideraum vor dem Spiegel, nur mit ihrer Unterwäsche bekleidet, und schminkte sich.« »Ich fand es nicht weiter erwähnenswert, daß jene Männer, die Mutter seit Jahren kannte, ihr beim Ankleiden zusahen. Sie waren nicht nur Liebhaber, sondern auch alte Freunde, bei denen man sich gewisse Vertraulichkeiten leisten kann. Ein ungemütliches Gefühl beschlich mich allerdings, wenn ich völlig unbekannte Männer in Mutters Ankleidezimmer zu begleiten hatte. Ich fand es unpassend, daß Mutter sich Besuchern, die zum ersten Mal ins Haus kamen, in der Unterwäsche, allenfalls noch im Bademantel, zeigte. Üblicherweise nahm sie mit dem Besucher einen Drink. Sie zog sich an, er sah ihr dabei zu. Ich machte mich bei solchen Situationen anderweitig im Haus zu schaffen. – Es kam der Moment, wo ich die endlose Parade von Onkeln satt bekam.«[126]

Wieder stehen wir vor dem Problem des *double bind.* Der exzessive Exhibitionismus der *Joan Crawford* soll natürlich ihre sexuelle Ausstrahlung und Unwiderstehlichkeit unter Beweis stellen; ihre Tochter aber ist ein schlechtes Kind, wenn es diese Bedeutung in dem Gebaren seiner Mutter bemerkt; sie muß *verdrängen,* was die Mutter überdimensioniert durch ihr Verhalten ihr *aufdrängt;* sie muß die Schamlosigkeit ihrer Mutter mit einem um so größeren Maß an Schamhaftigkeit beantworten; sie wird *erstickt* unter der Zurschaustellung ihrer Mutter als Frau.

Doch liegt darin nur die eine Seite in der Wirkung des *double bind.*

Die andere Seite besteht in der »unverhüllten« Aufforderung, es dem mütterlichen Vorbild gleichzutun. Und das, natürlich, geschieht.

Christina war gerade elf Jahre alt, als ihre Mutter sie beiseite nahm und ihr erklärte, der Körper eines Mädchens mache in diesem Alter wichtige Veränderungen durch. »In der Tat hatte ich bereits Ansätze eines Busens. Einen Büstenhalter, so sagte Mutter, sollte ich trotzdem nicht tragen. Es war nicht gut, wenn man den Körper eines jungen Menschen so einschnürte. – Sie kam dann auf das Problem der ersten Menstruation zu sprechen. Ich hörte ihr aufmerksam zu und nickte von Zeit zu Zeit. Von dem, was sie sagte, verstand ich nur einen kleinen Teil.«[127]

Als *Christina* ihre erste Blutung hatte, warf sie sich auf den Boden und weinte; doch ihre Mutter lächelte und erklärte ihr, wie wunderbar es sei, vom Mädchen zur Frau zu reifen; sie aber bekam gerade unter diesen honigsüßen Erklärungen »fürchterliche Kopfschmerzen. ... der Arzt gab mir keine Medikamente, obwohl ich ihn darum bat. Niemand tat etwas für mich. Und Mutter lächelte jenes bizarre Lächeln, das andere so an ihr bewunderten. – Ich empfand damals einen wilden Haß auf alles, was mit der monatlichen Blutung zu tun hatte. Ich haßte es, daß ich in diesem Zustand nicht schwimmen gehen konnte, daß ich nicht Ball spielen, nicht mehr auf die Bäume klettern durfte, ich haßte die Binden, die ich zu tragen hatte. – Was wirklich schlimm war: Meine Mutter empfand das merkwürdige Bedürfnis, jeden Fremden über meinen neuen Zustand aufzuklären. Für sie war Menstruation eine Leistung. Ich aber wäre am liebsten in den Boden versunken, wenn sie vor Fremden davon sprach.«[128]

In dieser Widersprüchlichkeit geschieht es, daß ein »*Schneewittchen*« mit »*Schnürbändern*«, die seine Weiblichkeit hervorheben sollen, »erstickt« wird und daß der *Kamm*, mit dem seine Mutter seine Haare auf das vorteilhafteste zu frisieren gedenkt, tödlich »vergiftet« ist. Dieselbe Frau, die auf der einen Seite so couragiert herumposaunt, daß ihre Tochter bald »erwachsen« sein wird, zeigt sich auf der anderen Seite von einer »unsagbaren Prüderie und Sprödigkeit«[129]. »Sobald das Gespräch persönlich wurde, gab sich Mutter peinlich berührt, als hätte ich Obszönitäten ausgebreitet ... Es fiel in jene Zeit, daß ich Mutter um ihren Rat zu empfängnisverhütenden Mitteln fragte. Sie war zu Tode schockiert. Sie blickte auf ihre Hände, dann auf den Fußboden. Schließlich murmelte sie, es sei nicht gut, ›wenn ein junges Mädchen morgens zu lange im Bett bliebe‹. Ich traute meinen Ohren nicht. Was hatte das mit Empfängnisverhütung zu tun?«[130] Was *Christina* an dieser Stelle nicht begreift, ist wiederum die Sprache des *double bind*, der Vertauschung von »Wörtlichem« und »Metaphorischem«: Was *Frau Crawford* sagen will, ist wohl, daß sie es alles andere als gerne sieht, wenn ihre Tochter schon mit Männern schläft, daß sie es aber noch weniger gerne sieht, wenn sie sich selbst befriedigt (und deshalb morgens lange »schläft«); darf man jedoch über »so etwas« unverstellt reden? Am Ende vereinbart *Frau Crawford* einen Arzttermin für ihre Tochter; doch während ihre Worte Toleranz und Verständnis signalisieren, suggeriert ihr Verhalten das Gefühl des Ungehörigen und Verbotenen.

Bis zur Groteske steigert sich diese Strategie der Doppelbotschaften anläßlich eines »Dankesbriefes« für ein Geburtstagsgeschenk, in dem *Frau Crawford* ihre Tochter fragt, ob sie auch die *Büstenhalter* bekommen habe, als deren Farben ja wohl nur rosa oder schwarz in Frage kämen; da aber das Modell von *Christina* in diesen Farben nicht hergestellt werde, wolle sie die Büstenhalter in Sonderanfertigung einfärben lassen, aber das lohne sich nur, wenn feststehe, daß die beiden übersandten Muster auch wirklich paßten. Tatsächlich war in CHRISTINAS Augen die ganze Angelegenheit »geradezu lächerlich. Weil ich kein Geld für Unterwäsche hatte, hatte ich Mutter um die Zusendung solcher Unterwäsche gebeten und hatte dabei meine Größe angegeben. Sie aber hatte mir ganz einfach Büstenhalter von sich selbst geschickt, die mir natürlich nicht paßten. Rosa oder schwarze Büstenhalter hatte ich nicht verlangt, dieser Passus kam mir so vor, als sei er vor versammeltem Publikum diktiert worden, um klarzustellen, wie rührend sich die große Joan Crawford um ihre Tochter kümmerte. Was hätte ich auch mit rosa oder schwarzen Büstenhaltern in der Klosterschule anfangen können? Ich lebte hier in vollkommener Isolation. Reizwäsche in ausgefallenen Farben war sicher das letzte, was mir hier fehlte. Was ich brauchte, war ganz normale Unterwäsche. Aber Mutter schien nicht gewillt, mich damit zu versorgen.«[131]

Sie ist, muß man ergänzen, vor allem völlig außerstande, eine normale Bitte um Damenunterwäsche »normal« aufzunehmen. Die hysterische Durchsexualisierung aller Lebensbereiche, von der wir früher gesprochen haben, verwandelt die einfache Bitte eines Mädchens um Kleidung in eine dramatische Aktion, – dramatisch, weil widersprüchlich. *Christina* soll sich der Aufführung ihrer Mutter zufolge als eine große Frau fühlen, sie soll überaus schick und verführerisch aussehen, *wie ihre Mutter*, doch zugleich wird sie – und soll sie in Wahrheit! – an der Kleidung ihrer Mutter erkennen, ein wie dummes und kleines Kind sie noch ist, das sich nicht einbilden darf, jemals die Formen und das Format einer *Joan Crawford* zu erreichen. »Ich möchte, daß du so bist wie ich, doch ich will, daß du niemals erreichst, was ich bin. Ich liebe dich, ich hasse dich. Ich fördere dein Leben und damit deinen Tod.« Das ist *double bind*! Das bedeutet es, der Tochter einen »Schnürleib« zu schenken, nur um sie zu ersticken!

Dabei hat Christina die Probe auf die Tödlichkeit ihrer Mutter bei allen Fragen der Liebe in der Klosterschule der Dominikanernonnen eigentlich schon hinter sich: *die Überreichung des vergifteten Apfels.* Nach dem Wechselbad der Gefühle in der Nähe ihrer Mutter, hin und her gerissen zwischen Ermutigung und Entmutigung, war sie gewiß ein recht frühreifes Kind geworden, und so hatte sie sich in ihrer Einsamkeit im *Chadwick-Internat* mit zwölf Jahren zum ersten Mal mit einem 16jährigen Farmer eingelassen. Entsprechend der Phantasie amerikanischer Wildwestfilme sehnte sie sich nach einem Cowboy als Mann, und hier also war er: An einem Freitagabend hatte sie sich geduscht, frische Jeans angezogen, von einem älteren Mädchen sich einen BH ausgeliehen und sich die Haare gebürstet, »bis kein Cowboy mehr ihrem Glanz widerstehen konnte«[132]. Viel war bei der Affäre nicht passiert. Er hatte sie im Heu gestreichelt, ihren BH geöffnet, sie unter sich gelegt, und dann hatte es weh getan; sie hatte vor Schmerz geschrien und zu weinen begonnen, und der Junge, als er erfuhr, wie jung sie noch war, hatte sie geküßt und sich verabschiedet; der Arzt stellte später fest, daß sie noch eine Jungfrau war. Aber die Sache war rausgekommen; – dummerweise hatte *Christina* einer Schulkameradin davon erzählt. Wilde Gerüchte von Vergewaltigung und von beabsichtigtem Beischlaf machten die Runde; *Frau Crawford* nannte ihre Tochter eine Dirne. Für *Christina* war das das Schlimmste: »Zumindest sie, so hatte ich gehofft, würde mich verstehen, würde mir glauben, daß nichts vorgefallen war, dessen ich mich zu schämen hatte. War sie nicht die Frau, die sich einem Liebhaber nach dem anderen hingab? Die Frau, die erotische Anzüglichkeiten liebte und gerne über Sex sprach? Die Frau, die sich vor Dutzenden von Männern an- und auszog? Warum mußte gerade sie mich eine Hure nennen …?«[133]

Welch ein *Haß* sich in die Liebe mischt, die *Frau Crawford* unbezweifelbar gegenüber ihrer ersten (Adoptiv)Tochter empfindet, gerade wenn es um die Rolle der Frau geht, zeigt sich, als *Christina* im *Chadwick-Internat* ihren Freund Walter empfängt. Ihre Mutter holt sie daraufhin aus dem Internat nach Hause und macht ihr dort das Leben zur Hölle. Der Konflikt eskaliert, als *Christina* während einer Autofahrt einmal einer mütterlichen Freundin auf Anfrage berichtet, eines der Mädchen sei der Schule verwiesen worden. Wer sie sei, fährt wütend daraufhin ihre Mutter sie an, so etwas zu erzählen, wo sie selber hinausgeworfen worden sei. Als *Christina* zu Hause dann ihre Mutter für diese absolut unrichtige Bemerkung zur Rede stellt, explodiert die Spannung zwischen beiden. Wie ein wildes Tier stürzt sich *Joan Crawford* auf ihre Tochter und beginnt sie zu würgen; sie lockert ihren tödlichen Klammergriff um den Hals nicht, ehe ihre Sekretärin dazwischentritt; um ein Haar hätte sie ihre Tochter *ermordet.* Auf den Genuß des »Apfels der Liebe«, den die Mutter selbst ihrer Tochter reichte, steht die Strafe des Todes!

Die *Strafe* richtet sich wohlgemerkt dabei nicht allein gegen das »Sexualleben« des Kindes; die erwachende Sexualität signalisiert vor allem das Erwachsenwerden der Persönlichkeit der Tochter – sie ist kein kleines Mädchen mehr! Damit aber zerbricht der Konsens der Beziehung zwischen Mutter und Tochter; damit beginnt das Thema der Konkurrenz und Eifersucht zwischen beiden. Erst sehr spät wird CHRISTINA klar, daß ihre Mutter im Grunde *alle Männer* haßt. »Zeit ihres Lebens war sie nicht in der Lage gewesen, eine befriedigende Beziehung zu einem Mann aufzubauen. Die ersten Erlebnisse mit Männern waren negativ verlaufen. Die Ehen der Mutter waren ein Desaster gewesen. Dreimal war der Vater auf und davon gegangen, hatte Frau und Tochter im Stich gelassen. Es blieb der Haß gegen den älteren Bruder, den meine Mutter schließlich in der Trinkerheilanstalt verschwinden ließ. Es blieb der Haß gegen die Männer, der sich dann in drei gescheiterten Ehen manifestierte.«[134] Andererseits freilich geht die Sehnsucht nach möglichst vielen Männern um so betonter weiter. »Mit zwölf Jahren hatte ich genügend Einsicht, um zu erkennen, daß Mutter unser Heim in ein Irrenhaus verwandelt hatte. ... Ich war Zeuge geworden, wie das Karussell der Liebhaber sich immer schneller drehte. Ich war Zeuge, wenn sich die Männer zu allen Tages- und Nachtzeiten die Klinke in die Hand gaben. Ich war Zeuge ihrer alkoholischen Exzesse. Ich war Zeuge ihrer Treffen mit Homosexuellen geworden. Ich war Zeuge ihrer in periodischen Abständen wiederkehrenden Wutausbrüche, Zeuge ihrer abgründigen Leidenschaften. – Noch war ich nicht alt genug, um gegen den ganzen Irrsinn meine Stimme zu erheben, nicht alt genug, um ihr in den Arm zu fallen und dem unseligen Treiben Einhalt zu gebieten. Aber wenn wir uns in die Augen sahen, dann verstand Mutter, daß mir das Widersinnige der Situation voll bewußt war. Und dieses Wissen war für sie unerträglich.«[135]

Aber auch dieser Zusammenhang einer bestimmten Form von Rivalität kann natürlich nicht besprochen werden, er wird verleugnet, er bleibt tabuisiert. Und Christina kann dagegen nichts tun. Sie kann nicht weglaufen – Mutter würde sie »jagen lassen«, bis sie gefunden war; sie kann aber auch nicht »den Panzer aufweichen, der sich um Mutters Herz gelegt hatte ... das Gift neutralisieren«[136], das die Beziehung zerstört; sie bleibt an eine Frau gekettet, die für sie schlimmer wirkt als der Tod: eine ewige Verfolgerin, ein Wesen in vielfachen Verstellungen und Verkleidungen, eine Alles-Gewährende und Alles-Zerstörende. »Ging man dem Faden ihrer Gedanken nach«, schreibt CHRISTINA im Rückblick, »so kam man alsbald an ein schwarzes Loch, aus dem einen das Chaos angähnte. Wie eine Drohne saß Mutter im Auge des Vulkans, ein Opfer ihrer Besessenheit, selbsternannte Königin über das Chaos, Sinnbild des Unglücks, Verkörperung der Mißgunst: Mommie dearest.«[137]

7. Die Frau unter Glas

Das Leben, das im Schatten einer solchen Frau sich begibt, bringt das GRIMMsche Märchen grausam genau auf die symbolische Formel eines *Lebens im gläsernen Sarg.* Jeder Aspekt an diesem komplexen Bild besitzt eine erschütternde Aussagetiefe, denn wieder geht es nicht um die Momentaufnahme eines bestimmten einzelnen Ereignisses, sondern um die Zustandsbeschreibung eines völlig *verzweifelten* Daseins, »verzweifelt« in eben dem Sinne, den der dänische Religionsphilosoph SÖREN KIERKEGAARD diesem Wort gegeben hat: leben zu müssen, ohne noch leben zu mögen, ein Ausgerichtetsein auf den Tod hin, ohne daß der Tod eintreten will, ein Dasein, bei dem ein Mensch sein muß, was er *nicht* ist, und nicht sein darf, *was* er ist ...[138] Diese Definition der Verzweiflung traf bereits auf eine »Richilde« zu; um wieviel mehr jetzt auf ihre Tochter! Ihr Leben, je älter es wird, gerät zusehends in eine Sackgasse, aus der es mit eigenen Mitteln kein Entrinnen mehr gibt, und zwar um so weniger, als die Mutter eine ganz und gar *glückliche* Tochter zum Vorzeigen *braucht* ...

Jedes Kind, das die Geschichte von »Schneewittchen« zum ersten Mal hört, wird erst erstaunt, dann entsetzt, dann empört sein über die unglaubliche Leichtfertigkeit, ja, die tumbe Blindheit dieses Mädchens: wie kann es nur den wiederholten Rat der wohlmeinenden Zwerge so sträflich überhören? Und wie, wenn es schon ahnungslos genug der List der »alten Krämerin« bei ihrem ersten Auftreten erliegt, gibt es sich derart unachtsam auch noch ein zweites und ein drittes Mal in ihre Hände, unfähig, scheint's, die eigene Mutter in den Maskeraden solcher Hinterhältigkeit noch wiederzuerkennen?

Die Antwort darauf kann nur lauten, daß ein »Schneewittchen« irgendwann in einen Zustand gerät, der es ihm nicht mehr erlaubt, ein eigenes Urteil gegenüber seiner Mutter im eigenen Leben zu behaupten. Schon daß die »Zwerge« es so eindringlich verwarnen und ermahnen müssen, läßt an sich bereits nichts Gutes ahnen: eigentlich dürfte die Kinderangst, die sich in diesen Miniaturwesen der Menschlichkeit spiegelt und die aus Gründen der Selbstsicherheit sich am liebsten in einer geschlossenen Kleinkinderwelt gegen alle Außenwelt einschließen möchte, im Leben eines heranwachsenden Mädchens nicht das letzte Wort behalten; die Verlockungen der »*Alten*« hingegen wären an sich durchaus geeignet, ins Leben zu führen, wären sie nicht durch die Widersprüchlichkeit im Wesen der (Stief)Mutter auf gefährliche Weise »vergiftet«.

Das *Kernproblem* eines »Schneewittchens« an dieser Stelle besteht offensichtlich darin, daß es zwischen den »Zwergen« und jener versucherischen »Alten« keinen eigenen Standpunkt zu formulieren vermag. Es gibt kein *Ich*, das die Gefahren der »Realität« abschätzen und entsprechend *begrenzt* beantworten könnte, es besteht keine Fähigkeit, zwischen Angst und Aufbruch einen einigermaßen tragfähigen Kompromiß zu finden; wir erleben vielmehr ein »*Schneewittchen*«, das nur noch von Fall zu Fall in buchstäblich »blindem Gehorsam« oder in blinder Verführbarkeit sich so verhält, wie es ihm von Augenblick zu Augenblick jeweils gesagt oder angetragen wird.

Warum das so ist, kann man leicht erraten, wenn man sich vorstellt, wie ein Kind »normalerweise« auf den manifesten »Mordversuch« seiner Mutter reagieren wird; schon am Beispiel der *Christina Crawford* haben wir die hilflose Empörung, das Aufbegehren und den Zorn des gequälten Mädchens gegenüber seiner Stiefmutter betrachten können, und etwas Ähnliches sollten wir auch bei einem »Schneewittchen« erwarten. Doch gerade davon kann bei dem GRIMMschen Märchen keine Rede sein! Nicht die *geringste* aggressive Regung ist hier zu erkennen; das Schneewittchen der BRÜDER GRIMM flieht, es zieht sich zurück, es läßt sich vergiften – ganz ohne Gegenwehr! Da bleibt, wie schließlich auch bei *Christina Crawford*, von einem bestimmten Augenblick an subjektiv offenbar nichts anderes übrig, als jede Form offener Auseinandersetzung zu meiden, und das nicht nur äußerlich, sondern vor allem *innerlich*. Das *Denken* muß an jeder Stelle arretiert werden, an der es zu kritischen Schlußfolgerungen verleitet werden könnte; bestehende Konflikte dürfen nicht erkannt, nicht eingestanden, nicht ausgetragen, nicht durchgearbeitet werden, sie müssen vielmehr, sobald sie in der Beziehung zur (Stief)Mutter auch nur von ferne auftauchen könnten, *verdrängt* werden. Diese Pflicht zur Konfliktvermeidung um jeden Preis führt zwar zu einer begrenzten äußeren Ruhe, sie rettet das Ich von Fall zu Fall wohl auch jeweils vor der »mörderischen« Mutter, zugleich aber nimmt sie auf die Länge der Zeit die Resignation, die Selbstverleugnung, ja, die Vergleichgültigung aller eigenen Lebensinteressen in das Überlebenskonzept auf.

Und *das* läßt sich längst schon erkennen! Ist es denn noch ein Leben, das »Schneewittchen« von jetzt an führt? Lieben zu wollen, ja, zu *sollen* und doch nicht zu dürfen, schön sein zu mögen, ja, zu *müssen* und dann doch gerade dafür vernichtet zu werden, »wie die Mutter« sein zu sollen und eben dann, wenn man es langsam wird, aufs tödliche gerade dafür gehaßt und verfolgt zu werden, andererseits aber auch wiederum kein Recht zu besitzen, *abweichend* von der Mutter ein eigenes Leben zu gestalten – dieses Gewirr von Widersprüchen der Angst bietet das psychologische Pendant zu dem, was KIERKEGAARD meinte, wenn er existenzphilosophisch von der *Verzweiflung* sagte, sie bestehe darin, »nicht man selbst sein« zu dürfen und unbedingt *das* sein zu müssen und zu wollen, was man *nicht* ist.

Was unter diesen Umständen einem »Schneewittchen« bleibt, ist eine tiefe Todessehnsucht, ein geheimer *Vorwurf*, überhaupt auf der Welt zu sein. Es war erneut RAINER MARIA RILKE, der in den *Ersten Gedichten* diesem Lebensgefühl jugendlicher Lebensverweigerung auf klassische Weise Ausdruck verlieh, indem er das »Leben im Sarg« als Wunsch, nie geboren zu sein, deutete; er schrieb:[139]

Ich wollt, sie hätten statt der Wiege
mir einen kleinen Sarg gemacht,
dann wär mir besser wohl, dann schwiege
die Lippe längst in feuchter Nacht.

Dann hätte nie ein wilder Wille
die bange Brust durchzittert, – dann
wärs in dem kleinen Körper stille,
so still, wie's niemand denken kann.

Nur eine Kinderseele stiege
zum Himmel hoch so sacht, – ganz sacht ...
Was haben sie mir statt der Wiege
nicht einen kleinen Sarg gemacht? –

Da gilt der winzige Augenblick, in dem man das Leben ahnungsweise zu fühlen meinte, für ein unaussprechliches Verbrechen, das nie mehr zu sühnen ist; weit besser wäre es, gemessen daran, das »Zwergenheim« der Kindheit niemals verlassen zu haben. Ein ewiges Kind *geblieben* zu sein und den Schauer und Schauder einer heranwachsenden Frau nie verspürt zu haben, einzig das böte unter den gegebenen Voraussetzungen Entschuldigung und Freispruch. Jedoch: als ein Mädchen zu leben, das niemals eine Frau werden darf, nennt man das »Leben«?

Die Bibel erzählt einmal von dem Mann *Lazarus*, der schon drei Tage tot war, ehe Jesus mit seiner Schwester Martha an sein Grab trat und ihn anrief: »Lazarus, Lazarus, komm heraus!« (Joh. 11,43) Für den russischen Dichter F. M. Dostojewski bot sich gerade die Gestalt dieser neutestamentlichen Legende in seinem Roman *Schuld und Sühne* dazu an, in der Person des jungen Studenten Rodion Raskolnikow ein Leben zu schildern, das an sich selber »stinkig« und eklig geworden ist.[140] »Herr, er riecht schon«, halten denn auch im *Johannes*evangelium die Leute Jesus entgegen, um ihm zu sagen, wie unrettbar »tot« sein Freund Lazarus ist. (Joh. 11,39) Ein »Schneewittchen« indessen teilt zwar in gewissem Sinne das Schicksal eines »Lazarus« mit seinem Leben im Grabe, aber »stinkig« und unansehnlich ist es gerade nicht. Ganz im Gegenteil: *seine* Existenzform ist keinesfalls das unterirdische Vermodern, sondern die Zurschaustellung, nicht das Bedecktsein mit Leichentüchern, sondern die vollkommene Transparenz in einem Sarg aus Glas, nicht das Versperrtsein in dunklen Grabeskammern, sondern das ständige Offenstehen für jeden noch so begehrlichen Blick – bei gleichzeitig vollkommener Unberührbarkeit und Unlebendigkeit. Das Schicksal eines »Schneewittchens« ist es nicht, bei lebendigem Leibe »begraben« zu werden, sondern vielmehr in ein lebendes Ausstellungsstück (seiner Stiefmutter) verwandelt zu werden.

Unter den Malern hat wohl niemand mit einer solchen Besessenheit und Virtuosität das Thema der »Frau im gläsernen Sarge« dargestellt wie der Belgier Paul Delvaux. All seine meist unbekleideten Frauengestalten wirken wie traumhaft erstarrt, scheu und ausgeliefert inmitten einer ebenso makellosen wie kalten Welt, zerbrechlich und rätselhaft, Schemen in Spiegeln gleich, vollendete Statuen mit mädchenhaften Gesichtern, deren Augen wie nach innen gerichtet sind, angesichts einer Wirklichkeit, die sie nicht begreifen und in die sie nicht zu gehören scheinen. Alles stellen sie dar, ohne je etwas für sich zu sein – dieses zentrale *Schneewittchen*-Motiv verdichtet sich vor allem in einem Bild aus dem Jahre 1964 mit dem Titel: *Verlassenheit.*[141] In den Maßen 140 mal 160 cm sieht man da eine geräumige Halle, auf deren Bretterfußboden eine Frau nackt ausgestreckt auf einem dunkelblauen, rotumrandeten Teppich liegt, die Hände unter den weit fallenden braunblonden Haaren wie sehnsüchtig ausgebreitet. Ihre Augen sind geöffnet, und doch wirkt sie wie schlafend; sie gibt sich hin, sie sucht nach Liebe, doch wird ihr Verlangen nicht erhört; der Mann, der das Opfer ihrer Hingabe hätte annehmen können, geht soeben, adrett in einen schwarzen Anzug gekleidet, aus dem Raum hinaus in eine gläsern in blauem Mondlicht in einem See sich spiegelnde Berglandschaft. Vier Lampen, aufgehängt wie in einem Photolabor, bescheinen drei andere Frauen, die ebenso hilflos wie ungerührt mit ihrer nackten Schönheit eher das fehlende Mobiliar dieses Raumes ersetzen, als daß sie ihrer wie erstorben daliegenden Gefährtin hilfreich zur Seite stünden. Im Grunde sind sie nichts als die gefühllose gestaltgewordene Erstarrung, die über alles, was als Frau lebendig sein möchte, wie schicksalhaft gefallen ist. Nichts verrät uns, worin dieses Schicksal gründet; und doch ahnen wir die Ausgeliefertheit des Frauseinmüssens in der grellen Beleuchtung des kalten Lichts einer Angst, die jedes warme Gefühl unbarmherzig bloßstellt und zugleich in sich ersterben läßt. So ähnlich müssen wir uns die »Lage« eines »*Schneewittchens*« in seinem »gläsernen Sarge« vorstellen; wir müssen allerdings als Hintergrundgestalt von allem die Figur der *Mutter* zur Erklärung hinzufügen.

Wie sich die *Frau vor dem Spiegel* in der Gestalt ihrer (Stief)Tochter in *die Frau unter Glas* verwandelt, zeigt in erschütternder Klarheit auch im weiteren die Biographie der Christina Crawford. Sie erinnert sich zum Beispiel, wie sie mit neun Jahren »Weihnachten« erlebte – als eine »endgültig zur Show« pervertierte Festveranstaltung. Natürlich wurden die Kinder überhäuft mit Geschenken, doch nicht um sich daran zu erfreuen, sondern um die Geschenke der Öffentlichkeit vorzuzeigen und anschließend demonstrativ an Hospitäler oder Waisenhäuser zu spenden. »So traurig wir waren«, schreibt CHRISTINA, »wenn wir Geschenke auspackten, von denen wir wußten, daß wir sie nicht behalten durften – auf Weisung von Mutter mußten wir auch noch in Entzückensschreie ausbrechen, wenn Gäste oder Reporter bei der Bescherung zusahen. Wir wurden dann oft gefragt, ob wir überhaupt wüßten, was für ein Glück wir hätten, die Kinder von Joan Crawford zu sein. Ich mußte an mich halten, um nicht laut hinauszuschreien, daß dies alles Täuschung, Lüge, Theater war. Die Wahrheit war, daß es kein Weihnachten mehr gab in unserem Hause. Was wir erlebten, war ein Film mit dem Thema ›Joan Crawford und ihre vier wundervollen Kinder unter dem Weihnachtsbaum‹. Der berühmte Filmstar inmitten seiner Lieben. – Ich ließ es bei der Täuschung. Ohnehin hätte mir niemand geglaubt. Niemand hätte mich verstanden. Die Leute sahen, was sie sehen wollten. Für sie war der Schein die Wirklichkeit. So wie Mutter sich und die Kinder darbot, sah es ja auch wirklich aus wie die perfekte Familie ... Unsere Manieren waren wohl anerzogen, ohne Fehl und Tadel, von mechanischer Gleichförmigkeit. Wir sprachen nur, wenn man uns fragte. Wir lächelten höflich, was immer man zu uns sagte. Oft retteten wir uns in Tagträume, um das unwirkliche Spektakel zu vergessen, an dem mitzuwirken wir von Mutter gezwungen wurden.«[142]

»Wir wurden«, schreibt sie in gleichem Zusammenhang, »angezogen, aufgezäumt wie die Zirkuspferde, die Antworten, die wir zu geben hatten, wurden einstudiert, ebenso das stereotype Lächeln für die Fotografen. Mutter war das Ebenbild der Perfektion, so hatten wir denn der Spiegel dieser Perfektion zu sein. Nachdem es Mutter gelungen war, sich aus den Niederungen von Hollywood zur Spitze durchzukämpfen, mußte sie nachweisen, daß sie nicht nur erfolgreich, sondern auch moralisch überlegen war. Wir Kinder waren die Edelsteine in der Krone, die sie sich aufs Haupt drückte ... Wenn die Reporter das Haus verlassen hatten, gingen wir in unser Zimmer und zogen uns um. Noch wenige Minuten zuvor waren wir von den Reportern mit der erlesenen Höflichkeit behandelt worden, die man gekrönten Häuptern entgegenbringt. Jetzt waren wir wieder Mutters Dienstboten, die auf den kleinsten Wink zu gehorchen hatten.«[143]

Natürlich überträgt sich dieses Vorzeigeleben *Christinas* unter der Herrschaft der Mutter auch auf den Umgang mit Freunden und Spielgefährten: – auch sie kommen nur, um die »Tochter« der berühmten *Joan Crawford* zu besuchen, und es ist dabei die (Stief)-Mutter selber, die für die komplette *Aufspaltung* der Welt ihrer Tochter »Sorge« trägt: einerseits tut sie alles dafür, ihre Adoptivkinder vor den laufenden Kameras der Reporter wie Prinzen und Prinzessinnen erscheinen zu lassen, nur um insbesondere *Christina* unmittelbar nach ihren Auftritten auf jede nur erdenkliche Weise zu demütigen. Jedes persönliche Leben wird durch dieses ständige Wechselbad der Gefühle nach und nach ausgehöhlt und einbalsamiert, und was übrig bleibt, ist am Ende nichts als eine seelenleere Hülle, als ein Mädchen, das alle ob seiner »Schönheit« bestaunen, während es längst schon aufgehört hat, noch selber zu existieren.

Entscheidend ist dabei die *Selbstverdoppelung*, die eines »Schneewittchens« Stiefmutter in ihrer Tochter vornimmt. Das Haupthindernis, das sich der Selbstentfaltung eines solchen Mädchens entgegenstellt, ist, wie wir nicht oft genug betonen können, die Tatsache, daß auch die Mutter nicht wirklich lebt; sie *benötigt* ihre Kinder als eine Art *geliehener* »Schönheit«: die Kinder müssen das Nichts verdecken, als welches die Mutter sich fühlt. Drum müssen sie, um ihrer Mutter »Ehre« und »Ansehen« zu verschaffen, selber »schön« und »ansehnlich« sein, und doch dürfen sie niemals selbst *etwas* sein, da ihre Selbständigkeit die Unselbständigkeit ihrer Mutter offenbaren würde. Wie kann eine Mutter ihre Kinder ins Leben führen, wenn sie selber nicht leben kann? *Das* ist die Kernfrage im Leben einer »Richilde«, und sie *negativ* beantworten zu müssen ist der Grund für all ihre »Verbrechen«, die doch nichts sind als die Gebrechen ihres Mangels an eigenem Selbstbewußtsein.

Detail um Detail schildert CHRISTINA CRAWFORD, wie im konkreten das Leben einer »Untoten« im »gläsernen Sarg« sich gestaltet. Stets wenn die Reporter anrücken, muß sie die Kleider anziehen, die sie als das vollkommene Ebenbild ihrer Mutter erscheinen lassen, als die vollendete Partnerin der Grande Dame von Hollywood; wie am Schnürchen hat sie graziös die vorbereiteten Antworten in die Mikrophone zu sprechen oder, bei unvorbereiteten Fragen, das Wort ihrer Mutter zu überlassen; perfekt erfüllt sie so das erwartete Klischee von Mutters wohlerzogener Tochter, dem rührend braven

Mädchen, die Rolle von Mutters bestem Stück. Bitter fragt sie sich: »Waren wir nur als Fotoobjekte engagiert worden, damit Mutter sich der staunenden Öffentlichkeit als der große Star mit dem guten Herzen präsentieren konnte? Solange wir hilflose Babys waren, hatten wir die uns zugedachte Rolle offensichtlich ganz gut erfüllt. Zu einem Zeitpunkt, wo sich Mutters Karriere ihrem Ende zuneigte, hatten wir ihr geholfen, beim Publikum ein neues Image aufzubauen ... Was für eine große Frau! Sie hatte vier Waisenkinder in ihr Heim aufgenommen. Was für eine wundervolle Mutter! So wurden wir denn den Fotografen vorgeführt, in gestärkten Kleidchen und Anzügen, die braven Waisen mit den pseudo-britischen Manieren. Wir wurden Hunderte von Malen fotografiert ... Wir waren Kindermannequins, von Mutter ausgestattet und auf die Bühne geschickt, das Beste, was eine Königsbiene (sc. nach dem Film *Queen Bee,* in dem Joan Crawford die Hauptrolle spielte, d. V.) produzieren konnte. (Aber:) Nachdem wir Mutter zu der gewünschten Publicity verholfen hatten, begingen wir einen verhängnisvollen Fehler. Wir wuchsen heran, wollten allen Ernstes junge Menschen, keine Marionetten mehr sein. Es war jetzt unmöglich, jede unserer Bewegungen zu kontrollieren, jeden Satz vorzuprogrammieren, den wir sagten. Wir sagten nicht mehr ›Ich liebe dich, Mommie Dearest‹, wenn Joan Crawford auf den Knopf drückte. – Es war eine Selbständigkeit, die Mutter zutiefst verunsicherte. Mommie Dearest war unglücklich. Mommie Dearest war böse, daß nicht mehr alles so lief, wie sie es wollte. Die Babys probierten die Meuterei. Mommie Dearest mußte ein Exempel statuieren ... Böse Kinder müssen bestraft werden ... Böse Kinder müssen von Mommie Dearest geschlagen werden ... Mommie Dearest hat auch versucht, ein besonders böses Kind zu töten ... Mommie Dearest möchte mit bösen Kindern nichts mehr zu tun haben ... Mommie Dearest läßt böse Kinder wegschaffen ... Mommie Dearest macht ein Gefängnis ausfindig, wo man böse Kinder einsperren kann ... Ein Gefängnis, wo Kinder dafür bestraft werden, daß sie so böse sind ...«[144]

Der »Tod« im »gläsernen Sarg« hat unter diesen Umständen nur einen einzigen Namen: Mommie Dearest! Und das ohne allen Zynismus! Wir sahen schon, daß eine »Königin« wie *Joan Crawford* es auf gewisse Weise besonders gut mit ihren Kindern, insbesondere mit ihrer Ältesten, meint. Nicht ein Problem der Moral, sondern der Existenz, das heißt: der *Nicht*-Existenz haben wir hier vor uns, also ein Problem der *Doppelbödigkeit,* also der *Lüge:* – wollten wir für den Tod *im Glassarg* einen an sich richtigen, wenngleich allzu leicht moralisierend mißverständlichen Ausdruck wählen, so müßten wir die Existenzform eines »Schneewittchens« an dieser Stelle ohne Zweifel als Verlogenheit bezeichnen.[145]

Christina Crawford bekennt sich im Rückblick ihrer Autobiographie sogar *öffentlich* dazu, im Interesse ihrer Karriere unter Mutters Anleitung *gelogen* zu haben. Das war, als ihre Mutter für sie einen Auftritt in der *Jack Paar Show* arrangiert hatte; sie hatte alles im voraus geordnet: welche Kleider anzuziehen waren, in welchem Sinne die Fragen zu beantworten waren … In der Show wurde den Teilnehmern vorgegeben, ihr Gegenüber sei die Tochter einer berühmten Filmschauspielerin, und sie hatten die Aufgabe, deren »Identität« herauszufinden. Doch die Identität von Christina *war* nicht die der Tochter einer berühmten Filmschauspielerin! Im Gegenteil, die vorgegebene Rolle entwertete sie zu einem Menschen ohne Schatten, zu einem »Wesen ohne eigene Identität«; nur aus Ehrgeiz übernahm sie es dann doch, die Komödie mitzumachen, und zu spät erst erkannte sie den *Mißbrauch,* der da mit ihr getrieben wurde: »Ich hatte mich dazu hergegeben, öffentlich Lügen zu verkünden, die man mir vorher eingetrichtert hatte. Ich war verkauft worden. Mein Gewissen hatte ich damit beruhigt, daß ich mir noch später Gedanken darüber machen konnte, ob die eine oder andere Antwort eigentlich haltbar war. Es war ein Kuhhandel, dessen ich mich jetzt schämte. Ich wußte, daß es jenen späteren Zeitpunkt, wo man seine Lügen noch einmal überdachte, nicht geben würde. Es gab keine Möglichkeit, das Gesagte zu korrigieren, die Worte ungeschehen zu machen. Ich hatte mich also selbst belogen. Wenn man lügt, dann lügt man jetzt, nicht später. Es ist das Jetzt, das zählt, nicht das Morgen. Wenn man diese Achtung vor sich selbst verliert, dann ist das ein Verlust, der in der Gegenwart stattfindet, nicht in der Zukunft.«

Die *Lüge* im Leben der Christina Crawford besteht, wie sie richtig erkennt, nicht in der Unwahrheit eines einzelnen Wortes, sondern in der Unstimmigkeit ihres ganzen Daseins, in der *Rolle der idealen Tochter* ihrer Mutter: »Ich war … Lehm in Mutters Krallen.

Ich war so brav, wie Mutter es mir in früher Jugend eingebleut hatte. Ich sprach nur, wenn ich gefragt wurde. Ich gab die richtigen Antworten. Mit dem kleinen Schönheitsfehler, daß nur mein Körper vor der Kamera stand. Mein Wesen, mein Ich hatte ich aufgegeben, verpfändet, billig verkauft. Es gab keine Christina. Es gab nur Joan Crawfords Tochter. Ich kam mir vor wie eine Betrügerin, wie eine Hochstaplerin.«[146]

Gesehen zu werden als etwas, von dem man selbst weiß, daß man es nicht ist, – genau das bedeutet es, als »wunderschöne Tote« unter »Glas« existieren zu müssen. Es gäbe für ein »Schneewittchen« nur eine einzige Möglichkeit, um dieser Lage zu entkommen: es müßte sich dem Programm seiner Mutter radikal *verweigern*, es müßte eine *eigene* Existenz aufbauen; doch diese Möglichkeit besteht nur rein theoretisch. Viel zu groß ist die Angst, ins Nichts zu fallen, wenn man den Halt bei der Mutter verliert. In der Sprache des GRIMMschen Märchens: solange das *Gift* der (Stief)Mutter noch wirkt, ist es unmöglich, daß ein »Schneewittchen« sich aus seinem »Sarge« erhebt. Es wird weiter dem Alptraum seines »Todesschlafes« nachwandeln, sowohl das *Opfer* wie das *Schmuckstück* seiner Mutter zu sein.

Dabei darf man nicht vergessen, daß der »gläserne Sarg« für ein »Schneewittchen« den letzten Rückzugsort zum »Überleben« bildet: Solange dieser Zustand des Seins im Nichtsein sich erhält, wird die schreckliche »Königin« nicht noch einmal zurückkehren; – nur ein *totes »Schneewittchen«* stellt für sie keine Bedrohung dar. Wesentlich symbolisiert der »gläserne Sarg« somit den einzig verbleibenden *Kompromiß* zwischen den beiden widersprüchlichen Forderungen der »Eitelkeit« der Mutter, die einmal von ihrer Tochter verlangt, sich als ihr Prunkinstrument zur Schau zu stellen, und die es *dann doch* wieder untersagt, in dieser Funktion jemals *das* wirklich zu werden, was der Pose nach vor den Augen aller anderen als Wirklichkeit feilgeboten wird. Dabei liegt es, wie wir schon sahen, weder im Belieben einer »Richilde« noch einer »Blanca«, sich anders zu verhalten; beider Beziehung besteht darin, daß die Mutter ihre Identität erhält um den Preis der Nichtidentität ihrer Tochter, und diese wieder muß ihre Identität darin setzen, die Nichtidentität ihrer Mutter zu stützen. Niemand in dieser unglückseligen Symbiose lebt wirklich; aber es kann auch keiner der beiden das zerstörerische Wechselverhältnis verlassen. Und am schlimmsten für ein »Schneewittchen«: Es wird immer wieder erleben, daß dieselbe Frau, um deren Liebe es ringt und für die es sich bis zum äußersten *opfert,* ihm jeden wirklichen Erfolg innerhalb der Sphäre der eigenen Selbstdarstellung auf Leben und Tod *neiden* wird. Der *Stolz* auf die Tochter und die *Eifersucht* auf die Tochter sind nur die zwei Seiten ein und derselben mütterlichen Grundhaltung; doch welch ein Kind soll dazwischen zurecht kommen und damit leben können?

Im Falle der *Christina Crawford* kam es zu einer Begebenheit, die den *Triumph* der Mutter über die wie tot in dem »gläsernen Sarg« liegende Tochter in einer unglaublichen Intensität zu interpretieren vermag. Es war die Zeit, als Christina sich von ihrem ersten Mann hatte scheiden lassen; – sie verdankte diesem Mann viel, doch war sie allem Anschein nach zu einer ruhigen, festen Beziehung nach all den Erfahrungen mit ihrer Mutter durchaus noch nicht imstande. Äußerlich gesehen, bedeutete eine Ehescheidung für Christina, unerachtet der zahlreichen Ehen und Affären ihrer Mutter, ein Scheitern, ein Versagen, etwas, für das man sich schämen mußte. In derselben Zeit litt *Joan Crawford* wieder einmal besonders heftig am Alkoholismus, und zu allem Unglück starb gerade damals ihr zweiter Ehemann, *Franchot Tone.* Christina floh in die Arbeit; eine Fernsehserie zehrte an ihren Kräften; ein Tumor im Unterleib setzte ihr so zu, daß sie operiert werden mußte; sie war ernsthaft krank und hatte Angst vor dem Tod; sie fühlte sich mutterseelenallein. Doch als sie wieder zu sich kam, teilten die Ärzte ihr mit, daß ihre Mutter die Rolle in ihrer eigenen Fernsehserie übernommen habe: – sie hatte CBS diesen Vorschlag gemacht, und dort war man darauf eingegangen. Wieder fühlte CHRISTINA sich ihrer Mutter gegenüber als das kleine Mädchen, das zudem jetzt auch noch unartig genug war, krank zu werden; es war für sie, als sänke sie schwerelos in einen Abgrund. »Ich sagte dem Arzt«, erinnert sie sich, »daß mir Mutter meinen Job weggenommen hatte, sagte ihm, daß Mutter eine Trinkerin war. Sie würde die Arbeit in der Fernsehserie nicht durchhalten können. Es würde ein beschämendes Debakel geben. Ich fühlte mich erniedrigt, gedemütigt, verspottet. Mutter sang mir die Ohren voll, wie wunderbar die Arbeit an der Fernsehserie war. Sie genoß die Situation. Die Zeitungen standen um Interviews bei ihr Schlange. ... Mutter war wieder ein Star, sie stand wieder im Mittelpunkt der allgemeinen Aufmerksamkeit. Aber sie profilierte sich auf meine Kosten. Sie hatte mir meine Rolle weggeschnappt ... Am Telefon hatte sie zwar gleich eine Erklärung parat gehabt. Sie tat das nur, damit man die Rolle nicht mit einer anderen Schauspielerin besetzte und mich ganz ausbootete. Aber wie glaubwürdig war ich, wenn ich die Rolle wieder übernahm, nachdem Mutter in die Bresche gesprungen war? Ich hatte eine 28jährige Frau zu verkörpern. Mutter indes hatte die Sechzig bereits überschritten.«[147]

Es kam, wie es kommen mußte: die Medienkampagne, die den Rollentausch begleitete, war perfekt organisiert, die Erwartungen hochgetrieben, und dann stand eine alternde Diva in betrunkenem Zustand vor der Kamera, die nur unter größter Mühe ein paar Szenen produzierte, die man am Schneidetisch zu etwas halbwegs Brauchbarem zusammensetzen konnte. Gleichwohl mußte *Christina* auf die flehentlichen Fragen ihrer Mutter, wie sie gewesen sei, mit höchstem Lob antworten, und den Reportern mußte sie erzählen, wie sehr sie das selbstlose und mutige Engagement ihrer Mutter bewundere. Erst nach und nach wurde ihr klar, daß sich zu dem Thema der chronifizierten Lüge noch ein anderes gesellt hatte: *der unvermeidbar zunehmende Kontrast zwischen Alter und Jugend:* Die älter gewordene *Joan Crawford* mußte zu ihrem Schrecken feststellen, daß sie endgültig aufgehört hatte, »die Schönste im Lande« zu sein; fortan war es scheinbar ihre Tochter, die sich mit ihrem Erfolg in einer Fernsehserie nach vorne zu spielen drohte, und das nicht nur einmal, zufälligerweise, sondern weil sie über etwas verfügte, das der alternden Frau immer weniger verblieb: den Charme der Jugend. *Das,* sieht CHRISTINA, steckte hinter jenem »Rollentausch«: »Indem Mutter meine Rolle übernahm, wollte sie ihre Jugend noch einmal leben. Sie wollte in meine Haut schlüpfen, mich als Leinwand benutzen für das Bild, das sie projizierte. Früher war ich der Mensch gewesen, an dem sie ihre negativen Charakterzüge widergespiegelt fand. Heute bewunderte sie mich, sah in mir die positiven Eigenschaften verkörpert, über die sie verfügte. Jetzt lebte sie durch mich. Jetzt war sie es, die um meine Liebe buhlte, um meine Anerkennung bettelte.«[148]

Für die alternde *Joan Crawford* fing eine Zeit an, in der die »Starfuckers« sich, wie Schmeißfliegen um ein Aas, an ihrer Seite zu sammeln begannen, um ihr unter schmeichelnden Komplimenten möglichst viel Geld aus der Tasche zu ziehen und sich im Schein ihrer Berühmtheit, wie im Glanz einer untergehenden Sonne, noch ein wenig selbst zu vergolden; ihre Alkoholsucht nahm dramatische Formen an. Für ihre Tochter aber entstand dadurch eine »Lage«, die aufs äußerste dem »Schneewittchen« im »gläsernen Sarge« glich: Sie mußte sich mehr und mehr in Krankheit und Unfähigkeit flüchten, auf daß das kränkelnde Selbstbewußtsein ihrer Mutter nicht tödlich verletzt würde, sie mußte sich selber *totstellen*, auf daß ihre Stelle von ihrer Mutter eingenommen werden konnte, sie mußte sich selber bis zur völligen Unlebendigkeit zurücknehmen, auf daß ihrer Mutter beim Blick in ihren »Spiegel«: in die Zeitungen und Fernsehsendungen, die Illusion der konkurrenzlos Besten, Tüchtigsten, Berühmtesten, »*Schönsten*« erhalten blieb. Das von Anfang an bestehende Problem des »ersatzweisen beziehungsweise vertauschten Lebens«, der *Identifikation* statt der Identität, kam so zu seinem Höhepunkt: »Wenn ich Mutter und mich betrachtete«, schreibt CHRISTINA, »dann schien es mir, als betrachtete ich ein doppelt belichtetes Foto. Da waren zwei Menschen, deren Konturen untrennbar ineinander übergingen. Einer von diesen beiden war ich. Aber wer?«[149]

Indessen läßt sich das Leben selber natürlich nicht betrügen. Eine Frau wie *Joan Crawford* mag gegen das Altern ankämpfen, wie sie will, es wird doch nur *um so rascher* voranschreiten, als die Lösung dieser biologisch unabänderlich vorgegebenen Tatsache im *Äußeren:* im Ungeistigen, Unwahrhaftigen gesucht wird.

Andererseits führt die paradoxe »Austauschbarkeit« von Mutter und Tochter jetzt dazu, daß es eben wegen des gefürchteten Alterns der Mutter für die Tochter *nicht* erlaubt ist, in Ruhe zu reifen und älter zu werden. Die Existenz im »Sarge« hat wesentlich auch den Sinn, jedes *Werden* zugunsten einer fiktiven Zeitlosigkeit zu vermeiden, – diesen Zusammenhang haben wir bereits als eine Folge moralisch bedingter Sexualangst und gesellschaftlich bedingter Rollenfixierung kennengelernt; wir sehen jetzt aber, daß es sich hier nicht nur um eine Weigerung handelt, zur Frau zu werden; entsprechend der *Spiegel*bildlichkeit des Lebens von Mutter und Tochter erscheint die *Aufhebung der Zeit* in diesem »Leben im Sarg« vielmehr in vollkommener Parallele zu der *Altersverweigerung der Mutter.* Ein »Schneewittchen« *darf* nicht reifen, es darf nicht »erwachsen« werden, weil sich die Mutter selbst in der *Pose der ewigen Jugend* gefällt und sich weigert, die natürliche Form des Reifens in Gestalt des Alterns zu akzeptieren.

Ein gewisses Indiz für das Leben, einer Frau von »Schneewittchen«-Art ist wohl zumeist die erzwungene *Kindlichkeit* in Gebaren und Gebärde, die man am besten versteht, wenn man sich ein Mädchen vorstellt, das stets »auf dem Sprung« sein muß, um mit den Launen seiner Mutter zurechtzukommen. Dieses »kleine« Mädchen leidet unter einem außerordentlich großen Maß an Verantwortung für seine Mutter, es gelangt aber so gut wie nie dazu, eine gewisse Kontinuität in sein eigenes Erleben zu bekommen, mit der Folge, daß es nicht nur den »Temperaments«ausbrüchen seiner Mutter, sondern auch den Gefühlsstürmen seines eigenen Erlebens wie hilflos gegenübersteht, sie mehr erleidend als gestaltend. Noch als Frau später können die Gesichtszüge und die Körpermerkmale eines »Schneewittchens« die Statur einer »stehengebliebenen Kindheit« aufweisen – es wird Außenstehenden sehr schwerfallen, auch nur das Alter einer solchen Frau zu erraten. Was bei *Frau Crawford* eine absichtliche Irreführung ihrer Umwelt war – niemand sollte wissen, wie alt sie wirklich war, ein erbitterter Kampf der Täuschung um einen Zeitraum von ganzen vier Jahren! –, das wächst sich im Leben eines »Schneewittchens« wiederum zu einem Moment seines *Wesens* aus. Wir werden noch sehen, wie mühsam es unter diesen Umständen sich gestalten wird, eine Frau von der Art eines »Schneewittchens« aus dem Todschlaf der Zeitlosigkeit im »Sarg« *»aufzuwecken«*.

Für *Christina Crawford* wurde das unbewußte *Verbot* ihrer Mutter, jemals in Selbständigkeit erfolgreich zu werden, sehr bald noch schmerzhafter spürbar als in jenem »Rollentausch« während ihrer Krankheit. Es begann damit, daß sie in einer Fernsehserie von *Marcus Welby* als Gaststar verpflichtet werden sollte. Voller Freude wollte sie die gute Nachricht am Telephon ihrer Mutter mitteilen, als sie erlebte, wie diese mitten im Satz den Hörer auflegte. Ein

Freund der Mutter erklärte *Christina* wenig später den Grund: *Joan Crawford* hatte ihn um Mitternacht angerufen und ihm schreiend verkündet, ihre Tochter sei »der undankbarste Mensch der Welt«; seit Jahren habe sie sich um eine Rolle in der Marcus-Welby-Show bemüht, und jetzt komme ihre eigene Tochter und schnappe sie ihr weg.[150] Da gilt jeder »Erfolg« der Tochter als eine perfide Art und Weise, die doch so aufopfernde und rührend gute Mutter in den Schatten zu stellen. »Schneewittchen aber ist schöner als du ...!«

»Was ging in solchen Nächten in den Tiefen und Abgründen von Mutters Seele vor?« fragt sich CHRISTINA. »Warum war ich der Mittelpunkt ihrer Nachstellungen? ... Ich begann ... die Gesetzmäßigkeiten von Mutters wahnhaften (sc. und zum Teil drogeninduzierten, d. V.) Handlungen zu durchschauen. Entweder ich stand physisch zur Verfügung, wie es in dem Haus in Hollywood der Fall gewesen war. Dann konnte sie nach Herzenslust auf mir herumdreschen. Oder aber ich war von Mutter getrennt. Dann projizierte sie alle schlechten Eigenschaften, unter denen sie selbst litt, auf mich. Ihre Vorstellungskraft versetzte sie in die Lage, in mir den Teufel in Menschengestalt zu sehen.«[151]

Dann wieder ändert sich die Taktik der Mutter. Angeblich, um die Karriere ihrer Tochter zu fördern, schickt sie *Christina* als ihre »Stellvertreterin«, als ihr »charmantes Double« zu Unterredungen, die eigentlich nur zeigen sollen, daß sie jedes weitere Fortkommen im Grunde nur *ihr*, der überragenden Schauspielerin und bewundernswerten Mutter, zu verdanken hat. In solchen Momenten ist *Joan Crawford* wieder das Wohlwollen und die mütterliche Wärme selbst, doch was sie tut, ist einzig dazu bestimmt, ihre Tochter weiter an sich zu binden und sie durch Schuldgefühle für die eigenen Leistungen und durch erzwungene Gefühle der Dankbarkeit für die erbrachten Vorleistungen als Mutter auch in Zukunft »im gläsernen Sarg« gefangen zu halten.

»Mutter«, erkennt CHRISTINA, »wollte nicht meine Liebe, meine Hingabe. Sie wollte mein ganzes Leben, wollte mich besitzen, mich für immer vereinnahmen. Es genügte ihr nicht, daß sie stolz auf mich sein konnte. Sie wollte mich ersetzen, wollte *ich* sein. Sie neidete mir meine Karriere, meine Arbeit. Das waren Dinge, die ihr zustanden, nicht mir, dem Küken.« »Mutter zog mich an sich wie ein Magnet. Ich hatte alles aufgegeben, um Mutter nahezusein. Ich hatte mein Leben in eine Richtung gelenkt, die mit Mutters Lebensweg parallel lief. Aber das genügte ihr nicht. Sie wollte mich. Ein unmögliches Verlangen. Wie hätte ich ihr die verlorene Jugend wiedergeben können? Was hätte ich tun können, damit sich um Mutter wieder jener Starrummel entfaltete, der jahrzehntelang ihr Lebenselixier gewesen war? Auch wenn ich das gewollt hätte – es stand nicht in meiner Macht. Und jetzt, als Mutter spürte, daß ich mich ihrem Besitzanspruch entzog, verstärkte sie ihren Würgegriff ... Wenn ich mich ihr unterordnete, würde sie mich lieben, würde mich küssen und kosen, würde mir das Glück gewähren, das nur eine Mutter geben kann ... Wer war ich denn? Ich hatte kein eigenes Leben gelebt, sondern immer nur reagiert auf das, was Mutter tat. Hundertmal hatte ich Mutter zu erklären versucht, was *ich* wollte, wer *ich* war. Sie hatte es nie für notwendig befunden, mir zuzuhören. Ich hatte versucht, ihr zu Willen zu sein, sie glücklich zu machen, sie freundlich zu stimmen. Was immer ich unternommen hatte, ich tat es, weil ich Mutter gefallen wollte. Selbst meine Revolten, meine Zwergenaufstände, waren ein Tribut an Mutter. Mein ganzes bisheriges Leben hatte aus Angst bestanden. Aus der Angst, Mutters Liebe zu verlieren.«[152]

Die gesamte ungeheuerliche Dramatik eines »*Schneewittchen*«-Lebens spricht sich in diesen wenigen Zeilen aus: das »Gefressenwerden« und »Verfolgtwerden« durch die (identifikatorischen) Totalansprüche der Mutter, das »Vergiftetwerden« mit Schuldgefühlen für jede eigene Lebensregung bei gleichzeitig größter Unterstützung und Förderung von seiten der Mutter, das Ersticktwerden durch die Verpflichtung, nie etwas anderes zu sein als die Schaufensterpuppe für Mutters Eitelkeit ... die »Glassargexistenz eines Schneewittchens«, – all das trägt jenen Namen, mit denen die Kinder ihre Mutter anreden mußten: *mommie dearest.* Doch ist es, jenseits jeden moralischen Vorwurfs, das als Glück maskierte strahlende *Unglück* dieser Frau, das die schrittweise »Tötung« ihrer Tochter nach sich zieht. »Mommie dearest« wird sich in masochistischem Trotz durch Boykott eines eigenen Engagements bei einem Filmproduzenten dafür rächen, daß er sich erdreistet hat, *Christina* eine Nebenrolle in einem Film mit *Elvis Presley* anzubieten[153]; »Mommie dearest« wird für sich selbst die Gesetze des Alterns außer Kraft setzen und an der Fiktion festhalten, immer noch der jugendliche Star von Hollywood, »die Schönste im Lande«, zu sein; ihre Scheinwelt wird, solange sie währt, auch die Welt ihrer Tochter in eine gläserne Totenkammer verwandeln; »mommie dearest« wird schließlich als die letzten Worte in ihrem Testament vermerken: »Mein Sohn Christopher und meine Tochter Christina sind von der Erbfolge ausgeschlossen. Beide kennen die Gründe.«[154] Doch diese Gründe werden nicht genannt und können auch nicht genannt werden, – sie existieren nicht, nicht jedenfalls auf seiten der Adoptivtochter *Christina Crawford;* denn diese existierte zu jenem Zeitpunkt selbst schon nicht mehr oder noch nicht. Zu diesem Zeitpunkt war sie nichts als »die Schöne im Sarg«, wartend auf ihren Erlöser.

8. Die Auferstehung der Liebe

Wie ist es möglich, unter solchen Umständen zu einem eigenen, wirklichen Leben zurückzufinden?

Psychologisch betrachtet, scheint das fast unmöglich. Zu überwinden ist ja nicht nur die zerstörerische Symbiose von Mutter und Tochter; es geht darum, der Ausstellungsexistenz eines *»Schneewittchens«*, seinem Wachsfigurendasein ein Ende zu bereiten, ohne es in die jederzeit drohende *Psychose* hineinzudrängen oder es der ebenso allgegenwärtigen Gefahr des *Suizids* auszusetzen. Positiv gesagt: alles kommt darauf an, einer Frau wie »Schneewittchen« ein Gefühl für den Wert und die Berechtigung ihres eigenen Ichs zu schenken. Niemand aber vermag das außer einem Menschen, der ein »Schneewittchen« *über alles,* gegen alle äußeren wie inneren Widerstände, so liebt, wie es ist. Er muß und wird jedoch, ob er will oder nicht, mit seiner Liebe an gerade die Stelle treten, an der bisher *die Mutter* stand; – nur wenn seine Zuneigung und Verbundenheit als mindestens so tragfähig und zuverlässig erlebt wird, wie es die Liebe der Mutter trotz aller Brechungen und Ambivalenzen bislang war, wird sich ein »Schneewittchen« aus den Fesseln seiner Mutterabhängigkeit und seiner dadurch bedingten Fehlidentifikation herauslösen lassen. Wie aber soll das gelingen?

Die Standardantwort, wohin ein »Schneewittchen« sich wenden sollte, lautet in unserer Gesellschaft wohl nicht mehr, wie vormals in kirchengebundenen Zeiten: zum Pastor; sie lautet heute wohl eher: zum Therapeuten. Doch beide, der Pfarrer wie der Therapeut, werden außerstande sein, mit ihrer professionellen Dienstleistung, und sei sie noch so gut gemeint, den gläsernen Sarg eines »Schneewittchens« zu öffnen: Der *Pastor* nicht – er wird, im Falle er von »Selbstmordneigung« und »Verzweiflung« hört, in aller Regel »jene wahre Lebensfreude und Selbstbejahung vermissen«, die aus dem »rechten Glauben« kommt; dabei brauchte ein »Schneewittchen« sich mit seinem »Leben im Sarg«, als Ausstellungsstück im »Zwergenheim«, nur endgültig resignierend *einverstanden* zu erklären, und es hätte alles Zeug, eine *Ordensschwester* zu werden, die des Lobs ihres Pastors für so viel Demut, Opfergesinnung und edle Schönheit gewiß sein könnte; wenn es nur nicht an dieser seltsamen Schwermut litte ...

Ein *Psychotherapeut* wird geneigt sein, den »Hintergründen« des Verhaltens näherzukommen: wie verlief die frühe Kindheit, wie entstanden die ausgedehnten Felder von Antriebsgehemmtheit und resignativen Grundhaltungen, woher rührt die Angst vor dem Leben als Frau, welcher Art sind die Übertragungsmechanismen, die Rationalisierungen, die Behandlungswiderstände ... Wo der eine mit all seinem Loben und Mahnen im Grunde nur seine Hilflosigkeit eingesteht, wird auch der andere mit seiner Aufklärungsarbeit bald schon stecken bleiben: Es wird nicht gelingen, die nötige *Energie* zuzuführen, die erfordert wäre, um ein »Schneewittchen« aus der Bindung an seine Mutter zu lösen. Es ist in erzhaltigem Gestein nicht möglich, das Silber vom Kupfer zu trennen, ohne beide in die *Schmelze* zu geben; und ein vergleichbarer Energieaufwand wäre seelisch erforderlich, um das Urgestein der frühen Kindheit flüssig zu machen. Die nötige »Energie« aber – das wäre, von einem anderen Menschen *mehr* oder *wahrer* geliebt zu werden als in den Widersprüchen und Doppelbödigkeiten der eigenen Mutter.

Nur: eine solche Liebe, wie sie hier gebraucht würde, läßt sich im Leben nicht wie ein Rezept verordnen. Die beste Psychotherapie vermöchte allenfalls die Hemmnisse bewußtzumachen, die im Schatten der Mutter wie ein Fluch jede Kontaktaufnahme als eine tödliche Gefahr erscheinen lassen; alles weitere jedoch müßte sich finden. Am schwierigsten dürfte es fallen, den Zustand der »Leichenstarre«, der vollkommenen *Passivität* eines »Schneewittchens« in allen Belangen des eigenen Lebens, zu überwinden.[155] Eine Frau in dein Zustand der »Schönen im gläsernen Sarge« kann nicht von sich aus sagen, was sie braucht, was sie wünscht, was sie will, was sie sich ersehnt. Wenn sie spricht, redet sie vernehmlich einzig die Sprache der Anderen, ihre *eigene* Sprache demgegenüber wirkt eher wie ein verlöschender Atemzug, mehr gehaucht als geäußert, mehr geflüstert als gesprochen, – es bedarf hellhöriger Ohren oder, besser noch, aufmerksamer Augen, um die *unhörbaren* Worte hinter der Glaswand von den Lippen abzulesen; und dann gilt es, all die so lange verschwiegenen Wünsche *gegen* die überkommenen Schuldgefühle und Ängste für wahrer und wirklicher zu nehmen, als ein »Schneewittchen« selber in seinem Zustand dazu imstande ist, stets in geduldigem Ankämpfen gegen das innere Dreinreden der Mutter ... Erst wenn das Wort des Geliebten mehr gilt als ihres, wird sich der Deckel des gläsernen Sargs langsam heben und frische Atemluft in die Kammer des Todes wehen.

Natürlich ließe sich praktischerweise auch ein »kürzeres« Verfahren denken, um ein »Schneewittchen« aus seinem gläsernen Sarg zu befreien: man brauchte nur das Glas zu zersplittern, das die »Zwerge« so kunstvoll um das wie tot daliegende Mädchen gefügt haben.[156] Doch scheidet diese theoretische Möglichkeit ganz und gar aus, sie wäre, bei Lichte betrachtet, nicht nur riskant, sie wäre mörderisch. Immer wieder in menschlichen Beziehungen mag es vorkommen, daß einem der beiden Partner »alles zu langsam geht«, daß er, ungeduldig und unwirsch, »die Dinge zu beschleunigen« glaubt, indem er »dem Getue« oder »Geziere« ein für allemal ein Ende bereiten und »aufs Ganze gehen« möchte: Er fragt nicht mehr lange, was sein *»Schneewittchen«* will, er weiß es einfach und tut es; er wartet nicht länger, bis sie selber sich regt, er glaubt sie zu kennen, er erledigt es einfach; er ist es müde, immer nur dasitzen und zuschauen zu müssen, lauernd wie eine Katze, die doch gerade durch ihre Anwesenheit der Maus eine solche Panik bereitet, daß sie freiwillig niemals aus dem Loch hervorkommen wird, – er also nimmt sich das Recht und die Freiheit, den Kerker aus Glas zu *zerbrechen* ...

Es ist nur allzu verständlich, daß manchem solche Lust unwiderstehlich wird, der versucht, auf ein »Schneewittchen« sich einzulassen, doch wird er, falls er so tut, mit aller Sicherheit erleben, wie er mit seiner »schärferen Gangart« das »Schneewittchen« vollends zerstört. So wie Mumien, die zu lange im Grabe gelegen haben, bei unvorsichtiger Öffnung des Sargs vor den Augen des Betrachters zu Staub zerfallen, so bedroht ein »Schneewittchen« psychisch mit Selbstauflösung, wer sein Gefängnis aus Glas mit Gewalt aufsprengen wollte. Das Paradox besteht, daß ein »Schneewittchen« seinen gläsernen Sarg eben nicht nur als Kerker und Stätte des Todes erlebt, sondern auch als einen notwendigen Schutzraum; – es *braucht* die Abgeschiedenheit, die Unberührbarkeit, das Leben unter Glas, um zu *überleben;* nur so fühlt es sich »sicher«. Wie lockt man ein Vögelchen aus seinem Bauer, in das es auf bemitleidenswerte Weise eingesperrt ist, – nicht einmal seine Flügel kann es ausbreiten, doch traut es sich aus seinem Käfigdasein auch nicht heraus aus Angst vor einer ihm feindlichen Welt?

Daß so etwas im Falle eines »Schneewittchens« überhaupt gelingen kann, liegt an einer Merkwürdigkeit in der Biographie jeder Psychologie dieser Art: an dem *Verlust des Vaters.* Wir sahen bereits, welch eine bloße Nebenrolle der »König« in dem Märchen der Brüder Grimm an der Seite von Schneewittchens »Stiefmutter« spielt, und desgleichen berichtete Musäus von dem Verschwinden und Verscheiden des allzu bußfertigen Grafen *Gombald vom Löwen* in einem der vielen allzu christlichen Kreuzzüge; ohne Vater aufzuwachsen war auch *Christina Crawford* beschieden, deren Biographie sich bisher schon als ein außerordentlich treffender Kommentar zu den Bildsequenzen des Grimmschen Märchens ausnahm. Niemals, so viel steht fest, könnte es zu der fatalen Bindung eines »Schneewittchens« an seine Mutter kommen, stünde seiner Mutter ein Vater zur Seite, der diesen Namen verdiente; statt dessen gehört es zu einer Grundbedingung der Psychogenese eines »Schneewittchens«, daß ihm der Vater *fehlt:* entweder ist er physisch – durch Tod, Krankheit oder berufliche Gründe – *abwesend,* oder er ist psychisch nicht da, wenn er gebraucht wird. Gerade die *mangelnde* Gegenwart des Vaters aber verdichtet sich in der Vorstellung eines solchen Mädchens nur um so intensiver zu dem dringenden Wunsch *nach* einem »Vater«. Überdeutlich spürt es, wie nötig es selber, nicht minder aber auch seine Mutter der Gegenwart eines Mannes als Vaters und Partners bedürfte.

Sehr deutlich etwa erinnert sich Christina Crawford, wie wohltuend die Heirat ihrer Mutter mit dem Pepsi-Cola-Manager *Alfred Steele* sich auswirkte: Endlich war da ein Mann, mit dem sich reden ließ und der mit seiner ruhigen Übersicht die gröbsten Spitzen der zwangsneurotisch-hysterischen Exaltationen der Diva zu glätten wußte! Endlich war da so etwas wie Halt, Schutz und Verständnis zu finden! Doch wäre es einem Mädchen vergönnt, seinen Vater über eine längere Distanz seines Lebens als ein Gegenüber unbedrohter Geborgenheit zu erleben, so würde es sich nicht zu der Märchentypologie eines »Schneewittchens« entwickeln. *Alfred Steele,* so mächtig er auch in seinem weltweit agierenden Unternehmen sein mochte, wurde doch von *Joan Crawford* in die Rolle eines weiteren ihrer »Hofzwerge« gezwungen: er verschuldete sich ihretwegen beim Bau eines Hauses, er geriet menschlich und wirtschaftlich an ihrer Seite immer mehr in die Klemme, ja, es zeigte sich, daß er insbesondere in den Fragen der »Erziehung« *Christinas* es nicht über sich brachte, sich den Seltsamkeiten und Launen seiner Frau wirksam zu widersetzen. Er, der es sonst gewohnt war, bei den Planungen von Pepsi-Cola mit Geld umzugehen wie ein Bauingenieur mit Stahlbeton, Glas und Elektrizität, wagte es allenfalls *heimlich*, seiner Tochter wenigstens eine kleinere Geldsumme zuzustecken[157]; schließlich erlag er im Alter von 54 Jahren der typischen Streßkrankheit so vieler Männer, die an alles mögliche eher denken als an sich selber: dem Herzinfarkt[158]; – für *Christina* das Ende der einzigen Phase eines relativen Glücks in ihrer Jugend, Ahnung genug aber immerhin auch von dem, was sie so sehr vermißte: einer väterlichen Führung in ihrem Leben.

Andere Mädchen von der Art eines »Schneewittchens« werden ihren Vater gar nie gekannt haben: er fiel im Krieg noch vor der Geburt seiner Tochter, er erlag einer Krankheit, als sie gerade drei Jahre alt war, oder man sagte von ihm, er sei »ganz in seinem Beruf aufgegangen«, und das sollte heißen, er hatte stets etwas anderes, Wichtigeres zu erledigen, als sich um die kleinlichen Kümmernisse seiner Familienangehörigen zu sorgen, – daß er sie versorgte, mußte genug sein!

Von jeder Psychoanalyse und Seelsorge gilt, daß in ihrem Verlauf der *Therapeut* eine Weile lang die Stelle des Vaters einnimmt, während der kirchliche *Seelsorger* in den Augen der Gläubigen wohl schon von vornherein durch den Anspruch auf Gottesstellvertreterschaft von einer gewissen väterlichen Aura umgeben sein mag. Im Falle eines »*Schneewittchens*« aber genügt es nicht, die Rolle des Vaters probeweise »durchzuspielen« und »durchzugehen«; ein Mann, der seine Liebe zu einem »Schneewittchen« wirklich ernst meint, kommt nicht umhin, in eine »väterliche« Beziehung zu ihm einzutreten, indem er, zumindest vorübergehend, all die Erwartungen und Enttäuschungen auf sich zieht, die ursprünglich einmal dem ebenso gesuchten wie vermißten Vater gegolten haben. Insofern haben die Märchen der BRÜDER GRIMM psychologisch vollkommen recht, wenn sie immer wieder als Retter ihrer verwunschenen Prinzessinnen, Müllerstöchter und Arme-Leute-Mädchen einen *Königssohn* auftreten lassen.

Für die Deutung der Gestalt eines solchen »Prinzen«[159] bedeutete es ein schweres Mißverständnis, wollte man, wie zur Zeit der Hochblüte der sozialgeschichtlichen Interpretation der Märchen Ende der 60er Jahre, in ihm das bloße Echo feudaler und fürstlicher Herrschaftsverhältnisse erblicken. Der »Märchenprinz« als ein *Archetyp* folkloristischer Erzählungen hat nichts zu tun mit den Fragen und Formen äußerer Herrschaft; er erklärt (und verklärt) vielmehr die Gestalt eines Mannes, der durch seine Liebe einer fast schon Verlorenen das Gefühl ihrer eigenen »Königswürde« zurückgibt. »Väterlich«? Ja, denn um nichts Geringeres geht es, als einer Frau die Chance zu schenken, in gewissem Sinne noch einmal von vorn auf die Welt zu kommen, nicht mehr als das Kind einer Mutter, die sie zum Leben nie wirklich kommen ließ, sondern als »neu gezeugt« von einem Vater, der es ihr ermöglicht, sich als eine selbstbewußte, erwachsene Frau zu entwerfen. In der Sprache der Märchen und Träume tritt eine solche Person deshalb nicht auf als *König*[160], als *ewiger* Vater, vielmehr ist er selber nur eines Königs *Sohn.*[161] Das »Königliche«, mit anderen Worten, das ihn umgibt und in das er verheißungsvoll-vorbildlich einrückt, verdankt er, psychologisch betrachtet, ganz und gar der Vatersehnsucht und Vaterübertragung seiner Geliebten; er selbst aber darf nie vergessen, daß er nur der »Sohn« ist: zur Vollgestalt seiner selbst, zum »Königsein« wird er erst finden, wenn die Frau seiner Liebe an seiner Seite zur »Königin« reift. Bliebe er der »König« und sie lediglich seine neu erwählte »Tochter«, so ließe sich die Übertragungsdynamik der Vaterrolle ganz gewiß niemals auflösen.

Vonnöten ist also beides ineins: ein Mann, der den Mut hat, gegenüber seinem »*Schneewittchen*« so etwas wie eine Vaterrolle zu übernehmen, *und* jemand, der zugleich weiß, daß er dieser »Rolle« nicht selber verfallen darf; es darf aber wiederum dieses sein Wissen ihn auch nicht dazu verleiten, in eine quasi »therapeutisch neutrale« Distanz zu seiner Geliebten zu treten; er muß vielmehr ein *Liebender* sein, der sich selbst und seine Geliebte in einer *offenen,* in keinem Betracht vorwegzunehmenden *Entwicklung* sieht, die doch überhaupt erst durch die wechselseitige Zuneigung zwischen ihnen beiden »energetisch« zustande kommt. Keine Form von Psychotherapie wird jemals eine wirkliche Liebe ersetzen; aber manchmal kann es geschehen, daß eine gelingende Liebe alles umschließt, was je »Therapie« heißen mag. Und davon eigentlich, nur davon handelt die Geschichte der »Auferstehung« eines »Schneewittchens«. Wenn es im Neuen Testament in der Geschichte von der Auferweckung des Lazarus heißt, daß Jesus den Verstorbenen *liebte* als seinen Freund, so daß er *weinte* an seinem Grabe (Joh II,35–36), so lehrt uns das Märchen der BRÜDER GRIMM von Schneewittchen, daß es einzig der Liebe gelingen wird, einen lebendig Toten ins Leben zurückzurufen.

Worin aber liegt *der Grund* für den »Königssohn«, ein *»Schneewittchen«* lieb zu gewinnen? Die Frage scheint sonderbar, wo doch die Auskunft des GRIMMschen Märchens so klar wie nur möglich besagt, es sei eben die *Schönheit* des Mädchens gewesen, die den Prinzen bezauberte. Doch um was für eine »Schönheit« handelt es sich da? Das »Schneewittchen« sieht zwar aus wie lebend, so daß es die »Zwerge« nicht über sich bringen, es »in die schwarze Erde« zu senken, doch in Wirklichkeit ist es *tot*, so daß selbst die *Tiere* kommen, es zu beweinen: die *Eule* als Seelen- und Totenvogel[162] macht den Anfang bei diesem schmerzlichen Trauerzug, gefolgt von dem schwarzgewandeten *Raben*[163], dem mythischen Gefährten des Unglücks schlechthin; und endlich gesellt sich ein *Täubchen*[164] hinzu, wie um noch einmal symbolisch anzudeuten, was den »Tod« eines »Schneewittchens« eigentlich ausmacht: In der griechischen Antike einmal für ein geeignetes Sinnbild der Liebesgöttin *Aphrodite* selber gehalten, der allzeit liebreizenden, verführerisch betörenden,[165] hat sich *die Taube* unter *christlichem* Einfluß zur Verkörperung sexueller Unerfahrenheit und Unschuld gemausert, zu einem Bild göttlicher Schöpferkraft, die in ihrer autarken Allmacht keines weiblichen Gegenübers bedarf, um »fruchtbar« zu sein[166]; – für einen lebenden Menschen aus Fleisch und Blut bedeutet ein solches »Vorbild« – das Märchen hat recht – so viel wie den *Tod. Äußerlich* findet der Prinz sein »Schneewittchen« so vor, wie seine Mutter es ehedem wünschte: es *ist* die verkörperte Erfüllung ihres Verlangens nach einem Kinde, »so weiß wie Schnee, so rot als Blut und so schwarzhaarig wie Ebenholz« – eben das *ist* seine »Schönheit«; doch den Preis dafür kennen wir: er besteht in der völligen Verdrängung des gesamten eigenen Antriebserlebens, in der gänzlichen Fremdsteuerung des Daseins, in einem Existieren wie unter Hypnose, wie in einem endlosen *Schlaf*. Aber nun das Paradox der Geschichte: in gerade diesem Zustand einer wie untot Daliegenden, gerade so, gewinnt der Königssohn sein »Schneewittchen« lieb!

Ja, es kommt noch merkwürdiger: Ganz als wenn es darum ginge, eine kostbare altägyptische Mumie im Auftrage eines Museums zur Geschichte des Alten Orients zu erwerben, glaubt der »Königssohn« allen Ernstes, (s)ein »Schneewittchen« bei den »Zwergen« *kaufen* zu können. Da soll der Leichnam einer Frau, weil er so »schön« ist, kommerziell erworben werden, um auch weiterhin unter Glas gut konserviert zu bleiben! Selbst wenn die Brüder Grimm uns dieses Vorkommnis im Plauderton eines Märchens erzählen, – fragen müssen wir doch: Was ist mit einem Mann los, der sich *in eine Tote* derart verliebt, daß er sie wie bei einer Auktion auf dem Kunstmarkt käuflich zu erwerben gedenkt? Der Stoff an sich scheint derart morbid, daß er von Oscar Wilde[167] oder Lord Byron[168] nicht »genialer« erfunden sein könnte. Fragen wir deshalb noch anders: Was muß in einem Menschen *getötet* worden sein, daß er sich in eine Tote auf eine so seltsame Art zu verlieben vermag? Es muß da eine innere Verwandtschaft bestehen, die aus der tot daliegenden Schönen ein Bild für den Zustand der eigenen Seele formt; – in der Ausdrucksweise der Psychologie C. G. Jungs sollten wir die Gestalt der *Toten in dem gläsernen Sarg* als ein Symbol der *anima* des Königssohnes bezeichnen[169]; wir würden dann unterstellen, daß er selbst sich so fühlt: als etwas nur scheinbar noch Lebendes, als etwas seit Kindertagen Ersticktes, als etwas in jeder natürlichen Freude durch Ängste und Schuldgefühle Vergiftetes, als etwas zeitlebens wehrlos Ausgeliefertes, der gesunden Atemluft Beraubtes, als ein Schaustück zum Bewundern, nicht zum Berühren …

Einzig eine solche *Übereinstimmung* von Außen und Innen, von Sichtbarem und Sinnbildhaftem macht die *magische Faszination* verständlich, die der bloße Anblick der schönen Verstorbenen auf den Königssohn ausübt. Es handelt sich um ein Motiv, das in der *Romantik* außerordentlich beliebt war, weil sich darin die Lage des Menschen in der Welt insgesamt zu spiegeln schien.[171] Ist nicht die *Seele* des Menschen inmitten dieser *endlichen*, trauerumdüsterten Welt von vornherein dazu verurteilt, ihr Dasein wie auf einem Friedhof verbringen zu müssen? *Bewußt* das irdische Leben anzunehmen – was heißt das anderes, als sich selber lebendig bereits in einem Sarg mit durchsichtigen Wänden liegen zu sehen? »Lebende – Sterbende«, mit diesen zwei Worten brachte bereits der griechische Philosoph HERAKLIT um 500 v. Chr. die unentrinnbare Tragik der menschlichen Existenz auf den Begriff, doch fügte er, religiös tröstend, im Erbe der Alten Ägypter die Hoffnung hinzu: »Sterbende – Lebende«[171]. Da enthüllt sich die gesamte irdische Existenz aufgrund ihrer Todverfallenheit als ein bloßes Scheinleben, und es ist nur die Frage, wer über *Augen* verfügt, die hellsichtig genug sind, durch die Mauern, die unser Leben wie Kerkerwände umstellen, hindurchzusehen wie durch Glas. Die romantische Melancholie bestand geradezu in der Weltsicht solcher sehend gewordenen Augen; doch die *psychologische* Frage, die uns *das Märchen* aufgibt, geht deutlich in eine andere Richtung; sie beantwortet sich nicht durch die religiöse Verheißungssymbolik eines Lebens jenseits des Todes, sondern sie nimmt ein Leben, das sich aus Angst der Liebe verweigert, für den Tod selber und läßt als Lösung einzig die Erlösung durch eine ganz und gar irdische Liebe gelten. Nicht jenseits des Todes, sondern hier und jetzt verheißt das *Märchen* ein lebendes Glück.

Ausgeschlossen ist es gleichwohl nicht, daß wir uns den jungen »Königssohn« beim Betrachten seines »Schneewittchens« als einen romantischen Helden vorstellen müssen, der an der Welt, wie sie ist, in ihrer Kurzsichtigkeit und Kurzlebigkeit zuinnerst leidet. Könnte es nicht sein, daß er bereits den »Ankauf« des »toten« »Schneewittchens« gegenüber den »Zwergen« als eine makabre Groteske inszeniert, um mit seiner Bitte eine Welt bloßzustellen, in welcher, wie er sie bisher kennengelernt hat, alles für Geld zu »bekommen« und zu »besitzen« ist?[172] Er brächte im Grunde dann nur zum Ausdruck, was in dieser Welt gilt, wenn er die »Zwerge« zu jenem absurden »Handel« auffordert, bei dem er sich bereit erklärt, jeden gewünschten Preis für den Ankauf seines *Seelenbildes*, seiner *anima*-Gestalt, zu bezahlen, im Wissen doch, daß *schlechtweg* unbezahlbar ist, was er da sieht.

»Nennt ihr das Seele ...«, fragte in gleicher Weise kritisch RAINER MARIA RILKE einmal in einem seiner frühen Gedichte:[173]

Nennt ihr das Seele,
was so zage zirpt in euch?
Was, wie der Klang der Narrenschellen,
um Beifall bettelt und um Würde wirbt
und endlich arm ein armes Sterben stirbt
im Weihrauchabend gotischer Kapellen, –
nennt ihr das Seele?

Schau ich die blaue Nacht
vom Mai verschneit,
in der die Welten weite Wege reisen,
mir ist: ich trage ein Stück Ewigkeit
in meiner Brust. Das rüttelt und das schreit
und will hinauf und will mit ihnen kreisen ...
Und das ist Seele.

Der Königssohn in dem GRIMMschen Märchen *kann nicht leben,* ohne »*Schneewittchen*« zu *sehen;* es ist der Inbegriff seiner eigenen Seele, das Gegenüber seiner Selbsterkenntnis, das Sinnbild seiner eigenen Wahrheit, und er weiß selbst: das, worum es in seiner Liebe zu dieser Lebend-Toten geht, kann sich nur fügen als unerhörtes *Geschenk;* hier ist etwas, das sich nach keiner Art berechnen und verrechnen läßt. Nicht was jemand *hat,* es zu erwerben, »zählt« hier, sondern wie er es *verdient,* an der Seite dieser Frau selber zum Leben zu finden, darum geht es. Das »Unbezahlbare« und »Unschätzbare« sich zu »verdienen«, indem er es »ehren« und »hochachten« wird als sein »Liebstes« – dieses Versprechen des »Königssohnes« wird fortan den Inhalt seines Lebens bilden.

Gedacht ist dabei noch nicht einmal im eigentlichen Sinn an eine »Rettungstat«. Der Königssohn, als die »Zwerge« ihm als einem Liebenden das »Schneewittchen« überlassen, handelt nicht in einer bestimmten »Absicht«. Er will die Wunderschöne im Sarge nicht »therapieren« – er wüßte durchaus nicht, wie sie in ihrem »Zwergenheim« zum Leben aufzuerwecken wäre; er will und kann sie auch nicht »seelsorglich« »aufrichten« – auch dazu bestünde für ihn keinerlei Möglichkeit. Was er tut, geschieht vielmehr bedingungslos, wie etwas Schicksalhaftes, Unausweichliches, und es gibt dafür keinen anderen Grund als den aus dem Munde des Prinzen selber: »Ich kann nicht leben, ohne Schneewittchen zu sehen.« Sein ganzes Leben, so spürt er, ist verbunden mit dieser Frau. So wie er ist auch sie, so wie sie ist auch er – eine neue Form der *Identifikation,* der Verschmelzung, gewiß; doch nur so wird die unheilvolle Dualunion zwischen Schneewittchen und seiner Mutter geöffnet werden.

Wie aber kommt es, daß ein Mann in einer anderen Frau seine eigene »Seele« zu sehen meint? Die *anima,* erklären die Psychologen der Schule C. G. JUNGS, spiegele wider, was in einer Gesellschaft *kollektiv* zugunsten eines bestimmten Männlichkeitsideals verdrängt werden müsse.[174] »Das Kostbarste im Leben läßt sich nicht kaufen«, hörten wir gerade; »die Liebe kennt keinen Preis«; »die Schönheit der Seele ist nicht mit Gold aufzuwiegen ... « – schon solche Einsichten müssen irritierend wirken für die *Nekrophilie,* die der amerikanische Psychoanalytiker ERICH FROMM bereits vor drei Jahrzehnten als das Kernübel unserer gesamten männlich dominierten Kultur beschrieb.[175] War nicht die gesamte romantische Suche nach der gestorbenen oder verlorenen *Seele* bereits ein solcher Protest gegen die heraufziehende Seelenlosigkeit des Zeitalters der Mechanisierung in der ersten industriellen Revolution im Europa des 19. Jh.s?[176] Ganz gewiß sprach sie das Verlangen nach einer wärmeren, gütigeren, *mütterlicheren* Welt aus.

Psychoanalytisch muß denn auch die *hypnotische Magie,* die das Bild einer toten Frau auf den »Prinzen« ausübt, ohne Zweifel als ein unbewußtes Verlangen nach der Verschmelzung mit der eigenen *Mutter* gedeutet werden, als ein ödipaler Traum, mit anderen Worten.

In einem kleinen Aufsatz über »ein religiöses Erlebnis« hat SIGMUND FREUD einmal eine vergleichbare Szene analysiert:[177] Ein junger Arzt war von dem Anblick der unbekleideten Leiche einer alten Frau auf dem Seziertisch derart erschüttert, daß er die gesamte Welt für sinnlos erklärte, wenn in ihr so etwas wie der Tod dieser Frau sich ereignen könne, und obwohl er um Fragen der Religion, wie die meisten seiner Berufskollegen, sich bis dahin nur wenig gekümmert hatte, war er nach diesem Erlebnis unverzüglich zum Christentum konvertiert und suchte nun mit seinem neuen Bekenntnis die FREUDsche »Glaubenslosigkeit« ins Wanken zu bringen. Zu Recht freilich wies SIGMUND FREUD auf das Widersprüchliche und Ungereimte des subjektiv wohl ehrlichen Geständnisses dieses Arztes hin: wie rasch hier die völlige Hoffnungslosigkeit umschlug in völlige religiöse Gewißheit!, und er fragte ebenso richtig danach, was eigentlich diesen Arzt beim Anblick einer toten Frau derart habe schockieren können – eigentlich passierten in der Welt noch ganz andere Dinge, als daß alte Leute friedlich sterben und ihre Körper alsdann routinemäßig von Pathologen zur genauen Bestimmung der Todesursache untersucht werden. Der Anblick der alten Frau, nackt auf dem Seziertisch, meinte FREUD, sei für den jungen Mann so aufwühlend gewesen, weil in seinem Unbewußten bestimmte sexuelle Wünsche gegenüber seiner Mutter sich zur Erinnerung gemeldet hätten; der Tod dieser Frau, so muß man ergänzen, erscheint unter dieser Voraussetzung wie eine endgültige Verneinung, ja, wie eine Strafe für eben diese Wünsche, die jetzt noch einmal mit neuerlichen Schuldgefühlen erlebt werden; die plötzliche *Bekehrung* jedoch, an Gott zu glauben, deutete FREUD nicht nur als Wiedergutmachung solcher uralten Schuldgefühle, sondern zugleich als eine sublimierte Dennochdurchsetzung der ödipalen Wünsche: wenn es schon auf Erden nicht möglich war, mit der Mutter eins zu werden, so sollte die Verschmelzung mit ihr doch zumindest im Grabe, im Himmel, bei »Gott« möglich sein.

In ähnlicher Weise müßte man psychoanalytisch wohl auch die Gefühle deuten, die den jungen Königssohn am Sarg des »Schneewittchens« überkommen: auch er sehnt sich, so scheint es, nach jener *Mutter* zurück, mit der er als Kind hätte glücklich sein mögen; wie das »Schneewittchen« selber wäre dann also auch er mit seiner Mutter verbunden und an sie gebunden, und eben in dieser »ödipalen« Gemeinsamkeit läge zugleich auch die Erklärung für die *»Magie«*, mit welcher die Tote im Sarg den Königssohn gefangennimmt. Für orthodoxe Freudianer wäre mit einer solchen Deutung der Szene im wesentlichen alles gesagt; allenfalls würden sie noch betonen, daß die Bindungsenergie der Liebe zwischen Mann und Frau nach ihrer Auffassung sich *überhaupt* aus den Konstellationen des »Ödipuskomplexes« herleite: aus der *Eifersucht* zwischen Tochter und Mutter und dem *Verlangen* des Jungen nach seiner Mutter. Die Mythen und Märchen der Völker stellen nach diesem Verständnis lediglich in dramatischer Steigerung im Extrem dar, was in abgeschwächter Form auch für das ganz »normale« Liebesleben Gültigkeit besitzt.[178]

Indessen gibt das *Schneewittchen*-Märchen uns noch ein paar Fragen auf, die sich mit den typischen psychoanalytischen Standards nicht ohne weiteres beantworten lassen. Daß das Schneewittchen keineswegs eine alte Frau ist, sondern daß es in jugendlicher Schönheit im Sarge liegt, bildet dabei noch die geringste Schwierigkeit; es spricht jedenfalls nicht ohne weiteres gegen die Möglichkeit einer ödipalen Übertragung der muttergebundenen Gefühle eines Mannes auf seine Geliebte. Im Gegenteil, in zahlreichen psychotherapeutischen Sitzungen werden sowohl Arzt wie Patient immer wieder überrascht sein, wie leicht es möglich ist, daß ein um 30 oder 50 Jahre älterer Mann sich in eine Frau verliebt, die ihn trotz ihrer Jugend in manchen seiner Sehnsüchte und Ängste an seine Mutter gemahnt; oft spielt dabei gerade das eben erwähnte romantische Weltgefühl mit hinein: alle zeitlichen Schranken heben sich auf, die bittere Tatsache des Alterns – dieser Alptraum jeder »Richilde« – wird einfach geleugnet, die Geliebte – und an ihrer Seite man selbst! – gilt für *ewig* jung, *zeitlos* schön, unverweslich und unvergänglich, für ein Stück leibhaftiger Ewigkeit in der Zeit, und auch diese Erwartung (oder Illusion) kann der »Sargexistenz« eines »Schneewittchens« in der geschilderten Weise auf das genaueste entgegenkommen.

Wie aber kommt es zu einer derartigen *Fixierung* der Gefühle im Leben eines Mannes? Im Leben eines »Schneewittchens« ist, wie wir sahen, der *Verlust des Vaters* von überragender Bedeutung; gibt es dafür auch ein Äquivalent in der Biographie des »Königssohnes«? Auch dazu erteilt uns das GRIMMsche Märchen nicht die geringste Auskunft; und doch können wir die Lücke der notwendigen Information in etwa schließen dank der Fabulierfreudigkeit unseres auch hier nicht versagenden Gewährsmannes MUSÄUS.

Der nämlich erzählt in seinem »Volksmärchen«, es sei zu der Zeit, da das Hofgesinde den Leichnam der schönen *Blanca* in der Kapelle ausgestellt habe, der junge Graf *Gottfried von Ardenne* als ein frommer Pilger zur Zeit der Frühmesse zur Kirche gegangen. Dessen Vater, *Teutebald der Wüterich*, sei seiner Untaten wegen von der Kirche mit dem Bann belegt worden, so daß er nach seinem Tode sein Dasein im Fegefeuer habe fristen müssen. Gequält von den Flammen des »Reinigungsortes«, habe er von den Wächterengeln immerhin die Freiheit erlangt, sich draußen für eine Weile zu erholen, und diese Zeit habe er genutzt, seine verwitwete Frau innigst zu bitten, sie möge ihn mit der Kirche versöhnen und aus der Vorhölle erlösen; das mitleidige Weib habe daraufhin den jungen *Gottfried* ersucht, nach Rom zu wallfahren und vom Papst als dem »*Heiligen*« Vater einen vollkommenen Ablaß für seinen *unheiligen* Vater zu erwirken; ein solcher sei ihm denn auch gewährt worden, unter der Bedingung allerdings, auf dem Heimwege in jeder Kirche, an der er vorüberziehe, eine Messe zu hören. An diese Weisung, natürlich, hielt sich *Graf Gottfried* auf das getreueste, und so führte der Weg ihn unversehens zu dem als tot aufgebahrten Schneewittchen.

Stellen wir bei dieser obskuren Geschichte einmal ihre mittelalterlich-kirchliche Denkungsart von Fegefeuer, Kirchenbann, päpstlichem Ablaß und der vermeintlichen Sühnewirkung kirchlicher Meßfeiern gänzlich beiseite; dann bleibt uns *psychologisch* immer noch ein entscheidender Hinweis erhalten, der sich auf überraschende Weise mit der FREUDschen Konzeption vom »Ödipuskomplex« deckt, vorausgesetzt, wir betrachten die »ödipale« Konstellation nicht als ausschließlich »sexuell« begründet. Vor uns sehen wir einen »Wüterich« von Vater und gleich neben ihm eine grundgütige Mutter – und zwischen beiden einen Sohn, der seine Mutter liebt und seinen Vater haßt. Dieser Sohn aber hat nun die Pflicht, im Auftrag seiner Mutter den hassenswerten Vater zu *lieben!* Und so *spaltet* sich sein Vaterbild in einen »heiligen Vater«, in welcher Rolle bis heute der römische Papst sich gefällt, und in einen sündhaften, irdischen Vater. Kein Wunder deshalb, daß es zur Lebensaufgabe eines solchen Jungen wird, die beiden Seiten im Wesen seines Vaters miteinander, das heißt: *in sich selber,* in der eigenen Existenz, zu versöhnen.

Wichtig für uns ist vor allem *die Parallelität,* die sich zwischen dem »Königssohn« und dem »Schneewittchen« ergibt: hier wie dort geht es um die Integration zweier einander vollkommen widersprüchlicher Bilder: der *Mutter* bei *Schneewittchen,* des *Vaters* bei dem jungen *Grafen von Ardenne;* beide, der »Königssohn« wie das »Schneewittchen«, stehen vor *derselben* nur geschlechtsspezifisch verschobenen Problematik. Ein gewisser *Unterschied* zwischen ihnen ergibt sich freilich gerade dadurch: Der Konflikt der Mutter eines »Schneewittchens« ist stärker *sexuell* bestimmt, während die Gewalttätigkeit eines »Wüterichs« von Vater wie des *Grafen Teutebald* deutlich *aggressiv* motiviert ist. In jedem Falle aber müssen wir uns die Schwierigkeiten des »Königssohnes« in ihrer *Art* wie in ihrem *Umfang* sehr ähnlich zu dem vorstellen, was wir auf seiten des »Schneewittchens« bereits kennengelernt haben. Wenn wir uns bislang über die eigentümliche *Anziehungskraft* gewundert haben, die das »tote« Schneewittchen auf den Prinzen ausübt, so finden wir eine zusätzliche Erklärung dafür jetzt in der spiegelbildlichen Gleichheit der Konflikte oder, besser: der Lebensaufgaben, die beide zu lösen haben und die sie doch nur miteinander werden lösen können.

Dabei dürfen wir nicht vergessen, daß ein Mann wie der junge *Gottfried von Ardenne*, anders als die schöne *Blanca*, seinen Vater wirklich kennengelernt hat. Er sehnt sich nicht einfach nur nach einem »guten« Vater im Kontrast zu den Entbehrungen seiner Mutter, er hat sich vielmehr als erstes mit den sehr realen Widersprüchen im Leben dieses seines Vaters auseinanderzusetzen, und natürlich: je weniger liebenswürdig der Vater dem Sohne erscheint, desto mehr wird dieser sich mit seiner Mutter verbunden fühlen; ihr zuliebe, weit stärker als aus Treue zu seinem Vater, sehen wir *Gottfried* denn auch das »Sühnewerk« für seinen Vater verrichten. Indem er die »Seele« seines Vaters aus dem (offenbar wohlverdienten!) »Fegefeuer« rettet, erweist er sich in Ewigkeit als der gute Sohn seiner Mutter, deren Bild er, wie wir jetzt wissen, zugleich in dem Seelenbild des toten »Schneewittchens« wiederzufinden wähnt.

Um sich in die Problematik eines solchen »Sohnes« als Retters einer »Toten« ein Stück weit hineinzudenken, müssen wir das Paradox für möglich halten, daß es gerade diese Bindung an die Mutter sein kann, die auf den Sohn ähnlich *lähmend* wirkt, wie wir es beim »Schneewittchen« bereits kennengelernt haben. Der Zusammenhang ist relativ einfach vorstellbar: Der Sohn empfindet Groll und Ärger über die Willkür und Wut seines Vaters, – so aber *darf* er nicht fühlen an der Seite seiner heiligmäßig liebenden Mutter; nach dem Maßstab ihres Vorbildes empfindet er sich vielmehr an all den Stellen für »schlecht« und »böse«, an denen er eigentlich seinem Vater »Schlechtigkeit« und »Bosheit« vorwerfen möchte; um die Liebe seiner über alles liebenswerten Mutter nicht zu verlieren, muß er es mithin lernen, seinen Vater zu »erlösen« – und damit seine eigenen Schuldgefühle für den Vaterhaß abzuarbeiten. An die Stelle von Aggression und Zorn hat Verständnis und Mitleid zu treten, an die Stelle der offenen Auseinandersetzung eine ritualisierte »Ablaßsuche«, an die Stelle des real frustrierenden Vaters das überhöhte Bild eines »an sich« gütigen, »heiligen Vaters«. Auch bei dem jungen Grafen kehrt sich unter diesen Umständen die gesamte Antriebsrichtung gegen sich selbst; auch bei ihm kommt es zu einer Art »Totstellreflex«; auch bei ihm wird die Bindung an die Mutter zu einer schweren Hypothek.

In idealtypischer Form hat einen solchen Konflikt im Jahre 1912 Ernst Barlach in seinem symbolistischen Drama *Der tote Tag* dargestellt.[179] Vieles in diesem Theaterstück ist wohl aus autobiographischem Erleben genommen, erzählt es doch von dem verzweifelten Ringen eines Vaters um den »Besitz« seines Sohnes. So wenig wie in den Grimmschen Märchen tragen bei Barlach die handelnden Personen eigene Namen: sie sind *der* Vater, *die* Mutter, *der* Sohn. Von Anfang an wird in dem Theaterstück *die Mutter* von der Sorge getrieben, den Sohn zu verlieren; sie verkörpert das Erdhafte, Erhaltende, Beharrend-Bewahrende, wohingegen *der Vater* für den Aufbruch in die Freiheit des Geistes steht. Eigentlich wäre der Sohn wohl geneigt, auf die Suche nach dem Sinn des Lebens zu gehen: »es muß eine Wahrheit geben, geben muß es eine Wahrheit«[180], so fragt und so klagt er; seine *Mutter* aber fürchtet, das Roß »Herzhorn« könne wirklich ihren Sohn in die Welt davontragen, und so geht sie im Morgengrauen, während alles noch schläft, in den Keller und tötet mit Hilfe des Gnoms »Besenbein« das Pferd, ja, sie bereitet es sogar für die anderen als Mahl zu. Doch um so schlimmer sind ihre Schuldgefühle, als gerade ihr Sohn sie für unschuldig hält, während er selber sich schuldig fühlt gegenüber seinem Vater. Mehr und mehr spürt an dem darauf folgenden verhangenen, »toten« Tag die Mutter, wie sie ihren Sohn verliert, nachdem der Gnom »Steißbart« ihm die Taten seiner Mutter zu offenbaren sucht. Schließlich entdeckt sie selber dem Sohn, was sie aus *Liebe zu ihm* getan hat; aber gerade mit diesem Geständnis treibt sie ihn in den Tod: ... »Mein Roß ist ins Nichts gerissen, das mich, ich fühl's, aus meinem Tod in mein Leben tragen sollte.«[181] – Da tötet eine Mutter, um ihren Sohn bei sich zu behalten, alles in ihm, was »herzhaft« wäre an Vitalität und Verstand; sie verzehrt – wie Schneewittchens Mutter beim Töten des »Frischlings« – die ganze Zukunft ihres Kindes, und sie erreicht es am Ende *aus Liebe,* daß ihr Sohn unfähig wird, noch zu leben; sie selber wird durch den Gnom »Besenbein« von der guten Mutter zur »Hexe«; am Ende erweist sich eine solche unfreie Liebe einer Mutter noch als weit gefährlicher für die Entfaltung eines Kindes als die klare Auseinandersetzung mit seinem Vater. ERNST BARLACH hatte das Glück, daß ihm der Tod seines Sohnes aus Mutterbindung und Vaterabhängigkeit erspart blieb; doch in seinem Drama schildert er den »Alptraum« einer Gefahr, die er wohl nur vermied, indem er sie artikulierte.

Für den »*Königssohn*« des GRIMMschen Märchens ergeben ergänzende Geschichten wie die von MUSÄUS oder von BARLACH das Bild eines Mannes, der in der Bindung an seine Mutter den Haß gegen den Vater in Einfühlung, Verstehen und stellvertretendes Übernehmen fremder Schuld umzuwandeln hat; auch er ist wie das *Schneewittchen* ein lebendig Toter, und es ist in BARLACHschem Sinn ein solcher »toter Tag«, da er auf seiner Bußwanderung der toten Geliebten begegnet. Wer aber möchte nun unter derartigen Voraussetzungen glauben, daß aus einer solchen Beziehung zwischen zwei »Untoten« je etwas Gutes entstehen könnte? Und doch! Das GRIMMsche Märchen erzählt, genau das habe sich zugetragen, und es sei geschehen wie ein Wunder vor aller Augen!

Tatsächlich kennen wir bereits zwei Bedingungen, die ein solches »Wunder« ermöglichen. *Als erstes:* Der »Königssohn«, so sahen wir, hat darin eingewilligt, nichts weiter zu tun, als sein Schneewittchen »*anzusehen*« in »Ehre« und »Hochachtung«, als sein »Liebstes«; die Geliebte wirklich *kennenzulernen* ist das einzige, was er begehrt. Er setzt sich *kein Ziel,* weder für sie noch für sich; und eben das ist schon das Wichtigste. Denn man kann gewiß sein: wenn es je dahin kommen sollte, daß ein »Schneewittchen« seine Angst verliert und den gläsernen Sarg seines Unlebens von innen her öffnet, so wird es nur geschehen in dem Klima eines solchen »Ansehens« ohne Vorleistung und Vorwurf; einzig weil der Königssohn überhaupt nichts mit seinem Schneewittchen »erreichen« will, einzig weil er es ganz einfach liebhat und liebhaben möchte, wird er womöglich *alles* erreichen: daß das »Schneewittchen« sich aus seiner Totengruft erhebt und ins Leben zurückkehrt! Und *ein zweites:* Der Königssohn mag so viele eigene Probleme mitbringen, wie es sei, – wenn er es nur gelernt hat, im Gegenüber seines Vaters und seiner Mutter aus all den ungeklärten Aggressionen seiner Kindheit eine Klarheit des Verstehens und des Mitgefühls zu formen, so verfügt er damit über den wichtigsten Zugangsweg überhaupt, um mit jener »Frau unter dem Glas« in Kontakt zu treten.

Wie so oft erzählen uns die Brüder Grimm das eigentlich Entscheidende in ihrer Geschichte fast nur wie nebenbei: wie denn die Rettung der »Toten« tatsächlich zustande kam. Ein *»Dornröschen«*, erzählen sie anderswo, wird aus seinem Todesschlaf »wachgeküßt« – nun ja; das versteht man; doch was ist es mit dem »Schneewittchen«? Daß die Diener des Königssohnes, als sie auf ihren Schultern das Mädchen davontragen wollen, ins *Stolpern* geraten und eben dadurch *der vergiftete Apfel* in seinem Halse *sich löst,* all das klingt denn doch (wieder!) höchst rätselhaft. Detailkundiger gibt sich da immerhin schon Musäus; doch auch ihn kann man nur verstehen, wenn man seine Mitteilungen als *Symbole* übersetzt.

Er nämlich erzählt, *Graf Gottfried,* als er vom Bruder Küster in der Kapelle die Geschichte der schönen *Blanca* erfahren, habe sich erboten, das Mädchen »wohl wieder ins Leben« zu rufen, »wenn anders ihre Seele noch in ihr ist«. Grund zu dieser Zuversicht habe ihm der Besitz einer Reliquie vom »Heiligen Vater« geboten, eines Splitters vom Stabe des Propheten Elisäus, mit dessen Hilfe er »allen ... Eingriffen in die Gerechtsame der Natur« zu widerstehen und die zauberische List der ruchlosen Richilde aufzuheben sich getraut habe. Und wirklich, kaum legte Graf Gottfried die Reliquie auf das Herz der wunderschönen *Blanca,* da löste sich ihre Erstarrung, und der Geist kehrte ihr wieder; dem Gesinde freilich, um weitere Anschläge der Arglistigen zu vereiteln, ließ er in lakonischer Kürze bescheiden, der Leichnam ihrer Herrschaft werde »nimmer wieder erwarmen«, denn: »hin ist hin und tot ist tot«.

Es ist gewiß auch an dieser Stelle möglich, eine Totenauferwekkung mittels päpstlicher Reliquien für ein weiteres Beispiel mittelalterlichen Humbugs zu erklären; die Sache selbst jedoch erscheint sogleich in anderem Gewande, wenn wir bedenken, daß selbst der Reliquien*aberglaube* der katholischen Kirche psychologisch nicht bar jeden Sinnes war. Die Pointe der Episode bei MUSÄUS jedenfalls scheint darin zu liegen, daß hier speziell *der Stab des Propheten Elisa,* des Schülers des großen Elia, für wunderkräftig gehalten wird. In der Tat werden schon im Alten Testament in einer größeren Legendensammlung aus dem Nordreich diesen beiden Propheten zahlreiche »Wunder« zugeschrieben[182], darunter eines, bei dem der Prophet *Elisa* sich selber auf den Leichnam des Sohnes einer Witwe im Dorfe Schunem legte und den Jungen mit seinem Atem ins Leben zurückrief (2 Kg 4,8–37). *Psychologisch* läßt sich der »Tod« dieses Jungen ebenfalls als eine »Erstickung« unter den Erwartungen einer alleinstehenden Frau, einer *Witwe,* verstehen, seine »Auferwekkung« aber bestünde dann gerade darin, daß der »Prophet« mit dem ganzen Gewicht seiner Persönlichkeit sich auf den Knaben legt und ihm den *Vater* zurückgibt, den er im Schatten seiner verwitweten Mutter niemals gekannt hat.[183]

Analog dazu müßten wir auch die Vorgehensweise des *Gottfried von Ardenne* bei MUSÄUS interpretieren: Was er in Wirklichkeit tut, als er die schöne *Blanca* mit einem Splitter aus dem Stabe des Propheten Elisa berührt, läuft darauf hinaus, dem Mädchen den *Vater* zu schenken, den es so sehr vermißt hat, und es zugleich damit aus der tödlichen Bindung an seine Mutter zu lösen.

Genauer noch: ein »*Prophet*« ist entgegen landläufiger Meinung keineswegs ein Mann, der die »Zukunft« vorauszusagen vermag, er wird in der Bibel vielmehr als jemand geschildert, der das Herz eines Menschen so genau kennt, daß er daraus die weitere Entwicklung seiner Persönlichkeit wie eine göttliche »Vorsehung« »vorhersehen« kann.[184] Dementsprechend fehlt nicht viel, auch in der »Auferwekkung« eines »*Schneewittchens*« so etwas wie eine »prophetische Tat« zu erkennen: der Splitter vom Stab des Propheten Elisa, der das Herz der Geliebten berührt – läßt sich in der symbolischen Sprache der Märchen deutlicher sagen, daß es allein die Kraft eines absichtslosen Erkennens ist, die den Sieg über die Macht des Todes davonträgt?

Zu einer bloßen Nebensächlichkeit wird dabei das *sexuelle* Moment, das in der Symbolik des »Stabes« als eines phallischen Symboles psychoanalytisch gelesen, *auch* stecken mag.[185] Natürlich: es ist nur möglich, ein »Schneewittchen« von den »Toten« aufzuerwekken, wenn es gelingt, über die Angst seiner Mutter vor der eigenen Weiblichkeit Herr zu werden; aber wie falsch wäre es, »die« »Sexualität« hier in den Mittelpunkt der Betrachtung zu rücken! Was die *Richilde*-Sage bei MUSÄUS und das GRIMMsche *Schneewittchen*-Märchen uns zeigen können, ist gerade die Tatsache, daß sich das Leben einer wie tot daliegenden Frau nicht regenerieren läßt, indem man ständig ihre »Sexualität« als Frau »thematisiert«, »analysiert« und »objektiviert«; wo das sexuelle Erleben nicht in ein tieferes Verstehen im ganzen eingebettet ist, werden sich darin nur immer wieder die alten Verwundungen reproduzieren; und umgekehrt: nur wo ein Verstehen ohne eine solche »methodische« Beschränkung wirksam wird, kann es gelingen, auch die uralten Widersprüche und Ängste, die schon im Erleben der Mutter gründeten, zu überwinden.

Für das GRIMMsche *Schneewittchen*-Märchen kann freilich, was MUSÄUS erzählt, nur mehr den Stoff der Geschichte zusätzlich vervollständigen helfen und dadurch bestimmte Deutungsansätze unterstützen oder einschränken: durch den Hinweis auf den »Stab« des »Propheten Elisa« zum Beispiel erfahren wir ergänzend etwas über den *Inhalt* der Konflikte, mit denen seine *Blanca* auf dem Weg in sein Leben sich wird auseinandersetzen müssen. Die BRÜDER GRIMM hingegen sind an dieser Stelle weit weniger auskunftsfreudig; doch dafür ist das, was die erzählen, symbolisch eher noch stärker verdichtet: – man braucht die Szene nur als *Bild* für einen Prozeß zu lesen, der sich in der »Realität« über lange Zeit hinziehen kann.

Da läßt der Königssohn die »tote« Prinzessin von seinen »Dienern« auf den »Schultern« tragen – sagen wir: seine Beziehung zu dem »Schneewittchen« ist wesentlich geprägt von dem Willen, es zu »unterstützen« und es, wenn nicht gleich auf den »Schultern«, so doch »auf Händen zu tragen«. Ein Verhältnis äußerster Vorsicht und Rücksichtnahme läßt sich so beschreiben: – kein böses Wort, keine Vorwürfe, keine Mahnungen, keine Ungeduld, – die Geliebte soll es nach allem, was sie durchgemacht hat, so *leicht* haben wie nur möglich. Und doch, erzählt uns das Märchen, kommt es bei dieser »Vorgehensweise« zu einem »Stolpern«: irgendwann, dürfen wir annehmen, geht es so »glatt« auf die Dauer nicht weiter; gerade diese Augenblicke einbrechender »Erschütterungen« in der Beziehung zwischen dem Königssohn und seiner Geliebten aber führen dazu, daß das »Schneewittchen« den giftigen Apfel der (Stief)Mutter *ausspuckt.*[186]

Übertragen wir diesen Vorgang in das subjektive Erleben, so gibt er den entscheidenden Moment wieder, durch den das »*Schneewittchen*« zum Leben erwacht: Es muß sich befreien dürfen von all dem, was ihm an »Gift« »im Hals stecken geblieben« ist. An vielerlei läßt sich dabei denken.

Da sind *als erstes* all *die ungeweinten Tränen,* die wie ein Kloß im Halse sitzen können.[187] Wie oft wird eine Frau von Schneewittchen-Art in Kindertagen bereits geneigt gewesen sein, zu weinen, und hat doch gelernt, in gerade solchen Momenten besonders fröhlich und freundlich zu lächeln, auf daß niemand etwas von ihrer Traurigkeit merke; – schon deshalb *verdient* sie jetzt einmal, eine ganze Zeitlang selber *getragen* zu werden, weil sie ihr Leben lang versucht hat, anderen nicht »unerträglich« zu werden. Und sie muß jetzt weinen *dürfen;* nicht als wenn ihr eine Art »Erlaubnis« dabei helfen könnte, – sie wird einfach immer wieder *anfallartig,* ganz und gar unverhofft, von Weinkrämpfen geschüttelt werden. Da »bricht es aus ihr heraus«. »Anfälle« dieser Art werden ihr selber gewiß am meisten peinlich sein: – jetzt, wo doch alles »gut« ist, müssen diese »unsinnigen« Attacken sich melden! Sie sind so beschämend, man ist doch schließlich kein kleines Mädchen mehr ...! Und doch regt sich in gerade diesen »Ausbrüchen« ein neu erwachendes wirkliches Leben. Der »Sargdeckel« hebt sich; der ständige Zwang zum Verschleiern und Posieren gleichzeitig findet ein Ende, es wird endlich möglich, zu einander auf eine Weise Zugang zu finden, die tatsächlich stimmt.

Wohlgemerkt ereignet sich bei der »Entgiftung« des »*Schneewittchens*« nach wie vor nichts absichtsvoll und planmäßig – anders als manche Psychotherapeuten es lieben, am Ende einer Reihe von Sitzungen eine »Prozeßphasenanalyse« ihrer Gesprächssitzungen zu erstellen, die vor allem ihre meisterliche »Interventionsstrategie« ins rechte Licht heben soll. In den Märchen der BRÜDER GRIMM sind es gerade die unvorhersehbaren *Stockungen,* in denen der »Prozeß« des »Auf-Händen-Tragens« an einem *»Strauch«* »ins Straucheln« kommt, durch die der vergiftete Apfel der Liebe in Schneewittchens Halse sich löst. Man kann auch sagen: es ist einfach das Gefühl eines vollständigen »Angenommenseins«, das jetzt allererst die Möglichkeit »eröffnet«, die gläserne Decke aus Selbstkontrolle und Fremdbeobachtung *»aufzuheben«;* endlich ist es nicht länger mehr »schlimm«, in manchen erschütternden Augenblicken krampfartig und unkontrolliert all das Tödliche »auszuspucken« und auszuweinen.

Und nicht anders zum zweiten die Worte. *»Widerworte«* waren gewiß nie im Leben eines *»Schneewittchens«* erlaubt, wohl aber gab es die Pflicht zu einem ständigen Reden wider sich selbst. Was den »Fortschritt« in der Beziehung des Prinzen zu der »toten« Prinzessin tatsächlich *sehr* »stockend« und »strauchelnd« machen muß, ist vor allem die angstbedingte Neigung eines »Schneewittchens« zur *Flucht,* zur *Verdrängung* kritischer Situationen. Stets wenn eine Frau von »Schneewittchen«-Art sich in einer Notlage befindet, hat sie bei ihrer Mutter gelernt, daß es alles nur verschlimmern muß, wenn man den anderen um Hilfe angeht; stets wenn es eigentlich nötig wäre, von bestimmten Enttäuschungen, Verletzungen, Mißverständnissen oder unliebsamen Beobachtungen zu reden, hat ein »Schneewittchen« die Erfahrung gemacht, daß es sich besser zurückhält. Und schon gar die eigenen *Wünsche!* Besser ist es, *davon* gar nicht zu reden und sie am besten ganz zu vergessen. Entweder der andere merkt von allein, was einem fehlt, oder es hat »sowieso« keinen Zweck, ihn zu bitten. Sich zu fügen, sich anzupassen und bei Zeiten selber nicht mehr zu wissen, was man eigentlich gewollt hat, – so wird eine Frau sich verhalten, der nach »Schneewittchen«-Art jeder eigene Wunsch als »vergiftet« »im Halse stecken geblieben« ist.

Man kann sich leicht vorstellen, was da für *»Sträucher«* den »Dienern« des »Königssohns« den Weg verstellen. Der gute Mann wird oft genug beim besten Willen nicht verstehen, was seiner Geliebten fehlt, ja, daß ihr überhaupt etwas fehlt, – immer noch wird sie es nicht gewohnt sein, Gefühle der Traurigkeit oder Gedanken des Vorwurfs, ja, auch nur gewisse abweichende Wünsche und Pläne ihm mitzuteilen; erst an gewissen Anzeichen von Rückzug und Verstummen wird er deshalb merken können, daß etwas bei seiner Geliebten nicht stimmt; und immer wieder wird es erheblicher »Erschütterungen« bedürfen, um den »vergifteten Apfel« in ihrem Halse sich lösen zu lassen.

Nicht gering zu veranschlagen ist *zum dritten* der Umstand, daß das »*Schneewittchen*« bei seinem »Erwachen«, indem es sich aus seinem gläsernen Sarge erhebt, durchaus nicht weiß, »*wo*« es sich befindet. All die Zeit des Unlebens, des »Zwergenhauses«, der »Glaspalast«-Existenz besaß doch wenigstens den Vorteil, zu wissen, »*woran*« man mit sich und den anderen war.[188] Die Freiheit eines eigenen Lebens aber beginnt zunächst einmal mit einer vollständigen Richtungslosigkeit: – man weiß nicht mehr, wohin man geraten ist, welch einen eigenen »Standpunkt« man einnehmen möchte, es herrscht eine vollständige Verwirrung, wie wenn jemand aus einem Alptraum erwacht und zwischen Wahn und Wirklichkeit sich erst langsam zurechtzufinden vermag. Niemand, das darf man mit Sicherheit sagen, wird dieses »Aufheben des Sargdeckels«, dieses neue »*Erwachen*« riskieren, ohne daß auf die Frage: »Wo bin ich?« eine Stimme wie in dem GRIMMschen Märchen ihm sagt: »Du bist bei mir.«[189] Nur die Liebe öffnet das Herz eines Menschen zum Leben, zur Freiheit, zum Glück. Der »Königssohn« aber, wenn er so spricht, sagt seinem »Schneewittchen« damit vor allem: »Du bist nicht länger bei Deiner Mutter, Du bist nicht länger mehr ohne Deinen Vater. Ich bin da, wo Du bist; denn ich bin für Dich da, in gerade der Art, wie Du es stets suchtest und doch nie gefunden hast.«

CHRISTINA CRAWFORD in ihrer Autobiographie deutet an, daß ihr Geliebter und Ehemann *David* für sie ein solcher »Prinz« war, der durch sein Da-sein ihr Dasein ermöglichte; sie verschweigt dabei allerdings all das »Stocken« und »Ausbrechen«, das gewiß auch bei ihr nötig war, um sich von dem vergifteten Apfel der Mutter zu befreien; freilich können wir uns jetzt ganz gut denken, was alles eine Frau durchmachen wird, ehe sie wie das tot daliegende »Schneewittchen« ihre Augen aufschlagen kann.

Denn nicht zuletzt geht es jetzt um die Aufhebung der grabähnlichen »*Zeitlosigkeit*«, von der wir gesprochen haben. Unter dem Diktat seiner Mutter konnte »Schneewittchen« eigentlich nur in einem Leben von Augenblick zu Augenblick existieren. Es gab keine eigenen Entwürfe für die Zukunft – alles konnte *jederzeit* durch die mütterliche Willkür vernichtet werden; es gab keine eigene Stellungnahme zu dem Erlebten – was die Vergangenheit bedeutete, bestimmte strikt die Auslegung der Mutter; es war deshalb keineswegs sicher, daß ein Ereignis in der Gegenwart irgendeine Konsequenz für die Zukunft zeitigte – gerade im Moment noch mochte etwas als ganz schön erschienen sein, doch schon im nächsten Moment konnte es einem wieder weggenommen werden!

Und vor allem: die Angst vor dem *Reifen* zur Frau hat in der Gestalt eines »*Schneewittchens*« einen bestimmten Jungmädchenstatus auf *immer* eingefroren: – im Erleben einer solchen Frau hat es nie den Mut geben dürfen, sich selbst zu einer weiblichen, selbstbewußten Person zu entwickeln. Für jeden Mann, der sich auf eine Frau von »Schneewittchen«-Art einläßt, bedeutet insofern allein die Veränderung des Zeitgefühls, diese Rückkehr einer »Toten« in die Welt des *Werdens*, einen ständigen Anlaß zu allen nur denkbaren Irritationen. Da hat er zum Beispiel soeben noch seiner Geliebten einen Blumenstrauß mitgebracht oder einen kleinen Ausflug mit ihr gemacht oder sonst etwas getan, von dem er glaubte, es könnte ihr gefallen, und tatsächlich war auch die Freude seiner Freundin über seine Aufmerksamkeit ehrlich und aufrichtig; doch schließt das keinesfalls aus, daß wenige Stunden danach schon die alte Angst sich wieder zu Wort meldet: Ob er mich auch noch liebt? Ob nicht gerade jetzt doch »alles schon aus« ist? Ob nicht doch seine Worte vorhin schon das Warnsignal waren? Eine Frau, die als Kind stets erleben mußte, wie wetterwendig die Launen ihrer Mutter sein konnten, wird gerade in einer für sie *wesentlichen* Beziehung all die alten Ängste wieder in sich aufsteigen fühlen: Wann ist das Wort eines Partners wirklich zuverlässig, wann, wenn er etwas verspricht, darf man damit beginnen, sich auf die Erfüllung seiner Worte zu freuen ...?

Für jemanden, der bei allem guten Willen unablässig derartigen Zweifeln und Unsicherheiten ausgesetzt ist, wird die Angst der Geliebten wie ein ständiges Mißtrauen, wie ein ständiger Vorwurf wirken, und es wird ihm seiner Meinung nach dadurch chronisch Unrecht geschehen. Zudem muß er sich unter einen permanenten Verantwortungsdruck gestellt sehen; schließlich hat er den kompletten Planungsausfall seiner Geliebten mit eigenen Projekten zu kompensieren! Wie aber kann er überhaupt wissen, daß das, was er vorschlägt, auch wirklich ihren Wünschen entspricht? Und dann noch ihr Schweigen, ihre Neigung, bestehende Konflikte durch Rückzug zu »lösen« ... Man kann sich gut denken, daß es *recht oft* in einer solchen Beziehung zu derartigen »Stockungen« kommen wird; und doch ist es möglich, daß es entsprechend dem GRIMMschen Märchen von Fall zu Fall *besser* gelingt, Stück um Stück *mehr* von dem »giftigen Apfel« der (Stief)Mutter zu entfernen.

Sexuell schließlich werden sich naturgemäß vergleichbare Probleme einstellen. Ganz wie CHRISTINA CRAWFORD es von sich als Mädchen schilderte, wird ein »Schneewittchen« geneigt sein, sich dem anderen von Anfang an als eine perfekte und erfahrene *Liebhaberin* zu präsentieren; doch wann erlebt es *für sich selbst,* was es in der Begegnung dem anderen *vorspielt?* Wann erhält es die Erlaubnis, selber als Frau das fühlen zu dürfen, was es den anderen fühlen läßt?

Die BRÜDER GRIMM berichten glaubwürdig, der Königssohn und die Prinzessin hätten all diese Hürden trotz allem genommen; es sei bei den Worten des »Prinzen« geblieben, mit denen er seinem »Schneewittchen« versicherte: »Ich habe dich lieber als alles auf der Welt«; er habe mit ihm schließlich in dem Schloß *seines Vaters* »Hochzeit« gefeiert.

9. Strafen oder Verstehen – von einer Möglichkeit mehr als ein Märchen

Alles stünde nach so viel Kummer und Leid somit endlich zum besten, gäbe es da nicht noch ein *Finale* der besonderen Art, wie es die BRÜDER GRIMM freilich in vielen ihrer Märchen bevorzugen, wenngleich nicht immer in solch detaillierter Grausamkeit wie hier. Es geht um die *Bestrafung* der Stiefmutter, die in ihrer archaischen Roheit sich zunächst allein durch das barbarische Verbrechen selbst erklärt, das diese Frau verübt hat; zählen wir auf: Anstiftung eines Weisungsabhängigen zum Mord an der eigenen Tochter, versuchter Kannibalismus, versuchter heimtückischer Mord in drei Fällen – eine derartige kriminelle Energie findet sich zum Glück nur selten unter Menschen, und sie verlangt denn freilich wohl schon aus Gründen der Gerechtigkeit nach einem außerordentlichen Strafmaß. »Gerechtigkeit« aber – das war in alten Tagen (und ist es leider noch heute) die alte Verfahrensregel: Gleiches für Gleiches – das sogenannte *jus talionis.*[190]

Bereits MUSÄUS berichtet, daß *Graf Gottfried,* nachdem er die schöne *Blanca* nach Ardenne zu seiner Mutter gebracht, sich selber, um Rache für seine Geliebte zu nehmen, unter dem Namen eines »Ritters vom Grabe« an den Hof *Richildens* begab und diese sogleich begann, den Jüngling »durch die verführerischen Netze der Koketterie zu bestricken«. Als freilich Richilde ihm ihre Zuneigung gestand, soll der Graf erklärt haben, keine Frau in die Ehe führen zu wollen, wenn er sie nicht von der Hand *seiner Mutter* empfange; es gebe daher kein Umhin, als sich gemeinsam nach Ardenne zu begeben und den Segen der Mutter einzuholen. *Richilde,* hören wir weiter, habe in den Plan eingewilligt, doch habe sie, bösartig wie sie war, noch einmal den Arzt *Sambul* reaktiviert, um mit dessen Hilfe zu gegebener Zeit sich der neuen Schwiegermutter zu entledigen; indessen sei der nicht zum Einsatz gekommen. Wie nämlich die Hochzeit zwischen *Richilde* und *Gottfried* im Verein mit zwölf anderen Paaren in aller Feierlichkeit gerade habe anheben sollen, da habe ein Page vermeldet, eine der Bräute, die schönste zumal, sei von ihrer eigenen Mutter ermordet worden. Welch eine Strafe, fragte da Gottfried

Richilde, gebühre sich wohl für eine solche Person? Und die nun, weise wie weiland die Königin von Saba, als sie vom Hofe des großen Salomo zurückkehrte, sprach folgendermaßen: »Die grausame Mutter verdiente an der gemordeten Stelle den Brautreihen mit dem unglücklichen Jüngling in glühenden eisernen Pantoffeln anzuheben ..., denn die Rache ist süß wie die Liebe.« Nach dieser Weisung geschah's: Der »weibliche Engel, Fräulein Blanca«, entdeckte sich der Mutter als lebend, die Hochzeit ward geschlossen zwischen *ihr* und dem Grafen, und als nun der Brautzug durch den ganzen Tanzsaal begann, ward ein Paar Pantoffeln von blankem Stahl, in der Feuersglut hoch purpurrot erhitzt, von den Hofzwergen der alten »Giftnatter« anprobiert, so daß sie mit *Gunzelin*, einem knochenfesten gaskonischen Ritter, während die Musik all ihr Wehklagen weithin übertönte, tanzen und tanzen mußte in unendlichen Wirbeln und Kreisen, einen wohlverwahrten Turm hinab, woselbst sie als »büßende Sünderin« »Zeit und Muße« genug erhielt, ihre Frevel zu sühnen. Nur *Sambul* der Arzt kochte noch köstliche Salben, ihre Schmerzen zu lindern. So, soll man denken, vergehen die Bösen.

Nicht gänzlich anderen Sinnes zeigen sich in ihrer Geschichte die Brüder Grimm, nur verkürzen sie nicht allein die Musäus-Vorlage, sie steigern absichtlich das Strafmaß der bösen Königin ins Grausam-Gräßliche, ins wahrhaft Sadistische. Die fast schon groteske *ödipale* Bindung des »Helden« an seine Mutter übergehen sie ganz, – kein Wunder deshalb, daß wir einige Mühe hatten, sie in der Grimmschen Erzählung wiederzufinden! Dann aber schildern sie die finalen Begebenheiten wie folgt: (Aus unerfindlichen Gründen!) zu der Hochzeit *Schneewittchens* eingeladen, sei die Stiefmutter zur Probe ihrer unvergleichlichen Schönheit wieder vor den Spiegel getreten und habe zu ihrem Entsetzen von diesem erfahren, daß ihre Tochter Schneewittchen immer noch lebe! Voller Angst habe sie erst zu den Hochzeitsfeierlichkeiten gar nicht erscheinen wollen, schließlich aber habe die Neugier in ihr die Oberhand gewonnen: sie sei zu der Hochzeit gegangen! Doch wie sie beim Anblick *Schneewittchens*, von Schrecken gerührt, ganz starr dagestanden, seien sogleich eiserne Pantoffeln, rotglühend über dem Kohlenfeuer, mit Zangen hineingetragen worden, und in denen habe sie so lange tanzen müssen, »bis sie tot zur Erde fiel«.

Eine solche Strafe schafft zweifellos einem primitiven Rachebedürfnis Genugtuung: Es ist nicht nur, daß die »gottlose« Stiefmutter stirbt, es ist vor allem die Art, in der sie ums Leben kommt: auf *Schneewittchens* Hochzeit, heimgesucht von der eigenen Eifersucht, in glühenden Pantoffeln sich zu Tode zu tanzen! Wer, muß man fragen, denkt nur derart ausgesuchte Quälereien sich aus?

Wieder versteht man den »Sinn« einer derart gräßlichen Folter nur, wenn man ihre *symbolische* Bedeutung beachtet[191]; dann freilich bestätigt die Art dieser Strafe rückwärts noch einmal auf das genaueste unser Verständnis des lebenslangen »Verbrechens«, das Schneewittchens Stiefmutter an ihrer Tochter verübt hat: War nicht dies die schlimmste Tortur, mit der sie das Mädchen zeitlebens traktierte, daß es für sie von früh bis spät »tanzen« mußte, indem es sich nach ihrem Kommando zu drehn und zu wenden hatte? Und ging dieses »Tanzen« nicht immer wieder bis zum »Rotglühendwerden« vor Zorn, – und das unter der Zwangsmaske von Fröhlichkeit und Heiterkeit, von Beifallheischen in der Menge und schwungvoller »Animation« für die Umstehenden? O ja, es geschähe ihr recht, dieser Vettel, wenn sie selbst spüren würde, wie sich das anfühlt auf seiten des Opfers: diese »Überhitzung« aller Verhaltensweisen bei gleichzeitiger Leugnung der subjektiven Bedeutung, diese vollkommene Fühllosigkeit beim quietsch-vergnügten Herumtrampeln auf der Seele anderer, diese virtuose Solodarbietung beim Ausstechen aller ... *Einmal* in ihrem Leben wenigstens sollte sie's merken – es geschähe ihr recht!

Dabei muß man die konkrete Bildsprache der *»glühenden Pantoffeln«* noch hinzunehmen: Schuhe oder Pantoffeln sind ihrer Form nach weibliche, vaginale Symbole[192], – *sie* zum »Glühen« zu bringen, nur damit eine Frau sich wie eine Puppe im Kreise dreht, und alles an ihr schiene so überaus glücklich, während sie selber an ihrem Frausein zutiefst leidet, da es niemanden gibt, geben *darf*, der sie aus den »Fangeisen« ihres hysterischen Gebarens befreite, – es ist gerade diese Art von »Strafe«, in der *das ganze Leben* einer »Richilde« sich ausdrückt!

Doch wenn es so steht, muß man dann wirklich noch Schneewittchens Stiefmutter »fühlen« lassen, was sie selbst all die Zeit über doch längst schon gefühlt hat? Eine »Strafe«, wie die Brüder

GRIMM sie erfinden, macht *manifest,* was immer war, was aber zugleich stets geleugnet wurde; eine *symbolische* »Strafe« wie diese *muß* deshalb sein, um alle Zweideutigkeit im Leben einer »Richilde« zu enden. Wie aber in der *äußeren* »Realität«? Die wichtigste Frage in diesem Zusammenhang bleibt selbst in der Schwebe: Kann man das Leben eines Menschen klären, indem man *von außen* ein bestimmtes Strafmaß über ihn erklärt?

Es war unser ganzes Bemühen bei der Deutung des Typs einer »Richilde«, für die Not einer Frau um Verständnis zu werben, die gezwungen ist, so zu leben wie sie. Ist denn ein solches Leben nicht in sich selber längst »Strafe« genug? Und was heißt da »Strafe«! Hat man ihr nicht in Kindertagen schon alles das angetan, was sie jetzt, eingebrannt in ihren Charakter, an andere, wider eigenes Wollen (!), weitergab, geben *mußte,* einfach weil sie so ist, wie sie ist – ein »Ungeheuer«, gewiß, doch nur zu verstehen durch ein Ungeheueres an eigenem Leid?

DOSTOJEWSKI, als er in seinem großen Roman *Schuld und Sühne* über das Problem von »Gerechtigkeit« und »Strafe« nachdachte, gelangte zu der Überzeugung, daß »Sühne« für ein Vergehen nur zustande komme durch einen Prozeß innerer Läuterung: Nur indem jemand überhaupt zu verstehen beginne, was für ein Mensch er im Augenblick seiner Tat wirklich war, welche Motive ihn dazu bestimmten, welche Ziele er damit verfolgte, könne er für das Getane so etwas wie »Reue« oder wie »Schamgefühl« empfinden. Eine »gerechte Strafe« sei nichts anderes als eine Weise der Selbsterkenntnis[193]; alle Höllen, alle »Fegefeuer« loderten einzig im Herzen der Menschen. Solange indessen Menschen sich anmaßten, über das Leben anderer zu urteilen, und nähmen sich das Recht und *nennten* es »recht«, andere zu verurteilen, und es wäre für sie »Gerechtigkeit« nichts weiter als der öde Formalismus ihrer Paragraphen und Gesetze sowie das kindische Nachäffen des begangenen Verbrechens mit staatlichen Mitteln, solange würden nicht Menschen zu einem Mehr an Menschlichkeit geführt, solange werde lediglich die Unmenschlichkeit mit unmenschlichen Mitteln vergrößert.[194] Jedes schwere Vergehen töte die Seele dessen, der es verübt, und er werde nur wieder zum Leben gelangen, wenn er jemanden finde, der in ihm die vollgelaufenen Schächte seines Selbsthasses leerpumpe. In

Schuld und Sühne erfand DOSTOJEWSKI für den Studenten *Raskolnikow* deshalb die Dirne *Sonja;* denn einzig die Liebe vermag das.[195]

Aber, mag man skeptisch sich fragen, gibt es das wirklich: eine derart »selbstlose« Liebe? In dem Sinne, in dem das Wort »*selbstlos*« in zahlreichen Kirchentrakten den Menschen als Vorbild auferlegt wird, gibt es sie nicht. Wenn jemand liebt, so begegnet er in dem Geliebten immer sich selbst, so *wird* er selber überhaupt erst in dem Geliebten. Nicht »selbst*los*« ist daher die Liebe, eher selbstgründend, eher selbstgebend, denn gerade das ist sie: ein solches Suchen des Eigenen im Fremden, ein solcher *Spiegel* zugunsten einer Bestätigung, die jene einsame Eitelkeit einer »Richilde« endgültig überwindet. Graf *Gottfried von Ardenne* zum Beispiel in seinem Bemühen als Liebender! Indem er die schöne *Blanca* vom Tode befreit, befreit er sich selber zugleich auch von dem Komplex seines Vaters; ja, wir müssen jetzt sogar noch ergänzen: indem er auf der Hochzeit mit der Geliebten den Alptraum ihrer (Stief)Mutter beseitigt, räumt er auch für sich selber die Negativanteile seiner eigenen Mutterbindung aus; da wird er selber *geläutert* durch die Liebe zu dieser Frau, der er sich selber künftig als Mann verdanken wird.

Auch für das »*Schneewittchen*« selber verhält es sich im Grunde nicht anders: Seine »Auferstehung« aus dem »Sarg« durch die Liebe des »Prinzen« *kann* zweifellos nur mit dem *symbolischen* »Tod« seiner (Stief)Mutter enden. Aber es würde ihm wenig nützen, an der Mutter *äußerlich* Rache zu üben. Wohl ist es psychotherapeutisch oft ein erster wichtiger Schritt, sich vorzustellen, es würde endlich einmal auch dem anderen zugefügt, was er einem selber im Leben angetan hat; es bedeutet psychisch gewiß eine große Erleichterung, die Aggressionen der Kindertage vom eigenen Ich weg auf *die* Person zu lenken, von der die tödliche Bedrohung ausging; eine solche Möglichkeit trägt zudem auch im gegenwärtigen Verhalten erheblich mit dazu bei, Konflikte nicht länger zu fliehen, sondern mutiger, mit größerem Selbstvertrauen und Selbstbewußtsein, durchzuarbeiten. Doch je mehr ein Mensch beginnt, sich selbst zu verstehen, desto sicherer wird er auch fähig werden, die Menschen zu verstehen, die ihn auf seinem Lebensweg positiv wie negativ begleitet und als Persönlichkeit mitgeformt haben.

Ein oft vorgetragener, vor allem in Theologenkreisen beliebter

Einwand gegen die Psychoanalyse artikuliert sich konstant in dem Vorwurf, die Psychotherapie lehre die Menschen, immer wieder nur um sich selber zu kreisen, ständig in die Vergangenheit zu starren und nur sich selber gelten zu lassen; statt dessen komme es darauf an, endlich von sich abzusehen, die Vergangenheit auf sich beruhen zu lassen und hochherzig Vergebung und Verzeihung zu üben. Daß es in einer solchen »Verkündigung« an hehren Zielen nicht Mangel leidet, wird gewiß niemand bestreiten, und doch zeigt sich gerade vor dem Hintergrund auch nur eines GRIMMschen Märchens ganz deutlich der Schaden, der unvermeidlich entsteht, wenn man etwas Richtiges auf falschem, das heißt: zu »kurzem« Wege zu erreichen sucht. »Vergebung« läßt sich nicht herbeibeten noch herbeibefehlen; sie kann sich nur in der Weise ergeben, wie der »Sarg« eines »Schneewittchens« sich öffnet: von innen, nie von außen her, als das Ergebnis eines langsamen Reifens zu einer *eigenen Persönlichkeit,* die abgegrenzt genug ist, auch die Stellen einer gewissen Identität mit dem Wesen der Mutter anzuerkennen, ohne ihre alten »fressenden« Identifikationen noch länger fürchten zu müssen.

Dann freilich gilt es: Ein Mensch, der beginnt, selber zu sein, kann und wird damit aufhören, sich ständig voller Angst selbst zu betrachten; jemand, der beginnt, die eigene Kindheit an der Seite seiner Mutter zu verstehen, der wird, ähnlich wie CHRISTINA CRAWFORD es versucht und vermocht hat, zugleich auch verstehen, daß die Mutter ebenfalls *ihre* Kindheit hatte. Alles Verstehen kann nur bei sich selber beginnen; dann aber liefert es das Passepartout zum Öffnen auch des Kerkers, in den MUSÄUS seine *Richilde* verbannte; dann wird es überflüssig, Schneewittchens (Stief)Mutter nach dem Vorbild des GRIMMschen Märchens noch länger zu *töten;* dann genügt es, ihren Schatten im eigenen Leben durch ein klareres Erkennen und gütigeres Verstehen aufzuhellen. Erst dann wird eines *»Schneewittchens« »Hochzeit«,* dieses Bild der Einheit der Gegensätze, vollständig sein.

»Ich lebte damals«, erinnert sich CHRISTINA CRAWFORD an die Zeit ihrer ersten Wandlung zu einem innerlich ausgeglicheneren Dasein, »mit einem Mann zusammen, meiner ersten großen Liebe. Es war das erste Wesen, dem ich wirklich vertrauen konnte. Er zeigte mir, daß nicht alles im Leben Lüge, Verrat und Enttäuschung ist. – Es war, als hätte mich dieser Mann an ein Teleskop geführt, durch das sich mir der Blick in ein neues Universum eröffnete. Vielleicht gab es wirklich jenes Karma, von dem der Buddhismus spricht. Das Prinzip der Wiedergeburt, nach dem das gegenwärtige Schicksal eines Menschen durch seine früheren Taten bedingt war. Wenn man das Zusammenleben mit Mutter als die frühere Form meiner Existenz ansah, dann erklomm ich nun eine andere Daseinsstufe. Ich hatte den Schmerz durchlitten, ich war geläutert worden. Auch auf der nächsten Existenzstufe mußte ich lernen. Aber ich war dem Nichts, der Verdammnis entronnen; ich war auf dem Weg nach oben. – Ich verstand damals, daß ich erst in meinem Inneren Ruhe und Frieden schaffen mußte, bevor ich mich wieder ins Getümmel des Lebens warf. Ich mußte vor mir Farbe bekennen. Erkenne dich selbst, hieß die Forderung. Es war das Schwerste, was ich mir abverlangen konnte. Ich sah in den Spiegel, zwang mich, die Augen offenzuhalten, die Frau zu betrachten, die mir dort entgegenstarrte. Ich selbst. Erstmals begann ich, die Verantwortung für mich selbst zu empfinden. Ich hörte auf, die Schuld für alles, was mir widerfuhr, auf Mutter abzuschieben. Zugleich billigte ich mir mehr Zeit, mehr Schonung zu. Es bestand kein Grund, die Maschine immer auf vollen Touren laufen zu lassen. Ich verstand, daß ich mein Leben neu aufbauen mußte. Hysterie, Verfolgungswahn, Grausamkeit, Furcht, Überforderung – die Dinge, die bisher mein Leben bestimmt hatten, waren nur Schemen und Schatten, nichts, worauf man sein Glück errichten konnte. Es gab ein anderes Leben, für das es sich zu kämpfen lohnte. – Ich beschloß nachzudenken. Es war, wie ich glaube, dieser Weg nach innen, der mich damals vor dem letzten Ausweg, dem Selbstmord, bewahrt hat.«[196] Man darf hinzufügen: auch vor dem Mord bzw. vor seiner juristisch legalisierten Form: dem Verlangen nach der *Todesstrafe*[197] für die Frau, die bis zum Mörderischen das Leben ihrer Tochter verwüstet hat. Am Ende erweist sich das Einverständnis mit sich selbst als identisch mit dem Verständnis aller Lebensumstände.

Ja, es zeigt sich, daß die wachsende Selbstsicherheit neue, freundlichere Reaktionen und Antworten auch auf seiten der (Stief)Mutter sowie aller anderen Menschen zuläßt. Die ganze Welt mischt sich noch einmal neu: »Es war«, schreibt CHRISTINA, »eine atemberaubende Erfahrung. Menschen, von denen ich bisher geglaubt hatte, es seien meine Freunde, fielen von mir ab wie Blutegel, die sich vollgesogen haben. Ich hatte verkündet, daß ich die Schauspielerei aufgab. Nun, dann war ich für diese Leute nicht länger von Nutzen. Man konnte keinen Vorteil mehr aus mir ziehen und mußte sich ein neues Gasttier suchen. Zu sehen, wie sich vermeintliche Freunde von mir trennten, war schmerzlich. Ich brauchte einige Zeit, bis ich verstand, daß dies zu den notwendigen Folgen des Wechsels gehörte, den ich vollzogen hatte.«[198] »Es war Gott, der mir damals David, meinen jetzigen Mann, sandte. David besaß die Festigkeit, die mir fehlte. Er war es, der mir klarmachte, daß ich um meiner selbst willen geliebt wurde, nicht wegen irgendwelcher Dinge, die ich tat. Ich begann mein Leben in einem völlig neuen Licht zu sehen. Ich schöpfte frischen Mut, spürte, wie mich neue Kraft durchströmte.«[199] – »Schneewittchens« *Sarg* hatte sich endgültig geöffnet.

In seinem Gedichtband *Der Gärtner* hat der bengalische Dichter Rabindranath Tagore einmal die angstvollen Fragen einer zur Liebe erwachenden Frau an die Glaubwürdigkeit ihres Erretters gerichtet:

Sag doch, Geliebter, ist dies alles wahr; sag, ist das wahr?
Wenn diese Augen ihre Blitze senden, geben die dunklen
Wolken deiner Brust dann stürmisch Antwort?
Ist's wahr, daß meine Lippen süß wie die Knospe sind, in der
bewußt die erste Liebe sich entfaltet?
Die Erinnerung vergangner Frühlingsmonde, verweilt sie noch
in meinen Gliedern?
Erschauert einer Harfe gleich die Erde noch in Liedern, wenn
meine Füße sie berühren?
Ist es denn wahr, daß aus den Augen der Nacht Tautropfen
niederfallen, und daß das Morgenlicht sich glücklich preist,
wenn es mich ganz umhüllen darf?
Ist es denn wahr, ist's wahr, daß deine Liebe einsam durch
Äonen und durch Welten pilgerte, bedacht nur einzig, mich zu
suchen?
Daß, als du mich am Ende trafst, deine Sehnsucht, die jahrtausendalte, tiefsten Frieden fand in meiner sanften Stimme,
meinen Augen, meinen Lippen, meinem offnen Haar?

Ist es denn wahr, daß das Geheimnis der Unendlichkeit
geschrieben steht auf meiner kleinen Stirn?
Sag mir, Geliebter, ist dies alles wahr?

Der Geliebte aber antwortet ihr[200]:

Du bist die Abendwolke, die am Himmel meiner Träume schwebt.
Ich male dich, und meine Sehnsucht gibt dir immer neue Formen.
Mir gehörst du, bist mein eigen, behaust in meinen Träumen ohne Ende.
Rosenrot sind deine Füße vom Hauche meiner Sehnsucht, du Ährenleserin in meinen Sonnenuntergangsgesängen.
Bittersüß sind deine Lippen von dem Geschmack des Weines meiner Pein.
Mir gehörst du, bist mein eigen, behaust in meinen Träumen voller Einsamkeit.

Verdunkelt hab ich deinen Blick mit Schatten meiner Leidenschaft, die du mich heimsuchst in den Tiefen meines Sinnens.
Gefangen hab ich dich, Geliebte, hab über dich ein Netz geworfen, meiner Melodien Netz.
Mir gehörst du, bist mein eigen, behaust in meinen Träumen, die vor Tod gefeit sind.

Als Charles Perrault seine *Feengeschichten* erzählte, liebte er es, die menschliche Wahrheit seiner Märchen in Versform zusammenzufassen (wobei er bedauerlicherweise zumeist weit unterhalb des Niveaus seiner Geschichten blieb). Seinem Vorbild folgend, erzählen wir am Ende dieser Interpretation uns das *Schneewittchen*-Märchen noch einmal in Form eines Liebesgedichtes:

Sie lag, und ihre Seele träumte
sich fort in eine andre Welt,
die dicht bis an den Himmel säumte
und war ihr Schutzkreis und ihr Zelt.

Sie sah sich mit den Wolken ziehen.
Sie wünschte sich als Blatt im Wind.
Sie mied zu sein. Nur unter Mühen
ward sie zur Frau. Sie blieb ein Kind.

Was lag an ihr, wenn nur die andern
sie nicht empfanden als Beschwer?
Sie wollte mit den Flüssen wandern
durch Wüstentäler bis ans Meer.

Dort wartete vielleicht im Hafen
ein Schiff auf sie und trug sie fort.
Sie lebte so, wie Schwalben schlafen
im Flug zu einem wärmern Ort.

Und doch: Es war, daß sie erwachte.
Da fand sie ihn, – oder er sie? –,
und alles nur aus Angst Erdachte
hob sich hinweg und ward wie nie.

Ihr Traum kehrte zurück zur Erde.
Er war ihr Südwind und ihr Meer.
Sie war für *ihn* Sinn und Gebärde,
sein Traum, sein Ziel und sein Begehr.

Was wär' ein Märchen, wenn nicht diese
Verheißung, daß das Träumen lohnt,
ein Bild, das sich von selbst bewiese
für den, der in der Liebe wohnt?

Die zwei Brüder

Wer weilet in dem weiten Haus der Welt
und in der Welt am rechten Orte steht
und wandelt in der Welt auf gradem Wege;
wenn's ihm gelingt, Gemeinschaft mit dem Volke hält;
wenn's ihm mißlingt, dann einsam seine Straße zieht;
nicht Reichtum oder Ehre kann ihn locken;
nicht Armut oder Schande kann ihn schrecken;
nicht Macht und Drohung kann ihn beugen:
das ist ein Mann.

Mong Dsi: Die Lehrgespräche des Meisters Meng K'o, III B2.

Ein Männermärchen?
Ja, ein Männermärchen!

Einleitung

Kein Zweifel: Die Geschichte der *Zwei Brüder* ist ein *Männermärchen*, so sehr, wie kaum ein anderes der Grimmschen Sammlung. Seine Motive gehören zu den ältesten und bekanntesten Erzählungen der Welt. Zudem ist es so vielschichtig und vieldeutig, daß, wer versteht, was es zu sagen hat, vom Menschen selbst Entscheidendes versteht. Drei gute Gründe also, auf dieses Märchen näher einzugehen.

Aber: ein Märchen für *Männer* – ist denn das denkbar? Märchen für *Kinder*, das ja; Märchen für *Frauen*, die Kinder erziehen, wohl auch. Aber für Männer? Das scheint unmöglich, je nach der Ansicht, die »man« von »Männern« hat. Männer – sind das nicht jene »gestandenen Kerle«, jene »sentimentalen Eichen«, als welche HEINRICH HEINE den Menschenschlag der Westfalen[1] einmal beschrieb, eine gewisse Mischung aus Don Quijote[2], Käptn Ahab[3] und dem Schinderhannes[4], Leute ohne Furcht und Tadel, freiheitliebende Feinde aller feigen Fremdherrschaft, ritterlich gegen die Schwachen, starkmütig gegen die Starken, stets mit geschärftem Instinkt auf der Suche nach mutvoller Bewährung und glutvollem Abenteuer?

»Der Gott, der Eisen wachsen ließ, der wollte keine Knechte!«[5] Ganz klar: ein echtes Männerwort. »Gefahr erkannt, Gefahr gebannt«[6], so sagte man in Preußen. Auch das: Schneidig! Zünftig! Eben ganze Männer, die langen Kerls am Hof von Potsdam! »Hilf dir selbst, so hilft dir Gott«, so sah es ihnen ähnlich.

Aber das *ewig Weibliche?* Das offenbar ist das Weichliche, das Weinerliche, das Behütende, das selber behütet sein will, das Werbende, das selber umworben sein möchte, das Verträumte, Verspielte, Versonnene und Versponnene – das, ja, *das* mag Märchen wohl mögen. Doch allemal überflüssig für Männer! Für Männer reine Zeitvergeudung, scheint es. – Aber so ist es durchaus nicht in Wahrheit.

Schon die Märchen selber glauben es nicht! Wohl übernehmen

sie wie selbstverständlich das gesellschaftlich bedingte Klischee der Rollenverteilung von Männern und Frauen: zauberhaft schön ist stets die Prinzessin, doch unheilvoll selber verzaubert; leidend und wartend ist sie, geduldig duldend, unschuldig und schutzlos, Wege und Mittel wohl kundig, die »man« beschreiten müßte, sie zu erlösen, doch wer selbst von den Männern besäße dazu schon den Mut – von den Frauen gänzlich zu schweigen? Denn wer, wie der *Trommler* (KHM 193)[7], auf einem Zaubersattel von Riesen sich aufschwingt zum Gläsernen Berge, oder wer, wie in der *Kristallkugel* (KHM 197)[8], es wagt, einem brüllenden Auerochsen standzuhalten, um die Gunst der Königstochter zu erringen, läuft der nicht selber Gefahr für Leib und Leben? Alles zu wagen vermag nur der Liebende! Kein drachenbesiegender Tristan ohne seine Isolde, die Weißarmige[9], keine Riesen in den Ring fordernder Ritter der Mancha ohne die süße Sehnsucht nach der unvergleichlichen Dulcinea von Toboso! Tapfer und stark im Streite, zärtlich und zart in Liebe – so sind sie, die *wahren* Männer, die doch, was sie sind, erst werden durch die Suche nach der unendlich Schönen an fernen Gestaden, die mit ihrer Liebe die Kraft ihnen leiht, das Unerreichbare auch zu erreichen und das Übergroße noch durch eigene Größe übermessen.

Das alles, freilich, klingt und klingelt nach mittelalterlicher Minne und biedermeierscher Romantik[10]; das scheint so viel wie die Geschichte von Lord Nelson, dem Sieger von Trafalgar, und seiner Geliebten, der an die Küsten Afrikas verbannten Lady Hamilton[11]; doch ist es so falsch, eine Einheit zu wollen zwischen Macht und Liebe, zwischen Stärke und Sanftheit?

Es gibt auch andere, *bittere* Geschichten, zum Beispiel die des trojanischen Aeneas, der seine Liebe zu der karthagischen Dido *verriet*, ehe er Roms Größe begründete.[12] Daß Männer in Wirklicht *nichts* sind außer als große Liebende – wer wüßte das schon *entgegen* dem Machtwahn antiker Römer und ihrer neumodernen Adepten außer den *Märchen?* Die *Heldensagen* der Völker erzählen das *nicht*. Und vor allem: wer, wenn er die typische Rollenbeschreibung »des« Männlichen und »des« Weiblichen als eine kulturelle Gegebenheit antrifft, besäße noch die Fähigkeit, so wie die Märchen dreifach gestaffelt: in *karikierender Komik*, in *irenischer Ironie* und in *sanfter Sensibilität* die *Tragik* transparent zu machen, die darin liegt, alle vermeintlichen oder wirklichen Eigenschaften eines Mannes leben zu sollen *ohne* die Liebe?

Die *Karikatur* eines Männerlebens ohne Liebe bietet als Beispiel das Märchen von der *Eule* (KHM 147):

Da hat ein Schuhu sich in eine Scheune verflogen und ist, verängstigt von dem Gezwitscher der Vögel, die Helle des Tages vermeidend, von dort nicht heraus zu bewegen. Die Leute des Orts, noch nicht so gebildet und klug wie unsereins heute, im Wahn, ein gefährliches Untier wolle sein Wesen dort treiben, versammeln, mit Sensen und Äxten bewehrt, sich auf dem Marktplatz, um kriegsmäßig gegen die Scheuer vorzurücken; und tatsächlich schicken sie einen der Tapfersten geradewegs in das Treffen; der aber, kaum des Schuhus ansichtig geworden, schreckensbleich kehrt er aus der Scheune zurück. Da ergreift ein rechter Recke, ein Kriegsheld, schlachtenerprobt, das Wort und spricht: »Mit bloßem Ansehen werdet ihr das Ungetüm nicht vertreiben; hier muß Ernst gebraucht werden, aber ich sehe, daß ihr alle zu Weibern geworden seid und keiner den Fuchs beißen will.« Entschlossen da, in hochgemuter Kühnheit, Harnisch, Schwert und Spieß läßt er sich reichen und besteigt so gewappnet, während die Leute ihn dem Segen des drachentötenden Georgs empfehlen, die Leiter, die ihn in die Nähe des schrecklichen Untiers emportragen soll. Jedoch die Eule, verwirrt von dem Geschrei der Menge, unwissend, wohin noch sich wenden, sperrt ihre Flügel auseinander, gnappt mit dem Schnabel und läßt mit rauher Stimme ihr »Schuhu, Schuhu« ertönen. Darauf die Leute, Sinnes, ihrem Hoffnungsträger die nötige Unterstützung zu leihen, – »Stoß zu, stoß zu«, rufen sie, erhalten indessen von oben herab die klägliche Antwort des Ritters: »Wer hier stünde, wo ich stehe, der riefe nicht ›stoß zu‹, ›stoß zu‹« – und zitternd, halb ohnmächtig, tritt auch er den Rückzug an. – *So,* soll man denken, endet der Drachenkampf der »Helden«, *solange sie nur unter sich sind.* HEMINGWAYS »Männer ohne Frauen«[13] – in einem solchen Märchen taugen sie offenbar am meisten zur Karikatur des Komödienstadl. *Die sieben Schwaben* der Brüder Grimm (KHM 19) sind aus eben solches Holze geschnitzt.

Oder *ironisch* auch – etwa das Märchen vom *Goldenen Vogel* (KHM 57)[14]. Drei Königssöhne ziehen da aus, ein Wunder von Vogel zu fangen, aus dessen goldnem Gefieder eine einzige Feder mehr wert ist als ein ganzes Königreich. Jedoch die ersten beiden, stolz und mutig, wie sie sind, haben nicht nötig, auf die Bitte eines Fuchses am Waldrand zu hören, der sie um Schonung anhält und ihne fortan dienstbar zu werden verspricht; – sie legen ihre Büchse auf ihn an und kehren, nichts ahnend, selbigen Tags noch in ein schmuck scheinendes Wirtshaus ein. Zu Ende ist da, noch ehe ernstlich begonnen, die Suche nach goldenen Vögeln, diesen uralten Symbolen der menschlichen Seele[15]; diese »Königssöhne« unter den Männern, diese stolzen Prachtausgaben des Männlichen, sitzen und sitzen fortan *nur noch* im Wirtshaus – mehr brauchen sie fürderhin nicht mehr; ihre *Trinkfestigkeit*, versteht man die Grimmsche Erzählung hier richtig, bildet in alle Zukunft den entscheidende Ausweis ihrer Männlichkeit; »Männer wie wir – ein doppeltes Bier« – weiter wird ihre Weisheit und ihr Verständnis von »Seele« nicht reichen. Nie endende Riesenbabys in krachledernen Hosen als ihren »Königsgewändern«, – auch dergestalt kann das »Mannsbild« im Märchen ironischerweise sich malen. Selbst der dritte der »Königssöhne« in dem Märchen vom *Goldenen Vogel* wird sich sehr schwer tun, das Denken in Äußerlichkeiten fahren zu lassen und von dem *Fuchs* nach einer schier endlosen Kette von Irrungen und Wirrungen die schlichte Einfachheit der Liebe und des Glücks zu erlernen. Es sind ganz ähnliche Motive, denen wir in den *Zwei Brüdern* wiederbegegnen werden.

Und nicht minder die *sanfte Sensibilität* – auch sie demonstriert im Märchen die Tragik des Männlichseinmüssens ohne die Liebe. Der *Trommler* zum Beispiel (KHM 193), obwohl er, verlockt von der Vision einer Nacht, zwei Riesen überlistet und auf ihrem Wünschesattel sich glücklich zu der traumgeliebten Prinzessin auf den gläsernen Berg hat tragen lassen, steht doch am anderen Morgen schon hilflos vor den Aufgaben, die eine Hexe ihm abverlangt; er, der auszog, eine Königstochter zu befreien, bedarf unbedingt der Hilfe eines wunderschönen Mädchens, das in Wirklichkeit die Geliebte seiner eigenen Träume ist, doch eben: unter dem Zwang der geforderten Anstrengung erkennt er sie nicht; ja, selbst als er begreift, wer sie ist, bekommt er es immer noch fertig, in der Bindung an seine Eltern sie ein zweites Mal zu verleugnen. Wie viele Gefahren in der äußeren Realität vermag ein Mann zu bestehen und versteht doch immer noch nicht sein eigenes Herz? Wann ist ein Mann wirklich frei, wann fähig zur Liebe, fragt in solchen Bildern leise das Märchen vom *Trommler*[16]. – Die *Antwort* darauf enthält in geradezu dramatischer Dichte das Märchen von den *Zwei Brüdern*, indem es die Größe all der Gefahren beschreibt, die es auf dem Wege zu einer reif gewordenen Männlichkeit zu bestehen gilt.

Nein, es stimmt das Vorurteil überhaupt nicht, daß Märchen einzig für Frauen und Kinder, nicht aber für wirkliche »Männer« geschrieben sein sollten. Leiden nicht ersichtlich die Männer selber am meisten unter dem Pathos ihres »Jägerseins«, ihres Ritter- und Rettertums, ihres inneren Zwiespalts, ihrer Angst vor verbindlicher Nähe – was eigentlich tun die Helden, wenn sie zu »Hause« angelangt sind – die Drachen besiegt, die Zauberer bezwungen, die Riesen erschlagen, die Prinzessin längst heimgeführt, – was tun sie dann, in Pantoffeln und Schlafrock gewissermaßen? Wann fangen sie an, halbwegs normale, glückliche Menschen zu werden?

Also: das Märchen von den *Zwei Brüdern!* Diese Geschichte *müssen* wir zu verstehen suchen. Denn es gibt kaum ein großes Motiv alter Mythologie, das in dieser Geschichte *nicht* vorkäme[17]: Gleich vornean das Bild der »Zwillinge«, dem das Märchen den Namen verdankt – was spricht sich da aus? Sodann die Chiffre vom goldenen Vogel und dem ungeahnten Reichtum, der von ihm ausgeht; ferner: das Motiv der Tierfreundschaft; dann das Symbol der Drachentötung zur Rettung der zum Opfer bestimmten Jungfrau; hernach der Topos der entführten Braut, der Jagd nach der Hirschkuh, der Versteinerung durch die Hexe im Zauberwald und nicht zuletzt das Erkennungszeichen der Not des anderen Bruders und seiner Rettung aus Todesgefahr; schließlich dann die Rückkehr und Erkenntnis des »richtigen« Bräutigams ... All diese Sujets reichten als einzelne bereits aus, den Stoff eines ganzen Märchens zu bilden; *hier* aber treten sie alle gemeinsam auf, um symbolisch verschlüsselt den offenbar äußerst komplexen Entwicklungsprozeß zu beschreiben, den so mancher Mann zurücklegen muß, bis er am Ende zum *Leben* erwacht und hinüber findet zum Glück der Liebe. *Die zwei Brüder* – das ist ein Märchen, das vom Beginn an *allein* unter Männern spielt; um so wichtiger deshalb, daß *Männer* sich damit beschäftigen, damit sie nicht länger allein bleiben mit all den Problemen, die ihnen eine bestimmte ebenso einseitige wie unglückselige Definition von Männlichkeit in unserer Gesellschaft immer noch auferlegt; um so wichtiger auch, daß *Frauen* es lesen, um manche Ängste und Zweideutigkeiten im Wesen eines Mannes nicht anders als im eigenen Erleben besser zu verstehen und gemeinsam aneinander zu reifen.

Der erste Abschnitt des Märchens, den wir überschreiben können als

1. Der Vater als Schicksal oder: Widersprüche einer Kindheit

lautet wie folgt:

Es waren einmal zwei Brüder, ein reicher und ein armer. Der reiche war ein Goldschmied und bös von Herzen, der arme nährte sich davon, daß er Besen band, und war gut und redlich. Der arme hatte zwei Kinder, das waren Zwillingsbrüder und sich so ähnlich wie ein Tropfen Wasser dem andern. Die zwei Knaben gingen in des Reichen Haus ab und zu und erhielten von dem Abfall manchmal etwas zu essen. Es trug sich zu, daß der arme Mann, als er in den Wald ging, Reisig zu holen, einen Vogel sah, der ganz golden war und so schön, wie ihm noch niemals einer vor Augen gekommen war. Da hob er ein Steinchen auf, warf nach ihm und traf ihn auch glücklich, es fiel aber nur eine goldene Feder herab, und der Vogel flog fort. Der Mann nahm die Feder und brachte sie seinem Bruder, der sah sie an und sprach: »Es ist eitel Gold«, und gab ihm viel Geld dafür. Am andern Tag stieg der Mann auf einen Birkenbaum und wollte ein paar Äste abhauen, da flog derselbe Vogel heraus, und als der Mann nachsuchte, fand er ein Nest, und ein Ei lag darin, das war von Gold. Er nahm das Ei mit heim und brachte es seinem Bruder, der sprach wiederum: »Es ist eitel Gold«, und gab ihm, was es wert war. Zuletzt sagte der Goldschmied: »Den Vogel selber möcht ich wohl haben.« Der Arme ging zum drittenmal in den Wald und sah den Goldvogel wieder auf dem Baum sitzen, da nahm er einen Stein und warf ihn herunter und brachte ihn seinem Bruder, der gab ihm einen großen Haufen Gold dafür. Nun kann ich mir forthelfen, dachte er und ging zufrieden nach Haus.

Der Goldschmied war klug und listig und wußte wohl, was das für ein Vogel war. Er rief seine Frau und sprach: »Brat mir den Goldvogel und sorge, daß nichts davon wegkommt – ich habe Lust, ihn ganz allein zu essen.« Der Vogel war aber kein gewöhnlicher, sondern so wunderbarer Art, daß wer Herz und Leber von ihm aß, jeden Morgen ein Goldstück unter seinem Kopfkissen fand. Die Frau machte den Vogel zurecht, steckte ihn an einen Spieß und ließ ihr braten. Nun geschah es, daß, während er am Feuer stand und die Frau anderer Arbeit wegen notwendig aus der Küche gehen mußte, die zwei Kinder des armen Besenbinders hereinliefen, sich vor den Spieß stellten und ihn ein paarmal herumdrehten. Und als da gerade zwei Stücklein aus dem Vogel in die Pfanne herabfielen, sprach der eine: »Die paar Bißchen wollen wir essen, ich bin so hungrig, es wird's ja niemand daran merken.« Da aßen sie beide die Stückchen auf; die Frau kam aber dazu, sah, daß sie etwas aßen, und sprach: »Was habt ihr gegessen?« – »Ein paar Stückchen, die aus dem Vogel herausgefallen sind«, antworteten sie. »Das ist Herz und Leber gewesen«, sprach die Frau ganz erschrocken, und damit ihr Mann nichts vermißte und nicht böse ward, schlachtete sie geschwind ein Hähnchen, nahm Herz und Leber heraus und legte es zu dem Goldvogel. Als er gar war, trug sie ihn dem Goldschmied auf, der ihn ganz allein verzehrte und nichts übrigließ. Am andern Morgen aber, als er unter sein Kopfkissen griff und dachte, das Goldstück hervorzuholen, war so wenig wie sonst eins zu finden.

Die beiden Kinder aber wußten nicht, was ihnen für ein Glück zuteil geworden war. Am andern Morgen, wie sie aufstanden, fiel etwas auf die Erde und klingelte, und als sie es aufhoben, da waren's zwei Goldstücke. Sie brachten sie ihrem Vater, der wunderte sich und sprach: »Wie sollte das zugegangen sein?« Als sie aber am andern Morgen wieder zwei fanden und so jeden Tag, da ging er zu seinem Bruder und erzählte ihm die seltsame Geschichte. Der Goldschmied merkte gleich, wie es gekommen war und daß die Kinder Herz und Leber von dem Goldvogel gegessen hatten, und um sich zu rächen und weil er neidisch und hartherzig war, sprach er zu dem Vater: »Deine Kinder sind mit dem Bösen im Spiel, nimm das Gold nicht und dulde sie nicht länger in deinem Haus, denn er hat Macht über sie und kann dich selbst noch ins Verderben bringen.« Der Vater fürchtete den Bösen, und so schwer es ihm ankam, führte er doch die Zwillinge hinaus in den Wald und verließ sie da mit traurigem Herzen.

Was ist das nur für eine Welt, in der es gleich von Anfang her, *prinzipiell* mit andern Worten, um den *Unterschied* von »arm« und »reich« zu tun ist? Wie – Männer brauchten keine Märchen! Ja, sollen sie denn zeit des Lebens die Sklaven ihrer eigenen Wertbegriffe bleiben? In einer »männlich« dominierten Welt sitzt für gewöhnlich der Mammon auf dem Thron.[1] Ein Mensch als Mann ist da gerade so viel wert, wie er an Werten sich erwirbt. Sein Geld macht seine Geltung aus, was er für sich einnimmt, nimmt andere für ihn ein, was er verdient, dient ihm zur Achtung, Wertschätzung, ja, *Liebe.* Sie selbst, das Kostbarste auf Erden, wird *käuflich* in den Händen derer, die mit Gefühlen handeln, als handelte es sich um Waren auf dem Markte: merke, sie sind so merkantil, wie es das Kräftespiel von Angebot und Nachfrage bestimmt! Nicht was du bist, – was du besitzt, das Haben, nicht das Sein entscheidet.[2]

Mag sein, daß Männer bislang so von sich zu denken hatten; doch um so wichtiger dann, umzudenken! Schon im Interesse der Männer selbst gilt es, den Zwang zum Minderwertigkeitsgefühl, den Hang zu all den reaktiven Überformungen von Überwertigkeit und Überheblichkeit als Unrecht an sich selber zu durchschauen. Wer sagt denn, daß ein Mann »etwas« nur ist, wenn er ein »Etwas« vorzuweisen hat, das ihn als »Mann« akkreditiert? Die Psychoanalyse heute ist sich einig, daß das, was einmal »Kastrationsangst« hieß, sich besser übersetzen läßt mit jener durch und durch patriarchalen Furcht, ein Nichts zu sein, ohne in Macht und Geltung dazustehen. Man ist *nicht* liebenswert, *nicht* tüchtig, eine Unperson, wofern nicht die Staffage von Karriere, Macht und Reichtum die rechte Ziffer vor die Null der eigenen Existenz eintragen kann.

Vormals, zuweilen jedenfalls, warnte *die Religion* vor einer solchen Einstellung. Ein Mann wie MEISTER ECKHARD zum Beispiel konnte sagen[3]: »der Mensch solle aller Dinge und aller Werke, innerer wie äußerer, so ledig sein, daß er eine eigene Stätte Gottes sein könne, darin Gott zu wirken vermöge.«

Inzwischen hat die Religion, als Kirchenmonopol verwaltet, sich selbst verunstaltet und ist zum bloßen Paladin von Kapital, Staatsmacht und bürgerlichem »Rechts«-Anspruch herabgesunken – längst hat sie aufgehört, das Geld als einen Götzen zu betrachten, der die Menschen knechtet. »Es ist nicht möglich, Gott zu dienen *und* dem Mammon«[4], der Freiheit und dem Büttel, der Menschlichkeit und der Besitzstandswahrung. So zwar steht es im Neuen Testament; doch wer nach dem Verfall des Kirchenchristentums zeigt uns noch eine andere Welt jenseits des Geld- und Warenkreislaufs, wenn nicht die Märchen mit ihrem unzerstörbaren Glauben an das Glück und an das Recht, mithin an die *Berechtigung* der Liebe?

Das Märchen von den *Zwei Brüdern* beginnt bereits mit dem Kontrast von arm und reich. Da steht auf der einen Seite der *Goldschmied*, der wohlhabend ist, aber »bös von Herzen«, während auf der anderen Seite der *Besenbinder* an sich ein rechtschaffener Mann ist, aber arm. Diese Gleichung entspricht einer Wertung, die im sogenannten »einfachen« Volke wohl zu allen Zeiten und in allen Kulturen in Umlauf war: Wer in dieser Welt das Zeug hat, »reich« zu werden, der kann unmöglich ein guter Mensch sein[5]; wer aber umgekehrt darauf verzichtet oder gar nicht erst dazu imstande ist, mit Tricks und Machenschaften sich hinaufzuwirtschaften, der mag moralisch für untadelig gelten, doch hat man noch nie gesehen, daß man für moralische Untadeligkeit sich etwas kaufen könnte. Selbst dem bekannten Sprichwort: »Ein gut Gewissen ist ein sanftes Ruhekissen« steht der andere boshafte Satz gegenüber: »Geld macht nicht glücklich, aber es beruhigt.« Freilich: welche Art von »Ruhe« ist da eigentlich erstrebenswert: die relative Sorglosigkeit der äußeren Wohlversorgtheit oder der innere Frieden einer gelassenen Übereinstimmung mit sich selber?

Entscheidend in dem Grimmschen Märchen jedoch ist, daß beide: der »Goldschmied« wie der »Besenbinder«, *Brüder* sind; beide also gehören trotz ihrer scheinbaren Gegensätzlichkeit zusammen. Es wäre für das Verständnis des Märchens mithin von Grund auf verkehrt, wollte man in dem Widerspiel des Reichen und des Armen nur so etwas sehen wie eine sozialkritische Parabel. Nicht, dass so etwas im Märchen nicht vorkommen könnte – in den Grimmschen Erzählungen zum Beispiel trägt *eine* Geschichte schon den Titel *Der Arme und der Reiche* (KHM 87); in diesem Märchen wird gezeigt, wie die Wünsche eines Menschen, der nur am Äußeren hängt, wie von selber, gerade wenn sie sich erfüllen, ins Unglück führen müssen, wohingegen die Wünsche herzenseinfältiger Armut des Segens des lieben Gottes gewiß sein dürfen. Ganz anders indessen geht die

Geschichte von den *Zwei Brüdern.* Hier läuft alles darauf hinaus, den *Gegensatz* zwischen dem »bösen« Reichen und dem »guten« Armen nicht als einen unaufhebbaren Wesenswiderspruch erscheinen zu lassen, sondern nach und nach durch Einfügung einer Reihe symbolischer Zwischenschritte aufzulösen. Das Märchen von den *Zwei Brüdern* will gerade nicht demonstrieren, daß der soziale Unterschied von Arm und Reich als ein zugleich moralischer Gegensatz von Gut und Böse sich nur immer weiter verfestigen könnte; das Interesse *dieser* Geschichte gilt vielmehr der Frage, wie es möglich ist, daß etwas, das sich scheinbar so unüberwindbar widerspricht wie Arm und Reich oder wie Gut und Böse, im Menschen schließlich doch noch eine Einheit bildet.[6] Von vornherein kommt es deshalb darauf an, in dem reichen, aber bösen *Goldschmied* nicht so sehr einen bestimmten Berufsstand verkörpert zu sehen, als vielmehr eine bestimmte menschliche Einstellung, und das gleiche gilt von dem armen, aber gutmütigen Besenbinder: Beide Brüdergestalten stehen für zwei Seiten in der Psyche ein und desselben Menschen, die, so entgegengesetzt auch immer, einander dennoch wechselseitig bedingen und einander bedürfen, um ihren Ausgleich bzw. um ihre Ergänzung zu finden. Wie ist es möglich, »reich« und »gut« *zugleich* zu sein, und was bedeuten dann »Reichtum« und »Güte«, wenn sie je miteinander vereinbar sein sollen? Das sind die Fragen gleich zu Beginn des Märchens von den *Zwei Brüdern.*

Fragen wir also: Wie muß man einen Mann sich vorstellen, der von seiner Kindheit und Jugend so ähnlich erzählen würde, wie die Bilderfolge am Anfang des *Brüdermärchens* es nahelegt?

»Ich bin«, könnte er sagen, »der Sohn eines Vaters von äußerst widersprüchlichem Wesen. Von meiner Mutter kenne ich nicht einmal die Stimme; allein mein *Vater* war entscheidend für die Formung und Prägung all dessen, was ich bin. So gegensätzlich wie er wurde auch ich; und wie es in ihm zwei ›Brüder‹ gab, die einander von grundverschiedenem Charakter waren, so in sich zwiespältig fühle auch ich.

Da gab es *eine* Seite in meinem Vater, die war wie verträumt – da sehnte er sich danach, etwas ganz Einfaches zu tun und zu sein. Auf dieser Seite seines Wesens war er ein Mann, der keiner Fliege hätte etwas zu Leide tun können, – ein Mann, der es liebte, dem Gesang der Vögel zu lauschen und den ziehenden Wolken nachzuschauen, der sehr warmherzig war und der eins mit aller Welt sein konnte.

Stets wenn ich mich frage, was mich an das Leben glauben läßt, so ist es *diese* Seite meines Vaters. In ihr lag alles, was ich je an Schönem und Wertvollem kennengelernt habe. Es war, als berge mein Vater an dieser Stelle ein Geheimnis – niemand verstand ihn und vielleicht sogar er selber sich nicht. Ja, ganz gewiß, er wußte überhaupt nicht, was für ein wunderbarer Mensch er im Grunde war – er wußte es nicht und glaubte es nicht. Aber ich – wie sollte ich ihn nicht dafür liebhaben, daß er mir manchmal, wenn er nach Haus kam, etwa mitbrachte, das anderen nichtig erscheinen mochte, für mich aber kostbarer war als alle Kästen voll Gold?

Ich entsinne mich noch, wie er eines Tages mit einem kleinen braunschwarzen Schneckenhäuschen nach Hause kam und zu mir – ich war damals gerade vier Jahre alt – sagte: ›Kennst du ein Tier, das nichts braucht auf Erden als dieses kleine Gebilde?‹ – ›Eine Schnecke?‹ antwortete ich fragend. Er nickte. ›Es zieht sich in dieses Häuschen zurück, sobald es auf ein Hindernis stößt, und im Winter verschließt es einfach den Eingang; dann wartet es, bis es wieder warm wird.‹ – ›Aber woraus besteht so ein Schneckenhäuschen?‹ – ›Es ist so ähnlich wie mit deinen Fingern: um sie an der Spitze zu schützen, wächst dir ein Fingernagel aus Horn. So in etwa ist es bei den Schnecken.‹

Obwohl ich eifrig nickte, verstand ich natürlich nicht wirklich, was mein Vater da sagte. Aber ich spürte, daß er sogar solch ein kleines Lebewesen wie eine Schnecke sehr lieb hatte und daß er mochte, daß auch ich es liebhaben und achten sollte. Alles, was lebendig war, erfüllte meinen Vater mit Staunen und Ehrfurcht, und in der Tat: ich liebte ihn sehr für diese seine Neigung, spürte ich doch, daß auch er seinerseits mich liebte, wenn ich so tat.

Etwa zwei Jahre danach brachte er zu meiner großen Überraschung einen Stein mit, in dem ein Schneckenhäuschen abgedrückt war. ›Rat mal, wie alt es ist? Nicht? 60 Millionen Jahre bestimmt!‹ Was sollte ich damit anfangen? Ich wußte damals lediglich, daß ›Millionen‹ viel, viel mehr sein mußte als ›Tausend‹, und ›Tausend‹ war schon sehr, sehr viel. ›Jahre?‹ fragte ich ungläubig. ›Ja, Jahre!‹ Mein Vater lachte. ›Das Leben auf dieser Erde ist schon so alt, so alt wie dieser Stein und sogar noch viele Millionen Jahre älter als dieser Stein. Es ist älter als steinalt, verstehst du?‹

Was mein Vater mir da mitgebracht hatte, war ein ganz gewöhnlicher Kalkstein, doch jetzt, da ich wußte, wie alt er war, erschien er mir wie ein Heiligtum, das ich sorgfältig hüten und überall hin mitnehmen würde. ›Wie aber ist diese Schnecke in den Stein hineingekommen? Wenn ich mit dem Fingernagel darüberfahre, hinterläßt das keinerlei Spuren, nur meine Finger werden stumpf davon‹, fragte ich meinen Vater einige Tage später. Wieder lachte er – es war stets ein großes Geschenk, ihn so lachen zu sehen. ›Das liegt an dem Druck‹, erklärte er. ›Ursprünglich war dieser Stein weich wie Sand und lag am Boden eines Meeres, und auch diese Schnecke lebte im Meer. Es ist nicht schwer, eine Schnecke in den Sand des Meeresbodens zu drücken. Aber dann, nach und nach, hat sich ein ganzer Berg darübergewölbt und alles ganz festgedrückt.‹ Wieder verstand ich nicht, was mein Vater meinte, und doch begriff ich, daß er mir etwas überaus Wichtiges, Kostbares und Schönes anvertrauen wollte, und zwischen uns formte sich dieses Etwas wie ein unergründliches Geheimnis.

Unvergeßlich vor allem aber ist mir der Abend geblieben, da mein Vater mir die Sterne zeigte. Auch früher schon hatte ich ihr Flimmern in den Nächten bemerkt; doch niemals hatten sie mir etwas bedeutet; sie gingen mich bis dahin nichts an; niemand hatte sie mir geschenkt. An diesem Abend aber zeigte mein Vater zum Himmel und sagte: ›Siehst du diesen Stern da oben? Das ist der Polarstern. Er steht immer genau im Norden; er bewegt sich nie, während alle anderen Sterne ihn umkreisen.‹ – ›Wie? alle anderen Sterne ...?‹, fragte ich ungläubig. ›Ja‹, fuhr er fort. ›Da zum Beispiel steht der Große Wagen‹; – er deutete mit der Hand auf die sieben Sterne, die er den ›Kasten‹ und die ›Deichsel‹ nannte, ›dieses Sternbild steht jetzt noch links unterhalb des Polarsterns; aber in ein paar Stunden wird es rechts von ihm stehen; es bewegt sich um den Polarstern herum wie die Zeiger einer Uhr, nur in entgegengesetzter Richtung.‹ Wieder verstand ich nicht recht. ›Was wissen denn die Sterne von der Uhr?‹ fragte ich. Er lachte erneut sein so seltenes befreiendes Lachen. ›Umgekehrt, man hat die Sterne gesehen und danach die Uhren gemacht. Die Sterne zeigen die Zeit viel genauer an als alle Uhren. Übrigens siehst du die Sterne nicht, wie sie heute wirklich sind, ihr Licht kommt von ganz weit her, es hat viele Millionen Jahre gebraucht, bis es zu uns kam.‹ – ›Dann muß das Licht aber sehr langsam sein!‹ entfuhr es mir. – ›Nein‹, entgegnete er. ›Im Gegenteil, nichts ist schneller als das Licht, es ist buchstäblich blitzschnell; nur sind die Sterne so weit von uns entfernt, daß selbst das Licht Millionen Jahre braucht, um zu uns zu gelangen.‹ – ›Dann ist die Welt ja unendlich groß!‹ Er streichelte mir über das Haar: ›Unendlich nicht, aber sehr, sehr groß.‹«

Vielleicht wird an dieser Stelle schon manch ein Leser, scheinbar nicht ohne Grund, einwenden, das alles sei ja gut und schön, habe aber mit dem Grimmschen Märchen von den *Zwei Brüdern* nichts zu tun; in dem Grimmschen Märchen bringe weder ein Vater seinem Sohne Schneckenhäuser und versteinerte Muscheln mit nach Hause noch zeige er seinen Kindern die Sterne; er finde vielmehr durch Zufall im Wald einen goldenen Vogel, und es gelinge ihm, sich nach und nach in den Besitz erst einer Feder, dann eines Eis und schließlich des Vogels selbst zu setzen; beim besten Willen lasse sich nicht erkennen, was diese Geschichte mit jenen phantasievoll ausgemalten Kindheitserinnerungen zu tun haben solle. Darauf ist zu sagen, daß es natürlich keinen Sinn macht, irgendwo im Walde nach goldenen Vögeln Ausschau zu halten. Der »goldene Vogel« steht als *Symbol* für alles, was sich durch seinen Wert und seine Schönheit über das nur »Irdische«, »Vordergründige« »erhebt«. Ein Mann, der imstande ist, in dieser »realen« Welt überhaupt auf einen derartigen »Vogel« aufmerksam zu werden, muß in gewissem Sinne selber »einen Vogel haben«, wie man zu sagen pflegt, – er muß ein Sonderling sein, der sich schwertut, in der »normalen« Welt zurecht zu kommen, und zwar nicht zunächst aus »moralischen« Gründen sondern weil er *geistig* die Welt auf eine ungewöhnliche, hintergründige Weise wahrnimmt.[7] Es stimmt: Seinen Kindern bringt der Mann im Grimmschen Märchen keine »Schneckenhäuschen« mit nach Hause; doch ist es für einen Jungen nicht wirklich »goldwert«, einen Vater zu haben, der ihm Augen schenkt für die seltsame Größe, Weite und Schönheit dieser Welt, für ihre unauslotbare Tiefe und unergründliche Rätselhaftigkeit? Gibt es nicht überall »goldene Eier« zu finden bzw. zu legen, wenn man nur erst die Fragwürdigkeit aller Dinge begreift und die richtigen Fragen zu stellen versteht?

»Ja«, wird man vielleicht einwenden, »dann dürfte dieser Mann aber kein ›Besenbinder‹ sein, sondern er müßte ein ›Philosoph‹ oder ein Dichter oder ein Künstler sein – er müßte selber irgend etwas ›Geistiges‹ verkörpern.« Die Antwort kann nur lauten, daß dieser Mann *wirklich* etwas »Geistiges« verkörpert, nur eben auf eine Art, die von der übrigen Welt als eine »brotlose Kunst« betrachtet wird. Das aber spricht nicht gegen ihn. Selbst ein Sokrates brachte es in den Augen der Bürger Athens – und in den Augen seiner eigenen Frau Xanthippe – zu absolut nichts, womit er sich hätte sehen lassen können; seinen »Beruf« als Bildhauer jedenfalls scheint er weitgehend vernachlässigt zu haben zugunsten seiner eigentlichen »Berufung«: ein Weiser zu werden. Auch in dem Grimmschen Märchen hat das Leben eines »Besenbinders« – eine Tätigkeit ohne besondere Handwerkskunst; die Brüder Grimm sprechen auch nicht von einem »Beruf«, sie sagen nur: »Er lebte davon« – allem Anschein nach nicht das geringste mit dem Glücksfund des goldenen Vogels zu tun. Folgt man der Darstellung des Märchens, so hat der arme Besenbinder eines Tages einfach durch Zufall vom Schicksal alles geschenkt bekommen, worum andere sich ihr Leben lang mühen müssen, *ohne* es zu erreichen. Doch dieser Eindruck trügt! In Wirklichkeit ist in dem Märchen offensichtlich *nur* ein Mann wie dieser Besenbinder imstande, den goldenen Vogel zu bemerken, und bei allem »Glück«, das ihn dabei begünstigen mag, gehört doch auch eine Menge an Geschick, Geduld und »Findigkeit« dazu, das Gelege dieses phantastischen Vogels zu »finden« und schließlich das Zauberwesen selber zu fangen. Es versteht sich desgleichen, daß hier keinesfalls nur ein günstiger Zufall für den Besenbinder die Rolle des Schicksals übernommen hat, es ist vielmehr sein eigenes Wesen, seine eigene Fähigkeit und Fertigkeit, die ihn auf so eigentümliche Weise zum Glück seiner Söhne beitragen läßt. Schon von daher ist es unumgänglich, gerade *diese* Seite des »Besenbinders« – der im übrigen auch im Märchen als der eigentliche *Vater* der Kinder vorgestellt wird – entsprechend zu würdigen. Natürlich wird es an persönlichen biographischen Details dann *viele* Formen geben, sich die Gestalt eines solchen »Vaters« aufgrund der Erfahrungen der eigenen Kindheit vorzustellen; insgesamt aber dürfte das Bild dieses Mannes in den wesentlichen Zügen doch so ausfallen, wie es gerade als Beispiel geschildert wurde.

Einer der vorgetragenen Einwände bleibt freilich wahr: das Grimmsche Märchen zeigt uns die Gestalt des »Besenbinders« weitab von jedem eigenen Selbstbewußtsein oder gar von einer philosophischen bzw. künstlerischen Hellsichtigkeit und Klarheit. Genau besehen weiß dieser Mann offensichtlich nicht, was für eine Kostbarkeit er allein schon mit der einen »Feder« des Goldenen Vogels in seinem Besitz hält[8]; es ist sein »Bruder«, der »Goldschmied«, der zwar von dem lebenden Vogel niemals etwas zu Gesicht bekommt, dafür aber den Wert der Mitbringsel des armen Besenbinders von Fall zu Fall recht zu taxieren versteht und der vor allem das Mittel weiß, um den »Reichtum« des Goldenen Vogels auf Dauer zu stellen und ins Unendliche zu vermehren.

Demgegenüber zeigt sich der »Besenbinder« nicht nur als weitaus »dümmer« denn sein listiger Bruder, er macht sich zudem auch von dessen Weisungen vollkommen abhängig, bis dahin, daß er die Zwillingskinder schließlich *verstoßen* muß ihres allmorgendlichen Goldfundes unter dem Kopfkissen wegen.

Spätestens hier allerdings muß man sich fragen, was eigentlich in diesen »Goldschmied« gefahren ist, daß er seine beiden Neffen wegschicken läßt, statt gewinnheischend, wie er bis dahin doch schien, an dem wachsenden Reichtum seines Bruders ungehemmt selber sich zu beteiligen? Er habe sich »rächen« wollen und sei »neidisch und hartherzig« gewesen, versichern uns zur Erklärung dieses merkwürdigen Gebarens die Brüder Grimm; doch reicht das aus, um zu verstehen, warum ein derart geschäftstüchtiger Mann wie dieser Goldschmied derart sinnwidrig einen unermeßlichen Vorteil sollte fahren lassen? Vor allem aber: wie fühlt sich *ein Kind,* das nicht nur »einen« Vater hat, sondern in seinem Vater zugleich auch auf dessen eigenes »onkelhaftes« Gegenteil trifft?[9] Das ist die eigentliche Frage, die der gesamte Einleitungsteil des Brüdermärchens aufwirft.

»Wenn ich bisher von meinem ›Vater‹ sprach«, müßte unser »Gewährsmann« wie zur Erklärung der hier angesprochenen Gefühlslage in etwa fortfahren, »so bezog sich das, wohlgemerkt, nur auf die *eine,* die hintergründige Seite meines Vaters, an der sich *die Züge* seines Wesens versammelten, da er wirklich mein ›Vater‹ war. Doch wie ich schon sagte – es lebte in ihm auch eine ganz andere Gestalt, der er, so fremd, ja, entgegengesetzt sie ihm auch erschien, sich bedingungslos unterordnete. Statt sich für seine weichere Gemütsart als so wertvoll zu fühlen, wie sie es eigentlich war, schämte er sich ihrer beinahe und bettelte geradewegs darum, wo schon nicht anerkannt, so doch wenigstens geduldet oder, besser, von Fall zu Fall wie bei einem Tauschhandel ›quitt‹ zu werden. Das an sich so gemüthafte, gütige und humorvolle Wesen meines Vaters wurde überlagert von seinem geraden Widerspruch – einem fast stumpfen Zwang, sich durch äußere Erfolge und Leistungen hervorzutun. Alles bisher Gesagte ist deshalb gewissermaßen im Irrealis zu lesen: so, wie vorhin geschildert, *hätte* mein Vater *sein können,* wenn nicht an jeder Stelle, da er selbst wie ein staunendes Kind sein mochte, diese andere Gestalt des ›Goldschmieds‹ in ihm erwacht wäre, die ihn auf einer ganz anderen Ebene danach befragte, wozu seine ›Entdeckungen‹ ›gut‹, das heißt verwendbar und verwertbar sein sollten. Es war, als wenn mein Vater in sich eine Art Verpflichtung gespürt hätte, gerade *die* Teile in sich selber zu veräußern und zu veräußerlichen, die ich an ihm am meisten hätte schätzen mögen und die er schon um seines Selbsterhaltes willen hätte schützen müssen.

Vermutlich hatte er selber als Kind schon keinerlei Schutz erfahren. Wenn ich mir *seine* Kindheit vorstelle, so wird er sich wohl sehr nach seiner Mutter gesehnt haben, doch hatte er selber vermutlich unter dem Diktat seines Vaters ein ›richtiger Mann‹ zu werden, kein Muttersöhnchen jedenfalls. Tatsache ist, daß er sich wegen seiner sensibleren Seiten geradewegs genierte. Er hatte nie den Mut, mit seinen verträumten, spielerischen, ja, warum nicht: mit seinen lyrischen und nachdenklichen Seiten sich vor die anderen hinzustellen und zu sagen: ›Seht, so bin ich‹, oder: ›So bin ich *auch!*‹ Irgendwie steckte in ihm das Zeug zu einem Dichter oder Philosophen – unzweifelhaft besaß er so etwas wie eine religiöse Ader, auf gar keinen Fall war er nur der Dummkopf, für den er sich ausgab und auch wohl selbst hielt, aber das alles durfte irgendwie nicht sein; ein Verbot, eine Zensur bedeckte seine Gefühle, und nur mir, einem Kind gegenüber getraute er sich, manchmal etwas davon zum Vorschein zu bringen.

Das heißt, auch nur, solange ich noch ein Kind war! Dann kam eine Zeit, in der er mich geradewegs dafür zu hassen schien, daß ich die Seiten auch wirklich leben wollte, die er mir doch im Grunde durch sein eigenes Dasein geschenkt hatte. Dann trafen seine Worte wie Hammerschläge oder, feiner, sie durchbohrten mich wie Nadelstiche, indem er mich glauben zu machen suchte, daß es in dieser Welt nichts Wichtigeres gebe als Geldverdienen und Erfolg haben. Von GOETHE wußte er dann angeblich gerade soviel, wie, daß seine Werke immer noch Bestseller seien, und von VAN GOGH, daß er zu früh gestorben sei, um den Durchbruch seiner Werke auf dem Kunstmarkt noch mitzuerleben. Der Besuch einer ›Höheren Schule‹ oder gar ein akademisches Studium bedeuteten ihm in solchen Augenblicken nichts weiter als ein sicherer Weg zu Reichtum und Ansehen. Sobald in ihm dieser *andere,* der ›Onkel‹ zu reden begann, schien ein fast zynisches Programm der Selbstverhöhnung sich immer wieder von neuem seiner zu bemächtigen, das als eine ständige Mahnung und Warnung an mich sinngemäß etwa lautete: ›Aus dir wird niemals etwas werden. Du muß lernen und nicht grübeln. Wenn du dir bei allem etwas denkst, bekommst du keine guten Noten.‹ Als ob man ein Gedicht von RILKE lernen könnte, um es für eine gute Note herunterzusagen! Doch indem mein Vater sich seine eigene Kreativität verbot, verwechselte er Geist mit Gedächtnis und Gedanken mit Formeln. Von *dieser* Seite seines Wesens her war er ein gänzlich unfreier Mensch, der sich gleichwohl darin gefiel, ›Verantwortung‹, wie er sie verstand, zu übernehmen und andere herumzukommandieren. Da konnte er jedes Wort auf die Goldwaage legen; da wußte er alles zu bewerten, zu bemessen, zu begutachten …, und was mich betraf, so war ich ihm nie gut genug, eben, weil ich in seinen Augen so ähnlich zu werden drohte, wie er selber es wohl gern hätte sein mögen. Es war der ›Goldschmied‹ in ihm, der in mir bekämpfte und mißtrauisch verfolgte, was der ›Besenbinder‹ in ihm mir ermöglicht hatte – es war eine ganz und gar paradoxe Situation: Ich wurde förmlich bestraft für das, was an mir wertvoll war[10]!

Das kann ich so sagen, weil es in mir merkwürdigerweise einen Punkt gab, der trotz allem unverletzlich geblieben ist. Da sah ich deutlich, daß mir unrecht geschah, oder, genauer gesagt: daß mein Vater einfach das Unrecht an mich weitergab, das man ihm selbst als Kind offenbar bereits zugefügt hatte. Dann konnte er mir in gewissem Sinne leidtun; aber in dem, was er mir sagte, konnte ich ihn nicht länger ernst nehmen. Mich rettete mein Verständnis für ihn! In manchen Gesprächen zum Beispiel, die ein geschichtliches oder weltanschauliches Problem berührten, pflegte er mir sehr erregt über den Mund zu fahren, und derselbe Mann, der mir bei anderer Gelegenheit so gesprächsoffen, fragend und neugierig erschien, war dann wie ausgewechselt durch eine ganz andere Persönlichkeit, die jede freie Meinungsäußerung unterdrückte und nichts weiter zuließ als Antworten auf Fragen von der Güte: ›Was machen wir jetzt? Was essen wir heute? Wieviel Geld haben wir noch?‹ Und: ›Wann gehen wir zu Bett?‹ Ja, ich spürte in seinen Ausbrüchen von Zorn ganz deutlich so etwas wie einen Anflug von *Neid,* und ich war selbstbewußt genug, darin so etwas wie ein negatives Kompliment zu vermuten. So *viel* war mir klar: gerade wenn er mit mir schalt, sagte ich Dinge, die er ganz offensichtlich nur allzu gerne selber gedacht und geäußert hätte, doch waren sie ihm scheinbar seit Kindertagen wegerzogen, wegverboten worden, und eben diese Verbotserziehung versuchte er jetzt an mir zu wiederholen. Freilich, das einzige, was er dabei erreichte, war eine wachsende Entfremdung zwischen ihm und mir. Ich fühlte mich von ihm wie verbannt an gerade den Stellen, an denen ich im Grunde die größte Übereinstimmung mit seinem eigenen Wesen aufwies. Ein Gefühl der Einsamkeit und der Verlassenheit begleitete mich sehr früh, vermischt mit dem Empfinden, mißverstanden und abgelehnt zu werden, und zwar gerade für diejenigen Eigenschaften und Fähigkeiten, von denen ich sicher zu wissen glaubte, daß sie eigentlich der größten Anerkennung wert gewesen wären. Ich hätte so vieles zu geben gehabt, doch anscheinend wollte es niemand haben, ja, man nahm es mir übel und feindete mich dafür an. So jedenfalls dachte ich in meiner Kindheit.«

In dieser Weise werden wir uns die Gefühlslage eines Mannes vorstellen müssen, der in der Symbolsprache des Märchens von seiner Kindheit erzählen würde, er habe allmorgendlich unter seinem Kissen ein *Goldstück* gefunden und sei eben dafür von seinem »Onkel« als *böse* verschrien und von seinem »Vater« verstoßen worden. Das Eingangsbild ist jetzt bereits ziemlich vollständig. Nur *zwei* Momente sind noch nicht genügend berücksichtigt. Da ist *zum einen* die merkwürdige Art, in der die beiden Zwillinge sich in den Genuß von Herz und Leber des Goldenen Vogels setzen: als arme Besenbinderskinder, erzählt uns das Märchen, hätten sie in einem unbemerkten Augenblick, unwissend und unschuldig in ihrem Tun, die beiden kleinen und doch so überaus kostbaren Stückchen aus der Pfanne *gestohlen.* Was soll das?

Die Vorstellung selber, auf die hier angespielt wird, ist ganz und gar archaisch: da eignet man sich den Wert, die Fähigkeit, den *Geist* von etwas besonders Kostbarem an, indem man es ißt! Dieser sonderbare Gedanke, der seinen Ursprung historisch den kannibalistischen und totemistischen Riten der Vorzeit verdankt[11], spielt noch heute eine überraschend große Rolle, zum Beispiel in der Eucharistielehre besonders der katholischen Kirche.[12] Da soll es unabdingbar zum Frömmigkeitsleben eines rechten Christen gehören, das »Fleisch« des menschgewordenen Gottes(sohnes) zu essen und sein »Blut« zu trinken[13]; vor allem das *Herz* des göttlichen Wesens, das sich den Menschen zum *Opfer* gibt, besitzt in der katholischen Sakramententheologie nach wie vor eine überragende Bedeutung.[14] Tatsächlich kennen auch die Brüder Grimm Geschichten, die davon erzählen, daß sich ein Fisch oder ein Vogel als Zaubermittel in die Hände der Menschen gibt, um in ihnen auf geheimnisvolle Weise weiterzuleben.[15] Das »Herz« und die Leber (oder die »Nieren«) sind dabei als die innersten Teile, als Sitz von Gefühl und Wissen, von Leben und Sein zu verstehen.[16] »Auf Herz und Nieren prüfen« ist noch heute eine geläufige Redensart aus biblischem Sprachgebrauch.[17] Psychoanalytisch betrachtet, folgt dieser religionsgeschichtlich außerordentlich weit verbreitete Vorstellungskomplex der Phantasietätigkeit eines noch sehr kleinen Kindes, das bei der Nahrungsaufnahme sich mit (der Brust) seiner Mutter identifiziert: es hat keine Angst mehr, es hat keine Not – es trinkt das Heilmittel der Unsterblichkeit, es ißt vom Baume des Paradieses, es verwandelt sich selbst in seine Mutter, von der es lebt.[18] Auch der »Goldschmied« in dem Grimmschen Märchen weiß um diese Gleichung: wer das Herz und die Leber des Goldenen Vogels äße, so denkt er, der verfügte selber über die Fähigkeit dieses Tieres und legte, gewissermaßen nach Hühnerart, jeden Morgen so etwas wie ein goldenes Ei. Und wirklich, ohne es zu wissen, eignen sich die Besenbinderkinder durch ihr Essen das Geheimnis des Goldenen Vogels an und stellen die Richtigkeit der Überlegungen ihres Onkels unter Beweis.

Nun kann man über den Sinn und den Wert der Formel L. FEUERBACHS: »Man ist, was man ißt«, natürlich diskutieren.[19] In unserem Zusammenhang aber von besonderem Gewicht ist die Verbindung der »oralen« Thematik mit den äußerst zwiespältigen Gefühlen einer zwar unbeabsichtigten, doch objektiv bestehenden *Schuld:* Da hat in einem Moment der Unaufmerksamkeit die *Frau* des »Goldschmieds«, entgegen dem ausdrücklichen Befehl ihres Mannes, der wohl ahnt, welch ein Verlust ihn bedroht, die Feuerstelle verlassen, als auch schon die Zwillingsbrüder, von Hunger getrieben, sich der winzig scheinenden Stückchen bemächtigen und sie verzehren. Es ist das einzige Mal in dem ersten Abschnitt dieses Märchens, daß *eine Frau,* wenn auch nur flüchtig, überhaupt erwähnt wird, und doch ist eigentlich *sie* es, die durch ihr Verhalten den beiden Kindern die entscheidende Mitgift ihres Lebens zuteil werden läßt. Aber dieses Entscheidende wird den Kindern eben nicht gegeben oder gegönnt, sie *erschleichen* es sich vielmehr, sie entwenden es hintenherum. Um die Seelenlage eines Menschen zu verstehen, wie das Grimmsche Brüdermärchen sie in dieser Szene schildert, kann man das Gefühl des Unberechtigtseins *als Grundstimmung des ganzen weiteren Lebens* nur schwer überschätzen: »Alles, was ich bin«, besagt es in etwa, »selbst und gerade das Beste an mir, war in meinem Leben seit Kindertagen wie ein permanenter Vorwurf, es gehöre mir eigentlich nicht, es sei vielmehr ein gestohlenes Gut, für dessen Besitz man mich eher hassen als lieben müsse. Es ist nicht etwa, daß man für *an sich* minderwertig und billig erklärt hätte, was ich Morgen für Morgen vorzuweisen hatte, es verhielt sich im Gegenteil so, daß man mir nachstellte und mich verwünschte, gerade *weil* es als so überaus kostbar erschien. All das, wofür andere sich ihr Leben lang mühten, ohne es je zu erreichen, das, buchstäblich, schenkte mir ein günstiges Schicksal *im Schlafe:* Ich fand es (wie) beim Aufwachen unter dem Kopfkissen!«

Wir wissen bereits, daß ein Gutteil dieser Gefühle auf die Zwiespältigkeit des *Vaters* in seinen so gegensätzlichen Rollen als »Besenbinder« und »Goldschmied« zurückgeht; aber es scheint, daß es gerade der Ausfall des Mütterlichen bzw. die absolute Dominanz des Männlichen ist, die das orale Erleben von Anfang an in eine merkwürdige Ambivalenz taucht. Die Zeit der oralen *Nicht*-Ambivalenz –

das ist psychoanalytisch gerade jene Phase der psychischen Entwicklung, in der *ohne Vorleistung*, einfach weil es auf der Welt ist, ein Kind von seiner Mutter geliebt wird oder doch geliebt werden sollte.[20] Genau diese *nicht* an Voraussetzungen geknüpfte Anerkennung bestimmt die Typologie der *matriarchalen Welt*, und sie ist unvereinbar mit dem patriarchalen Erleben.[21] In einer *männlich* definierten Welt gilt nicht das Geschenkhafte, sondern das durch Leistung Erworbene.[22] Was einem nur in den Schoß fällt, ist da buchstäblich das *Unverdiente*, das unverdientermaßen Besessene, das Unrechtmäßige, dessen man sich schämen muß, wenn man es nicht wenigstens nachträglich durch bedeutende Taten zu rechtfertigen vermag. Es gibt in der Welt der »Zwillingskinder« mithin nur einen einzigen Ausweg, um dem *Schuldgefühl* zu entgehen, mit einer so ungewöhnlichen *Begabung* wie der des Goldenen Vogels ausgestattet zu sein: sie müssen ihr »Talent«, entsprechend dem biblischen Gleichnis (Mt 25,14–30), »gewinnbringend anlegen«, sonst wird sie das härteste Urteil treffen. Begabung und Schuldgefühl, Talent und Kompensationszwang – diese Mischung scheint es zu sein, aus welcher die späteren »Drachenkämpfer«, die *Helden* hervorgehen werden. Stets fühlen sie sich nicht als Verkannte, wohl aber als *Verbannte* für das, was sie sind – *Heimatlose* aufgrund ihrer Fähigkeiten, *Ausgewiesene* aufgrund des Ausweises ihrer Tüchtigkeit, zu Unrecht *Verjagte* infolge des »Unrechts« ihres ungewöhnlichen Talents. »Das Drama des begabten Kindes« kann in der Symbolsprache des Märchens nicht komprimierter und profilierter wiedergegeben werden.[23]

Dann bleibt *zum anderen* noch die Gestalt des *Goldschmieds* selbst. Wir wissen von ihm laut Märchen eigentlich nur, daß er böse, habgierig, listig und neidisch ist; und wir haben bereits gelernt, dieses Bild im Reflex einer bestimmten Kindheitserfahrung mit der Gebrochenheit des eigenen Vaters zu betrachten. Was aber setzt gerade den Beruf eines *Goldschmiedes* in den Stand, zum Träger eines derart negativen Typos zu werden? Der rein äußere Hinweis, daß ein Goldschmied mit Edelmetall hantiert und deshalb selber leicht für reich und geldgierig gehalten werden mag, ist gewiß zu vordergründig – der Umgang mit Gold besagt etwas über den Kunstverstand und die handwerkliche Tüchtigkeit dieses Mannes, doch nichts über seinen vermeintlich »schlechten« Charakter. Auch scheint es nicht ohne weiteres möglich, mit den »stehenden« Symboldeutungen der JUNGSCHEN Schule zu operieren und aus dem Handgelenk zu dekretieren, »Gold« sei das Zeichen des Bewußtseins und der »Goldschmied« infolgedessen der Repräsentant einer (»männlichen«) Bewußtseinseinseitigkeit[24]; denn selbst wenn eine solche Deutung nicht ganz falsch sein mag, so bleibt doch die Frage, wie derartige Gleichungen sich kulturgeschichtlich (!) begründen, und da ist die Stellung des »Goldschmieds« im Märchen wohl unverständlich ohne die mythische Bedeutung, die dem Schmiedehandwerk von alters her zukommt.[25] »Von alters her« – das heißt seit dem Beginn der Bronzezeit, in Nordeuropa etwa seit 2000 v. u. Z.[26] Vielleicht waren es wirklich die »Glockenbecherleute«, die, von Westen her einwandernd, die neue Technik der Metallherstellung und -verarbeitung mitbrachten und sie wie eine höhere Form der Religion weitergaben.[27] Jedenfalls erscheinen die Schmiede allein schon durch den Umgang mit dem Feuer in einem unheimlichen Licht. Bei den Griechen war es der Titan *Prometheus,* der den Menschen das Feuer und auch die Kunstfertigkeit des Handwerks gebracht hatte, aber das war eine freventliche Tat gewesen, die von den olympischen Göttern mit unablässigem Leiden bestraft wurde[28]; unter den Göttern des Olymps freilich befand sich selber *Hephaistos,* ein Schmied, als dessen Esse die rauchenden Schlote der Vulkane galten.[29] Kein Berufszweig der alten Welt verkörpert so sehr den Willen des Menschen, die natürlichen Eigenschaften der Dinge zu verändern, wie der Beruf der Schmiede. Scheu und Schönheit, Frevel und Fleiß, Gier und Größe scheinen sich von Anfang an in dem Bild des Schmiedes vermischt zu haben; ja, es spricht vieles dafür, daß die Erfahrungen der Schmiede sogar die religiösen Vorstellungen nachhaltig veränderten.

Wäre es möglich, daß am Ende der »Hügelgräberbronze«, beim Aufkommen der Urnenbestattung um etwa 1000 v. u. Z.[30], das menschliche Dasein wie ein kostbares Erz aufgefaßt wurde, das durch das *Feuer* als das eigentliche Element einer Verwandlung ins Licht geläutert und gereinigt werden mußte, so daß der Tod als nichts weiter erschien denn als eine Umformung der Stoffe der Sterblichkeit in einen Zustand der Veredelung und der Vollendung – *verbrennen* also müßte man den Leib des Verstorbenen, um seinen

Geist freizusetzen? Für sicher jedenfalls darf gelten, daß vor allem beim Übergang zur *Eisen*herstellung, in der Latènezeit ca. 500 v. u. Z.[31], der Beruf der Schmiede sogar noch eine Steigerung seines Ansehens erfahren hat. Allein schon die Vorbereitung der Eisenverhüttung: das Schürfen bzw. das Abbauen erzhaltiger Gesteine, die Holzbeschaffung zur Anlage der Schmelzöfen sowie deren Beschickung mit Holzkohle – all das erforderte die Koordination verschiedener spezialisierter Tätigkeiten – die Namen »Bergmann« und »Köhler« sind wohl mit dem Namen »Schmied« (oder »Schmidt«) gemeinsam entstanden; in dessen Kunstfertigkeit aber verbanden sich all diese Tätigkeiten, und aus seiner Hand ging als Belohnung all der Mühe das metallene Gerät: der Schmuck und das Schwert, der Eisenpflug und die Axt hervor. Der tiefste Grund für die Bedeutung der Schmiede aber war gewissermaßen metaphysischer Natur. Man braucht nur zu betrachten, mit welchem Eifer die Steinbearbeiter noch am Ende der Jungsteinzeit den bronzenen Dolchen und Messern der neuen Zeit Konkurrenz zu machen suchten, und man kann leicht verstehen, für wie zwiespältig, ja, für wie unheimlich die Schmiede gelten mußten. Was sie taten, verriet wie nichts sonst diese *neue Einstellung* gegenüber der Natur und war der Ausdruck einer überlegenen Form zweckgeleiteter Rationalität; eben deshalb umgab den Schmied eine Aura des Vermessenen, Unheimlichen, Himmelstürmenden: der griechische Daidalos[32], der germanische Wieland[33] waren Schmiede, die ihre Kunst sogar dazu benutzten, es den *Vögeln* gleichzutun und das Fliegen zu lernen – auch von daher scheint es eine innere Beziehung zwischen dem *Goldenen Vogel* und dem Goldschmied in dem Grimmschen Märchen zu geben. Dabei verkörpert der *Goldschmied* nicht mehr nur die kämpferische Magie von Schwert und Eisen, wie sie mit Wielands Zauberschwert *Mimung* verknüpft war [34]; die Kunst des Goldschmieds setzt im Grunde die Fertigungstechniken schon der Bronzezeit fort: das Treiben, das Punzen, der Guß mit verlorener Form, all das ist eine kunsthandwerkliche Tradition, die auch in Mittel- und Nordeuropa schon über 3000 Jahre alt ist.[35] Während aber der Eisenschmied durch die Herstellung praktischer Geräte gesellschaftlich eine zentrale Stellung im Leben des Volkes einnahm, war der Goldschmied von Anfang an auf das engste der wohlhabenden Oberschicht verpflichtet, und der größte Teil seiner Erzeugnisse diente seit altersher zur Zierde schöner Frauen und zum Prunk mächtiger Männer. Vor allem in der »germanischen Eisenzeit«, zwischen 400–800 n. u. Z.[36], als nach dem Zusammenbruch des römischen Reiches große Goldmengen in den Norden Europas gelangten, scheint die Goldschmiedekunst im germanischen Raum eine nie gekannte Wertschätzung und Virtuosität erfahren zu haben; deutlich aber entstehen zu dieser Zeit auch krasse Unterschiede zwischen den sozialen Schichten der Adligen, Freien und Sklaven.

Erst vor diesem Hintergrund versteht man, daß im »einfachen« Volke, dem ein solches Märchen wie das der *Zwei Brüder* entstammt, der Goldschmied als ein Diener und Repräsentant von Habgier und Eitelkeit erscheinen kann. *Psychologisch* ist daran vor allem interessant, daß es gerade diese Einstellung einer eitlen Kunstfertigkeit bzw. einer rein äußerlichen Geisteshaltung ist, die in der »Naturbegabung«, in dem *Genie* der Zwillingsbrüder ihren natürlichen Feind erkennt: Da ist etwas, das im Grunde *ihr selber* gehören sollte, ihr aber erkennbar nicht zukommt! Da ist etwas, das sich mit keiner Technik, mit keinem »Handwerk« erlernen noch erreichen läßt! Da gibt es so etwas wie ein reines Talent! Dem »Goldschmied« erscheint derlei wie ein *Betrug* an etwas, auf das er im Grunde selber Anspruch erhebt und das ihm doch auf immer entgehen muß.

Will man in der Geschichte der Literatur oder der Philosophie nach Persönlichkeiten suchen, die mit dem Schicksal ihrer Kindheit die bisher besprochenen Züge des Märchens, vor allem die überwältigende Vaterbindung und damit zugleich die Zwiespältigkeit der Vatergestalt selber in ihrer Wirkung auf ein heranwachsendes Kind verstehen helfen, so kann man etwa an Sören Kierkegaard oder an Hermann Hesse denken. Der dänische Religionsphilosoph stand als Kind ganz und gar im Schatten seines Vaters, dessen innere Zerrissenheit schwer auf ihm lastete: ein frommer Mann, dessen Glauben doch niemals die abgründige Angst, verbunden mit einem zermarternden Schuldgefühl, zu überwinden vermochte, ein leidenschaftlicher Gottsucher, der dennoch zugleich mit der Schlauheit und Zähigkeit eines jütländischen Bauern seine Geschäfte tätigen konnte, für deren Gelingen er dann wiederum sich von Gott nur um so schlimmer verflucht glaubte, ein einsamer Grübler, der seinen

Sohn zu seinem einzigen Gesprächspartner erwählte und doch niemals dessen Gedanken einer vernichtenden Kirchenkritik gebilligt hätte, die er selber durch seine ungelösten Probleme in das frühreife Kind hineingelegt hatte[37] – sein Leben lang wird Sören Kierkegaard den beamteten Kirchenvertretern vorwerfen, daß sie sich notorisch weigern, auch nur von weitem die Ängste und Fragen an sich heranzulassen, auf welche das Christentum wesentlich antworten könnte und müßte, wenn es nicht durch die professionelle Äußerlichkeit der Professoren und Pastöre in einen rechten Possen verwandelt würde.[38] Im Bilde gesprochen, wird ein Mann wie Kierkegaard nicht aufhören, »goldwerte« Gedanken unter seinem »Kopfkissen« hervorzuzaubern, er wird den »Gesang« des Goldenen Vogels, das Lied einer brillanten Geistigkeit und Spiritualität, mit prophetischer Kraft zu Gehör bringen, doch gerade das wird ihm den ewigen Haß all derer einbringen, für die Religion überhaupt nichts anderes sein soll als die ästhetische Vergoldung des bloßen Rahmens purer Äußerlichkeit, als das bloße Dekor zur prunkvollen Verfeierlichung eines »Christentums« der hohlen Redensarten, als die Reduktion des Existierens auf das gelehrt sich gebende Dozieren und die eitle Kostümierung ritualisierter Posen ... Das ehrliche Suchen des einfachen »Besenbinders« – das ja! Aber die Logik des »Goldschmieds« – niemals!

Und nicht sehr viel anders, bei allem Unterschied im Äußeren, Hermann Hesse. Auch er litt zutiefst unter dem Schatten seines Vaters, eines pietistischen Pastors, dem er als 15 jähriger aus der Irrenanstalt zu Stetten, wohin man ihn nach seiner Flucht aus dem Internat von Maulbronn gebracht hatte, in einem zornigen Brief schrieb, er solle ihn nicht länger als »lieber Hermann« anreden: »ja, wenn ich Pietist, nicht Mensch wäre, dann ›lieber Hermann‹ ...«, und unterzeichnete diesen Brief als »eine Waise, deren Eltern leben«.[39] Wieder geht hier beides in der Gestalt des Vaters aufs äußerste über Kreuz: auf der einen Seite der Mann, der in einer tiefen Innerlichkeit lebte und sie ohne Zweifel auch in seinem Sohne grundgelegt hatte, und dann der Mann, der auf äußeren Erfolg und auf bürgerliche Korrektheit den größten Wert legte und noch 1917, auf dem Höhepunkt des Ersten Weltkriegs, eine Studie über »Die Bibel als Kriegsbuch« verfassen wird.[40] Den Vater, der imstande ist, den »Goldenen Vogel« zu fangen, wird Hermann Hesse zeit seines Lebens achten und ehren; den »Goldschmied« aber in ihm wird er ebenso leidenschaftlich ablehnen, wie er sich von diesem abgelehnt fühlt.

Wiederum: natürlich ist es möglich, an dieser Stelle die Biographie auch anderer bekannter Persönlichkeiten zur Verdeutlichung all der psychischen Faktoren einzusetzen, die in der Einleitung des Brüdermärchens eine Rolle spielen; doch wenn immer jemand durch die Erzählung der Brüder Grimm sich bis hierher schon zutiefst angesprochen fühlt, wird man annehmen dürfen, daß *diese Momente* seine Kindheit und Jugend maßgebend geformt haben: die Persönlichkeit eines Vaters, der in seiner Zwiespältigkeit zwischen Innerlichkeit und Äußerlichkeit, zwischen Geist und Geschäft, zwischen Vision und Wirklichkeit sein Kind gerade wegen der Eigenschaften verstoßen zu müssen glaubt, die er zu einem Gutteil selbst verkörpert, und parallel dazu ein Sohn, der sich seit Kindertagen gerade für sein Talent förmlich schuldig, wenn auch zu Unrecht abgelehnt vorkommt und der nun versuchen muß, »wiedergutzumachen«, was er nie verschuldet hat. Es bleibt, daß sein Genie wirken kann, wie sein eigener Vater es zum Teil nach dem Urteil des »Goldschmieds« bereits wahrnimmt: als etwas Dämonisches, Beunruhigendes, Zerstörerisches; und die Frage also wird sein, wie es möglich ist, den »Diebstahl« des Geschenks einer ungewöhnlichen Befähigung durch eigene Leistung zu »rechtfertigen« und damit das vermeintlich »Böse« *trotz allem* als einen eigenen Wert zu entfalten.

2. Lehr- und Wanderjahre oder: Einheit zwischen Geist und Trieb

Nun liefen die zwei Kinder im Wald umher und suchten den Weg nach Haus, konnten ihn aber nicht finden, sondern verirrten sich immer weiter. Endlich begegneten sie einem Jäger, der fragte: »Wem gehört ihr, Kinder?« – »Wir sind des armen Besenbinders Jungen«, antworteten sie und erzählten ihm, daß ihr Vater sie nicht länger im Hause hätte behalten wollen, weil alle Morgen ein Goldstück unter ihrem Kopfkissen läge. »Nun«, sagte der Jäger, »das ist gerade nichts Schlimmes, wenn ihr nur rechtschaffen dabei bleibt und euch nicht auf die faule Haut legt.« Der gute Mann, weil ihm die Kinder gefielen und er selbst keine hatte, so nahm er sie mit nach Haus und sprach: »Ich will euer Vater sein und euch großziehen.« Sie lernten da bei ihm die Jägerei, und das Goldstück, das ein jeder beim Aufstehen fand, das hob er ihnen auf, wenn sie's in Zukunft nötig hätten.

Als sie herangewachsen waren, nahm sie ihr Pflegevater eines Tages mit in den Wald und sprach: »Heute sollt ihr euern Probeschuß tun, damit ich euch freisprechen und zu Jägern machen kann.« Sie gingen mit ihm auf den Anstand und warteten lange, aber es kam kein Wild. Der Jäger sah über sich und sah eine Kette von Schneegänsen in der Gestalt eines Dreiecks fliegen; da sagte er zu dem einen: »Nun schieß von jeder Ecke eine herab.« Der tat's und vollbrachte damit seinen Probeschuß. Bald darauf kam noch eine Kette angeflogen und hatte die Gestalt der Ziffer Zwei – da hieß der Jäger den andern gleichfalls von jeder Ecke eine herunterholen, und dem gelang sein Probeschuß auch. Nun sagte der Pflegevater: »Ich spreche euch frei, ihr seid ausgelernte Jäger.« Darauf gingen die zwei Brüder zusammen in den Wald, ratschlagten miteinander und verabredeten etwas. Und als sie abends sich zum Essen niedergesetzt hatten, sagten sie zu ihrem Pflegevater: »Wir rühren die Speise nicht an und nehmen keinen Bissen, bevor Ihr uns eine Bitte gewährt habt.« Sprach er: »Was ist denn eure Bitte?« Sie antworteten: »Wir haben nun ausgelernt, wir müssen uns auch in der Welt versuchen; so erlaubt, daß wir fortziehen und wandern.« Da sprach der Alte mit Freuden: »Ihr redet wie brave Jäger; was ihr begehrt, ist mein eigener Wunsch gewesen; zieht aus, es wird euch wohl ergehen.« Darauf aßen und tranken sie fröhlich zusammen.

Als der bestimmte Tag kam, schenkte der Pflegevater jedem eine gute Büchse und einen Hund und ließ jeden von seinen gesparten Goldstücken nehmen, soviel er wollte. Darauf begleitete er sie ein Stück Wegs, und beim Abschied gab er ihnen noch ein blankes Messer und sprach: »Wann ihr euch einmal trennt, so stoßt dieses Messer am Scheideweg in einen Baum; daran kann einer, wenn er zurückkommt, sehen, wie es seinem abwesenden Bruder ergangen ist, denn die Seite, nach welcher dieser ausgezogen ist, rostet, wenn er stirbt: solange er aber lebt, bleibt sie blank.« Die zwei Brüder gingen immer weiter fort und kamen in einen Wald, so groß, daß sie unmöglich in einem Tag herauskonnten. Also blieben sie die Nacht darin und aßen, was sie in die Jägertasche gesteckt hatten; sie gingen aber auch noch den zweiten Tag und kamen nicht heraus. Da sie nichts zu essen hatten, so sprach der eine: »Wir müssen uns etwas schießen, sonst leiden wir Hunger«, lud seine Büchse und sah sich um. Und als ein alter Hase dahergelaufen kam, legte er an, aber der Hase rief:

»Lieber Jäger, laß mich leben,
Ich will dir auch zwei Junge geben.«

Sprang auch gleich ins Gebüsch und brachte zwei Junge; die Tierlein spielten aber so munter und waren so artig, daß die Jäger es nicht übers Herz bringen konnten, sie zu töten.

Sie behielten sie also bei sich, und die kleinen Hasen folgten ihnen auf dem Fuße nach. Bald darauf schlich ein Fuchs vorbei, den wollten sie niederschießen, aber der Fuchs rief:

»Lieber Jäger, laß mich leben,
Ich will dir auch zwei Junge geben.«

Er brachte auch zwei Füchslein, und die Jäger mochten sie auch nicht töten, gaben sie den Hasen zur Gesellschaft, und sie folgten ihnen nach. Nicht lange, so schritt ein Wolf aus dem Dickicht, die Jäger legten auf ihn an, aber der Wolf rief:

»Lieber Jäger, laß mich leben,
Ich will dir auch zwei Junge geben.«

Die zwei jungen Wölfe taten die Jäger zu den anderen Tieren, und sie folgten ihnen nach. Bald darauf kam ein Bär, der wollte gern noch länger herumtraben und rief:

»Lieber Jäger, laß mich leben,
Ich will dir auch zwei Junge geben.«

Die zwei jungen Bären wurden zu den anderen gesellt, und sie waren ihrer schon acht. Endlich, wer kam? Ein Löwe kam und schüttelte seine Mähne. Aber die Jäger ließen sich nicht schrecken und zielten auf ihn, aber der Löwe sprach gleichfalls:

»Lieber Jäger, laß mich leben,
Ich will dir auch zwei Junge geben.«

Er holte auch seine Jungen herbei, und nun hatten die Jäger zwei Löwen, zwei Bären, zwei Wölfe, zwei Füchse und zwei Hasen, die ihnen nachzogen und dienten. Indessen war ihr Hunger damit nicht gestillt worden; da sprachen sie zu den Füchsen: »Hört, ihr Schleicher, schafft uns etwas zu essen, ihr seid ja listig und verschlagen.« Sie antworteten: »Nicht weit von hier liegt ein Dorf, wo wir schon manches Huhn geholt haben; den Weg dahin wollen wir euch zeigen.« Da gingen sie ins Dorf, kauften sich etwas zu essen und ließen auch ihren Tieren Futter geben und zogen dann weiter. Die Füchse aber wußten guten Bescheid in der Gegend, wo die Hühnerhöfe waren, und konnten die Jäger überall zurechtweisen.

Nun zogen sie eine Weile herum, konnten aber keinen Dienst finden, wo sie zusammengeblieben wären; da sprachen sie: »Es geht nicht anders, wir müssen uns trennen.« Sie teilten die Tiere, so daß jeder einen Löwen, einen Bären, einen Wolf, einen Fuchs und einen Hasen bekam. Dann nahmen sie Abschied, versprachen sich brüderliche Liebe bis in den Tod und stießen das Messer, das ihnen ihr Pflegevater mitgegeben, in einen Baum; worauf der eine nach Osten, der andere nach Westen zog.

a) »Der gelernte Jäger« oder: Das einseitige Training männlicher Intelligenz

Vertrieben und *heimatlos, bestraft* für das, was an ihnen wertvoll, als *unheimlich* und *schadenbringend* betrachtet wegen der Fülle ihres inneren Reichtums – es kann uns nicht wundern, die beiden Kinder verirrt und verwirrt »im Walde« nach einem Ausweg suchen zu sehen, der sich ihnen zunächst nicht zeigen will. Das Grundgefühl, das sie in die Fremde begleitet, spiegelt sich am klarsten wohl in der Reaktion ihres Vaters: Er *will* seine Söhne im Grunde nicht verstoßen, doch tut er es schließlich »mit traurigem Herzen«, um nicht selber von der Macht des Bösen, wie sein »Bruder« ihm einredet, »ins Verderben« gebracht zu werden. Auch dieser Vater weiß also um die Unschuld seiner Söhne, doch *opfert* er sie aus Kapitulation vor seiner eigenen Angst; nicht eine vertretbare Überzeugung – eine sonderbare Mischung aus Selbsterhalt (Narzißmus) und Frömmigkeit (Aberglaube) leitet diesen Mann. Man darf vermuten, daß ein Sohn, der seinen Vater bis dahin versteht, den geistigen Gehalt seiner Entscheidung zu relativieren vermag; doch ein Gefühl der Traurigkeit und der Ohnmacht wird bleiben. Die Zwillinge werden wissen, daß sie weder »böse« sind noch »mit dem Bösen im Spiel« stehen, sie werden sich geistig ein gewisses Selbstbewußtsein erhalten; was aber können sie tun, wenn die blanke Dummheit im Verein mit der Bosheit das Szepter führt? Daß die Entscheidung ihres Vaters sie geistig nicht an sich selbst zweifeln läßt, ist wohl noch das Beste, was sich aus dem Dilemma ergibt, in dem sie sich jetzt vorfinden; es wird sie lehren, ihren Verstand zu gebrauchen und ihn künftighin stark zu machen gegen die nur allzu durchsichtigen Machenschaften ihrer Umgebung.

Die *Schulung des Verstandes* – das ist es, was jetzt wie eine Rettung winkt. Kulturgeschichtlich gesehen, gibt es viele genial begabte »Goldkinder«, die es in der »Schule«, das heißt in den Zwängen eines gesetzlich verordneten »Ausbildungssystems« nicht weit gebracht haben – Hermann Hesse zum Beispiel weigerte sich einfach, den Vorstellungen seines Vaters als ein »guter Schüler« zu entsprechen; selbst noch in seinem Lebenslauf für das Nobel-Komitee 1948 bekam er es fertig, zu betonen, daß er als Kind »nicht leicht erziehbar« gewesen sei und er habe »der pietistischen Erziehung, die ein Unterdrücken und Brechen der Individualität anstrebte, viele Schwierigkeiten bereitet«[1]. Und SÖREN KIERKEGAARD stellte sich nach seiner ingeniösen Doktorarbeit über den »Begriff der Ironie« die für ihn charakteristische Frage, ob es überhaupt *erlaubt* sei, »Professor« der Theologie zu werden und die Sache des Glaubens in der sicheren Position eines postumen »Erklärers« zu verwalten; mit aller Entschiedenheit meinte er, daß das *nicht* erlaubt sei.[2] Menschen von der Art, wie wir sie in dem Schicksal dieser beiden »Goldkinder« beschrieben finden, sind offenbar in keine fertige Paßform zu pressen. Das schließt jedoch nicht aus, daß gerade Kinder dieser Art über kurz oder lang das *Lernen* als ein geradezu lebenrettendes Element in ihrer Entwicklung entdecken werden. Eben die *Unabgeschlossenheit* des Lernens, eben die spürbare Notwendigkeit, ständig *dabei* zu lernen, macht ihnen die Beschränkung auf das abfragbare Pensum so verhaßt. Die *Offenheit* des Geistes, die *Unendlichkeit* des Fragens ist ihnen förmlich wie ein Elixier. Am meisten aber suchen diese vaterverstoßenen, vaterunverstandenen »Goldkinder« nach einem »richtigen« Vater, der ihnen wesentlich als Lehrer begegnen wird. Finden sie irgend einen gesprächsbereiten Bekannten oder Verwandten, Pfarrer oder Studienrat, Maler oder Dichter, so genügen ihnen oft schon wenige Begegnungen, Gespräche von Stunden auch nur, um ihrem Leben den so lange vermißten Halt zu geben.

»Ich habe«, sagte ein Mann, dessen vaterverwirrte Kindheit einen überaus sprechenden Kommentar zu der Einleitung des Grimmschen Brüdermärchens darstellt, »im Alter von 14 bis 18 Jahren geradezu gehungert nach jemandem, mit dem ich hätte sprechen können, es gab aber niemanden. Endlich bekam ich in der Schule einen Deutschlehrer, der für mich ein wesentliches Gegenüber sein konnte, indem er nicht bestimmte Inhalte, sondern die Kraft des Ausdrucks und die Klarheit der Gedankenführung in den Klassenaufsätzen benotete. Er verlangte nicht die echohafte Wiedergabe seiner eigenen Ansichten, sondern er forderte und förderte Eigenständigkeit, Originalität, ›Persönlichkeit‹, wie er es nannte. Nicht daß ich mit ihm zu Schulzeiten jemals persönlich ins Gespräch gekommen wäre, – ich hätte nie gewagt, ihn privat anzusprechen, doch ich konnte mich innerlich an ihm orientieren, und das war mir mehr wert als alles andere.

Sie müssen sich vorstellen, daß in der Oberstufe des Gymnasiums etwa alle vier bis fünf Wochen eine Klassenarbeit geschrieben wurde. Man saß dann bis zu sechs Stunden vor einem Päckchen weißer Blätter und hatte seine Auffassungen zu einem bestimmten Thema darzulegen. Das war meine Gelegenheit! Endlich war da jemand, der beruflich geradezu verpflichtet war, sich mit mir auf einen ernsthaften Dialog einzulassen, indem er mit ein paar Sätzen meine Ausführungen zu kommentieren hatte. Es war wenig genug, was sich da an ›Gespräch‹ entwickelte, aber für mich bedeutete es den Eintritt in eine höhere, wirkliche Welt. Endlich wurde ich ernst genommen! Endlich durfte ich äußern, was ich dachte und fühlte!«

In der Tat bildet dies den Wendepunkt in dem bisherigen Leben der »Goldkinder«, daß sie in dem »Jäger« einem Mann begegnen, der »nichts Schlimmes« in ihrer »Begabung« sieht, wenn sie nur nicht dazu führt, sich »auf die faule Haut« zu legen. Es wirkt fast grotesk, wenn die Zwillinge, trotz all ihres Goldes, sich immer noch als des armen Besenbinders Kinder vorstellen; doch genau so werden sie sich fühlen, und es ist erst der Jäger, der sie in ihrem Wert akzeptiert. Dieser Mann tritt wortwörtlich an des Vaters Statt, indem er, der Kinderlose, sie in gewissem Sinne geistig adoptiert. Aus der Sicht dieses Mannes stellt sich da ein Problem, das F. M. DOSTOJEWSKI in seinem Roman *Der Jüngling* aufgeworfen hat: wann hören Kinder auf, die Söhne »zufälliger Eltern« zu sein[3], oder, anders gefragt, wann bzw. *wie* gewinnen *Väter* einen geistigen Zugang zu ihren Söhnen? Für die »Goldkinder« indessen ergibt sich hier zum ersten Mal die Möglichkeit eines gewissen Einverständnisses mit sich selbst (einer positiven Identifikation): es ist nicht mehr länger etwas »Böses«, mit einem besonderen Talent ausgestattet zu sein! Dessen Entwicklung freilich schlägt jetzt zunächst eine extrem einseitige intellektuelle Richtung ein, denn gerade sie scheint in der Gestalt des *Jägers* verkörpert.

Wenn irgend es einen »Beruf« oder eine Tätigkeit gibt, die von alters her, weit mehr noch als die des »Schmiedes«, als *männlich* empfunden wird, so ist es die Tätigkeit des Jägers.[4] Eine urtümliche Arbeitsteilung zwischen der Rolle des Mannes und der Rolle der

Frau scheint darin bestanden zu haben, daß dem Mann die Aufgabe zufiel, Tiere zu erlegen und bestimmte Jagdgebiete als das Territorium seiner Sippe zu verteidigen, während die Frau sich um die Aufzucht der Kinder und um die Zubereitung der Nahrung zu kümmern hatte[5]; – bis in den Körperbau hinein hat diese Rollendifferenzierung sich geltend gemacht: Muskulatur und Atmung, die Form von Schultern, Brust, Hüfte und Gesäß, ja, sogar die unterschiedliche Behaarung bezeugen noch heute die tiefgreifende »Spezialisierung«, die auf dem Wege der Menschwerdung Männer und Frauen in verschiedener Weise einander zugeordnet hat.[6] Auch psychisch und geistig scheint ein gewisser Unterschied zwischen Männern und Frauen zu bestehen, der sich, was die Männer betrifft, tatsächlich wohl am einfachsten an der Vorgehensweise eines *Jägers* verdeutlichen läßt, wenn er sich nicht sogar daraus ergeben hat. Da gilt es, von Hunger und Furcht getrieben, einem fremden Lebewesen, weil es unvermeidbar so sein muß, bis aufs Tödliche den eigenen Willen aufzuzwingen und zu diesem Zweck eine Reihe von Vorrichtungen zu treffen, Waffen und Fanggeräte herzustellen, Erkundungen einzuholen, Spuren zu sichern, gemeinsame Aktivitäten einzuleiten, kurz, eine Art von »Geistigkeit« zu entwickeln, bei der so etwas wie Mitleid, menschliche Beziehung, Sensibilität für persönliche Befindlichkeiten und dergleichen mehr hinter den Gesichtspunkten von Pragmatik und Effizienz notorisch zurückzutreten haben.[7] Grob gesagt: das *Handeln*, nicht das Sein, ist hier das Ausschlaggebende.[8]

Wie auch immer man im einzelnen Unterschiede dieser Art begründen und bewerten mag, so viel scheint klar, daß es gefährlich wäre, die Welt ausschließlich der Logik der Männer anzuvertrauen und sie ungebremst und ohne Korrektiv mit sich allein zu lassen. Genau das aber ist eine ganze Weile lang die Situation des Grimmschen Brüdermärchens: Da sind die ganze Lehrzeit des Lebens über einzig Männer unter sich, – kein Franziskanerkloster und keine Priesterausbildungsanstalt könnten männerbündlerischer organisiert sein als die Ersatzfamilie, zu der sich die zwei »Goldkinder« und ihr neuer Adoptivvater zusammenschließen; das aber, was sie da treiben, was da gelernt und gelehrt wird, ist »das Männliche« in seiner archaischen Urform, das Töten von Tieren, das Schießen auf

Lebewesen, getrieben bis zur höchsten Perfektion. Es scheint nicht ohne Bedeutung, wenn wir hören, daß der *Probeschuß* der jungen Jäger einer Kette von *Schneegänsen* gilt, weil trotz allen Wartens auf dem Anstand sich kein Wild zeigen will. Offenbar bewährt sich die Kunst der beiden »Goldkinder« gerade darin, es in gewissem Sinne ihrem *Vater* nachzutun und Jagd auf *Vögel* zu machen; doch anders als der »Besenbinder« bei seinem wesentlich intuitiven Vorgehen ist die Jagdkunst seiner Söhne planvoll, zielsicher und gekonnt. Sie wissen, was sie sollen, und sie können, was sie müssen. Die Kette der Vögel, aus welcher punktgenau das erste und das letzte der Tiere herauszuschießen ist, darf wohl erneut als ein Bild für hochfliegende geistige Inhalte verstanden werden[9], die es exakt zu »treffen«, nach vorne und hinten »einzugrenzen« und damit »faßbar« zu machen gilt.[10] Für die »Goldkinder« scheint es nicht mehr schwer, vom Himmel herunterzuholen, was man ihnen zur Aufgabe stellt!

Insgesamt haben wir jetzt in den beiden »jungen Jägern« das Bild einer Persönlichkeit vor uns, die wir uns nicht nur als hochbegabt, sondern auch als ausgestattet mit einer durchtrainierten Intelligenz und geübten »Treffsicherheit« vorstellen müssen: – ein junger Mann, dem alles zufällt, dem kein Problem »zu hoch« ist, der auf alles und jedes, wonach man ihn fragt, zumindest in seinem Lebensbereich eine »schlagfertige« Antwort bereithält und der sich im wesentlichen zutraut, auf jede nur denkbare Herausforderung eine »erledigende« und »endgültige« »Lösung« parat zu haben. Wer einen solchen jungen Mann als intellektuell hochmütig, ja, als hochfahrend, wenn nicht hochnäsig bezeichnen wollte, hätte mit einer solchen Kennzeichnung nicht ganz unrecht; man darf aber nicht vergessen, daß es aufgrund der ganzen Vorgeschichte bisher so gut wie keine Alternative zu der jetzt getroffenen Bearbeitungsform der bereits in der Kindheit grundgelegten Konflikte gibt. Natürlich *überspielen* die »Zwillinge« ihre emotionale Unsicherheit durch ihr intellektuelles Gehabe als »Meisterjäger«; natürlich scheint in ihnen das Überlegenheitsgefühl gegenüber ihrem einfältigen »Vater« und hinterlistigen »Onkel« jetzt recht seltsame Blüten zu treiben; doch was bleibt ihnen auch anderes übrig, als das Beste, was ihr »Vater« ihnen mitgeben konnte: das Erlegen des Goldenen Vogels, zu einer beherrschbaren Technik weiterzuentwickeln und damit in gewissem Sinne die Art des »Besenbinders« und des »Goldschmieds« miteinander zu verbinden? Was das *Vaterproblem* angeht, so ist jetzt wirklich ein passabler Kompromiß, eine lebbare Synthese gefunden worden, ein wirklicher Ausweg aus der Hypothek einer extremen Zerrissenheit und Widersprüchlichkeit: Intuition und Reflexivität, Vision und Visieren, »Anschauung« und »Begriff« fügen sich fortan auf eine glückliche, »gekonnte« Weise ineinander.

Kennzeichnend dafür ist, daß gerade jetzt die »Zwillinge« sich zusammentun und gemeinsam beschließen, von ihrem »Adoptivvater« *Abschied* zu nehmen. Gewiß, das Märchen versichert uns, genau dies habe auch der erklärten Absicht ihres Ausbilders selbst entsprochen, und tatsächlich dürfte es außer Zweifel stehen, daß ihr Lehrmeister sich von Anfang an als das verstand, was ein guter Pädagoge sein sollte: ein »Begleiter im Übergang«. Aber es liegt auch noch etwas anderes darin. Wenn wir bedenken, wie schmerzhaft es für die »Zwillinge« war, ihres Reichtums wegen (!) von ihrem eigenen Vater wie etwas Böses, ja, *als* etwas Böses verstoßen und einem absurd anmutenden geistigen Widerspruch zum *Opfer* dargebracht zu werden, so scheint es jetzt unerläßlich, das Trauma der Kindertage: die Trauer des Abgelehntseins und Verstoßenwerdens, aus eigener Kraft *umzukehren* und selber, von sich her, die Art und den Zeitpunkt des Aufbruchs zu bestimmen. Nicht mehr als Zufügung von außen, sondern, weil es reif ist, als Fügung von innen soll sich vollziehen, was immer schwer ist, wenn Menschen einander so hilfreich sein dürfen, wie dieser »Jäger« es als Lehrer seinen Adoptivsöhnen war. Daß aber dieser Schritt der Ablösung nunmehr wirklich getan werden kann, verrät eine Merkwürdigkeit, die wie unausgesprochen von den Brüdern Grimm in das Märchen eingeschmuggelt wird: Bislang waren *die Goldstücke*, die sich allmorgendlich unter dem Kopfkissen der Zwillinge fanden, von dem »Jäger« treuhänderisch »verwahrt« worden, und ehrlich, wie er ist, händigt er sie nunmehr den Scheidenden aus, »jedem ..., soviel er wollte«. Anders als der »Goldschmied« trägt dieser Mann also keinerlei Interesse daran, sich an fremdem Talent zu bereichern oder aus (Selbst)Haß fremde Befähigungen als etwas Böses zu verteufeln; doch wichtiger als diese erfreuliche Feststellung ist etwas anderes:

Wenn es mit der Logik des Märchens eine einwandfreie Bewandtnis hätte, so könnten die Zwillinge auch ohne die Ausstattung des »Jägers« künftig ihrer Wege ziehn – sie würden jeden Tag neu das nötige Geld unter ihrem Kopfkissen vorfinden; vorausgesetzt wird aber ohne weitere Begründung, daß es mit dieser Äußerlichkeit ihrer »Begabung« in Zukunft vorbei sein wird; sie können fortan sozusagen damit aufhören, allüberall »goldene Eier« zu legen. Aus ihrer mehr oder minder zufälligen »Begabung« ist etwas geworden, das ihnen selbst als Befähigung zu Gebote steht. Das Problem der »Rechtfertigung« dessen, was sie sind, hat sich damit aufgelöst – das heißt, es *hätte* sich aufgelöst, entstünde da nicht auf der Stelle dieselbe Frage in neuem Gewande: als das Problem einer grenzenlosen *Einsamkeit.* Auf jede Frage sonst mag es eine intellektuell befriedigende Antwort geben, auf diese Frage nicht.

Tatsächlich meldet sich das Gefühl des Alleinseins denn auch nicht in der Sphäre der Intellektualität – der reine Geist wäre gewiß imstande, sich 1001 Nacht lang auf das angenehmste mit sich selber zu beschäftigen. Ein junger Mann etwa, der seine ganze Energie dem Studium der Physik oder der Biochemie widmet – ist er nicht in gewissem Sinne das geheime Ideal einer bestimmten Vorstellung von Erfolg und Tüchtigkeit in der »Nachwuchsförderung«? Doch so autark die bloße Intellektualität sich auch geben mag, es gibt ein elementares, triebhaft zu nennendes Bedürfnis nach Gemeinsamkeit, und alles in der Entwicklung eines jungen Mannes, wie wir ihn in den beiden »Goldkindern« symbolisiert finden, wartet förmlich darauf, daß dieses Bedürfnis sich endlich zu Wort meldet. Endlich!, denn zu den erstaunlichen Eigenheiten des Grimmschen Brüdermärchens gehört die *Ungleichzeitigkeit der Entwicklung.* Während die intellektuelle Seite der Persönlichkeit sich der Darstellung des Märchens nach bereits zur vollen »Meisterschaft« entfaltet hat, hat die affektive Entwicklung noch nicht einmal begonnen. An sich stünde nun zu erwarten, daß vor allem *die Sexualität* sich irgendwann überfallartig geltend machen würde. So war es zum Beispiel bei Sören Kierkegaard, als er hinter das dunkle Geheimnis seines Vaters kam und erfuhr, daß dieser noch zu Lebzeiten seiner sterbenskranken Frau ein Verhältnis mit seiner Magd angefangen hatte[11]; den jungen Kierkegaard traf diese Entdeckung mit der Wucht eines Erdbebens. Oder HERMANN HESSE, wenn man die halb autobiographischen Romane *Demian*[12] und *Narziß und Goldmund*[13] zugrunde legen darf: mit welch einem Ungestüm bricht da der Anspruch des sexuellen Verlangens sich Bahn, so viel an Schuldgefühlen und Gewissensbissen sich auch dagegen stemmen mag! Ganz anders bei den »Zwillingen« des Grimmschen Märchens, deren Entfaltung in einer Staffel von »Zähmungen« geschildert wird, wenngleich auch ihre Bedrängnis, ihr »Hunger« groß ist.

b) »Lieber Jäger, laß mich leben« oder: Die Erziehung der Gefühle

Als erstes nämlich geraten die beiden Brüder noch einmal in einen *Wald*, der so ausgedehnt ist, »daß sie unmöglich in einem Tag heraus konnten«. Wie beim ersten Mal wird dieser »Wald« auch jetzt einen Zustand innerer Haltlosigkeit symbolisieren; doch ergibt sich die Unübersichtlichkeit, das Nicht-ein-noch-aus-Wissen an dieser Stelle nicht mehr aus der mangelnden Bindung an eine richtungsweisende Autorität, sondern aus dem Fehlen eines menschlichen Gegenübers.[14] Ein vitaler *Hunger* überkommt die beiden Zwillinge, der sie nötigt, ihre mitgebrachten »Reserven« anzugreifen, das heißt wohl: erst einmal so weiterzumachen wie bisher, sich also schadlos zu halten an den bislang eingeheimsten »Erfolgen«: Was braucht etwa ein junger Student, der gerade sein Physikum mit »Sehr gut« abgeschlossen hat, sich um solche Trivialitäten zu kümmern wie die Frage, wie man eine Freundin kennenlernt oder gar eine Gefährtin für das Leben findet! Noch scheint der »Proviant« aus der bisherigen Lebensführung nicht erschöpft; und doch kommt irgendwann der Zeitpunkt, wo es unvermeidbar wird, eine neue »Strategie« zu ersinnen. Es geht jetzt, wohlgemerkt, nicht mehr wie seinerzeit bei dem »Probeschuß« darum, ersatzweise für »Tiere«, die sich auf Erden nicht zeigen wollen, *Vögel* vom Himmel zu schießen; es geht um die Frage, wie mit den recht irdischen »Tieren« zu verfahren ist, die jetzt, der Reihe nach, wie gerufen den Zwillingen über den Weg laufen.

Eine große Gefahr läge darin, auf die Auseinandersetzung mit dem erwachenden Triebleben die gleiche »Technik« anzuwenden, die in der Auseinandersetzung mit den »Vögeln«, mit den geistigen Inhalten, bisher sich vermeintlich als so erfolgreich erwiesen hat. Das Ziel bliebe dabei nach wie vor die vollkommene rationale und willentliche Beherrschung aller »Erscheinungen« des Lebendigen; angestrebt würde, mit anderen Worten, im Umgang mit den eigenen Gefühlen und Affekten die gleiche Beherrschung, Kontrolle und Verfügungsgewalt, wie sie im Umgang mit gedanklichen Inhalten bislang geradewegs als Pflicht galt. »Gefühle sind unklare Gedanken« – diese »rationalistische« Überzeugung des DESCARTES[15] würde dann zur Grundlage der Einstellung auch sich selbst gegenüber. Undenkbar unter solchen Voraussetzungen, daß etwas im Leben sich außerhalb des Diktats einer klaren Selbstbestimmung ereignen sollte[16]! Ein bestimmter Typ »christlicher« Erziehung zum Beispiel hat auf eine solche Haltung geradezu als das Ideal des Sittlichen in Jahrhunderten hingewirkt und dient in Kirche und Gesellschaft wohl noch immer als moralischer Meißel zur Herausbildung eines »patriarchalen« Charakterbildes straffer Selbstbeherrschung und (hage) stolzer Autarkie.

Nicht wenige Männer wird es geben, die, im Schatten einer solchen Erziehung aufgewachsen, sich noch deutlich daran erinnern, wie ihr Umgang mit den sich regenden »Tieren« in ihrer Seele auf ein ständiges Kontrollieren oder, eigentlich besser, auf ein promptes *Totschießen* von allem, was da leben und gar »Junge« hecken wollte, hinauslief. »Jeden Morgen von neuem«, soll ein besonders vorbildlicher Heiliger und Moralprediger der katholischen Kirche gesagt haben, »muß ich zwei Sperber, zwei Füchse, zwei Bären und zwei Löwen einfangen und zähmen. Welche zwei? Meine zwei Augen, meine zwei Ohren, meine Geschlechtslust und meinen Jähzorn«, also um die Konkretheit der Körpersprache zu vervollständigen, die Genitalien und die Hände. Wie solche Lehren sich seelisch auswirken müssen, schilderte ein Mann im Rückblick auf seine durch unablässige Schuldgefühle verwüstete Jugend so: »Was ich erlebt habe, kam einer unbemerkten Katastrophe gleich. Nach außen wirkte ich glatt, gefällig, virtuos – ein Vorbild geradezu in den Augen des Pfarrers und des Lehrers; ich selber aber empfand mich stets wie ein Skifahrer, der auf gut gefetteten Brettern mit hohem Tempo über den Schnee gleitet. Ich drang in kein Problem wirklich ein. Ich hatte

Angst, ständig Angst, mich mit mir selber auseinanderzusetzen. Aber das merkte ich nicht. Ich kannte mich ja so gut wie gar nicht. Das heißt: ich *durfte* mich nicht kennenlernen. Wenn andere von ihren Erlebnissen mit Mädchen schwärmten oder wenn sie erzählten, was sie sexuell alles an Abenteuern hinter sich gebracht hatten, wußte ich im Grunde gar nicht, was sie meinten. Ich hatte solche Gefühle oder Neigungen einfach nicht zu haben, und folglich hatte ich sie auch nicht. Ja, ich bekam es fertig, mich als ›Berater‹ bei ihnen beliebt zu machen. Theoretisch wußte ich über alles Bescheid. Ich kannte alle möglichen philosophischen und theologischen Definitionen über ›Liebe‹ und ›Glück‹, will sagen, über die *wahre* Liebe und das *wahre* Glück; ich hatte alle möglichen psychologischen Hypothesen von S. FREUD und A. ADLER auf dem Schnürchen – ich kannte alles, doch alles nur von außen, nicht um es zu leben, sondern um es im Leben zu vermeiden, um es auswendig zu lernen, nicht um es kennenzulernen.«

So in etwa werden wir uns die Möglichkeit vorzustellen haben, daß die beiden Zwillinge ihre »Büchse« anlegen und jedes »Tier«, das »vorüberkommt«, töten, immer im Wahn, damit ihren unmittelbaren »Hunger« zu stillen, in Wahrheit jedoch in der großen Gefahr, sich selber jeder Zukunft auf diese Weise zu berauben. Es ist ganz entscheidend, daß die »Goldkinder« diesen Weg *nicht* gehen: Sie setzen nicht einfach fort, was sie als »Jäger« gelernt haben, sondern sie folgen buchstäblich einer neuen Stimme – der Sprache der redenden Tiere!

Gerade für *Männer* ist die Bedeutung der Märchen wohl in keinem Punkte so hoch zu veranschlagen wie in dem uralten mythischen Motiv von der ursprünglichen Fähigkeit des Menschen, die Tiere *reden* zu hören.[17] Daß die Kreaturen an unserer Seite uns etwas zu sagen hätten und uns um *Schonung* bäten, damit sie selber leben und sich vermehren dürften als ein *Geschenk*, das sie uns selbst durch ihr Überleben darböten! – es wäre eine phantastische Entdeckung, wenn eine solche Hörbereitschaft in unserer Zeit für unser Bewußtsein sich zurückholen ließe. Der bengalische Dichter RABINDRANATH TAGORE schrieb einmal in diesem Sinne: »Oft frag ich mich, wo liegen die verborgenen Grenzen des Erkennens zwischen Mensch und Tier; kennt es doch unsere Sprache nicht. Durch welches Erstlingsparadies am fernen Schöpfungsmorgen lief der schlichte Pfad, auf dem sie zueinander kamen? Die Spuren ihres langen Miteinander-Gehens sind nicht verwischt, auch wenn die gleiche Abkunft längst vergessen ist. Doch jäh erwacht ein dunkles Erinnern bei irgendeiner wortlosen Musik, und in des Menschen Antlitz späht das Tier in zärtlichem Vertrauen, und nieder schaut der Mensch in seine Augen mit froher Liebe. Es scheint, verkleidet treffen sich die beiden Freunde, erkennen sich nur unklar hinter ihrer Maske.«[18] Die Hauptfragen der sogenannten »Umweltproblematik«, vermöchte dieses Denken auszustrahlen, würden plötzlich einen ganz neuen Maßstab gewinnen und wären endlich einer umfassenden Lösung zugänglich; es gäbe endlich wieder ein Weltbild, innerhalb dessen Menschen und Tiere in einen Dialog miteinander gestellt würden. Es ist der stumme Schrei der Lebewesen an unserer Seite, der so vielfältig, inständig und flehend wie in dem Grimmschen Märchen inzwischen weltweit an den Menschen ergeht und doch nach wie vor ungehört verhallt: »Lieber Jäger, laß mich leben ...«[19] »*Lieber Jäger* ...«, da wäre es das Verständnis der Tiere selber, es gäbe so etwas wie ein begrenztes Recht darauf, daß nach der bitteren Ordnung der Natur ein Wesen sich am Leben erhält auf Kosten eines anderen; es wäre jedenfalls nicht einmal aus der Sicht eines Tieres von vornherein »unlieb«, »Jäger« zu sein. Und doch bringt alles, was lebt, den Wunsch mit sich, leben zu dürfen und Leben weiterzuschenken[20], und es wäre des Menschen eigener Vorteil, die Fruchtbarkeit und die Lebensvielfalt der Tiere an seiner Seite nicht einzuschränken und auf ihr Flehen um Schonung zu hören.

Daß wir gleichwohl unter dem Zwang und dem Hang eines äußerst »männlichen« Herrschaftswillens so »gute« »Jäger« geworden sind, daß wir jeden »Probeschuß« zum Töten von Tieren (und Menschen!) auf der Stelle mit Auszeichnung bestehen würden, während wir gleichzeitig uns vollkommen außerstande zeigen, auf das Flehen der Tiere um *Mitleid* auch nur mit ein wenig Erbarmen zu antworten – wir sind, nebenbei gesagt, inzwischen »tüchtig« genug, selbst den Brutbestand ganzer Fischgründe, ganzer Vogelkolonien, ganzer Ökosysteme in einem einzigen Frühjahr durch Überfischen mit Treibnetzen und Grundnetzen, durch Verseuchen der Nistplätze, durch Ölverschmutzung und Schadstoffeinleitung, durch Abholzen und Abbrennen riesiger Urwaldbestände in den Tropen zugunsten von Rinderfarmen für Billigfleisch bei McDonald's etc., ein für allemals auszurotten[21]! – diese offensichtliche Unvernunft just *der* Art von Vernunft, auf die wir männlicherseits so stolz sind, hat ihren Grund und ihre Folge unmittelbar in der Art und Weise, wie wir mit den »Tieren« *in uns selbst* umgehen. Eine Moral der Triebunterdrückung, der »Selbstbeherrschung« und der Lustfeindlichkeit ist die direkte Grundlage zur Verwüstung auch der äußeren Natur[22]; es braucht sich nur eine bestimmte Form dieses (vermeintlich) rationalen Herrschaftswissens und Herrschaftswillens genügend auszudehnen, und es entsteht eine Gefühlsarmut und Gemütlosigkeit, die den objektiven Sadismus ihrer Zerstörungsarbeit an fühlenden Wesen durchaus nicht mehr »registriert«, wie es in jener dazugehörigen Sprache so »treffend« heißt. Psychologisch wie kulturell wäre es von entscheidender Bedeutung, wenn es gelänge, eine Lebenseinstellung zu gewinnen, wie die beiden »Goldkinder« sie an dieser Stelle entwickeln, indem sie die »Tiere« *nicht* zum Abschuß freigeben, sondern sie verschonen, um durch sie ihr eigenes Leben verschönern zu lassen. Sie wissen noch nicht, daß wenig später schon diese Entscheidung zugunsten des Lebens der Tiere zumindest einem von ihnen das Leben retten wird!

Was psychologisch hier auf dem Spiel steht, ist im Erleben eines jungen Mannes nicht mehr und nicht weniger als das Gelingen oder das Mißlingen der gesamten Triebentwicklung; Integration des Es oder Desintegration der Affektivität, mithin das Schicksal der ganzen späteren Persönlichkeit wird hier vorwegbestimmt, und es läßt für alles weitere *hoffen*, wenn wir erfahren, daß bereits dem *Häschen*, das den zwei Brüdern über den Weg läuft, das wechselseitige *Geschenk* des Lebens nicht verweigert wird.

Es gibt aus der Feder der Brüder Grimm zumindest *ein* Märchen, das ganz und gar harmonisch ist und das dennoch das Erwachen der Sexualität wie einen notwendig schrecklichen und schreckhaften Einbruch und Eindruck in der Erfahrungswelt zweier Kinder schildert – das ist die Geschichte von *Schneeweißchen und Rosenrot* (KHM 161).[23] Auch dort wachsen zwei »goldige« Kinder unter der Anleitung nur eines Elternteils, ihrer Mutter in diesem Falle, heran, doch stehen sie von Anfang an nicht unter dem Einfluß einer solchen Zwiespältigkeit, wie das Brüdermärchen sie voraussetzt, im Gegenteil, die Geschichte von *Schneeweißchen und Rosenrot* will gerade zeigen, wie es möglich ist, Geschichte und Gleichgewicht, Entwicklung und Einheit als etwas Zusammengehöriges zu bewahren und nicht erst mühsam (wie im Brüdermärchen) durch einen äußerst dramatischen Entwicklungsprozeß *wiederherstellen* zu müssen. Um so mehr möchte man sich unter diesen Voraussetzungen wundern, daß in dem so friedfertigen Märchen von *Schneeweißchen und Rosenrot* die Sexualität der Mädchen erwacht wie ein *Bär*, der an einem kalten Winterabend an die Tür klopft und alle Bewohner des »Hauses« mit Ausnahme der gütigen und weisen Mutter in helle Panik versetzt. Warum dieser jähe und plötzliche Schrecken hier, während wir in den *Zwei Brüdern*, die doch von weit zwiespältigerer Art sind, das erwachende Triebbedürfnis der Sexualität sich als erstes in der harmlosen Gestalt eines vorübereilenden »Hasen« sich regen sehen? Die Antwort kann nur lauten, daß die Entwicklung von *Schneeweißchen und Rosenrot* betont harmonisch und *ganzheitlich* verläuft und eben deshalb auch die Sexualität sich als ein *ganzheitliches* Erleben, in ihrer *ganzen* Fremdheit und Neuheit, vorstellt; in der Geschichte der *Zwei Brüder* hingegen haben wir es mit einer ganz anderen Situation zu tun: hier hat sich gewissermaßen die Triebverdrängung der Latenzzeit unverändert in dem »Rationalismus« der *Pubertätsaskese*[24] fortgesetzt; hier ist nichts einheitlich und ganzheitlich, sondern ganz im Gegenteil: höchst ungleichzeitig, zerspalten und einseitig; und da ist es schon enorm viel wert, daß sich dieser Zustand, belobigt mit dem Zertifikat einer »Meisterprüfung«, nicht allein schon aufgrund der geernteten beruflichen und fachlichen Anerkennung einfach so fortsetzt, wie bislang vorbereitet. Was die zwei Brüder förmlich *rettet*, das ist die Tatsache, daß sie *Hunger* verspüren nach etwas ganz anderem, daß sie *mehr* sein wollen als nur die belobigten Experten ihrer Tüchtigkeit, daß sie, wie ohne es erst noch zu merken, sich zu sehnen beginnen – nach *Liebe*.

Was man gemeinhin mit einem *Hasen* verbindet[25], ist schon im Erleben eines Kindes vor allem die Vorstellung von einem Tier, das man streicheln möchte und mit dem man spielen kann. »Mein Häschen« ist noch in der Sprache Erwachsener ein gern verwandtes

Wort zärtlicher Verbundenheit und liebevoller Zugewandtheit. Ganz entsprechend beginnt die Entdeckung der eigenen Gefühle bei den »Goldkindern« des Brüdermärchens offenbar mit einem starken Bedürfnis, irgend etwas auf Erden zu pflegen, zu hüten, zu beschützen, doch dieses »Etwas« ist noch weit davon entfernt, einer menschlichen Beziehung, zum Beispiel dem Verhältnis eines Mannes zu einer Frau, ähnlich zu sehen. »Was sollte ich denn machen, als ich 16 Jahre alt war«, erinnert sich ein Mann noch sehr lebhaft an seine Musterschülereinsamkeit. »Ich weiß nur noch, daß ich mir damals über alles auf Erden ein kleines Kaninchen gewünscht hätte oder eine Katze oder dergleichen. Meine Eltern aber wollten das nicht. ›Wir brauchen keine Katze‹, sagten sie, ›und Kaninchen züchten wir nicht. Wozu auch, Du magst ohnedies keinen Hasenbraten. Und nur um damit zu spielen – dafür bist Du zu alt.‹ Irgendwie, das spürte ich auch, hatten meine Eltern damit recht. Aber irgendwie auch wieder nicht. Ich wollte nicht in die Kindheit zurück. Es regte sich vielmehr etwas in mir, das ich so nicht kannte – ein Wunsch, einfach irgendeinem Lebewesen auf Erden gut zu sein. Heute, im Rückblick, weiß ich natürlich, was sich da vorbereitete. Aber damals ... Nie hätte ich an ›so etwas‹ gedacht. Es gehörte wohl zu dieser Art von Wunsch, daß ich damals noch viel zu scheu war, um auch nur ganz vorsichtig ein Mädchen anzusprechen. Es war nur erst ein ungerichtetes Verlangen, was ich da spürte, ein Hunger nach Leben im allgemeinen.«

Doch so zögernd und anfanghaft auch immer, es ist gerade deshalb außerordentlich wichtig, daß die »Goldkinder« ihre nachreifende, durchaus noch kindliche Sexualität eben nicht, gelernte Jäger, die sie sind, mit all dem, was sie als »vernünftig« kennengelernt haben, totzumachen suchen. Was ihnen da »über den Weg läuft«, soll sich entfalten dürfen, soll »Junge« werfen, soll Zukunft haben! Aus einer anderen Grimmschen Geschichte, aus dem Märchen von *Brüderchen und Schwesterchen* (KHM 11)[26], ist eine andere Steigerung von Tiergestalten zur Symbolisierung der Triebentwicklung geläufig; doch erneut ist da der *Unterschied* sehr lehrreich: in *diesem* Märchen geht es darum, den »Durst« des Lebens nicht zu früh zu stillen, um von der Triebgefahr nicht wie von einem Raubtier verschlungen zu werden; *hier*, im Brüdermärchen aber, ist die Problemstellung gerade umgekehrt: hier besteht die Gefahr nicht darin, von dem

Hunger der erwachenden Triebwünsche überwältigt zu werden, die Gefahr ist *hier* an genau dem entgegengesetzten Ende angesiedelt: es wäre möglich, im Gefälle einer bestimmten Form von Rationalität viel zu früh zu verdrängen, zu unterdrücken, zu *töten,* was sich im Leben zu Wort melden möchte. Nicht eine »tigerhafte« Überfülle an Vitalität bildet hier die Gefahr, sondern eine drohende Unlebendigkeit und Gefühllosigkeit. Die Differenz selbst ist bezeichnend, wenn wir bedenken, daß das Märchen von *Brüderchen und Schwesterchen* ein »Geschwisterpaar« darstellt, das in seiner Gegensätzlichkeit die Konflikte und Ängste eines heranwachsenden *Mädchens* verkörpert, das zur Liebe erwacht und es lernt, zu einer Frau, ja, zu einer Mutter zu werden. Die »Zwillinge« in dem Brüdermärchen hingegen stehen ganz und gar für die Schwierigkeiten, die ein *Junge* auf dem Wege zur Liebe und zum Mannsein auf sich zu nehmen hat, und da scheint es in gewissem Sinne schwieriger, die eigenen Gefühle *zuzulassen,* als sie im Ruck-Zuck zu »erledigen«. Während es – in der Polarisierung der Grimmschen Märchen – eher die Gefahr *einer Frau* darstellt, beim Löschen des Durstes nach Leben und Liebe in der eigenen Sehnsucht bis zur Besinnungslosigkeit aufzugehen, stehen *die Männer* anscheinend eher in der Gefahr, ihren Hunger nach Leben dadurch zu beantworten, daß sie förmlich Jagd auf sich selbst machen, indem sie die Liebe selber sozusagen »waidmännisch« betreiben. Da wird – in einer entsprechenden Sprache formuliert – nur noch »umgelegt«, »zur Strecke gebracht«, »zum Schuß gekommen«, so daß ein rein machohaftes »Abprotzen« die wärmeren Gefühle niederhält.

Man höre, zur Probe aufs Exempel, nur einmal daraufhin in die Sprache der berufsmäßigen »Jäger« dieser Prägung, der »Soldaten«, hinein! Sehr schnell wird man feststellen, wie stark hier der gesamte Bereich des Schlachtens und des Tötens sexualisiert ist, so wie umgekehrt alle sexuellen Handlungen ins Sadistische gewendet werden. Männer, die wesentlich *Jäger* und nichts als Jäger sein wollen und sein müssen, können wohl nicht anders, als so zu reden, wie es die amerikanischen Piloten im Februar 1992 in der Zeit des Golfkriegs taten: Nachdem sie sechs Wochen lang die »killing boxes«, die Areale des Todes entlang den irakischen Frontlinien, aus 15 km Höhe mit allem, was ihre Bombenschächte hergaben: mit Druckbomben, Splitterbomben und Napalmbomben, mit »smart bombs« und »cruise missiles« belegt hatten[27], erklärten sie auf die Frage, ob und wann denn nun die Kämpfe am Boden beginnen würden: »Wir haben doch nicht wochenlang gevögelt, um jetzt nicht abzuficken.« Wovon sie sprachen, war unter anderem der Plan, ganze Abschnitte der gegnerischen Stellungen auf Kilometer Länge mit gepanzerten Bulldozern einzuebnen und die Soldaten in den Schützengräben lebendig zu begraben[28]; sie aber bezeichneten bezeichnenderweise das nackte Grauen lustvoll wie einen orgiastischen Rausch – der »Nahkampf« als Sexualakt! Es ist definitiv der Endpunkt einer Logik, die systematisch darin geschult ist, in allem, was lebt, als erstes ein mögliches Objekt des Tötens zu sehen. Man kann Männer wohl nicht tiefer zerstören als dadurch, daß man sie dahin trainiert, selbst das Zerstören noch als einen »Job« wie jeden anderen zu betrachten.

In seinem zeitlosen Bestsellerroman *Im Westen nichts Neues* hat E. M. Remarque einmal geschildert, wie Pferde schutzlos ins Artilleriefeuer getrieben werden und dabei unter schrecklichen Qualen verenden. »Pferde gehören nicht in den Krieg«, stammelt einer der neu eingezogenen Gefreiten, der, vom Bauernhof kommend, zum Zeugen des gräßlichen Schauspiels wird.[29] Wie aber gehen dann Menschen mit Menschen um? Es gibt gegen die Perversion des Ideals der Männlichkeit im Sinne des Grimmschen Brüdermärchens nur *eine* Alternative: den »Jäger« im Manne dahin zu bringen, den »Hunger« nach Liebe, das Verlangen nach Zärtlichkeit, die Sehnsucht einer sanft gewordenen Sexualität nicht als etwas »Unmännliches« »zur Strecke zu bringen«, sondern zu hegen, zu hüten und sich entwickeln zu lassen. Im Leben jedes einzelnen Mannes *ist* es, im Leben unserer gesamten Kultur *wäre* es ein wirklicher Fortschritt, eine solche Haltung sich entfaltender Milde sich selbst und den anderen gegenüber als etwas in tieferem Sinne »Männliches« zu erlauben und erlebbar zu machen.

Dabei erscheint die Art der »Entwicklung«, die das Märchen von den *Zwei Brüdern* im folgenden beschreibt, rein moralisch betrachtet durchaus nicht als unbedenklich. Kaum nämlich haben die Zwillinge den *Hasen* am Leben gelassen, als ihnen *ein Fuchs* über den Weg läuft, der mit denselben Worten um sein Leben bittet und ihnen dafür ebenfalls »zwei Junge« zu geben verspricht. Die Gleichheit der Worte bereits zeigt, daß es sich bei dem »Fuchs« um dasselbe handelt wie bei dem »Hasen«, nur daß es jetzt in einer neuen Gestalt auftritt. Daß »Sexualität« in dem Bilde des Hasen soviel bedeuten kann wie Streicheln, Pflegen und Zärtlichsein beziehungsweise auch wie märzverliebten Übermut und überwältigende Ausgelassenheit, wird manch ein Menschenfreund zur Not wohl noch gutheißen, und er wird jedenfalls nichts dagegen einzuwenden haben, daß diese Triebenergie *bis dahin* irgendwie zugelassen und kulturell »sublimiert« werde. Bei dem »Fuchs« indessen sieht die Sache schon anders aus. Da geht es nicht mehr nur um eine absichtslose Neigung zum Gutsein, sondern weit eher um ein listiges Anschleichen und Beutemachen. In der Fabel ebenso wie im Märchen[30] erscheint der *Fuchs* seit altersher als ein Schlaumeier, der auf Hinterwegen der *Ver*führung und der *Irre*führung sich sein ebenso unschuldiges wie törichtes Opfer einzufangen sucht. Daß der Fuchs sich mit Vorliebe dabei an die »dummen« »Hühner« macht, braucht nur gesagt zu werden, und man versteht sogleich die sexualsymbolische Bedeutung dieses Bildes[31] – aber auch den Einschuß jungenhafter Arroganz, der darin liegt. Und doch wäre es psychologisch fatal, wollte man aus lauter Angst vor den Möglichkeiten eines solchen »Fuchsdaseins« erneut alle weitere Entwicklung stornieren. Wohl haben wir es auf der Stufe des »Fuchses« mit einer absolut pubertären, unreifen Form der Triebentwicklung zu tun; nicht menschliche Beziehung und Verantwortung, wie man von einem entwickelteren Standpunkt aus wohl wünschen würde, stehen da im Zentrum des Erlebens, es geht vielmehr zunächst wirklich nur darum, sich sozusagen im »Anschleichen« zu üben und den anderen bzw. *die* andere mit einschmeichelnden Redensarten sich gefügig zu machen. Doch wer (zum Beispiel aus moralischer Entrüstung) diese Möglichkeit in sich selber, kaum daß sie sich regt, gleich wieder »erledigen« wollte, der beraubte sich nicht nur der Chance zu einer umfassenderen Entfaltung seiner Triebbedürfnisse, er würde sich vor allem dazu verurteilen, in der Sexualität niemals mehr etwas anderes zu sehen als ein halblustiges Jagdvergnügen. Es gibt keinen anderen Weg, als auch das »Fuchssein« möglichst »jung« sich schenken zu lassen und es im Umgang mit sich selber zu »domestizieren«.

In seiner Erzählung *Kleine Mouche* hat PAUL GALLICO einmal die Geschichte eines kleinen Mädchens erzählt, das, völlig allein, eines Abends auf einem Kirmesplatz steht, als es von den Puppen einer Schaubude angeredet wird und, im Glauben, sie seien lebende Wesen, mit ihnen umgeht wie mit seinesgleichen. Der Erfolg bei den Leuten, die der kleinen Lilly in ihrem Spiel mit den Puppen zuschauen, ist so groß, daß der Schausteller hinter den Marionetten darin seine Chance erblickt. »Lilly«, erkennt er, »ist wie eine Glocke. An jeder Stelle, an der man sie anschlägt, gibt sie einen ganz reinen Ton.«[32] Wie groß aber ist das Erschrecken des Mädchens, als es merkt, wer der Mann hinter seinen geliebten Figuren in Wirklichkeit ist! Er selbst ist *sie alle:* der gutmütig-dumme Kartoffelkopf, die eitle Prinzessin, aber auch Renardeau, der anschmiegsam hinterhältige *Fuchs.* Das Mädchen muß lernen, vor dieser Seite des Mannes nicht einfach fortzulaufen, und der Mann muß lernen, diese Seite seines Wesens in der Liebe zu einem anderen Menschen zu läutern. Das »Fuchssein« kann dann auch so viel bedeuten wie die Kreativität, es auf allen Wegen immer wieder zu versuchen, sich in den Engpässen einer Partnerschaft stets neue Möglichkeiten einfallen zu lassen und »List« und »Schlauheit« umzuwandeln in ein sicheres Gespür für den Ort, wo sich der andere finden läßt. Unter dem Titel *Lili* wurde P. GALLICOS Geschichte übrigens von CH. WALTERS so erfolgreich verfilmt (in den Hauptrollen mit Leslie Caron und Mel Ferrer), daß dieser Streifen für jeden, der ihn gesehen hat, zu den unvergeßlichen Klassikern der Filmgeschichte zählt.[33]

Aber, wird man berechtigterweise einwenden, kann denn von einer »Läuterung« der als »Tiere« auftretenden Triebkräfte in der Liebe zu einem anderen Menschen in der Grimmschen Erzählung überhaupt die Rede sein? Statt von einer »Läuterung« hören wir davon, daß der »Fuchs« gleich in der nächsten Szene schon abgelöst wird von einem *Wolf* und der dann von einem *Bären* und der schließlich gar von einem *Löwen!* Ja, soll denn diese ganze apokalyptische Heerschar einfach mit munterem Gottvertrauen sich austummeln und austoben dürfen? Konkret gesprochen: In dem *Wolf* verkörpert sich ganz offensichtlich schon nicht mehr nur ein vorsichtiges, wenngleich hinterhältiges, fuchshaftes Anschleichen nach schmackhaften »Hühnern« und »Gänsen«, wie die Mädchen in der

Sprache der Heranwachsenden früherer Zeiten (und wohl auch heute noch) verächtlich genannt wurden: *ein Wolf* – damit verbindet sich der direkte Angriff im Rudel auf ein wehrloses Opfer, das ist die Hetzjagd im Dunkel schneekalter Nächte.[34] »Der Wolf kommt« – das ist so viel wie »Rette sich, wer kann«.[35] Spätestens hier also scheint alle Geduld, alles pädagogische Verständnis und alles psychologische Herumdeuteln an sein Ende gelangt. Ein Wolf – da heißt es, draufhalten, da hat der Jäger unverzüglich sein Werk zu verrichten.

Diese Überzeugung ist so alt, daß wir in germanischen Mythen den Wolf geradezu als ein endzeitliches Übel metaphysiziert finden: der Fenriswolf ist da, neben der Midgardschlange Jörmungand und Hel, ein Kind der außerehelichen Beziehung zwischen Loki und der Riesin Angrboda[36]: alle Angst des sich bewußt werdenden Geistes, für den der »Trickster« Loki stehen mag, ist konzentriert in der *Schlange* des Nichtseins und dem Abgrund der *Hölle – und* in der tödlichen Gefahr, die im Dunkeln der Nacht angreift, in dem zähnefletschenden *Wolf*. Es ist dieses Untier, das am Himmel die Sonne zu verschlingen sucht, das dem tapferen Tyr bereits einen Arm abgerissen hat und das am Tage des Weltenendes Allvater Odin selber anfallen wird – nur vorübergehend liegt er gefesselt wie der Teufel der christlichen Apokalyptik.[37]

Tatsächlich hat man in Deutschland auch äußerlich alles getan, den Wolf kurzerhand auszurotten, und noch bis vor kurzem rühmte man sich auf eigens errichteten Denkmälern in der jeweiligen Gegend, den gewiß letzten der Wölfe erlegt zu haben. Erst nach und nach beginnen wir zu begreifen, daß Wölfe weder die Bestien sind, als welche vor allem die Schafzüchter vergangener Zeiten sie sehen mochten, noch daß sie im Haushalt der Natur einfach nur schädlich wären.

Aber auch *psychisch* betrachtet, hilft es nicht sehr, den »Wolf« im Manne schlechtweg für das Böse an sich zu erklären und ihn pflichtgemäß »abzuschießen«. Den »Wolf« in sich zu integrieren kann unter anderem bedeuten, die Jagd in der Meute in ein ausgesprochenes Wir-Gefühl und einen entsprechenden Familiensinn umzuformen, verbunden mit einem starken Bedürfnis, gerade das anvertraute Hilflose und Schutzbedürftige zu verteidigen und mit großer Hingabe am Leben zu erhalten. Aber auch umgekehrt: Alles aus

Angst verdrängte Material der Psyche *wird* allererst in seiner *Unbewußtheit* wirklich gefährlich und schafft immer von neuem Situationen, in denen Menschen schwer zu Schaden kommen können. HERMANN HESSE, der in seinen Romanen niemals etwas beschrieb, ohne aus eigenem Erleben zu wissen, worum es sich handelte, hat insbesondere im *Steppenwolf* in der Gestalt des *Harry Haller* das Empfinden eines Mannes einfühlbar gemacht, der zwischen Genialität und Kleinbürgerlichkeit ebenso hin und her schwankt wie zwischen einer durchschnittlichen »Sittlichkeit« am Tage und einer ausufernden »Sinnlichkeit« bei Nacht.[38] Harry Haller will nicht das knurrende Etwas sein, das unablässig neben ihm hockt und ihn mit fletschenden Zähnen höhnisch angrinst; und doch treibt es ihn Abend für Abend hinaus in der wilden Suche nach einer Liebe, die er nie wirklich finden kann, solange die *Spaltung* zwischen dem »Wolf« und dem »Kulturmenschen« andauert. Wie bringt es ein Mann von der Art eines solchen Harry Haller dahin, den »Wolf« in sich anzuerkennen und zu vermenschlichen? – Von dem heiligen *Franziskus* erzählt eine Legende, er sei, als im Winter einmal ein Wolf in die Herden bei Gubbio einbrach und die Männer mit Dreschflegeln und Sensen auszogen, um das Untier unschädlich zu machen, den Leuten vorweg auf die vermeintliche Bestie zugegangen und habe sie angeredet als »Bruder Wolf« und hinzugefügt: »Nur weil du Hunger hattest, hast du so etwas getan.«[39] Da wird selbst der christlichen Legende nach jemand erst dann zu einem heilen bzw. »heiligen« Menschen, wenn er den Mut aufbringt, »den Wolf zu umarmen«, wie LUISE RINSER einen Band ihrer Autobiographie genannt hat.[40] Ein Mann, der seinen triebhaften »Hunger«, sein mitunter bis zur »Gefräßigkeit« gesteigertes Verlangen einfach verleugnen wollte, müßte sich in der Tat selber dazu verurteilen, stets nur in heimlichen Triebdurchbrüchen nach der Art von HESSES »Steppenwolf« zwanghaft zu erleben, was in Freiheit zu leben er nach den Vorstellungen eines bestimmten Idealbildes männlicher Tugend beharrlich sich weigert; und stets würde er dabei die »tierische« »Wolfsnatur« eines Triebs in sich fürchten müssen, der »wölfisch« und unbeherrschbar doch erst geworden ist in der Abgesperrtheit der Kälte draußen.

Über den »*Bären*« und »Löwen« schließlich kann nach dem Gesagten jetzt wohl schon keine große Diskussion mehr sich entfachen. Es mag im Liebesspiel nicht gerade häufig angetroffen werden, daß eine Frau ihren Mann scherzhaft als ihr »*Füchslein*« bezeichnet, doch kommt es dann und wann vor, zum Beispiel wenn sie bemerkt, wie er sie, die nur allzu gern folgsame, »herumzukriegen« oder »hereinzulegen« sucht; es mag wohl auch nicht allzu häufig vorkommen, daß eine Frau, die in der Liebe eine gewisse Wildheit der Ausdrucksformen bevorzugt, ihren Gefährten anerkennend als ihr »*Wölflein*« tituliert, im Wissen, daß in ihm, dem nur scheinbar so »Bissigen«, im Zustand der »Zähmung« stets auch ein Stück fast hundeartiger Treue und Anhänglichkeit zu finden sein wird; daß aber eine Frau ihren Mann als »*Bären*« geradezu liebt und verehrt, ist so häufig und gewöhnlich, daß sich darin geradewegs ein weiblicher Wunsch nach einer solchen Art der Beziehung auszusprechen scheint.

Ein »*Bär*« als Mann – das ist ebenfalls aus dem Märchen von den *Goldkindern*, aber natürlich auch vom *Bärenhäuter* (KHM 101) und von *Schneeweißchen und Rosenrot* bekannt. Stets gilt der »Bär« dabei als ein äußerlich mürrischer, grob wirkender Geselle, doch ist sein dickes Fell nur der äußere Schutz für seine sehr gemüthafte und gemütliche Seele[41]; wohl ist, gereizt, dem Bären eine berserkerhafte Zornmütigkeit zuzutrauen, doch beschränken sich solche Reaktionen ersichtlich auf jene Momente, in denen er, zumindest subjektiv, im Recht sich befindet. Im übrigen aber verraten allein schon seine Breite und Größe sowie seine unerschöpfliche Kraft, daß es in seiner Nähe sich hoffen läßt, zärtlich umsorgt, tapfer beschützt und sexuell vollauf befriedigt zu werden – alles in allem eine nicht ungute Partie, wie es scheint! Hinzu kommt, daß wohl schon vor mehr als 20 000 Jahren eine eiszeitliche Religion bestand, in welcher der Bär gerade auf Grund seiner Stärke und weil er auf zwei Beinen sich zu übermenschlicher Größe aufrichten kann, für ein göttliches Wesen galt.[42] Märchen und Mythen, wie sie die sibirischen Wogulen und Ostjaken zwischen Ob und Irtysch sich heute noch erzählen, berichten davon, wie das *Mos-Mädchen* als ein Bärenkind zur Welt kam und nach seinem gewaltsamen Tod als das Sternbild des Großen Bären an den Himmel versetzt wurde.[43] Irgendwie ist der »Bär« *auch als Mann* ein Wesen, zu dessen einsamer Größe sich aufschauen und zwischen dessen mächtigen Pranken Zuflucht und Geborgenheit sich finden läßt. Kein Mann der Welt wäre gut beraten, wollte er aus Angst vor seiner eigenen Triebhaftigkeit auf so viele Vorzüge freiwillig Verzicht tun. Es mag einem Kunststück gleichkommen, selbst noch das Fuchs- und das Wolfsein als ein »Geschenk« der Natur entgegenzunehmen; doch das Bärsein, damit, im allgemeinen, dürfte sich leben lassen.

Freilich, es kann – aus männlicher Sicht, wohlgemerkt – immer noch »besser« kommen. Als letzter unter der »Mannschaft« der Tiere läuft den zwei Brüdern ein *Löwe* über den Weg und bittet mit den nämlichen Worten um Schonung für sein Leben, die auch ihm, im Tausch gegen zwei seiner Jungen, noch einmal gewährt wird. Selbstredend läuft in der Gestalt dieses läufigen Löwen das Mannsein selber zu einer unübertrefflichen Höchstform auf. Ein *Löwe* – das verrät dem Genre nach die Verkörperung von Kraft, Mut und Geschicklichkeit, von absoluter Dominanz und Herrschaftswürde, von Faulheit manchmal auch und Arroganz, doch dann wieder: der Majestätsbeweis der Mähne eines Löwen schon, sein furchteinflößendes Gebrüll, sein gewaltig drohendes Gebiß, seine prügelfesten Pranken – nein, es leidet keinen Zweifel, daß es zum Ideal des geborenen Macho kein besseres Vorbild gibt als den Löwen.[44] Nicht zu vergessen die kulturgeschichtliche Überlieferung! Von den Alten Ägyptern[45] über die Hethiter[46] bis hin zu den Tagen europäischer Fürstenhäuser zieht sich die Angewohnheit, den König auf einem Thron Platz nehmen zu lassen, dessen Armlehnen Löwenleiber sind, deren Handknauf ein Löwenhaupt ziert und dessen Fußstützen Löwentatzen bilden[47]: Der Herrscher selbst als Löwe! Man sollte in unseren Tagen meinen, daß solch eine »tierische« Form der Herrschaftsausübung vielleicht *politisch* noch immer nicht ganz überwunden sei, doch im privaten Leben ... Aber weit gefehlt! Zumindest neckisch, im Spiel der Liebe, gerade dort, wird das Verlangen, einzig von einem »Löwen« von Mann begehrt und entführt zu werden, nicht so sehr einen sublimen Hang zu Selbstunterwerfung und Hörigkeit verraten als vielmehr sogar einen gewissen Stolz: Nur das Königstier unter den Männern verdient die Liebe einer Frau, die, »rassig«, wie sie ist, auf sich hält ...

Vielleicht bietet der unsterbliche Roman der skandinavischen

Schriftstellerin TANIA BLIXEN *Jenseits von Afrika* eine Anschauung, wie eine solche »Löwenliebe« aussehen kann.[48] Auf höchst kontrastreiche Weise begegnen sich dort die von ihrem zynischen Gatten enttäuschte *Tane* und der Jäger *Denys Finch-Hatton*, sie, die bodenständige Farmerin aus der Stadt, er, der Mann aus der Steppe – eine Konfiguration, deren Grundmotiv bis zu den Anfängen der Agrarkultur, bis zum Gilgamesch-Epos, zurückreicht.[49] Gerade in diesem ihr eigentlich Fremden, Ungebundenen, alle Seßhaftigkeit und Besitzständigkeit verachtenden Trapper aber findet die Frau aus dem Norden ihre Erfüllung und ihr Glück. »Ich hatte eine Farm am Fuße der Ngong-Berge« – jeder, der diesen ersten Satz der Autobiographie dieser enorm freien, selbständigen und selbstbewußten Frau gelesen hat, wird darüber ins Träumen geraten sein. »Zum Abschluß machte er mir noch ein unglaubliches Geschenk: er ließ mich die Welt mit den Augen Gottes sehen, vom Flugzeug aus.« Damit beginnt die weltweit berühmt gewordene Filmversion des BLIXENschen Romans von S. Pollack (1985).[50] Finch-Hatton wird bald schon mit dem Flugzeug verunglücken, und Tanes Glück wird von nur kurzer Dauer sein; doch später, zurückgekehrt nach Europa, wird ein Brief ihr mitteilen, daß auf dem weit in die Ebene hinausschauenden Plateau, da man ihren Geliebten bestattete, sich des Abends manchmal Löwen versammeln. »Ich glaube«, schreibt TANIA BLIXEN, »das hätte ihm gefallen.« Tanes »Jäger« war wirklich ein Mann voller Kraft und Poesie zugleich, in dem sich Freiheit und Bindung, Selbstbewußtsein und Sensibilität auf liebevolle Weise verbanden.

In all den Formen der Tierbegegnung, vom harmlosen »Hasen« bis zum königlichen »Löwen«, vom listigen »Fuchs« über den grimmigen »Wolf« bis hin zu dem gutmütig tapsigen »Bären«, gilt ein und dieselbe Grundregel: daß es darauf ankommt, sich selbst in den verschiedenen Gestalten männlicher Triebentwicklung anzuschauen und anzunehmen. Noch einmal: es wäre so einfach, die »unvernünftige« Seite des eigenen Ich »aufs Korn zu nehmen« und auszumerzen; aller »Hunger« des Lebens wäre da mit einem einzigen »Treffer« prompt und endgültig gestillt; nur: der Preis dafür wäre sehr hoch! Er bestünde darin, etwas scheinbar sehr Erstrebenswertes, durchaus unbedenklich Scheinendes zu werden: ein bedenkenlos handelnder »Mann« der praktischen Vernunft, der sich stets auskennt, der sicher ist im Urteil, rasch in den Entschlüssen, geradeaus und unkompliziert im Denken, ein Mann eben, der weiß, was er will, der unbeugsam ist und klar in seinen Entscheidungen, zuverlässig als Kamerad – *nur:* vollkommen blind gegenüber den eigenen Motiven, rücksichtslos schon aufgrund der eigenen Emotionslosigkeit, unfähig zu tieferer menschlicher Bindung infolge einer sonderbaren Kälte des Gefühls, einsam in all seiner vermeintlichen Größe, furchtbar für jeden, der, im Wahn, hinter der Maske machtvoller Männlichkeit eine Spur Menschlichkeit zu entdecken, sich in die Nähe oder gar an die Seite eines solchen »Jägers« begeben wollte, eine »Person«, bestehend am Ende nur noch aus »Zielen« und »Zahlen« ohne Sinn und Zusammenhang, eine halbierte, zerstörte Persönlichkeit, behaftet mit kleinlichen Schuldgefühlen für Fragen der Förmlichkeit, doch skrupellos in der Wahl der Mittel zur Erreichung seiner vermeintlich »notwendigen« und vernünftigen Zwecke.

In seinem Film *Wilde Erdbeeren* hat der schwedische Filmregisseur INGMAR BERGMAN einmal die Bilanz eines solchen äußerlich erfolgreichen, doch im Grunde liebeleeren und ungelebten Lebens gezogen:[51] In der Nacht vor seiner Ehrung in der Kathedrale von Lund sieht ein alternder Professor im Traum seinen eigenen Tod; er wird einer Prüfung unterzogen werden, bei der er die Fragen nicht einmal versteht, denn: er hat, schon aufgrund seiner Angstbindung an seine Mutter, niemals in seinem Leben einen Menschen wirklich zu lieben vermocht, er hat in der eigentlichen Prüfungsfrage des Lebens versagt, und so steht unerbittlich als Strafe auf seinem nur der akademischen Eitelkeit gewidmeten Leben die Einsamkeit. Erinnerungen tauchen in ihm auf, wie das Leben anders hätte verlaufen können, damals, beim Beerensuchen im Wald mit den Mädchen … Es wird für immer zu spät sein! Es ist schon viel, wenn er am Ende mit einem kurzen Besuch bei der alleinstehenden Mutter zeigt, daß er den warnenden Alptraum der Nacht nicht ganz überhört hat: ein bißchen Menschlichkeit wäre mehr wert als alle öffentlich verliehenen Auszeichnungen: Die wirkliche Bewährung als Mann ist eine andere!

Es ist ein kulturell überaus wichtiges, psychologisch richtiges Gegenbild, das die Grimmsche Erzählung von den zwei Brüdern an dieser Stelle schon bietet: die Vorstellung eines Mannes, bei dem der Verstand sich so einseitig entwickelt haben mag, wie er will, in dessen Entwicklung aber *nachgearbeitet* und ergänzt zu werden vermag, was in den Zerwürfnissen der Kindheit (im Schatten der Widersprüchlichkeit vor allem des eigenen Vaters) vorerst liegengelassen werden mußte. Vor uns steht jetzt die Gestalt einer Persönlichkeit, die »männlich« gerade darin ist, daß in ihr Verstand und Gefühl, Denken und Empfinden, Stärke und Zärtlichkeit, Kraft und Geduld, Sensibilität und Sinnlichkeit zu einer Einheit verschmolzen sind. Das Bild, das auf diese Weise zustande kommt, entspricht der mythischen Figur des *Sonnenhelden:* von altersher ist es die Sonne (der Sonnengott), die sich im Umlauf des Jahres durch die 12 *Tierkreiszeichen* bewegt. Es tut dabei astrologisch offenbar nichts zur Sache, daß manche der »Tierkreiszeichen« gar keine »Tiere« mehr sind, sondern als »Wassermann«, »Jungfrau« und »Waage« am Himmel stehen; der Hintergrund ursprünglich *totemistischer* Anschauungen aus den Tagen eiszeitlicher Jäger bei der Beschäftigung mit den Sternbildern ist allem Anschein nach immer noch stark genug, die Bahn der Sonne als eine Abfolge von *Tierbegegnungen* vorzustellen.[52] Ein tiefes menschliches Wissen behauptet sich da, wonach die strahlende Helligkeit der Sonne, dieser Verkörperung von Geist und Bewußtsein im Menschen, ihre wahre Größe erst beweist, wenn sie die Lichter der Nacht, diese Repräsentanten all des »Tierischen« im Menschen, *nicht,* wie es zahlreiche Mythen schildern, bekämpft, tötet und opfert[53], sondern zu ihren Gefährten erwählt und als ihre steten Begleiter und Beschützer mitnimmt auf der Bahn ihres Lebens. Die Grimmsche Erzählung legt keinen Wert auf eine getreue Wiedergabe der alten Motive; auf der Ebene eines Märchens verschlägt es nicht viel, daß der »Löwe« tatsächlich als ein Tierkreiszeichen am Himmel steht und daß der »Hase« und der »Bär« immerhin die Namen von Sternbildern aufgreifen – selbst wenn man die zweimal fünf Jungtiere an der Seite der zwei Brüder zusammenrechnet, wird man nicht die astrologisch erforderliche Zwölfzahl herausbekommen. Doch das Motiv selber: der (solare) Held an der Seite der Tiere, gewinnt hier seine zentrale psychologische Bedeutung zurück.[54]

Warum ein *»Held«?,* wird man vielleicht an dieser Stelle fragen.

Nun, weil *mehr* Mut dazugehört, seine eigene »Natur« anzunehmen, als die »Fertigkeit« zu vervollkommnen, alles »abzuschießen«, was sich an seelischen Kräften zum Leben regen möchte. Freilich, um darin ein menschlich glaubwürdiges *Ideal* zu erblicken, wird nicht mehr und nicht weniger als ein radikales Umdenken gegenüber den asketischen Tugendlehren des abendländlichen Kirchenchristentums verlangt. Niemand hat das klarer gesehen als FRIEDRICH NIETZSCHE, wenn er den Propheten seiner »neuen« Lehre, seinen *Zarathustra*, bewußt in Einheit mit seinen *Tieren* leben läßt, die ihm näher stehen als die Vielen, als die Allzu-vielen, als die Gehorsamsverkrümmten der *alten* Tafeln.[55] Daß der Adler und die Schlange, daß Geist und Trieb *eine Einheit* im Menschen bilden würden: das Denken leidenschaftlich und die Leidenschaften durchgeistigt – welch eine Vision des noch zu gebärenden Menschen war das für diesen Philosophen, der die wichtigsten Einsichten S. FREUDS vorwegnahm, indem er sie hellsichtig ahnte[56]! Für das gegenwärtige *theologische* Denken scheint es selbst 120 Jahre nach F. NIETZSCHE, selbst 80 Jahre nach S. FREUD, selbst 40 Jahre nach E. FROMM immer noch unmöglich, den elementaren Postulaten einer Psychologie der Integration statt der Dissoziation nachzukommen; immer noch ist ihm eine bestimmte Interpretation des heilsnotwendigen »Opfertodes« Christi am Kreuz wichtiger als die vermenschlichende Botschaft eines »einfachen« Grimmschen Märchens von der Integration des »Tierischen« im Menschen.[57] Wie aber, wenn die gesamte Opfertheologie der kirchlichen Dogmatik nicht nur den Menschen unrecht tut, sondern sogar das Anliegen des Neuen Testamentes auf tragische Weise ins Gegenteil verzerrt[58]?

In dem frühesten Evangelium der Christenheit jedenfalls gibt es eine erstaunliche hochmythologische beziehungsweise märchenhafte Szene, die zu schildern versucht, wie man eine Persönlichkeit sich vorstellen kann, die wirklich »erlösend« eine von »Krankheit« und »Besessenheit« beherrschte Welt zu betreten vermag. Noch bevor er in der Öffentlichkeit aufgetreten sei, erzählt uns der Evangelist *Markus* (1,13), sei Jesus »in die Wüste geführt worden«, um vom »Teufel« versucht zu werden; für Matthäus ebenso wie für Lukas, die hier einer eigenen gemeinsamen Quelle folgen, ist daraus geworden, daß Jesus den »bösen Geist« dreimal zurückgewiesen habe[59], und C. G. JUNG hat daraus gefolgert, daß Jesus selber »das Böse« in sich verdrängt und projiziert habe, statt sich bewußt damit auseinanderzusetzen.[60] *Markus* hingegen erzählt, nach der Begegnung in der »Wüste« sei Jesus »mit den Tieren« gewesen und »Engel« hätten »ihm gedient«. Mitten also im Neuen Testament, an herausgehobener Stelle, als ein *Wesensportrait* der Person des »Menschensohns«, finden wir da ein biblisches Bild, in dem dieses uralte *andere*, wahrere Ideal nicht der Gegnerschaft, sondern der *Einheit* von Mensch und Natur, von »Göttlichem« und »Tierischem«, von Bewußtsein und Unbewußtem sich malt.[61] Es wäre das Bild einer *anderen* Form von Männlichkeit, wie wir sie dringend benötigen würden, um den Begriff des »Heldenhaften«, »Männlichen«, »Heroischen« endlich mit Inhalten zu verbinden, die des Einsatzes wert sind, weil sie nicht länger der Zerstörung, sondern dem Leben dienen.

Wie nämlich wäre es, wir würden mit dem Grimmschen Brüdermärchen sagen: ein »Held« ist künftig nicht derjenige, der »tapfer« ist im Töten, sondern der geduldig sich zeigt im Schonen der Fülle des Schönen, das in ihm und um ihn heranwachsen möchte; ist nicht derjenige, der es gelernt hat, notfalls buchstäblich über Leichen zu gehen, sondern der in behutsame Obhut nimmt, was des Schutzes bedarf, um zu leben; ist nicht derjenige, der dem Augenblicksvorteil »pragmatisch« genügt, sondern der sich selber und anderen Zukunft ermöglicht, indem er das Leben in all seinen Formen selbst als Geschenk begreift? Jahrtausende lang galt als »mannhaft« und »heldenhaft« nur der »Wehrhafte«, »Kämpferische«, der »im Interesse der ›richtigen‹ Sache« (für »Gott, König und Vaterland« – für »Gott, Papst und Kirche«, oder wie all die unheiligen Dreifaltigkeiten heißen mögen) »*Opferbereite*«, das heißt zumeist der *fremdes* Leben zu *opfern* Bereite. Es scheint die allerhöchste Zeit, daß wir in diesem Punkte sehr rasch umzulernen beginnen, wenn wirklich wir die Gefahren einer rein männlich geprägten Welt abwehren wollen; ein Männermärchen wie die Geschichte des Grimmschen Brüdermärchens jedenfalls kann uns dabei entscheidend weiterhelfen.

Immer noch hört man von bestimmten Vertretern in Gesellschaft und Kirche erklären, daß Bürgerpflicht und (christliche) Frömmigkeit im Einsatz für andere – als Soldat oder Krankenschwester, als

Priester oder Nonne, als Entwicklungshelfer oder Altenpflegerin –, nicht aber im Hang zu »Selbstverwirklichung« und »Selbstbestimmung« liege. Immer noch *fürchtet* man geradezu einen Menschen, der seine Tapferkeit darein setzen wollte, das vermeintlich »Böse« in sich selbst zu integrieren, statt es draußen bei anderen zu »bekämpfen«. Doch genau darum geht es in der Grimmschen Brüdergeschichte, und eben deshalb unter anderem ist sie so wichtig: daß hier das *Heldentum* nicht länger im Sieg über andere, sondern im Sieg über sich selber erfochten wird und daß als *die Form* des Siegs nicht mehr das Töten, sondern das Zulassen, nicht mehr das Verdrängen, sondern das Bewußtmachen gesehen wird. Es gehört, meint das Märchen, *dazu* weit mehr Mut als zu der raschen Exekution der fertigen Formen. Ein »Held«, das ist mit einem Wort nicht länger mehr, wer die Kämpfe der Zwietracht, sondern wer die Kämpfe der Einheit zu bestehen vermag; nicht der aggressive Konflikt gilt fortan als die Bewährung des Männlichen, sondern die eigentliche Herausforderung aller »heroischen« Kräfte liegt nunmehr ganz allein in der Frage, wie wir es lernen, zu lieben und liebesfähig zu werden.

Noch einmal: Man braucht keine Angst davor zu haben, eine solche Verschiebung der Wertbegriffe könne nur ins Anarchische führen. Es ist, als wenn das Grimmsche Märchen an dieser Stelle selber einen möglichen Verdacht ausräumen wollte: Soeben haben die beiden Brüder ihre Tiere um sich versammelt, verspüren aber immer noch Hunger; also sprechen sie zu den »Füchsen«, sie sollten, »alte Schleicher«, die sie sind, »etwas zu essen schaffen«. So angeredet, läge wie selbstverständlich der Gedanke nahe, die »Füchse« würden jetzt auf den Befehl ihrer Herren hin unverzüglich zum »Mundraub« übergehen und sich aus der Umgebung zusammenstehlen, was immer sie zwischen die Zähne bekommen könnten; tatsächlich kennen sie sich in der nämlichen Gegend denn auch verdächtig gut aus und wissen allemal, wo es brauchbare »Hühnerhöfe« zu finden gibt. Doch um so erstaunlicher muß man es finden, daß die beiden Brüder die Nahrung für sich wie für die Tiere rechtmäßig *kaufen;* es ist gerade *nicht* wahr, daß die Integration der Triebwelt, daß die Einheit mit den »Tieren« den Menschen zu einem kulturlosen Barbaren, zu einem gefährlichen Raubtier machen würde; ganz im Gegenteil: jetzt erst sind die beiden Brüder so weit, ihren beträchtlichen »Reichtum« nicht mehr von anderen verwalten zu lassen, sondern selbst in einen fairen Austausch mit ihrer Umgebung einzutreten. Nicht »wilder«, sondern zivilisierter, nicht »primitiver«, nur erwachsener sind sie geworden. Das heimliche Schleichen, das fuchshafte Stehlen wäre nur angezeigt, solange alles Eigene nach wie vor als unrechtmäßig gelten müßte; ein *zugelassenes*, ein in sich *erlaubtes*, ein *geschenktes* Leben aber kann das Gefühl verabschieden, ein *Dieb* zu sein, nur weil man leben will: Man weiß jetzt, was man selber braucht, und man weiß, was man anderen zu geben hat. Es ist fortan kein Unrecht mehr, leben zu wollen und »Hunger« zu haben.

Nun könnte man meinen, damit seien alle Fragen im großen und ganzen wohl hinreichend beantwortet. Jemand hat zum Beispiel bei einer psychotherapeutischen Ausbildung als Arzt seine Pflichtstundenzahl in Lehranalyse hinter sich gebracht und steht fortan in dem Ruf, »ein ganzer Mann«, ja, was nunmehr noch mehr besagen will, als ganzer Mann ein ganzer *Mensch* zu sein. In Wirklichkeit jedoch steht die Bewährungsprobe *in allem* noch bevor! Zwar haben wir bisher *in der Interpretation* des Märchens schon von allen möglichen Formen der menschlichen Begegnung gesprochen, doch darf uns das nicht vergessen machen, daß im Leben der zwei Brüder selbst weit und breit bislang keine Beziehung zu irgendeinem anderen Menschen existiert; es sind, soviel ist wahr, inzwischen *die Voraussetzungen* geschaffen worden, um in eine wirkliche menschliche Beziehung einzutreten, doch *wie* das geschehen kann, wissen wir noch lange nicht; nur so viel kann jetzt schon gesagt werden: es wird das größte Abenteuer in dem Leben der zwei Brüder werden, als Männer sich auf die Welt der Frauen einzulassen.

Vorweg hören wir noch etwas Überraschendes. All die Zeit über haben wir die beiden Brüder so behandelt, als wenn wir es mit einer einzigen Person zu tun hätten; an diesem Standpunkt der Interpretation braucht sich auch in Zukunft nichts zu ändern. Allerdings wird es uns von jetzt an nicht länger möglich sein, die beiden »Brüder« als eine *undifferenzierte* Einheit zu betrachten. Denn auch *das* gehört jetzt zu dem weiteren Fortschritt der Reifung des Lebens, daß der Weg der »Zwillinge« fortan in zwei entgegengesetzte Richtungen »auseinandergeht«: der eine der Brüder, der »Ältere«, wie er, paradoxerweise für ein Zwillingsgeschwister, genannt wird, macht sich auf den Weg *nach Osten,* während der »Jüngere« mit seinen Tieren sich *nach Westen* begibt. Warum muß das so sein, wird man sich fragen, gerade jetzt, wo die Einheit mit den Tieren eben erst erreicht wurde? Die Antwort fällt so schwer nicht. Denn kommen sehen konnte man die offenbar notwendige Trennung der Zwillinge in gewissem Sinne schon von dem Moment an, da sie sich von ihrem »Pflegevater« trennten.

In den Märchen der Völker gibt es, wohlgemerkt, *zahlreiche* Brüdergeschichten – die absolute Mehrzahl von ihnen folgt dem Kain und-Abel-Motiv[62]: die beiden Brüder werden aufgrund ihrer Gegensätzlichkeit *und* Zusammengehörigkeit einander spinnefeind, sie bekämpfen einander und ermorden einander – sie sind so verschieden und doch aufeinander bezogen wie Tag und Nacht, wie Sommer und Winter, wie Sonne und Mond, wie Ebbe und Flut, wie Meer und Festland, wie Regenzeit und Dürre, wie Kulturland und Wüste, wie Stadtkultur und Steppe, wie Gut und Böse, wie Bewußtsein und Unbewußtes ...[63] Es hat Forscher gegeben, die in dieser Form von Erzählung den Anfang der Mythenüberlieferung überhaupt sehen wollten.[64] Zum Glück, muß man sagen, gibt es unter den Brüdergeschichten aber auch Erzählungen wie die Märchen von *Schneeweißchen und Rosenrot* oder von *Brüderchen und Schwesterchen,* wo zwei Kinder in stetem Einklang miteinander durchs Leben gehen und in ihrer unterschiedlichen Wesensart einander geradewegs bedingen und bedürfen. Insbesondere das *Zwillingsmotiv* lebt davon, einen spannungsreichen Gegensatz zwischen den Geschwistern zu schildern, der in seiner Polarität nicht nur lebenfördernd, sondern geradewegs lebenrettend wirkt.

Sehr beliebt ist dabei als Zeichen der bleibenden Zusammengehörigkeit das Motiv des *Erkennungsmals.*[65] Im Märchen von den *Goldkindern* etwa handelt es sich um zwei goldene Lilien, an denen sich erkennen läßt, wie es dem jeweils anderen ergehen wird; im Märchen von den zwei Brüdern gibt der »Pflegevater« den beiden Brüdern ein *Messer* auf den Weg, das sie am Scheideweg in einen *Baum* stoßen sollen und an dessen Zustand, ob rostig oder blank, sie erkennen können, ob der andere Bruder »stirbt« oder »lebendig« ist. Von Anfang an steht da also fest, daß dieser Zeitpunkt der Trennung, das heißt der *inneren Differenzierung,* kommen wird. Doch worin besteht er und was ist sein Inhalt?

Vom Gang *der Sonne* her muß man sagen, daß der Weg des älteren Bruders nach Osten jetzt, vom Zenit des Lebens aus betrachtet, einem Gang *zurück in die Vergangenheit* entspricht, während der Weg des »jüngeren« nach Westen einen weiteren Aufbruch, einen Gang ins Riskante, ins Neue zu bedeuten scheint. Genauer gesagt, scheint der Osten als Ort des Sonnenaufgangs mit der Geburt assoziiert zu sein und gilt von daher als *weibliche Zone,* während der Westen dem Sonnenuntergang, dem Tod, dem Manne zugeordnet wird. Anders sahen freilich zum Beispiel die mittelamerikanischen Azteken in den Sternen im Westen die Frauen verkörpert, die ihr Leben bei der Geburt eines Kindes verloren hatten, und erblickten in den Sternen des Ostens ein Bild für die im Kampf gefallenen Krieger.[66] In der europäischen Kulturgeschichte ist die polare Trennung von Osten und Westen bereits seit der jüngeren Steinzeit belegt: In der Zeit der Einzelgrabkultur, zwischen 2800–2400 vor unserer Zeit, wurde ein Mann mit dem Kopf nach Westen und dem Gesicht nach Süden beigesetzt, eine Frau mit dem Kopf nach Osten, während ihr Gesicht gleichfalls nach Süden ausgerichtet war.[67] Von daher müßte man sagen, daß der »ältere« der Zwillinge zurückgeht an den Anfang, in die Welt des *Mütterlichen,* während der »jüngere« den Weg der *Vermännlichung* fortsetzt.

Das alles, zugegeben, klingt hier erst nur sehr augurisch und vage; doch können wir immerhin bereits ahnen, worum die künftige Auseinandersetzung inhaltlich sich drehen wird: Im Unterschied zu dem sehr harmonischen Bild von den zwei Lilien im Märchen von den *Goldkindern* etwa mutet das Bild des Brüdermärchens eher martialisch an: ein *Messer,* das in den »Baum« gestoßen wird ... man braucht kein eingeschworener Freudianer zu sein, um in dem »Messer« ein ausgesprochen phallisches und in dem *»Baum«* ein ausgesprochen weibliches Symbol zu erkennen.[68] Wir haben demnach, wenn diese Deutung zutrifft, den Bannkreis des männlichen Denkens durchaus nicht verlassen: das »Erkennungszeichen« für Leben und Tod ist hier nicht das gewissermaßen vegetative Wachsen und Reifen in lilienhafter Reinheit und Schönheit, wie es dem viel stärker *weiblich* geprägten Hintergrund des *Goldkinder*-Märchens gemäß ist; das Thema, um das es in dem Brüder-Märchen gehen wird, hat etwas zu tun mit der Demonstration phallischer Potenz.

Eine Geschichte der *Wölsunga-Sage* zum Beispiel erzählt, wie bei der Hochzeit des Königs Siggeir von Gotland mit Signy, der Tochter Wölsungs, des Königs im Hunnenland, am Abend, als alle am Feuer saßen, ein einäugiger alter Mann, mit einer Kapuze bedeckt, in die Halle trat und ein Schwert mit aller Macht in den Baum stieß, der in der Mitte der Halle wuchs. Es war der Gott Odin, doch niemand erkannte ihn. Dieses Schwert, versprach er, sollte demjenigen gehören, der die Waffe herauszuziehen vermöge. Es war das beste Schwert, das man je gesehen hatte; doch nur Sigmund, dem Zwillingsbruder Signys, gelang es, die Aufgabe zu lösen.[69] Psychoanalytisch betrachtet, stellt das »Schwert«, das aus dem »Baum« gezogen werden muß, offenbar eine Umkehrung des ehelichen Zusammenseins dar. »Allvater« Odin macht symbolisch hier gewissermaßen schon einmal vor, wie »es« geht, und so scheint es im Fortgang der Geschichte später kein Zufall zu sein, daß Signy sich zu ihrem starken Bruder Sigmund weit mehr hingezogen fühlt als zu dem ränkeschmiedenden Siggeir und schließlich, als eine schöne Hexe verkleidet, mit ihm den Sohn Sinfjötli zeugt.[70] Um sich als ein rechter Mann zu erweisen, muß »man« auf mancher Dorfkirmes wohl auch heute noch *Nägel* mit wuchtigen Hammerschlägen ins Holz treiben. Die Vorstellung herrscht da, daß eben dies: sich in phallischer Kraft zu bewähren, die beste Probe auf die Liebesfähigkeit eines Mannes darstelle. Natürlich wird es sehr die Frage sein, wie sich mit einer solch einseitigen Definition menschlicher (= männlicher) Beziehung leben läßt. Doch so weit sind wir noch lange nicht. Was wir im folgenden hören, ist zunächst ein unerhörtes Ringen um die Rettung einer Frau – das Drama des zentralen Stoffes zahlloser Mythen und Märchen: des Kampfs gegen *den Drachen*. Nennen wir den nächsten Abschnitt also »Der Kampf mit dem Drachen«.

3. Der Kampf mit dem Drachen oder: Die Retteridee als Vorform der Liebe

Das Märchen erzählt:

Der jüngste aber kam mit seinen Tieren in eine Stadt, die war ganz mit schwarzem Flor überzogen. Er ging in ein Wirtshaus und fragte den Wirt, ob er nicht seine Tiere beherbergen könnte. Der Wirt gab ihnen einen Stall, wo in der Wand ein Loch war, da kroch der Hase hinaus und holte sich ein Kohlhaupt, und der Fuchs holte sich ein Huhn und, als er das gefressen hatte, auch den Hahn dazu; der Wolf aber, der Bär und der Löwe, weil sie zu groß waren, konnten nicht hinaus. Da ließ sie der Wirt hinbringen, wo eben eine Kuh auf dem Rasen lag, daß sie sich satt fraßen. Und als der Jäger für seine Tiere gesorgt hatte, fragte er erst den Wirt, warum die Stadt so mit Trauerflor ausgehängt wäre? Sprach der Wirt: »Weil morgen unseres Königs einzige Tochter sterben wird.« Fragte der Jäger: »Ist sie sterbenskrank?« – »Nein«, antwortete der Wirt, »sie ist frisch und gesund, aber sie muß doch sterben.« – »Wie geht das zu?« fragte der Jäger. »Draußen vor der Stadt ist ein hoher Berg, darauf wohnt ein Drache, der muß alle Jahre eine reine Jungfrau haben, sonst verwüstet er das ganze Land. Nun sind schon alle Jungfrauen hingegeben und ist niemand mehr übrig als die Königstochter; dennoch ist keine Gnade, sie muß ihm überliefert werden; und das soll morgen geschehen.« Sprach der Jäger: »Warum wird der Drache nicht getötet?« – »Ach«, antwortete der Wirt, »so viele Ritter haben's versucht, aber allesamt ihr Leben eingebüßt; der König hat dem, der den Drachen besiegt, seine Tochter zur Frau versprochen, und er soll auch nach seinem Tode das Reich erben.«

Der Jäger sagte dazu weiter nichts, aber am andern Morgen nahm er seine Tiere und stieg mit ihnen auf den Drachenberg. Da stand oben eine kleine Kirche, und auf dem Altar standen drei gefüllte Becher, und dabei war die Schrift: »Wer den Becher austrinkt, wird der stärkste Mann auf Erden und wird das Schwert führen, das vor der Türschwelle vergraben liegt.« Der Jäger trank da nicht, ging hinaus und suchte das Schwert in der Erde, vermochte aber nicht, es von der Stelle zu bewegen. Da ging er hin und trank die Becher aus und war nun stark genug, das Schwert aufzunehmen, und seine Hand konnte es ganz leicht führen. Als die Stunde kam, wo die Jungfrau dem Drachen sollte ausgeliefert werden, begleitete sie der König, der Marschall und die Hofleute hinaus. Sie sah von weitem den Jäger oben auf dem Drachenberg und meinte, der Drache stände da und erwartete sie, und wollte nicht hinaufgehen, endlich aber, weil die ganze Stadt sonst wäre verloren gewesen, mußte sie den schweren Gang tun. Der König und die Hofleute kehrten voll großer Trauer heim, des Königs Marschall aber sollte stehenbleiben und aus der Ferne alles mitansehen.

Als die Königstochter oben auf den Berg kam, stand da nicht der Drache, sondern der junge Jäger, der sprach ihr Trost ein und sagte, er wollte sie retten, führte sie in die Kirche und verschloß sie darin. Gar nicht lange, so kam mit großem Gebraus der siebenköpfige Drache dahergefahren. Als er den Jäger erblickte, verwunderte er sich und sprach: »Was hast du hier auf dem Berge zu scharen?« Der Jäger antwortete: »Ich will mit dir kämpfen.« Sprach der Drache: »So mancher Rittersmann hat hier sein Leben gelassen, mit dir will ich auch fertig werden«, und atmete Feuer aus sieben Rachen. Das Feuer sollte das trockne Gras anzünden, und der Jäger sollte in der Glut und dem Dampf ersticken, aber die Tiere kamen herbeigelaufen und traten das Feuer aus. Da fuhr der Drache gegen den Jäger, aber der schwang sein Schwert, daß es in der Luft sang, und schlug ihm drei Köpfe ab. Da war der Drache erst recht wütend, erhob sich in die Luft, spie die Feuerflammen über den Jäger aus und wollte sich auf ihn stürzen, aber der Jäger zückte nochmals sein Schwert und hieb ihm wieder drei Köpfe ab. Das Untier ward matt und sank nieder und wollte doch wieder auf den Jäger los, aber er schlug ihm mit der letzten Kraft den Schweif ab, und weil er nicht kämpfen konnte, rief er seine Tiere herbei, die zerrissen es in Stücke. Als der Kampf zu Ende war, schloß der Jäger die Kirche auf und fand die Königstochter auf der Erde liegend, weil ihr die Sinne vor Angst und Schrecken während des Streites vergangen waren. Er trug sie heraus, und als sie wieder zu sich selbst kam und die Augen aufschlug, zeigte er ihr den zerrissenen Drachen und sagte ihr, daß sie nun erlöst wäre. Sie freute sich und sprach: »Nun wirst du mein liebster

Gemahl werden, denn mein Vater hat mich demjenigen versprochen, der den Drachen tötet.« Darauf hing sie ihr Halsband von Korallen ab und verteilte es unter die Tiere, um sie zu belohnen, und der Löwe erhielt das goldene Schlößchen davon. Ihr Taschentuch aber, in dem ihr Name stand, schenkte sie dem Jäger, der ging hin und schnitt aus den sieben Drachenköpfen die Zungen aus, wickelte sie in das Tuch und verwahrte sie wohl.

Als das geschehen war, weil er von dem Feuer und dem Kampf so matt und müde war, sprach er zur Jungfrau: »Wir sind beide so matt und müde, wir wollen ein wenig schlafen.« Da sagte sie ja, und sie ließen sich auf die Erde nieder, und der Jäger sprach zu dem Löwen: »Du sollst wachen, damit uns niemand im Schlaf überfällt«, und beide schliefen ein. Der Löwe legte sich neben sie, um zu wachen, aber er war vom Kampf auch müde, daß er den Bären rief und sprach: »Lege dich neben mich, ich muß ein wenig schlafen, und wenn was kommt, so wecke mich auf.« Da legte sich der Bär neben ihn, aber er war auch müde und rief den Wolf und sprach: »Lege dich neben mich, ich muß ein wenig schlafen, und wenn was kommt, so wecke mich auf.« Da legte sich der Wolf neben ihn, aber er war auch müde und rief den Fuchs und sprach: »Lege dich neben mich, ich muß ein wenig schlafen, und wenn was kommt, so wecke mich auf.« Da legte sich der Fuchs neben ihn, aber er war auch müde, rief den Hasen und sprach: »Lege dich neben mich, ich muß ein wenig schlafen, und wenn was kommt, so wecke mich auf.« Da setzte sich der Hase neben ihn, aber der arme Hase war auch müde und hatte niemand, den er zur Wache herbeirufen konnte, und schlief ein. Da schlief nun die Königstochter, der Jäger, der Löwe, der Bär, der Wolf, der Fuchs und der Hase und schliefen alle einen festen Schlaf.

Der Marschall aber, der von weitem hatte zuschauen sollen, als er den Drachen nicht mit der Jungfrau fortfliegen sah und alles auf dem Berg ruhig ward, nahm sich ein Herz und stieg hinauf. Da lag der Drache zerstückt und zerrissen auf der Erde und nicht weit davon die Königstochter und ein Jäger mit seinen Tieren, die waren alle in tiefen Schlaf versunken. Und weil er böse und gottlos war, so nahm er sein Schwert und hieb dem Jäger das Haupt ab und faßte die Jungfrau auf den Arm und trug sie den Berg hinab. Da erwachte sie und erschrak, aber der Marschall sprach: »Du bist in meinen

Händen, du sollst sagen, daß ich es gewesen bin, der den Drachen getötet hat.« – »Das kann ich nicht«, antwortete sie, »denn ein Jäger mit seinen Tieren hat's getan.« Da zog er sein Schwert und drohte sie zu töten, wo sie ihm nicht gehorchte, und zwang sie damit, daß sie es versprach. Darauf brachte er sie vor den König, der sich vor Freuden nicht zu lassen wußte, als er sein liebes Kind wieder lebend erblickte, das er von dem Untier zerrissen glaubte. Der Marschall sprach zu ihm: »Ich habe den Drachen getötet und die Jungfrau und das ganze Reich befreit, darum fordere ich sie zur Gemahlin, so wie es zugesagt ist.« Der König fragte die Jungfrau: »Ist das wahr, was er spricht?« – »Ach ja«, antwortete sie, »es muß wohl wahr sein, aber ich halte mir aus, daß erst über Jahr und Tag die Hochzeit gefeiert wird«, denn sie dachte, in der Zeit etwas von ihrem lieben Jäger zu hören.

Die Episode von dem Drachenkampf bildet den Höhepunkt des ganzen Brüdermärchens; diesem Motiv gilt deshalb das größte Interesse; ja, wenn der Jäger der wiedererwachten Königstochter schließlich beteuert, sie sei nun »erlöst«, so möchte man denken, hiermit sei die Erzählung selbst bereits an ihr glückliches Finale gelangt. Um so größer dürfte indessen die Irritation sein, wenn wir mitanhören müssen, wie gleich im Anschluß an den mühsam erfochtenen Sieg über den Drachen der tapfere Jäger von dem bösen Marschall des Königs enthauptet und die ihm versprochene Braut zur Heirat mit diesem Bösewicht gezwungen wird. Nein, die Geschichte ist mit dem Drachenkampf noch lange nicht zu Ende; für sie stellt diese Szene vielmehr nur ein weiteres, wenngleich äußerst wichtiges Moment innerhalb eines höchst verschlungenen Entwicklungsprozesses dar. Für das Verständnis des Märchens wäre es an dieser Stelle daher ein großer Fehler, nach dem Vorbild mancher Interpreten sich sogleich wie besessen auf das siebenköpfige Untier selbst zu stürzen und nach Anleitung diverser Lexika der Mythologie in alle nur denkbaren Himmelsrichtungen mit Luftstreichen des vorgefertigten Wissens auf das Haupt desselben loszuschlagen.[1] Vielmehr sollten wir uns gerade jetzt der Langsamkeit und Bedächtigkeit anschließen, mit der wir den Jäger und seine Tiere der entscheidenden Auseinandersetzung entgegenziehen sehen. Dazu zählt, daß wir uns noch einmal *den Ausgangspunkt* vergegenwärtigen müssen, von dem her die Auseinandersetzung mit dem »Drachen« unvermeidlich wird; erst dann wird deutlich werden, was es mit diesem Untier auf sich hat. Denn so viel ist klar: rein zufällig, gewissermaßen nur um die Sache spannend zu machen, taucht das Drachenkampfmotiv an dieser Stelle nicht auf; das Problem, dessen Lösung dem jungen Mann unserer Erzählung jetzt unaufschiebbar entgegentritt, lautet vielmehr dahin, wie er sich in die Nähe anderer Menschen zu getrauen vermag, wie er, genauer gesagt, zu einer *Frau* in Kontakt zu treten wagt. Wir dürfen ja nicht vergessen: in all seinen Kunststücken als »Jäger« bisher mag er ein Meister im Gebrauch des Verstandes geworden sein, er mag in der Begleitung seiner »Tiere« auch wohl ein wichtiges Stück Ehrlichkeit und Selbsterkenntnis dazugewonnen haben, doch steht er in seiner Einsamkeit immer noch vollends allein da, und alle Fragen einer wirklichen Beziehung zu einer »Vertreterin des anderen Geschlechtes« werden ihm Ängste aller Art einflößen; es werden aber gerade diese Ängste sein, die in dem »Kampf mit dem Drachen« ihren Ausdruck finden.

Wie man *im patriarchalen Preußen*, unter den Brandenburgischen zumal, noch um die Jahrhundertwende in einem echten »Gespräch unter Männern« sich an das Thema »Frau« nur zögernd, ganz langsam, anschleichend nach Jägerart, wie auf der Pirsch, heranzumachen wagte, hat TH. FONTANE in seinem *Stechlin* einmal ebenso stimmungsgetreu wie humorvoll in dem Dialog zwischen dem alten Dubslav und seinem Sohn Woldemar, betreffs dessen verschwiegener Heiratsabsichten, geschildert.[2] Nachdem er soeben noch festgestellt hat, daß es »recht« sei, »früh aufzustehen«, denn »die meisten Langschläfer haben einen Knacks, können aber sonst ganz gute Leute sein«, setzt der alte Stechlin sich erst einmal gegen den Plan, einen Verein zur Förderung des Frühgottesdienstes zu gründen, gebührend zur Wehr, da es zwar ein »schönes Wort« gewesen sei, wenn »der alte Wilhelm« (I.) seinem Volk »die Religion« habe »wiedergeben wollen«, doch »Religion und Landpartie«, gegen eine solche »Vermischung« habe er nun doch etwas, wie er denn überhaupt gegen alle falschen Mischungen sei, »auch bei den Menschen«. »Die reine Rasse – das ist das eigentlich Legitime. Das andere, was sie nebenher noch Legitimität nennen, das ist schon alles mehr künstlich.« Dann aber, wie wenn er etwas Peinliches berührte, das gleichwohl nun doch angefaßt sein will, fährt er ohne Umschweife fort: »Sage, wie steht es denn eigentlich damit? Du weißt schon, was ich meine.«

Selbst für den sonst so wortgewandten Baron von Stechlin, einen Major von 1864, ist »das«, was er mit »damit« meint, offenbar etwas an und für sich Unaussprechliches, und auch der schmucke Rittmeister Woldemar stottert auf diese nicht ganz unvorhergesehene Frage seines Vaters erst einmal ein zaghaftes »Ja, Papa ...« heraus, erntet dafür aber die Erwiderung: »Nein, nicht so; nicht immer bloß ›ja, Papa‹. So fängst du jedesmal an, wenn ich auf dies Thema komme.« Nicht ganz zu Unrecht beschwert der alte Stechlin sich über die Einsilbigkeit seines Sohnes, die aber doch im Grunde nur das Echo eben der Peinlichkeit bildet, mit der er selber »das Thema« gerade erst angefaßt hat; gewiß trifft es zu, wenn er bemerkt: »Da liegt schon ein halber Refus drin oder ein Hinausschieben, ein Abwartenwollen. Und damit kann ich mich nicht befreunden. Du bist jetzt zweiunddreißig, oder doch beinahe, da muß der mit der Fackel kommen; aber *du* fackelst (verzeih den Kalauer, ich bin eigentlich gegen Kalauer; die sind so mehr für Handlungsreisende), also du fackelst, sag ich, und ist kein Ernst dahinter. Und so viel kann ich dir außerdem sagen, deine Tante Sanctissima drüben in Kloster Wutz, die wird auch schon ungeduldig. Und das sollte dir zu denken geben. Mich hat sie zeitlebens schlecht behandelt; wir stimmten eben nie zusammen und konnten auch nicht, denn so halb Königin Elisabeth, halb Kaffeeschwester – das is 'ne Melange, mit der ich mich nie habe befreunden können. Ihr drittes Wort ist immer ihr Rentmeister Fix, und wäre sie nicht sechsundsiebzig, so erfänd' ich mir eine Geschichte dazu.«

Da steht also ein Sohn vor uns, der bei seinem militärischen Gehorsam und Mannesmut vor keiner Annäherung an einen Feind in der Schlacht zurückschaudern würde, der es aber in 32 Lebensjahren nicht gelernt hat, eines weicheren Gefühls gegenüber einer Frau sich zu getrauen oder gar vor seinem Vater, einem Mann von »Charakter«, wie FONTANE versichert, eines solchen geständig zu sein; man muß daher ihm, dem Eheunwilligen, offenbar schon mit dem Ernst des Lebens kommen, um ihn heiratsgefügig zu machen, und, wo das noch nicht hilft, scheint nur mehr der Schrecken selber zu helfen, der dem Frauenfurchtsamen von seiten einer unverheirateten Frau im Ordensgewande droht, einer Frau, die, wenn wir das Urteilsvermögen des Barons nicht in Zweifel setzen wollen, ihre Herrschsucht ebenso zu kaschieren pflegt wie ihre unerfüllte Liebessehnsucht, – der *Ausbund* eines »Drachens« also, in ungeschminkter Männersprache. – »Mach es gnädig, Papa. Sie meint es ja doch gut, und mit mir nun schon ganz gewiß«, sucht Woldemar freilich die halb spaßhaften Attacken seines Vaters abzumildern. Der alte Stechlin aber hat in seiner geheimen Familienfehde noch so manche Rechnung mit seiner klösterlichen Schwester Adelheid zu begleichen: »Gnädig machen? Ja, Woldemar, ich will es versuchen. Nur fürcht' ich, es wird nicht viel dabei herauskommen. Da heißt es immer, man soll Familiengefühl haben; aber es wird einem doch auch zu blutsauer gemacht, und ich kann umgekehrt der Versuchung nicht widerstehn, eine richtige Familienkritik zu üben. Adelheid fordert sie geradezu heraus. Andrerseits, freilich, in dich ist sie wie vernarrt, für dich hat sie Geld und Liebe. Was davon wichtiger ist, stehe dahin; aber so viel ist gewiß, ohne sie wär' es überhaupt gar nicht gegangen, ich meine dein Leben, in deinem Regiment. Also wir haben ihr zu danken.«

Man muß nämlich wissen, daß Woldemars Mutter vor vielen Jahren schon nach einer nicht sehr schwungvollen, aber doch brav geführten Ehe verstarb und daß seither der darob nicht nur trauernde Eheskeptiker Dubslav in aller Folgezeit kein zweites Mal mehr einer Heirat entgegensteuerte; lieber überließ er die Erziehung seines noch jungen Sohnes dem weiblichen Rat und Talent seiner Schwester, der auf diese Weise das Glück widerfuhr, Mutter zu werden und Jungfer zu bleiben, – eine Aufgabe, der sie mit solchem Einsatz sich entledigte, daß wahrlich mancher Grund bestand, sich ihr dankbar, wo nicht erkenntlich auch für ihre finanzielle Unterstützung zu erweisen. Doch stattdessen brummt bärbeißerisch der alte Stechlin zur Aufklärung seines Sohnes noch weiter vor sich hin: »und weil sie das geradesogut weiß wie wir, oder vielleicht noch ein bißchen besser, gerade deshalb wird sie ungeduldig; sie will Taten sehen, was vom Weiberstandpunkt aus allemal so viel heißt wie Verheiratung. Und wenn man will, kann man es auch so nennen.«

Jetzt also ist es heraus, doch man merke: wenn Frauen in ein fremdes Leben investieren, so möchten sie's zur Begründung einer *Familie*. Drum gilt es, auf der Hut zu sein! Nie geben sie's einem nur als Person, stets denken sie schon darüber hinaus, und gerade die Unverheirateten sind da die Schlimmsten! Man weiß nicht recht, ob der Major und Baron von Stechlin sich mit solchen Äußerungen nur hinter dem gestrengen Wohlwollen seiner Schwester zu verstecken sucht, um endlich gegenüber seinem Sohne Woldemar das ausgelegte Fanggarn seiner eigentlichen Gesprächsabsichten einholen zu können, oder ob er, der würdige Patriarch, in diesem einen delikaten Punkte sich nicht schon seit eh und je unter dem Pantoffel des sublimen Weiberregiments befunden hat. Vermutlich letzteres! Denn kaum daß er das Wort »Verheiratung« über die Lippen gebracht hat, da geht es mit ihm auch schon durch: »Ich meine Taten. Es ist und bleibt ein Heroismus. Wer Tante Adelheid geheiratet hätte, hätte sich die Tapferkeitsmedaille verdient, und wenn ich schändlich sein wollte, so sagte ich das Eiserne Kreuz.«

Da geht man also in die Ehe wie in eine Schlacht, und es scheint nötig, bei einem solchen Schritt, der doch nun irgendwann einmal getan sein will, wie es die Sitte, aber mehr noch die Logik der Frauen verlangt, allen Mannesmut zusammenzunehmen.

»Ja, Papa ...«, echot noch zaghafter der artige Woldemar, der nur zu gut versteht, in welche Richtung die Gedanken seines Vaters im folgenden zielen werden.

»Schon wieder ›ja, Papa‹«, schilt dieser auf gutmütige Weise ungehalten. »Nun, meinetwegen, ich will dich schließlich in deiner Lieblingswendung nicht stören. Aber bekenne mir nebenher – denn das ist doch schließlich das, um was sich's handelt –, liegst du mit was im Anschlag, hast du was auf dem Korn?« –

Was FONTANE hier in wenigen Sätzen gelingt, ist ein außerordentlich genau beobachtetes und meisterlich gezeichnetes Portrait der charakteristischen Berührungsangst einer bestimmten, nicht nur in seinen Tagen vorherrschenden Form von Männlichkeit gegenüber der »holden Weiblichkeit«, von der auch nur von ferne zu sprechen alle möglichen Vorsichtsmaßnahmen der distanzierenden Gefühlsverkleidung: der Bagatellisierung des Themas, der Abwertung der Frau, der verbrüdernden Überlegenheitspose untereinander und jetzt nun gar eines gänzlich martialischen Vokabulars erforderlich macht.

Eine derartige »*Schwäche*«, eine Frau ganz einfach zu *lieben* – so etwas darf man in solchen Kreisen sich offenbar nicht gestatten; *hier* noch weit mehr als sonst hat man die »Situation« quasi militärisch im Griff zu behalten; *hier*, wenn irgend, muß man eisern auf dem Qui vive sein. Statt in Liebesangelegenheiten »hereinzufallen«, gebietet es der Ehrenkodex des männlichen Denkens, zumindest den Anschein zu wahren, man habe »das Weib« wie eine Jagdbeute »hereingelegt«. Im »Anschlag sein«, »aufs Korn nehmen«, der geforderte Anstand gegenüber einer Frau als jägerischer »Hochstand« – alles, was wir die Zwillinge in dem Grimmschen Märchen vorhin noch beim Umgang mit den »Tieren« *verweigern* sahen, macht hier der alte Stechlin seinem Sohn förmlich zum Angebot. Doch der, glücklicherweise, denkt erkennbar ein wenig schon anders, als die joviale Etikette des Vaters es vorsieht; er empfindet diese, wenn auch noch so humorvollen Worte durchaus als das, was sie sind: als Worte der Angst, die ihrerseits Angst selbst dort noch verbreiten, wo sie in männlicher Attitüde Angst wegnehmen möchten; und so entgegnet er, halbbelustigt: »Papa, diese Wendungen erschrecken mich beinah. Aber wenn denn schon so jägermäßig gesprochen werden soll, ja, meine Wünsche haben ein bestimmtes Ziel, und ich darf sagen: mich beschäftigen diese Dinge.«

Da ist's nun wieder: eine Liebe, die zwar nicht mehr aufs Korn genommen, aber wie mit der Pinzette angefaßt wird! Und so ironisiert Dubslav denn auch sogleich die seinerseits so vorsichtige Ausdrucksweise seines Sohnes, die doch erneut nur seine eigene abbildet; er bemängelt daran indessen bezeichnenderweise nicht die Steifheit, die sozusagen botanisierende Objektivität dieser neuen »Beschäftigung« Woldemars mit dem, was sein Vater soeben noch als eine »Nebensache« bezeichnete; was ihn stört, ist das Unforsche, das Unentschlossene im Auftreten seines Sohnes.

»Mich beschäftigen diese Dinge ... Nimm mir's nicht übel, Woldemar, das ist ja gar nichts. Beschäftigen! Ich bin nicht fürs Poetische, das ist für Gouvernanten und arme Lehrer ... Aber diese Wendung ›sich beschäftigen‹, das ist mir denn doch zu prosaisch. Wenn es sich um solche Dinge wie Liebe handelt (wiewohl ich über Liebe nicht viel günstiger denke wie über Poesie, bloß daß Liebe doch noch mehr Unheil anrichtet, weil sie noch allgemeiner auftritt), –

wenn es sich um Dinge wie Liebe handelt, so darf man nicht sagen, ›Ich habe mich damit beschäftigt‹. Liebe ist doch schließlich immer was Forsches, sonst kann sie sich ganz und gar begraben lassen, und da möcht ich denn doch etwas von dir hören, was ein bißchen wie Leidenschaft aussieht. Es braucht ja nicht gleich was Schreckliches zu sein. Aber so ganz ohne Stimulus, wie man, glaube ich, jetzt sagt, so ganz ohne so was geht es nicht; alle Menschheit ist darauf eingestellt, und wo's einschläft, ist so gut wie alles vorbei. Weiß ich zwar recht gut, es geht auch ohne uns, aber das ist doch alles bloß etwas, was einem von Verstandes wegen aufgezwungen wird. Das egoistische Gefühl, das immer unrecht, aber auch immer recht hat, will von dem allen nichts wissen und besteht darauf, daß die Stechline weiterleben, wenn es sein kann, in aeternum. Ewig weiterleben; – ich räume ein, es hat ein bißchen was Komisches, aber es gibt wenig ernste Sachen, die nicht auch eine komische Seite hätten ... Also dich ›beschäftigen‹ diese Dinge. Kannst du Namen nennen? Auf wem haben Euerer Hoheit Augen zu ruhen geruht?«

Wenn man diese Worte hört, spürt man deutlich das Gezierte und Gespreizte, mit dem da ein »gestandener Mann« nun schließlich doch, Bomben und Granaten auch, über dieses unvermeidliche, wenngleich peinliche Thema: *die Liebe,* mit seinem Filius zu reden unternimmt. Statt von innerer Zuneigung oder gar Leidenschaft des Herzens geht da die Rede von einem »Stimulus«, wie sich auszudrücken gerade *comme il faut* geworden ist; von dem Wert der Liebe bleibt nach Schätzung des welterfahrenen Dubslav, darin nun wirklich seiner Schwester mehr als brüderlich verwandt, nichts weiter Wesentliches zu vermerken, als daß sie nötig ist, die Generation fortzupflanzen. Daß die Liebe, nach einem guten Wort F. NIETZSCHES, einen Mann dahin führen könnte, sich nicht nur »fort-«, sondern *hinauf*zupflanzen[3], davon ist zu den »ewigen« Stechlinen die Kunde, scheint's, noch nicht gedrungen; und so reduziert sich das innigste Gefühl des menschlichen Herzens auf etwas allgemein Belustigendes; ja, um sich nicht auch nur den Anschein zu geben, womöglich selber von diesem irrationalen Gefühlszustand befallen worden zu sein, tut man gleich gut daran, die gesamte Beziehung zu einer Frau als etwas möglichst Hoheitsvolles, Herablassendes, *Huldvolles* hinzustellen, das man allenfalls wie einen Akt gnädiger Gunst in einem

Augenblick der Schwäche sich zugestehen mag. Wie kaum ein anderer deutscher Autor der Jahrhundertwende weiß TH. FONTANE natürlich um die Schattenseiten dieser preußisch-patriarchalen Mentalität – er hat sie in anderen Novellen und Erzählungen wie *Schach von Wuthenow*[4] oder *Effi Briest*[5] mit beißender Schärfe kritisch dargestellt; doch seinen »Stechlin« malt er als jemanden, der imstande ist, die »Herrensprache« der Liebe immerhin so ironisch gebrochen und reflektiert zu parlieren, daß sie schon wieder gutmütig amüsant und unterhaltsam wirkt und jedenfalls dem wackeren Woldemar keinen nachhaltigen Schaden zufügt; dafür ist denn auch der gemütliche Dubslav eine in sich selbst viel zu geschlossene Persönlichkeit. Wenn wir uns aber seine »Jägersprache« der Annäherung eines Mannes an eine Frau *in vollem Ernst gesprochen* vorstellen und im übrigen noch all die Gebrochenheiten des Vaterbildes hinzufügen, auf die uns *die Einleitung des Grimmschen Brüdermärchens* bereits hingewiesen hat, so läßt sich mit Händen greifen, was für Probleme so ein 32jähriger »Woldemar« im Schatten einer rein männlich geprägten Erziehung zu überwinden hat, sollte er wirklich noch lernen wollen, was eigentlich im Leben eines Mannes als etwas ganz Natürliches und Normales gelten sollte: ein Mädchen, eine Frau liebzugewinnen.

Nur wer die *Angst* begreift, die dem gesamten patriarchalen Gehabe zugrunde liegt, wird verstehen, wieso es als eine *Riesenaufgabe*, als eine wahre *Heldentat* erscheinen kann, sich in die Arme einer Frau zu geben. Den Höhepunkt aller nur denkbaren heroischen Großtaten aber stellt ohne Zweifel seit alters her der *Kampf gegen den Drachen* dar; hier, wenn irgend, ist dieses weltweit verbreitete Motiv der Mythen und Märchen der Völker in der Grimmschen Erzählung deshalb am Platze. Dieses Mythem besitzt freilich ein solches Eigengewicht, daß es in vielen Religionen für sich allein schon den Handlungshintergrund einer ganzen *Welterklärung* bildete; darüberhinaus liefert es den Stoff für zahlreiche Epen und Romane der Weltliteratur, die uns insgesamt zeigen können, mit welchen Konstellationen und Motivationen wir rechnen müssen, wenn wir, wie im Brüdermärchen, die Geschichte vom Drachenkampf zur Beschreibung der Annäherung eines »gelernten Jägers« an eine Frau verwandt finden. Eine kleine »Drachenkunde« also zuvor.

a) Parallelen in Dichtung, Mythos und Sage

Die älteste uns bekannte Drachenkampfmythe stammt aus der Mitte des 3. Jtsd.s v. Chr. und ist *sumerischen* Ursprungs: der Held Ninurta besiegt da mit der Zauberwaffe Sharur das Meerungeheuer Asag und wird daraufhin von Anu, dem König des Himmels, zum König auf Erden gekrönt.[6] Es ist mit anderen Worten die *Urtat*, das *Wesen* und das *Wirken* eines Königs, dem *Chaos* in Natur und Kultur zu wehren; *ein königlicher Mensch*, psychologisch ausgedrückt, ist diesem Bild zufolge jemand, der gegenüber der Macht des *Unbewußten* seiner Psyche siegreich bleibt. Es ist ein herrisches, kämpferisches Symbol, das sich in dieser Beschreibung eines *Königs* ausdrückt, doch stimmt gerade darin das gesamte altorientalische Denken überein: Es ist der König, diese ideale Verkörperung *aller*, der – immer von neuem – den Bestand der Ordnung zu erkämpfen und zu garantieren hat[7] und gerade dadurch zu einem »Ninurta« wird. Auch der »jüngste« der Zwillinge des Grimmschen Brüdermärchens wird der Königstochter erst ebenbürtig durch eine solche Tat des Siegs über den »Drachen«. Der Mann als Krieger[8], als *Sieger* zugunsten der guten Sache erhebt sich in dieser Perspektive zur Vision des *Königs*.[9]

Doch das Motiv des Kampfs mit dem »Drachen« »begründet« nicht nur die soziale, politische oder psychische Ordnung, das Wesen der Welt, es »erklärt« zugleich mit den Mitteln des Mythos auch »*die Herkunft*« des »Kosmos«, das *Dasein* der Dinge. Eine alte babylonische Erzählung zum Beispiel berichtet von dem Kampf, den Marduk gegen das Meerungeheuer, gegen die Tiamat, führte: er tötete das Urzeitwesen und formte aus seinen zwei Hälften den Himmel und die Erde und aus seinen (tränenden?) Augen die Ströme Euphrat und Tigris. Auf diese Weise wurde Marduk zum Herrn aller Götter des babylonischen Pantheons.[10] Man versteht, was da geschieht: in dieser Mythe projiziert sich die sumerische Sage von Ninurta gewissermaßen in den Himmel, das Bild des Königs weitet sich aus zum Göttlichen, und somit wird umgekehrt das Göttliche zur Legitimation des Königs. Alle Kriege, die ein König fortan führt, sind im Grunde nichts weiter als eine Konkretisierung dieser Urauseinandersetzung, in welcher die Gegenmächte der Ordnung in mythischer Urzeit, *immer schon* also, überwunden worden sind. *Jede* Notlage, in die ein Volk seither geschichtlich geraten kann, vermag deshalb in dem mythischen Bild eines *Drachenkampfes* geschildert zu werden: ein feindliches Heer, eine Hungersnot, eine Dürre, eine Seuche, ein Erdbeben – all das kann in der Ausdrucksform *einer Sage* durch die Chiffre eines vielköpfigen Untiers dargestellt werden, das ein Land oder eine Stadt zu verheeren droht.

Es paßt zu dem Alter dieser Vorstellungen, wenn wir hören, wie dem Schreckenswesen nach archaischem Ritus, um seinen Hunger und Durst zu besänftigen, Opfer, *Menschenopfer*, dargebracht werden.[11] Doch selbst wenn es in der Sage dem jeweiligen Gott oder Helden auch einmal gelingt, den »Drachen« vernichtend zu schlagen, so findet eigenartigerweise dieser Kampf im Grunde doch immer neue Fortsetzungen. Für *mythisches* Denken jedenfalls geht der »Drachenkampf« konstitutiv in die Bedingungen der bestehenden Welt ein; er hört nie auf. Es ist eigentlich erst das *Märchen*, das dieses Motiv zu einem einmaligen Entwicklungsmoment in der Biographie eines einzelnen Menschen erklärt; der *mythischen* Logik nach währt die Auseinandersetzung mit dem »Ungeheuer«, was immer auch inhaltlich im Einzelfall darunter zu verstehen sein mag, solange die Welt besteht.

So sehen wir, daß jeden Morgen von neuem in der *altägyptischen* Religion der Sonnengott Re die feuerspeiende Apophis-Schlange besiegen muß, die in den zwölf Stunden der Nacht die Fahrt der Sonnenbarke nach Osten mit allen Mitteln zu verhindern sucht.[12] Die *Apophis-Schlange* erscheint als *Verkörperung* des Dunklen, Tödlichen, Abzuwehrenden, – »Bösen« mit anderen Worten. In dieser *moralischen* Akzentuierung taucht das uralte Marduk-Thema späterhin vor allem in der dualistischen Religion des *Alten Persiens* auf: Der Gott der Finsternis, der böse Ahriman, stellt sich da an die Spitze des Heeres der Dämonen, das den Lichtgott Ahura Mazda angreifen will; doch wird er besiegt und stürzt in der Gestalt eines Drachen auf die Erde.[13] Dieser Stoff nun bildet seinerseits offenbar wieder die Vorlage für den *christlichen* Mythos von dem Kampf des Erzengels Michael gegen den Drachen, den er auf die Erde wirft (Apk 12,7–9).[14] Wie man sich diesen »Drachen« mit *biblischen* Augen vorstellen muß, davon gibt uns das Buch Hiob (Kap. 41) erfreulich plastischen Aufschluß: »Aus seinem Rachen«, so erklärt dort der

Allmächtige selber, der schließlich *den Leviathan* geschaffen hat und es also wissen muß, »fahren Fackeln, und feurige Funken schießen heraus. Aus seinen Nüstern fährt Rauch wie von einem siedenden Kessel und Binsenfeuer. Sein Odem ist wie lichte Lohe, und aus seinem Rachen schlagen Flammen. Er achtet Eisen wie Stroh und Erz wie faules Holz.«[15] Diese Beschreibung des biblischen Weisheitsbuches von dem *Leviathan* geht nachweislich zurück auf die *kanaanäische* Vorstellung von dem Meeresgott Jam, der (wie die Tiamat der Babylonier) von dem Himmelsgott Baal vernichtet und zerstückelt wurde, so daß aus seinem Körper die vier Teile der Erde geschaffen wurden.[16] In den Ras-Schamra-Texten gehört die Urschlange Lotan »zu den Ungeheuern des Urchaos«, die (nach 4 Esra 6, 53–54)[17] »am sechsten Tag der Schöpfung vor dem Menschen erschaffen wurden, der über sie die Herrschaft bekommen sollte.«[18] »Lotan, die Urschlange, die sich eng windende«, hat nach kanaanäischer Vorstellung »sieben Köpfe«[19], ganz so, wie das »Tier« in der Apokalypse (Apk 12,3)[20]. Dort vervollständigt sich das Drachenkampfsymbol sogar noch durch das Auftreten einer *Frau*, die von dem satanischen Ungeheuer bedroht wird (Apk 12, 13–17)[21]; immer dient ja die Auseinandersetzung mit dem Schlangenuntier dem Aufbau oder Erhalt der »Mutter« Erde oder der »Jungfrau« Jerusalem bzw. der »Gottesbraut« Israel, die in der Szene des Neuen Testamentes gerade dabei ist, den Messias der Endzeit, den königlichen Erlöser, zur Welt zu bringen und eben deshalb von den Mächten des Bösen auf den Tod hin bedroht wird.

Die Requisiten für die Drachenkampfszene *in dem Grimmschen Brüdermärchen* sind damit eigentlich vollständig: zusammenkommen hier das gräßliche Untier, die gefährdete Frau und ihr glücklicher Retter. Und doch wäre es falsch, die Wurzeln des Grimmschen Märchens in den religiösen Überlieferungen des *Christentums* zu suchen. Weit eher ist RICHARD WAGNER zuzustimmen, wenn er die verwandten Stoffe seiner Musikdramen ausdrücklich der *germanischen* Tradition entnahm und sie in gewissem Sinne zu einem gegensinnigen Erlösungsmythos umformulierte.[22] Gerade in den Tagen der Grimmschen Märchensammlung war die Vers-Trilogie *Der Held des Nordens* von FOUQUÉ (1810) in aller Munde[23], und insbesondere JACOB GRIMMS *Deutsche Mythologie* (1835) kommt naturgemäß ausführlich im 19. Kapitel auch auf den germanischen Schöpfungsmythos zu sprechen[24], wie Odin, Will und We den Riesen Ymir erschlugen und aus seinem Körper, den sie in den Abgrund Ginnungagap schleppten, nach Marduks Vorbild die Erde aus seinem Fleisch, das Meer aus seinem Blut, die Gebirge aus seinen Gebeinen und den Himmel aus seinem Schädel formten.[25] Der eigentliche Anknüpfungspunkt des Drachenkampfmotivs des *Grimmschen Brüdermärchens* liegt indessen nicht im Bereich des Schöpfungsmythos, sondern wesentlich in dem der Sage, und die Brüder Grimm haben in ihren Anmerkungen zu den Märchen selbst darauf hingewiesen.[26]

Da ist zum einen *Die Geschichte von den Völsungen*, die in WAGNERS *Rheingold*[27] ebenso weiterlebt wie in THOMAS MANNS *Wälsungenblut* (1906)[28]: die Geschichte von dem Goldschatz, den ein Drache hütet. Obwohl die Überlieferung recht verwickelt ist, sei sie hier kurz wiedergegeben[29]: Alles beginnt damit, daß die drei Götter Odin, Hönir und Loki an einem Wasserfall einen Otter getötet haben; – Loki, wieder einmal, hatte das leichtfertig getan, indem er einen Stein nach dem Tier geworfen hatte, das sich gerade an einem Lachs gütlich tat; der zwielichtige Loki konnte nicht wissen, daß der »Otter« in Wahrheit einer der drei Söhne des Riesen Hreidmar war, deren zwei erste: Fafnir und Otter, mit Zauberkräften ihre Gestalt verändern konnten, während Regin, der dritte, ein Zwerg von Gestalt, aber, wie alle Zwerge, ein ausgezeichneter *Handwerker*, vor allem ein exzellenter *Schmied* war. Als Hreidmar an dem abgezogenen Otterfell erkannte, daß die drei Götter seinen Sohn getötet hatten, verlangte er, daß zur Entschädigung der Balg mit Gold gefüllt und mit Gold bedeckt werde. Nun war den Göttern bekannt, daß der Zwerg Andwari sich im Besitz unermeßlicher Schätze befand. Als er einmal sich in einen Hecht verwandelt hatte, gelang es Loki, ihn mit einem von der Meeresgöttin Ran geliehenen Netz zu fangen, und er wollte ihn nur freilassen, wenn er ihm seinen gesamten Schatz, einschließlich eines kostbaren Rings, überlassen würde. Obwohl Odin diesen Ring (der an den berühmten Zauberring Draupnir erinnert, den der Zwerg Sindri hergestellt hatte und der in jeder neunten Nacht acht gleichschwere Ringe abträufeln ließ)[30], nur allzu gern sein Eigen genannt hätte, gelangte der Goldschatz doch ungeschmälert in die Hände Hreidmars; dem aber brachte er kein Glück. Der böse Fluch des Zwergen Andwari lag darauf, und dieser Fluch sollte sich alsbald erfüllen. Fafnir und Regin, des Riesen Söhne, nämlich beanspruchten ihrerseits einen Anteil an dem Schatz, und als Hreidmar nicht bereit war, seinen neuen Besitz mit den Söhnen zu teilen, brachte Fafnir ihn kurzerhand um, nahm all das Gold und schaffte es in eine Höhle auf der Gnitaheide, sich selbst aber verwandelte er in einen Drachen, um in dieser Gestalt seinen Schatz zu hüten.

Bis hierhin geht die *Göttergeschichte* vom Schatz und dem Drachen; was *jetzt* folgt, ist *die Saga des Helden.* – Der größte unter allen Heroen der Wölsungensaga, *Sigurd* (der Siegfried in Wagners vierteiligem Bühnenfestspiel *Der Ring des Nibelungen*)[31], der Sohn des Königs Sigmund und dessen Frau Hjördis, war am dänischen Hofe bei König Hjalprek und dessen Sohn Alf aufgewachsen, unterwiesen ausgerechnet von Regin, der noch auf Rache an seinem Bruder Fafnir sann. Der Zwerg wollte sich den Schatz aneignen, und so wiegelte er Sigurd auf, sich von Hjalprek ein Pferd auszubitten; als dieser ihm das Tier zugestand, erwählte er sich auf Odins Rat hin das Pferd Grani, das von dem Götterpferd Sleipnir abstammte. Als das geglückt war, verlockte Regin seinen Zögling zu dem Verlangen nach Gold, indem er ihm von Fafnir und dem Hort erzählte und ihm bedeutete, wie leicht es sei, den Drachen zu töten, wofern er nur über ein geeignetes Schwert verfügte. Das freilich war ein Problem. Erst als Sigurd seine Mutter um das Schwert seines Vaters Sigmund bat, das Odin im Kampf mit seinem Speer zerbrochen hatte, gelang es dem Zwergen, aus dem Eisen eine Klinge zu schmieden, mit der man einen Amboß zerspalten und eine im Wasser treibende Wollflocke zerschneiden konnte. So gerüstet, ritt Sigurd zur Gnitaheide und erkannte bald schon die Fußspuren Fafnirs, die an die Wasserstelle führten. Auf Regins Anweisung hin hub er einen Graben gleich neben den Spuren aus, um dem Drachen aufzulauern und ihm von unten durch die ungeschützte Unterseite ins Herz zu stechen. Der Anschlag gelang; doch wäre Sigurd in dem Drachenblut ertrunken, hätte nicht ein alter Mann (= Odin) ihm geraten, vorsorglich entsprechende Abflußgruben anzulegen. Im Sterben weissagte Fafnir seinem Bezwinger, »der glutrote Schatz – es bringt der Hort dich zur Hel«. Doch Sigurd antwortete gleichmütig, einmal müßten alle Menschen zur Hel von hinnen fahren.[32]

Kaum daß der Drache tot war, schnitt Regin ihm *das Herz* heraus und trank von seinem Blut; Sigurd, der das Herz des Drachen braten sollte, verbrannte sich an dem schmorenden Fleisch den Finger, und um seinen Schmerz zu lindern, steckte er ihn in den Mund. Wie aber das Drachenblut seine Zunge berührte, taten seine Ohren sich auf, daß er die Sprache der Vögel zu verstehen vermochte, und so vernahm er, wie eine Meise der anderen über ihn sagte: »Da sitzt Sigurd/besudelt mit Blut//, brät am Feuer/das Fafnir Herz.//Ratklug schiene/der Ringbrecher,//äß' er den lichten/Lebensmuskel« (sc. das Herz).[33] Des weiteren erfuhr Sigurd von dem Verrat, den Fafnir plante; die Vögel rieten ihm, den Schmied selber zu töten, sich hernach selbst in den Besitz des Schatzes zu bringen und dann die Walküre Brunhild aufzusuchen, die auf Hindarfjall, umgeben von dem Feuerkranz der Waberlohe, in einem Zauberschlaf gefangen lag. – Wie es dann weiterging, vor allem in den Geschichten um Gunnar und Grimhild, ist durch das *Nibelungenlied* weithin bekannt.[34]

In dieser Erzählung von Fafnirs Tod und Sigurds Schatz kommt tatsächlich manches zusammen, was auch in dem Grimmschen Brüdermärchen eine Rolle spielt: da bedarf es als erstes eines besonderen *Schwertes*, um des Drachens gewachsen zu sein; auch das Essen des Herzens, das mittelbar durch das Verständnis der Vogelsprache den Besitz des Goldschatzes verleiht, läßt sich mit der Einleitung des Brüdermärchens vergleichen, wo der Verzehr von Herz (und Leber) des Vogels unmittelbar den Goldreichtum der Zwillinge begründet; die sprechenden Vögel selbst kann man zur Not ein Stück weit mit dem Beistand der Tiere in dem Brüdermärchen parallelisieren; und wenn wir am Ende von der schlafenden Walküre Brunhild hören, so läßt das entfernt an die schlafende Prinzessin des Märchens denken. Doch die Unterschiede zwischen der Sigurd-Sage und dem Grimmschen Märchen sind offensichtlich weit größer als alle Gemeinsamkeiten – darunter der wichtigste: Sigurd tötet den Drachen einzig, um an das Gold Andwaris heranzukommen; in dem Grimmschen Märchen bedarf der Held durchaus keines weiteren Golds, – er bringt davon selber genügend mit; was *ihn* dazu bestimmt, den

Drachen, nicht hinterhältig, wie Sigurd, sondern in offenem Kampf, unter Einsatz des eigenen Lebens, zu töten, ist einzig der Wille, die Jungfrau davor zu bewahren, dem Untier geopfert zu werden. Insofern kann die Sigurdsage uns allenfalls dazu verhelfen, gewisse Eigenarten des Grimmschen Brüdermärchens besser zu begreifen; eine wirkliche Parallele ist sie (trotz der Auskunft der Brüder Grimm selber)[35] nicht.

Dafür kommt eine andere nordische Sage dem Drachenkampfmotiv in dem Märchen recht nahe. Es handelt sich um *Die Geschichte von Ragnar Lodbrok*, die historisch auf den dänischen Wikingerhäuptling zurückgeht, »der 845 n. Chr. mit 120 Drachenschiffen in die Seinemündung einlief, Rouen und Paris brandschatzte und sich die Räumung der Städte mit 7000 Pfund Silber teuer bezahlen ließ. Dieser historische Ragnar soll 866 in England oder Schottland an einer Seuche zugrundegegangen sein«.[36] Mit der Gestalt dieses Wikingerführers hat die Sage das klassische Drachenkampfmotiv auf folgende Weise verbunden: Einst herrschte auf Gautland der mächtige Herrud, dessen Tochter Thora die schönste aller jungen Mädchen war, dazu wohlerzogen in höfischer Sitte und vielseitig in allen Fähigkeiten; schon der Beiname, den man ihr gab, war bezeichnend: Borgarhjört, Hindin der Burg. Der Vater liebte seine Tochter so sehr, daß er ihr nahe der Königshalle ein kleines Wohnhaus baute mit einem Holzzaun darum, und jeden Tag schickte er der Tochter etwas zur Unterhaltung. So ließ er ihr einmal einen ungewöhnlich schönen kleinen Lindwurm bringen, den sie in eine Truhe von Eschenholz setzte und dem sie Gold unterlegte. Der Lindwurm aber wuchs und wuchs und ebenso das Gold unter ihm. Bald hatte er nicht mehr Platz in der Truhe, bald nicht mehr Platz in der Stube, bald umringelte er das ganze Wohnhaus. »Es war gefährlich, sich ihm zu nähern, und keiner wagte dieses Wurmes wegen in das Haus zu gehen, außer dem Mann, der ihm zu fressen brachte – einen ganzen Ochsen brachte er zu seiner Mahlzeit.« Herrud »hielt das für einen großen Schaden und gelobte feierlich, dem Manne, wer er auch sei, seine Tochter zu geben, der den Wurm erschlüge – das Gold, das unter ihm läge, sollte ihre Mitgift sein. Diese Kunde vernahm man weit durch alle Lande, aber keiner wagte sich in einen Kampf mit dem großen Wurm einzulassen.«

Nun herrschte damals Sigurd Hring über Dänemark, der hatte einen Sohn, Ragnar mit Namen; dieser war bald durch seine Kraft und seinen Mut »der gewaltigste Kriegsmann, so daß es kaum noch seinesgleichen gab«. Als er hörte, was Herrud gelobt hatte, ließ er sich seltsame Kleider anfertigen: eine Kniehose und einen Mantel von Loden, weswegen er *Ragnar Lodbrok* (Lodenhose) hieß; diese Kleidung siedete er in Pech und härtete sie. So segelte er mit einer Mannschaft nach Gautland und ging in einer versteckten Bucht vor Anker. Am anderen Tag zog er sein Lodengewand an, nahm einen großen Spieß in die Hand und ging allein fort. »Bevor er wegging, zog er den Speernagel aus seinem Spieß«; dann begab er sich zu dem Wohnhaus Thoras, »und als er an den Hofzaun langte, wo der Wurm lag, stach er mit seinem Spieß nach ihm, und dieser Stoß traf den Rücken des Wurms. Der wand sich dabei so gewaltig, daß die Spitze vom Schaft losging: Ein so großes Getöse entstand bei seinem Todeskampf, daß das ganze Haus erbebte. Darauf drehte Ragnar sich um und ging weg: Da traf ihn ein Blutstrahl zwischen den Schultern, aber die Kleidung ... schützte ihn ... Aber die in dem Gemach waren, erwachten von dem Lärm und stürzten hinaus. Da sah Thora einen großen Mann von dem Hause fortgehen und fragte ihn nach seinem Namen und zu wem er wolle. Er blieb stehen und sprach diese Strophe:

> Ich wagt allein um Lob
> Mein Leben, holde Jungfrau!
> War erst fünfzehn Winter,
> Als den Wurm ich angriff.
>
> Tapfer trag den Tod ich,
> Trifft er mich auch plötzlich,
> Der Heidelachs (sc. die Schlange) dringt nicht ins Herz mir,
> Hat's das Geschick nicht beschlossen.

Als Thora diese Worte hörte, wußte sie nicht, ob ein Mensch sie gesprochen, so groß war Ragnar von Gestalt; doch da es noch früh am Morgen war, legte sie sich wieder schlafen. »Als die Leute am Morgen hinauskamen, wurden sie gewahr, daß der Wurm tot war;

er war mit einem großen Spieß erstochen, der noch fest in der Wunde stak.« Man zog ihn heraus, doch niemand vermochte ihn zu tragen. Da erinnerte Herrud sich seines Versprechens, nur wußte auch er nicht, ob es wirklich ein Mensch sei, der diese Tat vollbracht hatte; und so wurde auf Thoras Rat hin eine Versammlung einberufen, in der Erwartung, daß der Sieger über den Drachen sich dabei schon selber melden würde; nur sollte er als Wahrzeichen den Speerschaft mitbringen, der in der Spitze gesessen hatte. Als Ragnar von der Einberufung der Versammlung hörte, begab er sich mit seinem ganzen Heer dorthin, und wirklich wurde er als derjenige erkannt, der den Drachen getötet hatte. Er heiratete Thora, und sie hatten zwei Söhne: Eirek und Agnar, beide sehr schön, sehr stark, sehr geschickt – wie ihre Eltern.

In dieser an sich schon zwischen Sage und Märchen schillernden Geschichte dürfen wir wohl die größte Annäherung, wenn nicht sogar ein unmittelbares Vorbild für die Drachenkampfszene des Grimmschen Brüdermärchens erblicken, – bis auf einige Differenzpunkte, die für die Interpretation eben deshalb um so wichtiger sein werden. Zu diesen Punkten gehört erneut die Tatsache, daß in der Ragnar-Sage *der Drache* selber alles Gold besitzt, während der Held des Brüdermärchens *an Gold* buchstäblich »von Haus aus« keinen Mangel trägt; daß er den Drachen *mit einer Lanze,* einer Distanzwaffe also, statt mit einem Schwert zu töten sucht, ist vielleicht bei einem solchen Untier, selbst wenn es nicht aus sieben Köpfen Feuer speit, an sich für »praktischer« zu halten, – dem Drachen in der Grimmschen Erzählung jedenfalls ist offensichtlich selbst mit dem speziell dazu geschaffenen Schwert nur mühsam beizukommen; *gemeinsam* indessen ist beiden Erzählungen der Umstand, daß *allein der Held* imstande ist, die über alle Maßen schwere Waffe zu führen, doch während ein Mann wie Ragnar solches vermag aufgrund seiner übermenschlichen Größe, bedarf der Grimmsche Held dazu eines *Zaubertrankes,* der in einer Kapelle eigens zu diesem Zwecke bereitsteht; *gemeinsam* ist beiden Geschichten auch, daß *die Gerettete* nach dem Kampf in Schlummer fällt – aber was für ein Unterschied! Während man ohne weiteres begreift, daß die Jungfrau in dem *Brüdermärchen* unter der Glut des Kampfes, im Feueratem des Drachens, ohnmächtig zu Boden sinkt, zeugt es von einer unbegreiflichen Nonchalance und

Nervenstärke, daß die schöne Thora, soeben erst von ihrem anfangs so possierlichen, dann so hinderlichen Lindwurm erlöst, sich noch ein ausführliches Morgenschläfchen gönnt, nur um den wackeren Ragnar unbehelligt seines Wegs ziehen zu lassen. Gewiß, sie wurde nicht, wie die Königstochter des Grimmschen Märchens, geradewegs *mit dem Opfertod* für den gefräßigen Drachen bedroht, doch wie immer man auch die Sache dreht, – so *viel* Langschläferei sollte selbst im hohen Norden nicht als gewöhnlich gelten! Und dann: in dem Grimmschen Märchen ist *der Weggang des Helden und seine spätere Wiederkunft* nebst dem Motiv vom Erkennungszeichen wohlbegründet; was aber ficht *den jungen Ragnar* an, mit den Leuten am Hofe des künftigen Schwiegervaters ein solches Allotria zu treiben? Erst die Speerspitze – vor einem solchen Kampfe! – *zu lockern*, dann unerkannt sich zurückzuziehen und schließlich mit dem Speerschaft als Gütesiegel sich als der rechte Bräutigam vorzustellen? Es scheint fast, als wenn ein solcher Ragnar seine Heldentat vollbracht hätte, gar nicht, um die schöne Thora *zu heiraten*, sondern rein um der Heldentat willen, und jeder Gedanke an mögliche Heirat käme ihm buchstäblich erst »sekundär«. Ja, es *scheint* nicht nur, daß es sich so verhält, es *ist* so! Ganz deutlich erklärt es Ragnar der anmutigen Thora in das verschlafene Angesicht hinein: keineswegs um ihretwillen habe er sich auf den Kampf mit dem Drachen eingelassen, sondern »allein um Lob« habe er sein Leben gewagt. Eine *solche* Erläuterung ist nun freilich ein Grund, erst noch einmal ins Bett zu gehen und die Sache zu überschlafen: Was für ein Bräutigam! Gott Lob, daß wir es in dem Helden des *Grimmschen Brüdermärchens* mit einem Mann von anderem Schrot und Korn zu tun haben. Wohl hat auch er die Königstochter noch nie gesehen, ehe er sich zum Kampf auf Leben und Tod für sie entscheidet; auch ihm als einem echten »Ritter« erscheint offenbar der Sieg im Kampf wichtiger als die winkende Belohnung der schönen Braut; doch beträgt er sich *nach* der Überwindung des Untiers trotz all seiner Ermattung weit aufmerksamer und zugewandter gegenüber der Königstochter als der auf den Flügeln des Sieges davoneilende Ragnar. Käme nicht *der bösartige Marschall* des Königs dazwischen, – wir hätten Grund, uns den Helden mitsamt der geretteten Braut im Schlummer der Erschöpfung schon als ein glückliches Paar vorzustellen. Jedoch, gerade für beides:

für den Typ des reinen Ritters ebenso wie für das Motiv der hinterlistigen Trennung, gibt es weitläufige Vorbilder.

So absurd vielleicht das Verhalten Ragnars auf den ersten Blick erscheinen mag, es gehorcht *einer bestimmten Form männlicher Selbstbestätigung* bis hin zu einem Grad von narzißtischer Autarkie, daß jede weitere Partnerbeziehung sich eigentlich erübrigt. Wenn man so will, hat man es hier mit einer *Überzüchtung* der männlichen Grundeinstellung zu tun. Grundgelegt scheint innerhalb des männlichen Verhaltens, bereits aus dem Erbe der Tierreihe, die Vorstellung zu sein, daß sich die Gunst des anderen Geschlechtes wesentlich nur durch kämpferische Auseinandersetzung erringen lasse.[37] Wohl gibt es – zum Beispiel bei den äthiopischen Dscheladas[38] – schon im Tierreich Beispiele auch für alternative, zärtlichere Formen der Annäherung eines Männchens an ein Weibchen als den offenen Kampf und die gewaltsame Vertreibung drohender Konkurrenten, doch scheint ein archaisches Relikt die Phasen der Menschwerdung konstant mitgestaltet und sich darin bis heute erhalten zu haben, wonach es zur Aufgabe eines Mannes zählt, den Schutz von Frauen und Kindern innerhalb eines sicheren Reviers gegen unliebsame Eindringlinge verteidigen zu können[39], und die erste und einfachste Probe auf diese seine Fähigkeit legt er tatsächlich wohl schon in der Vertreibung lästiger männlicher Artgenossen gleich bei der Brautwerbung ab. Subjektiv erscheint dabei selbstredend jeder mögliche Konkurrent als »*Feind*«, also, moralisch betrachtet, als »*böse*«, also, mythologisch gesprochen, als »*Drache*«, und er selbst, in seiner Rolle als Beschützer und Retter der liebend Umworbenen, tritt von vornherein mit dem Anspruch des Rechts, mithin als *der heroische Verteidiger* des Guten, Schönen und Wahren auf. Immer aber stellt dabei *die Erringung der Geliebten* das Ziel und den Lohn all der kämpferischen Mühen dar. Einer bestimmten männlichen Idealbildung hingegen scheint es »angemessen«, die Bewährung kämpferischer Männlichkeit selbst absolut zu setzen und damit das Mittel zum Selbstzweck zu erklären. So etwas geschah kulturgeschichtlich in der Zeit des mittelalterlichen Rittertums, als die Gunst der »hohen Frau« ins rein Platonische gesetzt, dafür aber der Kampf und der Krieg recht irdisch in endlose Turnierspiele um Ruhm und Ehre[40] und, wenn das noch nicht reichte, in die Idee von sieben »Kreuzzügen«[41] gegen die »Heiden«, Juden und Ketzer – gegen den »Teufel« mit anderen Worten – verlagert wurde. Die Vorstellung von dem *heiligen Georg*[42] (und einer Reihe paralleler Gestalten)[43] erfreute sich kirchlich der größten Beliebtheit: ein Ritter, der um die schöne Königstochter *nicht* freit, indem er den Drachen besiegt, sondern ein Mann, »selbstlos« genug, Leib und Leben zur Rettung der Unschuldigen zu wagen und dann – wortlos weiterzuziehen!

Es ist bezeichnend, daß kein geringerer als R. M. RILKE gerade dieses Motiv von dem Helden, der den Kampf gegen den Drachen besteht, ohne an die gerettete Jungfrau auch nur noch zu denken, in zwei Fassungen von dem *Drachentöter* (1901) aufgegriffen hat.[44] Es ist wie ein direkter Nachhall der Szene der Ragnar Lodbrok-Saga, wenn RILKE mit psychologisch hoher Sensibilität zunächst von der Beziehung zwischen dem Drachen und der Königstochter schreibt: »Gewiß war ihre Sanftmut, Milde und Macht ihres stillen Angesichtes die unschuldige Ursache des Drachens, welcher, je mehr sie emporwuchs und aufblühte, desto näher heranschlich und sich endlich in einem Walde vor der schönsten Stadt des Landes, wie der Schrekken selber, niederließ. Denn es bestehen geheime Beziehungen zwischen dem Schönen und Schrecklichen wie zwischen den Gipfeln und den Abgründen ..., wie zwischen dem holden lachenden Leben und dem nahen tiefen täglichen Tod. – Es ist damit nicht gesagt, daß der Drache der jungen Fürstin feindlich war, wie ja auch niemand auf Ehre und Gewissen sagen kann, ob der Tod ein Widersacher des Lebens ist. Vielleicht hätte das große kochende Tier sich wie ein Hund neben dem schönen Mädchen niedergelegt und es wäre vielleicht nur durch die Abscheulichkeit der eigenen Zunge abgehalten worden, die lieblichsten Hände in tierischer Demut zu liebkosen. Aber man ließ natürlich die Jungfrau nicht zu dem Drachen, zumal dieser gegen die Unglücklichen, die zufällig, aus Unkenntnis oder Leichtsinn, in den Umkreis seiner Kraft traten, wenig rücksichtsvoll war und wie ein sichtbarer Tod alles Lebenswarme – Kinder und Herden nicht ausgeschlossen – ergriff und behielt.«[45]

Bis hierhin stehen wir bei dem klassischen Mythen- und Märchenmotiv von der *Schönen und dem Tier*, das in den Grimmschen Erzählungen zum Beispiel in der Geschichte von dem *Singenden, springenden Löweneckerchen* (KHM 88) auftaucht. Da ist es die männliche

Triebhaftigkeit, das sexuelle Begehren selbst, das, hervorgelockt durch die weibliche Schönheit, entsprechend der gesellschaftlichen Moral sich seiner selbst als etwas Tierischen schämen muß; gleichwohl macht in der RILKEschen Erzählung – gut psychoanalytisch – allererst der Zustand der Abgesperrtheit, *der Verdrängung*, aus den natürlichen Triebbedürfnissen etwas Beschämendes, ja, Raubtierhaft-Gefährliches, und erst so entsteht die Notwendigkeit, daß ein *Retter* kommen muß, um das »(Un)Tier« im Manne zu besiegen. Steht es erst einmal so, dann erhält die Georg-Legende wie von selber die Bedeutung, daß »heilig« nur derjenige sei, der die (sexuellen) Triebe in sich »(ab)getötet« hat; kein Wunder daher, daß wir Sankt Georg nach vollbrachter Tat sich um die gerettete Schöne nicht einen Augenblick länger noch kümmern sehen, sondern daß er alsbald erhabeneren, gewiß »göttlicheren« Zielen entgegenreitet. Eben darin nun erblickte auch R. M. RILKE, der sonst so sehr die kirchliche Sexualfeindlichkeit angriff, ein plausibles Ideal einer höheren, vor allem dem Künstler eigenen Menschlichkeit. In ergreifenden Worten beschreibt RILKE den Augenblick, da der Ritter nach seinem Sieg über den Drachen der Königstochter begegnet: »Plötzlich sah sie einen Reiter, der ihr entgegenkam. Sie drückte sich unwillkürlich ins dunkle feuchte Gebüsch. Er ritt langsam, und sein Pferd war ganz schwarz von Schweiß und bebte. Und auch er selbst schien zu zittern; die Ringe seines Panzers klangen lange aneinander. Sein Haupt war ohne Helm, seine Hände bloß und sein Schwert hing müde herab. Sein Haar wehte ein wenig und sein junges Gesicht war heiß und schön. Seine Augen waren ruhig dorthin gerichtet, woher der Morgen kommen mußte, und sie glänzten, als schauten sie ihn schon. – So ritt er vorüber. Das Mädchen sah ihm lange nach. Mit einem Mal wußte sie: er hat den Drachen getötet. Und zugleich überkam es sie wie eine große Beruhigung. Sie war nicht mehr ein verlorenes Ding in dieser Nacht, sie gehörte diesem zitternden Helden, der in den Morgen ritt, und er, der sie jetzt noch nicht kennt, morgen wird er sie suchen in allen Häusern, und sich nach ihr sehnen wie nach einer verlorenen Schwester seines Schwertes. – Jetzt fand sie auf einmal ganz leicht den Weg zum väterlichen Schloß und traf an einer verschwiegenen Tür den trostlosen Alten, der sie überall gesucht hatte. Von ihrem Zimmer sah sie schon den Morgen. – Die junge Fürstin, die noch einige Stunden tief geschlafen hatte, erwachte von der lauten Freude des Landes. Die Menschen jubelten, und die Glocken überschlugen sich fast in den Türmen. Alle schienen nach dem Retter zu rufen; der aber zeigte sich nicht. Er ritt schon weit von der Stadt, und es war ein Himmel voller Lerchen über ihm. Hätte jemand ihn an den Preis seiner Tat erinnert, vielleicht wäre er lachend umgekehrt; er hatte ihn ganz vergessen.«[46]

Das ist unzweifelhaft die Geschichte von Ragnar Lodbrok, von dem davon reitenden Helden und der Prinzessin, die ihn sieht – wie im Traume! – und dann wieder einschläft, um am folgenden Morgen der Rückkehr ihres Retters zu harren; doch es ist deutlich auch eine Radikalisierung der Ragnar-Gestalt: niemals mehr wird RILKES »Drachentöter« zurückkommen und um die erlöste Königstochter freien; er wird vielmehr selber seines Wegs in die Freiheit ziehen und damit auch sie, die Wartende, als eine *Gereifte,* zu sich selber Gelangte, *unabhängig Gewordene* und gerade so *Erlöste,* zurücklassen. Wie anders noch hatte RILKE in seinem Georgsgedicht geschrieben:

Und sie hatte ihn die ganze Nacht
angerufen, hingekniet, die schwache
wache Jungfrau: Siehe dieser Drache,
und ich weiß es nicht, warum er wacht.

Und da brach er aus dem Morgengraun
auf dem Falben, strahlend Helm und Haubert,
und er sah sie, traurig und verzaubert
aus dem Knieen aufwärtsschaun

zu dem Glanze, der er war.
Und er sprengte glänzend längs der Länder
abwärts mit erhobnem Doppelhänder
in die offene Gefahr,

viel zu furchtbar, aber doch erfleht.
Und sie kniete knieender, die Hände
fester faltend, daß er sie bestände;
denn sie wußte nicht, daß Der besteht,

den ihr Herz, ihr reines und bereites,
aus dem Licht des göttlichen Geleites
niederreißt. Zuseiten seines Streites
stand, wie Türme stehen, ihr Gebet.[47]

Wieviel an untertäniger Dankbarkeit liegt in diesem Gedicht, aber auch noch an Wissen um die geheime magische Macht weiblicher Liebe? Handelte es sich nicht um den heiligen Georg und bestünde der Einfluß der Zu-Rettenden in diesem Gedicht nicht allein in der demütigen Fürbitte des Religiösen, so müßte man denken, daß es die Sehnsucht und der Liebreiz der sonst dem Ungeheuer Geweihten sei, die den Kämpfer allererst befähigte, den »Drachen« seiner »tierischen« Triebhaftigkeit zu besiegen; doch eben davon kann in Rilkes Erzählung keine Rede mehr sein! Es ist gerade diese ins Religiöse verschobene Beziehung zwischen Mann und Frau, die Rilke in seinem Gedicht so fasziniert; es ist gerade *die Vergleichgültigung* der Liebesthematik, die er in dem Essay vom *Drachentöter* als den eigentlichen Sinn des »Siegs« über das Untier hinstellt.

Für *das Grimmsche Brüdermärchen*, das ausführlich erzählt, wie der siegreiche Held sich trotz aller Widrigkeiten an den Hof der Königstochter zurückbegibt, ist es vor diesem Hintergrund noch einmal wichtig zu sehen, daß der jüngere »Zwilling« die Prinzessin eigentlich noch gar nicht kennt, als er sich entschließt, sie zu retten; es ist also auch bei ihm *nicht* zunächst Liebe zu nennen, was ihn zu seiner Tat treibt; wir haben hier, wohlgemerkt, *nicht* die Geschichte der *Kristallkugel* (KHM 197) vor uns, in welcher der Dritte von den Söhnen einer Zauberin dem Hörensagen von der schönsten Frau der Welt nachgeht und von ihr alle wichtigen Nachrichten erhält, wie er den schnaubenden Auerochsen an der Quelle besiegen kann, um sich in den Besitz der kristallenen Zauberkugel zu setzen[48]; im Gegenteil, wir dürfen nicht übersehen, daß in dem Brüdermärchen das Motiv der Liebe der Rettungstat nicht vorausgeht, sondern in gewissem Sinne ihr *nachfolgt* beziehungsweise überhaupt erst sich aus ihr *ergibt*. Doch trotz allem ist an dieser Stelle der Unterschied zu den Aussagen RILKES entlang dem Georgs-Ideal geradewegs dramatisch zu nennen: in dem Grimmschen Märchen wird, ähnlich wie bei Ragnar Lodbrok, aus dem Retter ein Liebender, und es ist diese

Wandlung, die den alles entscheidenden Schritt der *Reifung* in der Brüdererzählung markiert! Um so nachdenklicher muß es uns machen, wenn wir alsbald miterleben, wie die gerade erst Verliebten durch den Marschall des Königs voneinander getrennt werden. Was soll das? Diese Frage erscheint als noch dringlicher, wenn wir sehen, daß auch das *Trennungsmotiv* einem berühmten Vorbild folgt, das indessen nicht in der nordischen, sondern in der *altgriechischen* Sagenwelt angetroffen wird: in der Geschichte von *Theseus und Ariadne*, von *Perseus und Andromeda* und: von *Herakles*.

Man muß wohl vorausschicken, daß das Motiv des Drachenkampfes in dem Grimmschen Brüdermärchen ohnehin an die Szene der griechischen Mythologie erinnert, da der Gottheros *Herakles* die *Schlange von Lerna* besiegt. Dieses Monstrum, eine Tochter der Schlangengöttin Echidna, hauste dort, wo die Unterwelt in ihren abgründigen Gewässern »unmittelbar an das Land Argos« grenzte, am Eingang zum Totenreich also. Ihr Bild zeigt zahllose Schlangenhäupter, die einem unförmigen Leib entsprießen und die sich verdoppeln, wenn man sie abschlägt; der Pesthauch ihres Atems schon ist tödlich, und niemand vermochte den Kampf mit ihr, der Verkörperung des Todes, aufzunehmen[49], außer dem Zeussohn Herakles, diesem Schlangentöter von Geburt an.[50] Daß der Kampf des Helden gegen den »Drachen« im Grunde ein Kampf der Liebe *gegen die Macht des Todes* ist, beziehungsweise daß zur Liebe nur findet, wer die Angst vor dem Tode besiegt hat, ließe sich für das Grimmsche Brüdermärchen gerade aus der Heraklesgeschichte lernen, wenn denn der griechische Heros bei seiner Tat in Lerna zu irgendeiner Frau in Verbindung träte; doch dergleichen klingt allenfalls an in der Geschichte von den *Äpfeln der drei Hesperiden*, der abendlichen Töchter der Nacht: Ihr Garten im Westen umschloß einen Baum mit goldenen Äpfeln; diese waren ein Hochzeitsgeschenk der Mutter Erde an die Götterkönigin, über das Hera selbst die Schlange Ladon als Wächterin eingesetzt hatte, »ein Wesen, das nie die Augen schloß«. Herakles tötete die Schlange, und ein attischer Maler zeigt, wie die Hesperiden, die auch als Todesgöttinnen gelten, den Heros umgeben, während Eros hinter seiner Schulter steht und die Äpfel pflückt. »Es herrscht die Liebe.«[51] Eine andere Version der Geschichte überliefert sogar, es hätten die Hesperiden selber die Schlange

Ladon mit einem Zaubertrank eingeschläfert[52] – sanft vollzöge sich da der Sieg der Liebe über den Tod. Aber Einsichten dieser Art sind nicht die starke Seite des stärksten Helden der griechischen Antike, aus dessen Keule freilich das Holz für den Bogen des Eros geschnitzt ward.[53]

Ein Stück näher dem Grimmschen Brüdermärchen kommen wir erst mit der Tat des *Theseus*, als er den *Minotauros* besiegte und die schöne *Ariadne* aus dem Palast des kretischen Königs befreite. – Des kretischen Stieres Herr geworden war auch schon Herakles – auf den Befehl des Eurystheus hin hatte er den ebenso schönen wie kraftvollen Stier, in den Pasiphae sich unsterblich verliebte, kurzerhand nach Mykenai geschleppt[54]; Theseus aber, den als sterblicher Vater Aigeus mit der »himmelsleuchtenden« Aithra gezeugt hatte[55], während er in Wahrheit von Poseidon stammte, wußte bei seiner gefahrvollen Wanderung über den Isthmos von Korinth so viele Ungeheuer zu besiegen, daß er es Herakles darinnen gleichtat, vollends, als auch er, zur Einübung gewissermaßen, den Stier von Marathon, ganz wie bei den kretischen Kampfspielen ein Jüngling, an den Hörnern packte und an den Boden drückte, bis daß er ihn gezähmt an einem Strick nach Athen führen konnte.[56] Dort aber herrschte seit achtzehn Jahren nun schon der schreckliche Brauch, in jedem neunten Jahr sieben Jünglinge und sieben Jungfrauen als Opfer für den Minotauros nach Kreta zu schicken; eben jetzt, bei der Ankunft des Theseus, war es das dritte Mal, daß die Opferschar nach Knossos entsandt werden sollte; die »übrigen hatte man ausgelost, Theseus aber ging freiwillig mit, als einer der vierzehn, wenn nicht als fünfzehnter ... Nach der ältesten Erzählung fuhr er aber wohl mit seinem oder seines Vaters Aigeus Schiff wie zu einem Abenteuer nach Kreta... Die Erzähler und die Vasenmaler glaubten sogar die Namen der sieben Knaben und sieben Mädchen nennen zu können.«[57] Als während der Überfahrt aber Minos selbst sich in eines der Mädchen, in die schöne Eriboia, verliebte und ihre Wangen berührte, als wäre sie eine Sklavin, verwehrte Theseus ihm dies, im Bewußtsein, ein Sohn des Poseidon zu sein; um diesen Anspruch zu rechtfertigen, warf Minos einen Ring ins Meer und forderte Theseus auf, ihn wieder heraufzuholen; Delphine geleiteten Theseus zum Palast des Königs und der Königin des Meeres, zu Poseidon und

Amphitrite. »Mit einem schimmernden Purpurmantel umgab ihn Amphitrite und setzte auf sein wolliges Haar den rosendurchflochtenen Kranz, den sie zu ihrer Hochzeit von der Göttin der Liebe zum Geschenk erhalten.«[58] So tauchte denn Theseus in königlicher Pracht neben dem Schiff des Minos wieder auf und überreichte ihm den goldenen Ring.

Genauer betrachtet war dieser Empfang durch Amphitrite allerdings nur das Vorspiel für die Begegnung zwischen Theseus und Ariadne. »Sie, eine Enkelin des Helios und des Zeus, von Pasiphaë, der Tochter des Sonnengottes, dem Minos geboren, erbarmte sich ... des Theseus, der als erster in das Dunkel des Labyrinthos freiwillig eindringen wollte. Berühmt wurde sie unter dem Namen, der in der griechischen Sprache der Kreter die ›überaus Reine‹, die *ari-hagne*, meinte, sie wurde aber ebenda auch Aridela, die ›überaus Klare‹, genannt. Mit diesen zwei Namen war sie ursprünglich eine große Göttin: als Unterirdische rein, als Himmlische klar.«[59] »Dem athenischen Jüngling zuliebe verriet sie ihren eigenen Bruder: Minotauros, das Wundertier mit menschlichem Leib und Stierkopf.«[60] »Der Heros soll Ariadne geschworen haben, sie als Gattin nach Hause zu führen, und so soll er ihre Hilfe gewonnen haben. Doch die Geschichte, wie Theseus die Liebe der Königstochter gewann, wird uns nicht überliefert.«[61] »Es wird uns nicht erzählt, wie Theseus dazu kam, daß er Ariadne ganz allein gegenüberstand und von ihr das einfache Geschenk erhielt, welches ihm die Sicherheit der Rückkehr (auf demselben Wege) aus dem Labyrinth gewähren sollte. Sie war mit Spinnen beschäftigt, ..., als der Jüngling bittend und liebkosend die Hand gegen sie ausstreckte. Es war wohl ihre Klugheit, daß sie ihm die Spindel mit dem Garn in die Hand gab.«[62] »Im innersten Winkel des Labyrinthes schlief der Minotauros. Theseus sollte ihn am Stirnhaar ergreifen und dem Poseidon opfern. Es heißt ..., daß die liebende Ariadne den Helden begleitete und ihm mit ihrem Kranz in der Dunkelheit leuchtete.«[63] Dieser Kranz der Ariadne wurde unter die Sternbilder gesetzt, um am Himmel auf ewig zu scheinen.[64] »Theseus erstach im Labyrinth den Minotauros. Ein altes Vasenbild zeigt ihn in der Ausgangsstellung des Zweikampfes mit dem Stierköpfigen ... Mit der einen Hand fassen sie sich gegenseitig an, in der anderen hält der Heros das Schwert, das halbtierische Wesen den Stein ... Theseus ... trägt aber oft eine Keule oder einen Stock. So erscheint er siegreich in der Pforte des unterweltlichen Gebäudes, wenn er nicht auch den toten Stiermenschen mit sich zerrt. Die Knaben der Athener empfangen ihn, und einer küßt ihm die rettende Hand.«[61] »Er bestieg mit Ariadne das Schiff ... In nächtlicher Zeit traten sie die Heimreise an.«[66] »In der Nacht auf Dia, so lautete die eine Form der Erzählung von der Himmelfahrt der Ariadne, erschien Dionysos und nahm die schöne Braut dem Helden weg. Man sieht auf einem tarentinischen Vasenbild, wie sich Theseus mit gezücktem Schwert, gleichsam sich verteidigend, zu seinem Schiff zurückzieht, während der Gott die schlafende Ariadne an der Brust berührt ... Er war es, so hieß es auch, der die Vergessenheit über Theseus schickte, so daß er die Braut auf der einsamen Felseninsel völlig vergaß und ohne sie weitersegelte.«[67] »Theseus fuhr mit den Knaben und Mädchen nach Delos weiter, führte mit ihnen den Kranichtanz auf, ..., der die Windungen des Labyrinthos nachahmte, opferte dem Apollon und stellte die Aphrodite-Statue auf, die Ariadne gleichsam als ihr *alter ego* mit sich genommen hatte ... Die Athener feierten nachher zum Gedächtnis der Ankunft ihrer Söhne und Töchter – sie fiel in die Weinlesezeit – im Phaleron an der Küste das göttliche Paar: Dionysos und Ariadne. Doch es wurde dabei auch eines traurigen Ereignisses gedacht. Theseus oder sein Steuermann vergaß in der Freude (oder in der Trauer über den Verlust der Ariadne), das Segel auszuwechseln. Aigeus erblickte von der Akropolis aus das schwarze (Segel), das das Schiff bei der Abfahrt (aus Sorge um das Leben des Theseus) getragen, und stürzte sich vom Felsen hinunter. So wurde Theseus König, und seitdem heißt jenes Meer, über dem die Gestalt der Göttin und Heroine Ariadne schwebt, das Ägäische.«[68]

Diese berühmte Geschichte von dem Kampf des Theseus gegen den Minotauros erzählt nicht eigentlich von der *Rettung* der Ariadne, – gerettet in wörtlichem Sinne werden einzig die athenischen Mädchen und Jungen vor dem Opfer an das Stiermensch-Ungeheuer; doch alle anderen Elemente des Grimmschen Brüdermärchens werden hier unüberhörbar intoniert: Ein beherrschendes Motiv, das bei der Deutung der Erzählung entsprechende Beachtung verdient, bildet *die Trauer*, mit der König Aigeus die Söhne und Töchter der

Stadt in den vermeintlich sicheren Opfertod ziehen läßt; wichtig ist ebenso *die Trennung* des Helden von der geretteten Schönen – durch *einen Gott* in dem Mythos von Theseus, durch den Marschall des Königs in dem Grimmschen Märchen; daß der *Vater* sich selbst in den Tod stürzt, als Theseus nach seiner Heldenfahrt lebend zurückkehrt, hat die Psychoanalytiker seit jeher mißtrauisch gemacht[69]: plante vielleicht ursprünglich Aigeus selbst den Tod seines Sohnes, weil er sich von ihm tödlich bedroht fühlte? Ist der »Drache«, der in so vielen Märchen überwunden werden muß, um die »Preisjungfrau« heimzuführen[70], unter Umständen womöglich ein nur schlecht verhülltes Bild für den Vater selbst? Wir werden sehen!

Unter den griechischen Sagen nicht zu vergessen ist zu guter Letzt der denkwürdige Kampf des *Perseus.* »Wer kennt nicht«, schreibt bereits HERMAN MELVILLE in seinem unsterblichen Drachenkampf-Mythos von dem Weißen Wal *Moby Dick,* – wer kennt nicht »die schöne Geschichte von Perseus und Andromeda, wie am Meeresufer die liebliche Königstochter an einen Felsen geschmiedet war und gerade, als Leviathan sie wegschleppen wollte, Perseus, der Fürst aller Walfänger, mit seiner Harpune kühn dazwischentrat, die Jungfrau befreite und sie zu seiner Gemahlin machte. Gleich mit dem ersten Wurf traf er das Ungeheuer zu Tode und vollbrachte damit ein Meisterstück der Harpunierkunst, das heutzutage auch den Besten nur selten gelingt. Die Heldentat unseres Urvaters soll niemand anzweifeln; denn an der syrischen Küste hat in einem Heidentempel zu Joppe, dem heutigen Jaffa, jahrhundertelang das mächtige Gerippe eines Wals gestanden, und die Chroniken der Stadt und alle ihre Einwohner berichteten, es sei das Gebein eben jenes Untiers, das Perseus erschlagen hatte. Als die Römer Joppe eroberten, wurde das Gerippe dann im Triumph nach Italien gebracht. Das Nachdenklichste an der Geschichte aber ist dies: in Joppe ist Jona in See gestochen.«[71]

Nun mag es um MELVILLES Lieblingspropheten Jona stehen, wie es will – gewiß führt sein Stammbaum zurück in *Das Zeitalter des Sonnengottes* (FROBENIUS)[72]; doch die Person und die Tat des *Perseus* verdienten die größte Beachtung, weil psychologisch dabei das Bild des »Drachen« noch eine weitere Bedeutung offenbart, die im folgenden sehr wichtig werden wird. Wir erfahren aus der griechischen

Mythologie nämlich, daß die Heldentat des Perseus bei der Rettung Andromedas eine bezeichnende Vorgeschichte besitzt: Akrisios, dem König von Argos, hatte das Orakel geweissagt, wenn seine Tochter Danaë einen Sohn zur Welt bringe, so werde dieser ihm zum Verhängnis werden, und so hatte er Danaë in ein unterirdisches Verlies eingesperrt. Zeus aber, aus unstillbarer Liebe zu der schönen Prinzessin, verwandelte sich in einen Regen aus Gold, der durch das Dach des unterirdischen Gemachs drang. »Das Grab wurde zur Hochzeitskammer.«[71] So kam Perseus zur Welt. Als nach etwa drei Jahren Akrisios von der Geburt seines Enkels erfuhr, ließ er das Kind und die Mutter in eine geschlossene Arche sperren und die Todgeweihten dem offenen Meer aussetzen. Wider Erwarten aber wurde die Arche von dem Fischer Diktys, dem »Netzmann«, auf der Insel Seriphos gefunden. Dort herrschte sein Bruder Polydektes, der »Viel-Empfänger«, ein Unterweltkönig vermutlich.[74] »Was der eine fing, mußte zur Beute des anderen werden. So wurde Danaë die Gefangene des Polydektes, zum dritten Mal mit ihrem Kinde gleichsam in die Unterwelt gelangt.«[75] Nun wollte Polydektes um die schöne Hippodameia, des Oinomaos Tochter, werben, und er ließ deshalb ein Gastmahl, ein *eranos*, halten, bei dem jeder Geladene als Geschenk ein Pferd mitbringen sollte. Perseus, der als ein armer Fischerjunge natürlich kein Pferd besaß, versprach, etwas leichtsinnig, das Haupt der Gorgo zu bringen. Die Gorgo Medusa, die »Herrscherin«[76], wohnte mit ihren zwei unsterblichen Schwestern in einer Höhle; sie selber war sterblich, doch konnte allein schon ihr Anblick einen Betrachter vor Schrecken in Stein verwandeln; zudem wurde sie von den Grafen bewacht, die gemeinsam nur ein Auge und einen Zahn besaßen. Niemals hätte Perseus eine Chance gehabt, unter solchen Umständen sein Versprechen wahrzumachen, hätte nicht der Gott Hermes beziehungsweise die Quellnymphen auf Seriphos ihm Flügelschuhe geschenkt sowie eine unsichtbar machende Hadeskappe und eine Tasche, in welcher das Gorgohaupt sich aufheben ließ. – Das Reich der Gorgonen, Kisthene, lag jenseits des Okeanos, bei den Hesperiden, dort, wo die Nacht beginnt und wo weder Sonne noch Mond ihren Schein in die Finsternis werfen. Als Perseus sich endlich Zugang zur Höhle der Gorgonen verschafft hatte, ertastete er mit abgewandtem Kopf den Hals der Medusa und hieb ihn mit einem Sichelschwert, der *Harpe*, ab, mit der alten Titanenwaffe also, mit der Kronos seinem Vater, dem Himmelsgott Uranos, die Geschlechtsteile abgeschnitten hatte, daß sie im Okeanos schwammen, bis aus ihrem Schaum die Liebesgöttin Aphrodite an Land stieg.[77] Medusa war gerade von dem Meergott Poseidon schwanger und trug den Helden Chrysaor und das Roß Pegasus im Leibe; als Perseus ihr den Kopf abschnitt, sprangen beide aus ihrem Hals hervor; ihr Haupt verbarg Perseus in der Tasche der Najaden, doch als die zwei Gorgonen ihre Schwester rächen wollten, bestieg er den Pegasos, das Flügelroß, das so schnell war wie ein Gedanke und das später noch einen anderen Drachenkämpfer, Bellerophon, berühmt machen sollte.[78] Perseus begab sich zu den Hyperboreern im hohen Norden; er begab sich nach Süden zu den Äthiopiern; da aber erblickte er von der Luft aus an der Felsenküste Palästinas, eben bei Jaffa, eine schöne Jungfrau. »Sie war dort ausgesetzt und angebunden«; denn Kassiopeia, die Frau des äthiopischen Königs Kepheus, hatte behauptet, schöner zu sein als die Nereiden, und damit die Meeresgötter gegen sich aufgebracht. Poseidon schickte zur Strafe Überschwemmungen über das Land und verlangte zudem, daß Andromeda, die Tochter Kassiopeias, an einer Felsenklippe einem Seeungeheuer ausgesetzt werde.

»Nimm, Fremder, nimm mich mit, wie du es wünschest dir,
Als deine Sklavin, Gattin oder Dienerin«,

flehte sie Perseus an, der sich ihrer erbarmte und das Seeungeheuer tötete.[79] »Er entriß sie auch den Eltern, die sie nicht gern ziehen ließen, und ihrem düsteren Bräutigam, mit Namen Phineus ... Von diesem Phineus hieß es, er wäre ein Bruder des Kepheus gewesen, der die Nichte zur Braut haben wollte.«[80] Perseus wehrte sich gegen ihn, indem er ihn mit dem Gorgonenhaupt versteinerte; Andromeda aber trug er durch die Luft nach Seriphos. »Alle vier aber, die in dieser aithiopischen Geschichte zusammengehören: Kassiopeia und Kepheus, Andromeda und Perseus, kamen schließlich als Sternbilder an den Himmel.«[81]

In dieser Geschichte treffen wir nicht nur auf das klassische Motiv der Erlösung der Jungfrau von dem Ungeheuer, wir hören vor allem, daß die »Jungfrau« nur der weiblichen Ruhmsucht ihrer Mutter wegen »geopfert« werden muß. Zudem sehen wir, daß die Befreiung der schönen Königstochter offenbar identisch ist mit der Befreiung von ihren Eltern sowie von dem *Bruder* des Königs, – ein Motiv, das der Gestalt des Marschalls in dem Grimmschen Brüdermärchen sehr ähnlich sieht. Vor allem aber erhalten wir hier schon einen ersten Hinweis auf die Gefahr der *Versteinerung*, von der in der Grimmschen Erzählung *nach* dem Drachenkampf berichtet wird, die in der Perseus-Sage aber *vor* der Auseinandersetzung des Helden mit dem Seeungeheuer steht und hier sozusagen die Voraussetzung darstellt, um die »Jungfrau« von dem »Drachen« »befreien« zu können. Die Angst vor der versteinernden Gorgo Medusa, vollends ihr abgeschnittenes, schlangenumringeltes Haupt, ist von S. Freud bereits als Angst des Mannes vor der »Kastration« durch die Frau gedeutet worden.[82] In welch einem Sinne das zutrifft, wissen wir an dieser Stelle noch nicht; doch so viel scheint hier bereits klar: der Kampf mit dem »Drachen« hat nicht nur zu tun mit der Auseinandersetzung mit dem *Vater* der »Königstochter« beziehungsweise mit dessen Nebengestalten: mit seinem »Bruder«, seinem »Marschall« oder mit dem »Meergott« Poseidon; er hat auch und vor allem zu tun mit der Angst des Helden vor der Frau und ebenso mit der Erinnerung an die eigenen Eltern. Wie nun aber diese verschiedenen Aspekte konkret miteinander verknüpft sind, vermag uns natürlich nur die Grimmsche Erzählung selbst zu verraten. Es wird die höchste Zeit, daß wir uns wieder unmittelbar an ihre Deutung begeben.

b) Die Liebe wagen oder: Vom größten Abenteuer des Lebens

Erinnern wir uns: Wir haben in dem »jüngsten« der Zwillingsbrüder bei seiner Wanderung nach »Westen« eine Persönlichkeit vor uns, die in sich bereits nur noch die *eine* der beiden höchst gegensätzlichen »Richtungen« der Lebensentwicklung der zwei Goldkinder verkörpert; bei allem, was dieser junge Mann, der Bahn des Sonnenlaufs folgend, im weiteren tun wird, müssen wir uns, mit anderen Worten, im Hintergrund stets auch noch eine ganz andere, konträre

Seite seines Verhaltens hinzudenken: zu seiner heroischen Kühnheit eine bebende Unsicherheit, zu seinem kämpferischen Ringen um Liebe und Erlösung ein Streben auch nach Ruhe und Geborgenheit, zu seinem Drang nach Bewährung durch eine große Tat auch das Verlangen nach einem Bejahtwerden ohne Vorleistungen –, zu all dem männlich-phallischen Gehabe also zugleich auch ein Suchen nach der Mutter, die es nie gab! *Beide* Einstellungen gehören zusammen wie die Schwingungen eines Lichtstrahls, der in einem Polarisationsfilter in zwei zueinander rechtwinkligen Ebenen zerlegt wird; der »Zerlegungswiderstand« aber, der psychisch eine solche Polarität einander entgegengesetzter »Schwingungen« im Leben eines Menschen erzeugt, ist immer wieder eine tiefsitzende *Angst*, und nur wenn wir *sie* verstehen, eröffnet sich ein Zugang zu all dem scheinbar so Unverständlichen, von dem das Märchen, in einer enormen Steigerung seiner Dramatik, nunmehr zu reden beginnt.

α) Die Aufgabe oder: Von der Überwindung des Vaters

Was ist es mit dem Motiv des Drachenkampfes zur Rettung einer erlösungsbedürftigen »Jungfrau« überhaupt? Psychoanalytisch, so legen es uns zum Teil die angeführten Überlieferungen nahe, haben wir es hier mit dem Kampf eines Jungen gegen seinen Vater zu tun; die zu erlösende Geliebte wäre demnach *die eigene Mutter;* – O. Rank, der als erster die Verfahren der Psychoanalyse in großem Stil auf die Interpretation literarischer Stoffe anwandte, betrachtete konsequenterweise das Heroenmotiv insgesamt denn auch als eine durch und durch »ödipale« Phantasie[83]: Ödipus, der unwissend, wie unter göttlichem Fluch, seinen Vater Laios am Kreuzweg erschlägt, löst auch das Rätsel der drachenähnlichen Sphinx auf dem Steilhang vor der Stadt Theben; das Untier stürzt sich zu Tode, – es verliert durch den »Scharfsinn« des Helden seine Macht, ja, sogar seine Existenz; der aber heiratet, unwissend wieder, wie unter schicksalhaftem, unabwendbarem Zwang, in Gestalt der schönen Königin-Witwe Jokaste seine eigene Mutter.[84]

Natürlich legt es sich nahe, nach diesem Vorbild auch das vorliegende Märchen von den *Zwei Brüdern* zu deuten, indem man den Text entsprechend zurechtbiegt. Denn zwar erzählt uns die Geschichte von der *Mutter* des Helden bis hierhin kein einziges

Wort, doch ließe sich psychoanalytisch gerade darin ein »Indiz« für die geheime Dominanz der Mutter erblicken: ihre Gestalt wurde halt verdrängt, und eben: in der *Verdrängung* ist der Einfluß der Mutter desto schicksalsmächtiger ... Was entscheidend *gegen* eine solche Annahme spricht, ist indessen nicht nur das erkenntnistheoretisch vernünftige Prinzip des WILLIAM OCKHAM, beim Erklären von etwas solle man die Anzahl der Voraussetzungen der Erklärung selber so gering als möglich halten[85], es spricht dagegen vor allem die unbestreitbare Tatsache, daß die Auseinandersetzung mit der »Mutter« in dem Märchen der Brüder Grimm noch einen großen Raum einnehmen *wird*, doch bezeichnenderweise erst *nach* dem »Drachenkampf«, erst *nach* der königlichen »Hochzeit«, erst *nach* dem Motiv der neuerlichen »Jagd«, auf die »Hirschkuh«; erst da kommt es zu der überfälligen Auseinandersetzung mit der alles versteinernden »Hexe«, in der man psychoanalytisch dann allerdings mit gutem Grund eine Nachfolgerin der »Großen Mutter« erkennen mag; die rettende Tat der Befreiung von *ihr* wird dann aber dem *anderen*, »älteren« Bruder überlassen, der von seiner Wanderung nach »Osten« als Befreier zurückkehren wird. *Hier*, an dieser Stelle, haben wir es indessen noch *nicht* mit einem ausgesprochen »ödipalen« Konflikt zu tun; es genügt vielmehr, wenn wir vorerst bei der Analyse der »Heldentat« auf alle möglichen Hypothesen über die frühe Kindheit der »zwei Brüder« Verzicht tun und einfach von den *Gefühlen* ausgehen, die mit dem »Drachenkampf« unlösbar verknüpft sind. Fahren wir mit dem Ockhamschen »Rasiermesser« über den »Bart« dieses jüngeren Bruders: – in was für ein »Gesicht« blikken wir dann? Was geht in ihm vor sich? Wie empfindet er? Das ist die Frage. Bei ihrer Antwort ist so viel wohl klar: wir dürfen im folgenden nichts für »zufällig« erachten, was das Märchen uns berichten wird, wir müssen im Gegenteil, wie bei der Analyse eines Traumes, Stelle für Stelle denken: gerade so stellt sich die Welt diesem jungen Mann *notwendigerweise* dar, gerade so wird er erleben und fühlen *müssen;* nur: *warum?*

Hören wir genau zu, so bietet das Grimmsche Märchen gerade an dieser Stelle eine Fülle an Hinweisen, wie »richtig« zu lesen sei. Die Gefühlslage, in der wir den »jüngeren« Bruder antreffen, wird schon durch das Motiv gekennzeichnet, das die »Trennung« der »Zwillinge« herbeiführt: sie finden trotz vielen »Herumziehens« keinen »Dienst«, bei dem sie zusammenbleiben könnten. All das »Gold«, das sie allmorgendlich unter dem Kopfkissen fanden, zählt offenbar nicht mehr, – es »dient« zu nichts, da es (noch) niemanden gibt, mit dem sie es teilen könnten.[86] Das aber stellt sich jetzt als die neue zentrale Aufgabe dar: wie läßt sich eine Beziehung zu einem anderen Menschen, zu einer *Frau,* genauer gesagt, aufnehmen, so daß all die »goldwerten« Fähigkeiten und Begabungen der eigenen Existenz wirklich zum Tragen kommen? Es ist außerordentlich wichtig, daß der junge Mann, den wir uns in der Gestalt der »zwei Brüder« vorstellen, selbst als »gelernter Jäger«, trotz aller vorzubringenden »Prüfungen« und bestandenen »Examina«, diese Frage: Wem soll, daß ich und was ich bin, nützen?, noch immer nicht aufgegeben hat; doch wie eine Antwort darauf finden?

Man versteht, daß »der jüngste« »mit seinen Tieren« als erstes bei seinem Zug nach Westen jetzt »in eine Stadt« kommt, die »ganz mit schwarzem Flor überzogen« ist; – trauergewandet, niedergedrückt und schwermütig also empfängt diesen so reich ausgestatteten jungen Mann nach seinem bislang so abgeschiedenen Leben in der freien Natur die Welt der »Zivilisation«; und diese Gestimmtheit bestimmt zugleich auch schon die Art und Weise, in der ein erster Schritt aus der Einsamkeit herausführt: die Frau, deren Liebe unter den genannten Voraussetzungen gewonnen werden soll, muß *gerettet* werden, um eine solche Beziehung überhaupt zu rechtfertigen beziehungsweise sie wie eine pflichtbewußte Leistung anzugehen.

Manchmal, von außen betrachtet, mag man sich wundern, wie schwer manche Männer sich tun und wie schwer sie sich's machen, das scheinbar allereinfachste zu »bewerkstelligen« – eine Frau herzlich liebzugewinnen. Für Menschen jedenfalls, auf deren Kindheit die bisherige Darstellung des Grimmschen »Brüdermärchens« symbolisch zutrifft, dürfte es sich außerordentlich schwierig gestalten, eine feste Beziehung zum »anderen Geschlecht« auch nur von ferne einzugehen. Dabei sind es nicht so sehr gewisse Verbote, die einer solchen Annäherung im Wege stehen, als vielmehr nach allem Gesagten die Gefühle der Zwiespältigkeit und der Fremdheit, ja, der Unsicherheit und der Angst, die jede ernst gemeinte Verbundenheit als ein Abenteuer auf Leben und Tod erscheinen lassen. *Eine* Empfindung aber existiert, die imstande ist, alles zögerliche Bedenken beiseite zu stellen, das ist die Vorstellung, dem anderen entscheidend *helfen* zu können, ja, ihn *retten* zu müssen.

Jener Medizinstudent zum Beispiel, den wir uns vorhin zur Verdeutlichung des Grimmschen Märchens hinzugedacht haben, – was wird er tun, wenn er all seine Prüfungen mit Auszeichnung bestanden hat und an einem angesehenen Krankenhaus angestellt worden ist? Liegt es nicht wirklich nahe, daß er alles, was er bisher gelernt hat, nun auch zur Lösung seiner persönlichen Konflikte aufbieten wird? Einem anderen Menschen sachlich und fachlich *helfen* zu können, bildet da erst einmal die Ausgangsbasis, sich bestimmter Kontakte überhaupt zu getrauen; und dabei entsteht nun ein Paradox: je tiefer die Selbstzweifel gegenüber der eigenen Liebesfähigkeit und Liebenswürdigkeit reichen, desto höher wird das Verlangen nach einer großen, rettenden Tat hinauflangen. Je ungewisser das eigene Sein, desto stärker wird die Sehnsucht nach einer unbezweifelbar großen »dienstbaren« Leistung sich zu Wort melden. Der junge Mann in dem Grimmschen Märchen ahnt gewiß nicht, daß er mit seinem Kampf gegen den »Drachen« im Grunde seine eigene Seele zu gewinnen hofft, und doch: *nie* würde er für die »Königstochter« sein Leben aufs Spiel setzen, ginge es nicht buchstäblich auch und gerade um *sein* Leben! Alles für einen anderen Menschen zu wagen, den man in Wirklichkeit kaum noch erst kennt, dazu wird Mut und Neigung nur spüren, wer in *einem* Punkt den anderen nur allzu gut im voraus schon kennt: darin nämlich, daß der andere letztlich genauso *ein Verlorener* ist – wie man selbst auch. Eine solche unbewußte Affinität und Identität zu dem anderen und mit dem anderen ist der wohl stärkste Grund, selbst die gefährlichsten Mühen nicht zu scheuen, wenn es gilt, eine »Königstochter« aus den Klauen eines »Drachen« zu erretten.

Dabei sehen wir diesen jungen Mann zunächst noch recht lustig und wohlgemut herumstromern, – von »Traurigkeit«, scheint es, keine Spur! Von seiner *eigenen* »Schwarzumflortheit« merkt er offenbar nichts. Ganz im Gegenteil, wir lesen mit Staunen, daß seine »Tiere«, in früheren Tagen mit wohlfeil erstandenen Nahrungsmitteln verpflegt, mittlerweile ungehemmt drauflos wildern und sich vom »Huhn« bis zur »Kuh« mit räuberischer List verschaffen, was immer ihnen passend in die Quere kommt. Nach allem, was wir von diesen »Tieren« gesagt haben, hindert uns nichts, in diesem Betragen recht deutliche Hinweise auf ein mehr oder minder verwildertes Sexualleben zu erkennen, und wir müssen uns nur wundern, daß ein so reich ausgestatteter, mit »Gold« überhäufter junger Mann es trotz allem nötig hat, derart wüst sich zu betragen. Doch gerade so gehören die Dinge jetzt offenbar zusammen: Auf der einen Seite haben wir es mit einem Mann von großem Talent und einer hoch entwickelten Rationalität zu tun, auf der anderen Seite aber gestaltet sich sein Triebleben alles andere als kultiviert und geordnet; – eine »tierisch« muntere Unbekümmertheit, eine ausgesprochene »Wirtshauslaune« prägt sein Verhalten. Was diesem jungen Mann ersichtlich fehlt, ist vor allem ein Gespür für ein soziales Maß des Nehmens und des Gebens. In gewissem Sinne gehört ihm die Welt, und er kennt offenbar nicht den »Preis«, den menschliche Beziehungen nun einmal »kosten«. Was insbesondere seine »Tiere« angeht, so lebt er in all seinem »Reichtum« ersichtlich nicht verschieden von einem gemeinen Strauchdieb. Das ganze Bemühen um die »Zähmung« der »Tiere« scheint offenbar nur erst zur Hälfte gelungen. Wirklich *rettend*, einzig ihn selber erlösend hingegen wirkt sich die enorme Bereitschaft aus, jetzt oder nie für einen einzelnen Menschen alles zu wagen, um alles zu gewinnen. Welch eine Gefahr dabei droht, scheint subjektiv für ihn keine weitere Rolle zu spielen, – nur der Leser erfährt: objektiv ist sie existenzbedrohend: Immerhin, erzählt uns der Wirt, haben schon »so viele Ritter« »ihr Leben eingebüßt« bei dem Versuch, den »Drachen« zu töten! Was um alles in der Welt – das ist unsere Frage jetzt – hat es mit diesem Ungeheuer(en) auf sich, dem die Königstochter *geopfert* werden müßte beziehungsweise dem sie selber zum Opfer fiele, träte nicht dieser junge Mann mit seinen »Tieren« im letzten Moment noch schützend dazwischen?

Ein menschlich außerordentlich schmerzhafter, wahrhaft *tragischer* Zug aller Suche nach Liebe liegt darin, daß für das Erleben eines Kindes schon die Eltern von sich her oft und immer wieder das Beste wollen und unternehmen können und doch gerade dadurch nicht nur förderlich, sondern womöglich hemmend und hinderlich auf die Heranwachsenden einwirken. Die kleine Wikingergeschichte von *Ragnar Lodbrok* und der Prinzessin bereits zeigte dieses Dilemma.[87] Da war ein Vater, der seiner Tochter den Wunsch nach einem kleinen Spielzeugdrachen erfüllte, und alles in dem Verhältnis zwischen Vater und Tochter erschien zunächst als durchaus harmonisch und freundlich, dann aber wuchs, was ursprünglich ein Zeichen väterlicher Zuneigung war, sich zu einem Monstrum aus, das selbst den Mutigsten jeglichen Zugang zu der Prinzessin versperrte. Kann man noch deutlicher sagen, daß dieses Geschenk seiner Liebe, mit welcher der Vater die eigene Tochter umgibt, sich, je länger, je mehr, je inniger, desto enger, aus dem Glück der Kindertage in das Ghetto der Jugend verwandelt? Was da in der Gestalt eines »Drachen« wie ein vorzeitliches Ungeheuer erscheint[88], erweist sich im Grunde als ein Symbol der verdrängten, nie eingestandenen Vaterbindung.[89] Nicht einem fremden Untier, – dem eigenen Vater droht die Prinzessin zum »Opfer« zu fallen! Wohl wagen dem Grimmschen Märchen zufolge Jahr um Jahr junge Männer ihr Leben dran, dem Untier Einhalt zu tun, doch umsonst. Die »Bestie« fordert, pünktlich immer von neuem, eine »reine Jungfrau« zur Beute, die auf dem Berge ihr dargebracht werden muß, wenn anders sie nicht »das ganze Land zu verwüsten« sich anschicken soll.

Es ist gut verstehbar, was diese symbolische Sprache zugleich verdecken und aufdecken möchte: es geht in aller Deutlichkeit um die *Zwiespältigkeit* der Vatergestalt, die auf der einen Seite der Tochter alle Geborgenheit und Sicherheit schafft, auf der anderen Seite aber mit der totalen Vernichtung droht, im Falle, daß man sich ihm nicht vollkommen unterwirft. Diese »andere« Seite der Vaterbeziehung allerdings existiert nur im Verborgenen; es ist unmöglich, von ihr offen zu reden, also den Vater etwa selber deswegen zur Rede zu stellen. *Eben deshalb* bedarf es der *symbolischen* Ausdrucksweise, um die Situation zu beschreiben: Der Vater, ein wahrer »Monarch«, wird seine Tochter nur demjenigen »schenken«, der imstande ist, den »Drachen« zu überwinden; sagen wir es anders: Nur derjenige wird die »Prinzessin« für sich gewinnen können, dem es gelingt, das Negativbild des ängstigenden Vaters in der Seele dieser Frau niederzukämpfen. Ja, wenn ihr Vater ganz einfach nur ein menschenfressender Drache mit sieben wutschnaubenden Köpfen wäre! Leichthin könnte man dann vor ihm fliehen oder auch eine streitbare Heerschar entschlossener Helden gegen ihn ins Feld führen. Aber als erstes ist dieser Vater durchaus kein Ungeheuer. Eher wirkt er wie hilflos, das Schicksal bedauernd, unfähig jedenfalls, die wahre Ursache des »Verhängnisses«, das seine »Stadt« heimgesucht hat, zu durchschauen, liegt es doch zutiefst in ihm selber verborgen. Man muß mit diesem Mann *Mitleid* haben, man kann ihm keine Vorwürfe machen, – er würde ohnedies kein Wort von der Tragödie begreifen, die er im Leben seiner Tochter anrichtet: – die *Angstbindung* zwischen Vater und Tochter erlaubt durchaus keine eigenständige Entwicklung. Für jeden Schritt in ihr Leben muß die »Königstochter« daher fürchten, wie aus feuerspeienden Nüstern von dem (Vater)Drachen »angefaucht« zu werden, mit dem Ergebnis, der »Rettung« des väterlichen »Reiches« zuliebe ein ewiges »Mädchen« bleiben zu müssen und niemals eine erwachsene Frau werden zu dürfen.

Es ist dabei gewiß nicht verkehrt, auch den *sexualsymbolischen* Anteil in dem Bild des *Drachens* hervorzuheben. Nicht umsonst hörten wir von der Vorliebe dieser Untiere zu Quellen und Sümpfen[90], wie in der *Georgs*legende[91], oder von ihrem Aufenthalt im Meer, wie in der Sage von *Andromeda* und *Perseus*[92], oder in der Tiefe der Erde, wie in der Erzählung von *Ariadne* und *Theseus*[93]. Genau besehen, vermögen die »Drachen« weit mehr, als lediglich Furcht und Schrecken zu verbreiten; sie verkörpern (vor allem in der asiatischen Mythologie) bei allem Unheimlichen doch auch die Kräfte der Fruchtbarkeit und der Freude.[94] Was aber wird, wenn gerade dieser Bereich des Erlebens, der »an sich« dazu bestimmt wäre, Segen und Glück zu verbreiten, aus lauter Angst zu einer »Quelle« der Trauer und der Selbstabtötung wird? Wenn insbesondere die Gestalt eines Mannes im Schatten des eigenen Vaters sich in ein greuliches Untier verwandelt und vor allem *die Sexualität* als der Inbegriff allen Entsetzens erscheinen muß? Dann bleibt nichts anderes, als dem »Drachen« das Opfer einer »reinen Jungfrau« darzubringen, und zwar nicht eigentlich zu einem bestimmten Zeitpunkt, an einem bestimmten Morgen bei Sonnenaufgang auf dem Berg vor der Stadt, sondern *lebenslänglich*, »ausgesetzt auf den Bergen des Herzens«[95] – *wenn* nicht, ja, *wenn* nicht trotz allem jemand daherkäme, der am Ende die geheime Sehnsucht der Prinzessin ebenso erfüllte wie im Grunde den Willen des Vaters, seine Tochter »gerettet« zu sehen.

»Wissen Sie«, erzählte eine Frau, die ihre ganze Jugend unter dem Eindruck der Übermacht ihres Vaters hatte verbringen müssen, »ich kann mir genau vorstellen, woher meine Ängste kommen, aber ich hätte doch niemals gewagt, ein Sterbenswörtchen davon zu sagen, – ein solches Unrecht wollte ich meinem Vater nicht antun; und auch jetzt noch habe ich Skrupel, davon zu sprechen. Mein Vater meinte es nicht böse, aber ich muß zugeben, er war äußerst widersprüchlich. Irgendwie sah er in mir einen Ersatz für seine Frau. Wenn er sich aussprechen wollte, ging er nicht zu meiner Mutter, er kam zu *mir*, und natürlich machte mich das irgendwie stolz und froh. An seiner Seite war ich wer, und wirklich wäre ich für ihn jederzeit durchs Feuer gegangen. Freilich, er konnte auch schrecklich jähzornig sein; er tobte und prügelte, manchmal nachts verließ er polternd das Schlafzimmer meiner Mutter; ich aber sah in all dem auch ein Zeichen von Stärke und Kraft, ich bewunderte ihn in allem, was er tat. Richtig schlimm wurde es erst, als ich etwa zwölf Jahre alt war. Ich bin gewiß etwas frühreif gewesen, – nichts ersehnte ich mehr, als an der Seite meines Vaters möglichst rasch erwachsen zu sein. Doch gerade damit kam mein Vater offenbar nicht zurecht. Zu meinem 12. Geburtstag schenkte er mir meinen ersten BH. Ich mußte ihn in seiner Gegenwart anprobieren, und er begutachtete mich von allen Seiten und machte mir die unglaublichsten Komplimente. In seinen Augen war ich ein Engel und ein Luder zugleich, und genau so fühlte ich mich auch: Ich schämte mich zu Tode, doch insgeheim übte ich vor dem Spiegel alle möglichen Posen und zog alle möglichen Blusen und Kleider an, um meinem Vater zu gefallen. Er war schon aufgrund meines Äußeren wie vernarrt in mich. Ich war sein Mädchen, sein Püppchen, sein Traum, sein Ruin – ich war sein Alles, doch nur für ihn. Auf jeden anderen konnte er eifersüchtig sein, bis er grün wurde. Es stimmt, wenn ich sage, daß er mich umzubringen drohte, sollte ich mich jemals mit einem Jungen einlassen; und wenn ich ehrlich bin, war ich nicht einmal so unglücklich darüber. Daß mein Vater mich liebte, war mir mehr wert als alles andere. Ich vergesse nie, daß auf der Straße Leute einmal meinen Vater lobten wegen der jungen, adretten Frau an seiner Seite. Ich war damals höchstens 17 Jahre alt, aber es war der Triumph meines Lebens.«

Diese Frau hatte ihr Leben lang buchstäblich die Rolle einer »Königstochter« spielen müssen, die sich als »Jungfrau« einem »Drachen« opferte: Ihr Selbstwertgefühl war ganz und gar abhängig von dem Wohlwollen ihres Vaters. Sie liebte sich, wenn er sie liebte, sie haßte sich, wenn sie sich von ihm abgelehnt fühlte. Sie sah sich selbst mit seinen Augen, sie fühlte sich selbst mit seinen Gefühlen, sie war als Frau, wie er, der Mann, der Vater, sie wünschte. Er lebte in ihr wie sie in ihm. Doch eben deswegen empfand sie sich als ständig aufgespalten. Ihre erwachende Liebe als Frau mußte sie ihrem Vater gegenüber ebenso verleugnen wie er seine Gefühle ihr gegenüber. Eine nicht endende Kette von Irritationen, symbolischen Andeutungen, Ersatzhandlungen und *gespielten* Gefühlen mußte das wirkliche Leben ersetzen. Seit Mädchentagen stellte sich dieser Frau die Aufgabe, als eine charmante, liebreizende, geradezu verführerische Person aufzutreten, die zum Stolz ihres Vaters mühelos die Blicke aller auf sich lenkte, doch durfte sie niemals die freundlichen Angebote, die ihr bald zuhauf zuteil wurden, für sich selber genießen oder gar annehmen. Jeder, der sich um sie bemühte, fiel über kurz oder lang dem »Drachen« zum Opfer, und mitten in diesem scheinbar so strahlenden Leben einer »Prinzessin« war die ganze »Stadt« im Grunde mit *Trauer* verhängt. Sie selbst spürte deutlich, wie unfähig sie trotz all ihrer zahlreichen Aktivitäten war, für ihre eigenen Wünsche als Frau in eigener Regie, ohne die Wirrsal aller möglichen Schuldgefühle und Ängste, etwas zu tun, aber wie hätte sie ihrem Vater von dieser Not etwas mitteilen können, wo doch auch er selbst die Not seiner Tochter insgeheim sehr wohl ahnte, doch sich außerstande zeigte, sie in die Freiheit zu entlassen? Hinter all dem hysterieformen Gehabe einer beneidenswerten »Prinzessin« breitete sich im Leben dieser Frau eine depressive Gestimmtheit aus, verknüpft mit dem sicheren Empfinden, schuldlos in einem Gefängnis zu stecken, aus dem es kein Entrinnen gab.

So gehen in dem Grimmschen Märchen die Jahre dahin, und wieder und wieder fordert der »Drache« sein »Opfer«; es scheint in der Tat nur eine Frage der Zeit zu sein, wann die Kräfte eines solchen Halbjungfrauseins sich verbrauchen.

Was um alles in der Welt aber treibt nun den jungen »Jäger« dahin, ausgerechnet für diese »Prinzessin« sein Leben in die Schanze zu schlagen? Äußerlich bereits scheint er durchaus nicht der rechte Mann, eine *Königstochter* zu retten. Im Gegenteil, die ganze Art seines Auftretens wirkt geradezu grotesk für jemanden, der sich anschickt, ein »König« zu werden. Alles, was wir ihn zur Vorbereitung seines Abenteuers unternehmen sehen, mutet eher wüst und ungehobelt, keinesfalls vornehm und kultiviert an, wie es sich für jene Gesellschaftsschicht schicken würde, in die er nach einem Sieg über den »Drachen« gewiß aufgenommen würde. Doch ganz offensichtlich sind es zunächst nicht solche Aussichten, die den »jüngeren« Bruder zu dem größten Abenteuer seines Lebens verlocken, es sind auch nicht etwa Gefühle aufrichtiger Liebe, die ihn beflügeln; ähnlich wie Ragnar Lodbrok, ist der »Held« des Grimmschen Märchens vielmehr einzig fasziniert von der Größe der Aufgabe. Ehe er sie nicht löst, wagt er nach dem Gesagten an eine dauerhafte Beziehung zu einer Frau offenbar nicht zu denken. Nur wenn er all seinen Mut und all sein Können zusammennimmt, um für einen anderen Menschen alles zu tun, was irgend nur möglich ist, wird er glauben, so etwas wie Liebe wirklich »verdient« zu haben. Gerade die Haltung, die er im Gegenüber der Zwiespältigkeit *seines eigenen* Vaters erwerben mußte, wird ihm jetzt helfen, eine »Prinzessin« aus der verschlingenden Widersprüchlichkeit *ihres* Vaters zu erlösen. *Außerhalb* einer solchen »Affinität« des Wesens durch eine gewisse Vergleichbarkeit der Vatergestalt in der Jugend gelangte dieser junge Mann wohl kaum dahin, sich in der Rolle des Retters der »Königstochter« zu erproben. Doch *wie* das geschehen kann und im folgenden tatsächlich geschieht, stellt selbst für die Darstellungskunst der Brüder Grimm ein Meisterstück der Märchenliteratur dar.

Es gibt in der Sammlung der »Kinder- und Hausmärchen« eine Geschichte, die in so vielem dem »Brüdermärchen« ähnelt, daß ein Parallelvergleich sich wie von selbst nahelegt. Zwar erzählt die Geschichte von dem *Gelernten Jäger* (KHM 111) nicht von einem *Drachen*kampf, dafür aber schildert sie, wie ein einfacher Schlosserhandwerker sich von seinem Vater verabschiedet und bei einem Jäger das Waidwerk erlernt; nach erfolgreicher Lehrzeit erhält er zum Geschenk ein Zaubergewehr, das sein Ziel niemals verfehlt. So ausgestattet, gelangt er in einen Wald, in dem drei Riesen an einem Feuer sitzen und gerade ihre Abendmahlzeit zu sich nehmen wollen;

er aber schießt ihnen dreimal das Fleischstück, das sie gerade zum Munde führen, aus der Hand. Selbst die Riesen müssen unter diesen Umständen erkennen, daß sie es mit einem meisterlichen Scharfschützen zu tun haben, und so bitten sie ihn, einen kleinen kläffenden Hund zu töten, der den Eingang zu einem königlichen Schloß bewacht. In diesem nämlich wohnt eine wunderschöne Königstochter, auf die es die drei Unholde abgesehen haben. Zum Glück kommt indessen alles, wie es muß: kaum sieht der »gelernte Jäger« die Prinzessin in ihrer Schönheit schlafend liegen, da ermannt er sich, die »unschuldige Jungfrau« nicht »in die Gewalt der wilden Riesen« fallenzulassen; vielmehr, als die Bösewichter durch ein Loch in der Wand sich Zugang in das Palastinnere verschaffen wollen, nimmt er ein Schwert, das des Königs Namen trägt, und enthauptet die Riesen einen nach dem anderen. Doch statt nun, wie man vermuten könnte, seine Heldentat bei dem König anzuzeigen und um die Hand seiner Tochter anzuhalten, trägt der »Jäger« nichts anderes im Sinn, als *seinem* Vater mitzuteilen, wie weit in der Welt er es schon gebracht hat. Immerhin schneidet er zum Wahrzeichen seiner Heldentat den Riesen die Zungen heraus und hebt sie, nebst dem Namenszug des Königs auf Pantoffel und Halstuch der Prinzessin sowie einem Stück ihres Hemdes, in das sie eingenäht ist, in seinem Ranzen auf. Die Königstochter, als die erwacht, vermißt diese Wahrzeichen wohl, weiß aber nicht, wer sie von den Riesen befreit haben könnte. Stattdessen beansprucht ein einäugiger, häßlicher Hauptmann am Hof, diese große Tat vollbracht zu haben, und der König steht nicht an, seine Tochter mit ihm zu vermählen. Wohl versucht die Prinzessin, lieber in Bauernkleidern bei einem Töpfer ihren Lebensunterhalt zu verdienen, als in eine solche Hochzeit zu willigen, doch ihr Vater läßt all ihre irdene Ware zerschlagen und nötigt sie, mittellos in einem Waldhäuschen unentgeltlich für andere zu kochen. *Davon* endlich hört der junge Jägersmann, geht zu ihr, gibt sich ihr zu erkennen, und gemeinsam gelingt es ihnen zu guter Letzt doch noch, den betrügerischen Hauptmann der Lüge zu überführen; zur Strafe wird er in vier Stücke zerrissen, während die Königstochter mit dem Jäger vermählt wird.

An dieser Geschichte ist in unserem Zusammenhang am meisten bemerkenswert, daß hier der siebenköpfige »Drachen« durch die

Gestalt von drei *Riesen* ersetzt ist; und während sich das »Brüdermärchen« über die Beziehung zwischen der Prinzessin und dem König außerhalb gewisser symbolischer Andeutungen gänzlich ausschweigt, erfahren wir von dem Märchen des *Gelernten Jägers* in aller wünschenswerten Deutlichkeit, wie sehr allüberall *die Namenszüge des Vaters* die Tochter in ihrem »Hemd« wie eine Schlafende gefangenhalten; ja, wir lernen hier bereits, daß einem solchen Vater eine *unglückliche* Heirat seiner Tochter offenbar immer noch weit gelegener käme als die freie Wahl eines rettenden Jünglings – soll die Prinzessin doch selber merken, was für ein Nichts von Mann sie gegen die Weisheit und Schönheit ihres Vaters eintauscht! Zudem erfahren wir, daß die eigenartige *Gleichgültigkeit* des »Retters« gegenüber der Königstochter nach vollbrachter Tat *in seiner eigenen Vaterfixierung* begründet liegt: etwas Großes vollbracht zu haben gilt hier anfangs wirklich für weit wichtiger als die Beziehung zu der Prinzessin! Nur im Schatten der erbrachten Leistung, wie zur Belohnung, erlaubt sich der »Held« schließlich auch noch die Liebe! Wieviele Probleme in dieser Einstellung enthalten sind, werden wir sehr bald schon sehen.

Was uns an *dieser* Stelle interessieren muß, ist die Art, wie der »Jäger« hier wie dort die drohende Gefahr der drei »Riesen« beziehungsweise des siebenköpfigen »Drachens« abwehrt: Die Erlösung der Prinzessin von der »riesigen« Übermacht des Vater-*Unholds* oder Vater-*Untiers* gelingt nur, indem der junge Mann sich in gewissem Sinne *selbst* an die Stelle des Vaters setzt und *mit dessen eigenen Waffen* das Eindringen oder Andringen der väterlichen Gefahr verhindert. In dem Märchen von den *Zwei Brüdern* wird dieser Zusammenhang sogar noch genauer betont: In dem Augenblick, da »die Jungfrau dem Drachen sollte ausgeliefert werden«, »sah (sie) von weitem den Jäger oben auf dem Drachenberg und meinte, der Drache stände da und erwartete sie, und wollte nicht hinaufgehen.« Aber: »Als die Königstochter oben auf den Berg kam, stand da nicht der Drache, sondern der junge Jäger.« Der »Jäger« tritt also nicht nur an die Stelle des Vaters, er zieht auch dessen ängstigende Seite auf sich! Er selber, mit anderen Worten, erscheint eine ganze Weile lang nicht als der glückliche Retter der schönen Königstochter, sondern als Inbegriff aller Bedrohung – er wird zum

Verwechseln dem »Drachen« ähnlich! Ganz wörtlich erlebt die »Prinzessin« die erste Begegnung mit dem »Jäger« wie einen »Opfergang«, wie einen Weg in ihren sicheren Tod.

»Tatsächlich habe ich zu meinem Mann, als ich ihn kennenlernte, so gesagt«, erinnert sich eine Frau: »›Bring mich um!‹ habe ich gesagt. Ich wußte damals selbst nicht, was in mir vor sich ging. Ich spürte nur, daß eine Entscheidung anstand. Wenn ich zu Hause geblieben wäre, hätte ich niemals aufgehört, meines Vaters Tochter zu bleiben; und ich wollte schon, daß mein Mann mich da rausholt; auf der anderen Seite aber – was war ich denn anderes als meines Vaters Tochter? Alles, was ich war, bestimmte er. Und so fürchtete ich mich, wie wenn ich sterben würde, als ich mich, zögernd genug, auf meinen Mann zubewegte. Die größte Angst hatte ich natürlich vor meinem Vater – was würde er sagen? Bestimmt würde er vor Zorn außer sich geraten und Gift und Galle über mich spucken. Ich wußte überhaupt nicht, was ich hätte tun sollen. Es war wie blind, daß ich mich meinem Mann überließ und wie auf Gedeih und Verderb mich in seine Hände gab.«

In der Tat ist die Situation paradox, in welcher der junge »Jäger« sich befindet: Um die Prinzessin von dem »Drachen« zu erlösen, muß er selber vorübergehend in dessen Gestalt erscheinen; um die Vaterbindung der Königstochter aufzulösen, muß er selbst an die Stelle des Vaters treten; all die Hoffnungen und Erwartungen, die sich ursprünglich auf den Vater richteten, wenden sich nunmehr ihm zu, doch eben deshalb versammeln sich auf ihn auch all die Ängste und Schuldgefühle, die bislang die Königstochter mit ihrem Vater verbanden.

Psychoanalytisch gesprochen, ist es die *Übertragung* der Vaterbindung auf den jungen Jäger[96], die zumindest am Anfang die neue Beziehung der Prinzessin zu ihrem »Retter« bestimmt. Aus dieser *Übertragung* erklärt sich zum einen die enorme Bindungsenergie zwischen der Königstochter und dem Jäger, die beide zu Verbündeten in diesem Kampf auf Leben und Tod werden läßt, es erklärt sich daraus zugleich aber auch die außerordentlich scheue, verängstigte, extrem *passive* Einstellung, mit der die Prinzessin dem Geschehen gegenübersteht. Sie selber von sich aus kann gar nichts tun, – *das* offenbar ist ihr Grundgefühl im Schatten der Vaterabhängigkeit; sie selbst kann nur fügsam sein und, was immer jetzt kommt, an sich geschehen lassen; alle Verantwortung für den Ausgang des Kampfes ruht vermeintlich in den Händen des »Helden«; – so will er es selber, so will es nicht minder auch die Prinzessin. Nur im Gefälle und im Schatten der »Übertragung« läßt die Fixierung auf den Vater im Leben der Prinzessin sich lösen. Alle *Chancen* liegen darin, aber auch alle *Gefahren*.

Denn auch der »Jäger« folgt einer bestimmten »Übertragung«, die vor allem mit den Zwiespältigkeiten seines eigenen Vaterbildes zu tun hat. Daß er überhaupt die Übergröße einer solchen Aufgabe annimmt, ja, freiwillig sich in die Rolle des Retters hineindrängt, erklärt sich nach dem Gesagten aus dem extremen Verlangen, sein eigenes ungerechtfertigtes Dasein durch eine überragende Leistung rechtfertigen zu können; ein »Drachenkampf«, der Sieg in einem mythischen Drama, – was könnte für eine solche Mentalität verlokkender sein? Doch es gibt dabei noch einen anderen Aspekt.

Bislang haben wir die ganze Auseinandersetzung zwischen den zwei Brüdern und ihrem »Vater« in der Gestalt des Besenbinders und des Goldschmieds als eine fast emotionslose Affäre beschrieben; von einer gewissen Traurigkeit über so viele ungerechte Vorwürfe und Verdächtigungen war da die Rede; von der Bitterkeit des Verstoßenwerdens in die Fremde haben wir gesprochen; doch alles bisher schien sich im Bereich des Verstandes abzuspielen – das »Jägerhandwerk« selbst erschien als Ausdruck einer streng disziplinierten, systematisch gelenkten Tätigkeit zweckgerichteter praktischer Vernunft. Wo aber blieben dabei die Gefühle von Widerspruch, Widerstand oder gar Aufstand? Davon erfuhren wir bisher nicht ein einziges Wort. Es gab nicht das geringste Anzeichen von Aggression, außer daß das Töten von Tieren, das Waidhandwerk selber, als die kulturell akzeptierte Form starker verdrängter Aggressionen interpretiert werden könnte. Jetzt aber, im Kampf gegen den Vater-Drachen, der das Leben der Prinzessin bedroht, bietet sich endlich Gelegenheit, stellvertretend auch die überfällige Auseinandersetzung mit dem eigenen widersprüchlichen Vaterbild aufzunehmen. Indem der »Jäger« das Untier auf dem Drachenberge bekämpft, schwingt er zugleich auch das Schwert gegen das Haupt seines eigenen Vaters; indem er die Prinzessin von ihrem Vater erlöst,

erlöst er in ihr zugleich auch seine eigene Seele von den uralten Ängsten und Zwiespältigkeiten der Doppelgestalt des eigenen Vaters; indem er sich durch den Kampf mit dem »Drachen« die Liebe der Prinzessin verdient, verdient er sich zugleich selber die Freiheit von dem uralten quälenden Gefühl, im Grunde trotz allem von seiten seines Vaters nicht liebenswert genug zu sein.

Das heißt, *in Wirklichkeit* kämpft dieser junge Mann bezeichnenderweise weder mit dem Vater der Königstochter noch mit dem eigenen Vater; sein ganzer Kampf gilt einem *Fabelwesen,* einem lebenden *Mythos,* einer *Spukgestalt* der Seele. Der »Drache«, mit anderen Worten, ist durchaus nicht einfach der Vater der Königstochter, wie er »in Wirklichkeit« lebt, noch der Vater des »Jägers«, gleich, ob in der Rolle des »Besenbinders« oder des »Goldschmieds«; womit dieser junge Mann im Kampf um die Liebe der »Jungfrau« sich auseinandersetzen muß, ist ganz und gar »phantastischer«, geistiger Natur. Das Bild des »Drachens« macht in sich selbst bereits deutlich, daß die »Schlacht«, die es jetzt zu bestehen gilt, einzig in der Seele der beiden: der Königstochter und des Jägers, ausgetragen werden muß, und wenn uns das Grimmsche Märchen erzählt, der furchtbare Drache, der sich augenblicklich naht, sobald die Jungfrau auf dem Berge den Jäger trifft, verfüge über nicht weniger als sieben feuerspeiende Köpfe, so können wir getrost sagen, daß wir etliche dieser Köpfe bereits kennen: die Ambivalenz des Vaterbildes der Königstochter plus der Ambivalenz des Vaterbildes des »Jägers« – macht rein rechnerisch bereits vier Köpfe, mit denen es gilt, sich fortan »aktiv« auseinanderzusetzen; »Ambivalenz« aber – das ist ja nicht nur »Zwiespältigkeit« in wörtlichem Sinne, das ist Vieldeutigkeit, Gebrochenheit, Widersprüchlichkeit – das ist alles noch einmal in seinem Gegenteil! »Sieben« Köpfe sind da so viel wie fast *hoffnungslos* viele, – eine schier unüberwindlich scheinende Macht, ohne daß man je wüßte, wo man beginnen sollte und wie es je enden könnte. Alles in allem kann man sich deshalb nur wundern über den *Mut* dieses jungen Mannes, der durchaus nicht blind oder leichtfertig in den Kampf geht, sondern der bereits durch die traurige Bilanz seiner zahlreichen Vorgänger genügend gewarnt sein muß. Was, muß man um so mehr fragen, wird er, was kann er tun, sich zu wappnen?

β) Die Mittel oder: Von Schwert und Kelch

Merkwürdigerweise trifft er von sich aus zunächst keinerlei Anstalten, die auf eine besondere strategische Planung – ähnlich etwa der *Fafnir*-Geschichte – hinweisen würden. Ein gewisses Vertrauen scheint ihm indessen aus der *Begleitung seiner Tiere* zuzuwachsen, und wir werden gleich noch hören, wie zuverlässig er in der Tat auf ihren Beistand zählen kann. Gleichwohl fragt man sich – wie schon bei dem Märchen vom *Gelernten Jäger* –, warum gegen *Unholde* wie die drei Riesen oder gegen *Untiere* mit sieben Köpfen wie diesen Drachen eigentlich nicht das meisterhaft geführte *Gewehr* in Anschlag kommt – aus sicherer Entfernung, so will es scheinen, müßte es doch wohl für einen Kunst- und Meisterschützen von der Art unserer Märchenhelden ein leichtes sein, auch ohne eigene Gefahr für Leib und Leben den gefürchteten Wüstlingen den Garaus zu bereiten.

Eine gewisse »Erklärung« für diese scheinbare Ungereimtheit bietet ein Zug der Erzählung, der eigentlich die Sonderbarkeit eher noch steigert: alle, die bislang im Kampf gegen den Drachen den Tod gefunden haben, bezeichnet das Märchen als »*Ritter*«; – in einer Zeit von Gewehren und Feuerwaffen mutet dieser Ausdruck schlechterdings anachronistisch an. Der scheinbare Widersinn macht jedoch Sinn, wenn wir unterstellen, was der Text stillschweigend als offenbar selbstverständlich voraussetzt, nämlich: daß es grundsätzlich nicht möglich ist, vorzeitliche Ungeheuer wie Riesen und Drachen mit »modernen« Waffen zu bekämpfen! Wesen, die so sehr dem Bereich des *Mythos* angehören, können offenbar auch nur von Helden mythischen Formats bezwungen werden, und das sind nunmal die Don Quijotes alter Schule mit dem zu ihnen unerläßlich gehörigen *Schwert*. Uralt sind die Geschichten von Zauberschwertern wie von dem *Mimung*,[97] den Wieland der Schmied unter Lebensgefahr fertigte, oder von *Nagelring*,[98] dem Schwert, das der Meisterdieb Elbegast raubte und mit dem Dietrich von Bern die Königin Virginal in Jeraspunt von einem Lindwurm befreite, dem allmonatlich eine schöne Jungfrau zum Fraße vorgeworfen werden mußte, oder von dem Schwert *Excalibur*, das aus einem Felsen herausgelöst werden mußte, ehe es an König Arthurs Tafelrunde zu besonderer Berühmtheit gelangte.[99] Worauf das Brüder-Märchen offenbar Wert legt, ist die Austragung des Kampfes mit gerade einem solchen archaisch-mythischen Instrument, in dem das aggressiv-phallische Erleben seinen bestmöglichen Ausdruck findet. Der Unterschied selbst ist dabei wesentlich. Die Faszination eines *Gewehres* beruht in gewissem Sinne auf seiner räumlichen Abstraktion: Eine bloße Bewegung des Fingers am Abzug genügt, um ein fixiertes Ziel mitten in der Bewegung anzuhalten; die Flugbahn der Kugel muß zwar beim Zielen miteinkalkuliert werden, die Flugbewegung selbst aber fällt nicht in das subjektive Erleben; die Tötung vollzieht sich wie »magisch«. Ganz anders die Psychologie des Schwertkampfes.

Ein Mann, der dem Brüdermärchen in Kindertagen einmal recht zugetan gewesen war, erinnerte sich, daß besonders die Vorstellung von dem großen Schwert, das dem Drachen die Köpfe abschlägt, ihn auf eigentümliche Weise beeindruckt haben muß. Verschiedentlich hatte er, um es seinem Vorbild gleichzutun, einen Stock genommen und die hochgewachsenen Disteln auf einem verwahrlosten Grundstück neben seinem Elternhaus mit spürbarem Behagen »geköpft«. Zum Schwertkampf, falls er einen günstigen Ausgang nimmt, gehört ein solcher Triumph des Hauens und Stechens. Der eigene Arm, das eigene Körperich erweitert und vergrößert sich da bis in die Länge des ausgestreckten Schwertes hinein; jedem Streich geht ein eigener Entschluß, ein neuerliches Anspannen aller Kräfte, eine blitzschnelle Konzentration auf den zu wählenden Angriffspunkt voraus. Wenn wir in der Übung des *Schießens* die Ausbildung der planenden, *rationalen* Kräfte des Ichs betont sahen, so geht es jetzt, beim Schwertkampf, vor allem um die beherrschte Lenkung der *Aggression*. Und es geht um ein weit höheres Maß an *Furchtlosigkeit!* Das Schießen des Jägers erfolgt in aller Regel aus der sicheren Deckung heraus; der Schwertkampf hingegen kennt keinen anderen Schutz als das eigene Können; er *besteht* darin, in die Gefahr des Gegners bewußt hineinzugehen, um ihm selber gefährlich zu werden. Doch genau darauf kommt es jetzt anscheinend an.

Eine japanische Samurai-Legende erzählt einmal von einem Mönch, der zu einem Schwertkampf herausgefordert wurde. »Gegen deinen Gegner hast du keine Chance«, sagte ihm sein Lehrer. »Das einzige, was du tun kannst, ist, in Ruhe den Tod zu erwarten. Nimm also das Schwert und halte es hoch über dir, dann schließe die Augen und sammle dein Bewußtsein in dem höchsten Punkt deines Scheitels. Vom Tod merkst du nur, wie dort sich dir die Kälte des Schwertes naht.« Der Mönch tat so. Er trat auf den Kampfplatz und stellte sich, die Augen geschlossen, das Schwert erhoben, in unbeweglicher Ruhe hin, um den Tod zu empfangen. Sein Gegner aber, als er bemerkte, daß dieser Mönch auf keine seiner fingierten Attacken auch nur mit dem Zucken eines Muskels reagierte und wie er offenbar nur dem Geräusch seiner Fußtritte lauschte, um plötzlich den vernichtenden Schlag gegen ihn führen zu können, geriet darüber in panischen Schrecken. Ein paar Mal noch umkreiste er zaghaft seinen Gegner, dann aber, am ganzen Körper zitternd, schweißnaß, fiel er ihm zu Füßen und bat um sein Leben.[100] – Die Angst vor dem Tod im Kampfe bis zu einer solchen Unbeweglichkeit des Gemütes zu überwinden, daß jeglicher Kampf sich erübrigt, ist vor allem in der friedfertigen Religion des Taoismus und des Zen-Buddhismus zu einem herausragenden Ziel im Beherrschen der Aggressionen geworden.

Von einer solchen Meisterschaft nun sehen wir unseren Helden auf dem Drachenberg allerdings noch weit entfernt, entdeckt er doch, oben angekommen, überhaupt jetzt erst, mit welch einem Instrument er sich für das Treffen mit dem Drachen tunlichst rüsten sollte.

Indessen mutet auch dieser Zug des Märchens zunächst höchst merkwürdig an. Da wäre also, sollen wir glauben, allen Rittersleut, die bis dahin in den Kampf gezogen sind, dieses *Zauberschwert* verborgen geblieben? Und nur der Jäger, just jetzt, wäre zu seiner Entdeckung imstande? Tatsächlich müssen wir denken, daß der »Jäger« das »Schwert« *zugleich mit der Aufgabe* findet, die sich ihm stellt. Anders gesagt: Niemand bisher wird wie er in der Rettung der Königstochter eine derartige Herausforderung zur Erprobung der eigenen Männlichkeit gesehen haben; was es hier zu leisten gilt, erscheint in dem Symbol des »Schwertes« als eine phallische Demonstration ersten Ranges, als eine Überkompensation, welche die Möglichkeiten des »Jägers« im Grunde maßlos übersteigt. Zwar versucht er, das »Schwert« zunächst mit eigenen Kräften zu heben – doch umsonst; das klägliche Scheitern seines Bemühens zeigt lediglich an, in welch einem Umfang er sich und seine Fähigkeiten überschätzt hat. Freilich, wie die Dinge jetzt stehen, kann der Kampf gegen den »Drachen« erfolgreich wohl wirklich nur mit Hilfe dieses »Schwertes« geführt werden: *Unterhalb* seines im Grunde *gigantischen* Anspruches an sich selbst würde der »Jäger« sich wohl gar nicht erst in den Zweikampf um das Leben der Prinzessin wagen! *Vernünftigerweise* müßte er beim bloßen Anblick des Drachens schon unverzüglich das Feld räumen, wenn er nicht Gefahr laufen will, sehr bald schon dem Untier ebenso kläglich zu unterliegen wie all die Recken vor ihm! Nur eine enorme »Selbstüberheblichkeit« kann diesen jungen Mann zu dem Wahn verleiten, er allemal und *einzig* er sei Manns genug, das »Schwert« zu heben, mit dessen Hilfe sich der Drache bezwingen lasse. Und doch ist es gut, daß er so denkt; denn *ohne* eine solche extreme Form der »Selbstüberhebung« würde er sich die Aufgabe niemals gestellt haben, die königliche »Jungfrau« vor dem »Drachen« zu retten; – erst in der Auseinandersetzung um die Königstochter wird er wirklich merken, wer er selber ist und wie weit seine Kräfte reichen! Und erst durch diese Auseinandersetzung auf Leben und Tod wird er zu seiner eigentlichen Stärke aufwachsen!

Alles beginnt des näheren damit, daß der »Jäger« oben auf dem »Berg« eine »Kapelle« findet, auf deren Altar *drei gefüllte Becher* mit der Aufschrift stehen, wer aus ihnen trinke, werde der stärkste Mann der Welt werden –, er werde das Schwert führen können, das vor der Türschwelle vergraben liege. Die Kulisse, die damit dem kommenden Drama bereitet wird, enthält allem Anschein nach eine Erinnerung an jene Zeiten, da man auf *heilig* gehaltenen Höhen und Hügeln, wie Abraham in Gen 22,1–19, einer grausamen Gottheit die eigenen Kinder opferte[101]; die blutrünstige (Vater-)Gottheit hätte sich dann in die weniger ideologisch besetzte Märchengestalt eines »Drachen« verwandelt[102]; indessen spielen bei der Deutung des vorliegenden Märchens derartige Zusammenhänge keine nennenswerte Rolle mehr. Entscheidend ist, daß in der Grimmschen Erzählung mit dem Bild von Kelch und Kapelle nicht länger mehr die Opferung selbst, sondern die *Rettung* der »Jungfrau« als eine im eigentlichen Sinne »religiöse« Aufgabe begriffen wird; *der Dienst am Menschen* erscheint hier bis in die psychische Symbolsprache hinein als das wahre »Opfer«, das gebracht werden muß, um die Sphäre dämonischer Angst und inhumaner Opfer kämpferisch zu durchbrechen. Etwas anderes bleibt im Leben eines Menschen irgendwann wohl auch gar nicht übrig. Spätestens wenn, wie in der Stadt dieses »Königs«, alles geopfert wurde, was irgend sich »opfern« ließ, wird es unumgänglich sein, gegen die Wahnidee der Menschenschlächterei aufzustehen und das Tötende selber zu töten.[103]

Insofern ist das, was sich nun begibt, als ein Geschehen an »heiligem« Ort, als eine Art »*Gottesdienst*« zu verstehen. Man begreift die Bedeutung dieser Aussage wohl erst, wenn man daran denkt, daß S. Freud schon am Anfang dieses Jahrhunderts erklärte, die ursprünglich religiöse Suche nach der Liebe Gottes gelte heute der Frage, wie es gelinge, die Sympathie auch nur eines einzigen Menschen für sich zu gewinnen.[104] In gerade diesem Sinne jedenfalls sehen wir den jüngeren »Bruder« hier handeln: Er entdeckt die Rettung der »Jungfrau« vor dem unheilvollen »Drachen« als eine quasi göttliche Aufgabe. Der heilige *Georg* der Legende und der heidnische *Ragnar Lodbrok* der Sage verschmelzen im Märchen an dieser Stelle zu einer einzigen Gestalt, die nichts weiter verkörpert als das »Heldentum« der Liebe zu einem anderen Menschen oder, besser, als den *Mut*, der nötig ist, die *Angst* vor der Liebe zu überwinden.

Dieser Eindruck verstärkt sich noch, wenn wir hören, daß einzig die *drei gefüllten Becher* den »Jäger« in den Stand setzen, seine ritterliche Tat zu vollbringen und das »Schwert« aufzuheben. Das Motiv von Kelch und Schwert erinnert untrüglich an Chrétien de Troyes' berühmte Dichtung von *Perceval oder die Geschichte vom Gral.*[105] Perceval tritt dort als ein Jüngling auf, der *von seiner Mutter* in Waldeseinsamkeit erzogen wird, damit nicht auch er noch, wie schon sein Vater, wie seine Brüder, als Ritter im Kriege dahingerafft werde. Doch als er eines Tages fünf Rittern begegnet, die sich im Walde verirrt haben, erfährt der Knabe von König Arthur und seinem Hof; und fasziniert von dieser Kunde, beschließt auch er, Ritter zu werden. Er verläßt seine trauernde Mutter, die darüber aus Herzeleid stirbt. (Merke: So ist es nun mal! Man wird nur zum Ritter, wenn »man« alles Mütterliche in sich überwindet!) Gleichwohl liegt in diesem Denken zugleich eine »unbewußte« Schuld, die Perceval begeht und die er nie mehr wird sühnen können. Auf dem Weg unterweist den suchenden Perceval der Ritter Gornemant in den Tugenden, die ein Ritter zu beachten hat, darunter »*ne parlez trop volontiers ... car trop parole, il se mesfait*« – »von sich aus nicht zu viel reden, da jedes Wort zuviel nur Schaden stiften könne.« Auf der Gralsburg selbst wird Perceval empfangen wie ein Auserwählter, ja, wie ein längst Erwarteter. An der Tafel nimmt er Platz neben dem Fischerkönig, der ihn auf ein geheimes Leiden hinweist; doch Perceval, eingedenk der Lehren Gornemants, wagt es nicht, genauer nachzufragen – zu spät wird er von seiner Base erfahren, daß er in Kenntnis des Grals den Fischerkönig von seinen Leiden hätte erlösen können! Stattdessen erhält Perceval *ein Schwert*, das eigens für ihn angefertigt wurde. Eine Lanze wird hereingetragen, von der Blut auf die Hand des Trägers tropft, doch wieder wagt Perceval nicht zu fragen, worum es sich bei dieser eigenartigen Prozession handele; Knappen, die Leuchter tragen, bilden das Geleit für eine Jungfrau, die »*un graal entre ses deus mains ... tenoit*« – die »*einen* ›Gral‹ in beiden Händen hält«; begleitet wird sie von einer Jungfrau mit einem silbernen Teller; doch auch diesmal wagt Perceval nicht zu fragen, was es mit dem Gral auf sich habe. Dabei scheint es, daß Chrétien de Troyes den »Gral« noch als eine Art *Schale* verstanden hat – erst Robert de Boron in *Le Roman du Saint Graal* (Joseph von Arimathia)[106] setzt den »Gral identisch mit dem (Abendmahls)Kelch des Blutes Christi.« Allerdings hat auch bei Chrétien de Troyes der Gral bereits eine *religiöse* Bedeutung, wenngleich diese sich erst nach und nach offenbart. Während einer Karfreitagsszene nämlich erfährt Perceval, daß der Gral eine Hostie birgt, die den Vater des kranken Fischerkönigs am Leben erhält. Obwohl der »Gral« damit fast einem Meßkelch gleicht, ist er bei Chrétien de Troyes (noch) keine christliche Reliquie –, eher ein Sinnbild mystischer Gottsuche und Frömmigkeit, in dem sich der Versuch der Adelsgesellschaft des frühen Mittelalters ausdrückt, sich gegen das aufstrebende Bürgertum durch die Etablierung eines besonderen ritterlichen Ideals zu legitimieren.[107]

All das, gewiß, stellt nicht mehr die Sorge des Grimmschen Brüdermärchens dar; gleichwohl folgt die Erzählung der Brüder Grimm an dieser entscheidenden Stelle ganz deutlich dem Gral-Motiv des 12. Jahrhunderts mit dem Motiv der Zusammengehörigkeit von Schwert und Kelch, von männlicher Mystik und ritterlicher

Reinheit. Der »Drachenkampf« erscheint damit wesentlich als ein Bild des ritterlichen Siegs *über sich selbst,* über die eigenen Triebansprüche, als ein Kampf um die Rettung der »Jungfrau« vor dem männlichen Verlangen.[108] Dieser Akzent ist wichtig. Denn erst jetzt wird klar, warum wir in den Geschichten von *Ragnar Lodbrok* ebenso wie in dem Gedicht Rilkes über den heiligen *Georg* auf jene eigentümliche Gleichgültigkeit des »Helden« gegenüber der »Königstochter« treffen *mußten:* Gilt es wirklich, nach den Vorstellungen mittelalterlicher Minne sich im Kampf gegen die »materielle« Welt der »Sinne« aller »körperlichen Fesseln zu entledigen und sich der reinen, ungreifbaren Liebe und der Weltentsagung hinzugeben«[109], so steht für die Geliebte oder die Zu-Liebende in der Tat von vornherein nicht viel *mehr* zu erwarten als das Los eines stets hoheitsvoll angebeteten, doch unberührbaren Hoffräuleins.

Das Grimmsche Märchen scheint mit dieser Möglichkeit einen Moment lang tatsächlich auch zu spielen, erfahren wir doch, wie eilig der »Jäger«, der in dieser Stunde zum »Ritter« erst wird, es beim Andringen des »Drachen« hat, die königliche Jungfrau trostvoll in die Kirche zu führen und sie darin wohlverwahrt einzuschließen. Alles spricht in dieser Szene dafür, in dem »Drachenkampf« des Grimmschen Brüder-Märchens auch und wesentlich einen Ausdruck der »Selbstabtötung« und der Triebunterdrückung zu erblikken; ja, fände – was Gottlob nicht der Fall ist! – die Geschichte hier schon ihr Ende, so hätten wir bei ihr wirklich gerade so viel vor uns wie in der asketischen Legende vom heiligen *Georg* und der Jungfrau beim Dorf von Silene[110] oder auch in der Geschichte von *Rüdiger und Angelika,* wie Ariost sie im 10. Gesang des *Orlando furioso* besungen hat:[111] – bereits das *Flügelroß,* auf dem da Rüdiger als Nachfahre des Perseus herankommt, um die an den Felsen gebundene Angelika, diese späte Tochter der Andromeda, vor dem (See)Drachen, dem Walfisch der griechischen Sternensage, zu erlösen, weist auf die Züge der *Vergeistigung* gegenüber den »ozeanischen« Mächten des Unbewußten hin, die sich in dem »Drachen« mit den vielen »Köpfen« verdichten.

Nun aber wäre es – *hier* wie allerorten! – ein schwerer Fehler, einzelne Bedeutungsmomente der komplexen Symbolsprache eines Märchens zu isolieren und unabhängig vom Gang der Erzählung selber deuten zu wollen. Gerade auf dem Hintergrund der unbestreitbaren *Anklänge* an das ritterliche Gral-Motiv wird der *Unterschied* um so deutlicher sichtbar, der das Grimmsche Märchen von der Stilisierung und Idealisierung »ritterlicher« »Triebüberwindung« trennt: keinesfalls soll hier der Sieg über den »Drachen« als »heldische Großtat« sich selber genügen; vielmehr bildet er in dem Brüdermärchen wirklich nur erst den Anfang einer äußerst vielschichtigen Beziehung zwischen dem »Retter« und der »geretteten« Königstochter. Das Moment der »Triebsublimierung« leitet hier nur über zu dem freudigen Versprechen der Königstochter: »Nun wirst du mein liebster Gemahl werden.« Da ist keine Rede mehr von einem gralsuchenden fahrenden Ritter oder von einem christlichen Heiligen; da geht es ganz deutlich um den ersten Schritt der Annäherung eines Mannes an die Liebe einer Frau, nur daß diese »Annäherung« in der Tat einen unerhörten »Kampf« und eine unerhörte Form der Selbstüberwindung voraussetzt, eines »Ritters« und »Heiligen« alter Schule nicht unwert. Jedoch *die Kraft* dazu verleiht einzig der Rauschtrank aus den drei Bechern auf dem Altar; – die Sehnsucht der Liebe selber, sagt dieses Symbol, ist die wesentliche Quelle aller männlichen Stärke.

Auch hier ist noch einmal ein kurzer Vergleich äußerst lehrreich. In W. A. Mozarts *Zauberflöte* beginnt gleich der erste Auftritt des ersten Aufzugs mit dem Bild, wie *Tamino* als Jäger mit einem Bogen, doch ohne Pfeil, von einer Schlange verfolgt wird und ohnmächtig vor einem Tempel niedersinkt; dessen Pforte öffnet sich, und drei Frauen mit je einem silbernen Wurfspieß retten den holden Jüngling, in den eine jede von ihnen sich herzlich verliebt. Als Tamino aufwacht, trifft er *Papageno,* dessen Mutter, die er selber nie gekannt hat, eine Dienerin der *Königin der Nacht* war, für die auch er als Vogelfänger tätig ist; auf Grund seines Prahlens mit Riesenkräften glaubt Tamino in diesem faunenhaften Naturkind den Sieger über die gräuliche Schlange zu erkennen; und tatsächlich erweckt *Papageno* auch den Anschein, mit der bloßen Hand die Tat vollbracht zu haben. Die drei Damen indessen bestrafen den Aufschneider, indem sie mit einem Schloß seinen Mund verschließen. Zugleich aber schenken sie den beiden, *Tamino* und *Papageno,* das Bildnis der Tochter der großen Fürstin, die in der Burg ihres Vaters, des Priesters *Sarastro,* gefangengehalten wird und dort ihrer Erlösung harrt.[112]

Da gilt es also, eine Tochter zu befreien, die zwischen dem Heiligen und der Hexe, zwischen dem Priester und der Dämonin, hin- und hergerissen wird, und als das vorweggenommene Bild für die Lösung dieser Aufgabe erscheint in bemerkenswerter Übereinstimmung mit der Symbolik des Grimmschen Märchens *der Sieg über die Schlange.* Hier wie dort taucht ein *Tempel* bzw. eine *Kapelle* den Suchweg der Liebe in das Umfeld eines Initiationsritus göttlicher Einweihung und läßt die Begegnung zwischen den Geschlechtern als ein (säkularisiertes) Mysterienspiel der Erlösung einer reinen, doch gefangenen Seele erscheinen, in der zugleich die eigene Person sich selber begegnet und findet. Und wenn wir vorhin auf die Ambivalenz der Vaterbindung hinwiesen, welcher die »Jungfrau« »geopfert« zu werden droht, so hören wir in der *Zauberflöte,* wie gerade der edelmütige und weise Priester *Sarastro* in dem Weisheitstempel der ägyptischen Götter *Osiris* und *Isis* die schöne und gute *Pamina* mit seinem »Wohlwollen« *einkerkert:* »Zur Liebe«, spricht er, »will ich dich nicht zwingen,/Doch geb ich dir die Freiheit nicht.« »Ein Mann muß eure Herzen leiten,/Denn ohne ihn pflegt jedes Weib/Aus seinem Wirkungskreis zu schreiten.«[113] Patriarchalischer geht es kaum. Ja, man wird nicht fehlgehen, wenn man in dem Negersklaven *Monostatos,* der das »feine Täubchen« *Pamina* bewachen soll, den begehrlichen Schattenanteil der väterlichen Zuneigung selbst erblickt, deren Zudringlichkeit die entsetzte *Pamina* sich nur durch Flucht entziehen kann. Die Befreiung der »Jungfrau« ist auch hier eine Erlösung aus den Fesseln der Vatermacht zugunsten des Glücks und der Freiheit der Liebe, die als höchster Zweck der Natur gepriesen wird: »Nichts Edlers sei als Weib und Mann./Mann und Weib und Weib und Mann/Reichen an die Gottheit an«[114], singen gemeinsam denn auch *Pamina und Papageno.* Doch eben: als wahrer Dienst erlöster Menschlichkeit muß zuvor die »Schlange«, der Drache des Grimmschen Märchens, niedergerungen werden.

Und erst hier setzt der bezeichnende *Unterschied* ein: MOZARTS *Zauberflöte* legt den Sieg über die »Schlange« ganz und gar in die Hände der (drei) Frauen im Tempel; das Grimmsche Märchen hingegen setzt an die Stelle der drei Frauen *die drei Kelche* in der

Kapelle; der Trank dieser Kelche aber nimmt nicht durch einen hypnotischen Zauber den Sieg über den Drachen bereits vorweg, sondern schenkt »nur« die Kraft, ihn wirklich zu erringen. Ähnlich wie in dem Grimmschen Brüdermärchen sind freilich auch in der *Zauberflöte* alle Personen konsequent als »Doppelwesen« gezeichnet: *Tamino* und *Papageno, Pamina* und *Papagena, Sarastro* und *Monostatos* - wie läßt sich die Zwiespältigkeit des Menschenwesens zwischen »Vernunft« und »Natur«, zwischen Gut und Böse, zwischen Innerlichkeit und Äußerlichkeit, zwischen Väterlichkeit und Mütterlichkeit, zwischen Sittlichkeit und Sinnlichkeit durch die Harmonie der Liebe lindern und heilen? Das ist die gleiche Frage hier wie dort. Nur die Liebe verlockt dazu, alles zu wagen, um in der Gemeinsamkeit mit dem Wesen eines anderen die Einheit zugleich mit sich selber zu finden, und nur die Liebe verleiht den Mut und die Kraft, dieses Abenteuer der Seele auch wirklich einzugehen und womöglich erfolgreich zu bestehen. Die *Last* des Kampfes aber liegt in dem Grimmschen Märchen allein auf den Schultern des *Jägers: er* darf *nicht,* wie MOZARTS *Tamino,* vor dem Tempel wie ohnmächtig *schlafen;* er hat, während *die Königstochter* bewußtlos auf dem Boden der Kapelle darniederliegt, alle Energie zusammenzunehmen, um die sieben Köpfe des feuerspeienden Drachen abzuschlagen.

Mit großer Regelmäßigkeit beschreiben die Märchen ebenso wie die Mythen, die Legenden nicht anders als die Sagen, *die Erlösungstat* als eine ganz und gar einseitige Aktion; es ist schon viel, wenn – wie im Märchen von der *Kristallkugel* (KHM 197) – die (Königs)-Tochter zumindest die Wege weiß und weist, auf denen ihr Retter ans Ziel gelangt. Die Erlösung gilt da gewissermaßen nicht als *»Erlösung«*, solange wir nicht eine Situation voraussetzen müssen, in der es mit eigenen Mitteln durchaus keine *Lösung* mehr gibt. Alle Aktivität muß sich deshalb in der Gestalt *des Retters* konzentrieren, während der zu rettende, meist weibliche Teil gänzlich passiv verbleibt. Diese klassische Rollenverteilung des Erlösungsdramas trägt ersichtlich zur Steigerung und zugleich zur Vereinfachung des Spannungsbogens bei, – verständlicherweise erfreut sie aus diesem Grunde sich in der Literatur der größten Beliebtheit; doch findet sie *auch im wirklichen Leben* eine charakteristische Entsprechung, wenngleich, psychologisch betrachtet, eine solche Konstellation notwendig gewisse Konflikte mit sich bringt, die sich sofort zu Wort melden werden, sobald der »Drachenkampf« selber erst einmal vorüber ist.

»Ich hätte nie geglaubt, wie schwer es fallen würde, meine Frau von ihren Ängsten zu befreien.« Mit diesen Worten begann vor Jahren ein Mann die Schilderung einer Beziehung, die über lange Zeit hin buchstäblich so aussah wie der Kampf eines solchen »Jägers« mit einem »siebenköpfigen Drachen«. »Auf der einen Seite spürte ich sehr deutlich die Sehnsucht und das Verlangen dieser Frau nach Nähe, Verständnis und Zärtlichkeit; sie arrangierte von sich aus alle möglichen Treffen mit mir, und ich war im Grunde sehr froh darüber, denn ich war damals voller Hemmungen und Widersprüche; ich hätte es niemals gewagt, einer Frau von mir her auch nur über die Haare zu streicheln. Ich brauchte für alles eine Rechtfertigung und Begründung; und wenn ich darüber nachdenke, war es wohl so, daß meine Frau mich damals vermutlich vor allem meiner Schüchternheit wegen liebte. Bei mir brauchte sie keine Angst zu haben, dachte sie; ich würde ihr schon nichts tun. Aber gerade in dem Windschatten unserer Moral wuchsen bald schon ganz sonderbare, exotische Blumen heran – unsere *Phantasie* mußte eine ganze Weile lang die Wirklichkeit ersetzen; doch sprechen konnten wir darüber nicht, mit keinem Wort. Statt dessen mischten sich bald schon Phasen einer rätselhaften Traurigkeit in das Glück meiner Frau. Es tat ihr ersichtlich gut, wenn wir zusammen waren, und das bot auch mir eine Art Alibi, mich auf sie weiter einzulassen. Was mir sonst Schuldgefühle bereitet hätte, erschien jetzt geradewegs als meine Pflicht. Ich brauchte ihre Hilfs*bedürftigkeit*, und sie brauchte meine Hilfs*bereitschaft* – beides bildete die geheime Voraussetzung unserer Liebe. Zum ersten Mal in meinem Leben bedeutete ich einer Frau wirklich etwas. Ich durfte lieben, und ich wurde geliebt. Es war an sich ein herrliches Gefühl.

Um so merkwürdiger erschienen die depressiven Attacken im Erleben meiner Frau. Sie kamen stets unversehens und heftig, wie anfallartig, und ich konnte sie mir zunächst überhaupt nicht erklären. Wir hielten uns zum Beispiel nur einfach an den Händen, und plötzlich fing sie an zu weinen; wohl wehrte sie sich wie verzweifelt gegen ihre Tränen; sie fürchtete, damit alles zu zerstören, sie machte sich Vorwürfe deswegen, doch es ließ sich nicht aufhalten, und ich wollte auch gar nicht, daß sie ihre Gefühle noch länger versteckte oder verdrängte. Ich wußte damals noch nicht viel von Psychoanalyse; aber ich ahnte doch, daß die abrupten Stimmungsschwankungen mit bestimmten Erinnerungen an die Zeit als Mädchen zu tun haben könnten. Vor allem fiel mir auf, daß ihre ›Anfälle‹ fast immer in Augenblicken sich ereigneten, in denen wir hätten einander sehr nah und zueinander sehr zärtlich sein können. Es war, wie wenn gerade dann ein unsichtbares Verbot jede Freude hätte verbieten wollen. Und diese Vermutung erhärtete sich.

Tatsächlich fiel es nicht allzu schwer, bestimmte Szenen wachzurufen, in denen der Vater ängstigend und strafend seiner Tochter in Kindertagen in den Weg getreten war. Ich sagte mir, daß wir mit unserer Liebe offenbar all die Wünsche und Sehnsüchte wiederaufweckten, die sich im Leben meiner Frau ursprünglich einmal auf ihren Vater gerichtet hatten, von ihm aber zurückgewiesen und mit Schuldgefühlen belegt worden waren. Statt sich zu freuen, hatte meine Frau es schon als Mädchen lernen müssen, an gerade den Stellen traurig zu werden, an denen sie eigentlich glücklich hätte sein mögen; unsere Liebe jetzt aber *war* eine einzige Verführung zum Glück. Kein Wunder deshalb, daß meine Frau all die Ängste aus Kindertagen jetzt noch einmal erlebte. Rätselhaft erschien all das anfangs nur deshalb, weil sie von ihrem Vater nur gut zu sprechen gewohnt war. Sie verehrte ihn, und sie achtete ihn; dabei war er es gewesen, der sie ihr Leben lang unterdrückt hatte. Sie hatte niemals gegen ihn denken, geschweige denn handeln dürfen. Sie selber wußte in den Phasen ihrer Traurigkeit schon als Kind überhaupt nicht, was mit ihr los war, und ich verstand jetzt, warum; denn hätte sie es sich eingestanden, so wäre unter ihren Füßen wohl eine Bombe hochgegangen. Doch sie gestand es sich nicht ein, und es ging keine Bombe los; vielmehr schien unsere Beziehung eine Weile lang lediglich nicht recht voranzukommen.

Als das Schlimmste aber empfand ich in dieser Zeit die Tatsache, daß meine Frau immer wieder ihren Vater gegenüber meinen ›Vorurteilen‹ und ›Verdächtigungen‹, wie sie es nannte, in Schutz nahm. So sehr sie mich liebte und so sehr ich sie liebte – im entscheidenden Augenblick lief sie gewissermaßen immer wieder zur Partei ihres Vaters über. Sie stand vor einer Wahl auf Leben und Tod, zwischen ihm und mir, zwischen Selbstaufopferung und Selbständigkeit, und sie spürte genau, daß es so war; wie aber hätte sie eine Wahl treffen können, wo es ihr stets verboten war, irgend etwas gegen ihren Vater zu ihren eigenen Gunsten zu entscheiden? Statt dessen hatte sie sehr früh schon lernen müssen, diesen Mann selbst in seiner Herrschsucht, selbst in seiner Unbeherrschtheit noch zu *verstehen* und zu entschuldigen. In ihren Augen war er ein hilfloser, gutwilliger Mensch, eine Art König Johann ohne Land, der als seinen einzigen Schatz eben nur sie selbst, seine Tochter, besaß. Oftmals verlangte ich geradezu von ihr, doch endlich den Tatsachen ins Auge zu schauen und sich gegen ihren Vater zur Wehr zu setzen. ›Wir reden doch gar nicht von Deinem Vater heute‹, sagte ich zu ihr; ›der Mann, der bald seinen 75. Geburtstag feiert, verdient bestimmt alles Verständnis und Mitleid der Welt; aber der Vater, den du als Kind erlebt hast, das Gespenst Deines Vaters, das Du seither in Dir trägst, das müssen wir bekämpfen, denn es frißt Dich auf, es schließt niemals einen Kompromiß mit Dir, der Dich leben ließe.‹ All meine Worte verfingen bei ihr nicht; sie weinte nur und bezog meine Vorwürfe gegen ihren Vater ganz und gar auf sich selbst, so als wären sie und ihr Vater ein und dieselbe Person, während es mir gerade darauf ankam, beide voneinander zu trennen. Sie fühlte sich oft genug selber bedroht, wenn ich ihren Vater angriff, und es war bereits viel gewonnen, wenn ich denken konnte, sie stimme mir wenigstens passiv zu.

Unter diesen Umständen blieb mir gewissermaßen nichts anderes übrig, als stellvertretend die Wut zu empfinden, die sie meiner Meinung nach eigentlich selbst hätte empfinden müssen. Wohl war ich eine ganze Zeitlang der Meinung, es genüge vollkommen, eine Art Tauwetterperiode über all die eingefrorenen Gefühle kommen zu lassen; doch es genügte keinesfalls. Ich spürte nach wie vor, daß sie mich liebte, doch ich spürte zugleich auch, daß mit ihrer Liebe zu mir die Angst vor ihrem Vater wuchs, und im Zweifelsfalle war ihre Angst stets stärker als alle Sympathie und Zuneigung. Statt sich zu entscheiden, wartete sie gewissermaßen, wer in ihrem Leben den Sieg davontragen werde: der Vater oder ich, ihre Angst oder ihre Zuneigung; und je mehr dieser Schwebezustand anhielt, desto mehr *spielte* ich nicht mehr nur einen quasi therapeutischen Zorn auf ihren Vater, ich spürte ihn wirklich, ich ärgerte mich ehrlich über ihre Opferhaltung und Willfährigkeit, über ihre Entscheidungslosigkeit und ihr Abwarten, ja, es war oft sehr schwer, nicht mit ihr selbst zu schimpfen, wenn ich ihren Vater meinte. Aber ich hatte ja keine andere Wahl. Mittlerweile kämpfte ich auch um mein eigenes Leben. Nie zuvor hatte ich mich für einen Menschen derart engagiert, und ich wußte, wenn es mir nicht gelänge, diesen Kampf um meine Frau zu unseren Gunsten zu entscheiden, so würde ich es nie mehr wagen, eine Frau wirklich zu lieben. Ich war in eine Lage geraten, in der es nur noch nach vorn hin einen Ausweg gab.

Was mich damals gerettet hat, war die Idee einer sozusagen existentiellen Herausforderung, eine Art unbekannter Religiosität. Irgendwie formte in dieser Zeit sich unser Gottesbild noch einmal neu. Intellektuell habe ich noch niemals geglaubt, daß da ein Gott im Himmel sei, der verlange, wie die Kirche es lehrt, daß Menschen sich für ihn ›aufopferten‹; aber was es mit der kirchlichen Opfertheologie wirklich auf sich hatte, zeigte mir erst meine Frau. Wir erkannten beide, wie stark unsere Religion noch von kindlichen Vaterängsten geformt war; was wir ›Gott‹ nannten, war eine Art grünes Ungeheuer, in dem sich die Züge unserer Väter verewigt hatten.«

Hört man – immer wieder! – Berichten dieser Art zu, so begreift man sehr bald, was sich in dem Bild von dem »Drachenkampf« in dem Grimmschen Brüdermärchen verdichtet. Nicht länger mehr erscheint es als eine rein schriftstellerische Manier, daß der »Jäger« als erstes die Königstochter in der »*Kapelle*« vor dem »Drachen« in Sicherheit zu bringen sucht; die scheinbare Passivität der »Prinzessin« beschreibt vielmehr ganz korrekt die aggressive Gehemmtheit und vollständige Wehrlosigkeit der »Jungfrau« gegenüber ihrem Vater, und der »Raum« ihrer Geborgenheit im Bild der Kapelle besitzt durchaus eine gewisse religiöse Dimension.

Aber auch umgekehrt: es wird deutlich, warum das »Erlösungsmotiv«, die »Retterphantasie«, in der Verbindung mit dem Drachen überhaupt eine so zentrale Rolle spielt. *Beide:* die Frau ebenso wie der Mann, haben Angst vor der Liebe aufgrund der Zwiespältigkeit ihres Vaterbildes, und indem der »Jäger« die Konflikte der »Prinzessin« zu lösen sucht, löst er zugleich auch seine eigenen. Er *muß* in diesen Kampf ziehen, oder er würde sich selbst niemals finden. Die

Symbolsprache des Märchens ist hier sehr treffsicher, wenn es erzählt, daß einzig der Trank der drei *Kelche*, die Identifikation mit der Frau also[115], die Kraft zum Führen des *Schwertes*, die Stärke der Männlichkeit also, verleiht.

Ja, es werden nunmehr etliche Details des Grimmschen Märchens in der Nuancierung der Vaterproblematik verständlich, die sonst wohl leicht überlesen würden, – so wenn wir erfahren, daß der König und die Hofleute »traurig heim«kehren, nachdem sie die Prinzessin auf den Drachenberg begleitet haben. Psychoanalytisch können wir genauer sagen: der König, der *fortgeht*, während er seine Tochter der »Opferung« ausliefert, kehrt selber in der Gestalt des »Drachen« zurück; und der »Jäger«, der vorübergehend seine Rolle übernimmt, indem er selber in den Augen der Königstochter als der (Vater)»Drache« erscheint, muß für sich selber und an sich selber all die Vateridentifikationen und Vaterübertragungen abarbeiten, die den Weg zu einer möglichen Liebe zwischen ihm und der »Prinzessin« versperren könnten.

Freilich, wir wissen bereits, wie vorsichtig das Wort *»Liebe«* in diesem Zusammenhang zu gebrauchen ist. »Ich wollte, daß meine Frau wenigstens einmal im Leben zumindest die Chance erhielte, glücklich zu sein«; – so etwa drückte jener Mann die Einstellung aus, die er zu Anfang seiner späteren Frau entgegenbrachte. Nennt man eine solche Haltung »Liebe«? Oder »nur« »Wohlwollen«? Oder bezeichnet man sie als »Engagement«? Wie auch immer, sie umschrieb im Leben dieses Mannes das Bemühen, zum ersten Mal wenigstens *einen* Menschen glücklich zu machen; und genau darum handelt es sich bei der mythischen Drachenkampfszene in dem Grimmschen Märchen. Das einzige, was sich schwer glauben läßt und sich noch schwerer glaubhaft machen läßt, ist die relative Leichtigkeit dieses Kampfes selbst.

γ) Der Sieger und seine Tiere oder: Das Enthaupten der sieben Köpfe

In der germanischen Sagenüberlieferung hören wir im Vergleich etwa, wie der Gautenkönig *Beowulf*, der Enkel des südschwedischen Königs *Hredel*, obwohl er zu Gunsten des dänischen Königs *Hrodgar* bereits den waffenunempfindlichen Unhold *Grendel* mit der bloßen

Hand getötet und dessen Mutter mit einem Schwert, das »kein anderer als er hätte schwingen können«, besiegt hatte[116], nach Jahren einer ruhigen Königsherrschaft im Kampf gegen einen feuerspeienden Drachen wie wehrlos dastand. Dieser Drache war ihm erst wirklich gefährlich geworden, als ein Flüchtling durch Zufall aus der Schatzhöhle des Untieres »einen mit Edelsteinen besetzten goldenen Becher« geraubt hatte[117]; daraufhin hatte der Drache die Dörfer und sogar Beowulfs Behausung selber verheert, so daß diesem keine andere Wahl blieb, als mit einem eisernen Schild gewappnet gegen das Wüten des Ungetüms vorzugehen. Doch Beowulfs Schwert zerbarst im Kampfe, und der Drache biß ihm in den von der Rüstung ungedeckten Hals; selbst als der beherzte *Wiglaf* den Drachen tötete, war doch der Tod *Beowulfs* nicht mehr aufzuhalten. – Manches spricht dafür, in dem Ungeheuer *Grendel* eine Verkörperung der unheimlichen Moore der dänischen Landschaft[118] und in dem tödlichen Drachen eine Personifikation des Alters zu vermuten, gegen dessen Zugriff auch nicht der tapferste Recke, einzig die Jugend siegreich zu sein vermag. Doch was immer die Drachen in Sagen, Mythen und Märchen im einzelnen bedeuten mögen – leicht beizukommen ist ihnen nie. Selbst ein so wackerer und mannhafter Streiter wie der gautländische *Beowulf* kann hier offensichtlich unterliegen; und sogar Helden wie der Fafnir-Töter *Sigurd* bedürfen, wie wir gehört haben, göttlicher Weisungen und Warnungen, um im Kampf gegen den Drachen keine gefährlichen Fehler zu begehen.

Um so erstaunlicher ist es, daß der »Jäger« des Grimmschen Märchens in der Hitze des Kampfes zwar auch in arge Bedrängnis gerät, dann aber durch eine Bravourleistung ohnegleichen dem Drachen, der seiner in höhnischen Reden zu spotten sucht, mit einem einzigen Schwerthieb gleich drei Häupter auf einmal abschlägt; und nicht genug damit: selbst als das Untier, durch die Schwere der Wunden »erst recht wütend«, »sich in die Luft« erhebt und »Feuerflammen über den Jäger« ausspeit, zückt dieser »nochmals sein Schwert« und schlägt ihm erneut drei Köpfe ab. *Das,* man muß sagen, sind Streiche, wie sie bis dahin selbst unter den Helden der Sagen und Mythen noch niemals geführt wurden, und man versteht, daß der »Jäger« nach solchen Leistungen nun auch selbst mit der Kraft fast am Ende ist. Nur mit letzter Mühe gelingt es ihm, dem

Untier, als es nach solchen Schlägen ermattet niedersinkt, aber »doch wieder auf den Jäger los« will, den Schweif abzuschlagen. Weiter freilich vermag auch er nicht mehr zu kämpfen; es sind seine *Tiere,* die, nachdem sie immer wieder die Feuerflammen des Drachen am Boden niedergetrampelt haben, schließlich das Werk vollenden und das Untier in Stücke reißen. Da ist die Erschöpfung des »Jägers« *am Ende* des Drachenkampfes wohl überzeugend geschildert; übertragen auf das wirkliche Leben aber steht alles in allem doch kaum zu erwarten, daß es mitten im Kampfe jemandem tatsächlich gelingen wird, so »glatt«, mit drei wuchtigen Schlägen, beim Enthaupten eines wirklichen »Drachens« voranzukommen. In aller Regel wird man sich den Kampf gegen den Drachen mit den sieben Köpfen gewiß nicht als Rundumschlag mit einer in der Luft singenden Schwertklinge vorzustellen haben, sondern eher als ein ständiges Bemühen in kleinen Schritten, als ein Suchen nach einem gemeinsamen Ausweg auf Spuren, die von der Geliebten im Verlies des »Drachen« stets schon gelegt wurden, wie es die Geschichte von *Theseus* und *Ariadne* erzählt, bzw. auch als den Aufbau einer neuen Welt, wie es in den uralten sumerischen Schöpfungsmythen beschrieben wurde. Wie in der Mythe von *Ninurta*[119] geht es da um den Beginn einer überraschenden »Inthronisation«, um eine allmählich reifende, alles verändernde Bewußtwerdung und Bewußtmachung der eigenen Person ebenso wie der des anderen.

»Was ich anfangs nicht geglaubt hätte«, erzählte zum Beispiel jener Mann sinngemäß bei der Schilderung *seines* »Drachenkampfes« weiter, »das war die Langwierigkeit all der Störungen, der Depressionen, der Weinkrämpfe, der sinnlosen Ängste und Selbstvorwürfe bei meiner Frau. Es genügte keinesfalls, wieder und wieder zu sagen: ›Was du jetzt fühlst, hat mit mir nichts zu tun, es bezieht sich in Wirklichkeit auf deinen Vater.‹ In Wirklichkeit ließ sich der Erinnerungseinbruch, wenn ich das so nennen darf, nicht abkürzen. Es erwies sich im Gegenteil als unerläßlich, immer wieder in die Vergangenheit zurückzugehen und möglichst ausführlich die Szenen und Gefühle der Zeit damals zu vergegenwärtigen, um sodann die Bilder der Erinnerung mit den Eindrücken der Wirklichkeit heute zu vergleichen. Meine eigenen Stimmungen freilich mußte ich dabei oft genug zurückstellen; es konnte ja wie aus heiterem Himmel – bei einem Spaziergang, bei einem Theaterbesuch, bei einem leichthin gesprochenen Wort, bei jeder beliebigen Gelegenheit – irgendein Anlaß die alten Tonbänder einspielen, die vor vielen Jahren der Vater meiner Frau besprochen hatte. Es war, wie wenn wir uns in einem Raum aufhielten, in dessen Wänden allerorten kleine Schalter versteckt gewesen wären – eine zufällige Bewegung genügte, um einen Stromkreis einzuschalten, der wieder eines dieser Tonbänder abspielte. ›Muß denn das immer wieder sein? Ich will doch das überhaupt nicht!‹ klagte meine Frau, und oft drohte sie mutlos zu werden, wenn wieder eine solche Erschütterung mit voller Wucht hereinbrach. ›Wir müssen nur Geduld haben‹, versuchte ich sie dann zu trösten, doch ein Gefühl der Erschöpfung legte sich lähmend auch auf mich; andererseits wußte ich, daß wir erst ›fertig‹ sein würden, wenn wir jeden ›Schalter‹ einzeln aufgefunden und herausmontiert hätten. Tröstlich wirkte allein der Gedanke, daß sich das Archiv der alten ›Tonbänder‹ nicht mehr vermehren könnte und daß wir immer rascher dahinter kommen würden, was in den jeweiligen ›Anfällen‹ eigentlich ›gespielt‹ wurde. ›Denke einfach, wir sähen uns alte Bilder aus der Zeit des Zweiten Weltkriegs an‹, sagte ich manchmal zu ihr; ›all diese Bilder sind schrecklich, aber wir können uns doch immer wieder auch sagen, daß das alles endlich vorbei ist; und wir können den wachsenden Abstand *beruhigt* zur Kenntnis nehmen.‹ Ich wollte, daß meine Frau aus dem Gedankenkreis ihres Vaters heraustrat und ihren eigenen Kopf aufsetzte; sie sollte seine Redensarten durch eigene Gedanken und Stellungnahmen ersetzen.«

Versucht man, diese Schilderung in die Symbolsprache des Märchens rückzuübersetzen, so erscheint das *»Enthaupten«* eines vielköpfigen »Drachen« tatsächlich als ein außerordentlich treffender Ausdruck für die besagte psychische Erfahrung. Stelle um Stelle geht es in der Darstellung jenes Mannes darum, den »Kopf« eines monströsen Vaterbildes durch »scharf«sinnige Analysen um seine Wirkung zu bringen. Dabei gibt das Märchen, deutlicher noch, als es den Worten nach in dieser Schilderung sich mitteilt, nicht nur die intellektuelle, sondern vor allem die *emotionale* Seite der Auseinandersetzung wieder, indem es insbesondere das »Feuer« aus den Nüstern der sieben Drachenköpfe als die eigentliche Gefahr darstellt, die den »Jäger« bedroht. Er müßte sich dagegen gewiß ebenso wehrlos fühlen wie der heldenmütige *Beowulf*, stünden ihm nicht im entscheidenden Augenblick die treuen »*Tiere*« tapfer zur Seite. Was unser »Drachenkämpfer« in der Wirklichkeit von sich selber *nicht* sagte, das müssen und dürfen wir aus der farbigen Bildersprache *des Märchens* ergänzen: Um seine Frau für sich zu gewinnen, hatte er gegen die »schnaubende« Wut des Vater(bildes) nichts anderes zu setzen, als daß er alle Kräfte nicht nur seines schwertähnlich »schneidigen« Verstandes, sondern vor allem und gerade die Kräfte seiner vielseitigen Affektivität in die »Schlacht« führte. Wenn jemals bisher, so wurden jetzt die Zärtlichkeit und Einschmiegsamkeit eines »*Hasen*«, die Verführungskunst eines »*Fuchses*«, die verbissen-kämpferische Treue eines »*Wolfes*«, die brummig-beschützende, grimmig-berserkerhafte Gemütsart eines »*Bären*« sowie das triumphierende Selbstbewußtsein und die stolze Unangefochtenheit eines »*Löwen*« von ihm verlangt. Und genauso im Märchen selbst: Nie zuvor besaß der »Jäger« eine solche Gelegenheit, die widersprüchlichen Teile seiner Seele zu einer Einheit zusammenzufügen; doch niemals auch bildete eine gewisse innere Geschlossenheit so sehr die Voraussetzung einer relativ soliden menschlichen Beziehung. Sagen wir es anders: Die »Prinzessin« für sich zu gewinnen, ist nur befähigt, wer imstande ist, mit seiner eigenen Person die ungeheuerliche Vatergestalt in der Seele seiner Geliebten ebenso wie in seiner eigenen Seele zu »zerreißen«, und er muß dazu all seine »Tiere«, alle seine emotionalen Kräfte gemeinsam aufbieten, um die Auseinandersetzung zu bestehen.

Bezeichnenderweise ist der Kampf dabei erst wirklich zu Ende, als der jüngere Bruder – wie sein Kollege in dem Märchen von dem *Gelernten Jäger* gegenüber den drei »Riesen« – dem Drachen die *Zungen* aus den abgeschlagenen Köpfen schneidet und sie als Wahrzeichen des Sieges in seinem Ranzen aufbewahrt. Gewiß ist das zunächst eine Art Trophäensammelei, wie sie zum Waldwerk anscheinend unausrottbar gehört: die Ohren eines Luchses, das Fell eines Bären, das Geweih eines Rehbocks – all diese Vorzeigestücke gelten immer noch beim Halali als die Insignien einer erfolgreichen »Strecke«.[120] Doch Drachen- (oder Riesen-)Zungen sind etwas anderes als Stierhoden und Fuchsschwänze. *Symbolisch* gelesen geht es offenbar darum, die »sieben Köpfe« des Vaterungeheuers ein für allemal *zum Verstummen* zu bringen, und wie wichtig dieses Ziel ist, läßt sich leicht begreifen. Was etwa sollte jener Mann seiner Frau sonst wohl für eine Erfahrung vermitteln, außer daß sie endlich ein Recht hätte, ihre eigenen Wünsche, ihre eigenen Einwände, ihre eigenen Erwartungen, ihre eigenen Erwiderungen beizeiten geltend zu machen? *Ihr eigener Mund, ihre eigene Zunge,* nicht das wutschnaubende Gerede der »Drachenzungen« sollte des weiteren in ihrem Leben »tonangebend« sein; und das Geschenk ihrer eigenen Sprache wurde in der Tat später das am meisten verbindende, das durch alle Irritationen tragende »Erkennungszeichen« zwischen den beiden.

δ) Erschöpfung und Vertauschung oder: Die Rückkehr des »Vaters«

An dieser Stelle könnte ein oberflächlicher Leser wohl meinen, die Geschichte habe hier doch nun wohl endlich ihr gutes Ende gefunden: der Drache ist tot, die Jungfrau erlöst, und sie selber erklärt bereits, daß sie nunmehr nach dem Willen ihres Vaters dazu bestimmt sei, des Jägers Braut zu werden; was also gäbe es noch zu berichten? Wer freilich dem Gang der Erzählung bis hierher aufmerksam gefolgt ist, der wird sich vorstellen können, daß es noch eine Fülle von Problemen geben wird, deren Lösung sich unter den gesetzten Umständen womöglich noch schwieriger gestalten dürfte als der ganze Drachenkampf bisher. Mit anderen Worten: Alles geht jetzt, da es zu Ende scheint, überhaupt erst richtig los!

Die *erste* Schwierigkeit, die sich jetzt auftut, läßt sich als eine Art *psychotherapeutisches Erschöpfungssyndrom* bezeichnen. Da hat ein Mann alles getan, eine Frau von den Ängsten ihrer Kindertage zu befreien, und wir wissen, daß es auch für ihn selber nur diesen einen Weg gab, um die Einsamkeit und Einseitigkeit seines Lebens zu überwinden; beide haben in diesem »Kampf«, in dieser harten, geduldigen Arbeit an sich selbst, all ihre Energie und all ihren guten Willen aufgewandt – tatsächlich scheint es beinahe geschafft! An sich könnte alles jetzt glücklich und froh sein! In Wirklichkeit aber tritt eine tiefe *Müdigkeit* ein, und man kann gut verstehen, warum. Alles, was eigentlich leicht und beseligend hätte wirken können, mußte bis zu diesem Punkt hin wieder und wieder durch äußerste

Anstrengung dem Schreckbild der Vergangenheit entrissen werden; alle Unmittelbarkeit der Beziehung ist endlos zergrübelt und zu Tode analysiert worden; es ist *in dem Märchen* gerade noch, daß die Prinzessin, als sie, wie aus einem Alptraum erwachend, erfährt, nun sei sie »erlöst«, und zum Beweis dafür den zerstückelten Drachen am Boden liegen findet, ihr Korallenhalsband zur Belohnung unter den Tieren verteilt und dabei dem Löwen das goldene Schlößchen zum Geschenk macht, wohingegen sie dem Jäger ihr Taschentuch zum Pfand gibt, auf daß er die sieben Drachenzungen darein wickele, dann begibt auch sie sich mit ihm zur gemeinsamen Ruhe. Beiden also steht fest, daß sie »eigentlich« die ganze Auseinandersetzung hinter sich haben; sie haben gearbeitet und gearbeitet – »im Grunde« sind sie am Ziel und könnten beginnen, die »Erlösung« von dem »Drachen« gemeinsam zu genießen. Tatsächlich aber liegt das Problem genau hier. Ihre ganze Beziehung bislang war wesentlich eine »Arbeitsbeziehung« – eine Liebe, die notgedrungen »therapeutische« Qualitäten und Aufgaben erhielt, weil sie nur so sich legitimieren und gestalten konnte; wie man hingegen in dem ganz normalen, »unheldischen« Alltag miteinander umgeht, davon haben weder der »Jäger« noch die »Prinzessin« bislang die geringste Ahnung zu gewinnen vermocht.

Oft genug möchte man ja die Märchen fragen: »Und was machen nun der Erlöser und die Erlöste, nachdem sie ihr ›Werk‹ vollbracht haben – die Unholde sind besiegt, die Drachen bezwungen, statt eiserner Schwerter gilt es, den Spaten oder den Besen in die Hand zu nehmen – was fangen die Helden dann an, wenn sie nach alledem heimisch zu werden beginnen?« Die Antwort des Märchens von den *Zwei Brüdern* lautet mit entwaffnender Ehrlichkeit, Paaren, die auf beschriebene Weise zueinander gefunden hätten, werde es wohl kaum erspart bleiben, zumindest phasenweise in einen sonderbaren Zustand *vitaler Interessenlosigkeit*, ja, *Erschöpfung*, zu fallen. Beide, der Jäger wie die Prinzessin, begeben in dem Märchen sich erst einmal zur Ruhe: – Nur keine weiteren Anstrengungen mehr, nur endlich ausruhen dürfen, *das* scheint vorerst ihre Devise.

Ausführlich schildern die Brüder Grimm, wie zudem die »Tiere« des Jägers, statt weisungsgemäß wachsam zu bleiben, der Reihe nach von unwiderstehlichem Schlummer übermannt werden. Eine Erfahrung bahnt sich da an, die man mit einem gewissen Recht als einen sozusagen »buddhistischen« Effekt der Psychoanalyse bezeichnen könnte: alle Gefühle, die sich ursprünglich meldeten, mußten inzwischen so oft interpretiert, analysiert, differenziert, modifiziert, in neuer Form »ausagiert« werden, daß sie wie blutleer, mehr gedacht als gelebt, wirken müssen. Für ein ursprüngliches Fühlen bleibt da kein Platz mehr. »Nur nicht schon wieder neue Beziehungskisten« – dieser Notschrei eines psychisch gestreßten Ehemannes gibt recht gut die Stimmung wieder, die sich in dem Märchenbild vom Einschlafen der Tiere am Ende des »Drachenkampfes« zu Wort meldet.

Auch die vergleichsweise enorm breit angelegte Beschreibung, wie ein »Tier« nach dem anderen, vom »Löwen« absteigend bis zu dem »Hasen«, die Pflicht zur »Wachsamkeit« delegiert, gewinnt bei dieser Betrachtung einen nuancenreichen Sinn. Als erstes hört der »Jäger« auf, für seine Frau in der Gestalt des *»Löwen«* weiterhin den »König der Tiere« zu spielen – das Gehabe der stolz prunkenden Männlichkeit geht an oberster Stelle zur Ruhe; aber auch der Wille, die Frau mit *bärenhafter* Gemütlichkeit in einer Höhle der Geborgenheit zu halten, schläft nach und nach ein; alsdann schließt auch das *»wölfische«* Verlangen der Sexualität die Augen, und auch die Neigung, den anderen mit *fuchshaftem* Raffinement charmant zu umwerben, ermüdet; schließlich schläft in der Gestalt des *»Hasen«* sogar der Wunsch nach dem Ausdruck zärtlicher Verbundenheit ein – und zwar nicht nur auf seiten des »Jägers«, auch im Verhalten der *»Prinzessin«*. Nachdem sie so lange in der »Kapelle« wie ohnmächtig am Boden gelegen, mag es verwunderlich scheinen, jetzt auch von *ihrer* Müdigkeit zu erfahren; doch wenn wir bedenken, was für einem Alptraum zwischen Tod und Leben während des ersatzweisen Kampfes des »Jägers« gegen den (väterlichen) »Drachen« sie in Wirklichkeit beigewohnt hat, so ist auch ihre Erschöpfung mehr als begreifbar.

Beide, der »Jäger« wie die »Prinzessin«, also sinken in »Schlummer«. Beschreiben wir es so: Nach all den Turbulenzen beginnt für sie eine Zeit der Konfliktvermeidung, der Vorsicht im Umgang miteinander, der gedämpften Faszination. Es gibt keine »Kämpfe« mehr. Dafür herrscht eher eine Stimmung zum »Einschlafen«, eine verhaltene Langeweile – man weiß nicht mehr recht, was miteinander beginnen. Wer aber glauben würde, all das sei in der Beziehung zwischen zwei Menschen lediglich die Wiedergabe des typisch »alltäglichen« Vorgangs, wie das Gewohnte »gewöhnlich« werde, der übersieht, welch eine tödliche Gefahr mitten in der gemeinsamen Schläfrigkeit des »Jägers« und der »Prinzessin« in Wahrheit heraufzieht. Auch an dieser Stelle zeigt sich das Grimmsche Märchen von unglaublichem psychologischem Gespür. Noch während des »festen Schlafs« der beiden, erzählt es, kommt der *Marschall des Königs,* und »weil er bös und gottlos war«, so schlägt er dem Jäger das Haupt ab und trägt die viel zu spät erwachende Jungfrau auf seinen Armen als leichte Beute davon; ja, er droht sie zu töten im Fall, daß sie nicht ihren wahren Retter verleugnet und ihren Räuber vor den Augen des Vaters als künftigen Gatten akzeptiert. Die Königstochter ihrerseits hat nicht mitansehen können, wie dieser Wüstling von Marschall ihren rechten Erlöser, den Jäger, *ermordete,* und so bleibt ihr einzig die an sich aussichtslose Hoffnung, er möge nur ja bald, spätestens übers Jahr, wenn die Hochzeit stattfinden soll, zu ihr zurückkehren.

Selbst in den streng moralischen Regeln der römischen Kirche, nach denen es unmöglich ist, eine einmal geschlossene Ehe zu scheiden, wird angenommen, daß eine Vermählung nicht gültig zustande kommt, wenn sie durch »Gewalt und Angst« erzwungen wurde.[121] Was der »Marschall« der Grimmschen Erzählung hier tut, erfüllt ohne Zweifel den Tatbestand von »Gewalt und Angst« auf geradezu klassische Weise. Doch ehe wir beginnen, uns über das brutale Vorgehen dieses Mannes zu empören, sollten wir im Rahmen der Symbolsprache des Märchens die eigentliche Dramatik dieser Szene im *psychologischen,* nicht im kriminalistischen Bereich ansiedeln. Was wir dann vor uns sehen, ist nicht ein »Mord« oder ein »Frauenraub«, über den man die Polizei verständigen müßte; was wir in Wirklichkeit miterleben, besteht psychisch in der *Ersetzung* bzw. in der *Verdrängung* des »guten« »Jägers« durch den »bösen« »Marschall«. Das Unheimliche daran aber wird erst sichtbar, wenn wir den »Marschall« und den »Jäger« als ein und dieselbe Person betrachten! Was ist da Liebe? Was ist da Ehe? Was heißt da »Unauflösbarkeit« der Ehe – wenn in einem einzigen Menschen wirklich »alles« liegen kann: das Rettende *und* das Zerstörende, das Befreiende *und* das Einengende, das Umsorgende *und* das Erstickende? Gerade das aber ist die Situation, mit der wir es jetzt zu tun haben.

Wir sahen bereits, daß der todbringende »Drache« im Grunde »nur« die Schattengestalt des Vaters der Prinzessin darstellte, und erlebten zugleich, daß der »Jäger« notgedrungen die Vaterrolle übernehmen mußte, um den Vater-Drachen besiegen zu können. Nur eine übermenschliche Überhöhung seiner Person in den Augen der Königstochter und eine ebensolche Überhebung der Ansprüche an sich selbst befähigten den »Retter« zu seiner »Tat«. Doch einmal so begonnen, kann es nach errungenem Sieg zunächst nur so weitergehen: Bereits die unvermeidliche Rollenverteilung zwischen dem »Helden« und der »Preisjungfrau«[122] muß nach einer gewissen Phase des »Einschlafens« bzw. der Gewöhnung aneinander sehr bald schon schier unlösbare Konflikte heraufbeschwören. Wie mädchenhaft »brav« zum Beispiel, wie rührend hilflos, wie vollkommen abhängig erklärt die Prinzessin dem Jäger nach seinem mühsamen Sieg über den »Drachen«, er werde nun ihr »lieber Gemahl« werden, da ja *ihr Vater* sie demjenigen versprochen habe, der das Untier töte! Nicht das eigene Gefühl der Dankbarkeit, nicht die persönliche Zuneigung, nicht die innere Verbundenheit mit dem kämpferisch Siegreichen geben ihr diese Worte ein, sondern ein kindlich anmutender Gehorsam dem Wort des Vaters gegenüber! Nicht eine selbstbewußte Frau spricht hier; was wir hier hören, ist vielmehr immer noch die Rede eines schüchternen Kindes; und eben darin liegt das Problem! Der »Drache«, gewiß, ist, Gott sei Dank, tot; wie aber, wenn er in einer anderen Verkleidung zurückkäme? Wie, wenn er unter dem Diktat des Vaters den »Jäger« selbst – in den »Marschall« verwandeln würde, verwandeln *müßte?*

»Habe ich nicht alles für dich getan?« Wie viele Ehekrisen beginnen mit diesen Worten? Da war – in der Sprache eines kleinen Aufsatzes von C. G. JUNG[123] – der Mann bislang stets der »Behaltende«, der »Umfangende«, die Frau aber die Behaltene, die Umfangene; er, aus seiner Sicht, war bis zum äußersten gegangen, um sie zu einem freien und glücklichen Menschen zu machen; nun aber zeigt sich, daß es nur noch einen einzigen Menschen gibt, der den Erfolg all dieser Anstrengungen nachhaltig verhindert – ihn selber! All die Zeit über hat er gelernt (und lernen müssen!), daß es auf ihn ganz allein ankommt. Stets mußte *er* wissen und entscheiden, wo es langging, welche Worte man setzen, welche Streiche man führen mußte, um aus der Opferhaltung gegenüber dem eigenen Vater herauszukommen. Es scheint nur natürlich, wenn er diese Einstellung (und Erwartung!) jetzt auch in der Art des Umgangs miteinander weiter fortsetzt. Wie von selbst aber verwandelt sich dabei der rettende, ersehnte, geliebte Gemahl in einen gewalttätigen Unhold. Die Retteridee selber droht jetzt zur hohlen Pose eines rein äußeren Machtanspruchs zu verkommen! Was einmal hilfreich schien, wird jetzt zur Gefahr!

»Was sollte ich denn tun?« klagte ein Mann im Rückblick auf die Tragödie seiner Ehe. »Als ich meine Frau liebgewann, sah ich, wie hilflos sie war, und das war, ehrlich gestanden, ein Hauptgrund, es bei ihr zu versuchen. Mein Vater hatte mir große Ideen über meine Zukunft in den Kopf gepflanzt – was ich alles tun und werden müßte, um in seinen Augen ›erfolgreich‹ zu sein. Ich habe in der Schule und im Beruf auch alles getan, was er wollte, doch immer mit dem Gefühl, eigentlich überfordert zu sein. Um so wichtiger war es für mich, eine Frau zu finden, die mich vollauf bestätigte, und genau das glaubte ich in meiner Freundin zu finden. Dabei konnte ich anfangs wirklich nicht wissen, worauf ich mich einließ. Ich sollte mit ihrem Vater sprechen und ihm erklären, daß wir zusammenziehen wollten, doch sie fürchtete, wortwörtlich, ihr Vater würde kommen und sie ermorden. Sie hatte sich in die persönliche Not dieses Haustyrannen derart hineingesteigert, daß sie tödliche Schuldgefühle bekam, ihn zu verraten, wenn sie sich mir zuwandte. Sie brauchte mich, um von ihrem Vater loszukommen, doch sobald wir damit ein wenig Erfolg hatten, ergriff sie gegen mich die Partei ihres Vaters; dann warf sie mir Schwäche und Versagen vor – daß ich ein Hanswurst sei, der ihm nicht das Wasser reichen könne, und damit zwang sie mich förmlich, in ihrem Leben das Kommando anstelle ihres Vaters zu übernehmen. Ihre eigenen Wünsche mußte ich ihr wie Befehle vorschreiben und aufnötigen. So gewöhnte ich mich daran, meine eigenen Gedanken wie selbstverständlich für richtig zu halten. Ich war verantwortlich. Ich war gebildet. Ich war stark. Ich war ihr Glück. Ich war ihre Rettung. Ich war ihr ein und alles. *Ich* war ihr ›König‹.

Doch ich wußte bei all dem nicht, wieviel Angst ich ihr in Wahrheit bereitete. – Als sie eines Tages unverhofft zu mir sagte: ›Du liebst doch nur dich selber‹, geriet ich aus der Fassung. ›So nicht‹, schrie ich sie an; ›nicht nach all dem, was wir durchgemacht haben! Wer war denn ständig für dich da? Wer mußte sich denn von früh bis spät deine Geschichten anhören? Wer mußte denn auf dich aufpassen, wenn du dich umbringen wolltest oder nur noch regungslos im Bett lagst?‹

Sie aber warf mir vor, ich wollte halt gern vor ihr und aller Welt den Helden spielen, eine normale Frau hätte ich mir eben nicht zugetraut, ich brauchte offenbar jemanden, der mir die Illusion verschaffte, der größte, stärkste, tüchtigste und beste Mann auf Erden zu sein; kein einziges Mal sei ich bei ihr gewesen, ohne sie zu fragen, wie ich als Mann gewesen sei; und sie sage jetzt die reine Wahrheit: Sie habe nicht ein einziges Mal bei mir etwas empfunden ... Ich bin bei diesen Worten so wütend geworden, daß ich sie beinahe geschlagen hätte, und gewiß nicht nur, weil mir ungerecht vorkam, was sie sagte, sondern vor allem, weil ich genau wußte, daß sie irgendwie damit recht hatte. Ich habe sie angeschrien, sie gehöre jetzt mir, sie solle sich nur nicht einbilden, daß ich so einfach auf sie verzichtete ..., und da stehen wir jetzt! Ich habe den Eindruck, eine Frau verloren zu haben, die ich nie besessen habe.«

Tatsächlich hatte dieser Mann die Pose des drachentötenden »Jägers« seiner Frau nur allzu gut und allzu lange vorgespielt; er hatte die Gestalt des väterlichen Drachen mit Bravour bezwungen, jetzt aber kam in ihm selber die Gestalt eines diensttuenden »Hofbeamten«, eines engherzigen und kleinmütigen Subalternen zum Vorschein, der mit seinen absurden Besitzansprüchen soeben im Begriff stand, den letzten Rest an Sympathie bei seiner Frau zu verderben. *Sie* hatte bis dahin eine solche Seite an ihrem Mann überhaupt nicht vermutet; sie hatte nicht damit gerechnet, daß es ihn in seinem Selbstwertgefühl tödlich bedrohen würde, wenn sie sich entschlösse zu werden, was er eigentlich hatte erreichen wollen: ein freier Mensch! Frei von ihrem Vater, das ja; aber frei *auch gegenüber ihm,* das keinesfalls. Geliebt und bewundert hatte diese Frau allemal den mutigen Drachenbezwinger, den kühnen Jäger, den Herrn der Tiere, den Wegweiser ins Offene, Weite; der »Marschall« in ihm aber führte sie nur wieder zurück an des Vaters Hof und machte ihr ganzes Leben zu einer einzigen *Lüge*.

Es ist kennzeichnend in dem Märchen der Brüder Grimm, wenn der König an dieser Stelle des Märchens voller Rührung »sein liebes Kind wieder zu haben« glaubt und es nur ein wenig ungläubig fragt, ob es wirklich dieser sein Marschall gewesen sei, der die Heldentat des Drachenkampfes bestanden habe; doch mit einem klagenden »ach« erklärt gezwungenermaßen die Königstochter, es *müsse* wohl wahr sein; und das, in der Tat, ist nicht gänzlich falsch: All die Zeit über, da der »Jäger« den »Drachen« bekämpfte, stand ja im Hintergrund dieser »Marschall« als Beobachter, als innerer Zuschauer schon bereit und wartete nur auf den Augenblick seines Auftritts! Ein solcher Moment aber tritt unter den gegebenen Voraussetzungen unfehlbar ein, sobald zwei Voraussetzungen dafür erfüllt sind: sobald die *Spannkraft* der »Heldenzeit« bei dem »Jäger« »einschläft« und sobald umgekehrt die erlöste Jungfrau nach einer gewissen Weile der »Verschlafenheit« *»aufwacht«;* dann wird sie und muß sie entdecken, »in wessen Händen« sie sich wirklich befindet – nicht eines starken und mutigen Mannes, als welchen sie ihren Retterbisher betrachtete, sondern eines schwächlichen, unaufrichtigen, herrschsüchtigen, anmaßenden Despoten, der sie umzubringen droht, wenn sie auch nur ein Sterbenswörtchen über diese hintergründige Wahrheit seiner aufgeblasenen Nichtigkeit verlauten lassen sollte. Und doch ist ihr Geliebter auch wieder ganz anders! Stets ist er zugleich auch, nur im verborgenen, ihr »Jäger« und Retter! Sie aber findet sich zwischen diesen zwei Widerspruchsbildern, zwischen dem »Jäger« und dem »Marschall«, durchaus nicht zurecht. Fest steht nur, daß sie in der Gefangenschaft des Marschalls im Grunde in die Abhängigkeit *von ihrem Vater* zurückkehrt.

Welch eine Chance überhaupt besteht jetzt noch, daß sich die verbleibende Hoffnung der »Königstochter« erfüllt, ihr wirklicher »Retter«, der »liebe Jäger«, sei noch am Leben und werde, womöglich nach einem Jahr, gerade an ihrem Hochzeitstage, von neuem erscheinen und sie ein zweites Mal, jetzt vor dem Unglück einer aufgezwungenen, verlogenen Heirat mit einem Unwürdigen und Ungeliebten, erlösen? Wie kann, mit anderen Worten, die Königstochter, nachdem ihr der »Jäger« hinter der Gestalt des »Marschalls«

aus den Augen entschwand, fortan den »Jäger« in dem »Marschall« als dessen eigentliche Wahrheit wiederentdecken und damit die Zerrgestalt ihrer Liebe, den letzten Rest an Vaterbindung in sich selbst *und in ihm,* endlich auflösen? Oder noch anders: was kann der »Jäger« dazu beitragen, um sich aus den Vaterübertragungen der »Königstochter« zu befreien und die Rolle des »Marschalls«, des Macho, des omnipotenten Potentaten abzubauen und zu sich selber und seiner Geliebten zurückzufinden? – Der nächste Abschnitt des Märchens erzählt mit erstaunlichem Einfühlungsvermögen gerade davon.

4. Einsam und gemeinsam oder: Von Selbstfindung und Partnerschaft

Auf dem Drachenberg aber lagen noch die Tiere neben ihrem toten Herrn und schliefen; da kam eine große Hummel und setzte sich dem Hasen auf die Nase, aber der Hase wischte sie mit der Pfote ab und schlief weiter. Die Hummel kam zum zweitenmal, aber der Hase wischte sie wieder ab und schlief fort. Da kam sie zum drittenmal und stach ihm in die Nase, daß er aufwachte. Sobald der Hase wach war, weckte er den Fuchs, und der Fuchs den Wolf, und der Wolf den Bär, und der Bär den Löwen. Und als der Löwe aufwachte und sah, daß die Jungfrau fort war und sein Herr tot, fing er an, fürchterlich zu brüllen und rief: »Wer hat das vollbracht? Bär, warum hast du mich nicht geweckt?« Der Bär fragte den Wolf: »Warum hast du mich nicht geweckt?«, und der Wolf den Fuchs: »Warum hast du mich nicht geweckt?«, und der Fuchs den Hasen: »Warum hast du mich nicht geweckt?« Der arme Hase wußte allein nichts zu antworten, und die Schuld blieb auf ihm hangen. Da wollten sie über ihn herfallen, aber er bat und sprach: »Bringt mich nicht um, ich will unsern Herrn wieder lebendig machen. Ich weiß einen Berg, da wächst eine Wurzel, wer die im Mund hat, der wird von aller Krankheit und allen Wunden geheilt. Aber der Berg liegt zweihundert Stunden von hier.« Sprach der Löwe: »In vierundzwanzig Stunden mußt du hin- und hergelaufen sein und die Wurzel mitbringen.« Da sprang der Hase fort, und in vierundzwanzig Stunden war er wieder zurück und brachte die Wurzel mit. Der Löwe setzte dem Jäger den Kopf wieder an, und der Hase steckte ihm die Wurzel in den Mund; alsbald fügte sich alles wieder zusammen, und das Herz schlug, und das Leben kehrte zurück. Da erwachte der Jäger und erschrak, als er die Jungfrau nicht mehr sah, und dachte: Sie ist wohl fortgegangen, während ich schlief, um mich loszuwerden. Der Löwe hatte in der großen Eile seinem Herrn den Kopf verkehrt aufgesetzt, der aber merkte es nicht bei seinen traurigen Gedanken an die Königstochter; erst zu Mittag, als er etwas essen wollte, da sah er, daß ihm der Kopf nach dem Rücken zu stand, konnte es nicht begreifen und fragte die Tiere, was ihm im Schlaf widerfahren wäre. Da erzählte ihm der Löwe, daß sie auch alle aus Müdigkeit eingeschlafen wären, und beim Erwachen hätten sie ihn tot gefunden mit abgeschlagenem Haupte, der Hase hätte die Lebenswurzel geholt, er aber in der Eile den Kopf verkehrt gehalten; doch wollte er seinen Fehler wieder gutmachen. Dann riß er dem Jäger den Kopf wieder ab, drehte ihn herum, und der Hase heilte ihn mit der Wurzel fest.

Der Jäger aber war traurig, zog in der Welt herum und ließ seine Tiere vor den Leuten tanzen. Es trug sich zu, daß er gerade nach Verlauf eines Jahres wieder in dieselbe Stadt kam, wo er die Königstochter vom Drachen erlöst hatte, und die Stadt war diesmal ganz mit rotem Scharlach ausgehängt. Da sprach er zum Wirt: »Was will das sagen? Vorm Jahr war die Stadt mit schwarzem Flor überzogen, was soll heute der rote Scharlach?« Der Wirt antwortete: »Vorm Jahr sollte unsers Königs Tochter dem Drachen ausgeliefert werden, aber der Marschall hat mit ihm gekämpft und ihn getötet, und da soll morgen ihre Vermählung gefeiert werden; darum war die Stadt damals mit schwarzem Flor zur Trauer und ist heute mit rotem Scharlach zur Freude ausgehängt.«

Am andern Tag, wo die Hochzeit sein sollte, sprach der Jäger um Mittagszeit zum Wirt: »Glaubt Er wohl, Herr Wirt, daß ich heut Brot von des Königs Tisch hier bei Ihm essen will?« – »Ja«, sprach der Wirt, »da wollt ich doch noch hundert Goldstücke dransetzen, daß das nicht wahr ist.« Der Jäger nahm die Wette an und setzte einen Beutel mit ebensoviel Goldstücken dagegen. Dann rief er den Hasen und sprach: »Geh hin, lieber Springer, und hol mir von dem Brot, das der König ißt.« Nun war das Häslein das geringste und konnte es keinem andern wieder auftragen, sondern mußte sich selbst auf die Beine machen. Ei, dachte es, wann ich so allein durch die Straßen springe, da werden die Metzgerhunde hinter mir drein sein. Wie es dachte, so geschah es auch, und die Hunde kamen hinter ihm drein und wollten ihm sein gutes Fell flicken. Es sprang aber, hast du nicht gesehen!, und flüchtete sich in ein Schilderhaus, ohne daß es der Soldat gewahr wurde. Da kamen die Hunde und wollten es heraushaben, aber der Soldat verstand keinen Spaß und schlug mit dem Kolben drein, daß sie schreiend und heulend fortliefen. Als der Hase merkte, daß die Luft rein war, sprang er zum

Schloß hinein und gerade zur Königstochter, setzte sich unter ihren Stuhl und kratzte sie am Fuß. Da sagte sie: »Willst du fort!« und meinte, es wäre ihr Hund. Der Hase kratzte zum zweitenmal am Fuß, da sagte sie wieder: »Willst du fort«, und meinte, es wäre ihr Hund. Aber der Hase ließ sich nicht irremachen und kratzte zum drittenmal, da guckte sie herab und erkannte den Hasen an seinem Halsband. Nun nahm sie ihn auf ihren Schoß, trug ihn in ihre Kammer und sprach: »Lieber Hase, was willst du?« Antwortete er: »Mein Herr, der den Drachen getötet hat, ist hier und schickt mich, ich soll um ein Brot bitten, wie es der König ißt.« Da war sie voll Freude und ließ den Bäcker kommen und befahl ihm, ein Brot zu bringen, wie es der König aß. Sprach das Häslein: »Aber der Bäcker muß mir's auch hintragen, damit mir die Metzgerhunde nichts tun.« Der Bäcker trug es ihm bis an die Türe der Wirtsstube, da stellte sich der Hase auf die Hinterbeine, nahm alsbald das Brot in die Vorderpfoten und brachte es seinem Herrn. Da sprach der Jäger: »Sieht Er, Herr Wirt, die hundert Goldstücke sind mein.« Der Wirt wunderte sich, aber der Jäger sagte weiter: »Ja, Herr Wirt, das Brot hätt ich, nun will ich aber auch von des Königs Braten essen.« Der Wirt sagte: »Das möcht ich sehen«, aber wetten wollte er nicht mehr. Rief der Jäger den Fuchs und sprach: »Mein Füchslein, geh hin und hol mir Braten, wie ihn der König ißt.« Der Rotfuchs wußte die Schliche besser, ging an den Ecken und durch die Winkel, ohne daß ihn ein Hund sah, setzte sich unter der Königstochter Stuhl und kratzte an ihrem Fuß. Da sah sie herab und erkannte den Fuchs am Halsband, nahm ihn mit in ihre Kammer und sprach: »Lieber Fuchs, was willst du?« Antwortete er: »Mein Herr, der den Drachen getötet hat, ist hier und schickt mich, ich soll bitten um einen Braten, wie ihn der König ißt.« Da ließ sie den Koch kommen, der mußte einen Braten, wie ihn der König aß, anrichten und dem Fuchs bis an die Türe tragen; da nahm ihm der Fuchs die Schüssel ab, wedelte mit seinem Schwanz erst die Fliegen weg, die sich auf den Braten gesetzt hatten, und brachte ihn dann seinem Herrn. »Sieht Er, Herr Wirt«, sprach der Jäger, »Brot und Fleisch ist da, nun will ich auch Zugemüs essen, wie es der König ißt.« Da rief er den Wolf und sprach: »Lieber Wolf, geh hin und hol mir Zugemüs, wie's der König ißt.« Da ging der Wolf geradezu ins Schloß, weil er sich vor niemand fürchtete, und als er in der Königstochter Zimmer kam, da zupfte er sie hinten am Kleid, daß sie sich umschauen mußte. Sie erkannte ihn am Halsband und nahm ihn mit in ihre Kammer und sprach: »Lieber Wolf, was willst du?« Antwortete er: »Mein Herr, der den Drachen getötet hat, ist hier, ich soll bitten um ein Zugemüs, wie es der König ißt.« Da ließ sie den Koch kommen, der mußte ein Zugemüs bereiten, wie es der König aß, und mußte es dem Wolf bis vor die Türe tragen, da nahm ihm der Wolf die Schüssel ab und brachte sie seinem Herrn. »Sieht Er, Herr Wirt«, sprach der Jäger, »nun hab ich Brot, Fleisch und Zugemüs, aber ich will auch Zukkerwerk essen, wie es der König ißt.« Rief er den Bären und sprach: »Lieber Bär, du leckst doch gern etwas Süßes, geh hin und hol mir Zuckerwerk, wie es der König ißt.« Da trabte der Bär nach dem Schlosse und ging ihm jedermann aus dem Wege; als er aber zu der Wache kam, hielt sie die Flinten vor und wollte ihn nicht ins königliche Schloß lassen. Aber er hob sich in die Höhe und gab mit seinen Tatzen links und rechts ein paar Ohrfeigen, daß die ganze Wache zusammenfiel, und darauf ging er geradewegs zu der Königstochter, stellte sich hinter sie und brummte ein wenig. Da schaute sie rückwärts und erkannte den Bären und hieß ihn mitgehn in ihre Kammer und sprach: »Lieber Bär, was willst du?« Antwortete er: »Mein Herr, der den Drachen getötet hat, ist hier, ich soll bitten um Zuckerwerk, wie's der König ißt.« Da ließ sie den Zukkerbäcker kommen, der mußte Zuckerwerk backen, wie's der König aß, und dem Bären vor die Türe tragen; da leckte der Bär erst die Zuckererbsen auf, die heruntergerollt waren, dann stellte er sich aufrecht, nahm die Schüssel und brachte sie seinem Herrn. »Sieht Er, Herr Wirt«, sprach der Jäger, »nun hab ich Brot, Fleisch, Zugemüs und Zuckerwerk, aber ich will auch Wein trinken, wie ihn der König trinkt.« Er rief seinen Löwen herbei und sprach: »Lieber Löwe, du trinkst dir doch gerne einen Rausch, geh und hol mir Wein, wie ihn der König trinkt.« Da schritt der Löwe über die Straße, und die Leute liefen vor ihm, und als er an die Wache kam, wollte sie den Weg sperren, aber er brüllte nur einmal, so sprang alles fort. Nun ging der Löwe vor das königliche Zimmer und klopfte mit seinem Schweif an die Türe. Da kam die Königstochter heraus und wäre fast über den Löwen erschrocken, aber sie erkannte ihn an dem goldenen Schloß von ihrem Halsbande und hieß ihn mit in ihre Kammer gehen und sprach: »Lieber Löwe, was willst du?« Antwortete er: »Mein Herr, der den Drachen getötet hat, ist hier, ich soll bitten um Wein, wie ihn der König trinkt.« Da ließ sie den Mundschenk kommen, der sollte dem Löwen Wein geben, wie ihn der König tränke. Sprach der Löwe: »Ich will mitgehen und sehen, daß ich den rechten kriege.« Da ging er mit dem Mundschenk hinab, und als sie unten ankamen, wollte ihm dieser von dem gewöhnlichen Wein zapfen, wie ihn des Königs Diener tranken, aber der Löwe sprach: »Halt! Ich will den Wein erst versuchen«, zapfte sich ein halbes Maß und schluckte es auf einmal hinab. »Nein«, sagte er, »das ist nicht der rechte.« Der Mundschenk sah ihn schief an, ging aber und wollte ihm aus einem andern Faß geben, das für des Königs Marschall war. Sprach der Löwe: »Halt! Erst will ich den Wein versuchen«, zapfte sich ein halbes Maß und trank es; »der ist besser, aber noch nicht der rechte.« Da ward der Mundschenk bös und sprach: »Was so ein dummes Vieh vom Wein verstehen will!« Aber der Löwe gab ihm einen Schlag hinter die Ohren, daß er unsanft zur Erde fiel, und als er sich wieder aufgemacht hatte, führte er den Löwen ganz stillschweigend in einen kleinen besonderen Keller, wo des Königs Wein lag, von dem sonst kein Mensch zu trinken bekam. Der Löwe zapfte sich erst ein halbes Maß und versuchte den Wein, dann sprach er: »Das kann von dem rechten sein«, und hieß den Mundschenk sechs Flaschen füllen. Nun stiegen sie hinauf, wie der Löwe aber aus dem Keller ins Freie kam, schwankte er hin und her und war ein wenig trunken, und der Mundschenk mußte ihm den Wein bis vor die Türe tragen: da nahm der Löwe den Henkelkorb in das Maul und brachte ihn seinem Herrn. Sprach der Jäger: »Sieht Er, Herr Wirt, da hab ich Brot, Fleisch, Zugemüs, Zuckerwerk und Wein, wie es der König hat, nun will ich mit meinen Tieren Mahlzeit halten«, und setzte sich hin, aß und trank und gab dem Hasen, dem Fuchs, dem Wolf, dem Bär und dem Löwen auch davon zu essen und zu trinken und war guter Dinge, denn er sah, daß ihn die Königstochter noch liebhatte. Und als er Mahlzeit gehalten hatte, sprach er: »Herr Wirt, nun hab ich gegessen und getrunken, wie der König ißt und trinkt, jetzt will ich an des Königs Hof gehen und die Königstochter heiraten.« Fragte der Wirt: »Wie soll das zugehen, da sie schon einen Bräutigam hat und heute die Vermählung gefeiert wird?« Da zog der Jäger das Taschentuch heraus, das ihm die Königstochter auf dem Drachenberg gegeben hatte und worin die sieben Zungen des Untiers eingewickelt waren, und sprach: »Dazu soll mir helfen, was ich da in der Hand halte.« Da sah der Wirt das Tuch an und sprach: »Wenn ich alles glaube, so glaube ich das nicht und will wohl Haus und Hof dransetzen.« Der Jäger aber nahm einen Beutel mit tausend Goldstücken, stellte ihn auf den Tisch und sagte: »Das setze ich dagegen.«

Nun sprach der König an der königlichen Tafel zu seiner Tochter: »Was haben die wilden Tiere alle gewollt, die zu dir gekommen und in mein Schloß ein- und ausgegangen sind?« Da antwortet sie: »Ich darf's nicht sagen, aber schickt hin und laßt den Herrn dieser Tiere holen, so werdet Ihr wohl tun.« Der König schickte einen Diener ins Wirtshaus und ließ den fremden Mann einladen, und der Diener kam gerade, wie der Jäger mit dem Wirt gewettet hatte. Da sprach er: »Sieht Er, Herr Wirt, da schickt der König einen Diener und läßt mich einladen, aber ich gehe so noch nicht.« Und zu dem Diener sagte er: »Ich lasse den Herrn König bitten, daß er mir königliche Kleider schickt, einen Wagen mit sechs Pferden und Diener, die mir aufwarten.« Als der König die Antwort hörte, sprach er zu seiner Tochter: »Was soll ich tun?« Sagte sie: »Laßt ihn holen, wie er's verlangt, so werdet Ihr wohl tun.« Da schickte der König königliche Kleider, einen Wagen mit sechs Pferden und Diener, die ihm aufwarten sollten. Als der Jäger sie kommen sah, sprach er: »Sieht Er, Herr Wirt, nun werde ich abgeholt, wie ich es verlangt habe«, und zog die königlichen Kleider an, nahm das Tuch mit den Drachenzungen und fuhr zum König. Als ihn der König kommen sah, sprach er zu seiner Tochter: »Wie soll ich ihn empfangen?« Antwortete sie: »Geht ihm entgegen, so werdet Ihr wohl tun.« Da ging ihm der König entgegen und führte ihn herauf, und seine Tiere folgten ihm nach. Der König wies ihm einen Platz an neben sich und seiner Tochter, der Marschall saß auf der andern Seite als Bräutigam, aber der kannte ihn nicht mehr. Nun wurden gerade die sieben Häupter des Drachen zur Schau aufgetragen, und der König sprach: »Die sieben Häupter hat der Marschall dem Drachen abgeschlagen, dar-

um geb ich ihm heute meine Tochter zur Gemahlin.« Da stand der Jäger auf, öffnete die sieben Rachen und sprach: »Wo sind die sieben Zungen des Drachen?« Da erschrak der Marschall, ward bleich und wußte nicht, was er antworten sollte, endlich sagte er in der Angst: »Drachen haben keine Zungen.« Sprach der Jäger: »Die Lügner sollten keine haben, aber die Drachenzungen sind das Wahrzeichen des Siegers«, und wickelte das Tuch auf, da lagen sie alle siebene darin, und dann steckte er jede Zunge in den Rachen, in den sie gehörte, und sie paßte genau. Darauf nahm er das Tuch, in welches der Name der Königstochter gestickt war, und zeigte es der Jungfrau und fragte sie, wem sie es gegeben hätte, da antwortete sie. »Dem, der den Drachen getötet hat.« Und dann rief er sein Getier, nahm jedem das Halsband und dem Löwen das goldene Schloß ab und zeigte es der Jungfrau und fragte, wem es angehörte. Antwortete sie: »Das Halsband und das goldene Schloß waren mein, ich habe es unter die Tiere verteilt, die den Drachen besiegen halfen.« Da sprach der Jäger: »Als ich müde von dem Kampf geruht und geschlafen habe, da ist der Marschall gekommen und hat mir den Kopf abgehauen. Dann hat er die Königstochter fortgetragen und vorgegeben, er sei es gewesen, der den Drachen getötet habe; und daß er gelogen hat, beweise ich mit den Zungen, dem Tuch und dem Halsband.« Und dann erzählte er, wie ihn seine Tiere durch eine wunderbare Wurzel geheilt hätten, und daß er ein Jahr lang mit ihnen herumgezogen und endlich wieder hierhergekommen wäre, wo er den Betrug des Marschalls durch die Erzählung des Wirtes erfahren hätte. Da fragte der König seine Tochter: »Ist es wahr, daß dieser den Drachen getötet hat?« Da antwortete sie: »Ja, es ist wahr; jetzt darf ich die Schandtat des Marschalls offenbaren, weil sie ohne mein Zutun an den Tag gekommen ist, denn er hat mir das Versprechen zu schweigen abgezwungen. Darum aber habe ich mir ausgehalten, daß erst in Jahr und Tag die Hochzeit sollte gefeiert werden.« Da ließ der König zwölf Ratsherren rufen, die sollten über den Marschall Urteil sprechen, und die urteilten, daß er müßte von vier Ochsen zerrissen werden. Also ward der Marschall gerichtet, der König aber übergab seine Tochter dem Jäger und ernannte ihn zu seinem Statthalter im ganzen Reiche. Die Hochzeit ward mit großen Freuden gefeiert, und der junge König ließ seinen Vater und Pflege-

vater holen und überhäufte sie mit Schätzen. Den Wirt vergaß er auch nicht und ließ ihn kommen und sprach zu ihm: »Sieht Er, Herr Wirt, die Königstochter habe ich geheiratet, und sein Haus und Hof sind mein.« Sprach der Wirt: »Ja, das wäre nach den Rechten.« Der junge König aber sagte: »Es soll nach Gnaden gehen: Haus und Hof soll Er behalten, und die tausend Goldstücke schenke ich Ihm noch dazu.«

a) Die Rettung des Retters oder: Vom »Marschall« zum Suchenden

Alle Fragen, die der »Jäger« sich bisher gestellt hatte, waren darauf berechnet, wie die eigene Unsicherheit in der Partnerschaft durch das »Retten« des anderen sich überspielen ließe. Es ist das Problem so vieler *»Helfer«*, die oft bis in die Gestaltung ihres beruflichen Lebens hinein einen persönlichen Zugang zu anderen Menschen sich nur im Schatten erbrachter Leistungen vorstellen können. Wer kennt nicht den Typ des Lehrers, Beraters, Therapeuten oder Pastors, der scheinbar nur für andere Menschen lebt und für sie reine Wundertaten vollbringt, während er sich selbst gegenüber wie fremd dasteht? All den »hilflosen Helfern«[1], den »ratlosen Beratern«, den unheilen Heilern, den glaubenlos gewordenen Glaubensverkündern ist eines gemeinsam: sie leben aus Angst vor sich selber *stellvertretend* in anderen, und so geraten sie mit Vorliebe in die Nähe von Menschen, die ebenfalls vor sich selbst auf der Flucht sind. Der »Jäger«, der die Konflikte der Ambivalenz *seines* Vaters durch eine große »Tat« zur Rechtfertigung seines sonst fragwürdigen Daseins auflösen mußte, erscheint im Rückblick schon deshalb als der rechte Mann zur Rettung der »Königstochter«, weil auch diese unter der Ambivalenz *ihres* Vaters zwischen »Monarchen« und »Drachen« bis zur Selbstaufopferung leidet.

Die eigentliche Problematik in dem Konzept: »Annäherung durch Helfen«, »Lieben durch Retten«, schildert das Märchen von den *Zwei Brüdern* indessen erst in diesem langen, launig-lustigen Abschnitt. Es geht offenbar darum, all die bislang so nützlichen und erfolgreichen Retterphantasien *fahrenzulassen* und, gleichzeitig damit, die Rolle des Überlegenen, des »Marschalls«, *aufzugeben*, auf daß endlich der »Jäger« wieder zum Vorschein komme. Doch ist das wohl leichter gesagt als getan, und das Märchen beschreibt zu Recht als erstes an dieser Stelle eine wundersame Rettung des Retters selbst, eine merkwürdige Auferstehung vom Tode, die nicht nur mit leichtem Humor erzählt wird, sondern bei der man einen gewissen inneren Abstand zu sich selbst zu lernen vermag.

Denn *komisch* ist die Situation allemal. Da sehen wir in Gestalt des »Marschalls« einen Mann in ängstlich-verlogener Macho-Pose vor seiner Frau – einer geborenen Königin immerhin! – stehen und ihr bedeuten, er bringe sie um, wenn sie nur *ein* Wort über die Wahrheit seines Lebens verlauten lasse: nämlich daß er nichts weiter sei als eine schlechte Miniaturausgabe seiner selbst; da haben wir eine »Prinzessin« vor uns, die sich schweigend und zäh an eine fast verlorene Hoffnung klammert: ihr wirklicher »Retter« kehre bald schon zurück; da sind zwei Menschen in einer eheähnlichen Beziehung verhaftet, in der das ursprüngliche »Ich helfe dir« des »Jägers« zu dem erstickenden Befehlston des »Marschalls« verkommen ist und in der eine demütigende Unterordnung und leidvolle Anpassung an die Stelle der ursprünglichen Dankbarkeit und Bewunderung getreten ist. Wie soll eine Ehe »geheilt« werden können, die von Anfang an mit der Krankheit des männlichen »Ich muß für dich die Verantwortung tragen« infiziert ist?

Das Märchen stellt und beantwortet diese Frage (als ein reines Männermärchen) wesentlich *aus der Sicht des Jägers.* Dessen »Entwicklung« in Richtung einer möglichen Partnerschaft aber hat es in sich. Wie soll es möglich sein, daß der vom »Marschall« verdrängte (»getötete«) »Jäger« je wieder zum Leben erwacht? Es bestünde dafür wohl wirklich nicht die geringste Aussicht ohne das allmähliche *Wiedererwachen der »Tiere«* des »Jägers«.

Im Deutschen gibt es das Sprichwort: »Es sticht mir (etwas) in die Nase«; man meint damit einen aufdringlich starken, unwiderstehlich verlockenden Duft, dem man förmlich nachgehen muß. Das Märchen spielt offenbar mit dieser Redewendung, wenn es eine »Hummel« aufbietet, die das Häschen zweimal als lästig mit der Pfote verscheucht, die aber beim dritten Mal das Häschen unsanft »in die Nase sticht« und damit aus seinem unverantwortlichen Schlummer reißt; der Reihe nach weckt ein Tier das andere auf, bis daß der Löwe mit Entsetzen feststellt, »daß die Jungfrau fort war und sein Herr tot« ist. Die Schuld dafür gibt man, natürlich, dem schwächsten, dem kleinen Hasen; der aber weiß tatsächlich einen rettenden Ausweg: Zweihundert Stunden weit wächst eine Wurzel, die von aller Krankheit und allen Wunden zu heilen vermag, und auf Befehl des Löwen hin läuft das Häslein so schnell, daß es ihm wirklich gelingt, schon in vierundzwanzig Stunden, gerade schnell genug, diese Wurzel herbeizuholen. Dann aber passiert das seltsame Malheur mit dem Kopf: In der Eile setzt der Löwe ihn dem Jäger falsch herum auf! Das Unglück wird sonderbarerweise erst gegen Mittag bemerkt, als der Jäger zu essen beliebt; da erzählen ihm die Tiere, was wirklich vorgefallen ist. Noch einmal muß der Löwe dem armen Jäger den Kopf abreißen, und dieses Mal setzt er ihn richtig herum auf, während erneut der Hase ihn mit dem Heilkraut festwachsen läßt. Was für ein merkwürdiges »Erwachen«! muß man sich fragen. Was für eine eigentümliche Chirurgie!

Nach dem Gesagten müssen wir davon ausgehen, daß für lange Zeit das gesamte Antriebserleben des »Jägers« infolge der Strapazen des »Drachenkampfes« erschöpft und ermüdet ist. Wer will, mag in der »Hummel« entsprechend dem Straßendeutsch so etwas wie die entfernte Erinnerung an ein bestimmtes attraktives Bild von einer Frau erblicken[2]; jedenfalls wiederholt sich – vergleichbar dem Auszug der zwei Brüder damals im Wald – ein zweites Mal das »Auftauchen« der Tiere, jetzt freilich als ein allmähliches Auf*wachen;* es sind nun nicht mehr die Tiere, die, wie seinerzeit bei dem Anschlag des »Jägers«, um ihr Leben bitten müßten, vielmehr retten sie nunmehr ihrerseits dem enthaupteten, »kopflos« gewordenen »Jäger« das Leben. Es dürfte kaum anders möglich sein, als darin das allmähliche *Wiedererwachen der affektiven Welt* des »Jägers« zu erkennen und mit einer gewissen Genugtuung festzustellen, daß all die Auseinandersetzungen mit dem »Vater«(-Drachen) der Königstochter seine Vitalität nicht ganz und gar haben abtöten können. Freilich beginnt alles zunächst – erneut – nur sehr langsam und schrittweise, doch ist gerade dieser Umstand wohl noch das beste: Was sollte schließlich aus einem Menschen werden, dessen »Tiere« munter herumtollten, während er selber »kopflos« am Boden läge? In genau dieser Situation aber befänden wir uns, wäre nicht den

»Tieren« selber alles daran gelegen, ihrem Herrn *den Kopf* wieder aufzusetzen. Sie, diese für gewöhnlich als durch und durch »irrational« angesehenen Wesen, tragen hier Sorge dafür, daß der »Jäger« seinen eigenen Kopf wieder recht zu gebrauchen lernt!

Denn eben darin müssen wir seine jetzige Schwierigkeit erkennen: Da hat jemand seinen ganzen Verstand dazu eingesetzt, die Probleme der Vaterbeziehung seiner Frau zu lösen; nun aber weiß er buchstäblich nicht mehr, wo ihm der Kopf steht. Trotz all seiner Vorleistungen spürt er ganz deutlich, daß seine Frau ihn nicht wirklich liebt, sondern ihn als einen egoistischen, selbstherrlichen und herrschsüchtigen »Hofbeamten«, als einen »Marschall« erlebt, dem es bei all seinem »Einsatz« letztlich nur um sich selbst ging. Diese »seine« Frau, für die er in *seiner* Sicht alles nur Erdenkliche eingesetzt hat, erscheint *ihm* verschlossen und unnahbar; sie *gehorcht* ihm, das ist wahr, doch *gehört* sie ihm damit keinesfalls. Er kann sie einschüchtern, ihr drohen, ihr diktieren, was sie sagen muß und was sie zu tun hat, doch ist all das sehr weit noch entfernt von dem, was ursprünglich einmal beabsichtigt war.

»Ich weiß tatsächlich nicht mehr ein noch aus«, schilderte ein Mann seine entsprechende »Kopflosigkeit«; »meine Frau hat ja völlig recht – ich meine im Grunde doch nur mich selber. Ich gefalle mir in der Rolle des Helfers und Retters; diese Haltung verleiht mir eine Stärke und Sicherheit, die ich sonst niemals besäße. Aber wer bin ich denn selber? Nach außen hin tue ich so, als wenn ich meine Frau selbstbewußt und glücklich sehen möchte, immer bin ich der Gute und Große. Aber in Wirklichkeit brauche ich eine kleine, demütige, hilfsbedürftige Person an meiner Seite, die mein Selbstbewußtsein nicht gefährdet. Ich tue ständig etwas, das sich in Wahrheit gar nicht erfüllen *darf.* Mein ganzes Leben ist durch und durch verlogen. Was soll ich tun?«

Was dieser Mann in den wenigen Worten beschrieb, war das komplette Desaster seiner quasi therapeutischen Helferhaltung, mit der er seine Ehe nach der Devise: »Ich brauche dich, weil du mich brauchst«, eingerichtet hatte. Er wußte wirklich nicht mehr, wo ihm der Kopf stand. Alles, was er so gut gemeint hatte, erschien jetzt wie falsch. Er hatte wortwörtlich Tausende von Stunden den Traurigkeiten und Unlebendigkeiten seiner Frau im Schatten ihres Vaters gewidmet, nur um jetzt feststellen zu müssen, daß er selber gar nicht existierte, daß er selber wie lebendig tot war.

Wenn es in dieser Lage eine Heilung geben sollte, so nur in dem, was das Märchen hier schildert. Ein Mann, wie dieser »Jäger«, der bisher einzig und allein aus seinem Intellekt gelebt hat und die Welt der »Tiere« nur erst gerade »duldete«, muß, um zu leben, als erstes einen *Umsturz seines ganzen Weltbildes* erleben. Nicht länger schenkt *er* seinen »Tieren« das Leben, er selbst lebt *von ihnen* – *das* ist die Wahrheit! Ein neues *Erwachen* beginnt hier, so inhaltlich gefüllt, wie vor allem die Sprache der *buddhistischen* Religion dieses Wort verwendet: »*Erwachen*«, das heißt dort, sich seiner selbst auf eine tiefere Weise bewußt zu werden, so wie wenn alles, was davor war, als ein schläfriger Schatten erscheinen müßte.[3] Das »Denken« in der alten Weise taugt zu gar nichts mehr, es ist einfach tot – »der Kopf ist ab«, wie man auch sagen könnte; doch die »Tiere« beginnen nacheinander sich aus ihrem »Schlaf« zu regen, und sie sind es, die jetzt buchstäblich die »Richtung« des Denkens vorgeben.

Zum ersten Mal also fängt dieser junge Mann, als welchen wir uns (zur Hälfte!) den »Jäger« vorstellen müssen, aus seinen tieferen Seelenkräften heraus zu leben an und beginnt, sich neu zu »*verwurzeln*«. Das Bild des abgetrennten Kopfes mutet dabei so wüst und archaisch an, daß es durchaus eines uralten schamanistischen Initiationstraums wert wäre: das Zerstückelte, analytisch Zersetzte, beginnt sich neu zusammenzusetzen und »andersherum«, ganz paradox zunächst, zusammenzuwachsen.[4] Doch nur *das* bedeutet jetzt »Rettung«! Es kann im Leben eines Mannes, der sich in solcher Lage befindet, endgültig nicht länger mehr darum gehen, sich noch etwas Neues: etwas noch »Nützlicheres«, noch »Hilfreicheres«, noch »Praktischeres« für andere Menschen auszudenken; die Frage kann jetzt nur noch lauten, welche Empfindungen und Gefühle sich »*unverkopft*«: unzensiert, unmanipuliert, in ihm regen. Das entscheidende Problem seines Lebens heißt jetzt nicht mehr: »Was trägt das, was ich denke, zum Vorteil anderer bei?«; es heißt vielmehr: »Was geht in mir vor sich?« »Welche Bedürfnisse habe ich selber?« »*Wer* bin ich und *wo* bin ich mit meinem Leben?«

Als das »Heilmittel« selbst nennt der »Hase« im Märchen, beredt genug, eine *Wurzel*, die zu beschaffen allerdings eine unerträglich lange Zeit in Anspruch zu nehmen droht. Die Antwort auf das Dilemma, in welchem der Jäger sich am Ende seiner »Helferhaltung« befindet, kann nur ganz wörtlich darin bestehen, sich tiefer zu *verwurzeln* und aus dem *Boden*, nicht von den »Vögeln des Himmels«, wie bisher, zu leben; doch man versteht: der Weg dahin scheint entmutigend weit, das Lebenskraut wächst so unerreichbar fern! Tatsächlich aber geht alles weit schneller voran unter der *Angst*, die der »Löwe« dem »Hasen« bereitet. Es ist jetzt die *stärkste* Macht unter den Triebkräften, die das Tempo beschleunigt; die Kenntnis des Heilmittels aber liegt in dem Wunsch nach Zärtlichkeit, den wir in dem »Hasen« verkörpert fanden; das »Häslein« kennt nicht nur das Mittel der »Wurzel«, um den abgeschlagenen Kopf wieder aufzusetzen, er ist auch am behendesten darin, dieses Mittel zur rechten Zeit herbeizuschaffen.

Überhaupt das Tempo! Wie geschwind geht alles bei einem Menschen vonstatten, der, wie der »Jäger« in früheren Zeiten, allein aus der Ratio lebte! Aber wie langsam und träge fließt alles scheinbar dahin, sobald es einem Menschen nicht mehr um das Erreichen von »Zielen«, sondern um das Erweichen des »Bodens«, um das Einsenken der »Wurzel« ins »Erdreich« zu tun ist! Die *Ungeduld*, alles dauere im Umgang mit den so zähflüssig scheinenden Gefühlen halt viel zu lange, bildet dabei oft genug den Grund, warum es wirklich so lange dauern kann, sie auch nur kennenzulernen.

A. De Mello erzählt einmal davon, wie ein junger Mann zu einem Meister kam mit der Frage, wie lange er wohl brauchen werde, um zur Erleuchtung zu finden. Als der Meister entgegnete: »Zehn Jahre«, fragte er erschrocken: »So lange?« Da sprach der Meister: »Ich habe mich geirrt. Bei dir wird es zwanzig Jahre brauchen.«[5] In der Bildersprache des Grimmschen Märchens zählt es nicht zu den Fähigkeiten des »Löwen«, selber die Lebenswurzel herbeizuholen; er kann zwar bestimmen, wie schnell sie zur Stelle sein soll, doch die gewaltigen Entfernungen zu überbrücken ist nur der »Hase« imstande. Der Kleinste ist hier der Wahrheit am nächsten; nur er kennt den Weg und das Mittel, nur er hat die Kraft, es herbeizuschaffen. Nicht eine neuerliche Demonstration männlicher Macht also bietet den Ausweg, einzig die Bereitschaft, auf die »einfache«, »simple« Sehnsucht nach Zärtlichkeit wirklich zu hören.

Gleichwohl wird es der »*Löwe*« sein, der dem »Jäger« *den Kopf aufsetzt,* wohl weil das Triebbedürfnis nach Macht und Potenz dem alten Denken immer noch am meisten entspricht; freilich versteht es sich von daher fast wie von selbst, daß der Kopf zunächst einmal, von allen unbemerkt, *falsch* herum aufgesetzt wird. Negativ zeigt das an, wie sehr der »Jäger« sich noch nach »rückwärts« orientieren möchte und auch wohl muß; positiv aber besagt es, daß nun eine Zeit beginnt, in welcher der Jäger es lernen muß, nach vorn zu gehen, ohne zu sehen, wohin; er muß lernen, *rückwärtsblickend* von dem, was er selbst einmal war, sich schrittweise zu *entfernen,* ohne deshalb schon ein neues Ziel und eine neue Richtung vor sich zu haben! Ja, diese »Notwendigkeit« ist ihm offenbar so selbstverständlich, daß er die »Kopfverdrehung« auf eine Weile hin gar nicht bemerkt.

Alles, woran er denkt, ist die verlorene, die »geraubte« Königstochter. Sie ist seine »Vergangenheit«. Auf sie muß er schauen, wenn er nach vorne hin »weiterkommen« will; und tatsächlich geht er auf sie in neuer Weise zu, während er sich scheinbar von ihr, das heißt von der alten Form der Beziehung zu ihr, entfernt.

Es ist am Ende der eigene »Hunger«, der ihm zeigt, daß er »falsch« herum lebt. Die Zeit ist gekommen, daß die innere Triebdynamik und die eigene Bewegungsrichtung sich neu zusammenfügen müssen. Doch auch diese »Operation« des »Löwen« ist für den »Jäger« noch einmal wie eine Art Tod. Der Grund seines Lebens kann fortan nicht mehr darin liegen, auf die »Jungfrau« zu schauen – was *ihr* gefällt, was sie benötigt, was *sie* erlösen, was sie retten könnte; die Blickrichtung, die er *jetzt* einzunehmen lernt, lautet ganz einfach: »Wovon lebe ich selber? Was stillt meinen Hunger? Was benötige ich, um voranzukommen?« Dem Antrieb des eigenen Bedürfnisses zu folgen – was für eine Demütigung, was für eine Erniedrigung in den Augen eines Mannes, der soeben noch als der stärkste auf Erden gefeiert wurde! Der »Herr der Tiere« von einst muß jetzt froh sein, von den »Tieren« am Leben erhalten zu werden! Welch ein Umsturz! Welch eine Veränderung! Welch ein Wechsel in allem gerade in dem Augenblick, da das Glück schon zum Greifen nahe schien!

Man stelle sich auch nur den *sozialen* Abstieg vor, in den dieser »Jäger« gezwungen wird. Soeben noch im Begriffe, *König* zu werden, zieht er jetzt als schaustellender Vagabund durch die Lande.

Erneut beginnt für ihn eine Zeit der »Lehr- und Wanderjahre«, nur ist diese Zeit jetzt ganz anders geartet als zuvor. Nichts mehr ist da geblieben von dem ursprünglichen Selbstvertrauen, mit rationalen Mitteln, zielgerade, die sich stellenden Schwierigkeiten schon meistern zu können, nichts auch von der ehemaligen Traurigkeit, als im Grunde »goldwert« von dem eigenen Vater verkannt und vertrieben worden zu sein. Die »Traurigkeit« *jetzt* entstammt dem Gefühl, alles, was möglich war, aufgewandt zu haben, und trotzdem um alles betrogen worden zu sein. Die Geliebte verloren, die Liebe vertan, und das nicht etwa durch ein äußeres »Unrecht«, sondern, psychologisch betrachtet, weil irgend etwas in der eigenen Person nicht stimmt. Das macht es notwendig, sich völlig neu auf den Weg zu machen.

Nach außen hin mag diese neue Lebensweise sich eine Weile lang sogar recht lustig ausnehmen, ähnlich wie sie, zumindest in der Schilderung der Brüder Grimm, begonnen hat; für die »*Zuschauer*« muß wohl wirklich der Eindruck vorherrschen, der auch subjektiv erzeugt werden soll: das Bild von den munter und fröhlich tanzenden »Tieren«; doch in Wirklichkeit geht die »Trauer« des Jägers sehr tief – eine clowneske Situation. Von dem Dasein-für-andere ist ihm nur noch der Wille geblieben, den anderen, wenn schon nicht notwendig und nützlich, dann doch wenigstens unterhaltsam und kurzweilig zu begegnen. Niemand soll merken, wie niederdrückend die erlittenen Enttäuschungen wirklich sind. Wie aber sollte ein solches »Goldkind« wie dieser »Jäger« anders lernen, woran er ist, als durch den Schmerz der Desillusionierung seiner Grundeinstellung, es lasse die Rechtfertigung seines Daseins sich durch Leistung und Nützlichkeit erwirken? Freilich: diese Überzeugung stellte bislang die einzige Lösung für das Problem dar, das die Zwiespältigkeit seines »Vaters« in seinem Leben seit Kindertagen aufwerfen mußte; sie war und ist die vermeintlich einzige Brücke über dem Abgrund, und sie stürzt in seinem Erleben jetzt ein. Dieser Mann verliert wirklich alles. Keine Verwirrung und Ratlosigkeit könnte größer sein. Doch gerade diese »Kopflosigkeit« und »Richtungslosigkeit« bildet offenbar einen weiteren unerläßlichen Schritt zur inneren Reifung.

»Wer bist Du?« fragte in einer anderen Geschichte von A. De Mello eine Stimme einmal eine Frau, die im Koma lag und sich fühlte, als stehe sie im Himmel vor dem Richterstuhl. »Ich bin die Frau des Bürgermeisters«, erwiderte sie. »Ich habe Dich nicht gefragt, wessen Ehefrau Du bist, sondern wer Du bist«, entgegnete die Stimme. »Ich bin die Mutter von vier Kindern«, antwortete sie. »Aber ich habe Dich nicht gefragt, wessen Mutter Du bist, sondern wer Du bist.« – »Ich bin Lehrerin.« – »Aber ich habe Dich nicht nach Deinem Beruf gefragt, sondern wer Du bist.« »Ich bin eine Christin«, sagte sie. »Ich bin die, die jeden Tag in die Kirche ging.« – »Aber ich möchte nicht wissen, was Du getan hast und welcher Religion Du angehörst, ich möchte wissen, wer Du bist.«[6]

Einzig darauf kommt es an, und einzig darum geht es in dem Märchen jetzt. »Ich kann aus einer Kette Wildenten jedes Tier herausschießen, das Du willst«, so hätte bisher der »Jäger« zu seinem Ruhme sagen können; aber man will von ihm nicht länger wissen, was er kann, sondern wer er ist. »Ich habe den Drachen getötet, dem die Jungfrau geopfert werden sollte«, könnte er sagen. »Gut«, würde die Antwort lauten, »aber wer bist Du selbst?« – Der tiefste Grund der »Traurigkeit« ist es, daß der »Jäger« darauf immer noch keine Antwort zu geben weiß. Im Grunde hat er an dieser Stelle bereits aufgehört, nur der »Jäger« zu sein; die »Domestikation« seiner »Tiere« hat mittlerweile einen Grad erreicht, der es ihm erlaubt, sie nach Belieben und zum Gefallen des Publikums »tanzen« zu lassen; seine Selbstdressur ist perfekt. Aber: »Wer bist Du selbst?« Diese Frage hat er noch lange nicht beantwortet. Nur der Weg selber weist ihm jetzt die Richtung.

Im folgenden wirkt es gewiß mehr als merkwürdig, wenn uns das Märchen erzählt, der »Jäger« habe, gewissermaßen rein zufällig, just am Tage der Hochzeit der Prinzessin, zu der Stadt des »Königs«, die jetzt vor Freude scharlachrot geflaggt ist, zurückgefunden, »gerade nach Verlauf eines Jahres«. Woher dieser scheinbare »Zufall«? Warum, erneut und wie selbstverständlich, der Einzug beim Wirt? »Logisch« erscheint diese Anordnung der Ereignisse einzig unter der bisher getroffenen Voraussetzung, daß der »Jäger« und der »Marschall« im Grunde zwei Seiten ein und derselben Person verkörpern, so daß bei der »Hochzeit« des einen der andere naturgemäß nicht fehlen kann. Freilich wäre es an sich möglich, daß der böse »Marschall« sein Spiel gewönne und es zu einer »Heirat« der »Königstochter« nur mit dieser verkehrten, vertauschten Seite des »Jägers« käme; doch endet das Motiv der »falschen Braut« – bzw. hier des »falschen Bäutigams« – in Märchen (und Operette) ausnahmslos günstig: im letzten Moment kommt die bzw. der sehnlichst Erwartete doch noch zurück und rettet den von einem uneinsichtigen Schicksal zum Unglück verurteilten Liebenden wider alles Erwarten durch die Wahrheit der eigenen Person. Das Märchen von den Zwei Brüdern fügt sich eigentlich ganz in dieses Schema, bis auf einen einzigen allerdings wiederum entscheidenden Unterschied: während die Ankunft des wahren Bräutigams, der wahren Braut überall sonst das glückliche Ende des ganzen Entwicklungsdramas vorbereitet, haben wir es in der Grimmschen Erzählung erneut nur erst mit einem weiteren Reifungsschritt, keineswegs mit dem Abschluß aller Irrungen und Wirrungen zu tun. Diese Feststellung allein schon sollte uns Warnung genug sein, um in dem Possenstück, das der »Jäger« im folgenden aufführt, nicht etwa einen Ausdruck reifer Männlichkeit zu erblicken; im Gegenteil! Wir werden nur allzu gut verstehen, wieso gerade das »Glück«, das jetzt scheinbar zustande kommt, schon wieder den Keim zu einer neuen tiefgreifenden Gefährdung enthält – eine Beziehungstragödie, deren Aufdeckung und Auflösung nur ganz allmählich gelingen will.

b) Die Tierbotschaften oder: Die Ehe als Wirtshaus

Betrachten wir, was sich des weiteren begibt, vor allem aus der Perspektive der *Königstochter!* Aus *seiner,* des »Jägers« Sicht läßt sich der Einstieg zur Heirat gewiß zunächst recht locker und munter an; er scheint seiner Sache vollkommen sicher und geht dafür mit dem »Wirt« jede Wette ein; tatsächlich gelingt es ihm auch, mit Hilfe seiner »Tiere« Schritt für Schritt der »Königstochter« zu signalisieren, daß er wider alles Erwarten zu guter Letzt doch noch zurückgekehrt ist. Und doch nimmt es wunder, wieso es einer fünffachen Botschaft, von dem »Häslein« beginnend bis hin zu dem »Löwen«, bedarf, um sich durch die untrügliche Sprache des Halsbands der »Tiere« gegenüber der »Königstochter« bemerkbar zu machen. Diese erkennt »voller Freude« den Hasen sogleich wieder und nimmt ihn liebevoll auf ihren Schoß – wenn es nach *ihr* ginge, weiß Gott, genügte da eine einzige Mitteilung! Wieso scheint es nötig, all die langatmig erzählten, in endlosen Wiederholungen sich gefallenden Etappen der »Tierbotschaften« so sorgfältig, wie berichtet, duchzugehen, damit die Liebenden auch wirklich zueinander finden und der eklige »Marschall« endlich aus dem Blickfeld verschwindet?

Da ist von der Angst insbesondere des »*Häsleins*« vor den »Hunden« die Rede, die ihm in den Straßen nachstellen werden; und doch gelingt es ihm, die »Wache«, die ihm eigentlich den Zugang zum Palast versperren sollte, zu seinem Schutz gegen die Verfolger vorgehen zu lassen; die Harmlosigkeit der Sehnsucht nach Zärtlichkeit, die sich in dem »Häslein« verkörpert, bleibt buchstäblich *unentdeckt* vor den Augen der Triebzensur; ja, damit ihm kein Leid geschieht, muß der Bäcker sogar selber dem Häslein das Brot von der königlichen Tafel nachtragen. Desgleichen hören wir von den Schlichen, mit denen es dem »*Füchslein*« gelingt, seinem Herrn, *unbemerkt* von den »Hunden« und den »Wachen«, den Braten des Königs beizubringen; der »*Wolf*« seinerseits, als er das »Zugemüse« herbeischaffen soll, scheint die »Wachposten« bereits einfach *souverän* zu übergehen, während der »*Bär*« bei seiner Suche nach »Zuckerwerk«, als er an der Wache vorbei will, schon imstande ist, mit ein paar kräftigen Ohrfeigen sich den gehörigen Respekt und damit einen freien Zugang zum Palast des Königs zu verschaffen. Der »*Löwe*« schließlich, um an den nötigen Wein heranzukommen, braucht nur noch zu brüllen, daß die Wachposten vor ihm Reißaus nehmen; allerdings versucht der Mundschenk ihn zweimal mit billigen Weinen hereinzulegen; da aber ist er bei diesem »Löwen« gerade an den Rechten gekommen! Meisterlich weiß er, Maß für Maß zur Probe nehmend, einen Qualitätswein, wie es sich gehört, von einem ordinären Fusel zu unterscheiden; und als er noch gar mit »dummes Vieh« sich muß anreden lassen, platzt ihm die Geduld; ein Klaps hinter die Ohren dieses unfügsamen Mundschenks, und mit sechs Flaschen, wohlverpackt in einem Henkelkorb, sieht man artig den »Löwen« seinem Herrn die erbetenen Getränke apportieren.

Das alles, zugegeben, wird witzig und spritzig erzählt; es wird deutlich, wie nach und nach die Triebansprüche sich in die Partnersuche einschalten, indem sie die Schranken der moralischen Zensur erst ängstlich zu ihren Gunsten umfunktionieren, dann unentdeckt passieren, dann einfach ignorieren, um sie endlich gewaltsam beiseite zu räumen und drohend in die Flucht zu schlagen. Die »Gewissensbisse« der »Metzgerhunde« richten fortan nichts mehr aus, und es ist dem »Überich« auch nicht mehr möglich, den »Wein« der Freude als »minderwertig« auszugeben. Das alles ist ohne Zweifel ein wichtiger Fortschritt. Und doch muß man sich fragen: was soll so viel Selbstsicherheit und Feistheit an dieser Stelle, was soll, gerade hier, die männliche Demonstration vor dem »Wirt«: »Ich kriege sie doch, die Königstochter!«? Wo, mit Verlaub gefragt, unterscheiden sich eigentlich die Herrschaftsallüren des »Marschalls« von dieser männlichen Kraftmeierei und Aufschneiderei des »Jägers«? Mit »Liebe«, soviel ist klar, hat das alles schlechterdings (noch) nichts zu tun. Und dennoch hofft die »Prinzessin« am Hof ihres Vaters, des »Königs«, weiter und empfängt ein jedes der »Tiere« ihres »Retters« mit größter Freude und Aufmerksamkeit! Versuchen wir deshalb, ihre Lage als erstes zu verstehen – die Lage einer Frau zwischen »*zwei* Mannsbildern«, die beide einander widersprechen wie Gut und Böse, obwohl sie doch einander ergänzen wie die rechte und die linke Hand.

Vermutlich kommt die folgende Klage einer Frau der Situationsbeschreibung des Märchens an dieser Stelle am nächsten. »Was mein Mann von mir wollte«, erklärte sie, »war im wesentlichen zweierlei: Ich sollte ihm widerspruchsfrei zur Verfügung stehen, und ich sollte gut für ihn kochen. Ich wußte nie, was ich wirklich an ihm hatte. Wenn ich in seine Augen sah, bemerkte ich eine abgrundtiefe Traurigkeit; aber die zeigte er nicht. Vielmehr überspielte er sie mit Sprüchen, die er für spaßhaft hielt. Dann gefiel er sich in Kraftausdrücken und in der Sprache der Herrenrunden, lauter Stammtischphrasen mit allen möglichen zotigen Scherzen. Ich stand ihm zur Verfügung, wie er wollte und wann immer er wollte. Er war mein Ehe-Herr, mein Gemahl, und so glaubte ich, ihm gehorchen zu müssen in allem, was er wollte; oder vielmehr: ich glaubte, nur durch Gefügigkeit und Anpassung seine Liebe erringen und bewahren zu können. Wenn man einen Mann heiratet, so hatte man mir beigebracht, dann muß man ihm in allem zu Willen sein. Und so tat ich es. Aber ich spürte nur zu gut, wie sehr er eigentlich nach einer Frau gesucht hätte, die ihm *alles* war –Mutter und Schwester und Tochter und Freundin, Gattin und Maitresse, Gemahlin und Prostituierte, Engel und Teufel – alles. Wie sollte ich das können? Am schlimmsten aber: er bettelte förmlich um eine Liebe, für die er mich sogleich verachtete, wenn ich sie ihm gab, und dann wieder warf er mir vor, daß ich nicht das sei, was er brauche.«

Im Bilde des Märchens gesprochen, hatte diese Frau in der Tat allen »Tieren« ihres Mannes ihr »Halsband« als Erkennungszeichen umgehängt. Was sie an den Wünschen und Bedürfnissen ihres Mannes liebte, war gewissermaßen ihre eigene Schönheit, die sie selbst wie ein fremdes Geschenk darüber gelegt hatte. Sie sah ihren Mann so an, wie sie ihn brauchte, um ihn lieben zu können, und sie umkleidete ihn mit all den Attributen, die sie als Schmuck ihres eigenen Wesens für liebenswert hielt, und trotz ihres eigenen Reichtums, trotz ihrer eigenen »königlichen« Schönheit glaubte sie ihm dankbar sein zu müssen, daß er sie aus ihrer unglücklichen Kindheit im Schatten ihres Vaters befreit hatte. Sie merkte nicht, daß sie nach wie vor dabei war, sich »aufzuopfern«, und daß die Alpträume ihrer Jugend in den Zwiespältigkeiten ihres Mannes nur eine neue Gestalt angenommen hatten. Indem sie ihn als ihren »Retter« gewählt hatte, war von der Rückseite her die alte Problematik zurückgekehrt. Dabei konnte sie sich von dem »Marschall« in ihm relativ gut absetzen – *diese* Seite seines Verhaltens stand zu deutlich mit ihrem Vater, dem »König« des Märchens, in Verbindung. Doch die traurig-schelmische, die bittend ihre Füße unter dem Tisch küssende Art seines Werbens um Liebe, diese Mischung aus Harlekin und Vagabund, aus Draufgänger und kleinem Jungen, dieses Spiel aller »Tiere«, vom scheuen »Häslein« bis zum naßforschen »Löwen«, machte sie wehrlos, dem konnte sie nicht widerstehen, darin sah sie doch so etwas auch wie die Andeutung einer Liebe, die ihr selbst gelten würde; und dafür war sie bereit, alles zu investieren.

Näherhin gestaltete sich das Zusammenleben mit ihrem Mann als ein seltsames Versteck- und Verwirrspiel. Das Grimmsche Märchen ist an dieser Stelle von einer erstaunlichen Hellsichtigkeit, wenn es erklärt, daß die »Königstochter« um Lebensgefahr kein Wort von dem sagen darf, was sie eigentlich weiß. »Ich durfte doch meinen

Mann nicht kritisieren oder in Frage stellen«, erzählte diese Frau weiter. »Es häte ihn tödlich verletzt, und gewiß wäre er dann endgültig fortgegangen.« Sie hatte von all ihren wirklichen Gefühlen und Empfindungen ihm gegenüber zu *schweigen.* Sie hatte ihrem Mann zu dienen und ihn zu bedienen, und nur dieser *indirekte* Ausdruck aller Wünsche und Interessen aneinander stand ihr als Form von Austausch und Gemeinsamkeit zur Verfügung.

Insbesondere das *Essen* spielte dabei für den Mann die größte Rolle. In der Grimmschen Erzählung nimmt es sich sehr spaßig aus, wenn wir den »Löwen« mit den sechs »königlichen« Weinflaschen quer über die Straße ins »Wirtshaus« zurücktorkeln sehen, und man fragt sich beim ersten Lesen des Märchens unwillkürlich, warum gerade die »tierische« Suche nach Nahrung und das Wetten mit dem »Wirt« in solcher Breite erzählt werden. Doch wovon hier im Grunde die Rede geht, versteht man sogleich, wenn man die ganze »Humoreske« oder »Burleske« sich als die nicht enden wollende Phase einer realen ehelichen Beziehung vorstellt. »Es war ja das einzige, was er von mir wollte«, fuhr diese Frau fort. »Ich mußte mich im Handumdrehen in eine perfekte Köchin verwandeln. Mein Mann schleppte ein Kochbuch nach dem anderen an. Mal wollte er die französische Küche ausprobieren, dann die italienische, dann wieder wollte er es auf deutsch haben. Das Kochen war so ziemlich das einzige, was er an mir wirklich anerkannte. Aber auch da gab es gewisse Mutwilligkeiten. So konnte er etwa mit mir in das teuerste Restaurant gehen; alles mußte da für ihn vom Feinsten sein. Er ließ die Kellner strammstehen in einer Weise, daß ich mich oft genug für ihn schämte. Mehr als einmal ließ er das Essen zurückgehen – buchstäblich fand er immer wieder das berühmte Haar in der Suppe. Zu Hause angekommen, mußte ich dann versuchen, für ihn ähnliche Gerichte zu bereiten. Dabei langte das Haushaltsgeld niemals aus. Ihm erschien es normal, wenn er an einem Abend mehr als 150,- DM für ein Essen mit fünf Gängen ausgab und mich anschließend mit knapp 300,- Mark für einen ganzen Monat den Haushalt versorgen ließ. Er erwartete von mir sozusagen alles zum Nulltarif. Sicher, ich konnte auch aus kleinsten Dingen etwas machen, aber oft knurrte er dann, daß es doch nicht so sei wie in diesem oder jenem Restaurant. Ich hätte nie gewagt, ihm zu sagen, dann müsse er mir halt wenigstens mal die Hälfte von dem Preis für das schöne Abendessen damals zur Verfügung stellen. Er benahm sich am Mittagstisch stets wie ein Großfürst und ein Raubritter gleichzeitig. *Er* wußte es, *er* konnte es, *er* hatte den richtigen Geschmack; und *ich* mußte froh sein, wenn er wenigstens auf diese Weise mich zu brauchen und nach mir zu suchen schien.«

Dabei beschränkte dieser Mann sich allerdings nicht nur auf das Essen; er dehnte vielmehr seine Eßgewohnheiten auch auf sein »Liebesleben« gradlinig aus. Psychoanalytisch gelesen, läßt das Grimmsche Märchen mit der detaillierten Nahrungssuche der »Tiere« des »Jägers« an der ausgesprochen *oralen Haltung* beziehungsweise *oralen Fixierung* des Trieblebens auch im Sexualbereich keine Zweifel, und gerade das war die Tatsache, an der jene Frau mehr litt als an allem anderen. Sehr zögernd, mühsam nach Worten suchend und unter vielen Tränen, beschrieb sie, andeutend erst, dann immer eindeutiger, ihr Eheleben als eine einzige Katastrophe. »Was soll ich sagen?« fragte sie verzweifelt. »Mein Mann nahm mich als Nachtisch, ganz wörtlich. Es gehörte für ihn zum Eßritual, hinterher noch ›die Verdauung anzuregen‹, wie er das nannte. Alle ›nationalen Spezialitäten‹ beim Essen übte er irgendwann sexuell mit mir durch. Er hatte für alles irgendwelche Namen, und ich mußte das tun. Ich glaube, er sah mich überhaupt nicht als Person. Vor allem mein Busen erregte ihn. Er umgriff meine Brüste, als wenn er sie abreißen wollte, und er hat es wirklich geschafft, alle Gefühle aus meinem Körper zu nehmen. Ich mußte dafür sorgen, daß er so schnell wie möglich seine Zufriedenheit fand; dann schlief er ein, und wenn er wegging, konnte er noch sagen, mehr wollte er von mir auch nicht. Er wich meiner Nähe schon von weitem aus, und seine Fremdheit führte dazu, daß ich mir selber immer fremder wurde. Mein Körper gehörte ihm, aber meine Seele wanderte aus meinem Körper aus. Nur wenn er mich lächerlich machte, schmerzte es mich. In seinen Augen war ich zu schlaff, sah ich zu müde aus, sollte ich mich besser zurecht machen, war eine Frau, die älter sei als 22, für einen Mann sowieso nicht mehr liebenswert – solche Aussagen erschreckten mich zu Tode; sie bewiesen mir, daß ich für ihn niemals schön genug sein konnte.«

In der Tat braucht man nur die »Speisen«, die in dem Grimmschen Märchen die »Tiere« von des Königs Tafel holen sollen, als

Wünsche, als Anfragen eines Mannes an seine Frau, ob sie ihn (noch) liebe, zu interpretieren, und es entsteht alsbald ein Bild, das auf fatale Weise der Schilderung dieser Frau entspricht: Sie mußte ihrem Mann alles bedeuten und bieten, was irgend er »nötig« zu haben meinte: sie mußte ihm »Brot« sein und »Braten«, »Gemüse« und »Zuckerwerk«, »Wein« bis zum Vollrausch, und immer im Hintergrund die männliche Kumpanei: »Wetten, daß ich auch das noch von ihr bekomme ...!«

So besehen, scheint es fast, als sei dieser spät zurückgekehrte »Retter« im Grunde übler noch als der »böse« »Marschall«; und doch muß man es für einen »Fortschritt« halten, daß der »Jäger« jetzt eben nicht mehr nur als der Helfer und Erlöser auftritt, sondern immerhin, wenngleich auf der Ebene fast eines Kindes noch, erste oral-sexuelle Wünsche und Bedürfnisse an die »Prinzessin« richtet. Wohl hat all das, was er da tut, mit »Liebe« im eigentlichen Sinne immer noch nicht viel zu tun; es ist nur erst ein zögerndes »Anklopfen«, schließlich wohl auch ein rüdes Herumtollen, aber es ist wenigstens schon nicht mehr nur eine »heldenhaft« »selbstlose« Tat wie in der Szene des »Drachenkampfes« vorher. So unreif und unfertig auch immer – in der seelischen Entwicklung des »Jägers« stellt die Versetzung an den »Königshof« einen weiteren wichtigen Schritt in die »richtige« Richtung dar.

c) Die Entlarvung des »Marschalls« oder: Von einer Liebe ohne Vorleistung

Für die »Königstochter« entscheidend wird in der Darstellung des Grimmschen Brüdermärchens jetzt allerdings, daß sie ihrem Vater, dem »König«, zu einer Einsicht verhilft, der gegenüber sie selbst bisher strengstes Stillschweigen bewahren mußte; erst als der »König«, verwundert, was all die »Tiere« an seiner Tafel zu suchen haben, nach dem »Jäger« senden und ihn mit der ausdrücklichen Unterstützung seiner Tochter in Königskleidern mit sechsspänniger Kutsche aus der »Wirtsstube« abholen läßt, kommt es zu der alles verändernden Bloßstellung des »Raubgemahls«, des verlogenen und unwürdigen »Marschalls«. Wie in dem Märchen vom *Gelernten*

Jäger ist es der Vater selber, der das Urteil über jenen Mann sprechen muß, den er ursprünglich als den wahren Retter seiner Tochter zu deren Gemahl meinte bestimmen zu sollen.

Was sich da anbahnt, kommt nun auch auf seiten der Prinzessin einer Umwandlung ihres ganzen Lebens gleich. Auch wenn sie von ihrer notvollen Gefangenschaft an dieser Stelle noch nicht offen reden darf, so gewinnt sie doch die Fähigkeit, nach und nach ihren »Vater« williger und einsichtiger zu machen. *Er* jedenfalls hört auf *sie*, nicht auf den »Marschall«, als er den unbekannten Herrn der Tiere herbeiholen läßt; und vor allem: er ist im rechten Moment in der Lage, anzuerkennen, daß er den *falschen* Mann zum Gemahl seiner Tochter ernennen wollte! Es ist nicht zuviel gesagt, wenn wir behaupten, daß die »Königstochter« in diesem Augenblick aufhört, die Rolle der ganz und gar Vaterabhängigen weiterzuspielen. Ihre opferbereite Gefügigkeit, ihre stumme Duldsamkeit, ihre hingebungsvolle Bereitschaft an die Wünsche des anderen weichen jetzt einer größeren Eigenständigkeit und Entschlossenheit; die Verschmelzung des Vaterbildes mit dem despotischen »Marschall« löst sich nach und nach auf, und der »Jäger« in seiner Wirklichkeit kommt endlich zum Vorschein.

Es ist lediglich ein letzter Trick der Verlogenheit, wenn der »Marschall« angesichts der sieben Drachenköpfe erklärt, derlei Untiere besäßen keine *Zungen* – ganz so, als sei alles Dreinreden der monströsen Vatergestalt bislang nichts weiter gewesen als eine akustische Grille im Ohr der »Prinzessin« und all ihr Schmerz nichts sonst als die pure Einbildung! Die Wahrheit, die der »Jäger« aus dem *Taschentuch* der Prinzessin hervorholt, redet da eine ganz andere Sprache: in Wahrheit hat man jenem feuerspeienden Drachen jede Zunge einzeln aus dem Maul schneiden müssen, und als Gemahl der »Prinzessin« kommt schon deshalb einzig in Frage, wer *das* vollbracht hat!

Das *Taschentuch* mit dem eingestickten Namenszug der Prinzessin ist natürlich zunächst als ein besonders intimes Beweismittel zu werten; dann aber darf man nicht vergessen, daß ein solches Tüchlein auch eine praktische Funktion besitzt: sich die Augen beim Weinen zu trocknen und die Nase beim Schluchzen. Das Bild, das auf diese Weise entsteht, gibt noch einmal einen Hinweis darauf, wie im konkreten man sich die »Erlösung« der »Jungfrau« beim

Kampf mit dem »Drachen« eigentlich vorzustellen hat – wie unter ohnmächtigem und hilflosem Weinen sich doch nach und nach ihre eigene Zunge löste, indem der »Drache« Zunge um Zunge mundtot gemacht ward! Erst die Jungfrau, die beim Vorzeigen der herausgeschnittenen »Drachenzungen« die eigene Sprache wiedergewinnt, gewinnt zugleich ihren »Jäger« zurück. Erst in diesem Moment tritt die Gestalt des »Vaters« schützend hinter sie, statt sich, wie bisher, bedrohend vor ihr und über ihr zu erheben; endlich vergeht zugleich auch der Spuk der von dem eigenen Vater(Bild) aufgenötigten Scheinheirat mit diesem Ungeheuer von »Marschall«: Was die Königstochter auf dem Berge zu retten vermocht hat, so sieht man jetzt deutlich, war nicht ein neuer männlicher Herrschaftsanspruch, sondern die abgeschnittenen Zungen sind das Wahrzeichen dafür, daß der (Vater)Drache endgültig sie nicht länger, auch nicht in der Gestalt des »Marschalls«, mit seinem Schnauben bedroht. Diese Feststellung allein schon ist im Grunde identisch mit der *Zerstückelung* dieses hinterhältigen königlichen Hofbeamten.

Wer in den Märchen von solch schrecklichen Strafen hört, wie sie die zwölf Ratsherren am Hofe des Königs hier aussprechen (und wie sie barbarischerweise in der Geschichte oft genug ausgesprochen wurden!), der wird sich vielleicht in seiner Ansicht über die exzessive Grausamkeit in vielen Märchen bestätigt fühlen.[7] Doch der Eindruck ändert sich gründlich, liest man Erzählungen dieser Art nicht als die Wiedergabe eines äußeren Geschehens, sondern als die symbolische Schilderung eines inneren Vorgangs. Was sich dann in dem Grimmschen Märchen begibt, ist nicht so sehr ein gräßliches Beispiel archaischer Strafjustiz als vielmehr ein dramatisches Bild für den Vorgang seelischer Befreiung. Wer gleichwohl immer noch Anstoß an der drastischen Gewaltsamkeit der »Hinrichtung« des bösen »Marschalls« nehmen sollte, der möge bedenken, daß alles, was heute »Psychotherapie« heißt, unter anderem gerade darin besteht, uralte verdrängte *Aggressionen* bewußtzumachen und die Angstgegner von damals durch »*Analyse*« aufzulösen, das heißt »auseinanderzureißen«. Erst eine solche *symbolische* Arbeit an den archaischen Ängsten der frühen Kindheit und Jugend erspart es den Patientinnen und Patienten, sie an den entsprechenden Ersatzpersonen in der äußeren Realität ausagieren zu müssen.

Rein psychologisch gelesen, kommt die Strafe an dem hinterhältigen »Marschall« (dem »Hauptmann« in dem Märchen von dem *Gelernten Jäger*) deshalb einem echten *Jus talionis* gleich: von vier Ochsen zerrissen werden soll jenes »Mannsbild«, das in seiner stiernackigen Dumpfheit und gehörnten Dummheit nun wirklich das gerade Widerspiel eines aufrechten, verständigen »Königs« von Mann darstellt; nur einen solchen aber ist die »Königstochter« künftig zu lieben bereit. »Also ward der Marschall gerichtet, der König aber übergab seine Tochter dem Jäger und ernannte ihn zu seinem Statthalter im ganzen Reich.«

Deutlich tritt da der Geliebte der »Prinzessin« die Nachfolge, ja, die *Stellvertreterschaft* ihres Vaters an; immer noch also ist nicht sie selbst die Entscheidende, Mündige; dafür aber findet sie jetzt einzig diejenigen Seiten an ihrem Vater, die sie seit eh und je anerkennen und lieben mochte, weil nur in ihnen sie trotz allem selber gemeint war. Kein Mensch liebt einen Mann, eine Frau, ohne in ihm nicht auch seinen Vater, seine Mutter wiederzufinden. Und doch hat das Bild des Vaters sich jetzt gänzlich zum Guten und Gütigen gewandelt. Der Beweis: Jener »Wirtshausbesitzer«, der nach und nach alles verpfändete, um die Liebe des Jägers zu der Prinzessin für etwas im voraus Unmögliches zu erklären, hat Haus und Hof verspielt, er besitzt nichts mehr, und ginge es »nach den Rechten«, so müßte er all seinen Besitz dem »Jäger« übereignen; der aber zeigt kein Interesse, sich zum Eigentümer des »Wirtshauses« aufzuschwingen; er läßt dem Wirt »nach Gnaden« die Schuld nach und schenkt ihm noch tausend Goldstücke dazu! Das, ohne Frage, ist nicht allein eine Geste der Großzügigkeit, es bedeutet wohl auch, daß der »Jäger« es künftig nicht länger mehr nötig hat, sich als »König« der Kneipe hervorzutun. Zur gleichen Zeit mit dem »Marschall« stirbt mit anderen Worten auch der Prahlhans im Wirtshaus, dem die »Liebe« gerade so viel zu bedeuten schien wie beim Pferdetoto der Einsatz auf die »richtige« Stute – ein spannendes Spiel für Kenner und Könner, eine »Strategie« zur »Eroberung«, nicht zur Begegnung. Dieser »Wirtshausbesitzer« geht notwendig leer aus, sobald auch nur ein Funken wirklicher Liebe erwacht, und alles, was er noch zu eigen hat, erweist sich als das Geschenk einzig einer tieferen Güte.

Daß sich auf seiten des »Jägers« etwas in diesem Sinne Wesentliches geändert hat, läßt sich nun nicht nur an dem glimpflichen Urteil gegenüber dem »Wirt« ablesen, es wird auch durch eine kurze Bemerkung des Märchens selber bezeugt: Als nämlich die Hochzeit »mit großen Freuden gefeiert« wird, da läßt »der junge König« *»seinen Vater und Pflegevater holen«* und sie »mit Schätzen« überhäufen. Es ist das einzige Mal in diesem längsten aller Grimmschen Märchen, daß der Vater des »Jägers« noch einmal erwähnt wird; und es zeigt sich dabei erneut, wie wichtig es war, gleich zu Beginn die Gegensätzlichkeit zwischen dem armen »Besenbinder« und dessen Bruder, dem reichen »Goldschmied«, gebührend hervorzuheben. Denn so wie im Leben der jungen Königin an dieser Stelle der »Marschall« aus ihrem Vaterbild endlich verschwindet, so wird anscheinend im Erleben auch des »Jägers« das Bild des »Goldschmieds« wortlos getilgt – er taucht überhaupt nicht mehr auf!

Beides ist offenbar als Einheit zu sehen; beides bedingt sich wechselseitig: Die Reifung der »Jungfrau« ist die Bedingung und Wirkung der Reifung des »Jägers«, so wie umgekehrt dieser zur Reifung der »Königstochter« gerade so viel beiträgt, wie er an Auseinandersetzung mit seinem eigenen Vaterbild auf sich nimmt. *Das Verschwinden des »Goldschmieds«* – das heißt inhaltlich, daß für den jungen »König« in der Nähe der »Prinzessin« eine Zeit zu Ende geht, in der er wieder und wieder seine Existenz durch »Nutzen« und »Leistung« rechtfertigen mußte. Die »Gnade«, die er dem »Wirt« zukommen läßt, gilt indirekt nun auch ihm selbst. Alles beginnt, endlich gut zu werden: Das Vertrauen wächst, aufrichtig geliebt werden zu können einfach für das eigene Wesen, nicht für das Wirken, nicht für das Tun, nicht für die Tüchtigkeit. Es ist offenbar das schwerste, was es im Leben eines Mannes zu lernen gibt: Das Sein, nicht das Handeln entscheidet; das Dürfen, nicht das Müssen ist tragend; die Gnade geht vor dem Recht; die Einheit miteinander geht vor der Herrschaft übereinander; die Güte ist stärker als die Gewalt – es sind lauter Erfahrungen, die ein Mann nur machen kann in der Nähe einer Frau und die erst zustande kommen durch die Nähe zu einer Frau. Eine solche Erfahrung bedeutet das Ende der Angst, das Ende der Zwiespältigkeit, den Anfang des Glücks.

Folgerichtig erzählt uns das Märchen denn auch, wie »vergnügt« und »guter Dinge« »der junge König und die junge Königin« zusammenleben. Die ganze Geschichte könnte an dieser Stelle demnach, wie zahllose andere Märchen sonst, ihren glücklichen Abschluß finden, wenn, ja, *wenn* es im menschlichen Leben so einfach ginge! Man muß kein ausgesprochener Skeptiker sein, um sich schwerzutun mit der Vorstellung, einem Mann, der sich so ähnlich beschreiben läßt wie der Gemahl jener Frau vorhin, könnte es so ohne weiteres gelingen, sich von dem »Wirtshaus« an den »Königsthron« zu begeben. Zwar werden seine »Tiere« mittlerweile »königlich« bewirtet, sie müssen nicht länger mehr »wildern« gehen; aber es gibt *zwei wichtige Fragen,* die um so hartnäckiger sich zu Wort melden werden, als man sie bei dem geschilderten Glück dieser »Hochzeit« beinahe vergißt: Da ist *einmal* die Frage *der Mutter.* Von ihr war all die Zeit über bisher mit keinem Wort die Rede; doch in gerade ihren »Bereich« gehen die Erfahrungen über, die der »Jäger« jetzt mit der Prinzessin machen kann, machen *muß:* An eine vorbehaltlose Liebe zu glauben – das vermag nur, wer in seinem Leben noch einmal – oder zum ersten Mal! – seiner »Mutter« begegnet. Was wird da ein Mann in der Liebe zu einer Frau empfinden, der seine Mutter nie wirklich gekannt hat – allenfalls andeutungsweise in der Frau des »Goldschmieds«, durch deren Unachtsamkeit es den Zwillingsbrüdern möglich wurde, Herz und Leber des goldenen Vogels zu essen? Was an Angst und Hoffnung, an Erwartung und Erschrecken wird sich seiner bemächtigen, wenn er in der Liebe zu seiner Frau unvermeidbar dieser tiefsten Grundlage seines Lebens begegnet?

Und noch *eine zweite Frage* harrt ihrer Auflösung. Wir dürfen nach wie vor nicht vergessen, daß wir bislang nur eine Seite des »Jägers« zu Gesicht bekommen haben; im Hintergrund von allem müssen wir uns seinen *»Bruder«* hinzudenken, der von jener Trennungsmarke an, als das Zeichen des Messers im Baum verabredet wurde, einen genau entgegengesetzten Lebensweg beschritten hat. Ehe dieser »andere« seinen »Bruder« nicht wieder mit sich verbindet, kann die Geschichte von der Reifung dieses Mannes nicht glaubhaft zu Ende erzählt sein. Wir dürfen also gespannt sein, was die Geschichte von den *Zwei Brüdern* uns weiter berichtet – von dem neuerlichen Drama einer scheinbar so gelungenen Ehe und von den Schwierigkeiten eines Mannes, zu sich selbst und zur Liebe zu finden.

5. Die Suche nach der Mutter oder: Liebe zwischen Nähe und Distanz

Nun waren der junge König und die junge Königin guter Dinge und lebten vergnügt zusammen. Er zog oft hinaus auf die Jagd, weil das seine Freude war, und die treuen Tiere mußten ihn begleiten. Es lag aber in der Nähe ein Wald, von dem es hieß, er wäre nicht geheuer, und wäre einer erst darin, so käme er nicht leicht wieder heraus. Der junge König hatte aber große Lust, darin zu jagen, und ließ dem alten König keine Ruhe, bis er es ihm erlaubte. Nun ritt er mit einer großen Begleitung aus, und als er zu dem Wald kam, sah er eine schneeweiße Hirschkuh darin und sprach zu seinen Leuten: »Haltet hier, bis ich zurückkomme, ich will das schöne Wild jagen«, und ritt ihm nach in den Wald hinein, und nur seine Tiere folgten ihm. Die Leute hielten und warteten bis Abend, aber er kam nicht wieder; da ritten sie heim und erzählten der jungen Königin: »Der junge König ist im Zauberwald einer weißen Hirschkuh nachgejagt und ist nicht wiedergekommen.« Da war sie in großer Besorgnis um ihn. Er war aber dem schönen Wild immer nachgeritten und konnte es niemals einholen; wenn er meinte, es wäre schußgerecht, so sah er es gleich wieder in weiter Ferne dahinspringen, und endlich verschwand es ganz. Nun merkte er, daß er tief in den Wald hineingeraten war, nahm sein Horn und blies, aber er bekam keine Antwort, denn seine Leute konnten's nicht hören. Und da auch die Nacht hereinbrach, sah er, daß er diesen Tag nicht heimkommen könnte, stieg ab, machte sich bei einem Baum ein Feuer und wollte dabei übernachten. Als er bei dem Feuer saß und seine Tiere sich auch neben ihn gelegt hatten, däuchte ihn, als hörte er eine menschliche Stimme. Er schaute umher, konnte aber nichts bemerken. Bald darauf hörte er wieder ein Ächzen wie von oben her, da blickte er in die Höhe und sah ein altes Weib auf dem Baum sitzen, das jammerte in einem fort: »Hu, hu, hu, was mich friert!« Sprach er: »Steig herab und wärme dich, wenn dich friert.« Sie aber sagte: »Nein, deine Tiere beißen mich.« Antwortete er: »Sie tun dir nichts, altes Mütterchen, komm nur herunter.« Sie war aber eine Hexe und sprach: »Ich will dir eine Rute von dem Baum hinabwerfen; wenn du sie damit auf den Rücken schlägst, tun sie mir nichts.« Da warf sie ihm ein Rütlein herab, und er schlug sie damit, alsbald lagen sie still und waren in Stein verwandelt. Und als die Hexe vor den Tieren sicher war, sprang sie herunter und rührte auch ihn mit einer Rute an und verwandelte ihn in Stein. Darauf lachte sie und schleppte ihn und die Tiere in einen Graben, wo schon mehr solcher Steine lagen.

Als aber der junge König gar nicht wiederkam, ward die Angst und Sorge der Königin immer größer. Nun trug sich zu, daß gerade in dieser Zeit der andere Bruder, der bei der Trennung gen Osten gewandelt war, in das Königreich kam. Er hatte einen Dienst gesucht und keinen gefunden, war dann herumgezogen hin und her und hatte seine Tiere tanzen lassen. Da fiel ihm ein, er wollte einmal nach dem Messer sehen, das sie bei ihrer Trennung in einen Baumstamm gestoßen hatten, um zu erfahren, wie es seinem Bruder ginge. Wie er dahin kam, war seines Bruders Seite halb verrostet, und halb war sie noch blank. Da erschrak er und dachte: »Meinem Bruder muß ein großes Unglück zugestoßen sein, doch kann ich ihn vielleicht noch retten, denn die Hälfte des Messers ist noch blank.« Er zog mit seinen Tieren gen Westen, und als er in das Stadttor kam, trat ihm die Wache entgegen und fragte, ob sie ihn bei seiner Gemahlin melden sollte: die junge Königin wäre schon seit ein paar Tagen in großer Angst über sein Ausbleiben und fürchtete, er wäre im Zauberwald umgekommen. Die Wache nämlich glaubte nicht anders, als er wäre der junge König selbst, so ähnlich sah er ihm, und hatte auch die wilden Tiere hinter sich laufen. Da merkte er, daß von seinem Bruder die Rede war, und dachte: »Es ist das beste, ich gebe mich für ihn aus, so kann ich ihn wohl leichter erretten.« Also ließ er sich von der Wache ins Schloß begleiten und ward mit großen Freuden empfangen. Die junge Königin meinte nicht anders, als es wäre ihr Gemahl, und fragte ihn, warum er so lange ausgeblieben wäre. Er antwortete: »Ich hatte mich in einem Walde verirrt und konnte mich nicht eher wieder herausfinden.« Abends ward er in das königliche Bett gebracht, aber er legte ein zweischneidiges Schwert zwischen sich und die junge Königin. Sie wußte nicht, was das heißen sollte, getraute aber nicht zu fragen.

Da blieb er ein paar Tage und erforschte derweil alles, wie es mit dem Zauberwald beschaffen war, endlich sprach er: »Ich muß noch einmal dort jagen.« Der König und die junge Königin wollten es ihm ausreden, aber er bestand darauf und zog mit großer Begleitung hinaus. Als er in den Wald gekommen war, erging es ihm wie seinem Bruder, er sah eine weiße Hirschkuh und sprach zu seinen Leuten: »Bleibt hier und wartet, bis ich wiederkomme, ich will das schöne Wild jagen«, ritt in den Wald hinein, und seine Tiere liefen ihm nach. Aber er konnte die Hirschkuh nicht einholen und geriet so tief in den Wald, daß er darin übernachten mußte. Und als er ein Feuer angemacht hatte, hörte er über sich ächzen: »Hu, hu, hu, wie mich friert!« Da schaute er hinauf, und es saß dieselbe Hexe oben im Baum. Sprach er: »Wenn dich friert, so komm herab, altes Mütterchen, und wärme dich.« Antwortete sie: »Nein, deine Tiere beißen mich.« Er aber sprach: »Sie tun dir nichts.« Da rief sie: »Ich will dir eine Rute hinabwerfen, wenn du sie damit schlägst, so tun sie mir nichts.« Wie der Jäger das hörte, traute er der Alten nicht und sprach: »Meine Tiere schlag ich nicht, komm du herunter, oder ich hole dich.« Da rief sie: »Was willst du wohl? Du tust mir noch nichts.« Er aber antwortete: »Kommst du nicht, so schieß ich dich herunter.« Sprach sie: »Schieß nur zu, vor deinen Kugeln fürchte ich mich nicht.« Da legte er an und schoß nach ihr, aber die Hexe war fest gegen alle Bleikugeln, lachte, daß es gellte, und rief: »Du sollst mich noch nicht treffen.« Der Jäger wußte Bescheid, riß sich drei silberne Knöpfe vom Rock und lud sie in die Büchse, denn dagegen war ihre Kunst umsonst, und als er losdrückte, stürzte sie gleich mit Geschrei herab. Da stellte er den Fuß auf sie und sprach: »Alte Hexe, wenn du nicht gleich gestehst, wo mein Bruder ist, so pack ich dich mit beiden Händen und werfe dich ins Feuer.« Sie war in großer Angst, bat um Gnade und sagte: »Er liegt mit seinen Tieren versteinert in einem Graben.« Da zwang er sie, mit hinzugehen, drohte ihr und sprach: »Alte Meerkatze, jetzt machst du meinen Bruder und alle Geschöpfe, die hier liegen, lebendig, oder du kommst ins Feuer.« Sie nahm eine Rute und rührte die Steine an – da wurde sein Bruder mit den Tieren wieder lebendig, und viele andere, Kaufleute, Handwerker, Hirten, standen auf, dankten für ihre Befreiung und zogen heim. Die Zwillingsbrüder aber, als sie sich wiedersahen, küßten sich und freuten sich von Herzen. Dann griffen sie die Hexe, banden sie und legten sie ins Feuer, und als sie verbrannt war, da tat sich der Wald von selbst auf und war licht und hell, und man konnte das königliche Schloß auf drei Stunden Wegs sehen.

Nun gingen die zwei Brüder zusammen nach Hause und erzählten einander auf dem Weg ihre Schicksale. Und als der jüngste sagte, er wäre an des Königs Statt Herr im ganzen Lande, sprach der andere: »Das habe ich wohl gemerkt, denn als ich in die Stadt kam und für dich angesehen ward, da geschah mir alle königliche Ehre: die junge Königin hielt mich für ihren Gemahl, und ich mußte an ihrer Seite essen und in deinem Bett schlafen.« Wie das der andere hörte, ward er so eifersüchtig und zornig, daß er sein Schwert zog und seinem Bruder den Kopf abschlug. Als dieser aber tot dalag und er sein rotes Blut fließen sah, reute es ihn gewaltig: »Mein Bruder hat mich erlöst«, rief er aus, »und ich habe ihn dafür getötet!« Und jammerte laut. Da kam sein Hase und erbot sich, von der Lebenswurzel zu holen, sprang fort und brachte sie noch zu rechter Zeit: und der Tote ward wieder ins Leben gebracht und merkte gar nichts von der Wunde.

Darauf zogen sie weiter, und der jüngste sprach: »Du siehst aus wie ich, hast königliche Kleider an wie ich, und die Tiere folgen dir nach wie mir: wir wollen zu den entgegengesetzten Toren eingehen und von zwei Seiten zugleich beim alten König anlangen.« Also trennten sie sich, und bei dem alten König kam zu gleicher Zeit die Wache von dem einen und dem andern Tore und meldete, der junge König mit den Tieren wäre von der Jagd angelangt. Sprach der König: »Es ist nicht möglich, die Tore liegen eine Stunde weit auseinander.« Indem aber kamen von zwei Seiten die beiden Brüder in den Schloßhof hinein und stiegen beide herauf. Da sprach der König zu seiner Tochter: »Sag an, welcher ist dein Gemahl? Es sieht einer aus wie der andere, ich kann's nicht wissen.« Sie war da in großer Angst und konnte es nicht sagen; endlich fiel ihr das Halsband ein, das sie den Tieren gegeben hatte, suchte und fand an dem einen Löwen ihr goldenes Schlößchen; da rief sie vergnügt: »Der, dem dieser Löwe nachfolgt, der ist mein rechter Gemahl.« Da lachte der junge König und sagte: »Ja, das ist der rechte«, und sie setzten sich zusammen zu Tisch, aßen und tranken und waren fröhlich. Abends, als der junge König zu Bett ging, sprach seine Frau: »Warum hast du die vorigen Nächte immer ein zweischneidiges Schwert in unser

Bett gelegt, ich habe geglaubt, du wolltest mich totschlagen.« Da erkannte er, wie treu sein Bruder gewesen war.

a) Die Jagd auf die »Hirschkuh« oder: Die Frau als Mutter und versteinernde Hexe

Es ist immer dasselbe: jemand ist fest überzeugt, mit seiner Partnerwahl, mit seinem Beruf, mit einer wichtigen Lebensentscheidung genau ins Schwarze getroffen zu haben, und doch kann er dessen durchaus nicht sicher sein, solange er sich selber nicht hinreichend kennt; ja, während er glaubt, eine bestimmte Problematik gerade gelöst zu haben, ist er womöglich eben erst dabei, sich ernsthaft auf sie einzulassen. So schien in unserer Geschichte soeben noch alles dafür zu sprechen, daß die Heirat des »Jägers« mit der »Königstochter« die Eingangstür zum siebten Himmel bilden würde; – geschähe etwas Vergleichbares wie eine solche Hochzeit in unseren Tagen, nähmen gewiß alle Boulevard-Blätter sich des großen Ereignisses als des Inbegriffs reinen Glücks ausführlich an; – doch jetzt schon, wenige Sätze danach, sehen wir den jungverheirateten König wie blind in eine Gefahr geraten, gegen die selbst seine treuen Tiere wehr- und machtlos sind! Und nun gar zu denken, diese lebensbedrohliche Szene im »Walde« stehe durchaus nicht im Widerspruch zu jenem Moment höchster Seligkeit in den Armen der Geliebten, sondern sie ergebe sich überhaupt erst daraus –, *das* erscheint vollends als ein Gedanke, der die übliche moralische Selbstgewißheit des »gesunden« Menschenverstandes aus den Angeln heben muß. Wenn irgend es eine Erfahrung, ein wirkliches *Argument* gegen die allgemein verbreitete Vorstellung gibt, den Krisen des Zusammenlebens auch nur von zwei Menschen lasse sich mit den Mitteln ethischer Prinzipientreue beikommen, so liegt es gewiß in dem verwirrenden, wahrhaft erschreckenden Eindruck der Hilflosigkeit, mit der Menschen, an deren moralischer Integrität im übrigen keinerlei Zweifel erlaubt sind, der Dynamik ihres Unbewußten ausgesetzt sein können.

Irritierender kann es nicht kommen. Wenige Sätze zuvor noch glaubten wir, mit der Beseitigung des »Marschalls« sei der »Jäger«

zu einem Mann herangereift, der in der Nähe der »Königstochter« die alte Angst der Unberechtigtheit aus den Erinnerungen an die Widersprüchlichkeit seines Vaterbildes abgelegt habe; endlich sei es ihm vergönnt, an eine Liebe ohne Vorbedingungen zu glauben, und wirklich könnten wir ihm nach allem, was er im Kampf mit dem »Drachen« zugunsten seiner Geliebten ebenso wie seiner selbst bereits durchgemacht hat, nur von Herzen wünschen, es möge sich so verhalten. Indessen sahen wir schon, daß von »Liebe« im eigentlichen Sinne bis zu dem Zeitpunkt der »Hochzeit« nur in einem sehr vorläufigen Sinne die Rede sein konnte; weder die Pose des »Retters« noch die Possen des »Ritters im Wirtshaus« zeugten von einer besonders zartfühlenden Beziehung zwischen dem »Helden« und seiner »Preisjungfrau«; vielmehr, so typisiert wie die Rollen von Mann und Frau im Aufbau der Märchenerzählung erschienen, so wenig persönlich gestaltete sich bislang das Verhältnis des »Jägers« zu der »Königstochter«. Insofern kann es nicht völlig überraschen, wenn wir erleben, daß die Abenteuer der *Liebe* erst jetzt, nach der Heirat der beiden, wirklich beginnen. Was Wunder auch! So wie man das Schwimmen nur durch das Schwimmen erlernt, so die Liebe gewiß nur durch das Lieben, und kein Irrtum zwischen Mann und Frau dürfte so verhängnisvoll sein wie der weithin gepflegte Aberglaube, ausgerechnet diese wichtigste Aufgabe im Leben eines Menschen: die Liebe zu lernen, lasse sich an irgendeinen rituellen »Akt« vor einem Standes- oder Kirchenbeamten delegieren. Die Hauptschwierigkeit aber kennen wir schon: Je mehr ein Mensch sich auf die Liebe eines anderen einläßt, desto sicherer findet er in ihm auch die Gestalten seines Vaters und seiner Mutter wieder. Die kämpferische Auseinandersetzung mit dem *väterlichen Drachenungeheuer* ging noch einmal günstig aus. Was aber ist es mit der *Mutter?*

Zu dem Grimmschen Brüdermärchen gehört es, daß uns die »Zwillinge« von Anfang an wie Halbwaisen geschildert wurden; zwar sind sie in gewissem Sinne die Söhne *zweier Väter*, doch spürt man nichts bei ihnen, das einer *mütterlichen* Fürsorge und Begleitung ähnlich sähe. Eines armen Besenbinders Kinder zu sein, Hunger zu leiden und gerade eben geduldet zu werden, ja, das Kostbarste selbst im eigenen Leben wie einen Diebstahl, wie ein Verhängnis des

Schicksals betrachten zu sollen, das waren die Grundgefühle in den Tagen, da diese »Zwillinge« Kinder – nicht: *waren*, sondern: sein mußten; und all ihr Leben bis jetzt ging Schritt für Schritt damit hin, dieses Kindheitstrauma der Ablehnung und Strafe sogar für die besten Anlagen und Befähigungen im eigenen Dasein abzuarbeiten. Dem jüngeren Bruder nun scheint das soeben gerade gelungen: Er hat nach langem Ringen und Kämpfen zu einer Frau gefunden, die ihn so liebt, wie seine Mutter ihn hätte lieben müssen, und »nach Gnaden«, nicht »nach Rechten« tritt er denn auch sein neu gewonnenes »Königsein« großzügig und in Freiheit an. Es mag, wer das liest, das Meer absuchen bis zum Horizont, nichts Verdächtiges scheint da die Wellen zu kräuseln; und doch, wer den Aufzug der Wolken zu deuten versteht, der weiß an dieser Stelle bereits, welch ein Taifun sich über der offenen See zusammenbraut. Denn so sicher wie die Begegnung mit dem Mann in der Seele der »Königstochter« die Angst vor dem *Vater* auf den Plan rufen mußte, so unausweichlich wird die Nähe der geliebten Frau in der Seele des jungen Königs jetzt die Angst vor der stets ersehnten und doch stets entbehrten *Mutter* wachrufen. – Wohlgemerkt: wäre das Verhältnis beider noch so einseitig »rettend« wie in den Tagen des »Drachenkampfes« oder so launig »hungrig« wie in den Tagen des »Wirtshauses«, so wäre es unmöglich, daß all die Ängste und Gefahren, von denen das Märchen im folgenden berichtet, sich nochmals zu Wort melden würden. Mit dem »verdrängten« Material der Psyche aus Kindertagen verhält es sich wie mit dem Dauerfrostboden der arktischen Tundra: er taut nur auf in der Wärme der Frühlings- und Sommermonate. Nur die Intensität einer innigen Bindung vermag die eingefrorenen Gefühle der Kindheit wieder ins Fließen zu bringen, und so steht es förmlich zu erwarten, daß die Beziehung des »Jägers« zu seiner »Prinzessin« gerade *wegen* all der bereits erreichten »Erfolge« in der Bewältigung kindlicher Ängste einer letzten alles entscheidenden Krisis entgegentreibt.

Unverfänglich vorweg erscheint zwar noch das Motiv der fröhlichen Jagd, welcher der junge König sich mit so großer Leidenschaft widmet; er geht, könnte man denken, ja nur einfach wieder seiner gewohnten Beschäftigung nach, jetzt freilich nicht mehr »beruflich«, sondern allein zum Vergnügen; seit eh und je ist und war die Jagd ein Privileg und Attribut der Fürsten und des Geldadels[1]; was also sollte daran besonderes sein?

Nun, daß es trotz allem so einfach sich nicht verhält, ist gleich an zweierlei zu erkennen. *Zum einen:* Es ist in dem »Walde«, den der junge König fortan als sein Jagdrevier betrachtet, offensichtlich nicht geheuer; wer sich darein getraut, kehrt nicht mehr zurück, so heißt es. Symbolisch gesehen, weist dieser »Wald« eine gewisse Ähnlichkeit zu jenem anderen »Wald« auf, in den die Zwillinge sich gleich nach der Trennung von ihrem Vater verirrt hatten; damals aber war ihnen in Gestalt ihres Lehrers ein rettender Vaterstellvertreter erschienen; jetzt hingegen, da die Auseinandersetzung mit dem »Vater« ihren Abschluß gefunden hat, wartet auf den jungen König etwas ganz Neues, Unbekanntes und Gefährliches, in das sich hineinzubegeben er zunächst die ausdrückliche Genehmigung seines Schwiegervaters, des »Königs«, einholen muß. Es versteht sich von vornherein: in diesem »Wald« werden keine gewöhnlichen Jagden abgehalten, dieses Terrain, das in aller Regel den Bereich des »Naturhaften«, Unbewußten bezeichnet, ist der prädestinierte Austragungsort eines neuen seelischen Abenteuers, das es unter allen Umständen zu bestehen gilt, um zur Einheit mit sich selbst und damit zur Liebe fähig zu werden.

Und zum anderen: So oft der »Jäger« bislang auch zur Jagd ausziehen mochte, es ist das erste Mal, daß er zum Waidwerk *seine Tiere* mitnimmt. In diesen haben wir bisher stets die Repräsentanten vor allem sexueller Triebbedürfnisse gesehen, und so wird es auch bei der »Jagd« jetzt um eine Weiterentwicklung der sexuellen Thematik gehen. Woher aber dann eine neue Gefahr für Leib und Leben?

Worum es sich *inhaltlich* in der Symbolsprache des Märchens handelt, zeigt uns bereits das Bild der sonderbaren weißen *»Hirschkuh«*, die, selber unerreichbar, den unvorsichtigen Jäger immer tiefer in den »Zauberwald« hineinlockt, bis daß er schließlich, als es schon Nacht ist, auf eine *»Hexe«* trifft, die ihn und die Tiere *versteinert*. Das Symbol von der Jagd auf die Hirschkuh taucht in den Mythen und Sagen schon der Antike recht häufig auf. So hören wir von der *Hindin Morgenröte*, in welche die flüchtige Göttin des aufziehenden Lichtes sich verwandeln mußte, um den Nachstellungen ihres dunklen, gewalttätigen Vaters *Tithonos* zu entgehen[2]; die Angst der Tochter vor dem Inzest mit dem Vater malte sich in diesem Bilde, das mit der Geschichte der Brüder Grimm allerdings noch keine erkennbare Gemeinsamkeit aufweist. Anders jedoch schon die Jagd des *Aktaion:* als er an der Quelle *Diana,* der Göttin der Jagd, beim Bade begegnet, ist er von ihrer unverhüllten Schönheit derart überwältigt, daß er sich in einen Hirschen verwandelt, über den die eigenen Jagdhunde herfallen, um ihn zu zerreißen[3]; der »Hirsch« steht hier offenbar für die »Brunst« des männlichen Verlangens, das angesichts der unberührbaren Göttlichkeit des Weiblichen sich selber verzehrt; psychoanalytisch wird man in der *Göttin,* die den Mann verzaubert, um von ihm nicht überwältigt zu werden, erneut ein *ödipales* Motiv wiederfinden, nur diesmal aus der Sicht eines Jungen gegenüber seiner Mutter; und damit ist in der Tat jetzt der Weg zur Deutung auch des nachfolgenden Abschnitts des Grimmschen Märchens gewiesen. Nicht als ob wir die »Hexe« auf dem Baum in dem Brüdermärchen als eine entfernte Nachfahrin der römischen Göttin der Jagd ausgeben wollten, doch werden wir tiefenpsychologisch das *Unheimliche, Bedrohliche, Verhexende* an dem Wesen einer Frau in aller Regel nicht aus der Eigenart der Frau selber zu erklären haben, sondern aus der Übertragung *ödipaler Ängste* verstehen müssen.

Besonders eine Szene aus dem 10. Gesang von HOMERS *Odyssee* kann das zeigen[4]: Auch dort wird erzählt, daß der Held auf die Jagd nach einer Hirschkuh geht, die er zur Nahrung seiner Gefährten erlegt; dann aber gelangen etliche aus seiner Mannschaft zu der Behausung der schöngelockten Nymphe *Kirke,* die alle Männer in Tiere, speziell in Schweine, verwandelt. Zweimal zeigt sich HOMER selbst unsicher, ob er die Nymphe als eine Göttin oder als einen Menschen bezeichnen soll[5]; sie erscheint, dürfen wir psychoanalytisch sagen, als die Gestalt der Frau in ihrer verlockenden, überirdisch wirkenden Schönheit, gesteigert noch um den Beitrag des kindlichen Wunsches nach Liebe und Geborgenheit in der Nähe *der Mutter* – ein Zwischenwesen, das erhebt und erniedrigt, belebt und tötet, verehrungswürdig in seiner Größe und zerstörungswütig in seiner Grausamkeit –, eine *Parvati-Kali* auf Indisch.[6] In *Griechenland* besitzt insbesondere die *Versteinerung* ihr Vorbild in der Mythe von der *Gorgo Medusa*[7]: wer ihr von Schlangen umringeltes Haupt anschaute, der ward auf der Stelle zu Stein. S. FREUD sah darin die Angst des Jungen vor dem Geschlecht seiner Mutter abgebildet und fand darin die Sorge ausgedrückt, von ihrem »Munde« »verschlungen«, das heißt kastriert zu werden.[8]

Und nun angewandt auf das Märchen: Ein neu erwachendes sexuelles Begehren, dargestellt in dem Bild der »Jagd« des jungen Königs mit den »Tieren« auf die »Hirschkuh«, die Faszination des »Zauberwaldes«, der dem König gehört, aber dem Schwiegersohn zur Jagd freigegeben wird, das Bild einer Frau, die als »Hexe« auf einem Baum sitzt und Männer in Steine verwandelt – in dieser Geschichte scheint alles Erdenkliche aus dem Erbe der Mythen aufgeboten, um von einer letzten und äußersten Gefahr dieses »Jägers« zu erzählen; und doch ist die ganze Szene nicht schwer zu verstehen, wenn wir uns nur die Ausgangssituation psychisch recht klarmachen: *die Mutterlosigkeit des Helden* in den Tagen seiner Kindheit und Jugend. Sie wird uns entscheidend weiterhelfen, die »ödipalen« Inhalte des gesamten Mythenkomplexes näher zu begreifen.

Ein Mann zum Beispiel, der seine Mutter sehr früh schon durch Krankheit verloren hatte, war kaum zwölf Jahre alt gewesen, als er seinem Vater versprechen mußte, durch Strebsamkeit und Fleiß in der Schule sich die Voraussetzungen für ein akademisches Studium zu erwerben. Schon als Kind hatte dieser Junge den schmerzlichen Verlust seiner Mutter durch das Gefühl einer besonderen Bedeutung für seinen Vater ausgleichen müssen. Seine Leistung mußte die fehlende Liebe ersetzen, ein Übermaß an Verantwortung die mangelnde Geborgenheit, die Selbstbestätigung im Überich die ausbleibende Anerkennung für den Wert der eigenen Person; – dieses Schema kennen wir schon, doch sind wir noch nicht genügend vorbereitet auf die besondere Art von Problematik, die sich in dem Grimmschen Märchen jetzt daraus entwickelt.

Das Brüdermärchen erzählt, daß die »Hirschkuh« den »Jäger« so weit in den »Wald« lockt, daß er von seinen Leuten getrennt wird; bei Anbruch der Nacht dann läßt er sich unter einem Baum nieder und legt, um sich zu wärmen, ein Feuer an. Da vernimmt er ein Ächzen und Stöhnen vom Baume herab und wird eines »alten Mütterchens« gewahr, das darüber klagt, wie sehr ihm friere. Der mitleidige Jäger lädt es ein, sich ans Feuer zu setzen, doch aus Angst vor den »Tieren« wagt die Alte nicht herabzusteigen, es sei denn, der Jäger würde seine Tiere mit einer »Rute« schlagen, die sie ihm vom Baume herabwirft. Kaum aber geht der »Jäger« auf die Bitte der Alten ein, da verwandeln sich seine Tiere zu Stein, und die Hexe, nun mutig geworden, springt selber herbei, berührt den »Jäger« mit ihrer Zauberrute und schleppt den Versteinerten mitsamt seinen Tieren hohnlachend in einen Graben, wo schon andere solcher Steine lagern. – Es gibt in diesem hochverdichteten symbolistischen Kondensat nicht ein Detail, das überflüssig wäre; dabei kommt es fast schon einer vollständigen Deutung gleich, wenn wir einfach die Geschichte jenes Mannes bis in die Zeit seiner Heirat weiter verfolgen.

Dieser Mann war im akademischen Raum so weit gekommen, wie es nur ging; schon mit dreiundzwanzig Jahren hatte er promoviert, vier Jahre später schon habilitiert und wenig danach eine Anstellung als »ordentlicher« Professor gefunden. Seinem Glück stand scheinbar nichts mehr im Wege, als er sehr bald noch eine schön aussehende, bemerkenswert kluge Frau fand, die zudem in seinem Fachgebiet wohl bewandert war und durchaus als eine ebenbürtige Mitarbeiterin für ihn in Frage kam.

Berufliches und Persönliches mischten sich augenscheinlich auf das vorteilhafteste; mit einem Wort: es währte keine acht Wochen, als die beiden einander die Ehe versprachen. Da freilich begann eine Beziehungstragödie, die alle ursprünglichen Glückserwartungen bitter enttäuschte. Wie in der Situation des »Drachenkampfes« vorhin, glaubte der junge Professor zunächst, Liebe – das sei soviel wie Vorleistungen zu erbringen, und deren schuf er ja scheinbar die Fülle. Geld – keine Frage bei seinem Gehalt; Empfänge und Reisen – geradewegs eine Pflicht bei seinem Beruf; gesellschaftliche Reputation und äußeres Ansehen – eine selbstverständliche Mitgift seiner Erfolge; und all diese Verdienste seines Wirkens glaubte er wie einen roten Teppich vor den Füßen seiner Frau ausrollen zu können. Er wähnte sie wirklich vollendet glücklich. Was irgend er konnte – er hatte es für sie getan. Zudem hatte er sie in gewisser Weise von der Straße geholt. Nicht genug nämlich, daß ihre Kindheit im Schatten eines Wüstlings von Vater – eines spät aus dem Krieg heimgekehrten Alkoholikers – gestanden hatte, sie war zudem als etwa Zwanzigjährige in die Hände eines Mannes geraten, dessen Verhalten sich im Rückblick nur schwer anders denn als das eines Zuhälters deuten läßt. Um so mehr hatte sie ihre Hoffnung auf das Gelingen der Ehe mit ihrem Mann geworfen. Beide ahnten sie nicht, wie bald schon ihre Beziehung an den beiderseitigen Überforderungen scheitern würde. So wie sie in ihm einen Ersatz für ihren Vater, so suchte er in ihr eine Mutter; ihm *die* zu sein, war diese Frau mehr als bereit; gleichzeitig aber sollte sie *ihm* gegenüber auch die Rolle der idealen Liebhaberin spielen, und diese Erwartung führte rasch zu dem Punkt, an dem die Katastrophe ihren Lauf nahm. – Denn so wie in allem übrigen, versuchte er auch sexuell zu seiner Frau sich als der Mann zu verhalten, der ihr alles zu geben und zu besorgen imstande war, was sie brauchte; *sie* aber spürte nur allzu deutlich, wie sehr sein ganzes Gehabe nicht so sehr ihr selber, als vielmehr seiner Selbstbestätigung als Mann galt, und so konnte sie eine gewisse Abwehr, ja wachsende Abscheu nicht länger überspielen. Er wiederum, frustriert über ihre mangelnde Dankbarkeit und Gegenliebe, erblickte darin ein Problem seiner Gemahlin; er fing an, sie für frigide zu halten, während er sich selber nach wie vor als einen Mann von jugendlicher Kraft und Leidenschaft erachtete. Es mangelte auch jetzt noch nicht an Versuchen, seine Frau für sich zu *erwärmen,* sie aber reagierte auf seine Bemühungen eher noch kälter und abweisender, fand sie doch allein schon sein Ansinnen schlechtweg degoutant, ihn für seine männlichen Krafterweise auch noch bewundern zu sollen; – er wiederum warf ihr nunmehr vor, sie sei überhaupt keine richtige Frau, sie sei zu allen Empfindungen unfähig, sie sei kalt wie ein Eisblock. Doch irgendwie glaubte er sich alle diese Vorwürfe selber nicht; er spürte nur allzu deutlich, daß auch ihm etwas fehlte, nur: was? Er suchte nach der Anerkennung und Zuwendung einer Frau, die sich vor ihm zurückzog wie das Meer nach den Stunden der Flut, und er lief hinter ihr her wie in ein trockengefallenes Watt; irgendwo hinten am Horizont schimmerte noch die Brandung, nie aber würde er imstande sein, in der kurzen Zeit, die ihm zwischen den Gezeiten verblieb, dort anzulangen und trockenen Fußes zurückzukehren. Immer deutlicher fürchtete er sich vor der, wie es ihm schien, *Maßlosigkeit* seiner Frau. Er begann, ihr zu erklären, daß sie wie eine Katze auf dem Baum sitze und es sich in der Sonne gutgehen lasse; er nannte sie ein Luxusweibchen, das nur darauf aus sei, sich von ihm noch mehr verwöhnen zu lassen, er aber weigere sich, ihre Tyrannei noch länger hinzunehmen; sie ihrerseits stand fassungslos vor all diesen Beschuldigungen, deren Sinn sie nicht verstand. Sie wollte doch von ihm überhaupt nichts ...!

So in etwa wird man sich die Not des »Jägers« vorstellen müssen, der, verlockt von der »schneeweißen Hirschkuh«, in einem nächtlichen »Walde« von einer »frierenden« »Hexe« auf einem Baum am eigenen »Feuer« mitsamt seinen »Tieren« »versteinert« wird. Zentral für die ganze Szene ist offenbar die Angst vor der Unersättlichkeit einer Frau, der er doch alles zu geben bestrebt war, ohne zu ahnen, daß er im Grunde den ganzen Widerspruch selbst arrangiert hat, indem er die Einstellung des »Retters«, des »Drachenkämpfers«, die Attitüde des phallischen Schwertkämpfers bis in den Intimbereich hinein aufrechtzuerhalten suchte. Ein inneres Erstarren in Gefühllosigkeit und Unbeweglichkeit, Impotenzängste und neuerliche Selbstzweifel, Zorn auf sich selbst und auf diese Frau, die ihn am Ende noch zu verhöhnen schien, das Empfinden, mit der ganzen Ehe wie von einer »Hexe« »geschlagen« worden zu sein – Eindrücke dieser Art lassen am Ende alles wie vertan und verloren erleben, ein Be*graben* aller Hoffnungen auf einem Wege, der sich doch eben noch so großartig anließ. In dem Leben dieses Mannes wie in der Geschichte der Brüder Grimm findet all das sich gehäuft wieder.

Lediglich *ein* wichtiges Moment des Märchens verbleibt, das in diesem Beispiel nicht erfaßt ist, ja, ihm sogar zu widersprechen scheint, das ist die deutliche Angabe der Märchenerzählung, daß auf dem »Baum« *»ein altes Mütterchen«* sitze, also ganz gewiß keine blühend junge, schöne Frau wie in dem gerade genannten Beispiel. Es hilft nicht viel, im allgemeinen zu erklären, »Hexen« *seien* halt alte Frauen, solange es wahr bleibt, daß gerade die »Hexen« ihre Zaubermacht über die Männer wesentlich ihrer Jugend und Schönheit zu verdanken pflegen. Eben dieser Kontrast aber zwischen Jugend und Alter, zwischen Blühen und Welken, gerade die unerbittliche Hinfälligkeit des menschlichen Körpers im Fortschritt der Jahre hat kulturgeschichtlich immer wieder als der stärkste Antrieb die »Hexen«phantasie beflügelt. Allerorten, ob in Europa, Afrika oder Lateinamerika, werden die Hexen als alte Frauen mit faltendurchfurchtem Gesicht, mit zahnlosem Mund, tief herabhängenden Brüsten und gekrümmtem Rücken dargestellt[9]; unübersehbar malt sich in diesem Konterfei der Schrecken der Männer und ihre Enttäuschung vor der Zerstörungsarbeit des Alters. Der Vorwurf schwingt mit, schon von der Mutter her durch ein Versprechen ins Leben gelockt worden zu sein, das nicht zu halten ist – eine Art Betrug, der von der Schönheit einer jeden Frau ausstrahlt.

Die Problematik ist allgemein. Jedes Kind wird von einer Mutter geboren, die ihm, wie eine Göttin, mit allen Attributen eines verführerisch reichen, paradiesischen Lebens ausgestattet zu sein scheint; in seinen Augen ist die Mutter der Inbegriff aller Glückseligkeit – all die Worte der »lauretanischen« Litanei, mit denen die römische Kirche die »Mutter*gottes*« rühmt, eignen sich zur Darstellung der zauberischen Allmacht einer Frau gegenüber ihrem Kind; sie ist die »Quelle des Lebens«, der »Sitz der Weisheit«, ein »elfenbeinerner Turm«, der »Stern des Meeres« (die Göttin Isis, der Sotis-Stern der Ägypter[10]), der »Ursprung aller Schönheit« ... Doch all diese vortrefflichen Eigenschaften gelten nur unter einer Bedingung: daß ewige Jugend gewährt sei! Wo sie nicht ist, fällt alles dahin; die »himmlische Mutter Maria« ist im Grunde nichts weiter als das Idealbild der Frau, hineingestellt in eine Welt, die Alter und Tod nicht (mehr) kennt. In der wirklichen Welt aber waltet die bittere Enttäuschung, daß Frauen im allgemeinen so überirdisch nicht sind. Jede Mutter, die ein Kind zur Welt bringt, gebiert es nicht nur zu Leben und Freude, sondern zugleich auch zu Schmerz, Leid und Tod; und ihr eigenes Altern zeigt an, wie wenig verläßlich ihr Schutz und ihr Beistand in die Länge des Lebens zu sein vermögen. Der himmlische Engel, die gute Fee, die Göttin der Kindertage wird irgendwann sich in eine hohnlachende Zauberhexe verwandeln: – dieses Leben, in das sie uns lockte, ist ein einziger Trug! Die Darstellungen schon des Mittelalters von der »Frau Welt« und der »reinen Jungfrau« Maria spiegeln diesen Gedanken wider[11], und sie gelangen zu ihrem Höhepunkt in der letzten geschlossenen Kulturleistung des römischen Katholizismus: im Jesuiten-Barock.[12] Die »Hirschkuh«, dieses Mutterbild animalischer Weiblichkeit, das den Mann in eine

Natur hineinlockt, an deren Ende auf dem »Weltenbaum« dieselbe Frau als Todesgöttin hockt und alles Leben in *Stein*, in die ewige Leblosigkeit[13], zurückverwandelt, – man kann nicht anders sagen, als daß in dem Grimmschen Märchen an dieser Stelle ein Bild von wahrhaft mythischer Größe beschworen wird. »So ist das Leben«, lautet sein bitterer, metaphysischer Schicksalsgesang zwischen Lust und Leid, zwischen Aufbruch und Abbruch, zwischen jägerischem Spaß und tödlichem Spott.

Und doch, so sicher es diesen Gegensatz von Geburt und Tod, von Jugend und Alter, von Blühen und Welken tatsächlich gibt, für so sicher muß gelten, daß es nicht nur *diese* Art gibt, das Leben zu sehen, und daß, wer das Leben nur so zu betrachten vermag, ein zutiefst unglücklicher, in sich zerquälter Mensch sein muß. An dieser Aussage ändert sich auch und gerade dann nichts, wenn wir soeben feststellen mußten, daß ganze kulturgeschichtliche Epochen eine entsprechende Weltsicht unumwunden zur Vorschrift erhoben: die mittelalterliche Zwei-Reiche-Lehre im Machtkampf von Papst und Kaiser, von Kirche und Staat zerriß wie mit Absicht die Menschen zwischen Himmel und Erde[14], und vollends die Aufspaltung des Menschen im katholischen Barock zwischen draller Fleischeslust und makabrem Totentanz, zwischen praller Lebensgier und dem strafenden Zorngericht Gottes, verfolgte bewußt den Zweck, Natur und Kultur, Körper und Seele, Materie und Geist, Irdisches und Göttliches als einen unversöhnbaren Gegensatz erscheinen zu lassen, in dessen Hohlraum die Priesterherrschaft als unverzichtbar sich etablieren konnte[15]; – noch heute wird in den katholischen Stammlanden Deutschlands das absurde Wechselbad von Rosenmontag und Aschermittwoch als ein Zeichen von weltüberlegenem Humor und unerschöpflicher Weisheit ausgegeben. Ja, man kann insgesamt in der Philosophie- und Geistesgeschichte Europas mit Beginn der Neuzeit von einer wachsenden Zersetzung und Entgegensetzung von Gefühl und Verstand sprechen[16]; dabei sind die Fürsprecher und Wegbereiter einer solchen Weltanschauung immer wieder geistig hochstehende Männer gewesen, die doch in der Frau gerade so viel sahen wie ein notwendiges Übel und es an bitteren Zynismen über die »rein irdische«, »allzu gefühlige«, einzig »dem Endlichen verhaftete«, »ganz dem Sinnlichen zugewandte« Wesens(un)art des Weiblichen zur Aufklärung der Männer nicht fehlen ließen. Der Mann indessen galt da stets, versteht sich, als der Forschende, Aktive, Kämpfende, Strebende, Geistige – als der *Jäger* eben, während die Frau zwischen »Hirschkuh« und »Hexe«, zwischen Muttertier und Dämonin ihr Schattenwesen trieb.[17]

Es hat an Stimmen nicht wenige gegeben, die auch vor den Grimmschen Märchen warnen wollten, eben solcher Anklänge wegen. In Wahrheit aber zeigt uns vornehmlich dieses Männermärchen von den *Zwei Brüdern* wie kein anderes in der Grimmschen Sammlung, auf welchem Weg sich der Alptraum eines derart vereinseitigten Männerbildes auflösen läßt, und man wird der Erzählung nicht zum Vorwurf anrechnen können, daß sie die Vorstellungen einer ganzen philosophiegeschichtlichen Ära (des Deutschen Idealismus) in Bildern aufgreift, *um sie zu überwinden*, es sei denn, man wollte ihr die Problemstellung selbst bereits übelnehmen. Seit wann aber löst man gewisse Fragen des Lebens, indem man sich weigert, sie überhaupt zuzulassen? Der »Trick« freilich, dessen das Märchen sich zur Lösung des Konfliktes bedient, besteht einzig darin, den ideologischen Kampf bestimmter philosophischer Weltbilder, religiöser Dogmen oder gesellschaftlicher Modelle über das »Wesen«, das heißt im Grunde über die *Rolle* von Frau und Mann, nicht länger auf der rationalen Ebene fortzusetzen, sondern aus dem Inneren der Seele Bilder anzubieten, die der Versöhnung dienen. Fragen, die unter dem Anspruch weltanschaulicher »Objektivität« als prinzipiell unlösbar sich darstellen mußten, werden in den poetischen Szenen der Märchen wieder dem subjektiven Erleben zurückgegeben; die rational verfestigte Struktur ihrer Ausformulierung wird in dem Glutstrom starker Gefühle eingeschmolzen und damit dehnbar, formbar, neuen Gestaltungen zugänglich. Nicht *was* da gedacht wird, bildet die Frage des Märchens, sondern was das für Menschen sind, in deren Köpfen die Welt sich dergestalt darstellt. Die Psychologie, nicht die Theologie oder die Soziologie, erscheint hier als der erste Ort der »Erlösung«. – Noch einmal also gefragt: wie müssen wir uns die Seele eines Mannes vorstellen, der auf der »Jagd« nach einer »Hirschkuh« im »Walde« unter der »Rute« eines »frierenden« »alten Mütterchens« auf dem »Baume« am eigenen »Feuer« mitsamt seinen »Tieren« »versteinert«?

Wir wählten soeben als Beispiel die Biographie eines Mannes, der sehr früh bereits seine Mutter verloren hatte und seither bestrebt war, die schmerzlich Fehlende in seinem Leben zu ersetzen; vor allem sein verzweifelter Kampf gegen die vermeintliche »Frigidität« seiner Frau läßt sich psychoanalytisch auch als das Bemühen verstehen, der verstorbenen Mutter all die Glut und die Wärme wiederzuschenken, die auf so schreckliche Weise aus dem »versteinerten« Leichnam der Toten sich damals zurückgezogen hatten. Immerhin aber hatte er eine Mutter in den ersten Jahren seines Lebens noch kennengelernt; ein Stück tiefer in die »Versteinerung« durch die Hexenalte auf dem »Baum« führt uns die Lebensgeschichte eines Mannes, dessen *Mutter* sogar zu dem Zeitpunkt noch lebte, als er in langen therapeutischen Gesprächen sein Leben zu ordnen versuchte, der aber so etwas wie *»Mütterlichkeit«* in seinem Leben niemals erfahren hatte.

Seiner Darstellung nach war seine Mutter eine herbe Gesellschaftsdame mit hochfliegenden Zielen und ehrgeizigen Plänen, in denen sie sich selber als eine einflußreiche Geschäftsfrau und erfolgreiche Künstlerin gefiel. Geheiratet hatte sie einen Mann, den sie wohl einmal geliebt, doch dann an das Leben verloren hatte. Äußerlich gesehen, hatte er wohl einmal ihre Träume realisiert, doch hatten die Jahre sie bitter gemacht. Zwar hielt sie aus Klugheit und Pflicht ihm die »Treue«, alle Zuneigung und Wärme aber waren in ihr erstorben. Ihren Sohn, einen »spätgeborenen« in wortwörtlichem Sinne, ließ sie ihre notorische Abneigung gegen die Männer als solche in einer Mischung aus Ironie und Anspruchsdenken auf das eindrücklichste spüren. Ihr Mann seinerseits fühlte sich unter diesen Umständen moralisch geradewegs gerechtfertigt, wenn er an die Stelle der zerbrochenen Liebesbeziehung zu seiner Frau eine Vielzahl von Liebesaffären mit anderen Frauen setzte. Freilich hinderte ihn das nicht, die Ehe an sich für »heilig« zu halten. Denn alle Tradition hielt er heilig, und alles, was heilig war, verachtete er. Von seinem Sohn erwartete auch er im wesentlichen nichts als Gehorsam und Leistung; doch statt ihn dahin zu ermutigen und durch Anerkennung zu fördern, verspottete und demütigte er ihn, wie er nur konnte: Sein Sohn, das stand fest, war nicht wie er, und er würde, ja, er durfte im Grunde niemals so werden wie sein Vater. Um so mehr hätte dieser Junge wiederum des Schutzes und Halts seiner Mutter bedurft, doch prallte er an ihr ab wie an einem Gebirge aus Eis. Sie lebte, älter geworden, in einer Welt des schönen Scheins und einer kulturell gepflegten, menschlich ungestörten Einsamkeit; sie umgab sich mit einer Sammlung von Mineralien und Fossilien, besuchte des Sonntags Vorträge über Astronomie und abonnierte sämtliche Theater- und Musikveranstaltungen des städtischen Theaters; ihr Sohn aber mußte sich in dieser Scheinfamilie eines arrivierten Kulturkatholizismus als fünftes Rad am Wagen empfinden – brauchbar allenfalls für einen familiären Notfall, der hoffentlich nie eintreten würde, bis dahin aber, in der »Normalität«, denkbar überflüssig.

Unausweichlich entstand in diesem Jungen im Verhältnis zu seiner Mutter eine extreme Mischung aus Sehnsucht und Angst, und entsprechend ambivalent verhielt er sich, älter geworden, insgesamt den Frauen gegenüber, stets flehend und fliehend im Wechsel. Insbesondere als er seine spätere Frau kennenlernte, hoffte er, vielleicht zum ersten, gewiß zum letzten Mal, auf so etwas wie eine Erlösung von dem Durcheinander seiner Triebwelt, fand er in dieser Frau doch einen Menschen, in dem sich Schönheit und Sensibilität, Liebesfähigkeit und Lauterkeit, Menschlichkeit und Mut auf das glücklichste mischten. Wo, wenn nicht hier, sollte er die widersprüchlichen Bilder der erwünschten und der verwünschten Frau in seinem Inneren vereinen können? Auch hatte er durch berufliche Qualifikationen und erste erfolgreiche Geschäfte den gesetzten Erwartungen seines Vaters mittlerweile leidlich entsprochen. Was ihn gleichwohl immer wieder – in der Sprache des Märchens – auf die »Jagd« gehen und zugleich »versteinern« ließ, war seine spezifische Angst *vor dem Älterwerden* der Frau.

Äußerlich bereits besaß diese Angst in seinem Erleben den Wert eines Symptoms. Denn es zeigte sich bald, daß er außerstande war, eine Frau zu »lieben«, die älter war als zwischen 18-22 Jahre. Wohl gestand er seiner Gemahlin zu, daß sie, selbst nach dem Ideal der Jugendlichkeit, das er sich in den Kopf gesetzt hatte, sogar ausnehmend schön sei, doch quälte er sich von Anfang an mit der Vorstellung, daß sie ja gewiß *älter* werden und dann nicht mehr so »schön« aussehen würde. Sie brauchte nur des Morgens beim Aufstehen ein wenig müde zu wirken, schon galt es ihm als Beweis: »Du wirst älter!« Sie brauchte nur einmal ihre Kleidung etwas weniger straff am Körper zu tragen, so hielt er ihr vor: »Du schlaffst ab.« Und mit solch verletzenden Worten verband er nicht nur die *Drohung,* sie auf der Stelle zu verlassen, im Falle sie nicht mehr rank und schlank genug erscheinen sollte –, er zeigte sich von Anfang an vernarrt in den Anblick jüngerer Mädchen. Vor allem nach der Geburt des ersten Kindes hielt er es in seinem Eheleben mit GEORGE BIZETS *Carmen* und gab sich überzeugt von der Wahrheit ihrer Arie: »Die Liebe vom Zigeuner stammt, die Treue hat sie nie gekannt.«[18] Auf seine Eskapaden reagierte seine Frau hingegen mit krampfartigem Weinen, das sie vor ihm auf das verzweifeltste zu verbergen suchte; – »Mit Deinen roten Augen siehst Du aus wie eine Eule«, lautete sein frivoler Kommentar.

Bis dahin hätte man wohl meinen können, dieser Mann sei »einfach« zum Opfer des Wiederholungszwangs der Ehe seiner Eltern geworden; tatsächlich aber zeigte sich, daß es *einen spezifischen Faktor* für sein tragisches Scheitern gab, der wesentlich in dem Erleben seiner Mutter begründet lag. Zu seinen Grunderfahrungen als Junge muß die Entdeckung gezählt haben, daß seine Mutter ihn *ganz anders* hätte aufnehmen können, wenn »alles« hätte so bleiben können wie »damals«. »Damals« – das war *für sie* die Zeit, als sie ihren Mann noch aufrichtig hatte lieben können; für den Jungen allerdings bedeutete »damals«, vornehmlich im Kommentar seines Vaters, jene Zeit, als die Mutter noch »jung« genug war, daß er, *der Vater,* sie »noch« zu lieben vermochte. Sie hingegen gab mit all ihren Klagen über die verlorene Zeit »damals« dem Kind zu verstehen, es besäße so etwas wie ein Anspruchsrecht auf den *Stillstand der Zeit:* für sie hatte das Leben wirklich von einem bestimmten Moment an aufgehört, sich noch zu bewegen, und es war das Älterwerden an sich, das sie unablässig bedauerte.

In den Augen dieses jungen Mannes indessen wurde aus der Beziehungstragödie seiner Eltern mehr und mehr ein sozusagen physiologisches Dilemma. »Meine Mutter müßte noch so fühlen wie in den Jugendjahren ihrer Liebe« – daraus erhob sich gegenüber seiner Frau jetzt das Diktat: »Wenn Du nicht mehr so blühend aussiehst wie jetzt, gehe ich von Dir fort.« Es war die ganz natürliche Tatsache, daß auch Frauen, selbst Mütter, *älter* werden, mit welcher dieser Mann unter den gegebenen Umständen nicht zurechtkam. »Ich kann mir nicht vorstellen, daß meine Mutter älter wird«, pflegte er zu sagen. Für seine Frau aber hatte er nichts als Hohn und Spott übrig, wenn sie mit Hilfe von Kosmetika aller Art versuchte, »jung« zu bleiben. Sie sah eben doch nicht so aus wie die Titelgirls in der nächsten Nummer der Herrenmagazine. Er »versteinerte« buchstäblich mit all seinen Gefühlen, wenn er sah, wie seine Frau, Geburt um Geburt, in die Jahre kam, und er verfiel nicht darauf, daß es nur die »Versteinerung« seiner eigenen Kindheit war, die ihn daran hinderte, das Leben auch und gerade seiner Frau als einen Prozeß des Wachsens und Reifens anzunehmen.

Hinzu kam auch bei ihm auf höchst empfindliche Weise das Problem der »Kälte«. Daß er für seine Frau im Grunde nichts weiter empfand als einen Schwarm »tierischer« Bedürfnisse, indem er in ihr kaum etwas anderes sah als eine schöngliedrige, verlockende »Hirschkuh«, hinter deren Gefühlen er (vergeblich) herjagte, das war nach seiner Schätzung »durchaus nicht unnormal«. Die Folge: er vermißte *bei seiner Frau* die nötige »Begeisterung«; sie regte ihn nicht an; sie sagte nichts, sie lag nur einfach da. Ohne Zweifel: es war *an ihm*, sie »in Stimmung zu bringen«. Daß er mit dieser Einstellung – ganz nach dem Vorbild der Eltern – das Thema der Sexualität vollkommen veräußerlichte und gleichzeitig überbewertete, so als hätte ihm eine Viertelstunde im Bett alles ersetzen können, was er an Liebe seit Kindertagen entbehren mußte, bildete für ihn nach wie vor keinen Teil der Wahrnehmung.

Noch paradoxer aber kam es, wenn seine Frau, und war es noch so zögernd oder auch nur ein wenig verspielt, wie um ihm einen Gefallen zu tun, von sich her ein eigenes Verlangen nach ihm äußerte. In solchen Augenblicken ließ sich das Verhalten dieses Mannes tatsächlich nur so beschreiben, wie S. FREUD es mit dem Wort »Kastrationskomplex« versuchte[19]: ihn überkam ein phobischer Schrecken; er fühlte sich von der »Erregung« seiner Frau als Mann bedroht und »bestrafte« sie augenblicklich für ihre »Maßlosigkeit« mit Abkehr und Liebesentzug. Einerseits warf er ihr vor, zu passiv zu sein, andererseits verwarf er sie, wenn sie drohte, zu »aktiv« zu werden. Setzt man für die »*Rute*« der »Hexe« auf dem »Baum«, entsprechend der FREUDSCHEN Entsymbolisierung, das weibliche Genitale, das in der »Männersprache« denn auch mit ähnlichen Ausdrücken belegt zu werden pflegt[20], so gewinnt die sonderbare »Versteinerung« des jungen »Königs« in dem Grimmschen Märchen jetzt eine gut verständliche, wenngleich unheimliche Bedeutung. Denn was wir vor uns sehen, ist ein unauflösbares Geflecht von Begierde und Angst. Sobald der »Jäger« die »frierende Frau« zu sich ans »Feuer« holt, bewirkt ihre Nähe als Frau bei ihm ein Ersterben aller Gefühle. So wie im *Dornröschen*-Märchen (KHM 50) das Erwachen der weiblichen Sexualität, dargestellt in dem Stich mit der Spindel in den Finger, dazu führt, daß im Schloß der Prinzessin alles Leben, sogar das Feuer im Herde, versteinerte[21], so »versteinerte« dieser Mann aus reiner Sexualangst vor seiner Frau – infolge der sexuellen Fixierung seiner Mutter als ewiger (Jung)Frau.

Wieder aber würde sich irren, wer in all dem »nur« ein sexuelles Problem erblicken wollte. Im Grunde war es durchaus nicht das »sexuelle« Verlangen seiner Frau, das diesen Mann so erschreckte, es war vielmehr die Angst vor der Unersättlichkeit der *seelischen* Bedürfnisse einer, das heißt *seiner* Frau, die ihn schon von weitem Reißaus nehmen ließ. Im Hintergrund der Thematik von »Kälte« und »Feuer«, von »Rute« und »Versteinerung« stand erneut *die Gestalt der Mutter*, und es war nicht schwer herauszufinden, wie sehr diese vereinsamte, stolze Frau inmitten ihrer Kollektion von Steinen und Sternen ihren Jungen als Ersatz für die fehlende Liebe ihres Gatten eingefordert haben muß. Dieser Mann, der selber dringend eine Mutter gebraucht hätte, war im Grunde dazu ausersehen gewesen, der Mann seiner Mutter zu werden. Nicht die Wünsche seiner Frau waren es, die ihm eine solche Angst einjagten, sondern das unerfüllte Liebesleben seiner Mutter. Selbst die sexuelle Thematik, die das Drama seiner Ehe durchzog, stellte nur die Erscheinungsform einer weit tieferen Problematik dar: wie er mit den »Forderungen« gerade der Frau zurecht kommen sollte, deren Liebe er am meisten bedurft hätte. Die sexualanalytischen Theorien FREUDS ließen in seinem Falle wohl die dynamische Struktur, nicht aber die eigentliche Thematik seiner Schwierigkeiten verstehen: – die »Verhexung« durch eine Frau, auf die er so lange »Jagd« gemacht hatte. Nicht ein »metaphysisches« Mysterium, einzig ein psychischer Konflikt wartete hier seiner Auflösung. Aber wie? Das ist jetzt die Frage.

b) Das Schwert der »Treue« und die Kugel aus Silber oder: Die Rückkehr des »Bruders« und die Einheit der Liebe

Rein abstrakt könnte man denken, es liege allein bei der »Königstochter«, den jungen »Jäger« von seinen Obsessionen zu heilen; sie, die durch ihn von dem väterlichen »Drachen« erlöst wurde, stehe nun in der Pflicht, ihn von dem Alptraum der mütterlichen »Hexe« zu befreien. »An sich« wäre diese Möglichkeit vielleicht auch gegeben, vorausgesetzt, wir hätten inzwischen eine »Prinzessin« vor uns, die selbstbewußt und frei genug den Übertragungen der so vielfach verwirrten Gefühle ihres Gatten gegenüberstände. Gerade das aber ist nach Ausweis des Märchens nicht der Fall. Im Gegenteil: nach wie vor sehen wir die »Königstochter« sich im wesentlichen als die Tochter ihres Vaters verhalten: Es war der »alte König«, der die »Jagd« im »Wald« überhaupt erst erlauben mußte, und als »der junge König gar nicht wiederkam«, erzählt uns das Märchen, »ward die Angst und Sorge der Königin immer größer«. Kein Wort hören wir, daß diese Frau etwa den bedrohlichen Wald hätte durchforschen lassen oder gar sich selbst auf die Suche nach ihrem verschollenen Mann begeben hätte. Zu *trauern* und in Trauer zu *verharren* ist, wie bei der Frau in unserem Beispiel, ihre einzige Art, auf die »Versteinerung« ihres Mannes zu antworten. Wenn es, mit anderen Worten, überhaupt noch eine Auflösung all dieser Schwierigkeiten geben soll, so muß sie schon von dem jungen König selbst ausgehen, und genau das ist es denn auch, was die Erzählung von den *Zwei Brüdern* zum Abschluß berichtet.

In so gut wie allen Märchen liegt eine Seltsamkeit darin, daß es unmöglich scheint, auch nur wenige Sätze vor dem Ende den Ausgang vorherzusagen. Trotz der typologischen Schemata, mit denen die Märchen bevorzugt arbeiten, weiß man niemals im voraus, wie der Gang der Ereignisse sich weiterentwickeln wird – Gelegenheit genug für uns, nochmal mit Nachdruck vor dem Glauben zu warnen, es verhalte sich im Leben grundlegend anders als in solchen Geschichten, im »wirklichen« Leben sei es ohne weiteres möglich, durch alle Verwicklungen der menschlichen Seele das Schicksal mit klaren Anweisungen und moralisch eindeutigen Regeln auf Kurs zu steuern! Wer, wenn er ehrlich ist, käme denn auch nur entfernt darauf, bei der Lektüre des Märchens von den *Zwei Brüdern* die Lösung an dieser Stelle gerade dort zu suchen, wo bislang die ganze Schwierigkeit lag: in der *Zerspaltenheit* dieses »Zwillings«bruders selbst? Doch gerade so muß es sein!

Alles, was uns seit der Trennung der zwei Brüder an jenem Baumstamm, in den sie das Messer ihres Pflegevaters stießen, bisher erzählt wurde, war ja nur die Geschichte *der einen Hälfte* der Psyche eines Menschen. Die Frage ist längst überreif, was aus all den Seelenanteilen werden konnte und geworden ist, die vom Baum der Trennung an in die *entgegengesetzte* Richtung, *nach Osten,* gewandert sind. Gerade in ihnen dürfen wir jetzt aufgrund der *Gegenläufigkeit* ihrer Entwicklungsrichtung eine gewisse Kompetenz zur Lösung der entstandenen Gefahren seelischer Einseitigkeit vermuten. Dieser andere »Bruder« muß bei seinem Gang in den Sonnenaufgang, zurück an den Anfang, etwas gelernt haben, das seinem »Zwillingsbruder« gerade so bitter ermangelt, und wenn wir den »Königsbruder« so hilflos mit seinem Streben zu helfen dem Banne der (mütterlichen) »Hexe« verfallen sehen, so muß dieses »Etwas« wesentlich zu tun haben mit der Fähigkeit, sich gegenüber einer Frau distanzieren und »nein« sagen zu können.

Den Worten des Märchens nach war auch dieser »ältere« Zwillingsbruder eine ganze Weile lang »herumgezogen«, ohne einen »Dienst« zu finden, und hatte währenddessen »seine Tiere tanzen lassen« – eine merkwürdige Art zu leben, möchte man meinen, bei jemandem, der jeden Morgen ein »Goldstück« unter seinem Kopfkissen findet! Doch in der (Psycho)Logik des Märchens kann es nicht anders sein, als daß *beide Brüder* sich zueinander spiegelbildlich verhalten. Insofern braucht es uns auch nicht zu wundern, daß der ältere, als er anhand des »Messers« der Gefahr innewird, in welcher sein Bruder schwebt, sich geradewegs »nach Westen« aufmacht und alsbald zu der Königsstadt gelangt, in welcher man seinen Bruder schon sehnlichst erwartet. Genau betrachtet, beginnt die »Rettung« also damit, daß im Hintergrund die bisher rückwärts gerichtete Antriebsenergie sich nach vorne wendet und die »Introversion« endlich nach außen hin dem Leben zu »dienen« beginnt, statt nur zur Belustigung der Leute artistisch »herumzutanzen«; denn gerade mit dieser anderen Lebenseinstellung ist offenbar eine

Fähigkeit verbunden, die einzubringen buchstäblich lebenrettend sein wird!

Entsprechend der Symbolsprache des Märchens ist es dem Anschein nach wirklich der *»Jäger«*, der in die Stadt zurückkehrt, in Wahrheit allerdings ist er bei seiner Rückkehr *ein anderer.* Die »Wachen« am Stadteingang, die »Zensoren seines Überichs«, bemerken seine Veränderung nicht, ja, sie geben ihm geradewegs die Erklärungen vor, mit denen er sein Inkognito zu wahren weiß: Er hat sich halt nur in dem Walde *»verirrt«*. Das hat er tatsächlich; doch um den Ernst der Lage soll und darf offenbar niemand anders wissen als nur er selbst. Auch die »Prinzessin« erhält keine Chance, auf lange Zeit hin etwas anderes zu denken, als daß sie Grund zu »großer Freude« hat, indem sie ihren Gemahl wieder in die Arme schließt. Gleichwohl hat sein Verhalten sich ihr gegenüber dramatisch gewandelt: am Abend, als er in das königliche Bett gebracht wird, legt er »ein zweischneidiges Schwert zwischen sich und die junge Königin«, die zwar nicht begreift, »was das heißen soll«, sich aber auch nicht getraut, ihn zu fragen. An diesem Verhalten wird der andere Bruder später, so der letzte Satz der Geschichte, »die Treue seines Bruders« erkennen; doch ist diese moralisierende Deutung der »Kinder- und Hausmärchen« der Brüder Grimm deutlich sekundär; ursprünglich steht bei all dem etwas anderes auf dem Spiel: nicht die »Treue«, sondern der *»Kontrast«* zu der Wesensart des »Bruders«!

Dessen Hauptschwierigkeiten, so sahen wir in dem genannten Beispiel, ergaben sich aus dem Zwang, bei jeder Frau, insbesondere bei seiner eigenen, die Tragödie der Mutterbeziehung aus Kindertagen zu wiederholen und aus dem ständigen Hin und Her von Sehnsucht und Flucht am Ende sich selbst nicht mehr zurechtzufinden. Wenn es hier überhaupt eine Klärung geben soll, so muß sie in der Tat von ihm selbst ausgehen, indem er herausfindet, *was er nun wirklich will:* ob Ja oder Nein, ob Nähe oder Distanz, ob Zuwendung oder Abwendung, und zwar wann, zu welchem Zeitpunkt, in welchem Umfang, aus welchen Gründen, mit welchem Ziel ...! Derselbe Mann, der mit dem Zauberschwert, das einzig er auf Erden zu führen vermochte, einem »Drachen« sieben Köpfe abschlug, bedarf ganz offensichtlich eines »Schwertes«, um für sich selber

Grenzen zu ziehen. Das einzige, was diesen nach außen hin so erfolgreichen Mann zu retten vermag, ist eine »eiserne« Disziplin, die spätestens jetzt gelernt sein will. Er selber ist es, der sich seiner Frau gegenüber »abgrenzen«, das heißt, noch einmal neu »definieren« muß.

In der Psychotherapie von Männern, die an *Impotenzängsten* leiden, empfiehlt sich manchmal der Vorschlag, eine ganze Zeitlang, sagen wir: mehrere Wochen oder gar Monate, auf den eigentlichen sexuellen Kontakt so gut wie ganz zu verzichten. Es macht keinen Sinn mehr, selbst im Intimbereich noch den »Helden« spielen und sich als der Größte und Stärkste beweisen zu wollen; es macht auch keinen Sinn mehr, den eigenen Wert daran zu messen, wie weit das »Vermögen« reicht, die Wünsche des anderen zu »befriedigen«; das einzige, worauf es jetzt ankommt, besteht in der inneren Freiheit, zwischen sich und den anderen die »Grenze« »festzulegen«, die (für diesmal) nicht überschritten werden soll. Zu lernen gilt es da, nichts mehr zu tun, was nicht gefühlsmäßig wirklich stimmt; es gilt zu merken, daß man keineswegs aufhört, ein liebenswerter und liebenswürdiger Mensch zu sein, auch wenn man sich einmal zurückzieht oder verweigert. Was der »Bruder« des »jungen Königs« an dieser Stelle zu üben beginnt, ist eine überaus wichtige Erfahrung: Liebe *besteht* darin, den anderen *fraglos* anzunehmen, auch wenn er *nein* sagt; oder noch tiefer: sie besteht in dem Vertrauen, daß der andere nichts weiter möchte als die Eindeutigkeit des eigenen Verhaltens. So sonderbar es sich auch vielleicht anhört: dieses »Schwert« zwischen dem »Bruder« des »jungen Königs« und der »Prinzessin« ist in der Tat der erste Schritt zu einer neuen Form wahrer und aufrichtiger Annäherung; es ist der erste Schritt auch zur Entdämonisierung des Frauenbildes, – zur Beendigung der uralten Mutterfixierung; und beides, natürlich, ist im Grunde ein und dasselbe.

Wie stark das Bild der Frau bisher mit den Totalansprüchen einer »Mutter«, die nie als solche erlebt wurde, zusammenhängt, zeigt sich jetzt, da es sich auflöst, noch einmal in aller nur wünschenswerten Klarheit. Auch der ältere Bruder muß noch einmal all die Stadien durchschreiten, die seinen Zwillingsgefährten in die »Versteinerung« geführt haben. Alle Requisiten der Szene zuvor müssen demnach erneut auf die Bühne: der »Wald«, die »Begleiter«, die »weiße Hirschkuh«, das »Feuer«, die »frierende Alte« auf dem »Baum« ..., alles beginnt noch einmal, wie schon gehabt. Ein einziger Unterschied freilich zeigt sich schon bald, und er wird entscheidend sein: dieser ältere Bruder macht *bewußt* durch, was jenem »jüngeren« wie schicksalhaft widerfuhr. Zwar spricht er zu der »Hexe« dieselben Worte wie sein Vorgänger: – wenn der Alten friert, solle sie halt zu ihm ans Feuer kommen; doch es geht ihm ersichtlich nicht mehr darum, daß die Alte sich wärmt; sie soll »herabsteigen«, damit er ihrer *habhaft* werden kann; sein *Mißtrauen* entzündet sich spätestens in dem Moment, da die Alte ihn auffordert, mit ihrer »Rute« die »Tiere« zu »schlagen«; und als sie erklärt, aus Angst vor den »Tieren« nicht von dem »Baum« herunterkommen zu wollen, legt er sogleich mit der Büchse auf sie an, um die Unwillige mit Pulver und Blei sich gefügig zu machen.

All das erscheint unmotiviert und unlogisch, solange man den älteren Bruder wie einen Fremden betrachtet, der soeben erst die Alte auf dem Baum kennenlernt; in Wirklichkeit aber müssen wir unterstellen, daß er sich über die wahre Natur der »Hexe« ebenso im klaren ist wie jeder, der die Geschichte des Brüdermärchens bis hierhin aufmerksam gelesen hat. Denn eben die ahnungsvolle Bewußtheit bzw. die allmähliche Bewußtwerdung ist die einzig wirkliche »Waffe« gegenüber der »versteinernden Alten«.

Gehen wir auf die Ausgangsfrage noch einmal zurück: Wie überwindet ein Mann die Angst einer »Frau« auf dem »Baum« vor den »beißenden« »Tieren«, – vor der männlichen Sexualität, mit anderen Worten? Wie überwindet er bei der »Jagd« auf die »Hirschkuh« seine eigene Angst vor dem Älterwerden einer Frau, das heißt seiner *»Mutter«?* Der jüngere Bruder, so sahen wir, wurde zum Opfer seiner Ängste, weil er ihnen in gewissem Sinne zu weit nachgab – er folgte einfach (in Zustimmung und Widerspruch) den Anweisungen der (mütterlichen) »Alten«. Doch auch was der ältere Bruder jetzt versucht, bleibt zunächst ohne Wirkung, und man versteht, warum: Indem er seine Büchse auf die »Hexe« abschießt, kommt noch einmal die alte Einstellung zum Tragen, man könne Beziehungsfragen im »Hauruck«, mit »Drauf und Durch« erledigen. Es genügt, sich vorzustellen, was diese Haltung im Einzelfall bedeutet, und man wird sich von ihrer Erfolglosigkeit tatsächlich bald überzeugen können. Wie oft wird ein Mann etwa versucht sein, die Zaghaftigkeit und Zauderhaftigkeit seiner Frau durch forsches Draufgängertum zu »erledigen«! Er ist der »Mann«, und so braucht er vermeintlich nur auf den Tisch des Hauses zu schlagen, um für »Vernunft« und »Ordnung« zu sorgen; und was das nämliche Thema angeht – *sie* will »es« ja eigentlich auch, meint er, und so kommt es nur darauf an, sie auf den »Erdboden«, das heißt unter Umständen ins Bett zu holen und »abzuschießen«. Man kann der »Alten« nur zustimmen, wenn sie angesichts dieser Haltung höhnisch feststellt: »Du sollst mich noch nicht treffen.« Eine wirklich »verhexte« Beziehung, wie wir sie in dem Beispiel der Mutterübertragung gerade beschrieben haben, läßt sich mit solchen Methoden gewiß nicht auflösen, schon weil alles »phallische« Droh- und Imponiergehabe die Angst der (als Mutter empfundenen) Frau nur vermehrt, die es ursprünglich einmal überwinden sollte. In der Bildersprache des Märchens: der »Schuß« mit der »Bleikugel« prallt an der »Hexe« spurlos ab.

Wieso aber ist dann der Schuß mit den *silbernen Knöpfen* am Rock so erfolgreich? Gewiß, um mit »Hexen« fertigzuwerden, bedarf es allemal eines besonderen magischen Wissens; doch basieren die meisten magischen Tricks auf einem recht einfachen »Analogiezauber«[22], das heißt, sie »bewirken« das, was sie symbolisch darstellen. Insofern ist es nicht abwegig, sich (neben dem »Silber« als Bild der Bewußtheit[23]) zu fragen, was wohl Rockknöpfe »bedeuten« können, um zur »magischen« Hexenbeschwörung zu taugen. Die Antwort könnte in dem Geniestreich bestehen, dem der Knopf seine Existenz verdankt. Vermutlich gibt es in der Kulturgeschichte keine phantastischere Erfindung als die Idee des Knopfes: um eine Fläche an einem Punkt flexibel mit einer Unterlage zu verbinden, muß man die Fläche länglich durchbohren und dann einen gleichgroßen Gegenstand durchschieben, der fest an der Unterlage haftet; diese Konstruktion hat den entscheidenden Vorteil, die Halterung jederzeit wieder rückgängig machen zu können: ein Knopfverschluß läßt sich nach Belieben öffnen und schließen. Und *das* scheint es zu sein, weswegen im Kampf gegen »Hexen« sich silberne Rockknöpfe so sehr empfehlen: sie erlauben es, vollkommen frei in jedem Moment sich dem anderen aufzutun oder abzuschließen. Ein Mann, der *das* vermag, wird bestimmt keine Frau mehr als »Hexe« zu fürchten haben.

Dabei braucht an der Frau selbst sich durchaus nichts geändert zu haben. Bezeichnenderweise ist es jetzt sogar die gleiche Handlung, mit der die »Versteinerung« sich aufhebt. Dieselbe »Rute«, die zuvor durch ihre Berührung die Tiere und den »Jäger« in den Zustand erstarrter Leblosigkeit versetzte, führt jetzt gerade umgekehrt zu ihrer Wiederbelebung. Natürlich soll man dabei denken, es liege an der Zaubermacht der »Hexe« selbst, ob ihre »Rute« das eine oder das andere bewirke; doch wenn wir schon wissen, daß die ganze »Zaubermacht« einer Frau in der unglückseligen Mischung von Liebe und Angst, von Zuneigung und Abneigung in der Seele eines Mannes gründet, der seine Geliebte mit seiner Mutter (und damit sich selbst als Erwachsener mit dem kleinen Jungen der Kindertage) verwechselt, so wird klar, daß es einzig an der Einstellung des Mannes selbst liegt, ob die Berührung durch die Frau ihn »versteinert« oder lebendig macht.

Die Folgen jedenfalls sind unabsehbar. Alle möglichen »einfachen« Berufe: »Kaufleute, Handwerker, Hirten«, werden zusammen mit dem jüngeren Bruder wieder lebendig; – entgegen einem weitverbreiteten Vorurteil gewinnt ein Mann auch beruflich erheblich an Möglichkeiten, sobald er reif genug ist, sich von einer Frau angstfrei lieben zu lassen und sie seinerseits so zu sehen und zu lieben, wie sie wirklich ist! Die Liebe behindert nicht seine »Karriere«, sondern fördert sie, so sehr, daß es wohl keinen kreativ erfolgreichen Mann gibt, dessen Phantasie nicht durch eine Frau angeregt wurde! Vom kalkulierenden Händler über den kunstfertigen Praktiker bis hin zu dem naturverbundenen Hüter wird alles in ihm eine Einheit bilden. Freilich erscheint die Frau immer noch als ein hexenartiges Wesen, solange die Entscheidung über Tod oder Leben in ihrer Hand gelegen ist. Der »Spuk« verschwindet erst, als in dem Augenblick, da die Zwillinge sich als Gerettete in die Arme fallen, die »Hexe« ins »Feuer« geworfen wird; denn kaum daß sie »verbrennt«, wird wie von selbst der »Wald« »licht und hell«, klärt sich das Unbewußte und wird selber zum Weg. Dabei ist die »Hexe« offenbar nur zu besiegen durch eine Hinterlist: sie hat die Tiere zum

Leben wiedererweckt, um gerade *nicht,* wie angedroht, im Feuer verbrannt zu werden; daß es dann doch geschieht, mag man damit begründen, daß es nicht anders möglich sei, ihrer habhaft zu werden, doch geschieht ihr ersichtlich unrecht. Überhaupt mag man sich fragen, ob es denn angeht, dreihundert Jahre nach dem furchtbaren Hexenwahn im Abendland[24] derart ungeschützt, ja, mit Heiterkeit wieder davon zu sprechen, daß eine Hexe *verbrannt* wird – und dies noch nicht einmal nach dem vor Gott und den Menschen rechtsgültigen Urteil der Heiligen Inquisition, sondern nach Art einer privaten Feme? Man kann und darf das tun, lautet die Antwort des Märchens, wenn und solange der *symbolische* Charakter der ganzen Szene bewußt bleibt. *Innerlich* gelesen, ist es einzig *das Feuer der Liebe,* in welchem die »Hexe« zugrundegeht und die Frau als Geliebte, als »Prinzessin«, wieder zum Vorschein kommt. Wie in dem Märchen von *Brüderchen und Schwesterchen* (KHM 11) erst die »Hexe« zu Asche verbrennen muß, ehe das »Rehkälbchen« seine menschliche Gestalt zurückgewinnen kann[25], so stellt auch im Brüdermärchen die »Hexenverbrennung« die Vorbedingung der Vermenschlichung dar. Solange der Liebe noch etwas anhaftet von dämonischem Fluch und unheimlichem Zwang, solange begegnen wir einander nicht wirklich als Menschen; solange wird man auch angstbedingt einander Unrecht zufügen; einzig die Liebe ist imstande, die Macht von »Dämonen« und bösen Geistern zu brechen. Darin allein liegt ihr ewiges Geheimnis und ihre stete Gefahr.

Wem aber »gehört« nun die »Königstochter«? Wen von den beiden »Brüdern« wird sie »erkennen« und lieben? – Was niemand vermuten wird, der in »Märchen« nichts weiter erblickt als oberflächliche Wunscherfüllungsphantasien, geschieht jetzt: Die beiden Brüder, die sich eben noch glücklich in den Armen hielten, fallen, kaum sie einander ihr Schicksal erzählen, übereinander her, und, empört über den vermeintlichen »Ehebruch« seines Bruders, schlägt der jüngere dem älteren kurzum den Kopf ab. Erneut entsteht eine Situation wie nach dem »Drachenkampf«, und allein schon diese Parallelität der Ereignisse bestätigt unsere Annahme, daß die Beseitigung der (mütterlichen) »Hexe« an Bedeutung der »Tötung« des (väterlichen) Untiers in nichts nachsteht. Auch die »Wunderheilung« mit der Wurzel des Häschens wiederholt sich noch einmal, allerdings wird sie jetzt so unspektakulär geschildert, als gehörte sie mittlerweile bereits zur selbstverständlichen Routine magischer Heilkunst. In Wahrheit aber kann von einer derartigen Selbstgewißheit durchaus noch keine Rede sein; vielmehr treffen in diesem Augenblick in ein und demselben Menschen zwei grundverschiedene Lebenseinstellungen zusammen, und wirklich erhebt sich die Frage, welche von beiden den Kopf gegen die andere obenbehalten, das heißt, durchsetzen wird, – eine innere Zerspaltenheit von quasi schizophrenem Format. Die Gefahr ist groß, daß jetzt, da die »Hexe« überwunden ist, zugleich mit der alten Vitalität auch die Einstellung des jüngeren Bruders sich wieder ungehemmt zu Wort melden wird, und es gäbe nach der Enthauptung seines Bruders kein Korrektiv mehr für seine Kopf*losigkeit,* für sein so »lustig« scheinendes Dauerpubeszententum.

Worum es demgegenüber geht, ist gerade die Wiederbelebung und Einheit der so verschiedenen Seelenhälften. Freilich gibt es im Leben eines Menschen, eines Mannes zumal, wohl keine größere und schwierigere Aufgabe, als die beiden so identischen und doch so verschiedenen »Brüder« in sich selber zusammenzubringen: den Weg nach »Westen« und den Weg nach »Osten«, die Extraversion und die Introversion, die Unmittelbarkeit des Gefühls und die Reflexivität des Gedankens, die innige Einheit der Liebe und die Fähigkeit zur Distanz, die Anerkennung des Anderen und *darin* die ruhige Bestätigung des Eigenen. Erst in diesem Augenblick, da die »zwei Brüder« zur Verwirrung des »alten Königs« imstande sind, von den beiden entgegengesetzten Stadttoren her zu dem Palast der »Prinzessin« hinüberzufinden und, ganz wörtlich, vom jeweils entgegengesetzten Standpunkt aufeinander zuzugehen, beginnt jene innere Einheit, die das »Erkennen« der Liebe ermöglicht.

Insofern kann von einer eigentlichen »Wahl« der Königstochter zwischen den zwei »Brüdern« nicht wirklich gesprochen werden. Eher sollte man sagen, daß durch ihre Zuneigung die Gestalt der zwei Brüder zu einer einzigen verschmilzt, in welcher freilich die Seite des »Drachenkämpfers« eine neue Anknüpfung findet. Daß es sich so verhält, erkennt man daran, daß das Märchen – anders sogar als das sehr harmonische *weibliche* Geschwistermärchen von *Schneeweißchen und Rosenrot* (KHM 161)[26] – darauf verzichtet, wenigstens andeutungsweise noch zu erzählen, was aus dem »älteren« Bruder wird, nachdem die »Prinzessin« an dem Halsband, das sie dem Löwen geschenkt hat, in dem jüngeren Bruder ihren rechten Gemahl wiedererkannt hat. Entscheidend ist an dieser Stelle offensichtlich nicht, daß die »Königstochter« zwischen den beiden Brüdern alternativisch entscheidet; entscheidend ist, daß sie trotz aller Veränderungen, die in ihrem Gemahl durch das Auftreten des Älteren vor sich gegangen sind, den Mann wiedererkannt, den sie einmal geliebt hat oder den sie doch trotz aller Ängste und Vorbehalte zu lieben versuchte, schon weil er es war, der sie von ihrer Vaterbindung befreit hat. Freilich, das Erkennungszeichen liegt für sie auch jetzt nicht in einem »objektiven« Merkmal ihres Mannes begründet; es ist das Geschenk, das sie ihm (bzw. seinen Tieren) nach der Rettungstat auf dem »Drachenberg« damals gemacht hat; – es bleibt, mit anderen Worten, die Schönheit und der Schmuck ihrer eigenen Liebe, woran sie ihren »rechten« Gemahl zu erkennen vermag. Am Ende ist es wohl wirklich nicht so sehr die Vortrefflichkeit des Geliebten, welche die Liebe begründet, sondern weit mehr der Weg, den zwei Menschen durch alle Not und Gefahr miteinander gegangen sind.

Und erst aus dieser Bestätigung von seiten der Geliebten erwächst nun endgültig die Kraft, daß der jüngere Bruder seinen »älteren« nicht nur an seiner Seite leben läßt, sondern ihn in seinem eigentlichen Wert: in seiner Größe und »Treue«, erkennt und anerkennt. Es läßt sich mit schöneren Worten nicht sagen, wie sehr alle Selbstachtung und Selbstannahme an die Liebe eines anderen Menschen gebunden ist. Von nun an gibt es in der Tat nicht mehr »zwei Brüder«, sondern nur noch einen Mann, der mit sich eins ist in der Nähe der Frau, die er aufgehört hat, als »Mutter« zu lieben und als »Hexe« zu fliehen, nachdem auch sie aufgehört hat, im Schatten alter Vaterbindungen ihn als »Retter« zu verehren und als »Marschall« zu verstoßen.

Wir haben versucht, ein Märchen der Brüder Grimm, ein »Männermärchen« zudem wie nur wenige sonst, so miteinander zu lesen, wie man der Schilderung eines Menschen zuhören würde, der uns, so gut er vermag, in Geschichten und Bildern sein Leben anvertraut, indem man seine Schilderung selbst annimmt wie ein sich erfüllendes Märchen. Welch eine Vision des menschlichen Lebens in seinen Höhen und in seinen Tiefen, in seinen Gefährdungen und in seinen Chancen, in seinen Zwängen und in seinen Möglichkeiten begegnet uns, so verstanden, in dieser einen Geschichte von den »Zwei Brüdern«! Und was für ein Weg mit so vielen Stationen seelischer Reifung! Die einzige Frage, die bleibt, muß ein jeder sich selber stellen und sich selber beantworten: Bis wohin werden wir selbst einmal, wenn es zu Ende geht, mit unserem Leben gelangt sein? Im Sinne des Märchens selber gäbe es darauf gewiß keine bessere Antwort, als daß wir eines Tages zu sagen vermöchten: »Wir haben, um die Liebe zu lernen, keine Gefahren gescheut, und was immer wir wert waren, wertvoll wie Gold, das waren wir in der Liebe zu mindestens *einem* Menschen, der uns befähigte, wahr zu werden und wahrhaft zu sein.«

Es gibt zwei Gedichte, die, einmal aus der Sicht der »Prinzessin«, dann aus der Sicht des »Jägers«, die Bilder des langen Entwicklungsweges der Liebe in dem Märchen von den *Zwei Brüdern* zusammenfassen können.

Das erste stammt von RICARDA HUCH[27] und beschreibt noch einmal die Angst vor der Liebe eines vaterabhängigen Mädchens, das die Gestalt eines Mannes erlebt wie einen feuerspeienden Drachen, der doch überwunden werden will, um das Glück an die Stelle des Opfers zu setzen. Es lautet:

Du kamst zu mir, mein Abgott, meine Schlange,
In dunkler Nacht, die um dich her erglühte.
Ich diente dir mit Liebesüberschwange
Und trank das Feuer, das dein Atem sprühte.
Du flohst, ich suchte lang in Finsternissen.
Da kannten mich die Götter und Dämonen
An jenem Glanze, den ich dir entrissen,
Und führten mich ins Licht, mit dir zu thronen.

Ein anderes Gedicht stammt von YVAN GOLL[28] und beschreibt, wie ein Mensch durch das Erleben der Liebe so sehr ergriffen wird, daß die äußersten Gegensätze in ihm sich vereinen, um in der Leidenschaft, die zum Gesang wird, und in der Kühle, die sich ruhig verströmt, in ein einheitliches Geschenk des ganzen Daseins sich zu wandeln; das ängstigende Bild der »Hexe« auf dem Baum im Märchen wird hier ersetzt durch den (vor Liebe) brennenden Dornbusch einer Berufung, in der weder ein glühender »Engel« noch ein frierender »Teufel«, nur das Gesicht eines Menschen erscheint, während das Bild von der lockenden »Hirschkuh« sich in das Symbol angstfreien Begehrens und rauschhafter Erfüllung übersetzt.

Deine Stimme hat mich in Feuer verwandelt
Ich bin ein Waldfeuer, ich bin ein Vogelfeuer
Ich bin ein Sonnenfeuer
Ich singe und ich senge

Dein Aug hat mich in Wasser verwandelt
Ich bin ein mildes unschuldiges Wasser
Ich bin deine Überraschung
Der gedankenverlorene Wasserfall

O Geliebte, ich bin Feuer und Wasser
Ich bin Vollendung und endloser Sturz
Du hast mich in Bewegung gesetzt
Ich bringe dir alle Nester der Freude

Mit meinen Blättern brenne ich
Für dich brennen die Dornbüsche denen der Engel entflog
Die Hirsche mögen bersten im Sprung
Hörst du die Flügel des Rausches schlagen?

Im Abstand von jetzt 100 Jahren können wir am Ende des 20. Jahrhunderts nur sagen, was R. M. RILKE am Ende des 19. Jahrhunderts schon schrieb:

Das Mannsein, wie es uns naht
das Mannsein der täglichen Tat –
dies Mannsein ist ein Verkleiden
von Sehnsüchten und Leiden:
ein geschmackloser Staat.

Ein Ähnlichwerden allen,
um keinem zu gefallen,
der auf die vielen schaut,
und ein Bescheidenwerden,
an dem wir leiden werden
im stillen Blick der Braut.

Nein, laßt mich leise bleiben
was ich vielleicht noch bin,
meine einsamen Tage treiben
mich anders ins Mannsein hin …

Ich weiß nicht was ich werde,
was ich zu sein versprach,
ich ahme nur der Erde
ernste Gebärde nach.
Ich habe Sturm und Stille,
Klarheit und Dämmerung;
im Wachen ist mein Wille
und jung …[29]

Anmerkungen

Schneewittchen

KHM ist die Abkürzung für die ›Kinder- und Hausmärchen‹ der Brüder Grimm.

[1] Zu den kannibalistischen Riten besonders der südamerikanischen *Tupinambas* vgl. A. METRAUX: La religion des Tupinamba et ses rapports avec celle des autres tribus Tupi-Guarani, Paris 1928; zu den Praktiken des rituellen Kannibalismus, der wesentlich auf einer symbolischen Gleichsetzung von Mensch und Pflanze basierte, vgl. O. ZERRIES: Die Religionen der Naturvölker Südamerikas und Westindiens, in: W. Krickeberg – H. Trimborn – W. Müller – O. Zerries: Die Religionen des alten Amerika, Stuttgart (Die Religionen der Menschheit 7) 1961, 269–384, darin S. 338–343; 345–346. – An einzelnen *Motiven des Schneewittchen*-Märchens unterscheiden J. BOLTE – G. POLIVKA: Anmerkungen zu den Kinder- und Hausmärchen der Brüder Grimm, 1. Bd., Leipzig 1913, S. 453: »A. Die Schönheit der Heldin, weiß wie Schnee, rot wie Blut; – B. Die Eifersucht der Stiefmutter, welche einen Zauberspiegel benutzt; – C^1. Die Stiefmutter befiehlt einem Jäger, die Heldin im Walde zu erstechen, der sie indes verschont; – C^{2-4}. Und sucht sie dann durch einen vergifteten Schnürriemen, Kamm und Apfel zu töten. – D. Die Zwerge (Räuber), welche Sneewittchen bei sich aufgenommen haben, vereiteln diese Versuche bis auf den letzten und legen das tote Mädchen in einen Glassarg. – E. Ein Königssohn sieht es und erweckt es zum Leben. – F. Die böse Stiefmutter wird bestraft.« Zu den einzelnen Varianten und Motiven vgl. bes. E. BÖKLEN: Sneewittchenstudien, Bd. 1, Leipzig 1910. Deutlich ist der Einfluß besonders der Märchen von *Hänsel und Gretel* (KHM 15), *Die sieben Raben* (KHM 25), *Dornröschen* (KHM 50), *Das Mädchen ohne Hände* (KHM 31), *Einäuglein, Zweiäuglein und Dreiäuglein* (KHM 130) u. a. M. I. SHAMBURGER – V. R. LACHMANN: Southey and »The three bears«, in: Journal of American Folklore, 1946, 400–403, verweisen auf die Ähnlichkeit des *Schneewittchen*-Märchens zu C. C. SOUTHEY'S Geschichte von den *Drei Bären* (R. SOUTHEY: The Doctor, ed. J. W. WARTER, London 1849, p. 321). A. WESSELSKI: Versuch einer Theorie des Märchens, Hildesheim (Prager Deutsche Studien, Bd. 45) 1974, S. 116 kommentiert BOLTE – POLIVKA mit den Worten: »Daß sich Johannes Rist 1666 erinnert hat, in seiner Jugend, also etwa in dem dritten Jahrzehnt jenes Säkulums, von englischen Komödianten eine Posse gehört zu haben, in der sich ein Schulmeister erbötig gemacht habe, eine Komödie ›von der schönen Frauen im Bergen mit ihren sieben Zwergen‹ aufzuführen …, bedeutet noch nicht, daß diese Komödie oder ihre Quelle etwa dieselbe oder eine ähnliche Fabel behandelt hätte, wie das Märchen von dem Schneewittchen.« K. SIMROCK: Die Quellen des Shakespeare in Novellen, Märchen und Sagen, Bd. 1, Bonn 1872, S. 255–288, weist (S. 274–275) auf die Verwandtschaft zwischen SHAKESPEARES *Cymbeline* und dem *Schneewittchen* hin: 1) Eine böse Königin haßt ihre Stieftochter und will sie vergiften; 2) im 3. und 4. Akt sehen wir *Imogen* in der Höhle bei jenem herrlichen Brüderpaar, wie Sneewittchen im Hause der

Zwerge; 3) auch *Imogen* wird in einen todähnlichen Schlaf versetzt, aber von den Jünglingen nicht in der Erde bestattet, sondern mit Blumen bestreut und später auferweckt. – A. WESSELSKI: Deutsche Märchen vor Grimm, München–Wien 1943, S. 73–124 überliefert ein Versdrama, das damit beginnt, daß Schneewittchen von der Königin bezichtigt wird, die schönen Blumentöpfe im Garten zertrümmert zu haben. Franz und Peter, die Schneewittchen ermorden sollen, verschonen das Kind und bringen es auf den gläsernen Berg ins Schloß der Zwerge; dort vergiftet die Königin sie mit schönen Feigen, doch gelingt es dem Zwergenkönig, das Kind aufzuwecken und die Königin damit zu strafen, daß sie selber 99 Jahre lang in seinem Schloß in einem Sarg von Glas »ohne Leben liegen« soll.

[2] Zur Verbreitung des Märchens vgl. J. BOLTE – G. POLIVKA, s. o. Anm. 1, S. 453–461. W. SCHERF: Lexikon der Zaubermärchen, Stuttgart 1982, S. 364–365, meint: »Das Märchen vom Schneewittchen ist in der ganzen Welt bekannt, jedenfalls so weit Buch und Massenmedien reichen. Nicht die kunstvolle Erzählung des Johann Karl August MUSÄUS *Richilde* (1782) und nicht das Kinder-Märchenstück des Weinheimer Beiträgers zu *Des Knaben Wunderhorn,* Albert Ludwig GRIMM (1809) – die rührend kindlich ausgemalte Erzählung der Brüder Jacob und Wilhelm GRIMM verhalf *Schneewittchen* zu seiner außerordentlichen Verbreitung.« K. RANKE: Schleswig-Holsteinische Volksmärchen (ATh 670–960), aus den Sammlungen der Kieler Universitätsbibliothek und des germanistischen Seminars, Kiel 1962, S. 66–67 verweist darauf, daß den Brüdern Grimm »allein sechs Fassungen« des Märchens bekannt waren, daß die Grimmsche Fassung aber in der Folgezeit »wenig Einfluß auf das volkstümliche Erzählgut« genommen habe. Der Grund scheint darin zu liegen, daß die schriftliche Form die mündliche Überlieferung abgelöst hat. – Auf eine ältere *isländische* Fassung des Märchens wies K. MAURER: Schneewittchen, in: Germania, 1857, S. 489–490 hin und erwähnte eine Aufzeichnung von A. MAGNUSSON etwa von 1709.

[3] J. K. A. MUSÄUS: Volksmärchen der Deutschen (1782–86), Zürich 1974.

[4] W. SCHERF, s. o. Anm. 2, S. 365 meint zur Herkunft der GRIMMschen Märchenvariante: »Mit Sicherheit läßt sich die Quelle der Grimmschen Fassung nicht angeben. Aber JACOB GRIMMS Niederschrift von 1808 geht möglicherweise auf eine Erzählung MARIE HASSENPFLUGS (1788–1856) zurück. Die Erzählung von dem wegen seiner Schönheit mit tödlichem Haß verfolgten Mädchen, das weder wie *Aschenputtel* (AT 510 A) auf den heimlichen Beistand der toten Mutter vertrauen, noch wie das Margaretlein in das Haus der verborgen lebenden Mutter, des *Erdkühleins,* flüchten kann (AT 511), erschien 1812 im ersten Band der Erstausgabe als Nr. 53 und erfuhr in den folgenden Auflagen einige wesentliche Änderungen. So ist es ursprünglich die leibhaftige Mutter, die ihr Kind vernichten will. Wilhelm GRIMM hat zu mildern versucht und eine Stiefmutter daraus gemacht.« Psychologisch ist es deshalb um so wichtiger, die *Mutter* und die *Stiefmutter* eines Schneewittchens als zwei Seiten ein und derselben Person zu betrachten, und eine Hauptschwierigkeit bei der Interpretation des *Schneewittchen*-Märchens liegt bereits in der extremen Widersprüchlichkeit im Wesen der Mutter eines solchen Kindes.

[5] Zur Psychologie von *Sage* und *Märchen* vgl. E. DREWERMANN: Tiefenpsychologie und Exegese, Bd. 1: Traum, Mythos, Märchen, Sage und Legende, Olten 1984, 132–154; 393–428.

[6] Siehe oben Anm. 4; E. DREWERMANN: Tiefenpsychologie und Exegese, Bd. 1, 187–200: Die archetypische Erzählung als Prozeß der Individuation.

[7] Zu dem Farbgegensatz von Rot und Weiß vgl. M. LÜSCHER: Der Lüscher Test. Persönlichkeitsbeurteilung durch Farbwahl, Hamburg 1971, 54.

[8] E. DREWERMANN – I. NEUHAUS: Schneeweißchen und Rosenrot, Olten 1983, S. 48, Anm. 23.

[9] F. LENZ: Bildsprache im Märchen, Stuttgart 1971, 30–31 bemerkt richtig, daß das Motiv der drei Farben »an den drei bedeutsamsten Stellen des Märchens« auftaucht; dann aber verfehlt er die Problematik, die in diesem Bilde liegt, indem er das *»weiß wie Schnee«* mit *»Schneekristallen«* und »kristallklarem Denken« assoziiert, während er in dem *Rot* »die Sphäre des Herzens« und in dem *Schwarz* »Hingabe und Opferkraft« symbolisiert findet. TH. SEIFERT: Schneewittchen. Das fast verlorene Leben, Zürich, 1983, 48 kommt der Sache näher, indem er den »düsteren Rahmen« betont, der die Wunschphantasie der Königin nach einem Kinde umgibt; zudem hebt er richtig den *Winter* hervor, mit dem das Märchen beginnt und den er als eine Phase »erstarrter Gefühle« deutet (29). O. WITTGENSTEIN: Märchen, Träume, Schicksale. Autoritäts-, Partnerschafts- und Sexualprobleme im Spiegel zeitloser Bildersprache, München (Kindler 2114) 1973, S. 137–149, S. 139–140 meint zu *Weiß*, diese Farbe symbolisiere »das unbeschriebene Blatt«, »kalt, wie das Licht des Mondes und wie der Schnee«; *Rot* sei »Liebe und Leidenschaft«, »Wut« und »Scham«; *Schwarz* sei »die Farbe der Trauer. Schwarz ist der Ausdruck der Dunkelheit und Finsternis.« Richtig erkennt er, wie »widersprüchlich« die Zusammenstellung der drei Farben ist, und folgert für die Königin: »Sie wünscht sich ein Kind – und wünscht es nicht. Sie wünscht es sich so, wie ihr Blut es ihr sagt, und sie ersehnt es sich für die Kälte des Winters, der ihr bevorsteht. Das Kind soll rot und schwarz sein – errötend in Leidenschaft aufkeimender Liebe und gefährlich todesdrohend oder tot. Es wird schwarz und weiß gewünscht – als reines Kind oder tot. Das alles wünscht sich die Königin – bewußt oder unbewußt – für ihr vollkommenes Kind.« Das trifft in etwa zu; doch wird die Frage nicht gestellt, wie eine Frau sich selber fühlt, die so widersprüchlich wünscht, und von welcher Art ihre Beziehung zu ihrer Tochter sein wird. A. S. MACQUISTEN – R. W. PICKFORD: Psychological Aspects of the Fantasy of Snow White and the Seven Dwarfs, in: The Psychoanalytic Review, 1942, Nr. 3, Vol. 29, S. 233–252, S. 235 meinen ganz richtig: »Das Fenster zeigt uns ihr (sc. der Königin) Sexualleben, und wir finden, daß es sehr kalt und verschneit ist, was nahelegt, daß sie frigid, jungferlich oder beides ist.« Auch vergleichen sie (S. 246) die schwarze Farbe des Rahmens mit der schwarzen Farbe der »Mutter Erde«, mithin des Grabes.

[10] *Katholischer Erwachsenen-Katechismus*, 2. Bd.: Leben aus dem Glauben, herausgegeben von der Deutschen Bischofskonferenz, Bonn 1995, 378–384 versucht

immerhin, von der Zentimetermoral alter Schule abzurücken; der katholische »Weltkatechismus« (Catéchisme de l'Eglise Catholique), Paris 1992, § 2352 f. hingegen gibt den jahrhundertelangen Standpunkt der Kirche wieder, der da lautete: »Das sechste Gebot verbietet … alle unkeuschen Handlungen, mag man sie an sich oder an einem anderen verüben. Nicht minder verbietet es alle freiwilligen unkeuschen Gedanken und Begierden, alle unkeuschen Blicke und Reden, alles, was zur Unkeuschheit reizt und dieselbe befördert; alles, was die heilige Scham verletzt, sei es durch beschauen oder durch betasten.« H. ROLFUS: Katholischer Hauskatechismus, Einsiedeln 1891, 432.

[11] Zu den »Sünden« der »Unkeuschheit« nach der traditionellen Lehre der katholischen Kirche vgl. J. MAUSBACH: Katholische Moraltheologie, 3. Bd.: Spezielle Moral, 2. Teil: Der irdische Pflichtenkreis, Münster[6] (vermehrt) 1930, 94–100: »… freiwillige (sc. sexuelle) Belustigung heißt *delectatio morosa*, weil der Wille dabei im sinnlichen Lustgefühl verweilt und ruht. Sie ist nach katholischer Moralauffassung – außerhalb der ehelichen Beziehung – objektiv in jedem Falle schwere Sünde.« Vgl. H. DENZINGER – A. SCHÖNMETZER: Enchiridion Symbolorum, definitionum et declarationum de rebus fidei et morum, Freiburg [32] 1963, Nr. 2060, die Erklärung von Papst Alexander VII. aus dem Jahre 1666.

[12] Vgl. zum Verständnis der »Sündenmoral« der viktorianischen Ära katholischerseits H. ROLFUS, s. o. Anm. 10, S. 605–606: »Um das Sakrament der Buße zu empfangen, genügt es nicht, daß wir die Sünden bereuen: die Vollendung der Reue ist die Beicht. Es ist aber die Beicht nicht ein einfaches Bekenntnis, sondern es ist die Selbstanklage vor einem von der Kirche dazu aufgestellten Priester, in der Absicht, durch die Schlüsselgewalt der Kirche die Verzeihung der Sünden zu empfangen.«

[13] Zur »Opfermoral« katholischer Askese vgl. E. DREWERMANN: Kleriker. Psychogramm eines Ideals, Olten 1989, 277–286: Die Wiedergutmachung der Tatsache des Daseins.

[14] Vgl. *Catéchisme de l'Eglise Catholique*, Paris 1992, Nr. 2366 ff.

[15] CH. BUSTA: Wenn du das Wappen der Liebe malst …, Otto Müller Verlag, Salzburg 1995, 13.

[16] Vgl. M. EIGEN – R. WINKLER: Das Spiel. Naturgesetze steuern den Zufall, München – Zürich 1975, S. 125, Abb. 22, nach: W. A. BENTLEY – W. J. HUMPHREYS 2453 Photographien natürlicher Schneekristalle (Dover Publishing, New York 1931).

[17] CH. BUSTA, s. o. Anm. 15, S. 14.

[18] Zum *Dornröschen*-Märchen vgl. B. BETTELHEIM: Kinder brauchen Märchen (1975), aus dem Amerikanischen von L. Mickel und B. Weitbrecht, Stuttgart 1977, 216–224, bes. S. 221 f.: »An dieser Stelle fließt die Geschichte von Freudschen Symbolen geradezu über.«

[19] A. a. O. 191–192: »Hier bereits werden die Probleme angedeutet, welche die Geschichte lösen soll: sexuelle Unschuld, das Weiße, im Gegensatz zum sexuellen Begehren, welches durch das rote Blut symbolisiert wird. Märchen bereiten das Kind auf ein sonst sehr aufregendes Erlebnis vor: die sexuelle Blutung bei der Menstruation und wenn später beim Geschlechtsakt das Hymen durchstoßen wird ... drei Tropfen Blut (wobei drei die Zahl ist, welche im Unbewußten am engsten mit der Sexualität assoziiert wird ...) ..., ohne weitere Erklärung im einzelnen lernt das Kind, daß ohne Blutung kein Kind – auch es selbst nicht – hätte geboren werden können.« Das ist wahr; doch geht bei BETTELHEIM völlig unter, wie die »Königin« selber sich fühlt, als sie ihr Kind bekommt ...! TH. SEIFERT: Schneewittchen, s. o. Anm. 9, S. 54–57 sieht in dem Stich in den Finger den Anfang einer schmerzhaften Entwicklung, die »Kälte und Gefühllosigkeit« überwinden werden; doch davon ist nicht die Rede. Richtiger sehen A. S. MACQUISTEN – R. W. DICKFORD, s. o. Anm. 9, S. 235, die in dem Stich in den Finger »den Sexualakt«, »Defloration und Menstruation« symbolisiert finden. In den »Schneeflocken« wie »Federn« fühlen sie sich an das Bett gemahnt.

[20] G. NICOLAI ACHEN: Intérieur, in: R. ROSENBLUM: Die Gemäldesammlung des Musée d'Orsay, Vorw. v. F. Cachin, Köln 1989, S. 615.

[21] Zu den Formen einer *moralisch* bedingten Homosexualität vgl. E. DREWERMANN: Kleriker, s. o. Anm. 13, S. 580–602: Ein berufsspezifisches Tabu.

[22] *Dr. Ignaz Semmelweis* (1818–1865): Ungarischer Arzt und Geburtshelfer, Begründer der Antisepsis. »Als Ursache des Kindbettfiebers erkannte er 1847 eine Infektion aufgrund mangelhafter Hygiene. Er entwickelte Desinfektionsmethoden, die die Sterblichkeitsrate der Wöchnerinnen deutlich senken konnten.« HARENBERG Kompaktlexikon Bd. 3, Dortmund 1996, S. 2749. – O. WITTGENSTEIN: Märchen, Träume, Schicksale, s. o. Anm. 9, S. 144 meint zu dem häufigen Auftreten von »Stiefmüttern« in Märchen, die Erklärung mit der hohen Sterblichkeit im Kindbett stamme von »Erwachsenen, die vergessen haben, wie es in ihrer Kindheit war«. Das ist wahr. A. S. MACQUISTEN – R. W. DICKFORD, s. o. Anm. 9, S. 237 betrachten den »Tod« der Mutter und das Auftreten der Stiefmutter zu Recht als Wechsel im Verhalten der Mutter, die mit der Geburt des Kindes einhergeht, begründen den »Wechsel« aber damit, daß eine Mutter zur Eifersucht tendiere, weil sie nun die Liebe ihres Gatten mit den Kindern teilen müsse. Davon freilich kann keine Rede sein; das Problem ist vielmehr, daß die »Königin« am Fenster im Grunde keinen Gatten kennt, – kennen darf!

[23] H. HESSE: Der Steppenwolf (1927), Frankfurt (sv 226) 1971, 66.

[24] A. a. O., 66.

[25] A. a. O., 67.

[26] A. a. O., 67–68.

[27] Zur Lehre von den sieben *Lastern* als »Zustandssünden« vgl. J. MAUSBACH: Katholische Moraltheologie, 1. Bd.: Die allgemeine Moral, Münster [5]1927, 257 f.

[28] TH. SEIFERT: Schneewittchen, s. o. Anm. 9, S. 92–93 meint: »Der Blick in den Spiegel hat viele Funktionen. Selbstbeobachtung, Selbstbestätigung, Selbstbesinnung, Vergleich von früher und heute, womit die Erkenntnis der Veränderung verbunden ist, oder Selbstbespiegelung aus dem angstvollen Gefühl heraus, vielleicht doch nicht mehr der Erste und Beste zu sein.« »Begründen wir unsere Einmaligkeit ... mit der Entwertung anderer Menschen, so handelt es sich um eine isolierende, Gemeinschaft zerstörende Einstellung. Ich stelle mich abseits von der Gemeinschaft der Menschen, weil ich das ›So-wie-die-anderen-Sein‹ ablehne, statt dessen immer besser und schöner sein will. Diese Isolierung führt zur Vereinsamung, dann zu Angst und schließlich zu dem immer stärkeren Bedürfnis, besser und toller zu sein. Dies ist ein böser Kreislauf.« B. BETTELHEIM: Kinder brauchen Märchen, s. o. Anm. 18, S. 192 spricht korrekt von der *narzißtischen* Problematik der Königin: »Der Narzißmus dieser Stiefmutter wird dadurch demonstriert, daß sie sich von dem Zauberspiegel ihre Schönheit bereits bestätigen läßt, längst bevor Schneewittchen sie in den Schatten stellt. – Daß die Königin den Spiegel über ihren Wert – d. h. ihre Schönheit – befragt, stellt eine Wiederholung des alten Themas von Narziß dar, der sich selbst so sehr liebte, daß er von seiner Eigenliebe verschlungen wurde. Es sind narzißtische Eltern, die sich am meisten von ihrem heranwachsenden Kind bedroht fühlen, weil das bedeutet, daß sie selber altern müssen. Solange das Kind noch völlig abhängig ist, bleibt es sozusagen *ein Teil* der Eltern; es stellt keine Bedrohung des elterlichen Narzißmus dar. Fängt das Kind aber zu reifen an und verlangt nach Unabhängigkeit, so wird es von einer Mutter, wie sie in ›Schneewittchen‹ vorkommt, als Bedrohung empfunden.« Woher aber kommt ein so extrem zugespitzter Narzißmus und woher gewinnt er seinen speziellen Inhalt?

[29] A. ADLER: Menschenkenntnis (1926), Frankfurt (Fischer Tb. 6080) 1966, S. 170–193 bietet die wohl beste Charakterisierung der *Eitelkeit*, indem er (S. 176) auf die *Entwertungstendenz* hinweist, die in der Eitelkeit liegt: »Sie zeigt, was eigentlich für den eitlen Menschen den Angriffspunkt abgibt: es ist der Wert und die Bedeutung des andern. Es ist ein Versuch, sich das Gefühl der Überlegenheit dadurch zu verschaffen, daß sie den andern sinken lassen. Anerkennung eines Wertes wirkt auf sie wie eine persönliche Beleidigung.« Was aber bildet die Ursache einer solchen Haltung, wenn nicht die Tatsache, daß ursprünglich in der eigenen Biographie *abgelehnt* wurde, was eigentlich des höchsten Lobes wert gewesen wäre? In der Entwertung des anderen wiederholt der »Eitle« nur die ihm selber zugefügte Entwertung an gerade der Stelle, die an sich als besonders wertvoll empfunden werden müßte.

[30] A. EGGUM: Edvard Munch. Gemälde, Zeichnungen und Studien, Oslo 1984; aus dem Englischen von G. u. K. E. Felten, C. Buchbinder-Felten, Stuttgart 1986, S. 119, Nr. 201.

[31] A. DÜHRSSEN: Psychogene Erkrankungen bei Kindern und Jugendlichen. Eine Einführung in die allgemeine und spezielle Neurosenlehre, Göttingen [6]1967,

S. 108–109 geht besonders auf den »Geschwisterneid« ein, der später zu Eifersucht speziell in Fragen der eigenen Geschlechtsrolle führen kann. H. Schultz-Hencke: Der gehemmte Mensch. Entwurf eines Lehrbuches der NeoPsychoanalyse (1939), Stuttgart [2]1965, S. 157–163 sieht (S. 158) ganz richtig in der *Eifersucht* eine Form von Neid, dem die Komponente der Sexualität hinzugefügt wurde, und weist zu Recht auf den *Sucht*charakter der Eifersucht hin: »So kann eine sexuelle und aggressive Gehemmtheit dazu führen, daß sich alle kaptativen Kräfte auf einen Partner stürzen, der infolge der Sexualhemmung gar nicht total geliebt wird. Ein recht verwickeltes Bild. Aber so erklärt sich dann die äußere Unverständlichkeit solchen Verhaltens. Der Betreffende verwechselt sein bloßes Habenwollen, weil es sich gewissermaßen auf seinen Partner richtet, der auch geliebt werden könnte, mit Liebe. ... In Wirklichkeit kämpft der Eifersüchtige seine mißlungene Auseinandersetzung mit dem Leben auf dem Liebesgebiet aus.« (S. 161) Wieviel an widersprüchlicher *Ungeliebtheit* steht ursächlich dahinter?

[32] So versucht es vorbildlich F. Riemann: Grundformen der Angst und die Antinomien des Lebens. Eine tiefenpsychologische Studie über die Ängste des Menschen und ihre Überwindung, Basel [7]1972, S. 96–118, der (S. 117) die hysterische Persönlichkeitsentwicklung in diesen Etappen beschreibt: »narzißtisches Bedürfnis, immer und überall Mittelpunkt zu sein – überwertiger Geltungsdrang – Kontaktsucht – hysterische Verlogenheit aller Grade – ewige Backfische und Jünglinge – Demivierges – Dirne und Don Juan – schwere hysterische Erscheinungsbilder mit den zugehörigen körperlichen Erkrankungen.«

[33] St. Zweig: Marie Antoinette. Bildnis eines mittleren Charakters (1931), Frankfurt (Fischer Tb. 2220) 1980, S. 87.

[34] A. a. O., S. 87.

[35] A. a. O., S. 88.

[36] A. a. O., S. 79. Vgl. B. Vacha (Hg.): Die Habsburger. Eine europäische Familiengeschichte, verfaßt von W. Pohl und K. Vocelka, Bildredaktion H. Perz, Wien 1992, S. 344; 345.

[37] St. Zweig: Marie Antoinette, s. o. Anm. 33, S. 99–109: Trianon.

[38] A. a. O., S. 23.

[39] A. a. O., S. 34.

[40] A. a. O., S. 43.

[41] A. a. O., S. 45.

[42] A. a. O., S. 46.

[43] A. a. O., S. 39.

[44] Vgl. F. LENZ: Bildsprache der Märchen, s. o. Anm. 9, S. 32: »Die Stiefmutter kennt den großen Spiegel, jenes Weltenauge, das alles wahrnimmt. Es spiegelt uns alles wider und sagt uns die Wahrheit darüber. ›Man muß jemandem den Spiegel vorhalten‹, sagt die Sprache. Aber natürlich kann man sich auch ›selbst bespiegeln‹.«

[45] R. M. RILKE: Die Sonette an Orpheus (1922), in: Sämtliche Werke, herausgegeben v. Rilke-Archiv, 1. Bd., Frankfurt/M. 1955, S. 727–771, 2. Teil, Nr. 3, S. 752.

[46] P. PICASSO: Der Schluß des Auftritts (1900–1901), Pastellbild, Barcelona.

[47] R. M. RILKE: Dame vor dem Spiegel, in: Der neuen Gedichte anderer Teil (1908), in: Sämtliche Werke, herausgegeben v. Rilke-Archiv, 1. Bd., Frankfurt/M. 1955, S. 555–642; S. 624–625.

[48] Vgl. den Film von R. ALTMAN (Reg.): Prêt-à-porter, USA 1994 (Hauptdarsteller: S. Loren, M. Mastroianni, A. Aimée), in dem der Gegensatz zwischen den Schauspielerinnen der 50er, 60er Jahre und den heutigen »Models« deutlich gemacht wird. Man vergleiche die Persönlichkeit etwa der Französin *Brigitte Bardot* mit der Deutschen *Claudia Schiffer;* das »Ergebnis« von *R. Vadim* mit den »Produkten« von *Karl Lagerfeld!*

[49] Vgl. K. S. LYNN: Hemingway. Eine Biographie (1987), aus dem Amerikanischen von W. Schmitz, Hamburg 1989, Kap. 17: Mens morbida in corpore sano, S. 496–533: »In Afrika war Hemingway wie nie zuvor darauf aus, zu beweisen, daß er mehr Schneid als sein Vater besaß. Dabei hegte er auch eine Sehnsucht nach dem Tod. Die Wahrung eines männlichen Rufs vor dem Vorwurf der Feigheit – sollte er seinem Leben doch einmal ein Ende setzen wollen – hing demnach von seinem Talent ab, bei einem Unfall oder durch Feindeshand ums Leben zu kommen.« (S. 523)

[50] CH. BROSSMANN, H. HOETZEL, A. K. SCHULZE: Dokumentation: Margaux Hemingway: Das letzte Wort spricht die Autopsie, in: Bild, 3. Juli 96, S. 4.

[51] A. a. O.

[52] R. LE VISEUR: Margaux Hemingway. Die Männer nutzten sie nur noch aus, in: Bild, 6. Juli 96, S. 5.

[53] CH. BROSSMANN u. a., s. o. Anm. 50, S. 4.

[54] R. LE VISEUR: s. o. Anm. 52, S. 5. Vgl. auch H. HOETZEL: Drogen, Alkohol und Depressionen. Margaux Hemingway lag tot in ihrer Wohnung – keine Hinweise auf ein Gewaltverbrechen, in: Die Welt, 3. Juli 1996, S. 10. – Wie eine einigermaßen lebensfähige Lösung aus einer vergleichbaren Problematik möglich ist, zeigt im Vergleich eine Frau wie *Brigitta Cimarolli,* die in manchen Medien als die »Königin der Nacht« bezeichnet wird. In der WDR III-Sendung *B. trifft* vom 19. 7. 96 im Gespräch mit Bettina Böttinger erzählt sie, wie ihre Mutter bei ihrer Geburt nach einem Suizidversuch vier Tage im Koma lag. Die kleine Brigitta kam in ein Heim und wurde mit sechs Jahren in einer Klosterschule untergebracht. Ihre

Mutter hatte fünf Kinder, doch stand sie allein und wehrlos im Leben – sehr früh schon mußte das Mädchen sich für seine Mutter einsetzen. Weil es auffallend schön war, wurde es von den Betreuern nach Hause genommen, und die Erfahrungen *dabei* prägten das ganze weitere Leben. Frau *Cimarolli* genießt es ganz offensichtlich, von den Männern begehrt zu werden, sie ziert die Titelseiten der Zeitungen, noch als Klosterschülerin machte sie die ersten Nacktfotos mit dem *Playboy* und wurde zum *Playmate des Jahres;* nach zu vielen Diäten und Abmagerungskuren ließ sie sich den Busen liften, ihren Körper betrachtet sie als ein Kapital, das sich durch schleichende Inflation langsam verbraucht; andererseits aber versucht sie, vollkommen kühl und verstandesgemäß auf ihre Umwelt zu reagieren, indem sie sich und den anderen beweist, daß sexuelle Attraktivität und Intelligenz sich nicht widersprechen – viermal avancierte die heute 37jährige zur österreichischen Landesschachmeisterin. Ihrem eigenen Geständnis nach *hat* sie Männer, *braucht* sie aber nicht. Die Männer, wenn sie sie sehen, *sollen* denken: Das ist die Frau mit dem großen Busen, aber dann sollen sie einer Frau mit viel Selbstbewußtsein und einem beachtlichen analytischen Verstand begegnen; sie haßt Männer, die eine Frau nur nach ihrer Schönheit einschätzen und denken, sie habe nichts im Kopf. Ein enges Zusammenleben mit einem Mann hält Frau *Cimarolli* noch heute für unmöglich, aus Angst, durch Gewohnheit könne die Beziehung an Spannung verlieren. Sechs Jahre lang war sie mit René Weller verheiratet, kürzer mit Anthony Delon, dem Sohn des Filmschauspielers Alain Delon, doch sucht sie trotz der starken Betonung eigener Selbständigkeit im Grunde nach Männern, die »stärker« sind als sie, ohne sich von ihnen abhängig zu machen oder ihnen untertänig zu werden. Lieber lebt sie mit einer Frau zusammen als mit einem Mann. Kinder möchte sie nur bekommen, wenn ein Kindermädchen sie aufzöge, sonst nicht. Entscheidend geworden ist es für Frau *Cimarolli,* ehrlich zu sich selbst zu stehen, keine Ausreden zu verwenden und immer durchzuspielen bis zum Ende, vor allem aber: nicht Dinge zu tun, die man im Grunde nicht will. Ihr Engagement gilt dem Tierschutz, vor allem streunenden Katzen ...

[55] Vgl. E. Drewermann: Der tödliche Fortschritt. Von der Zerstörung der Erde und des Menschen im Erbe des Christentums, Freiburg (Spektrum 4032) [6](erw.) 1991, S. 10–12; 47–50; 221–232.

[56] S. Freud: Über Triebumsetzungen, insbesondere der Analerotik (1916), Ges. Werke X, London 1946, S. 402–410, S. 404–405: »der infantile Wunsch (sc. des Mädchens, d. V.) nach dem (sc. fehlenden, d. V.) Penis ... verwandelt sich ... in den Wunsch nach dem Mann, er läßt sich also den Mann als Anhängsel an den Penis gefallen ... Diesen Frauen wird hiermit ein Liebesleben nach dem männlichen Typus der Objektliebe ermöglicht, welches sich neben dem eigentlich weiblichen, vom Narzißmus abgeleiteten behaupten kann.« (S. 405) Vgl. auch S. Freud: Über die weibliche Sexualität (1931), Ges. Werke XIV, London 1948, 515–537, S. 526–529.

[57] Das berühmteste Beispiel für diese Rollenerwartung wurde die französische

Filmschauspielerin *Brigitte Bardot,* als sie 1959 ihren Sohn *Nicolas* zur Welt brachte. Damals schrieb *L'Aurore* unter dem Titel: *Brigitte Bardot ist verschwunden – Sie wird in die Klinik gegangen sein:* »Um Mitternacht jagte die Polizei die Photographen auf den Dächern des Hauses des Stars. Neuer Krawall diese Nacht, im Haus von Brigitte Bardot auf der Avenue Paul-Daumer. Nach der Schlägerei, die sich Samstagnacht der Ehemann des Stars, Jacques Charrie, mit zwei Photoreportern geliefert hatte, mußte die Polizei um 23.45 Uhr einschreiten, um der (oft exzessiven) Neugier ein Ende zu setzen, die durch die bevorstehende Ankunft des Babys von B. B. ausgelöst wird. Grund der Aufregung: unerachtet all der Teleobjektive, die seit 10 Tagen sie ohne Unterlaß belauern, war es 20.30 Uhr gestern abend der werdenden Mutter gelungen, ihr Haus zu verlassen und einen ruhigeren Aufenthalt aufzusuchen, wie ihre Ärzte es angeordnet hatten. Niemand weiß, wo sie sich derzeit befindet. Aber nach aller Wahrscheinlichkeit muß Brigitte Bardot in eine der vier Kliniken in der Nähe ihrer Wohnung aufgenommen worden sein, wo seit Sonntagabend auf Ersuchen ihres Geburtshelfers, Dr. Laennec, ein Zimmer vorbereitet worden ist.

Eine andere nicht nachprüfbare Version kursiert gleichwohl: nach verschiedenen Gerüchten hätte die Schauspielerin per Flugzeug Holland aufgesucht, wo sie ihr Kind zur Welt bringen würde. Indessen versicherten die Abfertigungsschalter des Flughafens Bourget (von wo die Verkehrsflugzeuge nach Amsterdam starten) in der Nacht, daß kein Billett auf den Namen Bardot oder Charrier ausgestellt oder benutzt worden sei. – *Ein wirklicher Zeitungsroman.* – Eins ist klar: Die Nachricht von diesem abenteuerlichen Verschwinden mußte einen Run der Reporter zur Avenue Paul-Daumer auslösen. Schließlich, kurz vor Mitternacht, schickte die alarmierte Sicherheitspolizei einen Wagen mit einem Wachtmeister und acht Verkehrspolizisten los. Diese machten sich sogleich an die Aufgabe, das Gebäude zu durchsuchen, wo Brigitte Bardot (nebst ihren armen Nachbarn) wohnt. Man ging sogar so weit, die Dächer abzusuchen, auf der Suche nach Reportern, die dort womöglich auf der Lauer lagen.

Das Ergebnis der Operation: ein Photograph, auf der Treppe von Ordnungshütern aufgegriffen, wurde ziemlich übel zugerichtet und hätte seine Reportage beinahe – im Kittchen beendet.

Zankereien, Schlägereien, Flucht und Menschenjagd auf Dächern ..., es fehlt endgültig nichts, um aus der Geburt dieses berühmten Kindes einen wirklichen Zeitungsroman zu machen.« (Übersetzung vom Verfasser)

BRIGITTE BARDOT selber sagte im *France Soir Magazine* vom 18. Dez. 1982 über die Hysterie, die von der Widerspruchserwartung der *Schönen mit dem Kind* bei der Geburt ihres Sohnes ausgelöst wurde: »Das war unmenschlich, was man mir zugemutet hat. Ich konnte mich nicht mehr bewegen, rausgehen oder meinen Arzt aufsuchen. Ich konnte mich nicht einmal zu meiner Niederkunft in die Klinik begeben. Man mußte in meinen Räumen ein Zimmer für die Niederkunft einrichten, weil ich buchstäblich von der Presse aller Welt umzingelt war. Die Journalisten kletterten in die Zimmer des Personals. Sie hatten zu horrenden Preisen Zimmer angemietet, die zu meinem Wohnraum führten. Ich mußte drei Monate lang hinter geschlossenen Vorhängen leben, ohne rausgehen zu können. Ich konnte nicht einmal gehen, mir ein Radio fertig machen zu lassen. Das war scheußlich, – die Geburt von Nicolas: eine Unmenschlichkeit! Die Leute haben sich mir gegenüber auf barbarische Weise aufgeführt, wirklich barbarisch.« Zitiert nach R. Boyer: Brigitte Bardot, Paris 1994, p. 90 (Übersetzung vom Verfasser).

Natürlich gestaltete sich die Erziehung des so ersehnten Nicolas, als er endlich unter dem Blitzlichtgewitter der Reporter zur Welt gekommen war, zu einer reinen Tragödie. Drei Monate nach der Niederkunft begannen unter Leitung von HENRI-GEORGES CLOUZOT die Dreharbeiten zu dem Film *Die Wahrheit*, der den Großen französischen Filmpreis erringen sollte, dessen autobiographische Nähe *Brigitte Bardot* selbst aber bis zu einem Selbstmordversuch trieb. Vgl. P. HAINING: Brigitte Bardot. Die Geschichte einer Legende (1983), aus dem Englischen übersetzt von D. Erb, Herford 1984, S. 102. Wie sie selbst zu der Geburt eines Kindes stand, offenbarte die heute prominenteste Tierschützerin Frankreichs in dem ersten Band ihrer Erinnerungen: B. BARDOT: B. B. Memoiren, aus dem Franz. v. E. Hagedorn u. a., Bergisch-Gladbach 1996. Mit Schrecken hatte sie bereits bei den Dreharbeiten zu ihrem ersten Film an der Seite von *R. Vadim* festgestellt, daß sie von ihm schwanger war; beide fuhren in die Schweiz, »wo ich auf einer Tischkante abtrieb ... An den Folgen dieses Eingriffs wäre ich beinahe gestorben. Seither habe ich eine Schwangerschaft stets als Strafe des Himmels betrachtet.« (S. 108–110) Das war 1952, sie war gerade 18 Jahre alt. Als sie nach ihrer Ehe mit *R. Vadim* ungewollt erneut schwanger wird (es gab noch keine Pille und »die Knaus-Ogino-Methode war bekanntlich nicht unfehlbar«), wäre eine Niederkunft »eigentlich keine Katastrophe gewesen. Aber ich habe nie im Leben Lust gehabt, Mutter zu werden. Ich wollte kein Kind, lieber würde ich mich umbringen ... Doch damals stand auf Abtreibung noch die Gefängnisstrafe. Ich fand jemanden in der schmutzigen Wohnung eines Arbeiterviertels. Dort ließ ich mich ohne die geringsten Hygienevorkehrungen ›behandeln‹. Mit Blaulicht mußte ich in die Klinik gefahren und unverzüglich operiert werden.« (S. 134–136) Es war Jacques Charrier, der im Jahre 1959, während der Dreharbeiten zu *»Babette zieht in den Krieg«*, der Aktrice erklärte, was ihr noch fehle, sei ein Kind; als sie »wieder bei Sinnen« war, war es zu spät. »Ich wollte kein Kind. Ich schlug um mich wie der Teufel im Weihwasserbecken ...« (S. 328) *Brigitte Bardot* ließ nichts unversucht, die Schwangerschaft abzubrechen, doch alles war vergeblich. Um die Familienehre zu retten, mußte sie schleunigst heiraten. (S. 333) Doch bald schon kam es wegen der Rollenbesetzung in dem Film *Die Wahrheit* zu einer Auseinandersetzung, die das Ende der Beziehung einläutete. »Jacques stand mit versteinertem Gesicht und geballten Fäusten auf (und sagte) ...: ›Ich bin ihr Mann! Künftig werde ich entscheiden, welche Filme meine Frau dreht und welche nicht.‹ ... Eine gigantische Welle des Zorns überwältigte mich ... Am liebsten hätte ich diesen Möchtegern-Macho, den ich zu allem Überfluß auch noch aushielt, umgebracht ... Und ich mußte sein Kind zur Welt bringen!« (351–352) »Ein anderes Leben in mir, das stärker war als ich, bemächtigte sich meines Körpers ... Ich war zu einer nutzlosen Hülle geworden, die das ausschlüpfende Insekt verläßt. – Man legte mich auf den eiskalten Entbindungstisch, auf dem man sein Geschlecht wie auf einem Altar darbietet ... Ausgerechnet ich, die so schamhaft war, wenn es um die Blöße meines Körpers, das Geheimnis meines Geschlechts ging, bot mich nun offen, blutig wie auf einer Schlachtbank der visuellen Sezierung dieser Unbekannten dar ... Schreiend preßte ich meine Eingeweide aus mir heraus ... Ich lag im Sterben ... Man sagte mir, es sei ein Junge. ›Mir egal. Ich will ihn nicht sehen!‹ Dann kam der Nervenzusammenbruch ... doch verweigerte ich mich meinem Kinde. Für mich war es so etwas wie ein wuchernder Tumor, den ich mit meinem angeschwollenen Fleisch genährt hatte ... Nun, da der Alptraum seinen Höhepunkt erreicht hatte, sollte ich für die Ursache meines Unglücks auch noch lebenslänglich Verantwortung übernehmen.« (384–385) Alle Welt aber brachte das Foto der schönen, strahlenden, *glücklichen* Mutter mit ihrem Kind. Ein neuer Mythos war mit der Geburt von *Nicolas* zur Welt gekommen: das Kontrastbild der *Schönen mit dem Kind,* der idealen Frau und der idealen Mutter.

Dabei macht *Brigitte Bardot* den Konflikt, der in diesem Kontrast liegt, auf das genaueste deutlich: Die Schönheit ist ein Attribut der Person, sie gilt der Wertschätzung des Ichs; der Bruch tritt ein, indem die sexuelle Ausstrahlung weiblicher Schönheit in den Dienst der Fruchtbarkeit tritt. A. SCHOPENHAUER: Parerga und Paralipomena, 2. Bd., nach der ersten von J. Frauenstädt besorgten Gesamtausgabe herausgegeben von A. Hübscher, Sämtliche Werke Bd. VI, Wiesbaden ^{2}1947, § 365, S. 651 hat es gewußt, wenn er auf den *Gegensatz von Individuum und Gattung* hinwies, der in der Sexualität der Frau am deutlichsten in Erscheinung tritt: »Mit den Mädchen hat es die Natur auf das, was man, im dramaturgischen Sinne, einen Knalleffekt nennt, abgesehen, indem sie dieselben, auf wenige Jahre, mit überreichlicher Schönheit, Reiz und Fülle ausstattete, auf Kosten ihrer ganzen übrigen Lebenszeit; damit sie nämlich, während jener Jahre, der Phantasie eines Mannes sich in dem Maße bemächtigen konnten, daß er hingerissen wird, die Sorge für sie auf Zeit Lebens, in irgend einer Form, ehrlich zu übernehmen; zu welchem Schritte ihn zu vermögen, die bloße vernünftige Überlegung keine hinlänglich sichere Bürgschaft zu geben schien. Sonach hat die Natur das Weib, eben wie jedes andere ihrer Geschöpfe, mit den Waffen und Werkzeugen ausgerüstet, deren es zur Sicherung des Daseyns bedarf, und auf die Zeit, da es ihrer bedarf; wobei sie denn auch mit ihrer gewöhnlichen Sparsamkeit verfahren ist. Wie nämlich die weibliche Ameise, nach der Begattung, die fortan überflüssigen, ja, für das Brutverhältnis gefährlichen Flügel verliert; so meistens nach einem oder zwei Kindbetten, das Weib seine Schönheit; wahrscheinlich sogar aus dem selben Grunde.«

[58] Vgl. L. N. TOLSTOI: Anna Karenina (1878), aus dem Russischen von A. Scholz, München (Goldmann Tb. 692–694) 1961, 2. Teil, 1. Kap., S. 118: »Der berühmte Arzt, ein noch junger und sehr hübscher Mann, hielt eine körperliche Untersuchung der Kranken (sc. Kitty Schtscherbazkaja, d. V.) für notwendig. Er verfocht, anscheinend mit ganz besonderem Vergnügen, die Meinung, daß jungfräuliche Schamhaftigkeit nur ein Rest von Barbarei sei und daß es nichts Natürlicheres gebe, als daß ein noch jugendlicher Mann ein entblößtes junges

Mädchen betastete. Er fand dies natürlich, weil er es jeden Tag tat und sich dabei nichts Schlimmes dachte …, so daß ihm die Schamhaftigkeit bei einem Mädchen nicht nur als ein Rest von Barbarei, sondern auch als eine Beleidigung seiner Person erschien … Nach eingehender Besichtigung und Beklopfung der von Scham betäubten und ganz verstörten Kranken stand der berühmte Arzt, nachdem er sich sorgfältig die Hände gewaschen hatte, im Empfangszimmer …«

[59] Vgl. *Catéchisme de l'Eglise Catholique,* Paris 1992, Nr. 496; 499, wonach Maria in biologischem Sinne »Jungfrau« blieb – nicht nur bei der Empfängnis, die, wie man weiß, »ohne männlichen Samen« erfolgte, sondern sogar im Vorgang der Geburt.

[60] Vgl. V. B. Dröscher: Nestwärme. Wie Tiere Familienprobleme lösen, Düsseldorf–Wien 1982, 11–30: Die Natur des Muttertriebes. Es war 1972, daß *J. Terkel* und *J. S. Rosenblatt* an der Rutgers-Universität in New Brunswick durch Übertragung des Bluts eines Rattenweibchens, das vor weniger als 24 Stunden Junge geworfen hatte, bei einer Rattenjungfrau mütterliche Verhaltensweisen auslösen konnten und in dem Blut das Hormon *Prolaktin* isolierten. Umgekehrt wurde in zoologischen Gärten immer wieder beobachtet, daß Löwen, Tiger und andere Raubkatzen ihre Neugeborenen fraßen, weil sie in dem viel zu engen Gehege keinen Ort fanden, um das Jungtier vor den Augen der Zuschauer zu schützen (a. a. O., 191).

[61] Vgl. M. Leistner: Das kommt in die Flasche, in: Eltern, 1/1995, S. 41–42: »Für ein Baby gibt es nichts Besseres als Muttermilch. Darauf zu verweisen, wurden die Hersteller von Babymilch jetzt per Gesetz verpflichtet. Der Vermerk ›Stillen ist das Beste für Ihr Baby‹ auf Packungen und in Anzeigen soll Mütter ermuntern, ihrem Baby die Brust zu geben.«

[62] Vgl. P. Farb: Die Ökologie (1963), übersetzt aus dem Amerikanischen von W. Bollkämper, bearb. v. J. Volbeding, Hamburg (rororo sb 63) 1976, S. 176; E. Drewermann: Der tödliche Fortschritt, s. o. Anm. 55, S. 19–20.

[63] E. Drewermann – I. Neuhaus: Frau Holle. Grimms Märchen tiefenpsychologisch gedeutet, Olten 1982.

[64] E. Drewermann: Brüderchen und Schwesterchen. Märchen Nr. 11 aus der Grimmschen Sammlung, Olten 1990.

[65] Ch. Crawford: Meine liebe Rabenmutter (1978), aus dem Amerik. v. R. Jurkeit, München (Goldmann Tb. 12409) 1982; vgl. auch den Film von F. Perry (Reg.): Meine liebe Rabenmutter (Mommie Dearest), USA 1982, in der Hauptrolle: Faye Dunaway.

[66] Ch. Crawford: Meine liebe Rabenmutter, s. o. Anm. 65, S. 27 f.

[67] A. a. O., S. 24 f., zu der Ehe *Joan Crawfords* mit *Franchot Tone* in 1935.

[68] A. a. O., S. 29.

[69] A. a. O., S. 23–24.

[70] A. a. O., S. 15.

[71] A. a. O., S. 20.

[72] A. a. O., S. 28.

[73] A. a. O., S. 21.

[74] A. a. O., S. 28.

[75] A. a. O., S. 36–37.

[76] A. a. O., S. 37.

[77] A. a. O., S. 32.

[78] Vgl. E. DREWERMANN – I. NEUHAUS: Das Mädchen ohne Hände. Grimms Märchen tiefenpsychologisch gedeutet, Olten 1981.

[79] Vgl. K. ABRAHAM: Versuch einer Entwicklungsgeschichte der Libido auf Grund der Psychoanalyse seelischer Störungen (1924), in: Ges. Schriften in 2 Bänden, hrsg. v. J. Cremerius, 2. Bd., Frankfurt (Fischer Wissenschaft 7319) 1982, S. 32–102, S. 53–61: Der Introjektionsvorgang in der Melancholie. Zwei Stufen der oralen Entwicklungsphase der Libido.

[80] Vgl. E. DREWERMANN: Tiefenpsychologie und Exegese, s. o. Anm. 5, Bd. 2, S. 215–216. Seit alters her spielte die *Leber* eine Rolle im antiken *Orakelwesen* der Babylonier, Hethiter, Etrusker u. a.; vgl. W. EISENHUT: Haruspices, in: Der Kleine Pauly. Lexikon der Antike in 5 Bänden, hrsg. v. W. Sontheimer, Bd. 2, München (dtv 5963), 1979, Sp. 945–947. Wohl in Abwehr dagegen spielt die Leber in der biblischen »Psychologie« eine geringe Rolle; vgl. W. EICHRODT: Theologie des Alten Testamentes, Teil 2, Stuttgart [5](durchges.) 1964, S. 96.

[81] Zur Psychosomatik von Herzerkrankungen vgl. N. PESESCHKIAN: Psychosomatik und positive Psychotherapie. Transkultureller und inter-disziplinärer Ansatz am Beispiel von 40 Krankheitsbildern, Berlin [2]1992, S. 261–288; P. CHRISTIAN: Herz und Kreislauf, in: E. Frankl – V. E. Gebsattel – J. H. Schultz (Hrsg.): Handbuch der Neurosenlehre und Psychotherapie, Bd. 2: Spezielle Neurosenlehre, Berlin 1959, S. 495–516. Zur Bedeutung des *Herzens* in der biblischen »Psychologie« vgl. W. EICHRODT, s. o. Anm. 80, S. 93–94: »Die Lebhaftigkeit der Affekte und ihren Einfluß auf alle inneren Vorgänge spiegelt die überaus weitgehende Bedeutung wieder, die das Herz … für den Ausdruck des Geistigen gewinnt.« – B. BETTELHEIM: Kinder brauchen Märchen, s. o. Anm. 18, S. 194 sieht in der Mordszene ein rein projektives Element im Erleben des heranwachsenden Kindes, das sich von seinen Eltern lösen möchte: »Der Wunsch, sich seiner Eltern zu entledigen, ruft starke Schuldgefühle hervor, wenn er auch noch so berechtigt sein mag, falls man die Situation objektiv betrachtet. Daher wird auch hier die Sache umgekehrt, und dieser Wunsch wird auf den betreffenden Elternteil projiziert, was das Schuldgefühl beseitigt. Daher kommen im Märchen Eltern

vor, die sich ihres Kindes zu entledigen suchen, wie das beispielsweise in ›Schneewittchen‹ geschieht.« Doch das Problem des Märchens ist es, daß *in der Wirklichkeit* Eltern vorkommen, die ihre Kinder »zum Fressen gern« haben und sie zugleich loswerden möchten! Richtiger schon sehen A. S. MACQUISTEN – R. W. PICKFORD, s. o. Anm. 9, S. 238 in der Attacke des »Jägers« mit dem *Messer*, »einem phallischen Objekt«, eine sadistische Sexualphantasie ausgebildet, die eine Bedrohung von seiten der Eltern, »besonders von seiten des Vaters« zum Hintergrund habe. Dann aber vertun sie die Chance dieses Ansatzes, indem sie von Streitereien und Disharmonien zwischen den Eltern ausgehen, statt bei der sexuellen Thematik zu bleiben. Die Flucht zu den Zwergen wird deshalb bei ihnen zu dem Traum von einer harmonischen Welt der Eltern (S. 239–240); davon aber steht in dem Märchen gerade nichts; es steht aber da, daß die Stiefmutter ihre Tochter zu fressen sucht, und dieses Motiv übergehen sie ganz, es ist in der von ihnen zitierten Version nicht enthalten.

82 CH. CRAWFORD, s. o. Anm. 65, S. 51–52.

83 Vgl. VORETZSCH: Blaubart, in L. Mackensen (Hrsg.): Handwörterbuch des deutschen Märchens, Bd. 1, Leipzig – Berlin 1930/1933, S. 266–270, der »zwei Kernthemen« in dem Stoff erkennt: »die Vorstellung von dem Frauenmörder, der selbst das Opfer der letzten Frau wird, die er heimführt, und so seine vielen früheren Morde büßt, und die Vorstellung von der verbotenen Kammer, die aus einem anderen Märchentyp stammt (vgl. *Marienkind*).« – Nicht zu Unrecht sieht B. BETTELHEIM, s. o. Anm. 18, S. 194 in dem Jäger die Gestalt eines *schwachen* Vaters an der Seite der (Stief)Mutter abgebildet: »Wer anders als ein Vatersubstitut würde sich scheinbar dem Willen der Stiefmutter unterordnen und trotzdem um des Kindes willen es wagen, gegen den Willen der Königin zu handeln? Das gerade möchte aber das ödipale oder adoleszente Mädchen von seinem Vater glauben.« Gleichwohl verschiebt BETTELHEIM den Akzent, wenn er den *Jäger* als beschützende Vaterfigur gegenüber den (sexualsymbolisch zu verstehenden) »Tieren« deutet: In dem Märchen rettet der »Jäger« das Mädchen nicht vor den wilden Tieren, sondern vor der (Stief)Mutter, und er tötet kein gefährliches Raubtier (wie den *Wolf* im *Rotkäppchen*-Märchen), sondern einen harmlosen »Frischling«!

84 Vgl. B. ESCHENBURG: Der Kampf der Geschlechter. Der neue Mythos in der Kunst 1850–1930, hrsg. v. H. Friedel, Lenbachhaus München, 8. 3.–7. 5. 95, Köln 1959, S. 9–42. Der klassische Meisterdenker dieses Gefühlskomplexes ist A. SCHOPENHAUER: Parerga und Paralipomena, s. o. Anm. 57, Nr. 366, S. 652–654; DERS.: Die Welt als Wille und Vorstellung, 2. Bd., in: Sämtliche Werke, hrsg. v. A. Hübscher, Bd. 3, Wiesbaden 1949, Kap. 44: Metaphysik der Geschlechtsliebe, S. 607–651: »alle Verliebtheit, wie ätherisch sie sich auch geberden mag, wurzelt allein im Geschlechtstriebe, ja, ist durchaus nur ein näher bestimmter, spezialisirter, wohl gar im strengsten Sinn individualisirter Geschlechtstrieb.« (S. 610) Daher der Konflikt zwischen Person und Gattung, Geist und Materie, Gegenwart und Zukunft, der in der Geschlechterbeziehung zum Ausdruck kommt, aber auch

das »schwindelnde Entzücken, welches den Mann beim Anblick eines Weibes von ihm angemessener Schönheit ergreift und ihm die Vereinigung mit ihr als das höchste Gut vorspiegelt«.

85 CH. CRAWFORD, s. o. Anm. 65, S. 80.

86 A. a. O., S. 101.

87 A. a. O., S. 101.

88 S. o. Anm. 81; vgl. auch TH. SEIFERT: Schneewittchen, s. o. Anm. 9, S. 99, der aus dem »Jäger« »jene Seite in uns« macht, »die vom Bewußtsein, seiner Ichhaftigkeit, seiner Norm und seiner eingeengten Sichtweise nur bedingt beeinträchtigt ist und noch mit der Weisheit der Natur und der Sicherheit der Instinkte in Verbindung steht.« Vgl. auch H. VON BEIT: Symbolik des Märchens. Versuch einer Deutung, Bern 1952, S. 585–789: Die Fahrt der Jungfrau, bes. S. 701–715, S. 706: »Ebenso ... verhalten sich auch hier die Animus-Gestalten kompensatorisch zu der bösen verfolgenden Mutter. Der Jäger ... ist eine Animus-Gestalt ... der Jäger tötet ... ein Tier, d. h. es wird nur der Triebaspekt wirklich abgetötet, während das eigentlich Seelische der wahren Persönlichkeit ins Unbewußte, für welches der Wald als bekanntes Symbol steht, abgedrängt wird.

89 CH. CRAWFORD, s. o. Anm. 65, S. 79.

90 Vgl. K. KERÉNYI – C. G. JUNG: Das göttliche Mädchen. Die Hauptgestalt der Mysterien von Eleusis in mythologischer und psychologischer Beleuchtung, Amsterdam – Leipzig (Albae vigiliae 8–9) 1941.

91 CH. CRAWFORD, s. o. Anm. 65, S. 130.

92 A. a. O., S. 131.

93 A. a. O., S. 67.

94 A. a. O., S. 170.

95 A. a. O., S. 73.

96 A. a. O., S. 54.

97 A. a. O., S. 143.

98 A. a. O., S. 272.

99 B. BETTELHEIM: Kinder brauchen Märchen, s. o. Anm. 18, S. 197 sieht in Schneewittchens »Flucht« zu den »Zwergen« einen Ausdruck des Wunsches eines heranwachsenden Mädchens, andere und bessere Eltern zu finden: »Manche Kinder gehen sogar noch über diese Phantasien hinaus und laufen tatsächlich weg, um sich ein ideales Zuhause zu suchen.« Doch davon kann in dem GRIMMschen Märchen (anders als etwa bei *Hänsel und Gretel!*) nicht die Rede sein. Schneewittchen wechselt nicht einfach ein unerträglich gewordenes Elternhaus gegen ein anderes ein – es entgeht mit Mühe der tödlichen Gefahr von seiten seiner Mutter, und die »Zwerge« sind schon durch ihre Statur alles andere als

»Elternrepräsentanten«; sie stehen vielmehr für die eigene (zu) klein gebliebene Menschlichkeit vor allem in der Entwicklung des Mädchens zur Frau.

[100] Zur Sage von PROKRUSTES, dem »Ausstrecker«, vgl. K. KERÉNYI. Die Mythologie der Griechen, Bd. 2: Die Heroengeschichten, München (dtv 1346) 1966, S. 178–79. – Die Tatsache, daß die neue Welt Schneewittchens *en detail* vermessen und abgezählt ist, erweist sich in der Szene vom Zwergenhaus als weit wichtiger denn der Umstand, daß das Mädchen schließlich in dem einzig »passenden« »Bettchen« des siebenten der »Zwerge« *schläft*. Gleichwohl ist ein Moment des ursprünglichen Sexualwunsches dabei nicht zu überhören. Zu Recht bemerkt B. BETTELHEIM: s. o. Anm. 18, S. 198: »Angesichts der üblichen Überzeugung von der Unschuld Schneewittchens erscheint die Ansicht, es könne unbewußt riskiert haben, mit einem Mann in einem Bett zu schlafen, einfach empörend.« Doch heißt »unbewußt« hier so viel wie »vollkommen verdrängt«. Ein »Zwerg« ist eben *kein* Mann mehr! Nur so beruhigt sich die Angst.

[101] Ein ähnliches Motiv findet sich in dem Märchen von dem *Mädchen ohne Hände* (KHM 31), das als die klassische Verkörperung oral-depressiver Charakterzüge unter den Gestalten der GRIMMschen Erzählungen gelten kann. Vgl. E. DREWERMANN – I. NEUHAUS: Das Mädchen ohne Hände, Olten 1981. Keinesfalls genügt es zum Verständnis der ständigen Schuldangst eines *Schneewittchens*, wenn B. BETTELHEIM s. o. Anm. 18, S. 197 lobend bemerkt, daß Schneewittchen »seine oralen Gelüste, so groß sie auch sein mögen, zu zähmen weiß«.

[102] In der germanischen Mythologie entstanden die *Zwerge* aus dem Getier, das madengleich aus dem Fleisch und Gebein des erschlagenen Riesen Ymir hervorgekrochen war. Die Asen hatten daraus Zwerge oder Alfen geformt, »begabt mit trefflicher Kunde von Erz und Gestein und mit Geschick und wunderbarer Kunst, das Erz zu formen«. W. WÄGNER: Nordisch-germanische Götter- und Heldensagen, Leipzig 1934, S. 29. Vgl. bes. J. GRIMM: Deutsche Mythologie (1835), 1. Bd., Frankfurt – Berlin – Wien (Ullstein 35 107) 1981, Kap. 17: Wichte und Elfen, S. 363–428, bes. S. 369–390: »die meisten dvergar (sc. Zwerge, d. V.) (sind) kunstfertige *schmiede* ... daher scheint sich ihr schwarzes, rußiges aussehen ... am einfachsten zu erklären. ihre schmiede liegt in hölen und bergen: *Svartâlfaheimr* wird also in eine gebirgige gegend zu setzen sein ... Auch unsere deutschen volkssagen erwähnen allenthalben das *schmieden* der zwerge in den gebirgen.« (370) »bleiben sie in ihrem stillen treiben ungestört, so halten sie friede mit den menschen, und erweisen ihnen, wo sie können, dienste durch schmieden, weben und backen.« (378) Bekannt sind die Zwerge ansonsten auch für ihren »unwiderstehlichen hang zu *musik* und *tanz*« (389), doch ist in dem *Schneewittchen*-Märchen von solcher Fröhlichkeit bezeichnenderweise nicht die Rede. – B. BETTELHEIM, s. o. Anm. 18, S. 198–199 denkt bei den sieben Zwergen an die sieben Planeten, die nach altem Glauben die Sonne umkreisten und den sieben bekannten Metallen zugeordnet waren; Schneewittchens »vollkommene Schönheit« stünde dann in einer entfernten Beziehung zur Sonne. Doch so ansprechend

dieser Gedanke auch sein mag, so wenig kann er zutreffen: die Antike kannte zwar sieben Planeten, doch waren Sonne und Mond dabei mitzurechnen, im Verbund mit dem römischen Götternamen Saturn, Jupiter, Mars, Venus und Merkur, die man den ursprünglich babylonischen, dann griechischen »Planeten« verlieh. Nicht um die Sonne kreisten die Planeten, sondern um die Erde, die eben deshalb selber nicht als »Planet« galt. Vgl. E. Boer: Planeten, in: K. Ziegler – W. Sontheimer (Hrsg.): Der Kleine Pauly. Lexikon der Antike, Bd. 4, München (dtv 5963) 1979, S. 882–889.

103 Zur Entstehung der Erzadern im Berg vgl. R. Decker – B. Decker: Vulkane. Abbild der Erddynamik (1981), aus dem Amerik. von B. Klare, Heidelberg 1992, S. 177–186: Vulkanische Schatzkammern.

104 Th. Seifert: Schneewittchen, s.o. Anm. 9, S. 105 spricht von dem »Weg ins eigene Innere« und fügt hinzu: »Das eigentliche Leben scheint sich ins Unbewußte zurückgezogen zu haben.« Doch gibt diese Formulierung nur unzureichend die Tragödie wieder, die sich im Leben eines »Schneewittchens« hier anbahnt. Richtig bemerkt B. Bettelheim, s.o. Anm. 18, S. 200: »Nachdem Schneewittchen durch seinen früh-pubertären Konflikt und die Konkurrenz mit der Stiefmutter fast zugrunde gerichtet wurde, versucht es sich zurück in eine konfliktfreie Latenzperiode zu retten, in welcher die Sexualität noch schlummert und damit adoleszente Verwicklungen vermieden werden ... Sobald Schneewittchen zum Adoleszenten wird, erwachen in ihm auch die sexuellen Wünsche, die während der Latenzperiode verdrängt waren. Damit erscheint auch die Stiefmutter, welche die unbewußt verleugneten Elemente in Schneewittchens innerem Konflikt repräsentiert, wieder auf der Szene und erschüttert seinen inneren Frieden.« Allerdings: was bedeutet es, wenn ein Mädchen aus Angst vor seiner Mutter in die verlorene Kindheit zurückflieht? Man wird auch therapeutisch ein »Schneewittchen« wohl kaum wirklich verstehen, wenn man sich auf den Standpunkt stellt, daß es die Zwiespältigkeit seiner Mutter sich durch die Projektion von an sich normalen pubertären Widersprüchlichkeiten selbst geschaffen habe.

105 Recht hat B. Bettelheim, s.o. Anm. 18, S. 197, wenn er feststellt: »Man kann sich dem Einfluß seiner Eltern und seinen Gefühlen gegenüber nicht dadurch entziehen, daß man von zu Hause wegläuft – wenn das auch der einfachste Ausweg zu sein scheint. Seine Unabhängigkeit gewinnt man nur, indem man sich durch seine inneren Konflikte hindurcharbeitet, was die Kinder meist auf die Eltern zu projizieren pflegen.« Wie aber, wenn die Konflikte mit der Mutter nicht auf nur subjektiven »Einbildungen« basieren, sondern wenn sich zeigt, daß man den Eindruck eines *Schneewittchens* uneingeschränkt teilen muß: so schlimm ist »sie« wirklich!

106 H. Ibsen: Nora oder Ein Puppenheim (1879) in: Dramen nach G. Brandes u.a. (Hrsg.): Sämtliche Werke in deutscher Sprache (1898–1904), 1. Bd., München (Winkler) 1973, 757–830.

107 B. Bettelheim, s.o. Anm. 18, S. 199 verweist zu Recht auf die phallische Nebenbedeutung, die den »Zwergen« symbolisch zukommt: »Männlein«, die

»mit ihren im Wachstum zurückgebliebenen Körpern und ihrem Beruf als Bergleute – bei dem sie geschickt in dunkle Höhlen dringen«, offenbar gerade *das* verkörpern, was durch die Flucht in ihr »Heim« vermieden werden sollte: den weiblichen Sexualwunsch. »Aber die Zwerge sind frei von inneren Konflikten, und über ihre phallische Existenz hinaus haben sie nicht den Wunsch, intime Beziehungen einzugehen. Sie sind mit dem täglichen Kreislauf ihrer Tätigkeit zufrieden; ihr Leben besteht aus einem unveränderlichen Arbeitszyklus im Bauch der Erde, so wie die Planeten endlich in unveränderlicher Bahn am Himmel kreisen. Es ist das Fehlen jeder Veränderung oder jedes Wunsches danach, was ihre Existenz der des vorpubertären Kindes ähnlich macht.« Was aber heißt es, allen Wunsch nach Liebe in Arbeit und Ordnung zu verwandeln und alle Entwicklung auf der Stufe von »Zwergen« zu halten?

[108] Der Vorteil dieser »Homosexualität« liegt darin, daß der Wunsch, (wie) ein Junge zu sein, das Mädchen selbst in gewissem Sinne autark macht; es braucht keine Beziehungen nach »draußen« einzugehen; es lebt mit den »Zwergen« und schließt alle anderen aus. S. FREUD: Über die weibliche Sexualität, s. o. Anm. 56, XIV, 515–537, S. 527 zählt als Motive, welche die Analyse für die Abwendung von der Mutter aufdeckt, der Reihe nach auf, »daß sie es unterlassen hat, das Mädchen mit dem einzig richtigen Genitale auszustatten, daß sie es ungenügend ernährt hat, es gezwungen hat, die Mutterliebe mit anderen zu teilen, daß sie nie alle Liebeserwartungen erfüllt, und endlich, daß sie die eigene Sexualbetätigung zuerst anregt und dann verboten hat«. Er meint (S. 533), daß »mit der Abwendung von der Mutter auch die klitoridische Masturbation eingestellt (wird); oft genug wird mit der Verdrängung der bisherigen Männlichkeit des kleinen Mädchens ein gutes Stück ihres Sexualstrebens überhaupt dauernd geschädigt. Der Übergang zum Vaterobjekt wird mit Hilfe der passiven Strebungen vollzogen, soweit sie dem Umsturz entgangen sind«. – Zu der Cowboy-Phantasie vgl. CH. CRAWFORD, s. o. Anm. 65, S. 97.

[109] CH. CRAWFORD, s. o. Anm. 65, S. 178.

[110] A. a. O., S. 178.

[111] A. a. O., S. 156.

[112] A. a. O., S. 168.

[113] A. a. O., S. 199.

[114] E. DREWERMANN: Kleriker, s. o. Anm. 13, S. 427 ff., zu den Demutsforderungen des heiligen *Benedikt* aus dem 6. Jh., die von Dominikus einfach übernommen wurden und bis heute in seinen Ordensgemeinschaften Gültigkeit haben.

[115] CH. CRAWFORD, s. o. Anm. 65, S. 200.

[116] A. a. O., S. 201.

[117] A. a. O., S. 202; 206. Der »*Index der verbotenen Bücher*«, der 1564 im Konzil von Trient von der katholischen Kirche festgelegt worden war (*Denzinger*, s. o.

Anm. 11, Nr. 1851–1853), bestand bis 1965 und umfaßte Schriften von B. PASCAL, VOLTAIRE, I. KANT, J.-P. SARTRE, G. GREENE ...

118 CH. CRAWFORD, s. o. Anm. 65, S. 217.

119 A. a. O., S. 211.

120 A. a. O., S. 211–212.

121 A. a. O., S. 256–257.

122 G. BATESON: Double bind (1969), in: Ökologie des Geistes. Anthropologische, psychologische, biologische und epistemologische Perspektiven (1972), aus dem Amerik. v. H. G. Holle, Frankfurt 1983, S. 353–361; DERS.: Vorstudien zu einer Theorie der Schizophrenie (1956), A. a. O., S. 270–301; bes. S. 276–283.

123 Vgl. dazu D. MORRIS: Körpersignale. Bodywatching (1985), aus dem Engl. von M. Curths u. U. Gnade 1986, S. 161–172.

124 Vgl. A. a. O., S. 168: »Im Lauf der Zeit haben die Frauen auf vielerlei Weise versucht, den Eindruck fester, vorstehender, halbkugelförmiger Brüste zeitlich zu verlängern, um die urzeitlichen Brustsignale der menschlichen Spezies über einen längeren Zeitraum hinweg übermitteln zu können.« Der BH, obwohl er erst seit 1920 üblich geworden ist, läßt sich mittlerweile aus der Mode der westlichen Kultur kaum noch wegdenken. E. THIEL: Geschichte des Kostüms. Die europäische Mode von den Anfängen bis zur Gegenwart, Berlin O. 1980, S. 250–251 beschreibt, daß das *Mieder* des Kleides, »das sich dem Korsett genau anpaßte«, schon im 17. Jh. von frühester Jugend an getragen wurde und gegenüber der Zeit Ludwigs XIV. seine Form kaum veränderte. »Es konnte ... mit einer Schnürung geschlossen werden, die oft allerdings ein Scheinverschluß war. Junge Mädchen trugen den Schnürverschluß meist auf dem Rücken, was bei Frauen selten vorkam.« A. a. O., S. 401 wird vermerkt, daß der BH in den zwanziger Jahren den Busen der Frau »nicht betonen, sondern flach machen sollte und kaum mehr als ein schmales Band war. In den dreißiger Jahren stimmten die Formen des Büstenhalters wieder mit den Körperformen überein.« Verstärkte BHs kamen erst in den vierziger und fünfziger Jahren auf (S. 413). – B. BETTELHEIM: Kinder brauchen Märchen, s. o. Anm. 18, S. 201 meint: »Die Königin repräsentiert ... eine Mutter, der es zeitweise gelingt, ihre dominierende Stellung dadurch zu behaupten, daß sie die Entwicklung ihres Kindes aufhält. Auf einer anderen Ebene soll diese Episode auf Schneewittchens zwiespältigen Adoleszenten-Wunsch hinweisen, gut geschnürt zu sein, weil es sexuell attraktiv sein möchte. Daß es bewußtlos zu Boden sinkt, symbolisiert, daß es vom Konflikt zwischen seinen sexuellen Wünschen und seiner Angst davor überwältigt wurde. Da es Schneewittchens eigene Eitelkeit ist, die es dazu verführt, sich schnüren zu lassen, hat es mit seiner eitlen Stiefmutter vieles gemeinsam.« Da liegt alle Schuld auf dem heranwachsenden Mädchen; was aber soll es noch tun, als zu den »Zwergen« zu regredieren und so »unschuldig« zu sein, als es geht? Es ist die Mutter, die ihm den Tod bringt. Auch A. S. MACQUISTEN – R. W. PICKFORD, s. o. Anm. 9, S. 243 sehen in den

»Schnürriemen« ein Symbol für die (zu) enge Bindung, in der die Mutter ihre Tochter erstickt, doch geht dabei das Motiv der »sexuellen Attraktivität« verloren, das sie ganz richtig bemerken, ohne freilich seine Zwiespältigkeit zu würdigen; die Episode mit dem *Kamm* wiederum erkennen sie richtig als einen Versuch der Stiefmutter, »Schneewittchens Sexualentwicklung zu zerstören«. (244) Auch weisen sie zutreffend auf die *Identifikation* zwischen Mutter und Tochter hin (245).

[125] CH. CRAWFORD, s. o. Anm. 65, S. 50–51.

[126] A. a. O., S. 87; 89–90.

[127] A. a. O., S. 129.

[128] A. a. O., S. 132.

[129] A. a. O., S. 270.

[130] A. a. O., S. 270–271.

[131] A. a. O., S. 207.

[132] A. a. O., S. 135.

[133] A. a. O., S. 138.

[134] A. a. O., S. 175–177, zu dem Mordversuch *Joan Crawfords* an ihrer Tochter; S. 150.

[135] A. a. O., S. 150–151.

[136] A. a. O., S. 194; 240.

[137] A. a. O., S. 195.

[138] S. KIERKEGAARD: Die Krankheit zum Tode (1849), aus dem Dänischen übers. v. L. Richter, Hamburg (rk 113) 1962, 1. Abschnitt, A. Daß Verzweiflung Krankheit zum Tode ist, S. 20: »verzweifelt sich selbst loswerden wollen ist die Formel für alle Verzweiflung ... Ein Verzweifelnder will verzweifelt er selbst sein. Aber ... Das Selbst, das er verzweifelt sein will, ist ein Selbst, das er nicht ist.«

[139] R. M. RILKE: Traumgekrönt (1896), Nr. 7, in: Sämtliche Werke, hrsg. v. E. Zinn, 1. Bd., Frankfurt 1955, S. 78.

[140] F. M. DOSTOJEWSKI: Schuld und Sühne (1866), aus dem Russ. v. W. Bergengruen, München (Droemer V.) o. J., Vierter Teil, 4. Kap., S. 343–360, bes. S. 353, wo von der »stinkenden Jauchegrube« die Rede ist, in die es *Sonja* hineinzuziehen droht.

[141] PAUL DELVAUX: Kunsthalle der Hypo-Kulturstiftung München, 20. 1.–19. 3. 1989, red. v. R. Hammacher-von den Brande, Nr. 25, S. 92–93.

[142] CH. CRAWFORD: s. o. Anm. 65, S. 105.

[143] A. a. O., S. 113.

[144] A. a. O., S. 219.

[145] Zum Thema der Lüge vgl. E. DREWERMANN: Ein Plädoyer für die Lüge oder: Vom Unvermögen zur Wahrheit, in: Psychoanalyse und Moraltheologie, 3. Bd.: An den Grenzen des Lebens, Mainz 1984, S. 199–236.

[146] CH. CRAWFORD, s. o. Anm. 65, S. 264.

[147] A. a. O., S. 296.

[148] A. a. O., S. 298.

[149] A. a. O., S. 299.

[150] A. a. O., S. 314.

[151] A. a. O., S. 316.

[152] A. a. O., S. 320–321.

[153] A. a. O., S. 280-281.

[154] A. a. O., S. 333.

[155] H. SCHULTZ-HENCKE: Lehrbuch der analytischen Psychotherapie (1951), Stuttgart 1957, S. 78–80 sprach sogar von dem »Genuß« der Passivität und der »Bequemlichkeit«, die sich als Folge der Gehemmtheit des Antriebserlebens ausbreite und ein Gefühl der Unterlegenheit und Entmutigung produziere; daneben stünden »Riesenansprüche« an den Partner, an das Leben und an sich selbst.

[156] Wie nahe die Erwartung liegt, es müsse der »Prinz« in seiner »therapeutischen« Funktion doch irgendetwas *tun,* um sich zu der wie tot Daliegenden Zugang zu schaffen, zeigt TH. SEIFERT: Schneewittchen, s. o. Anm. 9, S. 129, der auf das *Dornröschen*-Märchen zum Vergleich hinweist: »In klassischer Form zeigt ›Dornröschen‹ diesen Vorgang (sc. der Erlösung, d. V.), der Prinz durchbricht die jahrhundertealte Dornenhecke.« Doch was für ein *Dornröschen* richtig sein mag, wäre verhängnisvoll für ein *Schneewittchen.* Der Unterschied zwischen beiden wird in der Märchensprache sehr klar formuliert: während »Dornröschen«, verwundet von dem traumatischen Erleben der Sexualität, »nur« »schläft«, ist »Schneewittchen« selber die Tochter einer so verwundeten Frau und wird von ihrer Stiefmutter mit einer unheimlichen Folgerichtigkeit »verfolgt«, bis es (fast) tot ist. Vgl. zum Motiv der »Dornenhecke« auch das Märchen *»Marienkind«* (KHM 3); E. DREWERMANN – I. NEUHAUS: Marienkind. Märchen Nr. 3 der Grimmschen Sammlung, Olten 1984.

[157] CH. CRAWFORD: s. o. Anm. 65, S. 223 f.; vgl. bes. S. 233–234: die Eifersuchtsszene zwischen der Mutter, die ihren Mann »verteidigt«, und der Tochter, die in ihm ihren Vater sieht; S. 257–258; S. 271–272; S. 273–275.

[158] A. a. O., S. 275.

[159] Zur Gestalt des *Prinzen* vgl. E. DREWERMANN – I. NEUHAUS: Das Eigentliche ist unsichtbar. Der Kleine Prinz tiefenpsychologisch gedeutet, Freiburg-Basel-Wien 1984, S. 15–20: Das königliche Kind.

[160] Zur Gestalt des *Königs* vgl. E. DREWERMANN: Tiefenpsychologie und Exegese, Bd. 1: Traum, Mythos, Märchen, Sage und Legende. Olten 1984, S. 271–298; bes. S. 512–522.

[161] Zur Gestalt des Königs*sohnes* vgl. a. a. O., Bd. 1, 504–509: Von jungfräulichen Geburten und göttlichen Kindern. TH. SEIFERT: Schneewittchen, s. o. Anm. 9, S. 129–130 meint: »In der Sprache des Märchens sind es meist Prinzen, Jünglinge königlichen Geblüts, denen die Rolle des Erlösers zukommt ... Der König war ... der Träger des Bildes eines hohen inneren Wertes, des Selbst. Seine reale Macht war dadurch wesentlich mitbegründet ... In psychologischem Sinne ist der junge Prinz der künftige König, das heißt, seine Potenzen sind die neuen und zukunftsweisenden Kräfte der Seele, das neue weitere Bewußtsein, das allerdings nur dann lebensfähig ist, wenn es sich mit dem im Unbewußten gewachsenen Potential wirklich verbindet.« Im *Schneewittchen*-Märchen verdichtet sich in dem »Königssohn« als erstes die Sehnsucht nach dem Vater, der im Leben eines »Schneewittchens« nie eine wirkliche Rolle spielte, der ihm nun aber, jenseits des Inzesttabus, entgegentritt als ein Mann, der in der Realität alles das zu erfüllen verspricht, was bisher nur der Traum eines unerfüllten Verlangens nach Liebe war.

[162] Zur *Eule* vgl. W. RICHTER: Eulen, in: Der Kleine Pauly. Lexikon der Antike in 5 Bden., hrsg. v. W. Sontheimer – K. Ziegler, 2. Bd., München 1979, Sp. 421–423: »Der Aberglaube hat ihm (sc. dem Eulenvogel, d. V.) vielseitige Bedeutung verliehen: als Wetterprophet ..., als Glücksbote, wenn er fliegt ..., als Unglücksbote, wenn er sitzt oder schreit ..., als Auguralvogel ... und Traumerscheinung.« (Sp. 422).

[163] Zu dem *Raben* vgl. J. GRIMM: Deutsche Mythologie, s. o. Anm. 101, Bd. 2, Kap. 21, S. 559–560, der an die beiden Raben *Huginn* und *Muninn* erinnert, die als ständige Begleiter Odins gelten und deren Namen »Denkkraft« und »Erinnerung« bedeuten; »sie tragen ihm nachricht von allen ereignissen zu ... er (sc. der Rabe, d. V.) hat nichts von der bösen teuflischen natur, die hernach diesem vogel beigelegt wird.« (S. 559) Doch gerade in dieser (wohl »christlich« bedingten) Umprägung der ursprünglichen Bedeutung tritt der Rabe in dem GRIMMschen Märchen im Zuge der Trauergäste an Schneewittchens Sarg auf.

[164] Zur *Taube* vgl. W. RICHTER: Taube, in: Der Kleine Pauly. Lexikon der Antike in 5 Bden., s. o. Anm. 162, Bd. 5, Sp. 534–536: »Für die semitischen Völker ist die Taube (bes. die weiße) der heilige Vogel der Astarte und als solcher für Menschen tabuisiert. Von dorther übernahmen sie die Griechen kaum vor dem 4. Jh. in den Kult der Aphrodite, die Römer in den der Venus. In allen vom Orient beeinflußten Heiligtümern der Göttin wurden Tauben gehalten ... Bei den Juden ist sie vor allem Opfertier. In christlicher Vorstellung wird sie zum Symbol des heiligen Geistes ... sowie Seelensymbol und Personifizierung verschiedener Tugenden.« »Der ›zärtliche‹ und gewaltlose Charakter macht die Taube im Sprichwort zum Inbegriff von Liebe und Sanftmut, aber auch von Ängstlichkeit ... und naiver Leichtgläubigkeit ... Oft wird die Antithese Taube – Adler (Rabe) auf menschliche

Verhaltensgegensätze übertragen.« B. BETTELHEIM: Kinder brauchen Märchen, s. o. Anm. 18, S. 202 meint: »Die Eule symbolisiert Weisheit, der Rabe – wie die Raben des germanischen Gottes Odin – vermutlich das reife Bewußtsein; und das Täubchen repräsentiert traditionsgemäß die Liebe. Diese Vögel deuten an, daß Schneewittchens todesähnlicher Schlaf im Sarg eine Periode ist, in der ein neuer Zustand ausgetragen wird, ihre letzte Vorbereitungsperiode zur Reife.« Das ist wahr, nur berücksichtigt es weder die *Trauerarbeit*, welche die »Tiere« leisten, noch die völlige Todesstarre, in welcher »Schneewittchen« sich in seinem »gläsernen Sarg« befindet. A. S. MACQUISTEN – R. W. PICKFORD, s. o. Anm. 9, S. 247 sehen in den Tieren, speziell den Vögeln, »Boten von seiten des Vaters«, die eine Weisheit jenseits der menschlichen Grenzen vermitteln; näherhin ist für sie die Eule ein Symbol für Weisheit, der Rabe für Vorsicht, die Taube für Güte.

[165] Zur Göttin *Aphrodite* vgl. W. FAUTH: Aphrodite, in: Der Kleine Pauly. Lexikon der Antike in Bden., hrsg. v. K. Ziegler – W. Sontheimer, Bd. 1, München 1979, Sp. 425–431. Als Wahrzeichen der Göttin galten »aus der marinen Sphäre« Delphin und Muschel, aber auch Taube, Sperling und Schwan in der caelestischen Sphäre, sowie Rose, Apfel und Mohn im pflanzlichen Bereich.

[166] Vgl. PH. RECH: Inbild des Kosmos. Eine Symbolik der Schöpfung, 1. Bd., Salzburg 1966, S. 280–307: Taube. Das griechische Wort für »Taube« (peristerá) bedeutet wohl »Vogel der Istar« (283). Doch daraus wird »das Pneuma« und »der Christus selbst« (292).

[167] Vgl. etwa O. WILDE: Lady Windemeres Fächer. Das Drama eines guten Weibes (1893), aus dem Engl. v. I. L. Pavia u. H. v. Teschenburg, Leipzig 1902; DERS.: Salomé (frz. 1893), übers. v. H. Lachmann, Leipzig 1903; in: Werke, 2 Bde., München 1970.

[168] Vgl. LORD GEORGE GORDON BYRON: Don Juan (1819), aus dem Engl. übers. v. W. Schäffer, A. Böttger u. R. Immelmann, in: Werke, hrsg. v. F. Brie, Bd. 2–3, Leipzig–Wien 1912. – Denken läßt sich auch an die Dichtungen von GIACOMO LEOPARDI: Canzonen (1831), aus dem Italien. übers. v. E. Schaffran, Bremen (Dietrich 288) 1963.

[169] So HEDWIG VON BEIT: Symbolik des Märchens. Versuch einer Deutung, Bern 1952, S. 714: »Im Hinblick auf die symbolische Natur der Beziehung dieser Gestalten wird es unter Umständen angezeigter sein, sobald die Conjunctio-Problematik ins Zentrum der Handlung gerückt wird, die konsequente Deutung in einer oder der anderen Richtung vorübergehend aufzugeben und nurmehr von Animus und Anima zu sprechen, indem dabei diese Gestalten in ihrer archetypischen, überpersönlichen und absoluten Bedeutung belassen werden.«

[170] Vgl. E. A. POE: Das gesamte Werk in 10 Bden., hrsg. v. K. Schumann und H. D. Müller, Olten 1976, Bd. 9, S. 189–191, das Gedicht von *Annabel Lee*.

[171] Vgl. H. DIELS: Die Fragmente der Vorsokratiker, Hamburg (rk 10) 1957,

S. 27, Fragment 62: »Unsterbliche: Sterbliche, Sterbliche: Unsterbliche, denn das Leben dieser ist der Tod jener und das Leben jener der Tod dieser.«

[172] B. BETTELHEIM: Kinder brauchen Märchen, s. o. Anm. 18, S. 202 geht zwar auf den »Kauf« des »Leichnams« durch den »Prinzen« nicht ein, meint aber: »Schneewittchens Geschichte lehrt uns, daß man auch dann, wenn man die körperliche Reife erlangt hat, intellektuell und emotional noch keineswegs für das Leben eines Erwachsenen bereit ist.« Da klingt an, daß es auch aus der Sicht des »Schneewittchens« als ganz »normal« erscheint, wie ein käuflicher Gegenstand in die Ehe »gegeben« zu werden – als ein willenloses Tauschobjekt, das froh sein muß, wenn es infolge seiner Schönheit für einen »guten Preis« »gehandelt« wird.

[173] R. M. RILKE: Advent (1897), in: Sämtliche Werke, hrsg. von E. Zinn, 1. Bd., Frankfurt 1955, S. 99–141, S. 107.

[174] Zum Begriff der *anima* vgl. C. G. JUNG: Die Beziehungen zwischen dem Ich und dem Unbewußten (1928), Gesammelte Werke, Bd. 7, Olten 1964, S. 131–264, S. 207–232.

[175] Vgl. E. FROMM: Anatomie der menschlichen Destruktivität (1973), aus dem Amerik. v. L. u. E. Michel, in Gesamtausgabe, hrsg. v. R. Funk, Bd. 7, Stuttgart 1980, S. 332–334. Der »Nekrophilie« steht gegenüber die »Biophilie«.

[176] Vgl. W. u. A. DURANT: Kulturgeschichte der Menschheit, Bd. 18: Die napoleonische Zeit (1975), aus dem Amerik. übers. v. H. R. Floerke u. D. Türk, Wien (Ullstein 36118) 1982, S. 360–369: Die romantische Ekstase: »... es war die ›Vernunft‹, die das Bild von Männern und Frauen, die im täglichen Zwiegespräch mit der Gottheit lebten, ersetzte durch ein Bild von ernüchterten Massen von Männern und Frauen, die sich tagtäglich mechanisch, stumpf, näher auf einen schmerzlichen, entwürdigenden und ewig dauernden Tod zubewegten.« (S. 361)

[177] S. FREUD: Ein religiöses Erlebnis (1928), in: Gesammelte Werke, Bd. 14, London 1948, S. 391–396.

[178] S. FREUD: Bemerkungen über die Übertragungsliebe (1915), Gesammelte Werke, Bd. 10, London 1946, S. 305–321.

[179] E. BARLACH: Der tote Tag (1912), in: Die Dramen, hrsg. v. F. Dross, München 1956.

[180] A. a. O., S. 9–95; S. 32: (Kufe): »Geben muß es eine Wahrheit, ein Wort muß da sein, aber freilich Gott-Mutter ist es nicht. Ein Wort das nicht klingt; es muß anders heißen.«

[181] A. a. O., S. 55.

[182] Vgl. E. WÜRTHWEIN: Die Bücher der Könige. 1. Könige 17 – 2. Könige 25, Göttingen (ATD 11,2) 1984, S. 289–294.

[183] Eine ähnliche »Erlösung« eines jungen Mannes von seiner Mutter durch die Begegnung mit dem »Gottesmann« berichtet *Lk* 7,11–17, die Geschichte vom

Jüngling von Nain; vgl. E. DREWERMANN: Und legte ihnen die Hände auf. Predigten über die Wunder Jesu, hrsg. v. B. Marz, Düsseldorf 1995, S. 146–151.

[184] E. DREWERMANN: Tiefenpsychologie und Exegese, 2. Bd.: Wunder, Vision, Weissagung, Apokalypse, Geschichte, Gleichnis. Olten 1985, S. 355–377: Prophetien und Propheten.

[185] Vgl. S. FREUD: Die Traumdeutung (1900), Ges. Werke, 1. Bd., London 1942, S. 395: »Alle in die Länge reichenden Objekte, Stöcke, Baumstämme, Schirme (des der Erektion vergleichbaren Aufspannens wegen!), alle länglichen und scharfen Waffen ... wollen das männliche Glied vertreten.«

[186] B. BETTELHEIM: Kinder brauchen Märchen, s. o. Anm. 18, S. 203 meint: »Daß Schneewittchen jetzt den erstickenden Apfel ausspuckt – den schlechten Gegenstand, den es sich einverleibt hatte – beweist, daß es jetzt endgültig frei ist von der primitiven Oralität, die für seine gesamten unreifen Fixierungen steht.« Das gibt in psychoanalytischer Sprache die bestehende Problematik (Fixierung der Sexualentwicklung auf die Oralität) korrekt wieder, doch drückt es nicht aus, was ein Mädchen erlebt, für das eine solche »Diagnose« zutrifft, und es greift vor allem die »Vergiftung« durch die Mutter so gut wie gar nicht auf. A. S. MACQUISTEN – R. W. PICKFORD, s. o. Anm. 9, S. 248 sehen in dem Ausspucken des Apfels ein Symbol für das »Zerbrechen des Hymens«, ein Ende des »Elektra-Komplexes«.

[187] Zum Symptom des *Globus hystericus* vgl. O. FENICHEL: Psychoanalytische Neurosenlehre, aus dem Amerik. v. K. Laermann, Olten 1975, 2. Bd., Kap. 12: Die Konversion, S. 57, der den »Kloß im Halse« auf eine unbewußte Fellatio-Phantasie zurückführt; – doch mutet diese »Erklärung« weit hergeholt an, und jedenfalls gibt sie nur einen von vielen möglichen Gründen wieder, wenn man sieht, wie sich das Gefühl der Atembeengung im Halse unter *Weinkrämpfen* aufzulösen pflegt.

[188] Es war die Genialität von S. KIERKEGAARD: Der Begriff Angst (1844), aus dem Dänischen v. L. Richter, Hamburg (sk 71) 1960, Kap. 1, § 5: Der Begriff Angst, S. 40–43, als erster den Grund der Angst in der »Möglichkeit der Freiheit« (S. 43) entdeckt zu haben.

[189] Es ist unmöglich, Angst zu überwinden durch Mut; einzig in einem tieferen Vertrauen hebt die Angst im Erleben eines Menschen sich auf. Vgl. G. CONDRAU: Angst und Schuld als Grundprobleme der Psychotherapie, Bern–Stuttgart 1962, S. 76–99: Angst und Existenz, S. 99: »Angst und Glaube schließen sich so aus, wie Glaube und Liebe sich je einschließen.«

[190] Das *Jus talionis* erscheint bereits im Alten Babylon und stellt dort einen kulturgeschichtlichen Fortschritt gegenüber der Willkür privat geübter »Blutrache« dar; vgl. H. W. F. SAGGS: Mesopotamien. Assyrer, Babylonier, Sumerer (1962), aus dem Engl. übers. v. W. Wagmuth, Zürich 1966, S. 295–346. Doch was damals ein Fortschritt war, bedeutet heute, bei Rückkehr zu ähnlichen Formen des Rechtswesens mitten im Atomzeitalter, einen Rückfall in Barbarei; so, wenn

vor allem in den USA nicht nur allein in 1996 wohl mehr als 2000 Menschen in den Gaskammern und Hinrichtungsanstalten der Vereinigten Staaten auf legale Weise ermordet werden, sondern wenn zugleich, wie in den Tagen der Sklavenhaltung, Häftlinge mit Ketten an den Füßen Zwangsarbeit verrichten müssen oder wenn neuerdings sogar wieder der mittelalterliche Pranger eingeführt wird: »Die öffentliche Bloßstellung wird wieder als Mittel benutzt, um – so die Begründung – Gesetzesbrechern und Sündern eine Lehre zu erteilen, die sie nicht so leicht vergessen. Die Methode ist zweifellos billig und befriedigt auf einer (noch) milden Stufe die Rübe-ab-Mentalität aller gestrigen Stammtischbrüder und -schwestern. Unser neuzeitliches Menschenrechtsverständnis, das die Würde eines jeden Menschen, unabhängig von seinem Tun, als unverrückbares Fundament versteht, wird dabei allerdings mit Füßen getreten.« U. Haese: Abstieg ins Mittelalter, in: Publik Forum, Nr. 18, 27. Sept. 1966. S .4.

[191] Vgl. C. H. Mallet: Kopf ab! Gewalt im Märchen, Hamburg 1985, S. 155–163, zu den Rachephantasien gegenüber Stiefmüttern und Stiefschwestern. – B. Bettelheim: Kinder brauchen Märchen, s. o. Anm. 18, S. 203 formuliert das *Jus talionis* dahin: »Ungezügelte sexuelle Eifersucht, die andere zu vernichten sucht, zerstört sich selbst.« A. S. Macquisten – R. W. Pickford, s. o. Anm. 9, S. 249 sehen zu Recht in den rot-glühenden Schuhen ein Symbol für die weiblichen Sexualorgane und in der »Strafe« der Stiefmutter eine »sexuelle Folter« dargestellt.

[192] S. Freud: Die Traumdeutung, s. o. Anm. 185, Ges. Werke II–III, S. 359: »Dosen, Schachteln, Kästen, Schränke, Öfen entsprechen dem Frauenleib, aber auch Höhlen, Schiffe und alle Arten von Gefäßen.«

[193] F. M. Dostojewski: Schuld und Sühne, s. o. Anm. 140, 5. Teil, 4. Kap., S. 444–462: Raskolnikows Beichte bei Sonja.

[194] A. a. O., 3. Teil, 5. Kap., S. 268–291, Gespräch zwischen Raskolnikow und dem Untersuchungsrichter Porfirij Petrowitsch; 4. Teil, Kap. 5, S. 360–393.

[195] A. a. O., 4. Teil, 4. Kap., S. 343–360: Gespräch zwischen Raskolnikow und Sonja.

[196] Ch. Crawford, s. o. Anm. 65, S. 282–283.

[197] Vor allem F. Nietzsche: Also sprach Zarathustra. Ein Buch für alle und Keinen (1883–1885), München (Goldmann 403) 1960, 2. Teil, Von den Taranteln, S. 76–79 hat das Motiv der Rache in dem »Gerechtigkeitswillen« der »Gerechten« mit scharfen Worten bloßgestellt: »Denn daß der Mensch erlöst werde von der Rache: das ist mir die Brücke zur höchsten Hoffnung und ein Regenbogen nach langen Unwettern.«

[198] Ch. Crawford, s. o. Anm. 56, S. 322.

[199] A. a. O., S. 322.

[200] R. Tagore: Der Gärtner, aus dem Engl. v. G. Muncker und A. Haas, Freiburg 1959, Nr. 32, S. 42; Nr. 30, S. 40.

Die zwei Brüder

Motto

MONG DSI: Die Lehrgespräche des Meisters Meng K'o, übers. v. R. Wilhelm (1914), Köln 1982, S.102.

Ein Männermärchen? Einleitung

Seite 180–185

[1] H. HEINE: Deutschland. Ein Wintermärchen (1844), mit einem Nachwort von J. P. Strelka, Frankfurt (it 723) 1983, Caput X, S. 39.

[2] M. DE CERVANTES: Don Quijote (1605–1615), übers. v. L. Braunfels, durchgesehen von A. Spemann, München (dtv 2060) 1979.

[3] H. MELVILLE: Moby Dick (1859), übers. v. Th. Mutzenbecher, Hamburg (rororo 173–174) 1956; vgl. D. LAUENSTEIN: Das Geheimnis des Wals. Melvilles Moby Dick und das Alte Testament, Stuttgart 1973, 65–74: Ahab.

[4] H. KÄUTNER (Reg.): Der Schinderhannes, 1958; Curd Jürgens, M. Schell in den Hauptrollen.

[5] E. M. ARNDT, von dem diese Zeilen stammen (»Vaterlandslied«, 1813), appellierte vor allem in *Geist der Zeit* (1805–1818): »laßt einen kräftigen, herrlichen Mann auftreten ..., einen kühnen Gebieter, der das Gute und Gerechte darstellen und dafür begeistern kann.«

[6] »Hilf dir selbst, dann hilft dir Gott.« Auch das ein Satz der »preußischen« Frömmigkeit, obwohl das Sprichwort selbst seit dem Mittelalter bekannt ist. Vgl. W. SCHOLZE – STUBENRECHT (u. a.): Duden. Zitate und Aussprüche (Duden Bd. 12), Mannheim – Leipzig – Wien – Zürich 1993, 324–325. – Zur Diskussion um das Männerbild heute vgl. L. W. WOLFF (Hrsg.): MannsBilder. Von Männern, München (dtv 11 721) 1993; H. BOSSE: Der fremde Mann. Jugend, Männlichkeit, Macht. Eine Ethnoanalyse. Gruppengespräche mit jungen Sepiks in Papua-Neuguinea. Unter Mitarbeit von W. KNAUSSS, Frankfurt a. M. (Fischer Tb. 11 469) 1994; bes. die ausgezeichnete Studie von S. KEEN: Feuer im Bauch. Über das Mannsein (1991), aus dem Amerik. von A. Dittmar-Kolb, Bergisch-Gladbach (Bastei 60 353, Lübbe 1490) 1993.

[7] E. DREWERMANN: Der Trommler. Grimms Märchen tiefenpsychologisch gedeutet, Olten 1987.

[8] E. DREWERMANN – I. NEUHAUS: Die Kristallkugel. Grimms Märchen tiefenpsychologisch gedeutet, Olten 1985.

[9] Vgl. J. BEDIER: Tristan und Isolde, übers. v. R. G. Binding, Frankfurt a. M. (it 387) 1979.

[10] Vgl. P. VON MATT: Liebesverrat. Die treulosen in der Literatur, München–Wien 1989, 145–157: Integration der Liebe in der Herrschaft.

[11] Horat Viscount Nelson (1758–1805) starb in der siegreichen Schlacht bei Trafalgar, nachdem er 1798 in der Seeschlacht bei Abukir die Vorherrschaft Englands im Mittelmeer gegenüber Frankreich errungen hatte. Seit 1798 war Nelson verliebt in Lady Emma Hamilton (1765–1815), die Frau des englischen Gesandten in Neapel. Nach Nelsons Tod führte Lady Hamilton ein abenteuerliches, in äußerem Elend endendes Leben.

[12] Vgl. VERGIL: Aeneis, übers. v. W. PLANKL, Stuttgart (reclam 221) 1976, IV 585 ff., S. 102 ff.

[13] E. HEMINGWAY: Männer ohne Frauen. 14 Stories, übers. v. A. Horschitz-Horst, Hamburg (rororo 279) 1958.

[14] E. DREWERMANN – I. NEUHAUS: Der goldene Vogel. Grimms Märchen tiefenpsychologisch gedeutet, Olten 1983.

[15] Vgl. a. a. O., 38.

[16] E. DREWERMANN: Der Trommler, 54–57.

[17] Vgl. J. BOLTE – G. POLIVKA: Anmerkungen zu den Kinder- und Hausmärchen der Brüder Grimm, 1. Bd.: Nr. 1–60, Leipzig 1913, 528–556. Die Brüder Grimm haben das Märchen »aus dem Paderbörnischen«, »also aus der Familie von Haxthausen« kennengelernt; sie schreiben aber: »dagegen von da an, wo die verstoßenen Kinder in dem Wald zu dem Förster gelangen, sind wir einer trefflichen und ausführlichen Erzählung aus der hessischen Schwalmgegend ... gefolgt.« (S. 528) Die entsprechenden Fassungen, vor allem die 4. hessische Erzählung, welche die »Brüder« als Johannes und Caspar Wassersprung bezeichnet, finden sich a. a. O., 528–538. Innerhalb der KHM vgl. zu Nr. 60 bes. die beiden Märchen *Die Goldkinder* (KHM 85) und *Der Krautesel* (KHM 122). In Anlehnung an die Motivgruppierung von BOLTE und POLIVKA (a. a. O., S. 534–535) läßt sich das europäische Zweibrüdermärchen in folgende Teile gliedern: »A1: Ein armer Mann fängt den Goldeier legenden Glücksvogel und verkauft ihn an einen Reichen, der ihn braten läßt, weil er seine wunderbaren Eigenschaften kennt; aber die beiden Knaben des Armen naschen Herz und Kopf (Leber) des Vogels, nach deren Genuß der eine jeden Morgen ein Goldstück unterm Kopfkissen findet und der andere König wird. – A2: Wunderbare Empfängnis beider Helden durch Genuß von Wassern. A3: Eine gleiche durch einen von Frau, Magd, Pferd und Hund verzehrten Fisch oder A4 Apfel. – B: Die Brüder gehen auf die Wanderschaft, von drei (Hunden oder) dankbaren Tieren geleitet, und stoßen am Scheidewege jeder ein Messer in den Baum, damit dies von seinem Ergehen Kunde gebe. – C: Der eine Bruder errettet eine Königstochter vom Tode, indem er den Drachen erlegt; nachdem ihn ein falscher Hofmann im Schlaf ermordet hat, wird er von seinen Tieren durch ein Zaubermittel belebt, weist sich beim Hochzeitsmahle der Prinzessin durch die ausgeschnittenen Drachenzungen als ihr Befreier

aus und wird ihr Gemahl. – D: Auf einer Jagd wird er samt Tieren von einer Hexe versteinert. – E: Als der andere das Messer des Bruders halb verrostet findet, zieht er ihm nach, wird von der jungen Königin als ihr Gatte begrüßt, legt nachts sein Schwert zwischen sich und sie und erlöst den versteinerten Bruder. – F: In eifersüchtiger Übereilung erschlägt ihn dieser, doch die vom Hasen geholte Lebenswurzel belebt ihn wieder.« »Einige dieser Motive, wie A1 und C1, kommen auch einzeln oder mit andern Zügen verbunden vor. Bisweilen fehlt der Eingang, es werden auch die Motive des überlisteten Räubers, der treulosen Schwester, der diebischen Prinzessin aus dem Fortunatkreise, des Grindkopfes eingemischt; statt der zwei Brüder erscheinen drei, vier, oder nur ein Held. In den *Goldkindern* (nr. 85, A3, B, D, E) fehlt der Drachenkampf, im *Krautesel* (nr. 122) wird der Held durch eine habgierige Schöne des verschluckten Vogelherzens (A1) beraubt und verwandelt diese zur Strafe in eine Eselin.« Zur *Herkunft* der einzelnen Motive vgl. a. a. O., 542–556. Danach ist A1, der Glücksvogel, schon sehr früh im Orient nachzuweisen. B, das »Wahrzeichen bei der Trennung der Brüder«, begegnet in den neidischen Schwestern der 1001 Nacht. C, die Episode vom Drachentöter, der mit seinen Hunden (Waldtieren) eine dem Drachen preisgegebene Königstochter befreit und einen falschen Diener, der ihn um seinen Lohn betrügen will, durch die Vorzeigung der ausgeschnittenen Drachenzungen entlarvt«, ist gleichfalls sehr weit verbreitet. »Wenn wir auch von der Befreiung der Andromeda durch Perseus ..., vom Kampf Sankt Georgs oder Siegfrieds mit dem Drachen, von der Erlegung des Lindwurms Phetan durch Wigalois und anderen weiter abliegenden Drachenabenteuern hier absehen, so verdient doch die persische Sage von Guschtap (Hystaspes) in FIRDUSIS *Königsbuch* (3,282–311) ... Erwähnung.« (A. a. O. 547) Das Motiv der ausgeschnittenen (Löwen)Zunge erscheint schon in der griechischen Heldensage von Alkathoos, der den kithäronischen Löwen getötet hat, und bei Peleus, der auf der Jagd bei Akastos viele Tiere erlegt hat. Auch Tristan schneidet bei GOTTFRIED VON STRASSBURG die Drachenzungen aus. Das »bloße Schwert, das der zweite Bruder im Bett zwischen sich und seine Schwägerin legt, ist ein uraltes Symbolum castitatis und spielt daher eine wichtige Rolle in den Freundschaftssagen von Sigurd und Gunnar, ..., von Amicus und Amelius (Hartmann: Der arme Heinrich ...), von Engelhart und Dietrich bei Konrad von Würzburg ... Das schon im 12. Jahrhundert in Indien bestehende Schwertklingengelübde, nach welchem ein Büßer ein ganzes Jahr lang nachts ein Schwert zwischen sein Weib und sich legte« (a. a. O., 554), könnte ebenfalls hineinspielen. A. TAYLOR – *Brüder, Die zwei*, in: L. Mackensen (Hrsg.): Handwörterbuch des deutschen Märchens 1. Bd., Berlin – Leipzig 1930/1933, 338–340 meint zu dem Motiv D (der Steinverwandlung des älteren Bruders), es habe außerhalb des *Märchentyps* 303 (des Goldkindermotivs) »keine weite Verbreitung«, und fügt hinzu: »Es ist nicht ganz klar, ob F (sc. Mord und Wiedererweckung des ... Bruders) zu der Geschichte gehört, obgleich es als wahrscheinlich angenommen werden kann ... Die Gestalt des von Tieren begleiteten Helden und das Ereignis der Wiedererweckung sind leicht befruchtet durch Märchen von hilfreichen Tieren und vom Wasser des Lebens.« (KHM 97) »Das Brüdermärchen ist bekannt in ganz Europa von Finnland bis zum Kaukasus in einer verhältnismäßig festen Form. Außerhalb Europas, die von Amerika abhängigen kolonialen Länder ausgenommen, ist das Märchen kaum wieder zu erkennen. Die östlichen Parallelmärchen enthalten nicht die charakteristischen Ereignisse A3 und D. Tatsächlich haben die Fassungen des fernen Ostens so wenig mit den europäischen Formen gemeinsam, daß bezweifelt werden kann, ob überhaupt irgendeine Beziehung zwischen den beiden Überlieferungen besteht. Das europäische Märchen scheint sich von Süden aus über Europa verbreitet zu haben.« Die früheste schriftlich überlieferte Fassung des »Brüdermärchens« (Märchentyp 303) stammt aus der 19. Dynastie des Alten Ägypten (ca. 1500 v. Chr.). Vgl. E. Brunner Traut (Übers.): Altägyptische Märchen, Düsseldorf–Köln 1963, 28–40. Vgl. zu dem gesamten Fragenkomplex K. Ranke: Die zwei Brüder. Eine Studie zur vergleichenden Märchenforschung. Helsinki (FFC 114) 1934. – W. Scherf: Lexikon der Zaubermärchen, Stuttgart 1982, 456–463, S. 459 resümiert: »Das Zaubermärchen von den Abenteuern der beiden einander zum Verwechseln ähnlichen Brüder faßt eine ganze Reihe seit sehr alter Zeit belegter Motive zusammen, ist jedoch in der uns heute bekannten Form möglicherweise nicht älter als 600 Jahre. Das mit einigen Eigentümlichkeiten auch selbständig überlieferte Drachentötermärchen jedoch (AT 300 [A. Aarne/S. Thompson: The types of the folktale, Helsinki ²1964] ...), vermutlich bereits seit der Entstehung des *Zwei-Brüder*-Märchens eines seiner wesentlichen Bestandteile, ist aber erheblich älter. – Mit anderen Worten: AT303 und AT300 sind eindeutig voneinander trennbare Märchentypen; das Drachentötermärchen ist das bei weitem ältere (charakteristisch die drei mit besonderen Kräften begabten Hunde); es darf angenommen werden, daß das Drachentötermärchen lange nach seiner Entstehung in etwas veränderter Form und von seiner Eingangsmotivik abgetrennt, wesentlicher Aufbaubestandteil des neuen *Zwei-Brüder*-Märchens wurde. – Es gibt zu denken, daß das *Zwei-Brüder*-Märchen einen anderen Aufbau zeigt als so gut wie alle anderen eigentlichen Zaubermärchen: Von zwei Brüdern zieht zuerst der eine aus, besteht den Drachenkampf und gewinnt die Königstochter. Aber noch in der Hochzeitsnacht läßt er sich durch eine Erscheinung verlocken und verfällt der Mutter des erschlagenen Untiers. Erst jetzt zieht der zweite Bruder aus. Sein Kampf besteht in der Auseinandersetzung mit der, im Vergleich zum offen angreifenden Drachen, tückischeren Drachenmutter. Aber er besteht den Kampf und rettet den Bruder. Ist dieser zweite Bruder wirklich ein anderer? Selbst die Königstochter kann die beiden nicht voneinander unterscheiden. – Oder müssen wir es so verstehen, wie es der Zuhörer erlebt: Ich als Zuhörer ziehe zweimal aus, ich muß nach der ersten, tragisch endenden Ausfahrt zum zweitenmal ansetzen.« Die Auslegung wird zeigen, daß diese Frage eindeutig zu *bejahen* ist.

1. Der Vater als Schicksal Seite 186–206

[1] Vgl. E. FROMM: Die Seele des Menschen. Ihre Fähigkeit zum Guten und zum Bösen (1964), übers. v. L. u. E. Mickel, in: Gesamtausgabe, hrsg. v. R. Funk, Bd. II: Analytische Charaktertheorie, Stuttgart 1980, 159–268, S. 179–198: Die Liebe zum Toten und die Liebe zum Lebendigen.

[2] Vgl. E. FROMM: Haben oder Sein. Die seelischen Grundlagen einer neuen Gesellschaft (1976), übers. v. B. Stein, in: Gesamtausgabe, hrsg. v. R. Funk, Bd. II: Analytische Charaktertheorie, Stuttgart 1980, 269–414, S. 293–306: Haben und Sein in der alltäglichen Erfahrung.

[3] Zitiert nach E. FROMM: Haben oder Sein, II 316.

[4] Mt 6,24; Lk 16,13 – ein Wort der Logiensammlung, die sich aus den Übereinstimmungen zwischen Mt und Lk als Quellenschrift beider Evangelien rekonstruieren läßt.

[5] Vgl. Jes 53,9, wo der »Gerechte«, der »Gottesknecht« dem hebräischen Text nach, bei »Übeltätern« begraben wird; die griechische Septuaginta übersetzt »die Reichen«! Drauf geht Mt 27,57 zurück, wo Joseph von Arimathäa ausdrücklich als »Reicher« bezeichnet wird, allerdings ohne den abwertenden Beigeschmack.

[6] Der *Aufbau* des Märchens entspricht dem Konzept von C. LÉVI-STRAUSS: Die Struktur der Mythen (1955), in: Strukturale Anthropologie (1958), übers. v. H. Naumann, Frankfurt a. M. 1967, 226–254, der annimmt, »daß das mythische Denken ausgeht von der Bewußtmachung bestimmter Gegensätze und hinführt zu ihrer allmählichen Angleichung.« (247) So wird der Gegensatz der beiden Brüder, die als »Besenbinder« und »Goldschmied« in »Gut« und »Böse« polarisiert werden, in einem ersten Schritt durch die beiden Zwillinge ersetzt, die als *Jäger* mit den Tieren verschmelzen; der weitere Fortgang des Märchens dreht sich dann um die widersprüchliche Einheit der beiden Brüder, welche die Einheit zwischen Mann und Frau voraussetzt bzw. ermöglicht. – Die Polarität eines Zwillingspaares, das Gut und Böse verkörpert, kennt vor allem die Zarathustrische Religion. Yasna 30,3–5 spricht von den beiden Geistern, »die nach ihrem eigenen Worte das Gute und das Böse (Prinzip) im Denken, Reden und Tun heißen.« Vgl. H. v. GLASENAPP: Die nichtchristlichen Religionen, Frankfurt a. M. (Fischer Lexikon 1) 1957, 288–300. S. 293. J. DUCHESNE-GUILLEMIN: Zoroaster und das Abendland (1956), in: B. Schlerath (Hrsg.): Zarathustra, Darmstadt 1970, 217–252, S. 243 vergleicht die Urzwillinge mit den Legenden der Indianer.

[7] Vgl. E. DREWERMANN: Der goldene Vogel, Olten 1982, 36–39: Der arme König, zu dem Symbol des »Vogels«. Vgl. zur Vogelsymbolik auch H. VON BEIT: Symbolik des Märchens. Versuch einer Deutung, Bern 1952, 467 ff. – Vgl. z. B. auch F. FORMENT: Das Vogelmotiv in der traditionellen Holzskulptur der Osterinsel, in: Geheimnisvolle Kultur der Osterinsel. Schätze aus dem Land des Hotu Matua, eingef. v. H.-M. Esen-Baur, Mainz 1993, 116–124, die das Symbol des »Vogel-

menschen« als Hinweis auf den Vogel versteht, »der die Seele des Verstorbenen in das jenseitige Leben trägt.« (119) Der »Vogel«, so verstanden, ist ein Bild der Entgrenzung, der Seele, der Sehnsucht nach einem anderen Leben.

[8] Vgl. a. a. O., 39. – Zur Verbreitung des Motivs vom Goldvogel in Europa, Afrika und Asien vgl. A. AARNE: Vergleichende Märchenforschungen. Akademische Abhandlungen, Helsingfors 1907, 143 ff.

[9] In der Ethnologie ist die Institution des »*Mutterbruders*« wohlbekannt, dem die *Erziehung* des Kindes übertragen wird; B. MALINOWSKI: Geschlecht und Verdrängung in primitiven Gesellschaften (1953), übers. v. H. Seinfeld, Reinbek (rororo 139/140) 1962, 82 formuliert den Unterschied zwischen patriarchaler und matrilinearer Gesellschaft so, »daß im Ödipuskomplex der verdrängte Wunsch vorhanden ist, den Vater zu ermorden und die Mutter zu heiraten, während in der matrilinearen Gesellschaft der Trobrianden der verdrängte Wunsch darin besteht, die Schwester zu heiraten und den mütterlichen Onkel zu ermorden.« Die Gestalt des *Vater*-Bruders in dem Märchen hier markiert die Widersprüchlichkeit des Vaterbildes. – Interessant sind bes. die Ausführungen bei H. BOSSE: Der fremde Mann. Jugend, Männlichkeit, Macht. Eine Ethnoanalyse. Unter Mitarbeit von W. Knauss. Gruppengespräche mit jungen Sepiks in Papua-Neuguinea, Frankfurt a. M. (Fischer Tb. 11 469) 1994, Kap. 2: Neue Väter. Die Unbewußtmachung der Ambivalenz im Verhältnis zwischen Vater und Sohn, S. 217–240.

[10] Die Widersprüchlichkeit zwischen einem primären negativen Gebot und einem sekundären anderen Gebot, das mit dem ersteren auf einer abstrakteren Ebene in Konflikt steht, ist ein Hauptmerkmal des *double bind;* vgl. G. BATESON – D. D. JACKSON – J. HALEY – J. H. WEAKLAND: Vorstadien zu einer Theorie der Schizophrenie (1956), in: Ökologie des Geistes. Anthropologische, psychologische, biologische und epistemologische Perspektiven, übers. v. H. G. Holl, Frankfurt 1981, 270–301. Zur Entstehung einer *Psychose* gehört freilich, daß diese Konstellation *unentrinnbar* ist. Insofern ist förmlich von Glück zu sagen, daß die zwei Brüder von ihrem Elternhaus *vertrieben* werden!

[11] Zum (rituellen) Kannibalismus vgl. N. DAVIES: Opfertod und Menschenopfer. Glaube, Liebe und Verzweiflung in der Geschichte der Menschheit (1981), übers. v. S. Kull, Düsseldorf–Wien 1981, 178–192.

[12] Vgl. dazu E. DREWERMANN: Die Spirale der Angst. Der Krieg und das Christentum. Mit vier Reden gegen den Krieg am Golf, Freiburg–Basel–Wien (Herder Spektrum 4003) 1991, 49–56: Totemismus und Kannibalismus; 290–300: Der historische Ursprung der christlichen Eucharistie.

[13] Vgl. N. DAVIES. A. a. O., 192.

[14] Vgl. den »Herz-Jesu-Kult« der katholischen Kirche; wie mühselig es ist, diese archaischen Vorstellungen dem Frömmigkeitsleben moderner Menschen nahezubringen, zeigt K. RAHNER: »Siehe dieses Herz.« Prolegomena zu einer Theo-

logie der Herz-Jesu-Verehrung (1953), in: Schriften zur Theologie, 3. Bd.: Zur Theologie des geistlichen Lebens, Zürich-Köln-Einsiedeln 1962, 379–390, der, ganz richtig, das »Herz« als ein »Urwort« versteht.

[15] Vgl. KHM 85: Die Goldkinder; oder KHM 47: Von dem Machandelboom.

[16] »Auf Herz und Nieren prüfen« ist angelehnt an Ps 7,10.

[17] Zu »Herz« und »Nieren« im Hebräischen vgl. W. Eichrodt: Theologie des Alten Testaments, Teil 2/3: Gott und die Welt/Gott und Mensch, Stuttgart 1961, 93–96.

[18] Vgl. E. Drewermann: Strukturen des Bösen, 2. Bd.: Die jahwistische Urgeschichte in psychoanalytischer Sicht, Paderborn 1978, 52–69: Der Baum und die orale Problematik; S. 174–178: Introjektionswahn und Totemmahl.

[19] Vgl. L. Feuerbach: Das Wesen des Christentums (1841), in: Werke in 6 Bden., hrsg. v. E. Thies, Bd. 5, Frankfurt a. M. 1976, 282–290, zur christlichen Abendmahlslehre; S. 325–326; 378–381. Vgl. ders.: Wider den Dualismus von Leib und Seele, Fleisch und Geist (1846), in: Werke in 6 Bden., hrsg. v. E. Thies, Bd. 4: Kritiken und Abhandlungen III (1844–1866), Frankfurt a. M. 1975, 165–195: »Der Unterschied von Leib und Seele ist ... nichts anderes als der metaphysische Unterschied von Existenz und Wesen als psychologischer.«

[20] Zur Konzeption zweier Stufen der oralen Entwicklungsphase der Libido vgl. K. Abraham: Versuch einer Entwicklungsgeschichte der Libido auf Grund der Psychoanalyse seelischer Störungen (1924), in: Gesammelte Schriften, hrsg. u. eingel. v. J. Cremerius, 2. Bd., Frankfurt a. M. (FW 2980) 1982, 32–83, S. 53–61: Der Introjektionsvorgang in der Melancholie.

[21] Vgl. G. R. Taylor: Kulturgeschichte und Sexualität (1953), eingel. v. A. Mitscherlich, Frankfurt a. M. (Fischer Tb. 1839) 1977, 71–73, die Gegenüberstellung von »paternistischem« und »maternistischem« Verhalten.

[22] Vgl. S. Colgrave: Yin und Yang. Die Kräfte des Weiblichen und des Männlichen – Spannung und Ausgleich zwischen den beiden Polen des Seins (1979), Bern-München 1980, 82, die Gegenüberstellung von »Männlich« und »Weiblich«; vgl. auch E. Fromm: Haben oder Sein (s. o. Anm. 2), II 320–331: Die Existenzweise des Habens; 332–346: Die Existenzweise des Seins.

[23] A. Miller: Das Drama des begabten Kindes und die Suche nach dem wahren Selbst (1979), Frankfurt a. M. (st 950) 1983.

[24] U. Steffen: Drachenkampf. Der Mythos vom Bösen, Stuttgart 1984, 173 meint: »Gold bedeutet immer höchsten Wert und erscheint daher verbunden mit den Symbolen des Selbst und der Anima (der Goldvogel ist oft eine flüchtige Vorahnung der Anima). Gold steht zudem in Beziehung zur Sonne und zum Licht als den Symbolen der Erleuchtung und Bewußtwerdung.« »Die beiden Brüder der Vätergeneration« betrachtet er als den Gegensatz von Extraversion (»Der Goldschmied ist weltoffen, aber steht den inneren Gegebenheiten fremd gegenüber«)

und Introversion (»Der Besenbinder ist weltfremd, aber steht den inneren Gegebenheiten offen gegenüber«).

[25] Vgl. M. ELIADE: Schmiede und Alchemisten (1980), übers. v E. von Pelet, bearb. v. R. Homann, Stuttgart ²1980, 10–11: »Der Bergmann und der Metallurg greifen in die Entwicklung der unterirdischen Embryonen ein: sie beschleunigen den Rhythmus des Wachstums der Erze, sie wirken mit am Werk der Natur und helfen ihr, ›schneller niederzukommen‹. Mit einem Wort, der Mensch setzt sich durch seine Techniken allmählich an die Stelle der Zeit, seine Arbeit ersetzt deren Werk. – Mit der Natur zusammenzuarbeiten, ihr zu helfen, in immer schnellerem Tempo zu produzieren, die Beschaffenheit der Materie zu ändern – ich glaube, wir haben darin eine der Quellen der alchemistischen Ideologie aufgedeckt. Ich behaupte gewiß nicht, daß ein lückenloser Zusammenhang zwischen der geistlichen Welt des Bergmanns, des Metallurgen und des Schmiedes und jener der Alchemisten besteht, obgleich die Initiationsriten und Mysterien der chinesischen Schmiede sehr wahrscheinlich einen integrierenden Bestandteil der später vom Taoismus und der chinesischen Alchemie übernommenen Tradition bilden. Der Schmelzer, der Schmied und der Alchemist haben aber dieses eine gemeinsam, daß alle drei eine besondere magisch-religiöse Erfahrung in ihren Beziehungen zur Materie für sich in Anspruch nehmen; diese Erfahrung ist ihr Reservat, und sein Geheimnis wird durch die Initiationsriten der Handwerke weitergegeben; alle drei arbeiten an einer Materie, die sie für zugleich lebendig und geheiligt halten, und ihre mühevolle Arbeit hat die Wandlung der Materie, ihre ›Vervollkommnung‹, ihre ›Transmutation‹ zum Ziel.« Dabei ist der Umgang mit Kupfer und Bronze, vor allem aber mit *Gold* weit älter als die Fähigkeit, *Eisen* herzustellen. Vgl. P. KNAUTH: Die Entdeckung des Metalls (1973), übers. v. J. Abel, Reinbek (life 72) 1977.

[26] Vgl. F. BEHN: Vorgeschichtliche Welt, Stuttgart (Große Kulturen der Frühzeit) 1958–1966, 57–97: Hochblüte im Zeichen der Bronze.

[27] Vgl. K. J. NARR: Die europäisch-sibirische Kontakt- und Außenzone und die frühen Indogermanen, in: Weltgeschichte der Frühkulturen und der frühen Hochkulturen, Freiburg–Basel–Wien 1965, 564–609, S. 570 ff.

[28] Vgl. K. KERÉNYI: Die Mythologie der Griechen, 1. Bd.: Die Götter- und Menschheitsgeschichten, München (dtv 1345) 1966, 164–181: Prometheus und das Menschengeschlecht.

[29] A. a. O., I 124–125. Hera wollte den mißgeburtigen, hinkenden Hephaistos gern loswerden und brachte ihn auf die Insel Naxos zu Kedalion, »der ihn erziehen und ihm die Schmiedekunst beibringen sollte. Kedalion war eine ähnliche Gestalt wie die Kabiren. Sein Name bedeutete soviel wie ›der Phallische‹. Er wurde auch zu den Kyklopen gerechnet, in denen Hephaistos verhältnismäßig spät seine Schmiedegesellen fand: erst als die Erzählungen ihn mit den großen westlichen Vulkanen, dem Ätna und dem Vesuv, in Verbindung brachten.«

[30] Zur *Urnenfeldkultur* vgl. K. NARR, s.o. Anm. 27, S. 593–596; 609, der den »Urnenfelder-Kreis« im 13. Jh. v. Chr. im südlichen Mitteleuropa »mit einer entscheidenden Beteiligung des Ostalpenraumes« lokalisiert.

[31] Zur Latènezeit vgl. P. KNAUTH, s.o. Anm. 25, S. 79–99: Eisen; J. MOREAU: Die Welt der Kelten, Stuttgart (Große Kulturen der Frühzeit) 1958–1966, 24–29; H. P. UENZE: Ein keltisches Jahrtausend? Kontinuität und Diskontinuität, in: H. Dannheimer – R. Gebhard (Hrsg.): Das keltische Jahrtausend, Mainz 1993, 7–14.

[32] Zur Gestalt des Daidalos vgl. K. KERÉNYI: Die Mythologie der Griechen, Bd. 2: Die Heroengeschichten, München (dtv 1346) 1966, 185 f.

[33] Zur Gestalt *Wielands* und seines Sohnes Wittich vgl. R. W. PINSON (Hrsg.): Deutsche Götter- und Heldensagen, Bayreuth 1980, 330–335.

[34] A.a.O., 333, zu dem Schwert Mimung.

[35] Vgl. P. KNAUTH, s.o. Anm. 25, S. 99: »In Britannien, auf dem europäischen Kontinent und im Vorderen Orient, wo die gesamte Metallrevolution begann, hatte der Schmied (sc. in der Eisenzeit) eine solche Meisterschaft erlangt, daß es für ihn jahrhundertelang kaum noch etwas zu lernen gab. Erst als die Chemie – ungefähr 1800 Jahre später – die Zusammensetzung und Struktur der Metalle offenbarte, sollte der Mensch neue Eigenschaften des Stoffes entdecken, der ihm so vertraut geworden war.«

[36] Vgl. J. JENSEN: Dänische Vorzeit. Führer durch das Nationalmuseum, übers. v. H. W. Benkendorf, Kopenhagen 1993, 108–113: Goldene Zeiten.

[37] Vgl. P. P. ROHDE: Sören Kierkegaard in Selbstzeugnissen und Bilddokumenten, Reinbek (rm 28) 1959, S. 8–18.

[38] Vgl. S. KIERKEGAARD: Der Augenblick (1855), übers. v. H. Gerdes, XIV 185–186: Der Amtliche – Das Persönliche.

[39] H. HESSE: Kindheit und Jugend vor Neunzehnhundert, Hermann Hesse in Briefen und Lebenszeugnissen, 1. Bd.: 1877–1895, hrsg. v. N. Hesse, Frankfurt (st 1002) 1984, 268–269, Brief vom 14. Sept. 1892.

[40] JOH. HESSE: Die Bibel als Kriegsbuch, Stuttgart (Verlag der Evang. Gesellschaft) 1916.

2. Lehr- und Wanderjahre — Seite 207–241

[1] S. UNSELD: Hermann Hesse. Werke und Wirkungsgeschichte, Frankfurt 1985; insel taschenbuch (1112) 1987, S. 308; 310; vgl. H. HESSE: Eigensinn. Autobiographische Schriften, Auswahl und Nachwort v. S. Unseld, Frankfurt 1972; Reinbek (rororo 4856) 1981, S. 18–33.

[2] S. KIERKEGAARD: Tagebücher, 4. Bd., ausgew u. übers. v. H. Gerdes, Düsseldorf–Köln 1970, 146–148: Der »Professor« der Theologie.

[3] F. M. DOSTOJEWSKI: Der Jüngling, übers. v. E. K. Rahsin, Frankfurt a. M. (Fischer EC 6) 1960, 3. Teil, 13. Kap., 2. Abschn., S. 555.

[4] Seit alters her hängt die Tätigkeit der Jagd mit dem Krieg zusammen; vgl. E. DREWERMANN: Die Spirale der Angst. Der Krieg und das Christentum. Mit vier Reden gegen den Krieg am Golf, Freiburg (Herder Spektrum 4003) 1991, 46–49: Der Zusammenhang von Jagd und Krieg.

[5] Vgl. R. E. LEAKEY – R. LEWIN: Wie der Mensch zum Menschen wurde. Neue Erkenntnisse über den Ursprung und die Zukunft des Menschen (1977), übers. v. A. Sussdorff, Hamburg 1978, 207–237: Aggression, Rollenverteilung und menschliche Natur.

[6] Vgl. W. WICKLER – U. SEIBT: Weiblich. Ein Naturgesetz und seine Folgen (1983), München (SP 546) 1990, 175–178: Geschlechterrollen.

[7] A. a. O., 184: »Danach (sc. entsprechend dem männlich geprägten Rollenklischee) gehören zur männlichen Rolle: Dominanz, Überlegenheitsgefühl, Angstfreiheit, sozialer Erfolg und nur geringe Emotionalität; zum weiblichen Rollenbild gehören: Unterwerfungsbereitschaft, Untüchtigkeit, Ängstlichkeit, geringer sozialer Erfolg, hohe Emotionalität.«

[8] A. a. O., 185: »Von der Frau wird einerseits attraktive Jugendlichkeit verlangt, andererseits aber, daß sie eine gute Mutter ist. Beides ist nicht leicht zu vereinen. Ebenso kann der Mann kaum gleichzeitig die Aufgaben eines Soldaten und eines Vaters erfüllen ... In der Regel wird erwartet, daß jeder seine Teilrollen zeitlich nacheinander erfüllt: die Frau zuerst als attraktive Partnerin, später als Mutter; der Mann zuerst als Soldat (in einigen Völkerschaften ist ihm die Heirat so lange untersagt), später als Vater.« Vgl. bes. S. KEEN: Feuer im Bauch, über das Mann-Sein (1991), aus dem Amerik. v. A. Dittmar-Kolb, Bergisch-Gladbach (Bastei-Lübbe 60 353) 1993, 163–166: Der Mann als Jäger: »Ich glaube, wir können mit einigem Recht als ersten Philosophen bezeichnen, der es unternahm, den Akt des Jagens als Mythos zu erfassen.« (164–165).

[9] Zum Symbol des »Vogels« vgl. E. DREWERMANN – I. NEUHAUS: Der goldene Vogel, Olten 1982, 38; DIES.: Die Kristallkugel, Olten 1985, 48–52.

[10] J. Steffen: Drachenkampf. Der Mythos vom Bösen, Stuttgart 1984, 174 meint von dem »Jäger«: »An die Stelle des menschlich-wirklichen Vaters tritt nun der archetypische Geist-Vater als Erzieher: Der Jäger (in anderen Märchen der Alte) ›symbolisiert die höhere, die zukunftbestimmende unbewußte Macht, welche als Impuls die Helden in ihr Schicksal treibt.‹« In dieser Deutung geht die spezifische Seite des »Jägers«, der eben nicht einfach ein weiser »Alter« ist, verloren, und die Probe des Vogelschießens geht gänzlich unter. Insbesondere bietet die Auslegungstechnik von H. VON BELT: Gegensatz und Erneuerung im Märchen, Bern-München [2]1965, woraus das Zitat (S. 336) stammt, zwar zumeist eine zutreffende

Beschreibung dessen, was gerade geschieht, in JUNGianischen Begriffen an, doch lassen sich damit die bestehenden Konflikte weder in Inhalt noch Dynamik wirklich erfassen. – Zur Psychodynamik der »Adoption« vgl. P. DETTMERING: Die Adoptionsphantasie. »Adoption« als Fiktion und Realität, Würzburg 1994, S. 25–30: Adoption im Märchen I: Marienkind; S. 31–34: Rapunzel. In diesen Märchen handelt es sich freilich um *mütterliche,* nicht väterliche Stellvertretung; anders die elternlose Herkunft *Siegfrieds;* vgl. a. a. O. 21–24.

[11] Vgl. P. P. ROHDE: Sören Kierkegaard in Selbstzeugnissen und Bilddokumenten, aus dem Dänischen v. T. Dohrenburg, Reinbek (rm 28) 1959, 25–27. G. BRANDES: Sören Kierkegaard. Eine kritische Darstellung (1877), aus dem Dänischen von G. Perlet, Leipzig (reclam 1428) 1992, Kap. 5, S. 25–29.

[12] H. HESSE: Demian. Die Geschichte von Emil Sinclairs Jugend (1919), Frankfurt (sv 95) 1971, 2. Kap.: Kain, S. 38–64.

[13] H. HESSE: Narziß und Goldmund (1930), Frankfurt (sv 65) 1971, 6. Kap., S. 74–88.

[14] U. STEFFEN: Drachenkampf (s. o. Anm. 10), 173 bemerkt lakonisch: »Der Wald ist das Symbol des Unbewußten.« Gewiß. Doch was geht in einem Menschen vor sich, der aus dem »Wald« kaum noch herausfindet?

[15] R. DESCARTES: Aus den Meditationen, II 8: »Das Denken ist's, es allein kann von mir nicht getrennt werden: *Ich* bin, *ich* existiere, das ist gewiß.« I. FRENZEL (Hrsg.): Descartes. Auswahl und Einleitung, Frankfurt (Fischer Tb. 357) 1960, 93–125, S. 101.

[16] Bes. L. KLAGES: Geist und Seele (1917), in: Ludwig Klages. Sämtliche Werke, hrsg. v. E. Frauchiger u. a., Bd. 3, Philosophie III, Bonn 1974, 3–154, S. 44–92: Geist und Leben, hat den »Glauben an die Souveränität des Verstandes« (61) als Grundlage der »Wissenschaft« heftig kritisiert.

[17] Vgl. E. DREWERMANN: Der tödliche Fortschritt. Von der Zerstörung der Erde und des Menschen im Erbe des Christentums, Freiburg–Basel–Wien (Herder Spektrum 4032) [6](erw) 1991, 107–108, die Rede von *Tatanga Mani*: »Wußtet ihr, daß Bäume sprechen? ... Das Schlimme ist, daß die Weißen nicht zuhören.« T. C. MCLUHAN: ... wie der Hauch eines Büffels im Winter, Hamburg 1979, 29.

[18] R. TAGORE: Der Gärtner, aus dem Engl. übers. v. G. M. Muncker – A. Haas, Freiburg 1959, Nr. 79, S. 94.

[19] Es sind die Träume, die Märchen und die Mythen, die von einer tiefen seelischen Verwandtschaft zwischen Mensch und Natur Zeugnis ablegen; vgl. E. DREWERMANN: Der tödliche Fortschritt (s. o. Anm. 17), 142–160; DERS.: Glauben in Freiheit oder Tiefenpsychologie und Dogmatik, 1. Bd.: Dogma, Angst und Symbolismus, B 3, S. 385–503: Symbolische Felder der Geborgenheit.

[20] Bes. A. SCHWEITZER: Kultur und Ethik, München 1960 (Sonderausgabe mit Einschluß von: Verfall und Wiederaufbau der Kultur), 328–353 begründete aus

dem Widerspruch des Lebens die Ethik einer universellen Ehrfurcht: »Die Welt ist das grausige Schauspiel der Selbstentzweiung des Willens zum Leben. Ein Dasein setzt sich auf Kosten des anderen durch, eines zerstört das andere. Ein Wille zum Leben ist nur wollend gegen den andern, nicht wissend von ihm. In mir aber ist der Wille zum Leben wissend von anderm Willen zum Leben geworden. Sehnen, zur Einheit mit sich selbst einzugehen, universal zu werden, ist in ihm.«

21 E. DREWERMANN: Der tödliche Fortschritt (s. o. Anm. 17), 238.

22 A. a. O., 133–142: Die Zerstörung der Seele und die Herrschaft der Begriffe.

23 E. DREWERMANN – I. NEUHAUS: Schneeweißchen und Rosenrot. Grimms Märchen tiefenpsychologisch gedeutet, Olten 1983.

24 Vgl. A. FREUD: Das Ich und die Abwehrmechanismen, München (Kindler Geist und Psyche 2001) o. J., 12. Kap., S. 118–135: Triebangst in der Pubertät.

25 M. OESTERREICHER-MOLLWO (Bearb.): Herder Lexikon Symbole, Freiburg–Basel–Wien 1978, 70–71 betont vor allem den Bezug des Hasen zur Fruchtbarkeit. »Da man die reiche Nachkommenschaft des Hasen auch auf dessen große Sinnlichkeit zurückführte, begegnet er gelegentlich als Tier mit sexuellem Symbol-Bezug.«

26 E. DREWERMANN: Brüderchen und Schwesterchen. Grimms Märchen tiefenpsychologisch gedeutet, Olten 1990.

27 R. CLARK: Wüstensturm. US-Kriegsverbrechen am Golf (1992), aus dem Amerik. von K. Sticker u. S. Vogel, Göttingen 1993, 234–238; 247–253.

28 A. a. O., 235.

29 E. M. REMARQUE: Im Westen nichts Neues (1929), Frankfurt–Berlin–Wien (Ullstein 56) o. J. 49–51: »Möchte wissen, was die für eine Schuld haben ... Das sage ich euch: es ist die allergrößte Gemeinheit, daß Tiere im Krieg sind.«

30 H. VON BEIT: Symbolik des Märchens. Versuch einer Deutung, Bern 1952, 498 sieht in dem *Fuchs* den in der Anima verborgen wirkenden Naturgeist verkörpert, zugleich aber auch ein diebisches Tier, das oft als das weibliche Pendant zum männlichen Wolf galt. In KHM 74: *Der Fuchs und die Frau Gevatterin* hingegen spielt der Fuchs einer Wölfin mit ihrem Jungen einen üblen Streich. Anders freilich geht es in KHM 75: *Der Fuchs und die Katze* zu, wo all die Prahlerei dem Fuchs angesichts der Meute Hunde nichts nutzt. In KHM 57: *Der goldene Vogel* tritt der Fuchs als klassischer Seelenbegleiter auf. Vgl. E. DREWERMANN – I. NEUHAUS: Der goldene Vogel, 40.

31 So besonders in dem launigen Märchen KHM 86: *Der Fuchs und die Gänse*, wo man, entsymbolisiert, im Grunde von einer Gruppe Mädchen hört, die aus lauter Angst vor der Sexualität ihr Leben als schnatternde Betschwestern verbringen. Zu der Rolle von *Vögeln* im Märchen vgl. K. HECKSCHER: Geflügel, in: L. Mak-

kensen u. a. (Hrsg.): Handwörterbuch des deutschen Märchens, Bd. 2, Berlin 1934/1940, 352–388, bes. IV A: Tiermärchen. Spiegel menschlicher Zustände.

[32] P. GALLICO: Kleine Mouche. München (Goldmann Tb.) 1964.

[33] CH. WALTERS (Reg.): Lili, USA 1952.

[34] H. VON BEIT: Symbolik des Märchens (s. o. Anm. 30), 474 weist auf die Widersprüchlichkeit der Symbolik des »Wolfes« hin, der »das Tier des Lichtgottes Apoll (ist), jedoch... auch ein Symbol für den Höllengrund, den Teufel.« S. 477: »So ist dieser Wolf ein Geist, ein Quell der Bewußtwerdung, der noch in Tiergestalt verborgen ist. Er ist auch ein Symbol des Selbst.« M. OESTERREICHER-MOLLWO (Bearb.): Herder Lexikon Symbole, Freiburg 1978, 184 erklärt den geistesverwandten Aspekt der Wolfssymbolik damit, daß der Wolf »in der Dunkelheit gut sieht«. »Wie der Hund begegnet auch der Wolf gelegentlich als Seelenbegleiter.« »Die Antike brachte den Wolf auch in Beziehung zur Unterwelt, so trägt beispielsweise Hades einen Mantel aus Wolfspelz.«

[35] Vgl. die Erinnerung bei F. M. DOSTOJEWSKI: Tagebuch eines Schriftstellers, aus dem Russ. v. E. K. Rahsin, München 1963, 141–148 an den Bauern Marei, der ihm als Jungen einmal die Angst vor einem Wolf genommen hatte. Der Schrei: »Ein Wolf kommt!« war nur in seiner Phantasie entstanden.

[36] R. I. PAGE: Nordische Mythen (1990), aus dem Engl. v. I. Rein, Stuttgart 1993, 13; 86.

[37] A. a. O., 28–29; 115–116.

[38] H. HESSE: Der Steppenwolf (1927), Frankfurt (sv 226) 1955, 46–74: Tractat vom Steppenwolf.

[39] (Franz von Assisi): Die Blümlein (Fioretti), übers. v. M. Kirschstein, in: Die Werke. Die Blümlein, Reinbek (rk 34) 1958; 57–148, Kap. XXI S. 93–95.

[40] L. RINSER: Den Wolf umarmen, Frankfurt (Fischer 5866) 1984.

[41] E. DREWERMANN – I. NEUHAUS: Schneeweißchen und Rosenrot, Olten 1983, 30–33. Vgl. zu dem *Bär* im Märchen bes. PEUCKERT: Bär, in: L. Mackensen u. a. (Hrsg.): Handwörterbuch des deutschen Märchens, 1. Bd., Berlin–Leipzig 1930/1933, 157–169, bes. 4: Der Bär als hilfreiches Tier, a. Drachentötermärchen, S. 158–159, mit den entsprechenden Belegen des Vorkommens. Zu KHM 101: Der *Bärenhäuter* vgl. a. a. O., 162.

[42] Vgl. E. DREWERMANN: Strukturen des Bösen, 2. Bd.: Die jahwistische Urgeschichte in psychoanalytischer Sicht, Paderborn 1977, 198–201; A. LOMMEL: Vorgeschichte und Naturvölker (1966), Gütersloh (Reihe: Schätze der Weltkunst, Bd. 1) 1967, 126; J. G. FRAZER: Der goldene Zweig. Das Geheimnis von Glauben und Sitten der Völker, aus dem Engl. v. H. v. Bauer, abgek. Ausg., Leipzig 1928,736–737.

43 J. GULYA: Sibirische Märchen, 1. Bd.: Wogulen und Ostjaken, aus dem Ungar. v. R. Futaky, Düsseldorf–Köln 1968, 26–36: Die Mos-Frau. Vgl. auch W. GOLTHER: Bärensohn, in: L. Mackensen u. a. (Hrsg.): Handwörterbuch des deutschen Märchens, 1. Bd., Berlin–Leipzig 1930/1933, 172–174. Vgl. dazu KHM 91: *Dat Erdmänneken* und KHM 90: *Der junge Riese.*

44 Zum Symbol des Löwen vgl. PH. RECH: Inbild des Kosmos. Eine Symbolik der Schöpfung, 2. Bd., Salzburg 1966, I 155–191, die (S. 159) auf die »uralte solare Symbolik« hinweist, die den Löwen »nicht nur in nahe Beziehung zur Himmels- und Sonnengottheit (setzt), sondern auch zu irdischem *Königtum* und *Heldentum.*«

45 Vgl. I. E. S. EDWARDS: Tutanchamun. Das Grab und seine Schätze (1975), aus dem Amerik. v. J. Rehork, Bergisch-Gladbach 1978, S. 39: Abbildung des Thronsessels.

46 Vgl. E. AKURGAL – M. HIRMER: Die Kunst der Hethiter, München 1961; Sonderausgabe 1976, Abb. 103; 123; 135: Portallöwen; Nr. 109; 116; 126; 127: Götterbilder (Sonne und Mond) auf Löwen.

47 Noch deutlicher ist das Symbol der ägyptischen *Sphinx,* bei der die Gestalt des Herrschers mit dem Löwenleib verschmilzt; vgl. z. B. D. WILDUNG (u. a.): Götter und Pharaonen, Römer- und Pelizaeus-Museum, Hildesheim 1979, Nr. 25: Sphinx Amenophis' I.

48 T. BLIXEN: Die afrikanische Farm (1937), aus dem Dänischen v. G. Perlet, Rostock 1989.

49 Vgl. A. SCHOTT (Übers.): Das Gilgamesch-Epos, durchges. v. W. von Soden, Stuttgart (reclam 7235) 1958, 2. Tafel: Engidu und die Dirne von Uruk, S. 29–31; vgl. K. OBERHUBER: Gilgamesch (1975), in: K. Oberhuber (Hrsg.): Das Gilgamesch-Epos, Darmstadt (Wege der Forschung Bd. 215) 1977, S. 1–22, zu den verschiedenen Textüberlieferungen. – Bes. S. KEEN: Feuer im Bauch (s. o. Anm. 8), 224–225 unterscheidet zwischen den »*Seßhaften*« und den »*Suchenden*«:

Brave Bürger	Gralssucher
Gläubige	Folgende
An ihre Kultur gebunden	Transzendieren ihre Zeit und ihr Volk
Naiv/unkritisch	Selbsterfahren
Häufig unreflektiert	Oft von Selbstzweifeln gequält
In die Mythen ihrer Gesellschaft initiiert und ihnen treu bleibend	Unternehmen eine Abenteuerfahrt in ein auf keiner Karte verzeichnetes Gebiet
Können entweder stark oder schwach sein	Sind meistens verletzlich und stark zugleich
Das Gute, das sie bewirken, hat seinen Ursprung in staatbürgerlichen Tugen-	Das Gute, das sie bewirken, entspringt aus von ihnen neu erfundenen Tugen-

den, Gesetzestreue, Ordnung, Pflichtbewußtsein, dem Pflegen von Traditionen	den, prophetischen Visionen, Empfänglichkeit für neue Berufungen, der Schaffung von Neuem
Das Schlechte, das sie verursachen, leitet sich aus Gehorsam und Banalität her	Das Schlechte, das sie verursachen, hat mit übersteigerten Ambitionen oder Hybris zu tun
Archetypen bekannter Heldengestalten	Leitfiguren neuer Ideale

[50] S. Pollack (Reg.): Jenseits von Afrika, USA 1985.

[51] I. Bergman: Wilde Erdbeeren (1957), in: Wilde Erdbeeren und andere Filmerzählungen (1973), ausgew. und aus dem Schwedischen übersetzt v. A. Storm, München (Heyne Tb. 5695) 1980, 7–71.

[52] Vgl. H. Haber: Unser Sternenhimmel. Sagen, Märchen, Deutungen, unter Mitwirkung von I. Haber, München 1981, bes. S. 147–157: Die befreite Prinzessin, zur Andromeda-Sage.

[53] Vgl. L. Frobenius: Das Zeitalter des Sonnengottes, 1. Bd., Berlin 1904.

[54] S. o. Anm. 44. Besonders im *Mithras*-Kult, der in gewissem Sinne die Religion der römischen Legionäre war, wurde die Verehrung der Sonne mit der Tötung des Stiers verknüpft. Vgl. F. Cumont: Die Mysterien des Mithra. Ein Beitrag zur Religionsgeschichte der römischen Kaiserzeit, autorisierte deutsche Ausg. v. G. Gehrich (1923), Darmstadt 1981, 7. Kap., 169–178.

[55] F. Nietzsche: Also sprach Zarathustra. Ein Buch für alle und keinen (1883–85), München (GG Tb. 403) 1960, 3. Teil: Von alten und neuen Tafeln, S. 150–165: »Den Schaffenden hassen sie am meisten: den, der Tafeln bricht und alte Werte, den Brecher, – den heißen sie Verbrecher.«

[56] A. a. O., Vorrede, 10, S. 20–21: das Bild vom Adler und der Schlange.

[57] Vgl. E. Drewermann: Glauben in Freiheit, 1. Bd., s. o. Anm. 19, S. 123–139: Der »Untertan« oder: Die Wahl zwischen Selbstbehauptung und Selbstpreisgabe.

[58] Vgl. a. a. O., 51–61: Das prophetische Vorbild.

[59] Mk 1, 13; vgl. zur Stelle E. Drewermann: Das Markus-Evangelium, 1. Teil, Olten 1987, 142–161; zu Mt 4,1–11 vgl. E. Drewermann: Das Matthäus-Evangelium, 1. Teil, Olten 1992, 325–345.

[60] Vgl. C. G. Jung: Antwort auf Hiob (1952), Gesammelte Werke XI: Zur Psychologie westlicher und östlicher Religion, Olten 1971, 385–506, S. 460–466, zur Person Jesu.

[61] S. o. Anm. 59. – Sehr schön meint S. Keen: Feuer im Bauch. Über das Mann-Sein (1991), aus dem Amerik. v. A. Dittmar-Kolb, Bergisch-Gladbach (Bastei-Lübbe 60 353) 1993, 334: »Wirkliche Liebe ist der einzige gerechte und heilige Krieg. Zwei Freunde geloben gegenseitig ehrenhafte Gegnerschaft: Ich verspreche, daß ich die Unversehrtheit meines eigenen Ichs verteidigen und die Unver-

sehrtheit Deines Ichs respektieren werde.« S. 367: »Blinde Leidenschaft ist die Logik der Geschichte. Wir ziehen blind in den Krieg. Nur reife Liebe wird völlig bewußt erlebt.«

[62] Zur Psychologie von Gen 4,1–16 vgl. E. DREWERMANN: Strukturen des Bösen, 2. Bd.: Die jahwistische Urgeschichte in psychoanalytischer Sicht, Paderborn 1977, 247–294.

[63] A. a. O., II 247–257.

[64] Vgl. E. DREWERMANN: Strukturen des Bösen, 3. Bd.: Die jahwistische Urgeschichte in philosophischer Sicht, Paderborn 1978, 278–299: Das Motiv des Doppelgängers in der Belletristik.

[65] U. STEFFEN: Drachenkampf, s. o. Anm. 10, 174 meint zu Recht: »Der Kreuzweg, an dem sich ihrer beider Wege trennen, ist symbolisch bedeutsam. Er ist häufig durch Inschriften gekennzeichnet, wie zum Beispiel in einer iranischen Variante des Grimmschen Brüdermärchens: ›Menschenkinder, wisset, daß, wenn zwei Menschen gemeinsam von hier aus weiterwandern, so werden sie beide umkommen. Darum sollen sie, jeder nach seiner Seite, gehen. Der, welcher den Weg zur Linken einschlägt, wird nach vielen Widerwärtigkeiten mit seiner Geliebten vereint werden, und der, welcher den Weg zur Rechten wählt, wird die Würden eines Königs erhalten.‹ (H. von Beit: Gegensatz und Erneuerung im Märchen, Bern–München [2]1965, 379.) Die Trennung am Scheideweg stellt das Aufgeben der Ureinheit, das Akzeptieren der Gegensatznatur und den Eintritt in die Welt des Konkreten dar (Beginn des Individuationsweges). Der ältere Bruder geht nach Osten, in Richtung Sonnenaufgang, der jüngere nach Westen, in Richtung Sonnenuntergang – womit sein Weg als ›leidvoller Untergangsprozeß‹ (Verlust der Rückverbundenheit mit der Ganzheit), als ›Nachtmeerfahrt‹ gekennzeichnet ist.«

[66] Vgl. W. KRICKENBERG: Altmexikanische Kulturen, Berlin 1975, 197.

[67] Vgl. J. JENSEN: Dänische Vorzeit. Führer durch das Nationalmuseum, aus dem Dänischen v. H. W. Benkendorf, Kopenhagen 1993, 44.

[68] Vgl. S. FREUD: Die Traumdeutung (1900). Über den Traum (1901), Gesammelte Werke II/III, London 1942, 359: »Alle in die Länge reichenden Objekte ..., alle länglichen und scharfen Waffen ... wollen das männliche Glied vertreten.« O. RANK: Psychoanalytische Beiträge zur Mythenforschung. Gesammelte Studien aus den Jahren 1912 bis 1914, Leipzig–Wien 1919, 370 meint: »Das Hineinstoßen in den Stamm erscheint so als letzter Nachklang der Baumfällung (Kastration), und es wird so leicht begreiflich, wie jeder der beiden an diesem Instrument wunschgemäß (!) erkennen kann, daß der Bruder gestorben ist.«

[69] R. I. PAGE: Nordische Mythen, s. o. Anm. 36, S. 126–127.

[70] A. a. O., 127–130.

3. Der Kampf mit dem Drachen Seite 242–318

[1] Zur Gestalt des *Drachen* vgl. W. von Sydow: Drache, in: L. Mackensen u. a. (Hrsg.): Handwörterbuch des deutschen Märchens, Bd. 1, Berlin–Leipzig 1930/1933, 411: »*Drache* ist sprachlich und begrifflich erst durch die Römer zu den Germanen gekommen. Teilweise ist dies wohl noch in heidnischer Zeit geschehen im Anschluß an die römischen Feldzeichen in Drachengestalt, teilweise durch die apokalyptischen Schilderungen und Legenden des Christentums. Als Fremdwort hat D. eine Menge verschiedener Bedeutungen erhalten sowohl bei uns als bei anderen Völkern. In der Sage kommt der D. als Schatzhüter und Schatzsammler, als verwünschter Mensch oder Dämon, als Verwüster usw. vor. In unseren Märchen ist der D. der Repräsentant der größten Gefährlichkeit und hat als solcher oft ältere Gegner des Helden verdrängt. Seine äußere Gestalt wird im Märchen nicht näher beschrieben. Nur wird er gewöhnlich als vielköpfig bezeichnet, um seine Schwerbesiegbarkeit zu betonen. Er kann Hüter sein, nicht eines Schatzes, aber des Wunderlandes, wo das Jugendgetränk oder das Lebenswasser verborgen ist, und wohin man nur kommen kann, wenn der D. schläft oder wenn man ihn besiegen kann. Nur dem kühnsten, glücklichsten oder klügsten wird das glücken, wie im *Märchen von der Fahrt nach dem Heilmittel* (KHM 97, Aarne 550, 551). Als Hüter des Riesenherzens kommt der D. im *Ohneseelemärchen* vor (KHM 197, Aarne 302). Er kann auch Hüter des Wassers sein, und er läßt den Menschen kein Wasser erhalten, wenn man ihm nicht ein jährliches Jungfernopfer gibt. In einer anderen Variantengruppe desselben Märchens ist er ein Meer(drache), der das Land verwüsten will, wenn er nicht das Jungfernopfer erhält. Hinter diesen opferheischenden D.n liegen alte religiöse Kulte, die unter exotischen Völkern noch Gegenstücke haben. Diese opferheischenden D.n kommen im Märchen nur vor (KHM 60, 85, Aarne 300, 303), um den Helden als Befreier der Prinzessin auftreten zu lassen ... In den westeuropäischen Märchen ist der D. immer ein menschenfressendes oder jedenfalls verheerendes Ungetüm. In östlichen Märchen ist er oft erotisch und fordert oder entführt die Prinzessin, um sie zur Geliebten zu haben. Das *Märchen vom Prinz Erbse* oder *Pfefferkorn* (verwandt mit KHM 91, Aarne 301) ist schon im Mittelalter nach Deutschland aus Rußland gekommen und ist vom Verfasser des *Hürnen Seyfried* benutzt, aber ist sonst ganz ungermanisch. Auch KHM 129, Aarne 653 ist erst spät aus Osteuropa importiert worden.« Vgl. auch M. Oesterreicher-Mollwo (Hrsg.): Herder Lexikon Symbole, Freiburg 1978, 36–37: »Drache, in den mythischen Vorstellungen vieler Völker lebendes Mischwesen aus Schlange, Echse, Vogel, Löwe usw., häufig mit mehreren Köpfen. In vielen Religionen verkörpert er (vielfach der Schlange nahestehend) gottfeindliche Urmächte, die überwunden werden müssen. Im Zusammenhang damit haben sich mehrere Drachentötermythen herausgebildet (Indra, Zeus, Apollo, Siegfried, Georg). – Im AT verkörpert der Drache (dem Leviathan nahestehend) das Weiterwirken des vorweltlichen Chaos, das die Schöpfung bedroht und das besiegt werden muß. In der Apokalypse verfolgt der D. als Prinzip des Satans die mit der Sonne bekleidete Frau ... In Sagen und Märchen erscheint der D. häufig

als Bewacher eines Schatzes oder einer geraubten Königstochter und verkörpert somit die Schwierigkeiten, die vor Erreichen eines hohen Zieles überwunden werden müssen ... Im Hinduismus und Taoismus gilt der D. als machtvolle geistige Wesenheit, die den Trank der Unsterblichkeit hervorbringen kann. In China und Japan wird er als glückbringend und als dämonenabwehrend verehrt. Er verleiht Fruchtbarkeit, weil er mit den Kräften des Wassers und insofern mit dem Prinzip Yin ... in engem Zusammenhang steht; zugleich repräsentiert er aber vor allem die männlichen aktiven Kräfte des Himmels und damit das Prinzip Yang; als Demiurg bringt er das Wasser des Uranfanges oder das Weltenei aus sich hervor.« D. BERESNIAK – M. RANDOM: Le Dragon, Collection Les Symboles, dirigée par M. Random, Paris (Editions du Félin) o. J., 46–55 sieht in dem Drachensymbol ein Bild der Großen Mutter repräsentiert, die Tod und Leben gleichzeitig hervorbringt, bzw. (104–108) ein Bild der Evolution des Kosmos und des Menschen, der Einheit von Geist und Materie, eine Aufforderung zur Aufgabe des eingeschränkten Realitätsbegriffs und zur Überwindung des kleinen Ichs ... E. SIECKE: Drachenkämpfe. Untersuchungen zur indogermanischen Sagenkunde. Leipzig (Mytholog. Bibl., 1. Bd.) 1908 sah in der Drachensymbolik vor allem den Kampf des hellen Mondes gegen den Dunkelmond abgebildet; dazu könnte in dem Grimmschen Märchen, nebenbei gesagt, besonders das *Enthaupten und das Aufsetzen des Kopfes in zwei Richtungen* passen; es bezöge sich dann auf das »Haupt« des abnehmenden und des zunehmenden Mondes. L. FROBENIUS: Das Zeitalter des Sonnengottes, 1. Bd., Berlin 1904 glaubte in dem Drachenkampf den Sieg der Sonne über das Nachtmeerungeheuer abgebildet. W. BÖLSCHE: Drachen, Sage und Naturwissenschaft. Eine volkstümliche Darstellung, Stuttgart 1929 vermutete in den Drachenphantasien die Erinnerung an Begegnungen mit Riesenwaranen; ähnlich H. VON DODERER: Die Wiederkehr des Drachen. Aufsätze, Traktate, Reden, München 1970. Hinzu kommt gewiß auch die Deutung der riesigen aufgefundenen Saurierknochen. Nicht zu übersehen ist die Verknüpfung der Drachensymbolik mit dem Bild der *Schlangen:* vgl. H. EGLI: Das Schlangensymbol. Geschichte, Märchen, Mythos. Olten 1982, 194–253 zum Thema »Drachenkampf«. Zur Verbreitung der *Drachen* im Märchen vgl. S. FRÜH (Hrsg.): Märchen von Drachen, Frankfurt 1988; Neudruck: Frankfurt (Fischer Tb.) 1993, bes. S. 129–140: Nachwort. Eine gut lesbare und sorgfältige Übersicht und Deutung der Drachensymbolik findet sich bei U. STEFFEN: Drachenkampf. Der Mythos vom Bösen, Stuttgart 1984, 13–33: Der Drache – Realität und Symbol. Zur Interpretation der »*Schlange*« bzw. des »Drachens« in Naturmythologie und Psychologie vgl. E. DREWERMANN: Strukturen des Bösen. 2. Bd.: Die jahwistische Urgeschichte in psychoanalytischer Sicht, Paderborn 1977, 69–152, wo bes. die FREUDsche und die JUNGsche Deutung dieses Menschheitssymbols parallel aufgeführt wird.

[2] TH. FONTANE: Der Stechlin (1899), in: Werke, hrsg. v. H. Geiger, 3. Bd.: Romane. Erzählungen. Fünf Schlösser. Meine Kinderjahre, Wiesbaden (Vollmer Verl.) o. J., 257–592, Schloß Stechlin, 5. Kap., S. 295 ff.

[3] F. NIETZSCHE: Also sprach Zarathustra. Ein Buch für alle und keinen (1833–1885), München (GGTb. 403) 1960, 1. Teil, von Kind und Ehe, 54–56: »Nicht nur fort sollst du dich pflanzen, sondern hinauf! Dazu helfe dir der Garten der Ehe! Einen höheren Leib sollst du schaffen, eine erste Bewegung, ein aus sich rollendes Rad, – einen Schaffenden sollst du schaffen.«

[4] TH. FONTANE: Schach von Wuthenow (1883), in: Werke, hrsg. v. H. Geiger, 2. Bd.: Romane. Erzählungen, Wiesbaden (Vollmer Verl.) o. J., 125–238.

[5] TH. FONTANE: Effi Briest (1895), in: Werke, hrsg. v. H. Geiger, 3. Bd.: Romane. Erzählungen. Fünf Schlösser. Meine Kinderjahre, Wiesbaden (Vollmer Verl.) o. J., 7–255.

[6] Vgl. zu den mesopotamischen Drachenkampfmythen H. EGLI: Das Schlangensymbol, s. o. Anm. 1, S. 194–198. Zur Gestalt *Ninurtas*, in dem die Züge eines Sturmgottes erscheinen, vgl. H. W. F. SAGGS: Mesopotamien. Assyrer, Babylonier, Sumerer (1962), aus dem Engl. v. W. Wagmuth, Zürich 1966,494–496.

[7] Zur Gestalt des *Königs* vgl. R. MOORE – D. GILLETTE: König, Krieger, Magier, Liebhaber. Die Stärken des Mannes (1990), aus dem Engl. v. Th. Poppe, München 1992, 73–104, die sich vor allem mit dem Wandel des Rollenverständnisses männlicher Funktionstypen beschäftigen: »Zwei Funktionen der Königsenergie ermöglichen den Übergang von Jungen-Bewußtsein zum Mann-Bewußtsein: erstens das Schaffen einer natürlichen Ordnung und zweitens das Bringen von Fruchtbarkeit und Segen.« »Die ›Welt‹ gilt als jener Teil der Wirklichkeit, der vom König ausgestaltet und geordnet wird. Außerhalb seines Einflußbereichs ist Nichtschöpfung, Chaos, das Dämonische, die Nichtwelt.«

[8] Zur Rolle des Mannes als *Krieger* vgl. a. a. O., 105–131.

[9] So zum Beispiel berichtet EUSEBIUS: Leben Konstantins III 3, in: Eusebs ausgewählte Schriften, aus dem Griech. v. A. Bigelmair, 1. Bd., Kempten–München (BKV 9) 1913, 97–98 von einem Bild Konstantins, das vor dem Vorhof des kaiserlichen Palastes aufgestellt war, über ihm das Kreuz und unter ihm der *Drachen*, der »durch die gottlosen Tyrannen die Kirchen Gottes bedrängt hatte« und nun »in den Abgrund der Hölle« geworfen wird. EUSEB zitiert dabei Jes 27,1: »Bringen wird Gott das Schwert, das große und furchtbare, über den Drachen ...« Mythische Bilder werden da zu christlicher Geschichtsideologie.

[10] Vgl. P. GARELLI – M. LEIBOVICI: Akkadische Schöpfungsmythen, in: Quellen des alten Orients. Die Schöpfungsmythen, aus dem Franz. v. E. Klein, Köln 1964, 119–151, S. 139–142: Tafel II–IV des Enuma Elisch–Epos.

[11] Zu dem Menschenopferthema vgl. N. DAVIES: Opfertod und Menschenopfer. Glaube, Liebe und Verzweiflung in der Geschichte der Menschheit (1981), aus dem Amerik. v. S. Kull, Düsseldorf–Wien 1981, bes. S. 42–61: Kap. 2: Von Odin und Ödipus. In gewissem Sinne muß man religionspsychologisch zu dem »Jungfrauenopfer« an den »Drachen« bzw. die »Schlange« auch *die Keuschheitsverpfichtung* mancher Priesterinnen in der Antike rechnen. So mußten im Kult der

Junoschlange in der heiligen Grotte von Lanuvium die opfernden Mädchen »zölibatär« leben; vgl. E. FEHRLE: Die kultische Keuschheit im Altertum, Gießen 1910, 125. Insbesondere von den Vestalinnen im antiken Rom wurde dreißigjährige (d.h. praktisch lebenslängliche) Jungfräulichkeit verlangt. Vgl. H. NISSEN: Der Tempel der Vesta, Berlin 1986, 40–85. Der Mythos der Junoschlange geht zurück auf die griechische Überlieferung von Hera, die gegenüber Zeus, weil dieser aus seinem Haupt *Athene* geboren hatte, auf Rache sann und etwas hervorbringen wollte, das ebenso stark war wie der Vater der Götter. So gebar sie die schreckliche Schlange *Typhaon*, die sie zu der Drachin von Delphin brachte. K. KERÉNYI: Die Mythologie der Griechen, 1. Bd.: Die Götter- und Menschheitsgeschichten, München (dtv 1345), 121. – Zur Opferthematik vgl. bes. H. GEHRTS: Das Märchen und das Opfer. Untersuchungen zum europäischen Brüdermärchen, Bonn 1967.

[12] Vgl. zum Kampf des Sonnengottes *Re* mit der *Apophis*–Schlange A. ERMAN: Die Religion der Ägypter. Ihr Werden und Vergehen in vier Jahrtausenden, Berlin–Leipzig 1934, 19; 68; 234.

[13] Vgl. H. VON GLASENAPP: Die nichtchristlichen Religionen, Frankfurt (Fischer Lexikon 1) 1957, S. 288–300: Zarathustrische Religion; bes. S. 294–298.

[14] Zur Auslegung der Stelle Apk 12,7–9 vgl. E. DREWERMANN: Tiefenpsychologie und Exegese, 2. Bd.: Die Wahrheit der Werke und der Worte. Wunder, Vision, Weissagung, Apokalypse, Geschichte, Gleichnis, Olten 1985, 568–576. Das Bild von der schwangeren Frau, die vom Drachen verfolgt wird, erinnert auf altbabylonischem Hintergrund an die Mutter *Marduks*, an die Sonnenfrau *Damkina*, die von der lichtfeindlichen *Tiamat* verfolgt wird. Vgl. W. BOUSSET: Die Offenbarung Johannis, Göttingen 1906; Nachdruck: Göttingen 1966, 352.

[15] Zu Hiob 40,25–32; 41,1–26 vgl. A. Weiser: Das Buch Hiob, Göttingen (ATD 13) 1959, 250–263.

[16] Vgl. J. GRAY: Mythologie des Nahen Ostens (1969), aus dem Engl. v. J. Schlechta, Wiesbaden (Vollmer Verl.) o. J., 74–75.

[17] Vgl. H. GUNKEL: Das 4. Buch Esra, in: E. KAUTZSCH (Hrsg.): Die Apokryphen und Pseudepigraphen des Alten Testaments, 2. Bd.: Die Pseudepigraphen des Alten Testaments (1900), Darmstadt 1962, 331–401.

[18] Vgl. A. CAQUOT: Schöpfungsmythen der Kanaanäer, in: Die Schöpfungsmythen. Quellen des alten Orients, aus dem Franz. v. E. Klein, Köln 1964,175–182.

[19] Vgl. bes. J. GRAY: Mythologie des Nahen Ostens, s. o. Anm. 16, S. 83.

[20] Zu Apk 12,3 s. o. Anm. 14.

[21] Zu Apk 12,13–17 s. o. Anm. 14.

[22] R. WAGNER: Religion und Kunst (Bayreuth 1880–1881). Gesammelte Schriften und Dichtungen, 12 Bde., Bd. 10, Leipzig 1907; vgl. auch R. GRISSON: Wag-

ner als Wegbereiter religiöser Erneuerung, Buckow 1940. WAGNER erklärt den Niedergang der christlichen Religion nicht nur mit deren dogmatischer Überfremdung, sondern damit, daß die Mitleidsethik der buddhistischen Überlieferung durch eine (alttestamentlich grundgelegte) Ethik von Gericht und Strafe, also von Gewalt ersetzt worden sei.

[23] F. DE LA MOTTE FOUQUÉ: Der Held des Nordens. Dramatisches Gedicht in drei Teilen, Berlin 1808: 1. Teil: Sigurd, der Schlangentödter. Ein Heldenspiel in 6 Abentheuern; in: Werke, hrsg. v. W. Ziesemer, 3 Bde., Bd. 2, Berlin 1908; vgl. auch M. KÄMMERER: »Der Held des Nordens« von Fouqué und seine Stellung in der deutschen Literatur, Rostock 1910.

[24] J. GRIMM: Deutsche Mythologie(1835) Frankfurt–Berlin–Wien (Ullstein 35 107–08) 1981, 2 Bde., 1. Bd., 19. Kap., S. 463–476: Schöpfung.

[25] Vgl. W. WÄGNER: Nordisch-germanische Götter- und Heldensagen, Leipzig 1934, 27–30.

[26] BRÜDER GRIMM: Kinder- und Hausmärchen, hrsg. v. H. Rölleke, 3 Bde., Stuttgart (reclam 3191–93) 1980, 3. Bd., S. 102–107, bes. S. 105–106: »In diesem merkwürdigen Märchen sind zwei verschiedene Richtungen anzudeuten. Erstlich bricht darin die Sage von Sigurd durch.« »Sodann enthält das Märchen auch die Sage von den Blutsbrüdern.«

[27] Vgl. R. WAGNER: Der Ring des Nibelungen. Ein Bühnenfestspiel, Zürich 1853; Werke, hrsg. v. W. Golther, bearb. v. P. A. Faessler, 2 Bde., 2. Bd., Zürich 1966.

[28] Th. Mann: Wälsungenblut (1906), in: Sämtliche Erzählungen, Frankfurt 1973, 301–325.

[29] *Die Geschichte von den Völsungen,* in: Nordische Nibelungen. Die Sagas von den Völsungen, von Ragnar Lodbrok und Hrolf Kraki, aus dem Altnordischen übertragen von P. Herrmann, hrsg. v. U. Diederichs, München (1923: Sammlung Thule, Bd. 21) 1985, 7–102, bes. S. 29–49; R. I. PAGE: Nordische Mythen. Mythen alter Kulturen (1990), aus dem Engl. v. I. Rein, Stuttgart 1993, 125–145.

[30] R. I. PAGE: A. a. O., 95–97.

[31] S. o. Anm. 27.

[32] *Die Geschichte von den Völsungen,* s. o. Anm. 29, S. 47; R. I. PAGE, s. o. Anm. 29, S. 135.

[33] R. I. PAGE, s. o. Anm. 29, S. 137. – Die Urform der Völsungen-Saga findet sich in *Reginsmál* und *Fáfnismal* in E. GENZMER (Übers.): Edda, 1. Bd.: Heldendichtung (Thule. Altnordische Dichtung und Prosa, Bd. 1), Düsseldorf–Köln [3]1972, 115–132: Nr. 14: Das Lied vom Drachenhort; Nr. 15: Die Vogelweissagung.

[34] Das Nibelungenlied. Mittelhochdeutsch und Neuhochdeutsch, auf Grund der Übersetzung von K. Simrock bearb. v. A. Heusler, Berlin–Darmstadt 1964.

[35] S. o. Anm. 26.

[36] Nordische Nibelungen, s. o. Anm. 29, S. 251. Von der Völsungen-Saga und von der Geschichte von Ragnar Lodbrok urteilt P. HERRMANN, sie seien beide »von demselben Verfasser nach 1250 erzählt und in den Dienst der gleichen Tendenz gestellt. Er beabsichtigte, ja er hatte vielleicht geradezu von einem norwegischen König den Auftrag erhalten, das Geschlecht Harald Schönhaars an Sigurd, dem größten Helden der Sage anzuknüpfen, um eine urkundliche Beglaubigung des Anspruchs der norwegischen Könige auf den erlauchten Ahnherrn und gottentstammten Vorfahren zu schaffen; nebenbei wollte er als guter Isländer Familien seiner Heimat feiern.« A. a. O., 250.

[37] Vgl. V. SOMMER: Die Affen. Unsere wilde Verwandtschaft, Hamburg 1989, 112–159: Sex – das ganze vertrackte Puzzle, bes. S. 142 zur Korrelation von sexuellem Dimorphismus und Polygynie.

[38] A. a. O., 110–111.

[39] Vgl. R. E. LEAKEY: Die Suche nach dem Menschen. Wie wir wurden, was wir sind (1981), aus dem Engl. v. F. W. Gutbrod, Frankfurt 1981, 97–109: Das Leben der Jäger und Sammler.

[40] So deutet z. B. J. FRAPPIER: Chrétien de Troyes et le mythe du Graal. Etudes sur Perceval ou le conte du Graal, Paris 1972 den Gral-Mythos, auf dessen Bedeutung für die Geschichte von den *Zwei Brüdern* wir sogleich noch zu sprechen kommen werden, anhand des um 1180 entstandenen Versromans von CHRÉTIEN DE TROYES: *Perceval ou Li Contes del Graal* als ein Indiz für den Wandel des Ritterideals, das, ineins mit der Verchristlichung heidnischer Motive, die Gottesliebe über die irdischen Ideale setzte. Den Grund dafür sieht er in den sozialen Gegebenheiten, welche die Adelsgesellschaft nötigten, sich gegenüber dem aufstrebenden Bürgertum neu zu legitimieren, indem sie eine höfische Tugend außerhalb irdischer Wertvorstellungen etablierte. Die Entwicklung setzt sich fort in W. VON ESCHENBACH: Parzival (1200–1216); in Ausw. hrsg. mit Anmerkungen und Wörterbuch versehen v. H. Jantzen, Berlin (Göschen 921) 1944; vgl. J. BUMKE: Wolfram von Eschenbach, Stuttgart (Sammlung Metzler M 36) [5]1981, S. 36–40: die Inhaltsangabe.

[41] Zu den Kreuzzügen vgl. P. MILGER: Die Kreuzzüge. Krieg im Namen Gottes, München 1988.

[42] Zur Georgslegende vgl. J. DE VORAGINE: Die Legenda aurea (1263–1273), aus dem Lat. v. R. Benz, Heidelberg 1975, 300–306. Eine vorzügliche Darstellung der »Ursprünge des St. Michael- und St. Georgsmotivs« bietet E. NEUMANN: Symbolforschung, Stuttgart–Berlin–Köln–Mainz 1980, 164–184.

[43] Vgl. S. FRÜH (Hrsg): Märchen von Drachen, Frankfurt a. M. 1993, 134: »In der Schweiz ist der bekannteste Drachenkämpfer der *heilige Beatus.* Er jedoch, so wird erzählt, besiegt den Drachen nicht durch das Schwert, sondern durch Gebete und Zeichen des Kreuzes. Ein weiterer berühmter Drachenkämpfer war der

heilige Adelphus. Er war Bischof in Metz, und es wurde ihm nachgesagt, daß er einen Drachen bezwungen habe. Aus dem gleichen Grund wird der *heilige Clemens* besonders an der bretonischen Küste verehrt.« Daneben existieren auch weibliche Drachenbezwingerinnen. S. 135: »In Tarascon (Provenze), das seinen Namen von dem Drachen Tarasque erhielt, den die *heilige Martha* hier überwunden haben soll, wird seit dem hohen Mittelalter ein Drachenfest begangen. Dabei wird ein Holzdrache durch die Straßen geführt. Alljährlich finden in Vasmes und Mons (Belgien) zu Ehren des Drachenkämpfers *Gilles de Chin* Prozessionen statt. Beim Münchner ›Metzgersprung‹ und ›Schefflertanz‹ wird der ›Pestdrache‹, der sich ›bei Gretel in der Höll‹ ›befindet, durch Gesang und Tanz vertrieben‹. Am bekanntesten dürfte der ›Drachenstich‹ in Furth im Wald (Oberpfalz) sein, der szenische Kampf mit dem Ungeheuer wird zur Erinnerung an die Pestzeit begangen. Dieses Spiel knüpft auch an einen uralten Fruchtbarkeitszauber an.«

[44] R. M. Rilke: Der Drachentöter (1901), in: Sämtliche Werke, hrsg. v. Rilke-Archiv, besorgt durch E. Zinn, 4. Bd.: Frühe Erzählungen und Dramen, Frankfurt a. M. 1961, 672–682: Ursprüngliche Fassung; 682–688: Endgültige Fassung.

[45] A. a. O., S. 682–683.

[46] A. a. O., S. 680–681.

[47] R. M. Rilke: Der neuen Gedichte anderer Teil (1908), in: Sämtliche Werke, hrsg. v. Rilke-Archiv, besorgt durch E. Zinn, 1. Bd.: Gedichte, 1. Teil, Frankfurt a. M. 1955, 555–642, S. 618; vgl. auch ders.: Gedichte. 1884–1905, Nachlaß, in: A. a. O., 3. Bd.: Jugendgedichte, S. 643: Gebet zu Sankt Georgs Macht und Namen.

[48] Vgl. E. Drewermann – I. Neuhaus: Die Kristallkugel, Olten 1985, 44–48: Der Kampf an der Quelle. – Voller symbolischer und religionsgeschichtlicher Andeutung ist die halb ironische Beschreibung eines *Stierkampfes* bei Th. Mann: Bekenntnisse des Hochstaplers Felix Krull (1954), Frankfurt a. M. (Fischer Tb. 639) 1965, 3. Buch, 11. Kap., S. 289–297: »Er sprach von einem uralten römischen Heiligtum, wo es aus dem Oberen, Christlichen, tief hinabgehe in die Kultgeschichte einer dem Blut sehr geneigten Gottheit, deren Dienst einst um ein Haar demjenigen des Herrn Jesu den Rang als Weltreligion abgelaufen hätte, da ihre Geheimnisse äußerst populär gewesen seien. Getauft worden seien die Neulinge ihres Glaubens nicht mit Wasser, sondern mit dem Blut eines Stieres, der vielleicht der Gott selber gewesen sei, wiewohl der auch wieder in dem gelebt habe, der sein Blut vergoß. Denn diese Lehre habe etwas unscheidbar Verkittendes, auf Tod und Leben Zusammenschmiedendes gehabt für alle ihr Angehörigen, und ihr Mysterium habe in der Gleichheit und Einheit bestanden von Töter und Getötetem, Axt und Opfer, Pfeil und Ziel.« Dieweilen gelten Augen und Gedanken von Felix Krull ganz und gar der Frau, »deren Bild und Wesen durch das Volksfest ... erst ... zum Anschauen reif gemacht worden war. Ihr Busen war jetzt zur Ruhe gekommen. Mich verlangte danach, ihn wieder wogen zu sehen.« (296–297)

[49] K. KERÉNYI: Die Mythologie der Griechen, Bd. 2: Die Heroengeschichten, München (dtv 1346) 1976, 118.

[50] A. a. O., 111.

[51] A. a. O., 141; 143.

[52] A. a. O.,142. Vgl. K. KERNYI: A. a. O., 1. Bd., 46–48.

[53] Nach PAUSANIAS: Reisen in Griechenland (180 n. Chr.), II 31, 10, Gesamtausgabe in 3 Bden., auf Grund der Übers. v. E. Meyer hrsg. v. F. Eckstein, 1. Bd., Zürich–München ³1986, 248 war die Keule des Herakles aus einem wilden Ölbaum am Saronischen Golf geschnitzt.

[54] K. KERÉNYI: A. a. O., II 129–130.

[55] A. a. O., II 175.

[56] A. a. O., II 181–182.

[57] A. a. O., II 183.

[58] A. a. O., II 184.

[59] A. a. O., II 184.

[60] A. a. O., II 184.

[61] A. a. O., II 185.

[62] A. a. O., II 185.

[63] A. a. O., II 185.

[64] A. a. O., II 186; vgl. W. SCHADEWALDT: Die Sternsagen der Griechen, Hamburg (Fischer Tb. 129) 1956, 142–168.

[65] K. KERÉNYI: A. a. O., II 186.

[66] A. a. O., II 186.

[67] A. a. O., II 186–187.

[68] A. a. O., II 187.

[69] Vgl. O. RANK: Das Inzest–Motiv in Dichtung und Sage. Grundzüge einer Psychologie des dichterischen Schaffens, Leipzig–Wien 1912, 382–388: »Der Vater, der seine Tochter keinem Freier geben will und darum kaum zu erfüllende Bedingungen an ihre Erwerbung knüpft, tut das … darum, weil er sie keinem anderen gönnt, sie also letzten Grundes selbst besitzen möchte.« DERS.: Der Mythus von der Geburt des Helden, Versuch einer psychologischen Mythendeutung, Leipzig–Wien ²(erw) 1922, 120–121 sieht in der Bezwingung landesverwüstender Ungeheuer durch *Herakles, Perseus, Theseus, Ödipus, Bellerophon* ein Surrogat des Vatermords: »Sie alle töten im Auftrag böser Tyrannen Tierungeheuer, die sich auf Grund ihrer totemistischen Bedeutung um so leichter als Vatersurrogate verstehen lassen, als der Mythus die erste Heldentat, die mit der

Rettung (von der Aussetzung) gegebene Überwindung des Vaters, als wesentlich voranstellt. – Schon dadurch, daß der Held mit Lösung der vom Vater zu seinem Verderben gestellten Aufgaben (Heldentaten) schließlich an die Stelle des Vaters gelangt (und die Frau für sich gewinnt), erweisen sich seine Leistungen als Ersatz der Vatertötung.«

70 Vgl. W. Heiligendorff: Braut und Bräutigam, in: L. Mackensen (Hrsg.): Handwörterbuch des deutschen Märchens, 1. Bd., Berlin–Leipzig 1930/1933, 302–306: »Durch die Lösung einer schwierigen Aufgabe ... erringt sich der Held seine Braut ... Bei all diesen Beispielen handelt es sich beim Erringen der Braut um eine einfache Tatsächlichkeit. Der Preis war gestellt, die Helden eifern danach, ihn zu erlangen, und tragen so die Handlung zu ihrem gesetzten Zielpunkt. Liebeserklärungen, eine tiefere Motivierung, warum sich das Paar nun zusammenfügt, oder Erklärungen zur gegenseitigen Einstellung der Brautleute gibt es hierbei nicht.«

71 H. Melville: Moby Dick (1851), aus dem Amerik. v. T. Mutzenbecher, Reinbek (rororo 173–174) 1956, S. 257–259.

72 L. Frobenius: Das Zeitalter des Sonnengottes, 1. Bd., Berlin 1904 (2. Bd. nicht erschienen).

73 K. Kerényi: Die Mythologie der Griechen, s. o. Anm. 49, 2. Bd., 45.

74 A. a. O.; II 45–46.

75 A. a. O., II 46.

76 A. a. O., II 48.

77 A. a. O., II 48; vgl. I 57 f.

78 A. a. O., II 48–49.

79 A. a. O., II 49.

80 A. a. O., II 49.

81 A. a. O., II 50; vgl. W. Schadewaldt: Die Sternsagen der Griechen, Frankfurt–Hamburg (Fischer Tb.129) 1956, 29–45.

82 S. Freud: Das Medusenhaupt (1922), Ges. Werke Bd. 17 (aus dem Nachlaß 1892–1939), London 1941, 45–48.

83 O. Rank: Der Mythus von der Geburt des Helden. Versuch einer psychologischen Mythendeutung, Leipzig–Wien 1922, 149 sah bereits in der »Doublierung des Vaters« einen Hinweis auf die Konkurrenz des Sohnes mit dem Vater um den Besitz der Mutter und meinte, daß das Brüdermotiv diese Verdoppelung, diese Konkurrenz nur in der zweiten Generation fortsetze: »So wie der Vater, der dem sich entwickelnden Sohne im Wege steht, wird auch mit einer naiven Realisierung kindlicher Phantasien die störende Konkurrentschaft des Bruders einfach beseitigt, weil der Held keine Familie brauchen kann.« (150) In der Tat

werden wir in der Entwicklung des Märchens ein solches Konkurrenz–Motiv noch antreffen; doch eben: bisher war – im *Unterschied* zu den klassischen Heldensagen, die RANK virtuos herangezogen und ausgelegt hat – von der *Mutter* keine Rede. O. RANK: Psychoanalytische Beiträge zur Mythenforschung. Gesammelte Studien aus den Jahren 1912–1914, Leipzig–Wien 1919, Kap. 19: Das Brüdermärchen, S. 355–380, S. 364–365 geht dementsprechend von einem durchaus *feindseligen* Verhältnis der beiden Brüder aus und sieht darin das eigentliche Thema des Drachenkampfes: »Scheuen wir ... nicht davor zurück, diese mächtigen Affekte des eifersüchtigen Bruderhasses und den notwendigen Verzicht auf ihre Erledigung in der Realität als eine der Triebkräfte für die Märchenbildung anzuerkennen, so wird mit einem Male sowohl der Drachenkampf wie auch die anschließende Episode vom ungetreuen Marschall als noch weiter entstellte Doublettierung derselben Urmotive klar... In allen drei Szenen handelt es sich ja um die Beseitigung eines Gegners, der den siegreichen Bruder des Lebens und der Braut zu berauben sucht, um dann dessen Stelle im Ehebett einnehmen zu können. Stellt aber der böse Drache wie auch der böse Marschall eine Personifikation der gehaßten Bruder-Imago dar, welche die sexuelle Eifersucht erregt, so verstehen wir auch, warum sich die geliebte Bruder-Imago vor dem Drachenkampf vom brüderlichen Gefährten trennt (Trennungsmotiv) und in den beiden folgenden Episoden nicht vorkommt: sie ist nämlich durch die beiden Ersatzfiguren des Drachens und Marschalls vertreten, mit deren Tötung ja auch der Bruder beseitigt ist. Deswegen läßt der junge König in seinem neuen Glück alle seine Verwandten, sogar den Wirt kommen und belohnt sie, während der getötete ›Bruder‹ folgerichtig nicht erwähnt wird.« O. RANKS Märchen- und Mythendeutung ist ingeniös, sie stellt methodisch für die psychoanalytische Literaturinterpretation eine Pionierleistung ohnegleichen dar. In seiner Deutung des *Brudermärchens* läßt sich nicht leugnen, daß der *Drachenkampf* auch für die Auseinandersetzung des Sohnes mit dem eigenen Vater um die Liebe der Mutter stehen *kann* und daß es gerade dabei noch einmal um eine tödliche Auseinandersetzung zwischen den beiden »Brüdern« geht, die – ebenso wie das Hexenmotiv – am besten auf *ödipalem* Hintergrund zu verstehen ist. Und doch enthalten all diese Annahmen ein hohes Maß an Spekulation und behalten notgedrungen den Charakter des Hypothetischen, solange sie nicht mit der Abfolge, in der das Märchen selbst sich erzählt, synchronisiert werden und von daher ihren konkreten Inhalt gewinnen. Es ist psychologisch außerordentlich wichtig, daß in dem Grimmschen Brüdermärchen die Gestalt der Mutter *nicht* als »verdrängt« erscheint, sondern einfach *fehlt*. Gerade die Sehnsucht des Jungen nach der *fehlenden* Mutter aber schafft eine *besondere* Form der »ödipalen« Konstellation, innerhalb deren das »Rettermotiv« ganz wörtlich zu nehmen ist: ein Junge, der mütterliche Liebe nie erfahren hat, rechtfertigt seine Existenz durch eine große Tat, indem er es sich zur Aufgabe setzt, einen anderen Menschen aus einer äußersten (seelischen oder auch sozialen) Notlage zu *retten*. O. RANK hat natürlich mit der Annahme recht, daß der »Drache« den *Vater* symbolisiert, der den Zugang zu der Liebe verstellt; doch muß man es dem Märchen glauben, wenn es zunächst einmal erzählt, wie eng die Bindung *der Prinzessin* zu dem *König* ist; der »Ödipuskomplex« der *Geliebten* also ist es, deren Lösung das »Drachenkampfmotiv« *hier* markiert; daß allein schon in der Wahl einer solchen Aufgabe die *eigene* ödipale Vaterambivalenz sich auf ein neues Thema verschiebt, gehört mit zu der Schwierigkeit der ganzen Situation. O. RANKS Analysen werden durch diese Feststellung an sich weder falsch noch unbrauchbar, doch bedürfen sie einer erheblichen Modifikation, um der Komplexität der Grimmschen Erzählung gerecht zu werden. Die Spannung zwischen den »*Brüdern*« läßt sich des weiteren dann viel leichter »subjektal«, als ein psychischer Widerspruch in ein und derselben Person, deuten denn als ein realer Konflikt zwischen zwei verschiedenen Personen. So wie die Symbolik der zwei »Brüder« auf der Ebene der Vatergestalt sich bereits als eine Widersprüchlichkeit in der Person des Vaters selbst zu erkennen gibt und es keinen Sinn macht, für die Existenz der »Zwillinge« zwei »reale« Väter zu postulieren, so auch bei den zwei Brüdern selbst. Natürlich schließt diese Feststellung nicht aus, sondern ein, daß innere, psychische Spannungen immer wieder auch in den realen Beziehungen unter Menschen sichtbar werden. Vgl. zu dem Thema auch THOMPSON: Gegenspieler, in: L. Mackensen (Hrsg.): Handwörterbuch des deutschen Märchens, 2. Bd., Berlin 1934/1940, 388–389. Speziell zur Thematik des Helden im Märchen vgl. J. DE VRIES. Betrachtungen zum Märchen, besonders in seinem Verhältnis zu Heldensage und Mythos, Helsinki 1954.

84 Vgl. SOPHOKLES: Tragödien, aus dem Griech. v. J. J. Ch. Donner, München (GGTb. 390) o. J., S. 7–53: König Ödipus. Zur psychoanalytischen Deutung des Stoffes vgl. O. RANK: Das Inzest-Motiv in Dichtung und Sage. Grundzüge einer Psychologie des dichterischen Schaffens, Leipzig–Wien 1912, Kap. 7: Ödipus-Dramen der Weltliteratur, S. 234–255; Kap. 8: Zur Deutung der Ödipus-Sage, 256–276. Vgl. DERS.: Der Mythus von der Geburt des Helden, 24–26.

85 Vgl. K. VORLÄNDER: Philosophie des Mittelalters. Geschichte der Philosophie II. Mit Quellentexten, Hamburg (rde 193–194) 1964, 104–106: entia praeter necessitatem non sunt multiplicanda – man darf nur so viele Annahmen zulassen wie unbedingt nötig. OCKHAMS »Nominalismus« richtete sich gegen die »Vervielfachung des Seienden«. Vgl. W. VON OCKHAM: Summe der Logik. Über die Termini. Ausgew, übers. und eingef. v. P. Kunze, lat.–dt., Hamburg (Philos. Bibl. 363) 1984.

86 Vgl. A. DE SAINT-EXUPÉRY: Der kleine Prinz (1946), aus dem Franz. v. G. u. J. Leitgeb, Düsseldorf 1956, Kap. 21, S. 70: »Der kleine Prinz ging, die Rosen wiederzusehn: ›Ihr gleicht meiner Rose gar nicht, ihr seid noch nichts‹, sagte er zu ihnen. ›Niemand hat sich euch vertraut gemacht, und auch ihr habt euch niemandem vertraut gemacht.‹«

87 S. o. Anm. 29; 36.

88 Zum »Drachen« vgl. noch einmal U. STEFFEN: Drachenkampf. Der Mythos vom Bösen, Stuttgart 1984, 177–181: Der Drache und die Jungfrau, der, im Sinne der JUNGschen Deutung in dem »Drachen« »die wilde und ungezähmte Triebna-

tur« repräsentiert findet, die allen Menschen gemeinsam ist« (178). Eine solche Angst der »Jungfrau« vor der (männlichen) Sexualität ist allerdings in der Thematik auch der Grimmschen Erzählung enthalten. Richtig ist vor allem, daß STEFFEN betont, der Drachenkampf vollziehe sich »nicht um seiner selbst willen, sondern um die Jungfrau zu erlösen und die Stadt oder das ganze Land von seiner tyrannischen Herrschaft zu befreien.« (179) Dann aber vertut er diese Einsicht, indem er zu mechanisch die JUNGschen Interpretationsmuster unterlegt und einfachhin dekretiert: »Die furchtbare, verschlingende Mutter, das archetypische Bild für den negativen Aspekt des Unbewußten, muß überwunden und die Anima, das positive weibliche Seelenbild des Mannes, aus ihrer Umklammerung befreit werden. Die Überwindung der Mutter (manchmal in vielerlei Gestalt) ist eines der wichtigsten und schwierigsten Probleme der Persönlichkeitsentwicklung des Mannes.« (A. a. O.) Da wird die »Jungfrau« zum »Seelenbild«, das von den »mütterlichen«, d. h. regressiven Tendenzen »des« Unbewußten in Gestalt des »Drachen« »verschlungen« zu werden droht. Gewiß, dem »Jäger« geht es bei dem Versuch, die »Jungfrau« zu gewinnen, wesentlich um die Begründung einer Selbstannahme, wie er sie bei seiner »Mutter« (vergeblich!) gesucht hat. Doch die Macht, von der die Jungfrau bedroht wird, ist gerade die männliche Triebmacht *in der* (Inzest)*Scheu vor dem Vater.* Ehe diese *objektalen* Momente der Erzählung nicht verstanden sind, kommt die subjektale Deutung zu früh.

89 So ganz richtig O. RANK: Der Mythus von der Geburt des Helden, 121, der die »Heldentat« wesentlich in der »Überwindung des Vaters« erblickt. Die Schwierigkeit des Grimmschen Brüdermärchens liegt darin, daß der »Jäger« in dem Vater der Braut zugleich bzw. stellvertretend seinen eigenen Vater bekämpft, und so wie er in der Suche nach einer Frau, die er lieben könnte (nach der »Prinzessin«) im Grunde nach seiner (nie gekannten) Mutter verlangt, so fürchtet die »Königstochter« in dem »Drachen« sich nicht allein vor der Begegnung mit dem Mann an sich (dem »Männlichen« der JUNGianer), sondern vor *dem* Mann, den sie in der Gestalt ihres Vaters kennengelernt hat. Erst diese wechselseitige Verschränkung der Problemstellung macht die Spannung des Märchens aus und bewirkt, daß das Leben »spannend« bleibt, sobald es sich um Fragen der Liebe handelt.

90 S. o. Anm. 1 U. STEFFEN: Drachenkampf, 180 verweist zu Recht auf das häufige Motiv »von einer riesigen Schlange, die nahe einer Stadt in einer Quelle lebt und das Quellwasser zurückhält«, und meint: »Die aus der mütterlichen Erde hervorsprudelnde Quelle ist Sinnbild des strömenden Lebens.« Doch das »strömende Leben« ist als erstes die Sexualität, und ehe *ihre* Konflikte nicht verstanden sind, wird der »Heldenkampf« der Liebe nicht wirklich gewonnen werden. Vgl. auch D. BERESNIAK – M. RANDOM: Le Dragon, s. o. Anm. 1, S. 46–55: Der Drachen als Spiegelbild der weiblichen Kräfte.

91 S. o. Anm. 42: J. DE VORAGINE: Die Legenda aurea, 301 verlegt den Drachenkampf des hl. Georg in die Stadt Silena in Libyen, wo »ein See (war), so groß als ein Meer«.

92 S. o. Anm. 73–81.

93 S. o. Anm. 54–68.

94 Vgl. D. BERESNIAK – M. RANDOM: Le Dragon, s. o. Anm. 1, S. 71–91.

95 R. M. RILKE: Ausgesetzt auf den Bergen des Herzens ... Entwürfe zur Fortsetzung (1914), in: Sämtliche Werke, hrsg. vom Rilke-Archiv, besorgt durch E. Zinn, 2. Bd.: Gedichte. 2. Teil, Frankfurt a. M. 1966, S. 424.

96 S. o. Anm. 83; 88.

97 Zu der Geschichte von Wieland, dem Schmied, und dem Schwert Mimung, vgl. R. W. PINSON: Deutsche Götter- und Heldensagen, Bayreuth 1980, 330–333.

98 Vgl. R. W. PINSON (Hrsg.): Deutsche Götter- und Heldensagen, 308 ff, wo der Diebstahl des Schwertes Nagelring die Voraussetzung für den Sieg über den Lindwurm darstellt.

99 Zum Schwert *Excalibur* vgl. J. BOORMAN (Reg.): Excalibur, England – USA 1981. Der Abenteuerfilm um König Arthur und seine Tafelrunde fand seinerzeit in den Kinos großen Zulauf. – Bemerkenswert ist im Vergleich mit dem Grimmschen Brüdermärchen der Umstand, daß das Zauberschwert Excalibur aus einem Felsen befreit werden muß; – in der Grimmschen Erzählung ist es vor der Türschwelle der Kapelle vergraben. – In der germanischen Überlieferung gilt das *Schwert* als heiliges Zeichen Tyrs (= Ziu, Sarnot, Heru). Tyr ist der Kriegs- und Schwertgott schlechthin; »daher nannten sich die Völker, die ihn als ihren höchsten Gott verehrten, Schwertmänner; so die Sachsen (Sachs oder Sahs = Schwert), die Heruler und Cherusker (Heru = Schwert) und die Schwaben (Ziuwarii = Ziusmänner; ihre Hauptstadt hieß Ziusburg: das spätere Augsburg). Die Rune, welche Tyrs Namen bedeutet, glich dem Schwerte; sie wurde auf Waffen geritzt und verlieh diesen eine besondere Zauberkraft. Dem Ziu war der dritte Wochentag geweiht; Dins- oder Dienstag heißt nichts anderes als Zius = Tag, in Bayern Ertag von Eru oder Heru. R. W. PINSON: Deutsche Götter- und Heldensagen, 116–117. U. STEFFEN: Drachenkampf. Der Mythos vom Bösen, Stuttgart 1984, 184 sieht in dem Schwert »die seelische Energie speziell männlicher Art und mit vorwiegend geistigem Aspekt« symbolisiert. Er erinnert an »Gram«, das Siegesschwert Odins, das Siegmund gewann (s. o. 2. Anm. 69), und an *»Balmung«*, das Schwert, mit dem Siegfried den Drachen tötete; vgl. R. W. PINSON: A. a. O., 417–423.

100 H. J. STEIN: Die Kunst des Bogenschießens. Kyudo. Einführung in die Grundlagen und Anleitung zur praktischen Ausübung der Zen-Kunst des Bogenschießens, München–Bern–Wien 1985, 122–123.

101 Zu Gen 22,1–19 vgl. E. DREWERMANN: Ich lasse Dich nicht, Du segnest mich denn. Predigten zum 1. Buch Moses, hrsg. v. B. Marz, Düsseldorf 1994, 198–215.

102 O. RANK: Psychoanalytische Beiträge, s. o. Anm. 83, S. 362 verweist zu Recht darauf, daß die Prinzessin »direkt den Drachen mit ihrem späteren Bräutigam und Gemahl« identifiziert. Es ist vollkommen zutreffend, wenn er schreibt: »Die

Ausschmückung der Stadt, der feierliche Zug, der die reine Jungfrau zur Kapelle begleitet und sie dort ihrem unvermeidlichen Schicksal überläßt, all das mutet so an, als bezöge es sich im Geheimen auf die Hochzeit der Prinzessin, die sich in jungfräulicher Scheu vor ihrem künftigen Gatten ängstigt und in ihm, in Erwartung der bevorstehenden geheimnisvollen Ereignisse, nur ein Untier sieht, das es auf ihre Vernichtung abgesehen hat.« (362) Wie aber versteht und schildert man das Erleben einer Frau, die ihre Hochzeit wie ein »Opfer«, wie eine Auslieferung an ein männliches (bzw. väterliches) Ungeheuer erlebt, und wie erklärt man das Zustandekommen eines solchen Erlebens? Darauf geht O. RANK, froh, den »Ödipuskomplex« diagnostizieren zu können, leider mit keinem Wort ein. Stattdessen erinnert er ganz zu Recht an APULEJUS: Amor und Psyche, wo ein »Orakel dem königlichen Vater der Psyche (befiehlt), seine Tochter mit vollem Hochzeitsschmuck und in feierlichem Zuge auf die Spitze des Berges zu führen und dort dem ›aus Drachengeschlecht entsprossenen Eidam‹ zu überlassen; so ›wohnt Psyche unter Tränen nicht ihrer Hochzeit, sondern ihrem Leichenbegängnisse bei‹ ... Aber auch hier fällt die Jungfrau nicht dem erwarteten schrecklichen Drachen anheim, der sich gar nicht zeigt, sondern wird die Gemahlin Amors, des Liebesgottes selbst, der sie jede Nacht als unsichtbarer Gatte besucht.« Vgl. APULEJUS: Amor und Psyche (2. J. n. Chr.), in: Eros in Hellas. Griechische Liebesgeschichten, ausgewählt und mit einem Nachwort versehen von W. Munin, Düsseldorf–Köln 1964, 97–145, bes. S. 137 f. Deutlich wird hier »die virginale Angst vor dem Sexualverkehr« beschrieben (O. RANK, a. a. O., 363). Gerade dann aber stellt sich als die eigentliche Frage des »Drachenkampfes« das Problem, wie ein Mann die (Sexual-)Angst einer Frau überwinden kann, die er selber durch seine Annäherung auslöst.

[103] Zu der Opfer»theologie« in der kirchlichen Lehrtradition vgl. E. DREWERMANN: Glauben in Freiheit oder: Tiefenpsychologie und Dogmatik, 1. Bd.: Dogma, Angst und Symbolismus, Solothurn 1993, 96–139: Kirchenlehre als Entfremdung; DERS.: Das Markusevangelium, 1. Bd., Olten 1987, 25–107: Die Erlösung durch den Tod des Gottessohnes. Vgl. auch O. RANK: Psychoanalytische Beiträge, 385, der das Opfermotiv auf totemistische Relikte im Sinne der Theorie FREUDS von der Ermordung des Urvaters zurückführt.

[104] S. FREUD: Die Zukunft einer Illusion (1927), Gesammelte Werke XIV, London 1948, 323–380, bes. Kap. IX, S. 368–374 spricht die Hoffnung aus, daß die kollektive Denkhemmung der Religion sich durch eine angemessene Erziehung zur Realität überwinden lasse. Die Frage bleibt dann, wie sich die großen Bedürfnisse des menschlichen Gefühls befriedigen lassen außer durch eine vertiefte Kultur der Liebe. Vgl. bes. P. GAY: »Ein gottloser Jude«. Sigmund Freuds Atheismus und die Entwicklung der Psychoanalyse (1987), aus dem Amerik. v. K. Berisch, Frankfurt a. M. 1988, 2. Kap.: »Ein besserer Christ war nie«, S. 81–123.

[105] S. o. Anm. 40. CHRÉTIEN DE TROYES: Perceval le Gallois ou Li Contes del Graal (1180), hrsg. v. G. Baist, Heidelberg 1911; Perceval oder Die Geschichten

vom Graal, übers. v. K. Sandkühler, Stuttgart (1929) 1957. Vgl. W. J. Schröder: Der Ritter zwischen Welt und Gott. Idee und Probleme des Parzivalromanes Wolfram von Eschenbachs, Weimar 1952.

[106] Robert de Boron: Le Roman de l'estoire del Graal (1180), hrsg. v. A. Nitze, Paris 1927; Die Geschichte des heiligen Graal, übers. v. K. Sandkühler, Stuttgart 1958.

[107] S. o. Anm. 40.

[108] S. o. Anm. 88; 102.

[109] Vgl. R. Schirmer: Lancelot und Ginevra. Ein Liebesroman am Artushof, den Dichtern des Mittelalters nacherzählt, Zürich 1961, 461–489: Nachwort, S. 479–480: »Lancelot ... bleibt der menschlichste der Gralsucher, weil er der anfälligste ist, die Vollkommenheit nie ganz erreichend. Auch er begegnet der Gnade, aber er versäumt sie, denn er schläft in seiner Seele. Alle seine Tugenden sind durch seine Liebe zu Ginevra zunichte gemacht.« »Nichts geschieht, was im Widerspruch zu ihren (sc. der Zisterzienser-Mönche) Ordensregeln stünde. Weltliche Liebe ist aus der ›Queste‹ (sc. der Gralssuche) verbannt. Ihr Ideal ist die Askese; Wollust ist Todsünde, Keuschheit oberste Tugend.«

[110] S. o. Anm. 91.

[111] Ludovico Ariosto: Orlando furioso (um 1510); Der rasende Roland, übers. v. A. Kissner, in: Sämtliche poetische Werke, Bd. 1–3, Berlin 1922. Ariosts epische Dichtung steht bereits in deutlichem Kontrast zu der idealisierten Minne des Mittelalters; er zeigt Menschen, die fast hilflos ihren Leidenschaften ausgeliefert sind. Orlando vermag nicht einmal mit seinen trefflichen Tugenden als Ritter die schönste Frau der Welt, Angelica, zu erringen; als er ihre Untreue nicht länger übersehen kann, bringt es ihn um den Verstand, bis daß er von Astolfo geheilt wird.

[112] W. A. Mozart: Die Zauberflöte. Dichtung von E. Schikaneder (1791), hrsg. v. W. Zentner, Stuttgart (reclam 2620) 1962, 1. Aufzug, 1.–5. Auftritt, S. 11–19.

[113] A. a. O., 1. Aufz., 18. Auftr., S. 35.

[114] A. a. O., 1. Aufz., 14. Auftr., S. 29.

[115] Bes. R. Eisler: Kelch und Schwert. Von der Herrschaft zur Partnerschaft. Weibliches und männliches Prinzip in der Geschichte (1987), aus dem Amerik. v. Ch. Rost, München (GTb. 12 496) 1993, 21 spricht warnend von der tödlichen Macht des »Schwertes« als dem Symbol der Männerherrschaft und meint ganz richtig: »Nicht das Geschlecht der Männer ist das Grundproblem, sondern ein soziales System, welches die Macht des Schwertes zum Ideal erhebt.« S. 24: »Umgekehrt lassen sich beeindruckende Parallelen hinsichtlich der sexuellen Gleichberechtigung zwischen ansonsten extrem unterschiedlichen Gesellschaften feststellen. Typisch für solche eher am Partnerschaftsmodell orientierten Gesell-

schaften ist, daß sie nicht nur weitaus friedlicher sind, sondern auch weit weniger hierarchisch und autoritär strukturiert.« »Die Anwendung des Herrschafts- bzw. Partnerschaftsmodells auf die Analyse unserer Gegenwart und unserer potentiellen Zukunft ermöglicht es uns, die konventionelle Polarisierung zwischen Rechts und Links, Kapitalismus und Kommunismus, Religion und Säkularismus, ja, sogar die zwischen Männlichkeitswahn und Feminismus schrittweise zu überwinden.« Bes. Kap. 4: Dunkle Ordnung aus dem Chaos: Vom Kelch zum Schwert, S. 94–118 beschreibt am Beispiel des Zerfalls der Kultur des antiken Kretas die unheilvolle Wirkung der Herrschaft des »Schwertes« über den »Kelch«. Die Wahrheit des Grimmschen Brüdermärchens liegt umgekehrt darin, daß erst der »Kelch« dem Manne die Kraft verleiht, das »Schwert« zu heben. Im Sinne O. RANKS handelt die Szene im Grunde von einer *ehelichen* Begegnung, begleitet von einer jungfräulichen Sexualangst, die sich in der Ankunft des »Drachen« manifestiert.

116 Vgl. R. W. PINSON: Deutsche Götter- und Heldensagen, Bayreuth 1980, 572–590: Beowulf (Bienenwolf), S. 572–583.

117 A. a. O., 586–590. Vgl. E. MUDRAK (Hrsg.). Die Sagen der Germanen, Reutlingen 1961, S. 71–87: Beowulf; S. 82–87: König Beowufs Drachenkampf und Ende.

118 Vgl. E. MUDRAK (Hrsg.): A. a. O., 78. Danach ist Grendels Mutter »ein furchtbares Moorweib«. – *Beowulf* (8. Jh.), aus dem Altenglischen von F. Genzmer, Wiesbaden (Reclam 430) 1960.

119 S. o. Anm. 6.

120 Vgl. E. DREWERMANN: Der tödliche Fortschritt. Von der Zerstörung der Erde und des Menschen im Erbe des Christentums, Regensburg[6] (erweitert und aktualisiert) 1990, 322–323: Jagd und Waidmannsheil! – U. STEFFEN: Drachenkampf, 186 meint insgesamt: »Das Zerteilen des Drachen mit schneidenden Waffen (Schwert, Messer) ist symbolischer Ausdruck für verstandesmäßiges Zergliedern.« O. RANK: Psychoanalytische Beiträge (s. o. Anm. 83), S. 369–370 setzt die abgeschnittenen Drachenzungen in Verbindung zu den Vorhäuten, die in der Bibel *David* den getöteten Philistern abschneiden muß, um Mikhal, die Tochter des Königs Saul, als Braut zu bekommen; deutlich handelt es sich dabei um ein Kastrationsmotiv. Doch hat die Entmachtung des Vaters, wenn sie sich nicht auf dessen Genitale, sondern auf dessen Drachenzunge(n) bezieht, eine spezifische Bedeutung – die des »Mundtotmachens«. – Zu den 200 Vorhäuten der erschlagenen Philister, die David »vollzählig dem König vorlegt«, vgl. 1 Sam 18,27. K. KAISER: Betrüger, überführt, in: L. Mackensen (Hrsg.): Handwörterbuch des deutschen Märchens, 1. Bd., Berlin–Leipzig 1930/1933, 240–250, S. 242 verweist auf die Sitte des Skalpierens, von der schon HERODOT von den Skythen berichtet. »Ursprünglich nahm man wohl den ganzen Kopf des erlegten Tieres oder Feindes (hier stimmen Jagd- und Kriegsbrauch überein) und steckte ihn auf Pfähle, wie es

etwa Judith mit dem Haupt des Holofernes tut ... Auch Peleus schnitt, als er mit Akastos um die Wette jagte, den erlegten Tieren die Zunge aus.«

[121] Vgl. Codex des kanonischen Rechts. Lateinisch-deutsche Ausgabe, Kevelaer 1983, Canon 1103: »Ungültig ist eine Ehe, die geschlossen wurde aufgrund von Zwang oder infolge von außen, wenn auch ohne Absicht eingeflößter schwerer Furcht, die jemandem, um sich davon zu befreien, die Wahl der Ehe aufzwingt.« Zu dieser Problematik vgl. E. DREWERMANN: Ehe – tiefenpsychologische Erkenntnisse für Dogmatik und Moraltheologie (1980), in: Psychoanalyse und Moraltheologie, 2. Bd.: Wege und Umwege der Liebe, Mainz 1983, 38–76, S. 46–48: Von »Angst und Gewalt« und vom »Irrtum der Person«. – O. RANK: Psychoanalytische Beiträge (s. o. Anm. 83), S. 364–365 sieht in dem »Marschall« einen Ausdruck des eifersüchtigen Bruderhasses, indem der ödipale Haß auf den Vater als Konkurrenten um die Liebe der Mutter sich auf den Bruder im Wettstreit um die Geliebte verschiebt. Zum Beleg dafür dient ihm die ägyptische Geschichte von Anubis und Bata (vgl. E. BRUNNER-TRAUT: Altägyptische Märchen, Düsseldorf–Köln 1963, 28–40); doch kommt seine »Rekonstruktion« nicht ohne erhebliche Änderungen am Wortlaut des Grimmschen Märchens aus. – U. STEFFEN: Drachenkampf, 191–192 meint: »Der Held hat nicht die Kraft, die eben gewonnene Jungfrau heimzuführen, die Anima, den wesentlichen Inhalt des Unbewußten ins Bewußtsein aufzunehmen. Er gleitet, an der Schwelle angelangt, wieder ins Unbewußte zurück, weil das Bewußtsein noch nicht aufnahmebereit dafür ist. – So betritt ein anderer die Szene und gibt sich fälschlich als Sieger über den Drachen aus.« Daran ist so viel richtig, daß man den »Marschall« als eine andere Seite des »jüngeren Bruders« selbst betrachten sollte; doch versteht man in der vorgetragenen Deutung weder, warum dieser »Marschall« eigentlich auftritt, noch auch, was für eine Rolle er denn nun spielt.

[122] Zur »*Preisjungfrau*« s. o. Anm. 70.

[123] Vgl. C. G. JUNG: Die Ehe als psychologische Beziehung (1925), in: Ges. Werke, XVII: Über die Entwicklung der Persönlichkeit, Olten 1972, 213–227; S. 221, zum Problem des Enthaltenden und Enthaltenen.

4. Einsam und gemeinsam Seite 319–346

[1] W. SCHMIDBAUER: Die hilflosen Helfer. Über die seelische Problematik der helfenden Berufe (1997), Reinbek (rororo 9196) 1992.

[2] O. RANK: Psychoanalytische Beiträge zur Mythenforschung. Gesammelte Studien aus den Jahren 1912–1914, Leipzig–Wien 1919, 361 bringt das Motiv der *hilfreichen Tiere* mit der Geburtsgeschichte des Helden in Verbindung, in welcher sehr oft bestimmte Tiere das ausgesetzte Heldenkind an Elternstatt großziehen. Vgl. DERS.: Der Mythus von der Geburt des Helden. Versuch einer psychologischen Mythendeutung, Leipzig–Wien [2](erw.) 1922, 115: »mit auffallender Regel-

mäßigkeit wird die leibliche Mutter durch ein hilfreiches Tier vertreten, das sich des Ausgesetzten annimmt und ihm oft als Amme dient.« Insofern ist der »Schlaf« mit den Armen der »geretteten« »Prinzessin« als ein ödipaler Traum von der Rückkehr in den Mutterschoß zu lesen, bis hin zu der Todesphantasie; die »Enthauptung« (»Kastration«) durch den Marschall liest sich dementsprechend als die väterliche Strafe für den inzestuösen Wunsch; das »Aufwachen« ist als eine Art Wiedergeburt zu verstehen, wobei die »Tiere« gegenüber dem alleingelassenen Helden jetzt die (verbotene!) Mutter vertreten (müssen). – U. STEFFEN: Drachenkampf. Der Mythos vom Bösen, Stuttgart 1984, 192–193 verweist darauf, daß der *Hase* in Verbindung mit dem Mond ein Symbol der Fruchtbarkeit ist. Das Motiv vom *Lebenskraut* taucht bereits auf in *Das Gilgamesch-Epos,* neu übers. u. mit Anmerkungen versehen von A. Schott, durchgesehen und ergänzt von W. von Soden, Stuttgart (reclam 7235) 1958, 11. Tafel 277–289: »dies Gewächs ist das Gewächs gegen die Unruhe,/Durch welches der Mensch sein Leben erlangt ... Sein Name ist ›Jung wird der Mensch als Greis‹;/Ich will davon essen, daß mir wiederkehre die Jugend.« – Im Grunde gehört »die Fahrt nach dem Heilmittel«, die der »Hase« unternimmt, in den Zusammenhang eines eigenen Märchentyps, der in zwei Varianten auftritt: a) Märchentyp 550, repräsentiert in *Der goldene Vogel* (KHM 57), und b) Märchentyp 551, repräsentiert in *Das Wasser des Lebens* (KHM 97). Mt 550 zerfällt dabei in zwei Untertypen: A) Der dankbare Tote und B) Die verzauberte Prinzessin. »Die ältesten Quellen von Mt 551 reichen sehr weit zurück. Wir finden bereits in SNORRIS *Edda* eine unentwickelte Entsprechung in der Erzählung vom *Raube des Suttungmets durch Odin.*« S. LILJEBLAD: Fahrt nach dem Heilmittel, in: L. Mackensen (Hrsg.): Handwörterbuch des deutschen Märchens, Bd. 2, Berlin 1934/1940, 6–8. Vgl. R. I. PAGE: Nordische Mythen (1990), aus dem Engl. von I. Rein, Stuttgart 1993, 67–70. HOMER: Odyssee, X 302–306 erzählt von dem schwer zu ergrabenden Kraut *Moly,* das an der Wurzel schwarz ist, doch milchweiß an der Blüte; dieses Kraut soll den Helden gegen den Zauber der Kirke schützen.

[3] Zu dem Erlebnis des »Erwachens« vgl. H. HESSE: Das Glasperlenspiel. Versuch einer Lebensbeschreibung des Magister Ludi Knecht samt Knechts hinterlassenen Schriften, Zürich 1943; Frankfurt (st 79) 1972, 418–419: »Man fand nicht Gesetze dabei, sondern Entschlüsse, man geriet nicht in den Mittelpunkt der Welt, aber in den Mittelpunkt der eigenen Person.« – Zu dem Bild der *Hummel* bzw. der *Biene* vgl. PH. RECH: Inbild des Kosmos. Eine Symbolik der Schöpfung, 1. Bd., Salzburg 1966, 308–332, die in der Biene ein Symbol der »fruchtbaren Jungfräulichkeit« sieht (318).

[4] Vgl. M. ELIADE: Schamanismus und archaische Ekstasetechnik (1951); aus dem Franz. v. I. Köck, Zürich 1951; Frankfurt a. M. (stw 126) 1975, 43–76: Initiationskrankheiten und -Träume. Die zentralen Elemente sind »immer dasselbe, nämlich symbolischer Tod und Auferstehung.« (65) U. STEFFEN: Drachenkampf (s. o. Anm. 2), 193 sieht in dem *falsch* herum aufgesetzten Kopf das »Erschrecken vor der eigenen, sonst nicht wahrnehmbaren Rückseite ... Ihrer ansichtig zu werden

löst Qual und Verwirrung aus.« In dem Märchen aber ist die ganze »Wanderung« des »Jägers« eine solche Aufarbeitung der »Rückseite« des »Retters«.

[5] A. DE MELLO: Wer bringt das Pferd zum Fliegen? Weisheitsgeschichten, Freiburg (Spektrum 4304) 1994 S. 108.

[6] A. DE MELLO: Warum der Schäfer jedes Wetter liebt. Weisheitsgeschichten (1988), aus dem Engl. v. U. Schottelius, Freiburg 1994, 130

[7] Vgl. C. H. MALLET: Kopf ab! Gewalt im Märchen, Hamburg–Zürich 1985, 246–258: Den König in drei Stücken. – U. STEFFEN: Drachenkampf (s. o. Anm. 2), 195 meint von der Hinrichtung des »Marschalls«: »Die Befreiung der Jungfrau von dem falschen Bräutigam stellt symbolisch die durch bewußte Bemühung erreichte Befreiung der Anima aus ihrer Verhaftung an die Schattenfigur und ihren Anschluß an den Persönlichkeitskern dar. Die Hochzeit des Helden mit der Königstochter symbolisiert die Vereinigung der positiven Seelenkomponenten des Ich-Bewußtseins mit dem lebendigen Wesen des Seelischen. Beide zusammen bilden die höhere Persönlichkeit, das Selbst.« Damit wird in der Sprache C. G. JUNGS korrekt beschrieben, daß der »Marschall« den »Schatten« des »Jägers« darstellt; es erfaßt aber nicht die Inhalte, die hier erlebnismäßig zur Durcharbeitung anstehen. – O. RANK: Psychoanalytische Beiträge (s. o. Anm. 2), 364 sieht in dem »Marschall« nur eine Doublette des Motivs vom Drachenkampf selbst, hinter dem sich die Auseinandersetzung mit dem Vater bzw., von ihm übertragen, die Auseinandersetzung mit dem Bruder verberge. Doch die Wiederkehr des Bruders ist (noch) nicht das Thema hier; wesentlich bleibt, daß der »Jäger« im Schatten des Vaters *der Braut (!)*, gegen den er stellvertretend für seinen eigenen Vater kämpft, in den Augen der Prinzessin die Züge eines »Marschalls« *annimmt*. Zu dem Motiv von der Überführung des Betrügers vgl. K. KAISER: Betrüger, überführt, in: L. Mackensen (Hrsg.): Handwörterbuch des deutschen Märchens, 1. Bd., Berlin–Leipzig 1930/1933, 240–250, bes. S. 241. Das Drachentötermärchen scheint demnach die entwicklungsgeschichtlich älteste Form dieses Motivs zu bieten.

5. Die Suche nach der Mutter — Seite 347–380

[1] E. DREWERMANN: Der tödliche Fortschritt. Von der Zerstörung der Erde und des Menschen im Erbe des Christentums, Regensburg [6](erweitert und aktualisiert) 1990, 322–325.

[2] Vgl. E. DREWERMANN: Strukturen des Bösen, 2. Bd.: Die jahwistische Urgeschichte in psychoanalytischer Sicht, Paderborn 1977, 332–337: Zur naturmythologischen Bedeutung der heiligen Hochzeit. – Besonders die *indische* Mythologie erzählt von *Ushas*, der Göttin der Morgenröte, die von ihrem Vater Prajapati, dem Schöpfergott des Nachthimmels, verfolgt wird und sich in eine Gazelle verwandelt. J. HERBERT: Die Mythologie der Inder, in. P. Grimal (Hrsg.): Mythen

der Völker (1963), 2. Bd., Frankfurt (Fischer Tb. 799) 1967, 50–173, S. 74. – Zum Symbol des *Hirschen* vgl. PH. RECH: Inbild des Kosmos. Eine Symbolik der Schöpfung, 1. Bd., Salzburg 1966, 221–240, S. 231: »Von China also bis nach Amerika, vom fernsten Osten bis zum äußersten Westen kennt und verehrt man den Hirsch als Zeichen der Morgenröte, des Sonnenaufgangs und des jungen Lichts.« O. RANK: Der Mythus von der Geburt des Helden. Versuch einer psychologischen Mythendeutung, Leipzig–Wien ²(erw) 1922, 151 sieht in dem Tier einen »Ersatz der Mutter-Amme, weil es die Sexualvorgänge auch für das Kind deutlich erkennen läßt und weil wahrscheinlich in der Verheimlichung dieser Vorgänge die Auflehnung des Kindes gegen die Eltern wurzelt.« Das Problem des Märchens an dieser Stelle aber liegt nicht in der infantilen Sexualforschung des Kindes, sondern in der Erniedrigung der Frau zur »Hirschkuh« unter dem Eindruck der eigenen ungelösten Mutterproblematik.

[3] HYGINUS, Fabel 180–181, in: L. Mader (Übers.): Griechische Sagen. Apollodoros. Parthenios. Antoninus Liberalis. Hyginus. Zürich 1963, S. 329.

[4] W. SCHADEWALDT (Übers.): Homer: Die Odyssee, 10. Gesang, V.133–574, S. 127–138.

[5] A. a. O., X 228, S. 129; X 255, S. 130. In X 136 spricht Homer von der »flechtenschönen, furchtbaren Göttin« (vgl. X 310).

[6] Vgl. H. ZIMMER: Indische Mythen und Symbole (1942), aus dem Engl. von E. W. Eschmann, Düsseldorf–Köln 1972, 196–197; 238–239. »Schöngesichtig« ist Parvati, »mit langgezogenen Lotusaugen, mit schmaler Taille, doch ausladenden Hüften und mit vollkommen runden Brüsten, die sich gegeneinander drängten (›wie ein schwerbeladener Fruchtbaum war sie vom Gewicht der Zwillingssphären ihrer Brüste niedergebeugt‹); als »die Göttin des Alls hatte sie sich dieser menschlichen Geburt unterzogen.« Als Kali aber ist dieselbe Göttin »wie der Tod«; sie streckt »die Zunge aus, um die Welt aufzulecken; ihre Zähne sind grausige Hauer. Aber ihr Leib ist geschmeidig und wunderschön und ihre Brüste sind prall von Milch. Paradox und schauerlich ist sie heute die beliebteste und weitestverbreitete aller Personifikationen des indischen Glaubens.«

[7] Vgl. APOLLODOR, II 40 ff.; in Mader (s. o. Anm. 3), S. 45.

[8] S. FREUD: Das Medusenhaupt (1922), Gesammelte Werke, XVII: Aus dem Nachlaß 1892–1939, London 1941, 45–48.

[9] Vgl. B. BUGHER: Die Phantasien der Eroberer. Zur graphischen Repräsentation des Kannibalismus in de Brys *America*, in K. H. Kohl (Hrsg.): Mythen der Neuen Welt. Zur Entdeckungsgeschichte Lateinamerikas, Berlin 1982, 75–91, S. 77–81: Die Kannibalinnen mit den hängenden Brüsten.

[10] Vgl. H. KEES: Der Götterglaube im Alten Ägypten (1956), Darmstadt 1980, 147: »Auch das unendliche Reich der am klaren Himmel Ägyptens leuchtenden Sterne mit ihren Bildern regte die religiöse Phantasie an. Die meisten großen Götter fanden eine Stätte im Sternenbereich, meist in der Form, daß ein Gestirn

oder Sternbild als ›Seele‹, d. h. als eine nichtmenschenähnliche Erscheinungsform des Gottes erklärt wurde.« So galt »Sothis als Seele der Isis«.

[11] Die religionspsychologisch beste Studie zur Marienverehrung stammt nach wie vor von L. FEUERBACH: Über den Marienkultus (1842), in: Werke in 6 Bden., hrsg. v. E. Thies, 3. Bd.: Kritiken und Abhandlungen II (1839–1843), Frankfurt a. M. 1975, 143–162, der sehr richtig feststellt: »Mit dem kopflosen Kultus der Jungfrau Maria ist... immer zuletzt die Brutalität des religiösen Fanatismus verbunden. Zwar ist mit dem Kultus jeder *ausschließlichen Persönlichkeit* Fanatismus, d. h. die Wut, alles, was diese Persönlichkeit nicht anerkennt, zu verdammen, zu vernichten, verbunden. Aber wenn nun gar diese Persönlichkeit eine weibliche ist, und zwar eine Jungfrau und noch dazu eine keusche, reine Jungfrau, so steigert sich der religiöse Fanatismus bis zum Furor der sinnlichen Liebe. Wer ihre jungfräuliche Ehre antastet, wer da leugnet oder nur zweifelt, daß sie noch eine keusche Jungfrau ist – und wie leicht ist daran zu zweifeln! –, der ist ohne weiteres ein des Todes würdiges Subjekt. So kam einst der Heilige Ignaz von Loyola, der Don Quichote des Katholizismus, über einen Mauren, welcher die Jungferschaft der Maria nach ihrer Geburt leugnete, so in heilige Wut, daß er den frivolen Heiden ohne weiteres erdolcht haben würde, wenn ihn nicht ein glücklicher Zufall, d. h. sein *Maulesel* zur Räson gebracht hätte.«

[12] Vgl. L. FEUERBACH: A. a. O., 161, nach dem die »bayerischen Jesuiten... die glänzendsten Belege« geliefert haben, »daß mit dem scheinbar so liberalen, so milden, so menschenfreundlichen Kultus der Maria ein wahrhaft bestialischer, ja hundswütiger Fanatismus verbunden ist.«

[13] Vgl. bes. K. HECKSCHER: Gerte, Stab, in: L. Mackensen (Hrsg.): Handwörterbuch des deutschen Märchens, Bd. 2, Berlin 1934/1940, 522–562, bes. S. 526–527; 529–530. – Schon HOMER: Odyssee, X 280–301, W. Schadewaldt, s. o. Anm. 4, S. 130–131 spricht von der langen Gerte, mit der Kirke den Helden zu schlagen versuchen wird, und empfiehlt dagegen, »das scharfe Schwert von der Hüfte« zu ziehen und auf sie einzudringen, »als ob du sie zu töten strebtest. Sie aber wird sich fürchten und dich heißen, daß du zum Lager kommst. Da verweigere du alsdann nicht mehr der Göttin Lager, auf daß sie dir die Gefährten löse.« Deutlicher läßt sich nicht sagen, daß die »Versteinerung« mit dem sexuellen Erleben der als *»phallisch«* empfundenen Frau zu tun hat. – Zu dem Versteinerungsmotiv vgl. auch M. MEADE: Die Männer und das Wasser des Lebens. Wege zur wahren Männlichkeit (1993), aus dem Amerik. v. D. Hartmann, München–Leipzig 1994, 23. Kap.: Männer aus Stein, S. 365–380 (zu dem Motiv in dem freilich sehr verschiedenen Märchen »Das Wasser des Lebens«, KHM 97).

[14] Zur mittelalterlichen Zwei-Reiche-Lehre vgl. A. NITSCHKE: Frühe christliche Reiche, in: Propyläen Weltgeschichte. Eine Universalgeschichte, hrsg. v. G. Mann und A. Nitsche, 5. Bd.: Islam. Die Entstehung Europas, Berlin–Frankfurt a. M. 1986, 273–393, der vor allem zwischen der personalen Bindung der germanischen Stämme und dem römischen Denken in Ordnungsinstitutionen unterscheidet.

[15] Zur »Hochmasse« Kirche unter der römisch-katholischen Priesterherrschaft vgl. O. PFISTER: Das Christentum und die Angst (1944), Frankfurt a. M. – Berlin–Wien (Ullstein Tb. 35 219) 1985, Kap. 13: Der Katholizismus, 231–297.

[16] Vgl. K. STERN: Die Flucht vor dem Weib. Zur Pathologie des Zeitgeistes, aus dem Engl. v. O. Lause, Salzburg 1968.

[17] U. STEFFEN: Drachenkampf. Der Mythos vom Bösen, Stuttgart 1984, 197 meint zu der Szene: »Daß der Held die frierende Hexe vom Baum herab – sie ist für ihn ›zu hoch‹ – an sein Feuer ruft, verrät eine zu arglose, gutmütige und barmherzige Einstellung gegenüber dem Bösen.« »Die Versteinerung – sie entspricht dem Motiv des Verschlungenseins im Walfischbauch und des Eingeschlossenseins im Eisenofen, im Glasberg oder im Glassarg – ist ein Bild des vom Leben abgekehrten oder abgeschnittenen, dämonisch gebannten Wesens, ein Bild für jene seelische Erstarrung, die durch ungelöste Konflikte entsteht.« Wohl wahr! Doch kommt es darauf an, die Art der ungelösten Konflikte an dieser Stelle genauer zu bestimmen.

[18] P. MÉRIMÉE: Carmen (1845), in: Meisternovellen, aus dem Franz. v. F. Hardekopf, Nachw, v. Th. Spoerri, Zürich 1949, 249–342, 2. Kap., S. 304: »Falls du ganz zu uns Zigeunern kämest, könnte ich vielleicht deine Liebste werden. Aber das ist ein alberner Gedanke.« Vertonung: G. Bizet, Text: H. Meilhac – L. Halevy (1875).

[19] O. RANK: Psychoanalytische Beiträge zur Mythenforschung. Gesammelte Studien aus den Jahren 1912–1914, Leipzig–Wien 1919, 370–371 erinnert an den Mythos von Isis und Osiris, wo bei der Wiederbelebung des von seinem bösen Bruder Seth zerstückelten Osiris der Penis fehlt.

[20] Zu dem Bild der *phallischen Frau* vgl. S. FREUD: Über infantile Sexualtheorien (1908), Gesammelte Werke VII: Werke aus den Jahren 1906–1909, London 1941, 169–188, S. 177–180. Das Bild von der Frau mit dem Stachel lebt auch in der Gestalt der »Bienenkönigin« fort; s. o. Anm. 3.

[21] Zur Versteinerung im *Dornröschen*-Märchen vgl. K. HECKSCHER: Gegenzauber, in: L. Mackensen (Hrsg.): Handwörterbuch des deutschen Märchens, Bd. 2, Berlin 1934/1940, 389–421, S. 391 zu dem »Kußerlösungsmotiv«. Man muß denken, daß die Liebe, durch welche die »Versteinerung« endet, dieselbe Macht ist, die – im Falle der Angst– die Versteinerung herbeiführt. In dieselbe Richtung weist das Motiv der *Enthaltsamkeitsprobe;* a. a. O., 417–418.

[22] Vgl. A. BERTHOLET: Das Wesen der Magie (1926), in: L. Petzoldt (Hrsg.): Magie und Religion. Beiträge zu einer Theorie der Magie, Darmstadt (Wege der Forschung 337), 1978, 109–134.

[23] Zur Symbolik des *Metalls* vgl. H. DIECKMANN: Märchen und Symbole, Tiefenpsychologische Deutung orientalischer Märchen, Stuttgart 1977, 215. Vgl. auch K. HECKSCHER: Geldzauber, in: L. Mackensen (Hrsg.): Handwörterbuch des deutschen Märchens, Bd. 2, Berlin 1934/1940, 483–506. Häufig vertreten ist im

Märchen die Erwartung, Geld herbeizaubern zu können; das Umgekehrte aber schildert das Grimmsche Märchen von den *Zwei Brüdern;* es erzählt, daß das Silber selber zu »zaubern« vermag.

[24] Das klassische Werk des »christlichen« Hexenwahns ist das vom Papst INNOZENZ VIII. mit der Bulle *Summis desiderantes* vom 5. 12. 1484 vorbereitete Werk von J. SPRENGER – H. INSTITORIS: Der Hexenhammer (Malleus maleficarum, 1494) aus dem Lat. übers. v. J. W. R. Schmidt, München (dtv 2162) 1982.

[25] Vgl. E. DREWERMANN: Brüderchen und Schwesterchen. Grimms Märchen tiefenpsychologisch gedeutet, Olten 1990.

[26] Vgl. E. DREWERMANN – I. NEUHAUS: Schneeweißchen und Rosenrot. Grimms Märchen tiefenpsychologisch gedeutet, Olten 1983. – O. RANK: Das Inzest-Motiv in Sage und Dichtung. Grundzüge einer Psychologie des dichterischen Schaffens, Leipzig–Wien 1912, 454–456 betrachtet die »Rettung« des versteinerten Bruders als »Verdrängungsfortschritt« gegenüber der ursprünglichen Feindseligkeit und meint: »Im Sinne der sentimentalen Abschwächung erlöst ... der treue Bruder, der die Frau nicht berührt, den Bruder und seine Tiere aus der Verzauberung, aber der üble Lohn, der ihm dafür wird, zeigt deutlich, daß es sich ursprünglich um ein durchaus feindseliges Verhältnis der beiden Brüder gehandelt haben muß ... Und am Schluß wird nochmals in sentimentaler Abschwächung das Hauptmotiv der sexuellen Rivalität angeschlagen, indem beide Brüder vor die junge Königin treten.« (455) So aber steht es nur, solange »die zwei Brüder« als ein »real« existierendes Zwillingspaar betrachtet werden; sinnvoll wird die Grimmsche Erzählung indessen erst, wenn man die »Entzweiung und Versöhnung der Brüder« als einen inneren Vorgang betrachtet, wie U. STEFFEN: Drachenkampf (s. o. Anm. 2), 201–202 es zu Recht in der Schule C. G. JUNGS vorschlägt: »Der ältere Bruder hat ein enges Verhältnis zur Instinktwelt (Tiere), doch hält er sich seinem weltabgewandten Charakter gemäß von der menschlichen Form der Anima streng geschieden. Das Schwert, das er zwischen sich und der Gattin des Bruders legt, ist nicht nur ein Zeichen seiner ritterlichen Ehrenhaftigkeit, sondern ›Symbol der klaren Entscheidung‹. Er ›hält an der strengen Scheidung des *seelischen* Bereiches, dem sich sein Bruder hingab, von seiner eigenen Welt fest, verzichtet auf das Hohe und Schöne, das sein Bruder in der Welt erreichte, und behält dafür eine treuere Verbundenheit zum ochthonischen *Instinkt*bereich.‹« (Zitiert nach H. VON BETT: Gegensatz und Erneuerung im Märchen, Bern–München ²1965, 350) Davon scheint so viel richtig, daß der »ältere« der Zwillingsbrüder eher die introversive Einstellung repräsentiert, während der »jüngere« eher die extraversive Haltung verkörpert. Eine größere Nähe des älteren Bruders zum »Instinktbereich«, was immer das sei, bedeutet das jedoch keinesfalls, eher im Gegenteil!

[27] R. HUCH: Du kamst zu mir, in: Gesammelte Werke, hrsg. v. W. Emrich, Bd. 5: Gedichte, Dramen, Reden, Aufsätze und andere Schriften, Köln–Berlin 1971.

[28] Y. GOLL – C. GOLL: Traumkraut – Die Antirose. Gedichte aus dem Nachlaß (1965), Frankfurt a. M. (Fischer Tb 9590) 1990, 139: Ich singe und ich senge, 1. Fassung.

[29] R. M. RILKE: Gedichte 1834–1905. Nachlaß. Worpswede, Herbst 1900, in: Sämtliche Werke, hrsg. v. Rilke-Archiv, besorgt durch E. Zinn, 3. Bd.: Jugendgedichte, Wiesbaden 1959, 693.